F. X. Oefele,

Gewerbe-Unfallversicherungsgesetz

und

Bau-Unfall-Versicherungsgesetz.

Das

Gewerbe-Unfallversicherungsgesetz

und das

Bau-Unfallversicherungsgesetz

nach dem

Gesetze, betr. die Abänderung der Unfallversicherungsgesetze vom 30. Juni 1900.

Bearbeitet von

Franz Xaver Oefele,

k. Regierungsrat in Landshut,

Vorsitzender des Schiedsgerichts für Arbeiterversicherung in Niederbayern.

München 1902

J. Schweitzer Verlag (Arthur Sellier)

Inhaltsverzeichnis.

I. Einleitung.

II. Gesetz vom 30. Juni 1900 betr. die Abänderung der Unfallversicherungsgesetze.

III. Gewerbe-Unfallversicherungsgesetz.

I. Allgemeine Bestimmungen.

II. Organisation und Veränderung der Berufsgenossenschaften.

III. Mitgliedschaft des einzelnen Betriebs. Betriebsveränderungen.

IV. Feststellung und Auszahlung der Entschädigungen.

V. Unfallverhütung. Ueberwachung der Betriebe.

VI. Beaufsichtigung der Berufsgenossenschaften (§§ 125—127) . . 222

VII. Reichs- und Staatsbetriebe (§§ 128—133) 225

VIII. Schluß- und Strafbestimmungen.

IV. Bau-Unfallversicherungsgesetz.

I. Allgemeine Bestimmungen.

II. Berufsgenossenschaft.

III. Unfallversicherungsanstalten.

IV. Feststellung und Auszahlung der Entschädigungen.

V. Unfallverhütung. Beaufsichtigung.

VI. Bauarbeiten für Rechnung des Reichs, der Bundesstaaten, von Kommunalverbänden, Korporationen.

VII. Schluß- und Strafbestimmungen.

V. Anhang.

Verzeichnis der Abkürzungen.

Ab.G.	=	Abänderungsgesetz d. i. Gesetz vom 30. Juni 1900 betr. die Abänderung der Unfallversicherungsgesetze.
A.N.	=	Amtliche Nachrichten des Reichs-Versicherungsamts.
Ausd.G.	=	Ausdehnungsgesetz vom 28. Mai 1885.
Ausf.Beh.	=	Ausführungsbehörde.
Bau-U.G.	=	Bau-Unfallversicherungsgesetz.
Ber.Gen.	=	Berufsgenossenschaft.
B.G.B.	=	Bürgerliches Gesetzbuch.
G.U.G.	=	Gewerbe-Unfallversicherungsgesetz.
G.V.Bl.	=	bayr. Gesetz- und Verordnungsblatt.
J.V.G.	=	Invaliden-Versicherungsgesetz vom 13. Juli 1899.
L.U.G.	=	Unfall-Versicherungsgesetz für Land- und Forstwirtschaft.
Landes-Vers.Amt	=	Landes-Versicherungsamt.
M.A.Bl.	=	Amtsblatt des k. b. Staatsministeriums des Innern.
Mitt.	=	Mitteilungen des k. b. Landes-Versicherungsamts.
R.C.P.O.	=	Reichscivilprozeßordnung.
R.G.Bl.	=	Reichsgesetzblatt.
R.St.G.B.	=	Reichsstrafgesetzbuch.
R.St.P.O.	=	Reichsstrafprozeßordnung.
Reichs-Vers.Amt	=	Reichs-Versicherungsamt.
V.O.	=	Verordnung.

Einleitung.

A. Allgemeines.

Abgesehen von privater Versicherung war vor dem Jahre 1884 im deutschen Reiche ein Schadensersatz aus Anlaß von Unfällen nur in dem sogen. „Haftpflichtgesetz" (Reichsgesetz vom 7. Juni 1871) vorgesehen. Letzteres erstreckte sich auf Unfälle beim Betriebe einer Eisenbahn, eines Bergwerks, eines Steinbruchs, einer Gräberei oder einer Fabrik. Der Verunglückte (oder dessen Hinterbliebenen) war hiebei, da eine freiwillige Anerkennung der Regreßpflicht seitens der Betriebsunternehmer in dem beanspruchten Maße zu den Seltenheiten gehörte, auf den Weg des bürgerlichen Rechtsstreites, noch dazu mit dem Drucke einer ihn treffenden schwierigen Beweislast, angewiesen. Hatte er sich dann glücklich nach Jahren durch den richterlichen Instanzenzug siegreich durchgekämpft, so gähnte ihm bei der Urteilsvollstreckung nicht selten Zahlungsunfähigkeit des Ersatzpflichtigen entgegen. Es liegt daher nahe, daß dieses Gesetz den Zweck der Fürsorge für verunglückte Arbeiter nur wenig zu erfüllen vermochte, und es ist wohl erklärlich, daß dieses Gesetz Unzufriedenheit und Mißtrauen in den Reihen der beteiligten Bevölkerung erregte, ganz abgesehen davon, daß es eine Fürsorge für die Arbeiter in jenen Fällen, in welchen Zufall oder eigenes Verschulden der Arbeiter den Unfall herbeigeführt hat, überhaupt nicht vorgesehen hatte.

Bedenkliche Erscheinungen des öffentlichen Lebens und tiefgehende sozialpolitische Bewegungen traten zu diesen Erfahrungen und reiften vielleicht rascher als sonst den Entschluß der Regierungen, die bessere Sicherstellung der Arbeiter gegen die wirtschaftlichen Folgen der mit ihrem Lebensberufe verbundenen Gefahren anzustreben, und zwar sollte *eine auf dem Boden des öffentlichen Rechts wurzelnde Fürsorge für die durch Betriebsunfälle Verletzten und deren Hinterbliebenen geschaffen werden.*

Daß die Versuche der gesetzgeberischen Verwirklichung dieser Absicht, die sich auf bisher unbebautes Gebiet erstreckte, auf außerordentliche Schwierigkeiten stoßen mußte, liegt auf der Hand.

Nach Herstellung einer umfassenden *Unfallstatistik* durch die Regierungen war in der denkwürdigen Kaiserlichen Botschaft, mit welcher der Reichstag am 17. November 1881 eröffnet wurde, der Entwurf eines Gesetzes über die Versicherung der Arbeiter gegen Betriebsunfälle, neben einer gleichmäßigen Organisation des Krankenwesens und der Fürsorge für die Arbeiter im Falle durch Alter oder Invalidität hervorgerufener Erwerbsunfähigkeit dem Reichstage auf's wärmste zur Annahme empfohlen.

Hienach sollten im Wege der Hilfe durch gesetzlich errichtete, korporative Verbände alle im *Gewerbe* und in der *Industrie* beschäftigten Arbeiter während der ersten 13 Wochen auf Krankenversicherung angewiesen und die in Gewerbebetrieben mit besonderer Gefahr beschäftigten Arbeiter gegen Unfälle, welche den Tod oder eine länger als 13 Wochen dauernde Arbeitsunfähigkeit oder Arbeitsbeschränktheit zur Folge haben, auf die Dauer der letzteren vom Beginne der 14. Woche nach dem Unfall versichert werden.

Durch das mit dem 1. Dezember 1884 in Kraft getretene Reichsgesetz vom 15. Juni 1883 betr. die Krankenversicherung der Arbeiter wurde in der That fast jeder gewerbliche Arbeiter gegen Krankheit auf die Dauer von 13 Wochen seit Beginn derselben und bezw. gegen die dadurch verursachte Erwerbs-Unfähigkeit oder -Beschränktheit und zwar auch in jenen Fällen, in welchen letztere auf Unfälle zurückzuführen waren, versichert.

Allein es bedurfte noch der Fürsorge für die Arbeiter aus Anlaß aller jener Unfälle, welche den Tod oder eine über 13 Wochen hinaus dauernde gänzliche oder teilweise Arbeitsunfähigkeit zur Folge hatten. Diese Fürsorge ist dem nach Ausarbeitung mehrerer Entwürfe zu Stande gekommenen Unfallversicherungsgesetze vom 6. Juli 1884 zu verdanken, welches Gesetz seinem materiellen Inhalte nach schon am 1. Oktober 1885 in Kraft getreten ist.

Diesem Gesetze sind sodann in rascher Aufeinanderfolge nachgefolgt: Das sog. Ausdehnungsgesetz, d. i. das Reichsgesetz vom 28. Mai 1885 betr. die Ausdehnung der Unfall- und Krankenversicherung, welches insbesondere die Arbeiter der großen Transportbetriebe, sowie mehrfache Handelsbetriebe umfaßte; sodann das Gesetz vom 5. Mai 1886 betr. die Unfallversicherung der in land- und forstwirtschaftlichen Betrieben beschäftigten Personen, ferner das Gesetz vom 11. Juli 1887 betr. die Unfallversicherung der bei Bauten beschäftigten Personen (soweit dieselben nicht durch die bisherigen Unf.-Vers.-Ges. versichert waren), endlich das Gesetz vom 13. Juli 1887 betr. die Unfallversicherung der Seeleute und anderer bei der Seeschiffahrt beschäftigten Personen.

Inzwischen war durch Reichsgesetz vom 15. März 1886, das sog. Unfallfürsorgegesetz, auch für die Beamten der Reichsbetriebe und die in denselben beschäftigten Personen des Soldatenstandes eine der Unfallversicherung analoge Fürsorge bei Unfällen in Gestalt erhöhter Pensionen und Reliktengelder geschaffen worden.

Die beim Vollzug obengenannter Gesetze gemachten Erfahrungen wurden im Abänderungsgesetze, d. i. Reichsgesetz vom 30. Juni 1900 betr. die Abänderung der Unfallversicherungsgesetze (Mantelgesetz), teils für den Ausbau und die Revision dieser Gesetze, teils zur Erweiterung auf von der Unfallversicherung bisher noch nicht erfaßte Berufszweige verwertet.

Mit dieser von hochherziger fürstlicher Seite angeregten, mit ganz außerordentlicher Geistes- und Schaffenskraft zum Ausdruck gebrachten Gesetzgebung ist das Deutsche Reich bahnbrechend vorangegangen.

Nachdem in diesem Buche die Gewerbe- und die Bau-Unfallversicherung besprochen werden soll, sind bezüglich dieser Versicherungsgebiete noch einige allgemeine Bemerkungen veranlaßt:

B. Gewerbe-Unfallversicherung.

a) nach dem Reichsgesetze vom 6. Juli 1884 und dem Ausdehnungsgesetze vom 28. Mai 1885.

Das Gesetz vom 6. Juli 1884 beschränkt den Kreis der gegen Unfall versicherten Personen im Allgemeinen auf die Arbeiter in den bisher auf Grund des Haftpflichtgesetzes vom 7. Juni 1871 haftpflichtigen Betrieben (der Eisenbahnen, Bergwerke, Steinbrüche, Gräbereien, Fabriken); dazu wurden in den Kreis der Unfallversicherung einbezogen die Arbeiter in denjenigen handwerksmäßigen Betrieben, in welchen Dampfkessel oder durch elementare Kraft bewegte Triebwerke zur dauernden Verwendung kommen, ferner gewerbliche Hochbau-Betriebe (Maurer-, Zimmer-, Dachdecker-, Steinhauer- und Brunnen-Arbeiten), ferner die Arbeiter im Gewerbe der Schornsteinfeger.

Durch das Ausdehnungsgesetz vom 28. Mai 1885 wurde die Unfallversicherung erstreckt auf den gesamten Betrieb der Post-, Telegraphen- und Eisenbahnverwaltungen, sämtliche Betriebe der Marine- und Heeresverwaltungen einschließlich der von diesen Verwaltungen für eigene Rechnung ausgeführten Bauten, auf den Baggerei-Betrieb, den gewerbsmäßigen Fuhrwerks-, Binnenschiffahrts-, Flößerei-, Prahm- und Fährbetrieb, sowie den Gewerbebetrieb des Schiffsziehens, den gewerbsmäßigen Speditions-, Speicher- und Kellereibetrieb, endlich den Gewerbebetrieb der Güterpacker, Güterlader, Schaffer, Bracker, Wäger, Messer, Schauer und Stauer.

Die Unternehmer der genannten Betriebe sind kraft des Gesetzes verpflichtet, ihre Arbeiter und Betriebsbeamten (letztere soweit sie unter einem bestimmten Gehalte bleiben) gegen solche Betriebsunfälle zu versichern, welche den Tod oder eine über 13 Wochen dauernde Schädigung der Gesundheit und Erwerbsfähigkeit herbeigeführt haben; für die ersten 13 Wochen nach einem solchen Unfall hat die betr. Krankenkasse oder die Gemeindekrankenversicherung (und event. der Unternehmer) aufzukommen.

Durch statutarische Bestimmung kann die Versicherungspflicht auch auf höher besoldete Beamte erstreckt und bestimmt werden, daß und unter welchen Bedingungen Unternehmer der genannten gewerblichen Betriebe berechtigt sind, sich selbst oder andere nach dem Gesetze (§ 1) nicht versicherungspflichtige Personen gegen die Folgen von Betriebsunfällen zu versichern.

Die Versicherung gegen Unfall wird durch „Berufsgenossenschaften“ verwirklicht, das sind auf Gegenseitigkeit errichtete und beruhende Verbände der Unternehmer eines Industriezweigs oder mehrerer verwandter Industriezweige innerhalb des Deutschen Reiches oder bestimmter abgegrenzter Bezirke. Die Berufsgenossenschaften haben volle Selbstverwaltung und können sich in Sektionen für bestimmte Wirtschaftsgebiete abgliedern.

Für die Post-, Telegraphen-, Marine- und Heeresverwaltungen, sowie für die vom Reich oder von einem Bundesstaate für Reichs- bezw. Staatsrechnung verwalteten Eisenbahnbetriebe, einschließlich der für eigene Rechnung von denselben ausgeführten Bauten, tritt an Stelle der Berufsgenossenschaft das Reich bezw. der Staat, für dessen Rechnung die Verwaltung geführt wird, und werden die Befugnisse und Obliegenheiten der Berufsgenossenschaften durch „Ausführungsbehörden“ wahrgenommen, welche für die Heeresverwaltungen von der obersten Militärverwaltungsbehörde des Kontingents, im Uebrigen für die Reichsverwaltungen vom Reichskanzler, für die Landesverwaltungen von der Landeszentralbehörde zu bezeichnen sind.

Die Aufsicht über die Berufsgenossenschaften führt das Reichsversicherungsamt, neben welchem für diejenigen Berufsgenossenschaften, deren Betriebe sämtlich im Gebiete desselben Bundesstaates ihren Sitz haben, Landesversicherungsämter errichtet werden können, wie solche thatsächlich für Bayern, Württemberg, Sachsen, Baden, Hessen, Mecklenburg-Schwerin, Mecklenburg-Neustrelitz, Reuß ä. L. errichtet sind.

Bei Betriebsunfällen, durch welche versicherte Personen getödtet oder über die Dauer von 13 Wochen hinaus ganz oder teilweise erwerbsunfähig werden, hat die Berufsgenossenschaft Schadensersatz zu leisten. Im Falle des Todes Versicherter erhalten die Wittwe, Kinder, bedürftige Ascendenten und Enkel (Kinder bis zum zurückgelegten 15. Lebensjahre) in Prozenten des Jahresarbeitsverdienstes festgesetzte Renten (die aber insgesammt 60 % dieses Verdienstes nicht übersteigen); außerdem wird ein Pauschquantum für Kosten der Beerdigung (Sterbegeld) bezahlt. Im Falle einer Unfallsverletzung beträgt die Unfallrente bei völliger Erwerbsunfähigkeit 66 ²/₃ % (Vollrente) des ermittelten Jahresarbeitsverdienstes, bei teilweiser Erwerbsunfähigkeit einen der Einbuße an Erwerbsfähigkeit entsprechenden Teil der Vollrente, in Prozenten ausgedrückt (Teilrente). Dazu werden die nach Ablauf der ersten 13 Wochen nach dem Unfall erwachsenden Kosten des Heilverfahrens bezahlt.

Hiebei ist es für die Gewährung des Schadensersatzes ohne Einfluß, ob der Unfall auf Zufall oder auf ein Verschulden des Verletzten oder eines Anderen zurückzuführen ist.

Jeder in einem versicherten Betriebe sich ereignende Unfall, durch welchen eine in demselben beschäftigte Person getödtet wird oder eine Körperverletzung erleidet, welche eine völlige oder teilweise Arbeitsunfähigkeit von mehr als 3 Tagen oder den Tod zur Folge hat, ist von dem Betriebsunternehmer binnen 3 Tagen, nachdem er von dem Unfall Kenntnis erhalten hat, an die Ortspolizeibehörde des Unfallortes nach einem festgesetzten Formulare anzuzeigen (Unfallanzeige). Letztere Ortsbehörde hat unter Zuziehung der Beteiligten den Unfallsvorgang und dessen Folgen nach gegebenen Direktiven zu untersuchen und hierüber Protokoll zu errichten (Unfalluntersuchung).

Auf Grund der gepflogenen Unfall-Verhandlungen wird der Schadensersatz von den Organen der Berufsgenossenschaft festgestellt, nachdem zuvor diese Verhandlungen, soweit veranlaßt, ergänzt wurden, der Arzt gehört und dem Rentenberechtigten Gelegenheit zur Aeußerung gegeben worden ist (Rentenfeststellungsbescheid).

Gegen diese Feststellung findet Berufung auf schiedsgerichtliche Entscheidung statt, gegen welch' letztere Rekurs an das Reichs- (bezw. Landes-) Versicherungsamt (in den wichtigeren Fällen) zulässig ist. Dabei ist zu bemerken, daß die Rechtsmittel im Allgemeinen keine aufschiebende Wirkung haben und daß der Zivilrechtsweg nur in dem einen Falle zugelassen ist, wenn das Familienverhältnis der Anspruch erhebenden Hinterbliebenen zu dem durch Unfall Getödteten zweifelhaft oder bestritten ist und daher erst der gerichtlichen Feststellung bedarf.

Die Auszahlung der Entschädigungen erfolgt durch die Postanstalten vorschußweise gegen Erstattung durch die Berufsgenossenschaften nach Ablauf des Kalenderjahres; letztere verteilen den zu erstattenden Betrag einschließlich der

Verwaltungskosten und eines bestimmten Betrages für Ansammlung eines Reservefonds auf die Mitglieder der Genossenschaft.

Das hienach im Gesetz vorgesehene „Umlageverfahren" ist durch das Verhältnis desjenigen Risikos, mit welchem der Unternehmer seine Genossenschaft belastet, zu den Gesamt-Jahreslasten derselben bestimmt, d. h. die Umlage ist von dem einzelnen Betriebsunternehmer an die Genossenschaft nach Maßgabe der von demselben im abgelaufenen Rechnungsjahre an seine versicherten Arbeiter gezahlten Löhne einerseits und nach Maßgabe der Unfallsgefahr dessen Betriebs andererseits zu bezahlen. Zu diesem Behufe sind Gefahrenklassen gebildet und Gefahrentarife hergestellt, welch' letztere der Genehmigung des Reichs- (bezw. Landes-) Versicherungsamtes bedürfen.

Eine Beiziehung der versicherten Arbeiter zu den Lasten der Berufsgenossenschaften findet nicht statt.

In Berücksichtigung des durch die ausschließliche Zahlungspflicht der Unternehmer begründeten hohen Interesses sowohl dieser als der Berufsgenossenschaften dahin, daß Betriebsunfälle möglichst verhindert werden, hat das Gesetz den Berufsgenossenschaften die Pflicht auferlegt, Unfallverhütungs-Vorschriften zu erlassen, deren Befolgung durch Strafe erzwungen werden kann.

Für diejenigen Personen, welche auf Grund der Unfallversicherung Schadensersatz erhalten können, fällt die zivilrechtliche Haftung der Betriebsunternehmer für Versehen ihrer Betriebsbeamten weg. Dagegen sind die Unternehmer oder Betriebsbeamten für ihre Person noch regreßpflichtig und zwar a) dem verletzten Versicherten oder dessen Hinterbliebenen auf die Differenz gegen die Entschädigung aus der Unfallsfürsorge dann, wenn sie selbst den Unfall vorsätzlich herbeigeführt haben und deswegen strafgerichtlich verurteilt sind; b) den Krankenkassen und Armenverbänden in der Höhe ihrer Aufwendungen dann, wenn sie den Unfall vorsätzlich oder grob fahrlässig herbeigeführt haben und hiewegen strafrechtlich verurteilt wurden; c) den Berufsgenossenschaften in der Höhe ihrer Aufwendungen, wenn, auch ohne strafgerichtliche Verurteilung, anzunehmen ist, daß sie den Unfall vorsätzlich oder durch grobe Fahrlässigkeit herbeigeführt haben.

b) nach dem Abänderungsgesetze vom 30. Juni 1900 in der Fassung der Reichskanzler-Bekanntmachung vom 5. Juli 1900.

Wie schon oben erwähnt, haben in dem Abänderungsgesetze vom 30. Juni 1900 die seit dem Erlaß der Unfallversicherungsgesetze beim Vollzug derselben gesammelten Erfahrungen, sowie die hervorgetretenen Bedürfnisse entsprechende Berücksichtigung gefunden. Von der früher in Erwägung gezogenen Verschmelzung der verschiedenen Zweige der Arbeiterversicherung, Kranken-, Unfall-, Invaliden-Versicherung in ein Gesetz wurde Umgang genommen, weil es nicht gelungen ist, eine annehmbare, allen Verhältnissen Rechnung tragende Grundlage hiefür zu gewinnen.

Eine Ausnahme hievon wurde nur mit dem Gesetze vom 28. Mai 1885 (Ausdehnungsgesetz) betreffend die Ausdehnung der Unfall- und Krankenversicherung gemacht. Da dieses Gesetz in der Hauptsache große Reichs- und Staatsbetriebe sowie die Transportgewerbe umfaßt, auch in den anderen Unfallversicherungsgesetzen Vorschriften über öffentliche Betriebe sich befinden, im Uebrigen aber auf die unter das Ausdehnungsgesetz gefallenen gewerblichen Betriebe in allen Beziehungen die für die älteren gewerblichen Berufsgenossenschaften geltenden gesetzlichen Bestimmungen Anwendung gefunden haben, so erschien es zweckmäßig und leicht durchführbar, dieses Ausdehnungsgesetz mit dem Gewerbe-Unfallversicherungs-Gesetze zusammenzuverarbeiten und Ersteres ganz aufzuheben.

Von dem für die land- und forstwirtschaftlichen Betriebe geltenden Gesetze vom 5. Mai 1886 ist nur Abschnitt A, dessen Bestimmungen sich auf die Unfallversicherung erstrecken, abgeändert, während Abschnitt B, welcher von der Krankenversicherung handelt, unverändert blieb.

Die Revision und beziehungsweise Ergänzung der Unfallversicherungsgesetze ist in der Form zu Stande gekommen, daß in einem kurzen Gesetze (auch Mantelgesetz oder Hauptgesetz genannt) einige allgemeine Bestimmungen erlassen und diesem die einzelnen Unfallversicherungsgesetze als Beilagen beigegeben sind und der Reichskanzler ermächtigt wurde, den Text dieser Gesetze unter fortlaufender Nummernfolge der Paragraphen jedes einzelnen dieser Gesetze im Reichsgesetzblatt, wie dies im Jahrgang 1900 Nr. 29 S. 573—773 geschehen ist, zu veröffentlichen.

Die äußere Gestalt der einzelnen Versicherungsgesetze wurde im großen Ganzen beibehalten. Nur eine Aenderung in der bisherigen Benennung der Gesetze ist im Interesse der Kürze insoferne vorgenommen worden, als:

1. das Gesetz vom 6. Juli 1884 als Gewerbe-Unfall-Versicherungs-Gesetz,
2. das Gesetz vom 5. Mai 1886 als Unfallversicherungsgesetz für Land- und Forstwirtschaft,
3. das Gesetz vom 11. Juli 1887 als Bau-Unfallversicherungsgesetz,
4. das Gesetz vom 13. Juli 1887 als See-Unfallversicherungsgesetz

bezeichnet ist.

An den in der bisherigen Unfallversicherungsgesetzgebung vertretenen, oben skizzierten Grundsätzen derselben wurde nichts geändert; ebenso wurde, was die Organisation der Unfallversicherung anlangt, im Abänderungsgesetz eine materielle Verschmelzung bestandener Einrichtungen nur insoferne vorgesehen, als an Stelle der bisherigen berufsgenossenschaftlichen Schiedsgerichte örtliche Schiedsgerichte — für von den Landeszentralbehörden bestimmte Kreise — für das ganze Gebiet der Unfall- und Invalidenversicherung errichtet worden sind.

Sodann wurden die organisatorischen Bestimmungen über das Reichsversicherungsamt und die Landesversicherungsämter unter Ausscheidung aus den einzelnen Gesetzen zusammengefaßt.

Sonstige organisatorische Aenderungen oder Umgestaltungen wurden nicht getroffen.

Diese allgemeinen Bemerkungen vorausgeschickt, wird in Nachstehendem der Inhalt der durch das Gesetz vom 30. Juni 1900 geschaffenen materiellrechtlichen Veränderungen, Verbesserungen und Erweiterungen kurz zusammengefaßt, soweit sie die Gewerbe-Unfallversicherung betreffen:

Aus dem Gesetz vom 6. Juli 1884 wurden in das neue Gewerbe-Unfallversicherungsgesetz nur die Bestimmungen in den §§ 40 (27), 57 (36), 58 (37 Abs. 1—3), 61 (38), 62 (39), 67 (56), 68 (§ 13 Asd.G.), 98 (70), 106 (75), 118 (§ 14 Asd.G.), 126 (89), 131 (§ 7 Asd.G.), 132 (§ 9 Abs. 1 Asd.G.), 133 (§ 10 Asd.G.), 139 (97), 148 (105) ohne Aenderung aufgenommen; deren Stelle in den früheren Gesetzen ist in Klammern beigefügt.

Die §§ 3, 4, 13, 17, 19, 23, 24, 26, 30, 32, 33, 47, 48, 78, 81, 82,

83, 84, 85, 86, 90, 91, 94, 95, 104, 105, 108, 109, 110, 113, 114, 123, 137, 142, 153, 154 enthalten nur neu in das abgeänderte Gesetz aufgenommene Bestimmungen.

Alle übrigen Paragraphen des neuen Gesetzes enthalten Aenderungen der bisherigen Bestimmungen, Zusätze zu solchen oder auch nur redaktionelle Verbesserungen derselben.

Eine vergleichende Uebersicht der Paragraphen des alten und neuen Gesetzes ist gegenwärtiger Abhandlung beigegeben.

Im Einzelnen erstrecken sich die Veränderungen auf folgende Materien:

1. Der Kreis der Versicherungspflichtigen ist durch Ausdehnung der Unfallversicherung auf das Schlosser-, Schmiede-, Fleischer-, Fensterputzergewerbe, auf den Gesamtbetrieb der Bauhandwerker (Tischler, Maler, Glaser, Klempner rc.), auf Lagerungs-, Holzfällungs-, der Beförderung von Personen oder Gütern dienenden Betriebe erstreckt, auf letztere aber nur dann, wenn sie in Verbindung mit einem Handelsgewerbe betrieben werden, dessen Inhaber in das Handelsregister eingetragen ist.

2. Die Betriebsbeamten, denen Werkmeister und Techniker gleichgestellt sind, sind kraft des Gesetzes versichert, soweit ihr Verdienst (Lohn, Gehalt) unter 3000 Mk. beträgt, während früher die Gehaltsgrenze 2000 Mk. betrug.

3. Betriebsunternehmer, deren Jahresarbeitsverdienst 3000 Mk. nicht übersteigt oder welche nicht regelmäßig mehr als zwei Lohnarbeiter beschäftigen, sind berechtigt, sich selbst zu versichern.

4. Durch Statut kann die Versicherungspflicht erstreckt werden auf die sub. Z. 3 genannten Unternehmer, auf Hausgewerbetreibende (in Ansehung der in den §§ 1 und 2 bezeichneten Betriebe) und auf Betriebsbeamte mit einem 3000 Mk. übersteigenden Jahresverdienste.

5. Durch Statut kann ferner die Berechtigung zur Selbstversicherung auf Unternehmer mit einem höheren Jahresarbeitsverdienste als 3000 Mk. erstreckt und ferner bestimmt werden, daß gegen die Folgen der beim Betriebe oder Dienste sich ereignenden Unfälle versichert werden können a) im Betriebe beschäftigte, aber nach §§ 1 und 2 nicht versicherte Personen durch den Betriebsunternehmer; b) nicht im Betriebe beschäftigte, aber die Betriebsstätte besuchende oder auf derselben verkehrende Personen durch den Betriebsunternehmer oder Vorstand der Berufsgenossenschaft; c) Organe und Beamte der Berufsgenossenschaft durch deren Vorstand.

6. Die Unfallversicherung ist ferner kraft des Gesetzes auf häusliche und andere Dienste erstreckt, zu denen versicherte Personen neben der Beschäftigung im Betriebe von ihren Arbeitgebern oder deren Beauftragten herangezogen werden.

7. Bei völliger Hilflosigkeit des versicherten Verletzten kann die Vollrente bis auf den vollen Jahresarbeitsverdienst, bei unverschuldeter Arbeitslosigkeit bis auf den Betrag der Vollrente erhöht werden.

8. Im Vorverfahren vor dem Erlaß des ersten Feststellungsbescheides ist den unteren Verwaltungsbehörden die Möglichkeit einer Mitwirkung eingeräumt.

9. An die Stelle der Rente kann auf Antrag die Unterbringung in ein Invalidenhaus treten.

10. Das Sterbegeld (Pauschquantum für die Kosten der Beerdigung von

durch Unfall Getödteten) ist im Mindestbetrage von 30 Mk. auf 50 Mk. und die Rente der hinterbliebenen Kinder von 15% auf 20% erhöht worden; auch den Enkeln der Getödteten ist ein Rentenanspruch eingeräumt worden.

11. Für Renten bis zu 15% der Vollrente ist Kapitalabfindung, für die Beiträge kleiner Betriebsunternehmer ein Pauschbetrag zugelassen.

12. Weitere neue Bestimmungen erstrecken sich auf Verstärkung des Reservefonds, auf die Regelung der Stellung der Genossenschaftsbeamten durch eine von der Berufsgenossenschaft zu erlassende Dienstordnung, auf die freiere Verwaltung von Vermögensbeständen der Berufsgenossenschaften, auf den Erlaß von Unfallverhütungsvorschriften, auf die Einrichtung einer Haftpflichtversicherung, von Rentenzuschuß- und Pensionskassen der Berufsgenossenschaften, auf den Regreß der Berufsgenossenschaften gegen Unternehmer wegen fahrlässig herbeigeführter Unfälle, insoferne die Feststellung des Verschuldens von der Feststellung durch strafgerichtliches Urteil unabhängig gemacht ist, auf die Befugnis der Unternehmer, kleine landwirtschaftliche Betriebe, die neben dem versicherungspflichtigen Gewerbebetriebe betrieben werden, bei den industriellen Berufsgenossenschaften versichern zu lassen, u. a. m.

13. Wegen Veränderung der Verhältnisse des Rentenempfängers kann nach Ablauf von 5 Jahren seit der ersten Rentenfeststellung eine Aenderung der Rentenfestsetzung (Erhöhung, Minderung oder Einstellung der Rente) nur durch das Schiedsgericht auf Antrag herbeigeführt werden.

14. Die bisherigen berufsgenossenschaftlichen Schiedsgerichte sind ab 1. Januar 1901 aufgehoben; die Berufungen in Unfallsachen werden durch örtliche — territorial abgegrenzte — Schiedsgerichte verbeschieden; letztere führen den Namen Schiedsgerichte für Arbeiterversicherung.

15. Die vierwöchentlichen Fristen zur Einlegung von Rechtsmitteln sind in solche von einem Monat umgewandelt worden; dieselben gelten als gewahrt, wenn die Berufung innerhalb derselben bei einer anderen inländischen Behörde oder bei einem Genossenschaftsorgan eingereicht ist.

C. Bau-Unfallversicherung.

a) nach dem Gesetze vom 11. Juli 1887.

Nach dem Stande der bisherigen Unfallversicherungsgesetzgebung waren vor dem am 1. Januar 1888 in Kraft getretenen Reichsgesetze vom 11. Juli 1887 betr. die Unfallversicherung der bei Bauten beschäftigten Personen folgende Arbeiterkategorien bei Ausführung von Bauarbeiten gegen Betriebsunfälle versichert:

α) innerhalb des gewerblichen Baubetriebes:

1. Diejenigen Arbeiter (und Betriebsbeamten), welche von einem Gewerbetreibenden, dessen Gewerbebetrieb sich auf die Ausführung von Maurer-, Zimmerer-, Dachdecker-, Steinhauer- und Brunnen-Arbeiten erstreckt, in diesem Betriebe beschäftigt werden. (§ 1 Abs. II des U.-V.-G. v. 6. Juli 1884.)
2. Diejenigen Arbeiter (und Betriebsbeamten), welche von einem Gewerbetreibenden, dessen Gewerbebetrieb auf die Ausführung von Tüncher-, Verputzer-, (Weißbinder-), Gypser-, Stukateur-, Maler-, (Anstreicher-), Glaser-, Klempner (Spängler-) und Lakirer-

Arbeiten bei Bauten, auf die Anbringung, Abnahme, Verlegung und Reparatur von Blitzableitern oder auf die Ausführung von Schreiner- (Tischler-), Einsetzer-, Schlosser- oder Anschlägerarbeiten bei Bauten sich erstreckt, in diesem Gewerbetriebe beschäftigt werden. § 1 Abs. VIII des U.-V.-G. v. 6. Juli 1884 und die zur Ausführung dieser Gesetzesbestimmung gefaßten Bundesratsbeschlüsse (cf. Bekanntm. des Reichskanzlers vom 22. Januar 1885 u. 27. Mai 1886.)

β) innerhalb des Regiebaubetriebs.

3. Diejenigen Arbeiter (und Betriebsbeamten) bei Bauten, welche vom Reich oder einem Bundesstaate im Betriebe der Post- und Telegraphen-, sowie in den Betrieben der Marine- und Heeresverwaltungen für eigene Rechnung (Regiebauten) ausgeführt werden;
4. die Arbeiter (und Betriebsbeamten) bei Regiebauten aller Eisenbahnverwaltungen, mag es sich um Reichs-, Staats- oder um Privateisenbahnen, um große Lokomotivbahnen, oder um Pferdebahnen, Arbeitsbahnen oder ähnliche Unternehmungen handeln. § 1 Ziff. 1 des Ges. v. 28. Mai 1885 betr. die Ausdehnung der Unfall- und Krankenversicherung.

Durch das obengenannte Gesetz vom 11. Juli 1887 wurde die Unfallfürsorge auf folgende bei der Ausführung von Bauarbeiten beschäftigte Personen erstreckt:
1. die Arbeiter (und Betriebsbeamte), welche von Gewerbetreibenden, deren Gewerbebetrieb sich auf die Ausführung von Eisenbahn-, Wege-, Festungs-, Wasser-, Kanal- und ähnlichen Bauarbeiten erstreckt, in diesem Betriebe beschäftigt werden, soweit es sich dabei nicht etwa um einen Nebenbetrieb handelt, welcher der Versicherungspflicht des Hauptbetriebs folgt, und soweit jene Arbeiter nicht etwa Maurer-, Zimmer- oder ähnliche Arbeiten ausführen, auf welche sich der Gewerbebetrieb des betreffenden Gewerbtreibenden mit erstreckt;
2. die Arbeiter (und Betriebsbeamten) bei Bauarbeiten, welche Bauunternehmer, die die Ausführung von Bauarbeiten nicht gewerbsmäßig betreiben, für Andere ausführen;
3. die Arbeiter (und Betriebsbeamten), welche bei Ausführung von Regie-Bauarbeiten durch das Reich oder von einem Bundesstaate in anderen Betrieben als denen der Post-, Telegraphen-, Heeres- oder Eisenbahn-Verwaltungen beschäftigt werden;
4. die Arbeiter (und Betriebsbeamten), welche bei Ausführung von Regie-Bauarbeiten von Kommunal- oder anderen öffentlichen Verbänden (Deich-, Meliorations- und ähnliche Verbände) beschäftigt werden, wenn es sich nicht um für eigene Rechnung ausgeführte Eisenbahnbauten dieser Verbände handelt;
5. die Arbeiter (und Betriebsbeamten), welche von einer Privatperson bei Regiebauten — mit der unter vorstehender Ziff. 4 erwähnten Einschränkung — beschäftigt werden.

Nachdem ferner im Gesetze vom 11. Juli 1887 den Unternehmern von Bauarbeiten das Recht eingeräumt ist, jede bei der Bauausführung beschäftigte

Person (auch wenn sie unter keine der vorbezeichneten Kategorien fällt) und soferne deren Jahresarbeitsverdienst hinter einer bestimmten Summe zurückbleibt, sich selbst zu versichern, so erscheint die Unfallfürsorge thatsächlich allen bei Bauarbeiten beschäftigten Personen gesichert; denn arbeiten dieselben in einem gewerbsmäßigen Betriebe, so sind sie durch das Gew.-Unf.-Vers.-Ges. versichert, und arbeiten dieselben bei einem in Regie ausgeführten Bau, so erfreuen sie sich der durch das Bau-Unf.-Vers.-Ges. geschaffenen Versicherung.

Ausgenommen von der Versicherung sind nur Bauarbeiten zur Vornahme laufender Reparaturen an den zum Betriebe der Land- und Forstwirtschaft oder den in § 1 des U.-V.-G. vom 6. Juli 1884 genannten Gewerbebetrieben (Fabriken) dienenden Gebäuden, sowie die zum Wirtschaftsbetriebe gehörenden Bodenkultur- und sonstigen Bauarbeiten (für Wege, Dämme, Kanäle rc.) innerhalb eines land- und forstwirtschaftlichen Betriebs, unter der Voraussetzung, daß diese Arbeiten ohne Uebertragung an andere Unternehmer auf dem Unternehmer gehörenden oder doch dessen Betriebe dienenden Grundstücken ausgeführt werden.

Hinsichtlich der bestehenden Baugewerks-Berufsgenossenschaften ist das Unf.-Vers.-Ges. vom 6. Juli 1884 durch das Gesetz vom 11. Juli 1887 in nachstehender Weise geändert worden:

1. Nach Inkrafttreten des Gesetzes vom 11. Juli 1887 kann durch Statut die Versicherungspflicht nicht nur auf Betriebsbeamte mit einem 2000 Mk. übersteigenden Jahresarbeitsverdienst erstreckt, sondern auch auf Gewerbtreibende ausgedehnt werden, welche nicht regelmäßig wenigstens einen Lohnarbeiter beschäftigen. (Solche Gewerbtreibende konnten bekanntlich bisher nicht einmal statutarisch zur Unfallversicherung für ihre Person zugelassen werden.) Die Höhe des der Versicherung der Unternehmer zu Grunde zu legenden Jahresarbeitsverdienstes hat das Statut zu bestimmen.

Während bisher nur durch das Statut bestimmt werden konnte, daß und unter welchen Bedingungen Unternehmer versicherungspflichtiger Betriebe berechtigt sein sollten, andere nicht versicherungspflichtige Personen gegen die Folgen von Betriebsunfällen zu versichern, steht nach § 2 Abs. 1 des Ges. v. 11. Juli 1887 diese Befugniß den Unternehmern kraft des Gesetzes von selbst zu; ebenso sind Letztere nach dieser angezogenen Bestimmung kraft des Gesetzes berechtigt, sich selbst zu versichern, sofern ihr Jahresarbeitsverdienst 2000 Mk. nicht übersteigt (§ 2 mit § 48 Abs. 1 des Ges. v. 11. Juli 1887); auf Unternehmer mit einem 2000 Mk. übersteigenden Jahresarbeitsverdienste kann diese Berechtigung dagegen nur durch Statut erstreckt werden.

2. Das Reich, die Bundesstaaten, die Kommunalverbände und andere öffentliche Korporationen sind berechtigt, bezüglich aller oder einzelner Arten der von ihnen als Unternehmer ausgeführten Maurer-, Zimmer- und ähnlichen Bauarbeiten der für den Bezirk, in welchem die Bauarbeiten stattfinden, errichteten Baugewerksberufsgenossenschaft als Mitglieder beizutreten. (§ 5 l. c.).

3. Ferner wurde angeordnet, daß, wenn ein Baubetrieb sich auf verschiedene Arten von Bauarbeiten erstreckt, für dessen Zugehörigkeit zur Tiefbau- oder zur betr. Baugewerksberufsgenossenschaft, der Hauptbetrieb entscheidet; es sind demnach bei den Baugewerksberufsgenossenschaften auch Tiefbauarbeiten

versichert, sofern sie Nebenbetriebe eines der Baugewerksberufsgenossenschaft angehörigen Hauptbetriebes sind (§ 9 Abs. II l. c.).

4. Die Vorstände der Baukrankenkassen sind wahlberechtigt; wählbar sind nur Deutsche, welche bei Bauarbeiten der Genossenschaftsmitglieder im Bezirke der Genossenschaft (Sektion) dauernd beschäftigt sind (§ 35 Abs. II u. III l. c.)

5. Die Bauberufsgenossenschaft wurde für befugt erklärt, die Zahlung der Unfallrenten einzustellen, solange der Berechtigte im Auslande (außerhalb des Deutschen Reiches) wohnt, ferner einen Ausländer für seinen Entschädigungsanspruch mit dem dreifachen Betrage der Jahresrente abzufinden (§ 39 l. c.).

6. Den Baugewerksberufsgenossenschaften wurde ferner die Möglichkeit eingeräumt, sich auf die Beiträge von den Genossenschaftsmitgliedern vierteljährliche Vorschüsse leisten zu lassen (§ 10 Abs. II u. IV und § 48 Abs. I l. c.).

7. Ferner wurde bestimmt, daß verfügbare Gelder und Wertpapiere bei einer zur Aufbewahrung von Geldern oder Wertpapieren befugten öffentlichen Behörde oder Kasse niederzulegen sind (§ 43 Abs. I l. c).

8. Die Vorschriften über Unfallverhütung und Ueberwachung der Betriebe durch die Genossenschaften haben durch § 44 des Gesetzes vom 11. Juli 1887 nachstehende Aenderungen bezw. Ergänzungen erfahren:

a) Unfallverhütungsvorschriften können auch für die Bauarbeiten derjenigen Unternehmer erlassen werden, welche nicht Mitglieder der Genossenschaft sind, aber in dem Bezirke derselben Bauarbeiten ausführen.

   In den Unfallverhütungsvorschriften, welche auf derartige Bauarbeiten Anwendung finden sollen, sind für die Zuwiderhandelnden Zuschläge bis zum doppelten Betrage der Prämie oder, soferne es sich um Bauarbeiten der im § 21 lit. b bezeichneten Art handelt, Exekutivstrafen bis zu einhundert Mark anzudrohen.

b) Zur Festsetzung der in § 78 Ziff. 2 Gew.U.G. vorgesehenen Geldstrafen sind auch die Vorstände der Baukrankenkassen befugt, soferne eine solche für die Bauarbeit oder den Baubetrieb, bei welchem der Zuwiderhandelnde beschäftigt war, errichtet ist.

c) Die Berechtigung der Genossenschaft zur Ueberwachung der Betriebe und die Verpflichtungen der Unternehmer wegen Gestattung des Zutritts zu den Betriebsstätten und wegen Vorlegung ihrer Bücher und Nachweisungen erstrecken sich auch auf Unternehmer, welche, ohne Mitglied der Genossenschaft zu sein, im Bezirke derselben Bauarbeiten ausführen.

9. Bezüglich der gemäß § 16 ff. B.-U.G. bei jeder Baugewerksberufsgenossenschaft zu errichtenden Versicherungsanstalt, des für dieselbe festzusetzenden Nebenstatuts und der Aufbringung der Mittel für diese Anstalt, vgl. das nachstehend zur Organisation der Bau-Unfallversicherung Bemerkte.

Was die Organisation der Bauunfallversicherung betrifft, so ist der Grund, daß auf dieselbe nicht einheitliche Gesetzesvorschriften Platz greifen konnten, darin zu suchen, daß die ganz verschiedenen Arten der hier in Betracht kommenden Arbeit sowohl als die Verschiedenartigkeit der Unternehmer solcher Arbeiten (Gewerbtreibende, das Reich, die einzelnen Bundesstaaten, die Gemeinden, andere Verbände, Privatpersonen) eine einheitliche Organisation gar nicht durchführbar erscheinen ließen.

Die Organisation der Versicherung mußte vielmehr verschieden ausfallen, je nachdem es sich um Erd-, Wasser- oder dergleichen Bauarbeiten von Baugewerbtreibenden oder um Regiebauten handelt, und es waren ferner bei letzteren die Regiebauten des Reiches und der Bundesstaaten anders zu behandeln, als die Regiebauten anderer Verbände (Gemeinden) und der Privatpersonen.

Es wurden nämlich für diejenigen Baugewerbtreibenden, deren Gewerbebetrieb sich auf die der Unfallversicherung noch nicht unterliegenden Arten von Bauausführungen, insbesondere also auf Erd- und Wasserarbeiten erstreckt, in gleicher Weise eine berufsgenossenschaftliche Organisation durchgeführt, wie dies rücksichtlich solcher Baugewerbtreibenden, deren Gewerbebetrieb Hochbauten wie Maurer-, Zimmerer- und ähnliche Arbeiten umfaßt, nach dem Unfallversicherungsgesetze vom 6. Juli 1884 geschehen ist, und es wurden alle Gewerbebetriebe, welche sich auf Erd-, Kanal-, Wasser- etc. Bauarbeiten erstrecken, einer über das Gebiet des ganzen Deutschen Reichs sich erstreckenden Berufsgenossenschaft — der Tiefbau-Berufsgenossenschaft (mit dem Sitze in Berlin) — zugewiesen.

Was sodann die Regiebauten anlangt, so wurde es dem Reiche und den Bundesstaaten, analog den Bestimmungen des nunmehr aufgehobenen Ausdehnungsgesetzes in Ansehung der von dem Reiche oder den Bundesstaaten ausgeführten Bauten der Post-, Eisenbahn-, Heeres-, Marine-Verwaltungen überlassen, bei den unter das Bauunfallversicherungsgesetz fallenden anderen Hoch-, Kanal-, Weg- und ähnlichen Bauarbeiten die Unfallfürsorge auf die eigene Schulter zu nehmen, soferne sie es nicht vorziehen, sich rücksichtlich dieser Bauarbeiten an die bestehenden Berufsgenossenschaften anzuschließen. (In Bayern erfolgt die Unfallversicherung derjenigen Personen, welche bei den vom bayerischen Staate [Straßen- und Flußbauämter] als Unternehmer auszuführenden Tiefbauten beschäftigt werden, gemäß Verordnung vom 10. Dezember 1892 seit 1. Januar 1893 an durch den Staat, wobei als Ausführungsbehörde die oberste Baubehörde im Staatsministerium des Innern bestimmt ist, während die Regiebetriebe der Landbauämter der bayerischen Baugewerks-Berufsgenossenschaft überwiesen sind).

Aehnliche Bestimmungen wie die im vorletzten Absatze bezeichneten wurden auch für die Gemeinde- (Kreis-, Distrikts-) Verbände und andere ihren Bestand und fortdauernde Leistungsfähigkeit gewährleistende Korporationen (z. B. Deich- und Meliorationsverbände) im Gesetze vorgesehen.

Bei den Regiebauten anderer Bauherrn dagegen, insbesondere der Privatpersonen, sowie in Ansehung der Unternehmer, welche gelegentlich einen Bau ausführen, ohne die Ausführung von Bauarbeiten gewerbsmäßig zu betreiben, war zu berücksichtigen, daß derartige Bauausführungen viel zu wechselnd und meist von viel zu kurzer Dauer sind, als daß diese Bauherrn zu Berufsgenossenschaften oder ähnlichen Korporationen hätten vereinigt werden können. Es wurde vielmehr diesen Bauherrn und Unternehmern als Ausweg im Gesetze die Verpflichtung auferlegt, die bei der Ausführung der Bauarbeiten beschäftigten Personen bei einer mit öffentlicher Garantie umgebenen Versicherungsanstalt gegen Prämie zu versichern.

Es lag aber gewiß nichts näher, als die hienach erforderlichen öffentlichen Versicherungsanstalten an die bereits vorhandene berufsgenossenschaftliche Organisation anzuschließen. Wie die Innungen die Träger der von diesen errichteten

Innungskrankenkassen, die Gemeinden die Träger der Gemeindekrankenversicherung bilden, so wurden in den Berufsgenossenschaften die Träger für die in Rede stehenden Versicherungsanstalten gefunden und so die Organisation der gewerblichen Berufsgenossenschaft auf einem ihren bisherigen Aufgaben nahe verwandten Gebiete nutzbar gemacht.

Es wurde daher im Gesetze die Anordnung getroffen, daß sowohl mit jeder für Baugewerbetreibende auf Grund des Unfallversicherungsgesetzes vom 6. Juli 1884 bereits gebildeten Berufsgenossenschaften (acht in Preußen, je eine in Bayern, Sachsen und Württemberg, und eine für Baden, Hohenzollern Elsaß und Lothringen zusammen) als mit der für Erd- und Wasserbauten neu zu bildenden (Tiefbau-) Berufsgenossenschaft eine Versicherungsanstalt verbunden werde und jeder Bauunternehmer oder Bauherr, welcher für eigene Rechnung Bauarbeiten ausführt und nicht zu den Baugewerbetreibenden gehört, verpflichtet sei, die dabei beschäftigten Personen durch Vermittlung der Gemeindebehörden bei der Versicherungsanstalt derjenigen Berufsgenossenschaft, welche für die Baugewerbetreibenden der betreffenden Kategorie von Bauarbeitern errichtet ist, gegen Prämien nach dem Verhältnisse der an die Versicherten gezahlten Löhne zu versichern. Der Einheitssatz der Prämien wird von dem Reichs- (Landes-) Versicherungsamt alle drei Jahre für jede Berufsgenossenschaft nach Anhörung des Vorstandes derselben durch Aufstellung von Tarifen (Prämientarif) im Voraus in der Weise festgesetzt, daß durch den Gesammtbetrag der aufkommenden Prämien die Renten der Versicherten einschließlich der Verwaltungskosten gedeckt werden.

Nur für den Fall Bauarbeiten von geringerer Dauer als von sechs Arbeitstagen in Frage stehen, erfolgt die Unfallversicherung in der Versicherungsanstalt nicht auf Kosten des Bauunternehmers nach Maßgabe des eben besprochenen Prämientarifs, sondern auf Kosten der Gemeinden (Verbände), über deren Bezirk die Baugewerks-Berufsgenossenschaft (auf die Versicherungsanstalt der Tiefbau-Berufsgenossenschaft findet dies jedoch keine Anwendung wegen der Bestimmung in § 18 Abs. II des Gesetzes) sich erstreckt, nach dem Umlageverfahren durch nachträgliche Einhebung von Beiträgen, welche nach Maßgabe der in den einzelnen Jahren für Unfälle bei derartigen Bauarbeiten thatsächlich erforderlich gewordenen Zahlungen auf die betreffenden Gemeinden jährlich umgelegt werden.

Die Versicherungsanstalt bildet eine Einrichtung der betreffenden Berufsgenossenschaft und wird von den Organen der letzteren nach Maßgabe des von der Genossenschaftsversammlung derselben errichteten Nebenstatuts verwaltet, für den Fall nicht in diesem Nebenstatut besondere Organe für die Verwaltung der Versicherungsanstalt bestimmt sind. Die Einnahmen und Ausgaben der Versicherungsanstalten sind gesondert zu verrechnen und ihre Bestände gesondert zu verwahren; ebenso ist für die Versicherungsanstalt ein gesonderter Reservefond anzusammeln, dessen Verwendung zu Zwecken der Berufsgenossenschaft unstatthaft ist, während vielmehr letztere im Gesetze verpflichtet wurde, die für den Geschäftsbetrieb der Versicherungsanstalt etwa erforderlichen Mittel soweit nötig aus ihrem Reservefond vorzuschießen. Im Uebrigen haben die für die Berufsgenossenschaft geschaffenen Einrichtungen (Meldung, Untersuchung der Unfälle, Schiedsgerichte 2c. 2c.) auch für die bei der Versicherungsanstalt Beteiligten zu gelten.

Was den sachlichen Umfang der Versicherung, d. i. die zu gewährende Unfallentschädigung, das Verfahren, die Rechtsmittel u. s. w. betrifft, so lehnt sich das Bauunfallversicherungsgesetz an das Gewerbe-Unfallversicherungsgesetz soweit als möglich an. Die Vorschriften über die Voraussetzungen und die Höhe der Entschädigungen, über die Feststellung derselben, die dagegen zulässigen Rechtsmittel an das Schiedsgericht, Reichs- oder Landesversicherungsamt, die Auszahlung der Entschädigungen, die Unfallanzeigen und Unfalluntersuchungen, die Zusammensetzung der Schiedsgerichte entsprechen den gleichartigen Vorschriften des Unfallversicherungsgesetzes. Nur bei Bemessung der Entschädigungen macht sich eine freilich nicht besonders in die Wagschale fallende Verschiedenheit insoferne geltend, als die Entschädigung bei solchen Bauten, welche als Bestandteile der Land- und Forstwirtschaft unter das Reichsgesetz vom 5. Mai 1886 betr. die Unfall- und Krankenversicherung der in land- und forstwirtschaftlichen Betrieben beschäftigten Personen nach den Grundsätzen dieses Gesetzes, insbesondere nach dem durchschnittlichen Arbeitsverdienst land- und forstwirtschaftlicher Arbeiter, statt nach dem Individualverdienst des Verletzten zu berechnen ist, und daß in Ansehung der Krankenversicherung bezüglich der bei Regiebauten beschäftigten Personen denselben jene Gemeinde, — also nicht die Gemeindekrankenversicherung oder der gemeindliche Armenverband — in deren Bezirk der verletzte Arbeiter beschäftigt war, während der ersten dreizehn Wochen die Kosten des Heilverfahrens (also freie ärztliche Behandlung, Arznei, Brillen, Bruchbänder und ähnliche Heilmittel) ohne Krankengeld zu gewähren hat, soferne nicht der Verletzte sich im Auslande aufhält oder auf Grund der Krankenversicherung (weil versicherungspflichtig oder freiwillig beigetreten) oder anderer Rechtsverhältnisse Anspruch auf mindestens gleiche Fürsorge hat.

b) nach dem Abänderungsgesetze vom 30. Juni 1900.

Die vorstehend skizzirten Grundzüge der Bau-Unfallversicherung sind durch das Abänderungsgesetz vom 30. Juni 1900 nicht berührt worden.

Daß die in das Gewerbe-Unfallversicherungsgesetz aufgenommenen Bestimmungen des Ausdehnungsgesetzes vom 28. Mai 1885 ab 1. Oktober 1900 aufgehoben sind, wurde schon oben erwähnt.

Die Bestimmung in § 1 Abs. IV des Bau-Unf.-Vers.-Ges. vom 11. Juli 1887, wonach laufende Reparaturen an den zum Betriebe der Land- und Forstwirtschaft dienenden Gebäuden und die zum Wirtschaftsbetriebe gehörenden Bodenkulturen und sonstigen Bauarbeiten (Herstellung von Dämmen, Wegen, Kanälen, Wasserläufen &c.) als Teile des land- und forstwirtschaftlichen Betriebes gelten, wenn sie von Unternehmern solcher Betriebe ohne Uebertragung an andere Unternehmer auf ihren Grundstücken ausgeführt werden, wurde in das landwirtschaftliche Unf.-Vers.-Ges. vom 30. Juni 1900 unter § 1 Abs. IV daselbst aufgenommen.

Durch das Abänderungs-Gesetz vom 30. Juni 1900 ist der Kreis der bei Bauarbeiten gegen Unfall versicherten Personen dadurch erheblich erweitert worden, daß Gewerbebetriebe, welche sich überhaupt auf Bauarbeiten erstrecken, in ihrem ganzen Umfange der Unfallversicherung unterstellt sind, so daß das Unf.-Vers.-Ges. auf sämtliche im Betriebe beschäftigte Arbeiter und Betriebsbeamte Anwendung findet, auch wenn sie persönlich bei Arbeiten für Bauten nicht beschäftigt werden.

Die Bestimmungen in § 2, § 3, § 4 Abs. IV, § 6 Abs. II und III, § 7, § 10 Abs. VI, § 28 Abs. IV, § 29 Abs. II und in §§ 46, 47, 48 des Bau-Unf.-Vers.-Ges. sind in dieses neu aufgenommen.

Die übrigen wenigen Aenderungen (in §§ 1, 4, 6, 10, 11, 13, 15, 16, 18, 19, 22, 23, 31, 35, 37, 38, 39, 41) gegenüber dem früheren Gesetzestexte betreffen Verbesserungen, Ergänzungen, redaktionelle Aenderung der bisherigen Bestimmungen oder Verweisungen auf Bestimmungen des neuen Gewerbe-Unf.-Vers.-Ges. oder des aufgehobenen Ausdehnungsgesetzes.

Bezüglich der neu in das Bau-Unf.-Vers.-Ges. aufgenommenen Bestimmungen sind noch einige allgemeine Bemerkungen veranlaßt:

1. Die Bau-Unfallversicherung ist nunmehr auch auf häusliche und andere Dienste erstreckt, zu denen versicherte Personen neben der Beschäftigung im Betriebe von ihren Arbeitgebern oder deren Beauftragten herangezogen werden. (§ 2).

2. Wie in das Gew.-Unf.-Vers.-Ges. so wurde auch hier eine Bestimmung aufgenommen, durch welche die Regelung der Unfallversicherung bezüglich jener Betriebe ermöglicht wird, welche sich auf das Inland und das Ausland erstrecken, um dadurch zu vermeiden, daß bei Betrieben, welche sich auf das Gebiet eines anderen Staates erstrecken, für verschiedene Bestandteile desselben verschiedene gesetzliche Bestimmungen zur Anwendung zu kommen hätten. (§ 3.)

3. Auch eine weitere Erstreckung der Versicherungspflicht im Wege statutarischer Bestimmung und der Möglichkeit der Selbstversicherung wurde insofern vorgesehen, als für diese beiden Versicherungsarten von Gewerbtreibenden und Betriebsbeamten die Grenze des Jahresarbeitsverdienstes auf 3000 Mark (gegen 2000 Mark früher) aufgerückt ist und auch die Beschäftigung von 2 Lohnarbeitern diese Selbstversicherung nicht ausschließt. (§ 4 Abs. I und II).

4. Durch Statut kann ferner bestimmt werden, daß und unter welchen Voraussetzungen im Betriebe beschäftigte, aber nach dem Gesetz nicht versicherte, oder im Betriebe nicht beschäftigte, aber die Betriebsstätte besuchende oder auf derselben verkehrende Personen, Unfall-Organe und Beamte der Berufsgenossenschaft gegen die Folgen der beim Betriebe oder Dienste sich ereignenden Unfälle versichert werden können. (§ 4 Abs. III).

5. Als neue Bestimmung ist auch die Ermächtigung der Landeszentralbehörde dahin aufgenommen, mehrere Kommunalverbände oder andere öffentliche Korporationen zum Zwecke der gemeinsamen Durchführung der Unfallversicherung bei den von diesen als Unternehmer ausgeführten Bauarbeiten zu einem Verbande zu vereinigen. Ein solcher Verband ist befugt, statutarische Anordnungen zu erlassen, nach welchen den Gemeinden die ihnen nach § 10 Abs. II auferlegten Kosten des Heilverfahrens aus den Mitteln des weiteren Kommunalverbandes zu ersetzen sind. (§ 6 und § 10 Abs. VI).

6. In § 7 ist der Berufsgenossenschaft die Entschädigungspflicht bei Unfällen in fremden Betrieben für den Fall auferlegt, daß sie sich bei Betriebshandlungen ereignen, zu welchen ein der Genossenschaft angehörender Unternehmer den Auftrag gegeben und für welche er die Löhne zu zahlen hat. (§ 7).

7. Die neue Bestimmung in § 28 Abs. IV betrifft die Rückerstattung eines zu Unrecht gezahlten Prämienbetrages. (§ 28 Abs. IV).

8. Streitigkeiten, welche zwischen den Versicherungsanstalten und den Bauherrn oder zwischen Unternehmern von Regiebauarbeiten über die im Gesetze vorgesehene Haftung entstehen, entscheidet mit Ausschluß des Rechtsweges das Reichsversicherungsamt. (§ 29).

9. Die §§ 46—48 betreffen Vorschriften über die Regreßpflicht von Unternehmern und Beauftragten.

10. Ferner ist noch zu bemerken, daß auch für den Vollzug des Bau-Unf.-Vers.-Ges. die vierwöchentliche Frist zur Einlegung von Rechtsmitteln in eine solche von einem Monat umgewandelt wurde, sowie daß

11. die Bestimmungen der §§ 8, 12 Abs. II, §§ 18 bis 36, 37 Abs. II, § 38 Abs. I und III, §§ 39 bis 41, 45 bei den im Geltungsbereiche des Gewerbe-Unf.-Vers.-Ges. errichteten Berufsgenossenschaften für Baugewerbetreibende gleichfalls entsprechende Anwendung finden, endlich daß

12. im Uebrigen auf die einleitenden Bemerkungen zum Gewerbe-Unf.-Vers.-Ges. aus Ziff. 7 bis 14 Seite 7 u. 8 im Interesse der Vermeidung von Wiederholungen Bezug genommen wird.

Gesetz, betreffend die Abänderung der Unfallversicherungsgesetze, vom 30. Juni 1900.[1]

(Reichs-Gesetzbl. 1900 Nr. 26, S. 573—584.)

Wir Wilhelm, von Gottes Gnaden Deutscher Kaiser, König von Preußen 2c.

verordnen im Namen des Reichs, nach erfolgter Zustimmung des Bundesrats und des Reichstags was folgt:

Abänderung der bisherigen Gesetze.

§ 1.

I Das Unfallversicherungsgesetz vom 6. Juli 1884 (Reichs-Gesetzbl. S. 69), der Abschnitt A des Gesetzes, betreffend die Unfall- und Krankenversicherung der in land- und forstwirtschaftlichen Betrieben beschäftigten Personen, vom 5. Mai 1886 (Reichs-Gesetzbl. S. 132), das Gesetz, betreffend die Unfallversicherung der bei Bauten beschäftigten Personen, vom 11. Juli 1887 (Reichs-Gesetzbl. S. 287) und das Gesetz, betreffend die Unfallversicherung der Seeleute und anderer bei der Seeschiffahrt beteiligter Personen, vom 13. Juli 1887 (Reichs-Gesetzbl. S. 329) erhalten die aus den Anlagen ersichtliche Fassung.

II Das Gesetz über die Ausdehnung der Unfall- und Krankenversicherung vom 28. Mai 1885 (Reichs-Gesetzbl. S. 159) wird aufgehoben.

III Wo in Gesetzen auf Bestimmungen Bezug genommen wird, welche hiernach abgeändert oder aufgehoben werden, sind darunter die an deren Stelle getretenen Bestimmungen zu verstehen.

1. Schon in der Einleitung ist bemerkt, daß die einzelnen Unfallversicherungsgesetze als Anlagen des Abänderungs-(Mantel-)Gesetzes mit Bekanntmachung des Reichskanzlers vom 5. Juli 1900 (Reichs-Gesetzbl. S. 573—773) veröffentlicht sind.

Die Benennung der bisherigen Unfallversicherungsgesetze hat sich durch die Novelle vom 30. Juli 1900 geändert.

---

[1]) Auch Mantelgesetz oder Hauptgesetz genannt.

Es wurden bezeichnet:

a) das Gesetz vom 6. Juli 1884 als „Gewerbe-Unfallversicherungsgesetz";
b) „ „ „ 5. Mai 1886 „ „Unfallversicherungsgesetz für Land- und Forstwirtschaft";
c) „ „ „ 11. Juli 1887 „ „Bau-Unfallversicherungsgesetz";
d) „ „ „ 13. Juli 1887 „ „See-Unfallversicherungsgesetz".

2. Der von der Krankenversicherung handelnde Abschnitt B des Gesetzes vom 5. Mai 1886 betreffend die Unfall- und Krankenversicherung der in land- und forstwirtschaftlichen Betrieben beschäftigten Personen ist nicht abgeändert worden.

3. Ferner wurde schon oben (Einleitung) erwähnt, daß die Bestimmungen des aufgehobenen Ausdehnungsgesetzes vom 28. Mai 1885, soweit sie nicht überhaupt als entbehrlich fallen gelassen wurden, in das Gewerbe-Unfallversicherungsgesetz aufgenommen worden sind.

4. Im Uebrigen siehe Einleitung Abschn. B lit. b Seite 5 ff.

Errichtung neuer Berufsgenossenschaften.

§ 2.

I Die Errichtung von Berufsgenossenschaften für die durch § 1 des Gewerbe-Unfallversicherungsgesetzes der Unfallversicherung neu unterstellten Gewerbszweige oder deren Zuteilung zu bestehenden Berufsgenossenschaften erfolgt durch den Bundesrat nach Anhörung von Vertretern der beteiligten Gewerbszweige und Genossenschaften.

II Bis zur Genehmigung der Statuten der auf Grund dieses Gesetzes errichteten Berufsgenossenschaften können durch Beschluß des Bundesrats aus den auf Grund der Gesetze vom 6. Juli 1884 (Reichs-Gesetzbl. S. 69), vom 28. Mai 1885 (Reichs-Gesetzbl. S. 159), vom 11. Juli 1887 (Reichs-Gesetzbl. S. 287) und vom 13. Juli 1887 (Reichs-Gesetzbl. S. 329) errichteten Berufsgenossenschaften, ohne Rücksicht auf die in diesen Gesetzen vorgeschriebenen Voraussetzungen, nach Anhörung der beteiligten Genossenschaftsvorstände Gewerbszweige ausgeschieden und einer anderen Berufsgenossenschaft zugeteilt werden.

III In den neu errichteten Berufsgenossenschaften wird das Statut durch eine konstituierende Genossenschaftsversammlung beschlossen. Diese besteht aus Delegierten von Handelskammern, Gewerbekammern oder ähnlichen wirtschaftlichen Vertretungen, welchen die Unternehmer der betreffenden Gewerbszweige angehören. Die Landes-Zentralbehörden bezeichnen diejenigen Stellen, welche zur Entsendung von Delegierten befugt sein sollen, und bestimmen für jede derselben unter Berücksichtigung ihrer wirtschaftlichen Bedeutung die Zahl der Delegierten. Erstreckt sich der Bezirk der Berufsgenossenschaft über das Gebiet eines Bundesstaats hinaus, so werden die zur Entsendung von Delegierten befugten Stellen und die Zahl der einer jeden derselben zustehenden Delegierten nach Benehmen mit den beteiligten Landesregierungen vom Reichskanzler bestimmt.

IV Die Berufung der konstituirenden Genossenschaftsversammlung und die Leitung ihrer Verhandlungen erfolgt bis zur Wahl eines provisorischen Vorstandes durch das Reichs-Versicherungsamt.

v Bei den neu errichteten Genossenschaften endet die erste Wahlperiode der Vertreter der Arbeiter mit dem 1. Januar 1906.

1. Hiezu wurde unterm 5. Oktober 1901 (R.-G. 1901 S. 621) folgende Bekanntmachung des Reichskanzlers erlassen:

„Auf Grund des § 2 Abs. 1, 2 des Gesetzes betr. die Abänderung der Unfallversicherungsgesetze vom 30. Juni 1900 hat der Bundesrat beschlossen:

1. Für die durch § 1 des Gewerbe-Unfallversicherungsgesetzes der Unfallversicherung neu unterstellten Gewerbebetriebe, welche sich auf die Ausführung von Schmiedearbeiten erstrecken, wird eine das Gebiet des Reichs umfassende Berufsgenossenschaft errichtet. Die Schmiedebetriebe, welche bereits bestehenden Berufsgenossenschaften angehören, werden aus diesen ausgeschieden und der neuen Berufsgenossenschaft zugeteilt.

2. Die sonstigen der Unfallversicherung neu unterstellten Gewerbszweige werden bestehenden Berufsgenossenschaften zugeteilt und zwar: Die gewerblichen Brauereien der Brauerei- und Mälzerei-Berufsgenossenschaft, die Gewerbebetriebe, welche sich auf die Ausführung von Schlosserarbeiten erstrecken, den Eisen- und Stahl-Berufsgenossenschaften bezw. der Rheinisch-Westfälischen Maschinenbau- und Kleineisen-Industrie-Berufsgenossenschaft, das Fensterputzergewerbe den Baugewerks-Berufsgenossenschaften, das Fleischergewerbe der Fleischerei-Berufsgenossenschaft, die gewerbsmäßigen Lagereibetriebe der Speditions-Speicherei- und Kellerei-Berufsgenossenschaft, endlich von den mit einem Handelsgewerbe, dessen Inhaber im Handelsregister eingetragen steht, verbundenen Betrieben: die Lagerungs- und die der Beförderung von Personen oder Gütern zu Lande dienenden Betriebe der Speditions-, Speicherei- und Kellerei-Berufsgenossenschaft, die der Beförderung zu Wasser dienenden Betriebe den Binnenschiffahrts-Berufsgenossenschaften, die Holzfällungsbetriebe den Holz-Berufsgenossenschaften.

2. Um für die Vertreter der Arbeiter in den etwa neu zu errichtenden Berufsgenossenschaften gleiche Wahlperioden mit den älteren Berufsgenossenschaften einzuführen, ist ohne Rücksicht auf den Zeitpunkt der erstmaligen Wahl das Ende der Wahlperiode auf den 1. Januar 1906 festgesetzt worden, mit welchem Tage nach § 114 Gew.-U.-G. die Wahlperiode in den anderen Berufsgenossenschaften abläuft.

Schiedsgerichte.

§ 3.

I Die Entscheidung von Streitigkeiten über Entschädigungen auf Grund der Unfallversicherungsgesetze wird den gemäß §§ 103 ff. des Invalidenversicherungsgesetzes errichteten Schiedsgerichten übertragen. Diese führen fortan die Bezeichnung: „Schiedsgericht für Arbeiterversicherung“ mit Angabe des Bezirkes und des Sitzes. Bei Streitigkeiten über Entschädigungen für die Folgen von Unfällen in Betrieben, für welche zugelassene besondere Kasseneinrichtungen bestehen (§§ 8, 10, 11 des Invalidenversicherungsgesetzes), treten die für diese errichteten Schiedsgerichte an die Stelle der Schiedsgerichte für Arbeiterversicherung.

II Die bisherigen Schiedsgerichte für die einzelnen Berufsgenossenschaften und Ausführungsbehörden werden aufgehoben. Die bei diesen Gerichten schwebenden Streitigkeiten gehen in der Lage, in welcher sie sich zu dem im § 25 Abs. 1 bezeichneten Zeitpunkte befinden, auf die nach diesem Gesetze zuständigen Schiedsgerichte über und sind von diesen zu erledigen.

a) Vorbemerkung zu den §§ 3—9.

Da nach den bisherigen Bestimmungen der Unfallversicherungsgesetze für jede Berufsgenossenschaft und, soferne dieselbe in Sektionen eingeteilt ist, für jede Sektion, ferner für jede Ausführungsbehörde bei Staatsbetrieben, sowie bei den für leistungsfähig erklärten Kommunalverbänden ein Schiedsgericht errichtet war, so konnte es nicht anders sein, als daß der Umfang der Bezirke und der Umfang der Geschäfte bei den einzelnen Schiedsgerichten ein ganz verschiedener war.

So hatte z. B. die Privatbahn=Berufsgenossenschaft nur zwei Schiedsgerichte, deren Bezirke Nord= und Süddeutschland umfaßten; das Schiedsgericht der Reichspostverwaltung umfaßte das Gebiet des ganzen Deutschen Reichs mit Ausnahme von Bayern und Württemberg.

Es war daher dem Verletzten vielfach nicht oder doch nur mit großen Kosten und Mühen möglich, im Termine der Schiedsgerichte persönlich zu erscheinen und seine Interessen zu vertreten. Daß dies ein seitens der versicherten Verletzten vielfach unangenehm empfundener, aber auch im Interesse einer möglichst sicheren Rechtsprechung der Schiedsgerichte zu beklagender Mißstand war, läßt sich nicht leugnen.

Dazu war bei vielen Schiedsgerichten der Geschäftsgang nicht so erheblich, daß regelmäßig Sitzungen in kürzeren Zwischenräumen abgehalten werden konnten, so daß hierdurch nicht selten eine ungebührliche Verzögerung der schiedsgerichtlichen Entscheidungen erwuchs.

Auch die Besetzung des Vorsitzes der Schiedsgerichte begegnete Schwierigkeiten; entweder waren die Geschäfte so umfangreich, daß sie von einem Beamten im Nebenamte nicht bewältigt werden konnten, oder sie waren so geringfügig, daß die Beamten nicht dazu gelangten, sich in die einschlägigen Materien gründlich einzuarbeiten und daher die jedesmalige Vorbereitung zu den Sitzungen lästig und mühevoll war, so daß die Neigung der Beamten zur Uebernahme dieses Vorsitzes eine geringe und es ferner erklärlich war, daß Beamte, die schon in ihrem Hauptamte sehr in Anspruch genommen waren, die Geschäfte des Schiedsgerichts als weniger vordringlicher betrachteten und lange liegen ließen, vielfach auch ohne ihr Verschulden lange liegen lassen mußten.

Diesen Mängeln hat das Gesetz durch Errichtung territorialer — örtlicher, für von den Landeszentralbehörden bestimmte Bezirke gebildete — Schiedsgerichte abzuhelfen versucht.

Dieselben bieten den unverkennbaren Vorzug, daß den Versicherten die Auffindung des zuständigen Schiedsgerichts ohne Schwierigkeit möglich und deren persönliches Erscheinen am Termine unter allen Umständen ohne besondere Mühen und hohe Kosten gewährleistet ist.

Dazu kommt, daß bei dem regelmäßigen Geschäftsgang dieser Gerichte eine schnellere Erledigung der anhängig gewordenen Berufungen erreicht wird und daß die Arbeitskraft der Beisitzer durch Erledigung einer größeren Anzahl von Streitfällen in einer Sitzung besser ausgenützt werden kann.

Dadurch ferner, daß Beamte mit der Führung des Vorsitzes der Schiedsgerichte im Hauptamte betraut werden können, kann ein allzuhäufiger, keineswegs im Interesse der Sache gelegener Wechsel in der Person der Schiedsgerichtsvorsitzenden vermieden und die Heranbildung eines geeigneten Hilfsbeamtenpersonales gesichert werden.

Die gegen die Umgestaltung der Schiedsgerichte auf territorialer Grundlage gehegte Befürchtung, daß hiedurch das berufsgenossenschaftliche Prinzip beeinträchtigt werde, erscheint nicht gerechtfertigt, da die Zusammensetzung der Schiedsgerichte und die Qualität der Beisitzer mit den Zwecken und Aufgaben der Berufsgenossenschaften nicht im Zusammenhang stehen und Letzteren die Vertretung ihrer Interessen vor den Schiedsgerichten nach wie vor unbenommen bleibt.

Auch die Besorgnis, daß die Rechtsprechung bei derselben Berufsgenossenschaft in einzelnen Fragen sich verschieden gestalten kann, dürfte gegenüber den sonstigen Vorzügen der territorialen Schiedsgerichte nicht zu schwer ins Gewicht fallen, zumal auf dem Wege gegenseitiger Fühlung der Schiedsgerichte und möglichster Anlehnung derselben insbesondere in Fragen prinzipieller Natur an die Rechtsprechung des Reichsversicherungsamtes und der Landesversicherungsämter bedeutungsvolle Differenzen in der Rechtsprechung der Schiedsgerichte werden vermieden werden können.

Die Bildung der territorialen Schiedsgerichte anlangend, so wurden die auf Grund des Invalidenversicherungsgesetzes vom 13. Juli 1899 gebildeten Schiedsgerichte auch zur Anwendung für die Unfallversicherung für geeignet erachtet, mit der Maßgabe, daß für eine dem erweiterten Wirkungskreise entsprechende Mehrung der Beisitzer gesorgt wurde.

b) Anmerkung zu § 3.

1. **Besondere Kasseneinrichtungen.** Für die Beurteilung der Folgen von Unfällen in Betrieben, für welche besondere Kasseneinrichtungen mit ihren besonderen schiedsgerichtlichen Organen zugelassen sind, ist die Zuständigkeit der allgemeinen örtlichen Schiedsgerichte ausgeschlossen, da ersteren auch die Rechtsprechung in Unfallversicherungssachen übertragen ist. Thatsächlich sind die in Betracht kommenden besonderen Schiedsgerichte ganz ebenso eingerichtet wie die allgemeinen Schiedsgerichte. Solche Kasseneinrichtungen bestehen bei einer Reihe von Knappschaften und für die Mehrzahl (Preußen, Bayern, Sachsen, Baden) der größeren staatlichen Eisenbahnverwaltungen (in Bayern die Arbeiter-Pensionskasse der kgl. bayer. Staatseisenbahnverwaltung mit dem Sitze des Schiedsgerichts in München).

Dazu kommt noch das Schiedsgericht der Seeberufsgenossenschaft mit allen ihr angehörenden Betrieben, nachdem dieselbe von der ihr durch § 11 des Invalidenversicherungsgesetzes vom 13. Jul. 1899 eingeräumten Befugnis zur Errichtung einer eigenen Kasseneinrichtung behufs Durchführung der Invalidenversicherung Gebrauch gemacht hat.

2. **Bestimmungen des Invalidenversicherungsgesetzes:** Die oben erwähnten Bestimmungen des Invalidenversicherungsgesetzes lauten:

C. Schiedsgerichte.

§ 103.

Für den Bezirk jeder Versicherungsanstalt wird mindestens ein Schiedsgericht errichtet.

Die Zahl, die Bezirke und die Sitze der Schiedsgerichte werden von der Zentralbehörde des Bundesstaats, in dessen Gebiete die Versicherungsanstalt ihren Sitz hat, bestimmt. Für gemeinsame Versicherungsanstalten wird diese Bestimmung, sofern ein Einverständnis unter den beteiligten Landesregierungen nicht erzielt wird, vom Reichskanzler getroffen.[1])

§ 104.

Jedes Schiedsgericht besteht aus einem ständigen Vorsitzenden und aus Beisitzern.

Der Vorsitzende wird aus der Zahl der öffentlichen Beamten von der Zentralbehörde des Bundesstaats, in welchem der Sitz des Schiedsgerichts belegen ist, ernannt. Für den Vorsitzenden ist in gleicher Weise mindestens ein Stellvertreter zu ernennen.

Die Beisitzer[2]) werden in der durch das Statut bestimmten Zahl von dem Ausschusse der Versicherungsanstalt, und zwar zu gleichen Teilen in getrennter Wahlhandlung von den Arbeitgebern und den Versicherten, nach einfacher Stimmenmehrheit gewählt.

Die Hülfsbeamten des Schiedsgerichts sind Beamte der Versicherungsanstalt; ihre Bestellung erfolgt durch den Vorstand der Versicherungsanstalt nach Anhörung des Vorsitzenden des Schiedsgerichts.

---

[1]) Ein Verzeichniß dieser Schiedsgerichte ist im Anhang abgedruckt.

[2]) Es giebt keine Stellvertreter der Beisitzer mehr in Unfallsachen.

Die Bestimmungen im § 62 Abs. 3, § 64 Abs. 5, § 83 Abs. 1, 3, §§ 87 bis 92 Satz 1, §§. 94, 97, 98 finden mit folgenden Maßgaben entsprechende Anwendung.

1. **Die Mitglieder des Schiedsgerichts dürfen nicht Mitglieder des Vorstandes, Vertreter der Arbeitgeber und der Versicherten bei einer unteren Verwaltungsbehörde oder Beisitzer einer Rentenstelle sein;**
2. **die Enthebung eines gewählten Beisitzers erfolgt durch den Vorsitzenden des Schiedsgerichts, vorbehaltlich der Beschwerde an die höhere Verwaltungsbehörde;**
3. **die Auferlegung der Kosten gemäß § 64 Abs. 5 erfolgt durch den Vorsitzenden des Schiedsgerichts.**

§ 105.

Name und Wohnort des Vorsitzenden und seiner Stellvertreter sind im Bezirke des Schiedsgerichts von der Landes-Zentralbehörde amtlich zu veröffentlichen und dem Reichs-Versicherungsamte mitzuteilen.

§ 106.

Der Vorsitzende beruft das Schiedsgericht und leitet die Verhandlungen desselben.

Das Schiedsgericht ist befugt, Zeugen und Sachverständige zu vernehmen und ihre Aussagen eidlich erhärten zu lassen.

Das Schiedsgericht entscheidet in der Besetzung von fünf Mitgliedern, unter denen sich je zwei Arbeitgeber und zwei Versicherte befinden müssen.[1])

Die Entscheidungen des Schiedsgerichts erfolgen nach Stimmenmehrheit und sollen spätestens innerhalb drei Wochen nach ihrer Verkündung den Parteien zugestellt werden.

Die Zuziehung der Beisitzer erfolgt in der Regel nach einer im Voraus aufgestellten Reihenfolge. Die Bestimmung des § 83 Abs. 2 findet Anwendung. Will der Vorsitzende aus besonderen Gründen von der Reihenfolge abweichen, so sind diese aktenkundig zu machen.

Im Uebrigen wird das Verfahren vor dem Schiedsgerichte durch Kaiserliche Verordnung mit Zustimmung des Bundesrats geregelt.

§ 107.

Die Kosten des Schiedsgerichts einschließlich der Bezüge der Beisitzer und der Hülfsbeamten sowie die Kosten des Verfahrens vor demselben trägt die Versicherungsanstalt.

Dem Vorsitzenden des Schiedsgerichts und dessen Stellvertretern darf eine Vergütung von der Versicherungsanstalt nicht gewährt werden.

Ueber die Beschaffung der Geschäftsräume und Geschäftsbedürfnisse des Schiedsgerichts wird vom Vorsitzenden im Einvernehmen mit dem Vorstande der Versicherungsanstalt Bestimmung getroffen. Bei Meinungsverschiedenheit entscheidet die Landes-Zentralbehörde des Bundesstaats, in welchem der Sitz des Schiedsgerichts belegen ist.

Die in diesen Bestimmungen in Bezug genommenen Vorschriften des Invalidenversicherungsgesetzes lauten, soweit sie hier in Betracht kommen:

§ 83.

Der Vorsitzende, dessen Stellvertreter und die Beisitzer sind auf die gewissenhafte Erfüllung der Obliegenheiten ihres Amtes zu verpflichten; dasselbe gilt für die Hülfsbeamten der Rentenstelle, insoweit sie nicht bereits als Beamte der Versicherungsanstalt einen Diensteid geleistet haben. Die Verpflichtung des Vorsitzenden erfolgt durch die ernennende Behörde (§ 81 Abs. 2) oder einen von ihr hiermit betrauten öffentlichen Beamten, die Verpflichtung der anderen Personen durch den Vorsitzenden.

---

[1]) Das Schiedsgericht kann in Unfallsachen nicht mehr in der Besetzung mit nur zwei Beisitzern entscheiden.

Durch das Statut sollen über die Reihenfolge, in welcher die Beisitzer zu den Verhandlungen zuzuziehen sind, Bestimmungen getroffen werden.

Der Vorsitzende setzt die den Beisitzern zu gewährenden Bezüge (§ 92) fest. Ihm steht die unmittelbare Dienstaufsicht über die Hülfsbeamten der Rentenstelle zu, Disziplinarstrafen gegen dieselben verhängt jedoch, sofern sie bei der Rentenstelle im Hauptamt angestellt sind, der Vorstand der Versicherungsanstalt, im Uebrigen die ihnen im Hauptamte vorgesetzte Dienstbehörde.

§ 87.

Die Anzahl der Vertreter der Arbeitgeber und der Versicherten in den Organen der Versicherungsanstalt muß gleich sein.

§ 88.

Wählbar zu Vertretern der Arbeitgeber und der Versicherten sind nur deutsche männliche, volljährige, im Bezirke der Versicherungsanstalt wohnende Personen. Nicht wählbar ist, wer zum Amte eines Schöffen unfähig ist (§ 32 des Gerichtsverfassungsgesetzes).

Wählbar zu Vertretern der Arbeitgeber sind nur die Arbeitgeber der nach Maßgabe dieses Gesetzes versicherten Personen und die bevollmächtigten Leiter ihrer Betriebe, zu Vertretern der Versicherten die auf Grund dieses Gesetzes versicherten Personen.

§ 89.

Diejenigen Versicherten (§§ 1, 2, 14), welche als Arbeitgeber versicherungspflichtige Personen nicht blos vorübergehend beschäftigen, werden bei der Bildung der Organe der Versicherungsanstalt den Arbeitgebern zugerechnet.

§ 90.

Die Wahl der Vertreter der Arbeitgeber und der Versicherten erfolgt auf fünf Jahre. Die Gewählten bleiben nach Ablauf dieser Zeit so lange im Amte, bis ihre Nachfolger das Amt angetreten haben. Die Ausscheidenden sind wieder wählbar.

Personen, welche die Wahl ohne zulässigen Grund (§ 94) ablehnen, ohne genügende Entschuldigung zu den Sitzungen nicht rechtzeitig sich einfinden oder ihren Obliegenheiten in anderer Weise sich entziehen, können vom Vorsitzenden des Vorstandes mit Geldstrafe bis zu fünfhundert Mark und, wenn es sich um Beisitzer der Rentenstellen handelt, vom Vorsitzenden der Rentenstelle mit Geldstrafe bis zu einhundertundfünfzig Mark belegt werden.[1])

§ 91.

Werden hinsichtlich eines Gewählten Thatsachen bekannt, welche dessen Wählbarkeit nach Maßgabe dieses Gesetzes ausschließen, oder welche sich als grobe Verletzungen der Amtspflicht darstellen, so ist der Gewählte, nachdem ihm Gelegenheit zur Aeußerung gegeben worden ist, durch Beschluß des Vorstandes seines Amtes zu entheben. Gegen den Beschluß ist innerhalb eines Monats Beschwerde beim Reichs-Versicherungsamte zulässig; sie ist ohne aufschiebende Wirkung.

§ 92 Satz 1.

Ehrenämter.

Die den Organen der Versicherungsanstalt angehörenden Vertreter der Arbeitgeber und der Versicherten verwalten ihr Amt als Ehrenamt und erhalten nach näherer Bestimmung des Statuts Ersatz für baare Auslagen, die Vertreter der Versicherten außerdem einen Pauschbetrag für Zeitverlust oder Ersatz für den ihnen entgangenen Arbeitsverdienst.

---

[1]) Gegen solche Straffestsetzungen findet die Beschwerde statt. Ueber sie entscheidet die höhere Verwaltungsbehörde, in deren Bezirke sich der Sitz des Schiedsgerichts befindet. Die Beschwerde ist binnen zwei Wochen nach der Zustellung der Strafverfügung bei der zur Entscheidung zuständigen Stelle einzulegen; deren Entscheidung ist endgültig. (§ 178 Abs. 1 des Invalidenversicherungsgesetzes.)

§ 94.

Ablehnung der Wahlen.

Wahlen zu Ehrenämtern können von den Arbeitgebern der nach Maßgabe dieses Gesetzes versicherten Personen und von bevollmächtigten Betriebsleitern solcher Arbeitgeber nur aus denselben Gründen abgelehnt werden, aus welchen gemäß § 1786 Absatz 1 Ziffer 2 bis 4 und 8 des Bürgerlichen Gesetzbuches das Amt eines Vormundes abgelehnt werden kann. Die Wahrnehmung eines auf Grund des gegenwärtigen Gesetzes oder der Unfallversicherungsgesetze oder des Krankenversicherungsgesetzes übertragenen Ehrenamts steht der Führung einer Vormundschaft gleich. Durch das Statut (§ 70) können noch andere Ablehnungsgründe festgesetzt werden.

Die Wiederwahl kann für eine Wahlperiode abgelehnt werden.

§ 97.

Unbehinderte Ausübung der Funktionen.

Die Vertreter der Versicherten haben in jedem Falle, in welchem sie zur Wahrnehmung ihrer Obliegenheiten berufen werden, die Arbeitgeber hiervon in Kenntnis zu setzen. Die Nichtleistung der Arbeit während der Zeit, in welcher die bezeichneten Personen durch die Wahrnehmung jener Obliegenheiten an der Arbeit verhindert sind, berechtigt den Arbeitgeber nicht, das Arbeitsverhältnis vor dem Ablaufe der vertragsmäßigen Dauer desselben aufzuheben.

§ 98.

Beamtenpersonal.

Den bei der Versicherungsanstalt und ihren Organen im Hauptamte beschäftigten Büreau-, Kanzlei- und Unterbeamten sind, soweit sie nicht nach dem für sie geltenden Landesrecht als Staats- oder Kommunalbeamte anzusehen sind, nach näherer Bestimmung der Landesregierung die Rechte und Pflichten von Staats- oder Kommunalbeamten zu übertragen.

Hiezu ist noch zu bemerken:

3. **Zahl, örtlicher Zuständigkeitskreis der Schiedsgerichte:** Vergleiche das im Anhange abgedruckte Verzeichnis der Schiedsgerichte sowie der besonderen Kasseneinrichtungen. In Preußen und Bayern ist für jeden Regierungsbezirk ein Schiedsgericht gebildet. Vgl. für Bayern Verordn. vom 14. Dezember 1899 — Ges.- u. Verordn.-Bl. S. 1008 und für Preußen Minist.-Bek. vom 19. Oktober 1899 — Minist.-Bl. S. 204.

Sachliche Zuständigkeit der Schiedsgerichte: vgl. § 76 u. Anm. hiezu.

Das Schiedsgericht hat sich mit dem angefochtenen Bescheide insoweit zu befassen, als er eine Entscheidung trifft oder treffen wollte und insoweit er angefochten ist. Eine „reformatio in peius" zu Ungunsten des Klägers ist gesetzlich unzulässig, da die schiedsgerichtliche Entscheidung der dieselbe nicht anfechtenden Partei gegenüber rechtskräftig wird — relative Rechtskraft. — Ferner kann nicht dem Kläger etwas zugesprochen werden, was über dessen Antrag hinausgeht.

4. **Streitigkeiten über die Zuständigkeit zwischen mehreren Schiedsgerichten**: Hierüber entscheidet das Reichs-Vers.-Amt bezw. das zuständige Landes-Vers.-Amt. Diese Entscheidung kann von den Schiedsgerichtsvorsitzenden herbeigeführt werden, ohne daß es einer vorherigen Unzuständigkeitserklärung oder eines bezüglichen Antrages selbst bedürfte (cf. Mitteil. d. b. L.-V.-A. Nr. 854 vom 31. August 1901).

5. **Spruchgerichte**: Die Schiedsgerichte sind nur Spruchgerichte, in ihrer Zuständigkeit beschränkt auf die Entscheidung der bei ihnen anhängig gemachten Berufungen; daraus folgt, daß ein Schiedsgericht nicht zur Rechtshilfe, zur Vornahme von Beweiserhebungen 2c. verpflichtet erscheint.

Innerhalb eines Schiedsgerichts können im Falle Bedürfnisses Spruchkammern (geleitet von den Vorsitzenden-Stellvertretern) gebildet werden.

6. **Aufsicht über die Schiedsgerichte**: Die Schiedsgerichte unterstehen der Beaufsichtigung der für ihre Sitze zuständigen Landeszentralbehörden oder der von denselben zu bestimmenden anderen Behörden. Für Bayern ist angeordnet, daß die Schiedsgerichte der Beaufsichtigung des Landesversicherungsamtes unter Oberaufsicht des Staatsministeriums des Innern unterstellt sind (§ 33 der Kais. Verordn. vom 22. November 1900, Entschl. des k. b. St.=M. d. J. vom 30. Dezember 1890 und 24. April 1901.)

7. Die Schiedsgerichte genießen keine Portofreiheit.

8. Durch Kaiserliche Verordnung vom 22. November 1900 — R.G.Bl. S. 1031 — ist der Zeitpunkt, von welchem ab die Schiedsgerichte für Arbeiterversicherung an die Stelle der bisherigen Schiedsgerichte, welche abgesehen von den in oben in Anm.Z. 1 erwähnten Schiedsgerichten mit diesem Zeitpunkte aufgehoben sind, zur Entscheidung von Streitigkeiten aus der Unfallversicherung treten, auf den 1. Januar 1901 festgesetzt.

9. **Verfahren vor den Schiedsgerichten**: Dasselbe ist durch Kaiserliche Verordnung vom 22. November 1900 — R.G.Bl. S. 1017 — geregelt; diese Verordnung ist im Anhang abgedruckt.

10. **Hilfsbeamte der Schiedsgerichte**: Dieselben sind Beamte der Versicherungsanstalt und werden auch vom Vorstande derselben angestellt; vgl. Anm. Z. 16—18 zu § 4.

11. **Geschäftsräume und Geschäftsbedürfnisse**: (Einrichtungsgegenstände, Literalien, Formularien, Kanzleibedürfnisse ꝛc.).

Hierüber wird vom Schiedsgerichtsvorsitzenden im Einvernehmen mit dem Vorstande der Versicherungsanstalt Bestimmung getroffen. (§ 107 Abs. III Inv.Vers.Ges.) Die Fassung dieser Gesetzesbestimmung läßt wohl keinen Zweifel, daß die Initiative in dieser Frage dem Schiedsgerichtsvorsitzenden zusteht und der Vorstand der Versicherungsanstalt nur über etwa bestehende Erinnerungen zu hören ist. Eine Pflicht zur Berücksichtigung derselben besteht für den Vorsitzenden des Schiedsgerichts nicht, da vielmehr bei Meinungsverschiedenheit die Landeszentralbehörde des Bundesstaats, in welchem der Sitz des Schiedsgerichts gelegen ist (in Preußen und Bayern das k. Staatsministerium des Innern) entscheidet, — solche Differenzen werden kaum ausbleiben.

Die Liquidationen für erfolgte Anschaffungen und Einrichtungen ꝛc. hat der Schiedsgerichtsvorsitzende mit der Bestätigung der erfolgten Lieferung oder Arbeitsleistung zu versehen und der Versicherungsanstalt zur Begleichung zuzuleiten.

12. Bezüglich der Kostendeckungsfrage und bezw. der Ausscheidung in allgemeine Kosten und spezielle Kosten des Verfahrens siehe § 10 und die Erläuterungen hiezu.

13. Die „Rechtshilfe“ ist den Schiedsgerichten ebenso gesichert wie anderen Behörden und Gerichten.

§ 4.

I Die Zahl der Beisitzer der Schiedsgerichte (§ 104 Abs. 3 des Invalidenversicherungsgesetzes) kann von der Zentralbehörde des Bundesstaats, in welchem der Sitz des Schiedsgerichts belegen ist, oder von der durch sie bestimmten anderen Behörde erhöht werden; dabei kann zugleich bestimmt werden, wieviel Beisitzer am Sitze des Schiedsgerichts oder in dessen naher Umgebung wohnen oder beschäftigt sein müssen. Erstreckt sich der Bezirk des Schiedsgerichts über Gebiete oder Gebietsteile mehrerer Bundesstaaten, so wird die Bestimmung, sofern ein Einverständnis unter den beteiligten Landesregierungen nicht erzielt wird, vom Reichskanzler getroffen. Die Zahl der Beisitzer muß aus der Klasse der Arbeitgeber und der Versicherten mindestens je zwanzig betragen.

II In den Schiedsgerichten, deren Bezirk Teile der Seeküste umfaßt, sind zu Vertretern der Versicherten (§ 88 Abs. 2 a. a. O.) auch befahrene Schiffahrts=

kundige, die nicht Rheder, Korrespondentrheder oder Bevollmächtigte (§ 33 des See-Unfallversicherungsgesetzes) sind, wählbar.

1. **Zusammensetzung der Schiedsgerichte**: Das ordnungsmäßig besetzte Schiedsgericht besteht aus einem Vorsitzenden, vier Beisitzern und einem beeidigten Protokollführer.

Die Mitwirkung von vier Beisitzern (zwei aus dem Stande der Arbeitgeber und zwei aus dem Stande der Versicherten) ist obligatorisch. Würde ein Schiedsgericht in der Besetzung von weniger Mitgliedern entscheiden, so läge ein wesentlicher Mangel des Verfahrens vor, der die Aufhebung des Urteils nach sich ziehen müßte.

2. Ueber die Ablehnung der Mitglieder des Schiedsgerichts vgl. § 4 der Kaiserlichen Verordnung vom 22. November 1900; hienach finden die Bestimmungen des §§ 41 ff. der Reichszivilprozeßordnung über die Ausschließung und Ablehnung der Richter entsprechende Anwendung. Ueber ein Ablehnungsgesuch in Betreff des Vorsitzenden entscheidet das Schiedsgericht, in Betreff der Beisitzer der Vorsitzende. Beim Beschluß über das erstere Ablehnungsgesuch darf selbstverständlich der Vorsitzende selbst nicht mitwirken, sondern hat an dessen Stelle den Vorsitz der dem Lebensalter nach älteste Beisitzer zu führen. Wenn das Ablehnungsgesuch für unbegründet erklärt wird, kann der Beschluß nicht für sich allein, sondern nur mit der Entscheidung in der Hauptsache angefochten werden.

3. **Vorsitzender des Schiedsgerichts**: Der Vorsitzende wird (wie ein oder mehrere Stellvertreter desselben) aus der Zahl der öffentlichen Beamten — Richtern oder Verwaltungsbeamten — von der Landeszentralbehörde ernannt; in Bayern durch das k. Staatsministerium des Innern (§ 4 Abs. II der V.O. vom 14. Dezember 1899); seine Ernennung erfolgt auf die Dauer des von ihm bekleideten Hauptamtes.

Die Befugnisse des Vorsitzenden (Stellvertreters) sind in § 104 Abs. V, § 106 und § 107 J.V.G. sowie in § 2 der Kais. Verordn. vom 22. November 1900 geregelt; dessen eidliche Verpflichtung erfolgt durch die ernennende Behörde oder durch einen von ihr hiemit betrauten öffentlichen Beamten (§ 83 Abs. I Inv.Vers.Ges.). Bezüglich der Beeidigung der Vorsitzenden und deren Stellvertreter vgl. für Preußen Min.-Bek. vom 20. Dezember 1900 (Min.-Bl. 1901 S. 9). In Bayern ist eine öffentliche Bekanntmachung des Staatsministeriums des Innern nicht erfolgt.

Die Vorsitzenden und ihre Stellvertreter haben zu schwören, die Pflichten eines Vorsitzenden, die sich aus der Leitung von Schiedsgerichten für Arbeiterversicherung ergeben, getreulich zu erfüllen und ihre Stimme nach bestem Wissen und Gewissen abzugeben.

In disziplinärer Hinsicht ist der Vorsitzende (Stellvertreter) seiner vorgesetzten Landesbehörde unterstellt.

Am Schlusse des Jahres hat derselbe dem Reichs-Vers.-Amte einen Geschäftsbericht vorzulegen; Abschrift des Letzteren ist dem Landes-Vers.-Amt mitzuteilen.

4. **Beisitzer des Schiedsgerichts**: Während die Zahl der von dem Ausschusse der Versicherungsanstalt für deren Schiedsgericht zu wählenden Beisitzer durch das Statut dieser Anstalt bestimmt wurde (§ 104 Abs. III Inv.Vers.Ges.), war für die bedeutend erweiterten Aufgaben der Schiedsgerichte für Arbeiterversicherung eine beträchtliche Vermehrung der Zahl der Beisitzer sowohl aus der Klasse der Arbeitgeber als aus der Klasse der Versicherten geboten.

5. Die Bestimmung der Zahl der Beisitzer ist der Zentralbehörde des Bundesstaats, in welchem der Sitz des Schiedsgerichtes gelegen ist (oder durch sie bestimmten anderen Behörde) um deswillen übertragen, weil mit dieser Bestimmung die weitere Anordnung Hand in Hand gehen sollte, daß und wie viel Beisitzer von dem Ausschusse der Versicherungsanstalt aus solchen Berufsgenossenschafts- und Ausführungsbehörden zu wählen sind, die im Bezirke des Schiedsgerichts vertreten sind.

In Bayern ist diese Bestimmung mit Bek. d. k. St.M. d. J. vom 1. Dezember 1900 — M.A.Bl. S. 723 — für die einzelnen bayrischen Schiedsgerichte erfolgt; in Preußen ist diese Bestimmung den Regierungs-Präsidenten (für Berlin dem Oberpräsidenten) übertragen. Die Gesammtmindestzahl der Beisitzer ist im Gesetze selbst (§ 4 Abs. I) auf 20 festgesetzt.

6. Die Wahl der Beisitzer erfolgt durch den Ausschuß der Versicherungsanstalt des Sitzes des Schiedsgerichts auf die Dauer von 5 Jahren (in Bayern nach Maßgabe der obengenannten Min.-Bek. vom 1. Dezember 1900); Stellvertreter der Beisitzer werden nicht gewählt.

Der Vorsitzende des Schiedsgerichts ist befugt, Bedenken gegen die Vorschriftsmäßigkeit der Wahl beim Vorstande der Versicherungsanstalt geltend zu machen (A.N. 1898 Z 1736 S. 558).

7. Ueber die Wählbarkeit der Beisitzer bestimmen die §§ 88 u. 89 des Inv.Vers.Ges.; die Vorschrift in § 62 Abs. III daselbst bezüglich des Erfordernisses des Wohnsitzes oder des Beschäftigungsortes der Beisitzer ist durch § 4 Abs. I des Abänd.Ges. modifiziert, da hienach von der Zentralbehörde des betreffenden Bundesstaats bestimmt werden kann, wie viel Beisitzer am Sitze des Schiedsgerichts oder in dessen naher Umgebung wohnen oder beschäftigt sein müssen.

In Bayern ist diese Bestimmung in der vorgen. Min.-Bek. vom 1. Dezember 1900 getroffen; hienach muß aus der durch das Statut der Versicherungsanstalten bestimmten Zahl von Beisitzern mindestens die Hälfte am Sitze des Schiedsgerichts oder in einer Entfernung bis zu 10 Kilometer von demselben wohnen (§ 104 Abs. V mit § 62 Abs. III Inv.Vers.Ges.); von den übrigen Beisitzern muß mindestens der vierte Teil am Sitze des Schiedsgerichts oder in dessen naher Umgebung wohnen oder beschäftigt sein.

8. Anlangend die Reihenfolge der zu den Sitzungen der Schiedsgerichte beizuziehenden Beisitzern, so ist in § 3 der Kaiserl. Verordn. vom 22. November 1900 folgendes bestimmt:

Bei Streitsachen aus der Invalidenversicherung wird die Reihenfolge, in welcher die Beisitzer in der Regel zu den Sitzungen beizuziehen sind, durch das Statut der Versicherungsanstalt bestimmt.

In Streitsachen aus der Unfallversicherung bestimmt der Vorsitzende des Schiedsgerichts unter Beachtung des Statuts der Versicherungsanstalt, und zwar regelmäßig für jedes Halbjahr im Voraus, getrennt für die einzelnen Berufszweige, in der die Beisitzer beizuziehen sind, soweit es sich um Unfälle 1. in der Land- und Forstwirtschaft, 2. im Bergbaubetriebe, 3. in den sonstigen der Versicherung unterliegenden Betrieben handelt.

9. Abweichungen von der festgesetzten Reihenfolge sind aktenkundig zu machen. In Ansehung des Bergbaubetriebes ist natürlich eine Vorausbestimmung der Reihenfolge dann nicht notwendig, wenn Bergbau innerhalb des Schiedsgerichtsbezirks nicht betrieben wird.

10. Bezüglich des Antrags seitens der Entschädigungsberechtigten oder der Versicherungsträger auf Zuziehung bestimmter Beisitzer vgl. Abs. III, IV u. V von § 3 der Kaiserl. Verordn. vom 22. November 1900.

11. Ablehnen kann der als Beisitzer gewählte Vertreter der Arbeitgeber aus denselben Gründen, aus denen das Amt eines Vormundes abgelehnt werden kann (in § 1786 Z. 2—4 u. 8 des Bürg. Ges.B. sind als Ablehnungsgründe aufgeführt: Vollendung des 60. Lebensjahres, die Vaterschaft von mehr als vier lebenden minderjährigen, ehelichen Kindern, Krankheit oder körperliche Gebrechen, Führung mehrerer Vormundschaften oder Pflegschaften). Den als Beisitzern gewählten Vertretern der Versicherten steht das Recht der Ablehnung der Wahl ohne jede Einschränkung zu.

12. Die Verpflichtung der Beisitzer bei ihrer ersten Dienstleistung erfolgt durch den Schiedsgerichtsvorsitzenden in öffentlicher Sitzung für die Dauer der Wahlperiode. Im Falle der Wiederwahl genügt die Verweisung auf die frühere Beeidigung.

Nach § 51 des Gerichtsverfassungsgesetzes richtet der Vorsitzende an die zu Beeidigenden die Worte:

„Sie schwören bei Gott, dem Allmächtigen und Allwissenden, die Pflichten eines Beisitzers am Schiedsgerichte getreulich zu erfüllen und Ihre Stimme nach bestem Wissen und Gewissen abzugeben.“

Die Beisitzer leisten unter Erhebung der rechten Hand den Eid, indem sie einzeln die Worte sprechen: „Ich schwöre es, so wahr mir Gott helfe.“

Ist ein Beisitzer Mitglied einer Religionsgesellschaft, welcher das Gesetz den Gebrauch gewisser Beteuerungen an Stelle des Eides gestattet, so wird die Abgabe der Erklärung unter der Beteuerungsformel dieser Religionsgesellschaft der Eidesleistung gleichgeachtet.

Ueber die Beeidigung ist ein Protokoll aufzunehmen.

13. Beisitzer, von denen dem Vorsitzenden bekannt wird, daß sie die Wählbarkeit verloren haben oder sich grobe Verletzungen ihrer beschworenen Pflichten haben zu Schulden kommen lassen, sind zu den Sitzungen einstweilen nicht einzuberufen, vielmehr ihrer Funktionen zu entheben, nachdem denselben Gelegenheit zur Aeußerung gegeben worden ist. (Vgl. § 5 Abs. V Z. 2 d. A.G. mit § 2 Abs. IV d. Kais. Verordn. vom 22. November 1900.)

14. Beschwerden wegen Enthebung gehen an die höhere Verwaltungsbehörde, in Bayern an das b. Landversicherungsamt (Verordn. vom 14. Dezember 1899), in Preußen an die k. Regierungspräsidenten (Min.-Bek. v. 2. Aug. 1900).

15. Das Amt des Beisitzers ist ein Ehrenamt; Vergütungen werden nach Maßgabe des Statuts der Versicherungsanstalt gewährt und durch den Schiedsgerichtsvorsitzenden festgesetzt. (§ 92 mit § 83 Abs. III d. J.V.G.)

16. Hilfsbeamte: Die Hilfsbeamten des Schiedsgerichts (Kanzlei- und Botenpersonal) sind Beamte der Versicherungsanstalt; daraus folgt von selbst, daß sowohl die Anstellung als die Festsetzung der Gehaltsbezüge derselben dem Vorstande der Versicherungsanstalt obliegt. Vor der Anstellung derselben ist der Schiedsgerichtsvorsitzende zu hören, ob seitens desselben Bedenken gegen die in Aussicht genommene Persönlichkeit bestehen; eine Pflicht des Vorstandes der Versicherungsanstalt, diesen Bedenken Rechnung zu tragen und deshalb von der Aufstellung des betr. Beamten Umgang zu nehmen, besteht nicht; diese Bestimmung hat das Mißliche, daß dem Schiedsgerichtsvorsitzenden Persönlichkeiten als Hilfsarbeiter zur Seite gestellt werden können, mit welchen er nicht zusammenarbeiten will oder kann.

17. Die unmittelbare Dienstaufsicht über die Hülfsbeamten übt der Schiedsgerichtsvorsitzende, die Disziplinargewalt über dieselben übt dagegen der Vorstand der Versicherungsanstalt aus; da Letzterer zur Handhabung seiner Disziplinargewalt ausschließlich oder doch hauptsächlich auf die Wahrnehmung und Mitteilung des Schiedsgerichtsvorsitzenden der Natur der Sache angewiesen sein wird, dürfte die Zweckmäßigkeit und die praktische Bedeutung dieser Maßnahme mit Grund anzuzweifeln sein, wie denn überhaupt die für die Organisation der territorialen Schiedsgerichte hierüber genommenen Bestimmungen der § 104 Abs. IV und § 107 Abs. III J.V.G. die Anschauung nahe legen, als ob das Schiedsgericht in ein bestimmtes Abhängigkeitsverhältnis zu der am Sitze des Schiedsgerichts befindlichen Versicherungsanstalt gebracht werden wollte, was jedoch thatsächlich vom Gesetzgeber nicht beabsichtigt war.

In Bayern werden die Hilfsbeamten, soweit deren Verwendung nicht vorübergehend oder vorerst nur auf Ruf und Widerruf erfolgt, nach dem Gehaltsregulativ vom 26. Juni 1894 (G. u. V.Bl. 1894 S. 321) für die nichtpragmatischen Staatsbeamten angestellt. Es ist jedoch nicht ausgeschlossen, daß ein Teil der Hilfsbeamten die Rechte pragmatischer Staatsbeamten verliehen erhält.

18. Die Verpflichtung der Hilfsbeamten erfolgt durch den Schiedsgerichtsvorsitzenden, soferne sie nicht bereits als Beamte der Versicherungsanstalt einen Diensteid geleistet haben.

§ 5.

I Die für den Sitz des Schiedsgerichts zuständige Landes-Zentralbehörde oder die durch sie bestimmte andere Behörde entscheidet, wieviel Beisitzer von dem Ausschusse der Versicherungsanstalt (§ 104 Abs. 3 des Invalidenversicherungsgesetzes) aus solchen Berufsgenossenschaften oder Ausführungsbehörden zu wählen sind, die im Bezirke des Schiedsgerichts vertreten sind. Die Bestimmung des § 4 Abs. 1 Satz 2 findet Anwendung.

II Wird eine solche Anordnung getroffen, so sind die zur Vertretung der Arbeitgeber bestimmten Beisitzer für die Berufsgenossenschaften aus den stimmberechtigten Mitgliedern der Genossenschaften, deren gesetzlichen Vertretern und bevollmächtigten Leitern ihrer Betriebe, für die Ausführungsbehörden aus den Beamten der Betriebe, für welche die Ausführungsbehörde bestellt ist, zu wählen. Den Vorständen der Berufsgenossenschaften und den Ausführungsbehörden ist Gelegenheit zu geben, geeignete Personen in Vorschlag zu bringen. Ausgeschlossen sind Personen, welche dem Vorstand einer für den Bezirk in Betracht kommenden Berufsgenossenschaft oder Sektion oder einer für den Bezirk in Betracht kommenden Ausführungsbehörde angehören, sowie die Vertrauensmänner. Die zur Vertretung der Versicherten bestimmten Beisitzer sind aus den Personen zu wählen, welche in einem der Genossenschaft zugehörenden oder der Ausführungsbehörde unterstehenden Betriebe beschäftigt sind.

III Wird die im Abs. 1 bezeichnete Anordnung für eine Knappschafts-Berufsgenossenschaft getroffen, so kann durch deren Statut bestimmt werden, daß die zur Vertretung der Versicherten bestimmten Beisitzer von den Knappschaftsältesten zu wählen sind.

Vergl. hieher die Anm. zu § 4.

§ 6.

Solange und soweit die festgesetzte Zahl von Beisitzern nicht gewählt ist oder die Gewählten ihre Dienstleistung verweigern, hat die untere Verwaltungsbehörde, in deren Bezirke sich der Sitz des Schiedsgerichts befindet, die fehlenden Beisitzer aus der Zahl der wählbaren Personen zu berufen.

1. Untere Verwaltungsbehörde vgl. Anm. 3 zu § 56 des Gew.U.G. und § 152 das.

2. Die Berufung der unteren Verwaltungsbehörde ist nur eine vorübergehende; sie erstreckt sich nicht auf die Wahlperiode.

§ 7.

I Bei der Verhandlung sind, soweit es sich um Unfälle in der Land- und Forstwirtschaft oder im Bergbaubetriebe handelt, Beisitzer aus diesen Berufszweigen, im Uebrigen Beisitzer aus den sonstigen der Versicherung unterliegenden Betrieben zuzuziehen. Ausnahmen sind nur in einzelnen Fällen aus besonderen Gründen zulässig.

II Im Uebrigen kann der Vorsitzende des Schiedsgerichts auf Antrag der

Berufsgenossenschaft, der Ausführungsbehörde oder eines Entschädigungsberechtigten zur Verhandlung und Entscheidung in einem einzelnen Falle, abweichend von der festgesetzten Reihenfolge, Beisitzer aus den Betrieben derjenigen Berufsgenossenschaft oder Ausführungsbehörde zuziehen, welcher der Betrieb, in dem sich der Unfall ereignet hat, angehört. Sofern solche Beisitzer nicht vorhanden sind, können Beisitzer aus anderen Betrieben bestimmt werden, die dem Betrieb, in welchem sich der Unfall ereignet hat, wirtschaftlich nahe stehen. Hat der Vorsitzende einen solchen Antrag abgelehnt, so kann vor Beginn der Verhandlung eine Entscheidung des Schiedsgerichts über den Antrag beansprucht werden, welche endgültig ist.

1. Abs. I von § 7 entspricht dem bezüglichen Beschlusse der Reichstagskommission und ist durch die Eigenart der Verhältnisse gerechtfertigt.

Innerhalb des Personenkreises der nach Statut der Versicherungsanstalt gewählten und der festgesetzten Reihenfolge nach dem Schiedsgerichte mitgeteilten Beisitzer sind dieselben in Kategorien (Landwirtschaft, Forstwirtschaft, Bergbau, Industrie) für die in § 7 Abs. I angeführten Arten von Unfallsachen zu reihen und ist für jede Kategorie gesondert die Reihenfolge aufzustellen, in der die Einberufung des einzelnen Beisitzers zu den Sitzungen zu erfolgen hat.

Gebotene Abweichungen von dieser Reihenfolge sind aktenkundig zu machen.

Aus dieser Anordnung erhellt von selbst die Zweckmäßigkeit, auf einen Sitzungstag nicht Unfallsachen verschiedener Art (aus dem Gebiete der Land- und Forstwirtschaft, des Bergbaues oder der Industrie) zur Verhandlung zu bringen, da sonst die Berufung von Beisitzern aus verschiedenen Berufszweigen notwendig würde.

2. Die in Abs. II vorgesehene Zuziehung von Beisitzern auf Antrag ist dem Ermessen des Schiedsgerichtsvorsitzenden anheimgestellt; im Falle der Ablehnung kann Entscheidung des Schiedsgerichts veranlaßt werden; dieselbe muß aber vor Beginn der Verhandlung beantragt sein.

3. Bezüglich der Kosten, die auf Zuziehung besonderer Beisitzer auf Antrag erwachsen, siehe § 10 d. Abänd.Ges. u. Anm. hiezu.

§ 8.

I Das Schiedsgericht wählt bei Beginn eines jeden Geschäftsjahrs in seiner ersten Spruchsitzung, in der Regel nach Anhörung der für den betreffenden Bezirk oder Bundesstaat zuständigen Aerztevertretung, aus der Zahl der am Sitze des Schiedsgerichts wohnenden approbirten Aerzte diejenigen aus, welche als Sachverständige bei den Verhandlungen vor dem Schiedsgericht in der Regel nach Bedarf zuzuziehen sind. Den zugezogenen Sachverständigen ist zur Abgabe ihres Gutachtens Einsicht in die Akten des Schiedsgerichts und der Berufsgenossenschaft zu gewähren. Die Namen der gewählten Aerzte sind öffentlich bekannt zu machen.

II Im Uebrigen wird die Durchführung dieser Bestimmung durch die Landes-Zentralbehörde geregelt.

1. **Schiedsgerichtliche Vertrauensärzte**: Die in § 8 getroffene Einrichtung, die es ermöglicht, zu allen Sitzungen der Schiedsgerichte „Vertrauensärzte" beizuziehen, ist sowohl im Interesse einer möglichst vereinfachten Sacherledigung als im Interesse einer möglichst sicheren Urteilsfindung auf's lebhafteste zu begrüßen, und es möchte dieser Einrichtung für die Rechtsprechung des Schiedsgerichts der Arbeiterversicherung dieselbe Bedeutung beigelegt werden, als solche der Umwandlung der Schiedsgerichte auf territorialer Grundlage, insbesondere für die Interessen der versicherten Verletzten oder sonstiger Rentensucher

beizumessen ist. Denn es liegt nahe, daß in den weitaus meisten Unfallsachen, aber auch in zahlreichen Fällen auf dem Gebiete der Invalidenversicherung, die Beurteilung der Sache vom ärztlichen Standpunkte aus von weittragender, bei Ersteren ja meist von entscheidender Bedeutung sein muß, da es in der Natur der Sache liegt, daß im Allgemeinen bei Beurteilung der Arbeitsunfähigkeit oder des Grades von Erwerbsbeschränktheit von Rentensuchern, soweit nicht besondere Verhältnisse eine Ausnahme gebieten, von den Gutachten der Sachverständigen ausgegangen werden muß. Eine einfachere und raschere Erledigung läßt sich aber wohl kaum denken, als wenn es möglich ist, daß der Arzt auf Grund der von den Beteiligten gegebenen Aufklärungen, der gepflogenen Erhebungen und der öffentlichen Verhandlung, sowie des durch die Untersuchung des Erschienenen eben gewonnenen Befundes sein Gutachten zur Sache — noch dazu vielfach an der Hand des Augenscheins — mündlich erörtern und eingehend begründen kann.

2. Aufstellung der Vertrauensärzte: Es ist wohl selbstverständlich, daß der Wahl der schiedsgerichtlichen ärztlichen Sachverständigen seitens des Schiedsgerichts in der ersten Spruchsitzung jeden Geschäftsjahres die erforderlichen Vorverhandlungen, welche durch den Schiedsgerichtsvorsitzenden zu bethätigen sind, vorauszugehen haben.

In Preußen und Bayern sind die Aerztekammern angewiesen, alljährlich bei ihrem regelmäßigen Zusammentreten den Schiedsgerichten in Ansehung der zu wählenden Aerzte geeignete Vorschläge zu machen; (diese Vorschläge haben in Bayern die kgl. Kreisregierungen K. d. J. bis längstens 31. Dezember jeden Jahres dem Vorsitzenden des Schiedsgerichts zu übermitteln), in Preußen ist die Aufstellung der schiedsgerichtlichen Vertrauensärzte durch Erlaß des Minist. f. Handel und Gewerbe vom 29. Dezember 1900 und 29. Januar 1901 — Min.=Bl. 1901 S. 23 u. 82 geregelt, (in Bayern wurden die bezügl. Direktiven im M.A.Bl. nicht veröffentlicht).

Die Wahl der Aerzte erfolgt in nichtöffentlicher Sitzung des Schiedsgerichts durch Stimmenmehrheit; das Schiedsgericht ist hiebei an die von den Aerztekammern gemachten Vorschläge nicht gebunden, da demselben die Wahl der Vertrauensärzte im Gesetze selbst ohne jede Einschränkung anheimgestellt ist. Es wird sich aber der Natur der Sache wegen empfehlen, solche Aerzte nicht zu wählen, welche Vertrauensärzte der Versicherungsträger (Versicherungsanstalt, Ber.Gen. und Ausführ.=Beh.) sind oder als beamtete Aerzte oder als Krankenhaus=, Kassen=, Bahn=Aerzte etc. schon vielfach in Anspruch genommen sind.

3. Gebühren der Vertrauensärzte des Schiedsgerichts: Die Festsetzung dieser Gebühren, die sich als Kosten des Verfahrens darstellen, erfolgt gemäß § 20 Kais. V.O. vom 22. November 1900 betr. das Verfahren vor den Schiedsgerichten durch den Vorsitzenden des Schiedsgerichts.

4. Zuziehung der Aerzte zu den Sitzungen des Schiedsgerichts; in der Regel; nach Bedarf: Dieselbe wird durch den Vorsitzenden des Schiedsgerichts nach dem Ermessen desselben veranlaßt; derselbe kann jedoch auch andere Aerzte (Spezialärzte) zu den Sitzungen beiziehen; (auch die Kosten dieser Aerzte sind vom Schiedsgerichts=Vorsitzenden festzusetzen).

Es empfiehlt sich, die Vertrauensärzte regelmäßig zu den Sitzungen der Schiedsgerichte beizuziehen. Abgesehen davon, daß sich für viele Verhandlungsgegenstände die Anordnung des persönlichen Erscheinens des Rentensuchers oder Berufungsklägers als notwendig erweisen wird, wird keinem der Beteiligten das Recht bestritten werden können, die Richtigkeit der im Wege der Sachinstruktion von den Versicherungsträgern oder dem Schiedsgerichte vor der öffentlichen Verhandlung bei letzterem erholten ärztlichen Gutachten anzuzweifeln oder seine neuerliche Untersuchung zu beantragen. Durch die Ermöglichung der sofortigen neuerlichen Untersuchung des Beteiligten wird den Interessen desselben in einfachster und sachgemäßester Weise Rechnung getragen, zugleich aber ein ganz wesentliches Moment für die Sicherheit der Urteilsfindung wie für die Bildung des Vertrauens der Versicherten zur schiedsgerichtlichen Rechtsprechung geschaffen.

Der Wortlaut des § 8: „in der Regel nach Bedarf" steht dieser Maßnahme keineswegs entgegen, da eben die Notwendigkeit der Zuziehung von Aerzten vom Schiedsgerichte allein zu beurteilen und in Vollzug zu setzen ist. Die in der zweiten Lesung des Gesetzes im Reichstage von einem Vertreter der verbündeten Regierungen gegebene Aufklärung, daß die Worte „in der Regel" sich auf die zuzuziehenden Personen und die Worte „nach Bedarf" auf die Fälle, in denen die Zuziehung zu erfolgen hat, sich beziehen, ist schwer verständlich; die Erklärung dahin, daß dem Schiedsgerichte nach dieser Richtung freies Ermessen eingeräumt und neben der Zuziehung von Vertrauensärzten auch die Erholung spezialärztlicher Gutachten oder die Zuziehung von ärztlichen Spezialisten anheimgestellt werden wollte, dürfte eine einfache und natürliche Interpretation dieser Bestimmung sein.

5. **Zahl der Vertrauensärzte**: Die Zahl der zu wählenden ärztlichen Sachverständigen bleibt ebenfalls dem Ermessen des Schiedsgerichts überlassen; abgesehen von sehr beschäftigten Schiedsgerichten wird die Aufstellung von zwei Vertrauensärzten genügen.

6. **Beiziehung von Spezialärzten**: Wie schon zu Ziff. 5 bemerkt, steht nichts entgegen, daß das Schiedsgericht für einzelne Fälle, (z. B. Augen-, Ohren-, Nerven-Leiden, besondere interne oder chirurgische Fälle ꝛc.) statt des Vertrauensarztes oder neben demselben andere Aerzte (Spezialärzte) hört oder zu den Sitzungen beizieht; ferner ist nicht ausgeschlossen, daß auch der Verletzte oder der angeblich Invalide sich auf seine Kosten ein Gutachten des schiedsgerichtlichen Vertrauensarztes erholt.

7. **Unterbringung von Verletzten in ein Krankenhaus oder eine Heilanstalt behufs Beobachtung und Untersuchung**. Endlich ist noch zu erwähnen, daß die Schiedsgerichte auch befugt sind, gegebenen Falles den durch Unfall Verletzten in eine Heilanstalt (Krankenhaus, Klinik) auf Kosten des Versicherungsträgers behufs Beobachtung und Untersuchung unterbringen zu lassen.

§ 9.

I Das Schiedsgericht ist befugt, denjenigen Teil des Betriebs, in welchem der Unfall vorgekommen ist, in Augenschein zu nehmen. Weigert sich der Betriebsunternehmer oder dessen Stellvertreter, die Einnahme des Augenscheins zu gestatten, so ist er hierzu auf Antrag des Schiedsgerichtsvorsitzenden durch die Ortspolizeibehörde anzuhalten.

II Soll die Augenscheinseinnahme in einem Dienstraum einer Behörde oder in einem Fahrzeuge der Kaiserlichen Marine stattfinden, so ist die zuständige Dienst- bezw. Kommandobehörde um Gestattung derselben zu ersuchen.

III Die Beisitzer haben über die Thatsachen, welche durch die Besichtigung des Betriebs zu ihrer Kenntnis kommen, Verschwiegenheit zu beobachten und sich der Nachahmung der von dem Betriebsunternehmer geheim gehaltenen, zu ihrer Kenntnis gelangten Betriebseinrichtungen und Betriebsweisen, solange als diese Betriebsgeheimnisse sind, zu enthalten.

IV Dem Schiedsgericht eingereichte Urkunden sind sowohl der Berufsgenossenschaft als auch dem Verletzten rechtzeitig mitzuteilen; inwieweit ärztliche Zeugniss in gleicher Weise mitzuteilen sind, unterliegt zunächst der Entscheidung des Vorsitzenden. Das Schiedsgericht ist befugt, anzuordnen, daß die unterlassene Mitteilung nachzuholen ist.

V Das Schiedsgericht ist befugt, den Verletzten, deren Erscheinen bei der Verhandlung als erforderlich bezeichnet ist oder angesehen wird, eine Reiseentschädigung zuzubilligen.

Vorbemerkung zu § 9.

a) **Beweisaufnahmen**: (§§ 17 u. 18 K.V.O. v. 22. Nov. 1900). Die für das „Beweisverfahren“ in der R.Z.P.O. aufgestellten Grundsätze werden im Allgemeinen auch für das schiedsgerichtliche Verfahren zu gelten haben.

Beweismittel sind: „Zeugen“, „Sachverständige“, „Urkunden“, „Augenschein“: Das Beweismittel der „Eideszuschiebung“ oder der Auflegung des „richterlichen Eides“ ist dem schiedsgerichtlichen Verfahren unbekannt.

An die vom Berufungskläger oder dem beteiligten Versicherungsträger gestellten Beweisanträge ist das Schiedsgericht nicht gebunden, da dieses vielmehr „im Offizialverfahren“ alles zur Klarstellung des Sachverhalts Erforderliche festzustellen hat.

Ob die Zeugen oder Sachverständigen zu beeidigen sind, darüber hat das Schiedsgericht nach seinem Ermessen zu befinden.

Das Schiedsgericht ist aber andererseits verpflichtet, die nötigen Erhebungen selbst zu veranlassen und darf sich z. B. nicht darauf beschränken, die Sache zur nochmaligen Untersuchung an den Versicherungsträger zurückzuschließen.

Ist der Kläger der deutschen Sprache nicht mächtig oder sind die Mitglieder des Schiedsgerichts der Sprache des Klägers nicht mächtig, so ist die Zuziehung eines Dolmetschers zur mündlichen Verhandlung geboten.

b) **Entscheidung der Schiedsgerichte**: (§ 19 K.V.O. vom 22. Nov. 1900). Wie schon in Anm. Z. 3 zu § 3 S. 24 bemerkt ist, hat das Schiedsgericht seine Entscheidung auf die gestellten Anträge zu beschränken. Neue Thatsachen oder Verhältnisse, welche bis zur Urteilsfällung des Schiedsgerichts eingetreten sind, müssen — abgesehen von der schon erwähnten Unzulässigkeit der reformatio in peius — von dem Schiedsgerichte berücksichtigt werden.

Die Entscheidung ist nach durchgeführtem Beweisverfahren (Abschluß der Erhebungen) zu treffen und hat alle einen zuerkannten oder aberkannten Anspruch betreffenden Streitpunkte zu erfassen, selbst wenn in der ersten Instanz über diese Streitpunkte nicht verhandelt oder nicht entschieden ist.

Teil-, Zwischen-, Beweis-Urteile oder bedingte Endurteile, wie sie die R.C.P.O. für die Zivilrechts-Streitigkeiten vorgesehen hat, sind hier unzulässig.

Ebenso darf eine Zurückverweisung der Sache an die untere Instanz zur neuerlichen Bescheidung derselben nicht erfolgen.

Ist nach Schluß der schiedsgerichtlichen Verhandlung auf Grund neuerlichen Vorbringens der Beteiligten oder aus einem andern Grunde die Sache noch nicht als genügend aufgeklärt zu erachten, so ist deren Entscheidung behufs weiterer Erhebungen auszusetzen.

Nach Verkündung des Tenors der Entscheidung in öffentlicher Sitzung ist eine Änderung derselben durch das Schiedsgericht selbst nicht mehr zulässig.

1. **Vernehmung von Zeugen**: Die Ladung der Zeugen erfolgt von Amtswegen. Bezüglich der Verpflichtung, sich als Zeuge vernehmen zu lassen und bezw. bezüglich des Rechtes der Zeugnisverweigerung kommen die einschlägigen Vorschriften der R.C.P.O. zur entsprechenden Anwendung (§ 18 Kaiserl. Verordn. vom 22. November 1900), ebenso bezüglich der Beeidigung der Zeugen. Wegen der Zeugengebühren vgl. R.G.Bl. 1898 S. 689. Gegenüber ungehorsamen Zeugen ist dem Schiedsgerichte a. a. O. selbst eine Strafbefugnis eingeräumt.

2. **Vernehmung von Sachverständigen**: Das zu Anm. Z. 1 Bemerkte gilt auch hier.

3. **Augenschein**: Durch die Bestimmung in Abs. I wollte dem Schiedsgericht ein Zwangsmittel für Durchführung einer im Interesse der Sachaufklärung für notwendig erkannten, von dem Betriebsunternehmer aber verweigerten Augenscheinseinnahme bereit gestellt werden.

4. **Pflicht der Beisitzer zur Verschwiegenheit**: In Abs. III wurde die in § 121 Gew.U.G. (vgl. auch die Strafbestimmungen in §§ 150, 151 daselbst) den Vorständen der Genossen-

schaften, deren technischen Aufsichts- und Rechnungsbeamten, sowie den gemäß § 120 l. c. aufgestellten besonderen Sachverständigen auferlegte Verpflichtung zur Geheimhaltung der in ihren Betrieben gemachten Wahrnehmungen, Thatsachen und Einrichtungen, die von den Betriebsunternehmern geheim gehalten werden, auch auf jene Schiedsgerichtsbeisitzer erstreckt, welche infolge einer gerichtlichen Augenscheinseinnahme in einen fremden Betrieb gelangt sind.

5. **Mitteilung der Urkunden**: Eine nähere Präzisierung der „Urkunden", welche den Beteiligten in schiedsgerichtlichen Verfahren mitzuteilen sind, ist in Abs. IV nicht erfolgt. Es werden daher hierunter alle schriftlichen Beweisstücke (ob öffentlicher oder privater Natur) zu verstehen sein, welche vom Schiedsgericht für die Sachbeurteilung als relevant erachtet werden und der Begründung der schiedsgerichtlichen Entscheidung zu Grunde gelegt werden wollen.

Nur bezüglich der ärztlichen Zeugnisse wurde die Frage der Mitteilung in das Ermessen des Schiedsgerichtsvorsitzenden gestellt, aus naheliegenden Gründen; es möchte z. B. doch bedenklich erscheinen, einem schwer Verletzten durch Mitteilung des ärztlichen Attestes völlig klaren Einblick in seinen wahren Zustand, das ihm bevorstehende Siechtum oder sein nahes Lebensende zu gewähren; andererseits wäre es erklärlich, daß die Aerzte aus Humanitäts- oder anderen Rücksichten mit der vollen Offenheit in der Beurteilung des Falles zurückhalten würden, wenn sie bei Erstattung ihrer Gutachten vom Bewußtsein getragen sein müßten, daß jedes von ihnen geäußerte Wort zur Kenntnis der Verletzten oder Invaliden kommt.

Aus denselben Gründen dürfte sich auch empfehlen, die ärztlichen Gutachten im schiedsgerichtlichen Verhandlungstermine in einer für die Beteiligten schonenden Weise zu veröffentlichen, insbesondere all' das nicht durch Verlesen zu veröffentlichen, was nicht notwendiger Weise zur Beurteilung des Falles zu dienen hat.

6. **Persönliches Erscheinen der Verletzten — Reiseentschädigung**: Die Bestimmung in Abs. V entspricht der schon von den bisherigen Schiedsgerichten fast ausnahmslos beobachteten Praxis, den Verletzten, deren persönliches Erscheinen zur Verhandlung angeordnet ist, die hierauf erwachsenen Auslagen zu ersetzen.

Abgesehen von den Fällen der Anordnung persönlichen Erscheinens kann den zur Verhandlung erschienenen Verletzten eine Reiseentschädigung auch dann zugebilligt werden, wenn deren Erscheinen vom Schiedsgericht erforderlich d. i. zur Sachaufklärung dienlich angesehen wird.

Eines besonderen Antrags der Erschienenen auf Überweisung dieser Kosten an den beklagten Versicherungsträger bedarf es nicht.

Die Verpflichtung zur Erstattung dieser Auslagen ist mit der Entscheidung des Schiedsgerichts zur Sache selbst festzusetzen.

Vgl. hieher auch die Anm. zu § 10.

§ 10.

I Die Kosten des Schiedsgerichts sind nach Ablauf des Rechnungsjahrs der Versicherungsanstalt von den beteiligten Berufsgenossenschaften und Ausführungsbehörden anteilig zu erstatten. Dabei wird das Verhältnis zu Grunde gelegt, in welchem die Zahl derjenigen gegen ihre Bescheide eingelegten Berufungen, welche in diesem Jahre erledigt worden sind, zur Gesamtzahl der vor dem Schiedsgericht in demselben Zeitraum erledigten Berufungen steht. Die Verteilung der Kosten auf die Versicherungsanstalten, die Berufsgenossenschaften und Ausführungsbehörden erfolgt durch den Vorsitzenden des Schiedsgerichts.

II Die Kosten des Verfahrens, welche durch die einzelnen Streitfälle erwachsen, sowie solche besondere Kosten, welche durch die ausnahmsweise Zuziehung von Beisitzern gemäß § 7 Abs. 2 entstehen, sind von demjenigen Träger der Versicherung zu zahlen, gegen dessen Bescheid die Berufung eingelegt ist.

III Das Reichs-Versicherungsamt ist befugt, hierüber nähere Bestimmungen zu erlassen.

IV Das Schiedsgericht ist befugt, den Beteiligten solche Kosten des Verfahrens zur Last zu legen, welche durch Mutwillen oder durch ein auf Verschleppung oder Irreführung berechnetes Verhalten derselben veranlaßt worden sind.

1. Vgl. hieher § 107 J.V.G., §§ 20 und 21 der Kaiserl. Verord. v. 22. Novbr. 1900 betr. das Verfahren vor den Schiedsgerichten, ferner auch die Rechnungsvorschriften des Reichs-Vers.-Amts (A.Nr. 1899 S. 219 ff.).

2. **Kosten der Schiedsgerichte**: Die in § 10 Abs. III vorgesehenen näheren Bestimmungen hat das Reichs-Vers.-Amt am 29. Januar 1902 erlassen; hienach sind auseinander zu halten:

I. Kosten der Gerichtshaltung (§ 10 Abs. I)
II. Kosten des Verfahrens (§ 10 Abs. II).

ad I. A. **Kosten der Gerichtshaltung**: Hiezu gehören:

1. Die Verwaltungskosten und zwar:

a) Die Bezüge der Hilfsbeamten des Schiedsgerichts (§§ 104 Abs. IV u. 107 Abs. I Inv.V.G.) einschließlich der Lohn- und Hilfslohnschreiber (Gehalt, Wohnungsgeld, Remuneration, Beiträge zur Kranken- und Invaliden-Versicherung, Unterstützungen, nicht aber Pensionen, Witwen- und Waisengelder, Versetzungs- und Umzugskosten);

b) die Kosten für Beschaffung der Geschäftsräume (auch bei auswärtigen Sitzungen des Schiedsgerichts) z. B. für Miete, Heizung, Beleuchtung, Reinigung, bauliche Einrichtungen, Telephonanlagen, Wasserverbrauch, Feuerversicherung;

c) die Kosten für Anschaffung und Unterhaltung des Inventars (Mobiliar, Bücher, sonstige literarische Hilfsmittel, Schreibmaschinen);

d) die Kosten für Beschaffung der Geschäftsbedürfnisse (Schreibbedarf, Formulare, Siegel).

2. Die den Beisitzern nach dem Statute der Versicherungsanstalt zustehenden Vergütungen (§ 92 Inv.V.G.) mit Ausnahme der Vergütungen in den Fällen des § 7 Abs. II Ab.G.

3. Die Tagegelder und Reisekosten des Schiedsgerichtsvorsitzenden und des Protokollführers bei auswärtigen Sitzungen des Schiedsgerichts (§ 12 V.O. v. 22. Nov. 1900).

4. Alle Portoausgaben, Fracht-, Telegramm-, Fernsprech-Gebühren.

5. Die Kosten für die dem Reichs-(Landes-)Versicherungs-Amt einzureichenden Abschriften der schiedsgerichtlichen Urteile, soweit sie nicht schon unter 1 a fallen.

6. Alle sonstigen Ausgaben, welche gemeinsamen Interessen der Versicherungsträger dienen oder durch Erledigung allgemeiner Verwaltungsaufgaben des Schiedsgerichts (z. B. Mitwirkung bei den Wahlen zum Reichs-[Landes-]Versicherungs-Amt) entstehen.

ad I. B. **Behandlung der Kosten der Gerichtshaltung**:

1. Die unter A genannten Kosten sind sämtlich zunächst von der Versicherungsanstalt, für deren Bezirk das Schiedsgericht errichtet ist, zu zahlen und sodann ohne Ausnahme nach der Regel des § 10 Abs. I anteilig zu erstatten.

2. Die vorläufige Zahlung erfolgt, soweit nicht unter den Beteiligten etwas anderes vereinbart wird, in der Weise, daß größere Kostenbeträge (z. B. Besoldungen, Kosten für größere Anschaffungen) in der Regel unmittelbar von der Versicherungsanstalt, die übrigen Kosten aus einem Vorschusse gezahlt werden, der von der Versicherungsanstalt dem Schiedsgerichtsvorsitzenden auf dessen Antrag portofrei zu übermitteln ist.

Die unmittelbar von der Versicherungsanstalt geleisteten Zahlungen sind am Schlusse des Rechnungsjahres alsbald beim Schiedsgericht unter Beifügung einer Abschrift der Belege zum Zwecke der Anrechnung bei der Kostenverteilung anzumelden.

3. Die Erstattung erfolgt gemäß § 10 Abs. I erst nach Ablauf des Rechnungsjahres, das mit dem Kalenderjahre zusammenfällt. Auf Ersatz für Zinsverlust hat die Versicherungsanstalt keinen Anspruch.

4. Die Erstattung der Kosten für die der Versicherungsanstalt obliegende Beschaffung und Unterhaltung der Geschäftsräume und des Inventars wird während der Dauer der Benutzung durch das Schiedsgericht in der Weise bewirkt, daß die beteiligten Versicherungsträger gemeinschaftlich für die Geschäftsräume eine angemessene Miete und für das Inventar jährlich zusammen 5% des Anschaffungsbetrages an die Versicherungsanstalt bezahlen. Die hieraus sich ergebende Jahressumme wird nach der Regel des § 10 Abs. I anteilig berechnet und erstattet.

Der erstmalig festgestellte Anschaffungsbetrag für das Inventar bleibt bei Ersatzanschaffungen unverändert, erhöht sich aber bei Neuanschaffungen um den Betrag der hiedurch entstandenen Kosten.

5. Als beteiligt an der Erstattung kommen alle Versicherungsträger in Betracht, die in einem im abgelaufenen Rechnungsjahre erledigten Berufungs-Antrags- oder förmlichen Wiederaufnahme-Verfahren Partei gewesen sind (§ 10 Abs. I Satz 2 u. 3 Ab.G.).

Es können also beteiligt sein:

a) Berufsgenossenschaften, b) Ausführungsbehörden, c) die Versicherungsanstalt, für deren Bezirk das Schiedsgericht errichtet ist.

6. Als Maßstab für die Verteilung der Kosten gilt das Verhältnis der Zahl der im abgelaufenen Jahre erledigten Berufungen gegen Bescheide der einzelnen Versicherungsträger und der erledigten Anträge auf Herabsetzung, Einstellung oder Erhöhung der Rente oder auf Wiederaufnahme des Verfahrens zu der Gesamtzahl der von dem Schiedsgericht im abgelaufenen Jahre erledigten Berufungen und Anträge der vorbezeichneten Art.

Schriftsätze, die zwar als Berufung bezeichnet sind, sich aber nicht als solche im gesetzlichen Sinne darstellen, sind nicht mitzuzählen.

7. Als „erledigt" sind nicht nur die durch Urteil, sondern auch die durch Vergleich, Anerkenntnis, Zurücknahme oder auf andere Weise (z. B. durch Tod des Klägers, durch Bescheid des Vorsitzenden bei Unzuständigkeit des Schiedsgerichts oder Fristversäumnis) erledigten Berufungen und Anträge anzurechnen. Dabei sind alle erlassenen Urteile, nicht nur die rechtskräftig gewordenen, zu zählen.

8. Der Schiedsgerichtsvorsitzende hat die Verteilung der Kosten zu Beginn des neuen Rechnungsjahres schleunigst zu bewirken und ihr Ergebnis sowie die Gesamtzahl der Berufungen rc. und die auf die einzelnen Versicherungsträger entfallende Zahl der Berufungen rc. nebst den in den einzelnen Zweigen der Gerichtshaltung entstandenen Gesamtkosten den Beteiligten bis zum 1. Februar mit dem Ersuchen mitzuteilen, die auf sie entfallenden Beträge binnen einer Woche an die Versicherungsanstalt portofrei zu erstatten. Der Schiedsgerichtsvorsitzende hat den Beteiligten die Einsichtnahme der Belege in den Diensträumen des Schiedsgerichts zu gestatten und ihnen auf ihr Ersuchen beglaubigte Abschriften der Belege auf ihre Kosten zu erteilen.

9. Geldstrafen, die gegen Beisitzer nach § 2 Abs. II der Schiedsgerichtsordnung festgesetzt werden, sind an das Schiedsgericht zu zahlen und bei den Gerichtshaltungskosten als Einnahme zu verrechnen.

10. Gegen den Verteilungsbescheid des Schiedsgerichtsvorsitzenden steht den Beteiligten binnen einem Monat die Beschwerde an das Reichsversicherungsamt offen, die beim Schiedsgerichtsvorsitzenden einzureichen ist. Dieser hat der Beschwerde, wenn er sie für begründet hält, stattzugeben. Andernfalls hat er sie mit seiner Aeußerung und den zugehörigen Vorgängen dem Reichsversicherungsamt vorzulegen.

Die Beschwerde hat keine aufschiebende Wirkung. Wird die Beschwerde für begründet erachtet, so kann die entscheidende Stelle bei geringfügigen Beträgen die Aussetzung des erforderlichen Ausgleichs bis zur nächsten Verteilung anordnen.

ad II. C. Kosten des schiedsgerichtlichen Verfahrens: Hiezu gehören die durch die einzelnen Streitfälle erwachsenden und ausscheidbaren gerichtlichen Kosten

a) des Berufungsverfahrens (§§ 114, 115 J.V.G., §§ 76—79 G.-U.G., §§ 82—85 L.U.G., §§ 5—26 d. Schiedsger.Ordn.),

b) des Antragsverfahrens (§ 88 Abs. III G.U.G., § 94 Abs. III L.U.G., §§ 27—32 d. Schiedsger.Ordn.),

c) des förmlichen Wiederaufnahmeverfahrens (§ 119 J.V.G., § 84 G.U.G., § 90 L.U.G., §§ 578—591 R.C.P.O.).

Im Einzelnen kommen als ausscheidbar folgende Kosten des Verfahrens in Betracht:

1. Die aus Anlaß des Verhandlungstermins entstehenden Kosten:

a) die Entschädigung der Partei, deren Erscheinen angeordnet war oder als erforderlich angesehen wird (§ 9 Abs. V Ab.G., § 11 Abs. III und § 47 Abs. II d. Schiedsger.Ordn.);

b) die Gebühren der Zeugen;

c) die Terminsgebühren der Sachverständigen, einschließlich der Vergütung, welche den nach § 8 des Ab.G. gewählten ärztlichen Sachverständigen für ihre Teilnahme an den Sitzungen zusteht;

d) die Vergütung, welche den nach § 7 Abs. II Ab.G. ausnahmsweise zugezogenen Beisitzern bezahlt wird;

2. Die außerhalb des Verhandlungstermins durch die Beweiserhebung entstehenden Kosten, und zwar:

a) die Kosten der durch eine andere Behörde ausgeführten Beweiserhebung (Rechtshilfekosten, Gebühren der Zeugen und Sachverständigen, Kosten einer Besichtigung, Schreibgebühren);

b) die Kosten der auswärtigen Beweistermine zur Einnahme des Augenscheins oder zur Vernehmung von Zeugen und Sachverständigen durch das Schiedsgericht bezw. durch ein Mitglied des Schiedsgerichts (§ 9 Ab.G., § 17 Abs. III u. IV d. Schiedsger.Ordn.); solche Kosten sind die Tagegelder und Reisekosten des Vorsitzenden oder des beauftragten Mitglieds und des Protokollführers, Bezüge der Beisitzer, Gebühren der Zeugen und Sachverständigen, Entschädigung der Partei, deren persönliches Erscheinen zu diesem Beweistermine angeordnet war; findet in diesem Termine zugleich eine Verhandlung der Sache statt, so fallen die Kosten des Vorsitzenden, des Protokollführers und des Beisitzers unter die Gerichtshaltungskosten;

c) die Vergütung an den mit einer ärztlichen Untersuchung außerhalb des Verhandlungs- oder Beweistermins beauftragten Arzt;

d) die Kosten der Reise zu der vom Schiedsgerichte angeordneten ärztlichen Untersuchung;

e) die Kosten der vom Schiedsgerichte angeordneten Beobachtung in einer Heilanstalt;

f) die Kosten für Abbildungen (z. B. photographische Aufnahmen, Darstellungen der Unfallstelle oder von Betriebseinrichtungen), die auf Anordnung des Schiedsgerichts gestellt sind.

ad II. D. Behandlung der Kosten des schiedsgerichtlichen Verfahrens:

1. Die im Laufe des Verfahrens entstehenden gerichtlichen Kosten werden gemäß § 20 der Schiedsger.Ordn. festgesetzt.

2. Von den Kosten des Verfahrens sind folgende durch das Schiedsgericht auszuzahlen:

a) die Entschädigung der Partei, deren Erscheinen angeordnet war oder als erforderlich angesehen wird,
b) die Gebühren der Zeugen,
c) die Terminsgebühren der Sachverständigen, einschließlich der nach § 8 Ab.G. gewählten ärztlichen Sachverständigen,
d) die Bezüge der ausnahmsweise zugezogenen Beisitzer (§ 7 Abs. II Ab.G.),
e) die Kosten der vor dem Schiedsgerichte oder einem Mitgliede desselben stattgehabten besonderen Beweistermine,
f) etwaige sonstige Kosten, deren sofortige Auszahlung geboten ist (z. B. Kosten der Rückreise des Rentenbewerbers nach Untersuchung durch einen Arzt oder nach Beobachtung in einer Heilanstalt).

3. Alle übrigen gerichtlichen Kosten des Verfahrens sind von dem zur endgiltigen Tragung verpflichteten Versicherungsträger unmittelbar an den Empfangsberechtigten auszuzahlen.

4. Die nach Ziff. 2 durch das Schiedsgericht zu bewirkenden Zahlungen erfolgen aus Vorschüssen, die von den am Schiedsgerichte beteiligten Versicherungsträgern dem Schiedsgerichtsvorsitzenden in der von diesem zu bestimmenden Höhe portofrei zu übersenden sind.

Die vom Schiedsgericht ausgezahlten Kosten werden zu Lasten des erstattungspflichtigen Versicherungsträgers gebucht und am Schlusse eines jeden Vierteljahrs, falls nicht ein anderer Zeitraum vereinbart ist, für die einzelnen Versicherungsträger zusammengestellt. Der Schiedsgerichtsvorsitzende übersendet diese Zusammenstellung nebst den Kassenbelegen dem Verpflichteten mit dem Ersuchen, die Auslagen binnen einer bestimmten Frist an das Schiedsgericht portofrei zu erstatten.

Die Zusammenstellung gilt als Festsetzung der Kosten im Sinne des § 20 Abs. I der Schiedsgerichtsordnung; die dort vorgesehene Anfechtung der Festsetzung hat innerhalb eines Monats zu erfolgen.

5. Hinsichtlich der nicht vom Schiedsgericht auszuzahlenden Kosten des Verfahrens hat der Vorsitzende eine Ausfertigung der Kostenfestsetzung als Kassenbeleg dem zahlungspflichtigen Versicherungsträger zu übersenden. Dieser hat, falls er nicht die Festsetzung innerhalb eines Monats anfechten will (§ 20 der Schiedsger.-Ordn.), die Auszahlung an die Empfangsberechtigten schleunigst zu bewirken.

Eine Buchung dieser Kosten findet bei dem Schiedsgerichte nicht statt.

6. Die auf Grund des § 10 Absatz IV Ab.G. einer Partei zur Last gelegten Kosten hat das Schiedsgericht unmittelbar von dem Verpflichteten wieder einzuziehen; sie kommen für die Abrechnung nur insoweit in Betracht, als sie nicht einzutreiben sind und daher nach § 10 Abs. II Ab.G. dem beteiligten Versicherungsträger oder, soweit es sich um Schreibgebühren handelt, der Gesamtheit zur Last fallen.

7. Im Übrigen bleibt es den Versicherungsanstalten überlassen, die Aufbewahrung und Buchung der von ihnen den Schiedsgerichten gewährten Vorschüsse, sowie die Abrechnung über die Kosten der Gerichtshaltung nach Benehmen mit den Schiedsgerichtsvorsitzenden für ihren Bezirk einheitlich zu regeln, damit die Aufnahme des Ergebnisses der Abrechnung in das Rechnungswerk der Versicherungsanstalten gemäß den Vorschriften des R.V.A. über die Art und Form der Rechnungsführung bei den Versicherungs-Anstalten ohne Weiteres erfolgen kann.

Zu den Anordnungen sub A-D kommen noch folgende „allgemeine Bestimmungen“:

1. Die erwähnten Anordnungen treten mit dem 1. Januar 1902 in Kraft. Sie finden auch auf die für das Jahr 1901 vorzunehmende Verteilung der Schiedsgerichtskosten Anwendung, soweit nicht eine anderweitige Vereinbarung unter den Beteiligten bereits getroffen ist oder durch den Schiedsgerichtsvorsitzenden herbeigeführt wird.

2. Diese Ausführungsbestimmungen finden auf die Kosten der Schiedsgerichte für die zugelassenen besonderen Kasseneinrichtungen (§§ 8, 10, 11 J.V.G. und § 3 Abg.G.) mit Ausnahme derjenigen Schiedsgerichte, für die nach dem Statut der Kasseneinrichtung abweichende landesgesetzliche Vorschriften gelten — sinngemäße Anwendung. Soweit sie sich auf die Versicherungsanstalten beziehen, gelten sie für die Kasseneinrichtungen bezw. deren Vorstände.

3. **Außergerichtliche Kosten**: vgl. hieher § 21 d. Kais. V.O. vom 22. November 1900; zu diesen Kosten zählen, um es mit kurzen Worten zu sagen, die „Parteikosten" der Beteiligten (Versicherten wie Versicherungsträger). Solche sind die Kosten, welche auf das gerichtsseits nicht angeordnete Erscheinen der Parteien oder auf deren Vertretung (sei es durch einen gesetzlichen, oder wegen Prozeßunfähigkeit gerichtlich bestellten Vertreter) oder durch einen selbstgewählten Vertreter (Anwalt) entstanden sind.

Diese Kosten hat das Schiedsgericht, ohne daß es eines bezüglichen Antrags bedarf, mit der Entscheidung über die Hauptsache, also urteilsmäßig nach freiem Ermessen festzusetzen.

Voraussetzung der Kostenerstattung ist hier in allen Fällen, daß die Partei wenigstens teilweise obsiegt; im Falle des Unterliegens werden außergerichtliche Kosten in der Regel nicht erstattet, es sei denn, daß dem Erschienenen eine Reiseentschädigung im Vollzuge des § 9 Abs. V Ab.G. um deswillen zugebilligt wird, weil sein Erscheinen nach dem Ergebnis der Verhandlung als im Interesse der Sachaufklärung gelegen erachtet wurde. Das dem Schiedsgerichte eingeräumte freie Ermessen wird durch die Prüfung der Notwendigkeit oder Zweckdienlichkeit der Auslagen von selbst begrenzt sein.

4. Nach § 20 Ab.G. werden die Gebühren der Rechtsanwälte im Verfahren durch Kaiserliche Verordnung mit Zustimmung des Bundesrats festgesetzt; diese Verordnung ist unterm 22. Dezember 1901 erlassen worden — R.G.Bl. 1901 Nr. 50 S. 497 —; hienach bemißt sich die Vergütung für die Berufsthätigkeit eines Rechtsanwalts im Verfahren vor den Schiedsgerichten auf 3—30 Mk., im Verfahren vor dem Reichs-(Landes-)Versicherungs-Amt auf 5—50 Mk.; auf Erstattung von Reisekosten oder sonstigen Auslagen haben die Rechtsanwälte keinen Anspruch; für Teilnahme an Beweisverhandlungen außerhalb der Gerichtsstätte kann, wenn die Anwesenheit des Rechtsanwalts geboten war, eine angemessene besondere Entschädigung zugebilligt werden.

Gegen die Entscheidung wegen der Kostenerstattung findet eine selbständige Beschwerde nicht statt; dieselbe kann nur gleichzeitig mit der Entscheidung der Hauptsache (im Wege der Revision oder des Rekurses) angefochten werden.

5. **Kosten, welche durch Mutwillen oder absichtliche Irreleitung erwachsen sind**: Der Vorsitzende des Schiedsgerichts, in Streitsachen aus der Unfallversicherung das Schiedsgericht, kann den Beteiligten solche Kosten des Verfahrens zur Last legen welche durch Mutwillen oder ein auf Verschleppung oder Irreführung berechnetes Verhalten veranlaßt worden sind.

Diese Bestimmung soll die Möglichkeit schaffen, Auswüchsen der Kostenfreiheit vorzubeugen oder sie zu beseitigen. Ob dieser Zweck erreicht wird, erscheint freilich zweifelhaft, da das schiedsgerichtliche Verfahren als solches gebührenfrei und eine Ausscheidung der Kosten der Beisitzer, die nicht wegen eines einzelnen Falles beigezogen sind, kaum thunlich ist, so wird diese Bestimmung nur in jenen Fällen praktische Bedeutung erlangen können, in welchen auf Vernehmung von Zeugen, Erholung von Gutachten, Augenscheinseinnahme ꝛc. besondere Kosten des Verfahrens erwachsen sind. Wirksamer wäre dem Mutwillen oder böswilligen Verhalten der bezeichneten Art seitens der Beteiligten vielleicht noch durch die Ermächtigung des Schiedsgerichts zur Festsetzung besonderer Verhandlungsgebühren für solche Fälle zu begegnen gewesen.

Reichs-Versicherungsamt.

§ 11.

I Das Reichsversicherungsamt hat seinen Sitz in Berlin und besteht aus ständigen und nichtständigen Mitgliedern.

II Der Präsident und die übrigen ständigen Mitglieder werden auf Vorschlag des Bundesrats vom Kaiser auf Lebenszeit ernannt. Aus den ständigen Mitgliedern werden vom Kaiser die Direktoren und die Vorsitzenden der Senate ernannt. Die übrigen Beamten des Reichs-Versicherungsamts werden vom Reichskanzler ernannt.

III Von den nichtständigen Mitgliedern werden sechs vom Bundesrat, und zwar mindestens vier aus seiner Mitte, sechs als Vertreter der Arbeitgeber von den Vorständen der Berufsgenossenschaften und den Ausführungsbehörden sowie sechs als Vertreter der Versicherten von den dem Arbeiterstand angehörenden Beisitzern der Schiedsgerichte gewählt.

IV Die Vertreter der Arbeitgeber und der Versicherten werden auf die Berufsgenossenschaften und Ausführungsbehörden in der Weise verteilt, daß

a) für den Bereich des Gewerbe- und des Bau-Unfallversicherungsgesetzes,
b) für den Bereich des Unfallversicherungsgesetzes für Land- und Forstwirtschaft,
c) für den Bereich des See-Unfallversicherungsgesetzes

je zwei Vertreter der Arbeitgeber und je zwei Vertreter der Versicherten gewählt werden.

V Bei der Wahl der Vertreter der Versicherten sind wahlberechtigt

a) für die Land- und Forstwirtschaft nur die land- und forstwirtschaftlichen Beisitzer der Schiedsgerichte,
b) für die See-Unfallversicherung nur die auf Grund des See-Unfallversicherungsgesetzes versicherten oder auf Grund des § 4 Abs. 2 berufenen Beisitzer der Schiedsgerichte,
c) für die gewerbliche und die Bau-Unfallversicherung die sonstigen Beisitzer der Schiedsgerichte einschließlich der Beisitzer der auf Grund der §§ 8, 10 des Invalidenversicherungsgesetzes errichteten Schiedsgerichte.

1. Vgl. hieher zunächst die Kaiserliche Verordnung vom 19. Oktober 1900 betr. den Geschäftsgang und das Verfahren des Reichsversicherungsamts (R.G.Bl. 1900 S. 983 ff.); dieselbe ist im Anhang abgedruckt.

2. Wie für die Schiedsgerichte, so sind auch für das Reichsversicherungsamt und die Landesversicherungsämter die Bestimmungen über Organisation, Geschäftsgang und Kosten aus Rücksichten größerer Übersichtlichkeit, unter Ausscheidung aus den einzelnen Unfallversicherungsgesetzen, hieher übernommen. Hiebei wurden aus Zweckmäßigkeitsgründen in einzelnen Punkten Abänderungen gemacht.

Die §§ 11 mit 19 des Ab.G. sind daher an die Stelle folgender Bestimmungen der bisherigen Unfallversicherungsgesetze getreten:

a) § 87 Abs. II bis V, § 88 Abs. I, Satz 2, §§ 90, 91, 92 Abs. I, § 93 des U.G. vom 6. Juli 1884;
b) §§ 95 bis 99 des L.U.G. vom 5. Mai 1886;
c) § 45 des Bau-U.G. vom 11. Juli 1887.

3. Besonders zu erwähnen ist, daß fortan auch die aus den land- und forstwirtschaftlichen Arbeitern hervorgehenden Beisitzer, welche bisher vom

Bundesrat berufen wurden, von den land- und forstwirtschaftlichen Beisitzern der Schiedsgerichte gewählt werden.

Die sonstigen Änderungen gegenüber den bisherigen Vorschriften erstrecken sich auf die Erneuerung der Direktoren und der Senatsvorsitzenden durch den Kaiser, auf die Wahl von zwei weiteren nichtständigen Mitgliedern durch den Bundesrat, auf die Wahl der Arbeiterbeisitzer, welche fortan nicht mehr durch Arbeitervertreter direkt, sondern durch die aus dem Stande der versicherten Arbeiter von der Versicherungsanstalt gewählten Beisitzer der Schiedsgerichte gewählt werden, endlich auf die Bestimmung, daß die Arbeitgeber-Beisitzer nicht mehr Mitglieder der Genossenschaftsvorstände und die Arbeiter-Beisitzer nicht mehr Beisitzer der Schiedsgerichte zu sein brauchen

4. Das Reichs-Versicherungsamt, das seinen Sitz in Berlin (Diensträume Berlin W. 10, Königin Augustastraße 25/27) hat und gegenwärtig außer dem Präsidenten und 2 Direktoren mit 47 ständigen Mitgliedern (darunter 19 Senatsvorsitzenden), 5 Hilfsarbeitern, 5 ständigen und 54 stellvertretenden richterlichen Beisitzern, 12 Vertretern der Arbeitgeber und der Versicherten und 58 Stellvertretern derselben besetzt ist, ist eine mit selbständigen Entscheidungs- und Zwangsbefugnissen ausgerüstete Reichsbehörde und zur Durchführung des Gesetzes in organisatorischer, administrativer, verwaltungsgerichtlicher und disziplinärer Beziehung berufen. Das Reichs-Vers.-Amt ist aber nicht selbst eine oberste Reichsbehörde, sondern gehört zum Ressort des Reichsamtes des Innern, welch' letzterem aber keine Befugnis zusteht, in die Instanzentscheidungen des Reichs-Vers.-Amtes einzugreifen oder statt seiner selbst zu entscheiden.

5. Die Entscheidungen des Reichs-Vers.-Amtes erfolgen in der Regel in der Besetzung von 5 Mitgliedern (einschließlich des Vorsitzenden), unter denen sich je ein Vertreter der Arbeitgeber und der Versicherten befinden muß. Bei der Entscheidung über Rekurse sowie bei sonstigen wichtigen vermögensrechtlichen Streitigkeiten treten zwei weitere richterliche Beamte hinzu. Beschlüsse, durch welche Rekurse ohne mündliche Verhandlung zurückgewiesen werden (§ 81 Abs. I G.U., § 87 Abs. I L.U., § 85 Abs. I S.U.), erfolgen in der Besetzung mit 3 Mitgliedern (§ 16). Der erweiterte Senat (§ 17) entscheidet in der Besetzung von 11 Mitgliedern. Wegen der Besetzung bei Entscheidungen im Gebiete der Invalidenversicherung s. Anm. zu § 16.

6. Die Ausführungsbehörden in den einer Berufsgenossenschaft nicht zugewiesenen fiskalischen Betrieben unterliegen wohl der Rechtsprechung, aber nicht der Beaufsichtigung des Reichs-Vers.-Amts; letztere wird vielmehr von der vorgesetzten Dienstesbehörde ausgeübt.

7. Für die Durchführung der Invalidenversicherung bilden das Reichs-Vers.-Amt und die Landes-Vers.-Aemter die Aufsichtsinstanz. Revisionsinstanz in Angelegenheiten der Invalidenversicherung ist aber ausschließlich das Reichs-Vers.-Amt (vgl. §§ 103, 110, 111 J.V.G.).

Für die Zwecke der Invalidenversicherung ist im Reichs-Vers.-Amte eine besondere Abteilung sowie eine besondere Rechnungsstelle errichtet. (§ 124 J.V.)

§ 12.

I Wählbar sind deutsche, männliche, volljährige, im Reichsgebiete wohnende Personen. Nicht wählbar ist, wer zum Amte eines Schöffen unfähig ist (§ 32 des Gerichtsverfassungsgesetzes).

II Wählbar zu Vertretern der Arbeitgeber sind die stimmberechtigten Mitglieder der Genossenschaften, deren gesetzliche Vertreter sowie die bevollmächtigten Leiter ihrer Betriebe, außerdem für Ausführungsbehörden die die Geschäfte der Genossenschaftsvorstände führenden Beamten sowie die sonstigen Beamten der Betriebe, für welche die Ausführungsbehörde bestellt ist.

III **Wählbar zu Vertretern der Versicherten sind Personen, die auf Grund der betreffenden Unfallversicherungsgesetze versichert sind, für den Bereich der See-Unfallversicherung auch befahrene Schiffahrtskundige, welche nicht Rheder, Mitrheder, Korrespondentrheder oder Bevollmächtigte (§ 33 des See-Unfallversicherungsgesetzes) sind.**

1. Der § 32 des Gerichtsverfassungsgesetzes lautet:
Unfähig zu dem Amt eines Schöffen sind:

1. Personen, welche die Befähigung infolge strafgerichtlicher Verurteilung verloren haben;
2. Personen, gegen welche das Hauptverfahren wegen Verbrechens oder Vergehens eröffnet ist, das die Aberkennung der bürgerlichen Ehrenrechte oder der Fähigkeit zur Bekleidung öffentlicher Ämter zur Folge haben kann;
3. Personen, welche infolge gerichtlicher Anordnung in der Verfügung über ihr Vermögen beschränkt sind.

2. In § 12 sind die bisher in den verschiedenen Unf.-Vers.-Gesetzen zerstreut gewesenen Bestimmungen über die Wählbarkeit der Vertreter sowohl der Arbeitgeber als der Versicherten redaktionell zusammengefaßt. Hiebei ist die Wählbarkeit der Vertreter der Arbeitgeber auf die zu Schiedsgerichtsbeisitzern wählbaren Personen ausgedehnt und erlangen auch die bevollmächtigten Leiter der Betriebe die Wählbarkeit zum Reichs-Vers.-Amte Auch in Bezug auf die Versicherten ist das passive Wahlrecht erweitert; dasselbe ist nicht mehr auf den Kreis der zur Wahl berufenen Schiedsgerichtsbeisitzer beschränkt, sondern derart erweitert, daß die zum Beisitz im Schiedsgerichte wählbaren Personen im allgemeinen auch zum Reichs-Vers.-Amt wählbar sind.

§ 13.

Für die Vertreter der Arbeitgeber und der Versicherten sind in der gleichen Weise nach Bedürfnis Stellvertreter zu wählen, welche die Mitglieder in Behinderungsfällen zu vertreten haben. Scheidet ein solches Mitglied während der Wahlperiode aus, so haben für den Rest derselben die Stellvertreter in der Reihenfolge ihrer Wahl als Mitglied einzutreten.

§ 14.

I Die Wahl der Vertreter der Arbeitgeber und der Versicherten erfolgt unter Leitung des Reichs-Versicherungsamts in getrennter Wahlhandlung mittelst schriftlicher Abstimmung nach relativer Mehrheit der Stimmen; bei Stimmengleichheit entscheidet das Loos. Das Stimmenverhältnis der einzelnen Wahlkörper bestimmt der Bundesrat unter Berücksichtigung der Zahl der versicherten Personen. Der Bundesrat kann bestimmen, daß und in welcher Weise die Wahlen nach Bezirken zu erfolgen haben und wie die zu wählenden Personen auf einzelne Bezirke zu verteilen sind. Das Ergebnis der Wahl ist öffentlich bekannt zu machen.

II Die Amtsdauer der nichtständigen Mitglieder und ihrer Stellvertreter währt fünf Jahre. Die Gewählten bleiben nach Ablauf dieser Zeit solange im Amte, bis ihre Nachfolger ihr Amt angetreten haben. Die Ausscheidenden sind wieder wählbar.

III Werden hinsichtlich eines Gewählten Thatsachen bekannt, welche dessen Wählbarkeit nach Maßgabe dieses Gesetzes ausschließen, oder welche sich als grobe

Verletzungen der Amtspflicht darstellen, so ist der Gewählte, nachdem ihm Gelegenheit zur Aeußerung gegeben worden ist, durch Beschluß des Reichs-Versicherungsamts seines Amtes zu entheben.

§ 15.

Die Entscheidungen des Reichs-Versicherungsamts sind endgültig, soweit in den Gesetzen nicht ein Anderes bestimmt ist.

§ 16.

I Die Entscheidungen des Reichs-Versicherungsamts erfolgen in der Besetzung von fünf Mitgliedern einschließlich des Vorsitzenden, unter denen sich je ein Vertreter der Arbeitgeber und der Versicherten befinden muß, und unter Zuziehung von zwei richterlichen Beamten, wenn es sich handelt

1. um die Entscheidung auf Rekurse gegen die Entscheidungen der Schiedsgerichte;
2. um die Entscheidung vermögensrechtlicher Streitigkeit bei Veränderungen des Bestandes der Berufsgenossenschaften;
3. um die Entscheidung in den Fällen des § 73 Abs. 2, §§ 82, 83 Abs. 1, 2, §§ 85, 116, 124 Abs. 3 des Gewerbe-Unfallversicherungsgesetzes, § 79 Abs. 2, §§ 88, 89 Abs. 1, 2, §§ 91, 124, 130 Abs. 3 des Unfallversicherungsgesetzes für Land- und Forstwirtschaft, § 78 Abs. 2, §§ 86, 87 Abs. 1, 2, §§ 89, 122 Abs. 1, § 126 Abs. 3 des See-Unfallversicherungsgesetzes.

II Beschlüsse, durch welche Rekurse ohne mündliche Verhandlung zurückgewiesen werden (Gewerbe-Unfallversicherungsgesetz § 81 Abs. 1, Unfallversicherungsgesetz für Land- und Forstwirtschaft § 87 Abs. 1, See-Unfallversicherungsgesetz § 85 Abs. 1) erfolgen in der Besetzung mit drei Mitgliedern, unter denen sich je ein Vertreter der Arbeitgeber und der Versicherten befinden muß.

III Die Vertreter der Arbeitgeber und der Versicherten sind, sofern es sich nicht um allgemeine Angelegenheiten handelt, nur zu denjenigen Verhandlungen zuzuziehen, bei denen es sich um Angelegenheiten der Berufsgenossenschaften handelt, für welche sie gewählt sind.

§ 16 gilt nur für das Gebiet der Unfallversicherung; die entsprechenden Bestimmungen für das Gebiet der Invalidenversicherung enthält § 110 J.V.G., welcher nachstehend abgedruckt ist:

§ 110. Die Entscheidungen des Reichs-Versicherungsamtes erfolgen in der Besetzung von mindestens vier Mitgliedern einschließlich des Vorsitzenden, unter welchen sich je ein Vertreter der Arbeitgeber und der Versicherten befinden muß, und unter Zuziehung eines richterlichen Beamten, wenn es sich handelt:

1. um die Entscheidung über eine Anfechtung von Beschlüssen der Organe der Versicherungsanstalten (§ 75),
2. um die Entscheidung vermögensrechtlicher Streitigkeiten bei Veränderungen des Bestandes der Versicherungsanstalten (§ 102),
3. um Ersatzansprüche gegen Berufsgenossenschaften (§ 28 Abs. 3, §§ 113, 128 Abs. 3),

4. um die Entscheidung auf Revisionen gegen die Entscheidungen der Schiedsgerichte (§ 116).

Beschlüsse, durch welche Revisionen ohne mündliche Verhandlung zurückgewiesen werden (§ 117 Abs. 2), erfolgen in der Besetzung von drei Mitgliedern, unter denen sich je ein Vertreter der Arbeitgeber und der Versicherten befinden muß.

Als Vertreter der Arbeitgeber und der Versicherten gelten auch für den Bereich dieses Gesetzes die auf Grund der Unfallversicherungsgesetze zu nichtständigen Mitgliedern des Reichs-Versicherungsamts gewählten Vertreter der Betriebsunternehmer und der Arbeiter, ohne Beschränkung auf die Angelegenheiten ihres besonderen Berufszweigs. Die Enthebung eines Vertreters der Arbeitgeber oder Versicherten (§ 91) erfolgt durch das Reichsversicherungsamt.

Im Übrigen werden die Formen des Verfahrens und der Geschäftsgang des Reichsversicherungsamts durch Kaiserliche Verordnung unter Zustimmung des Bundesrats geregelt.

§ 17.

I Will ein Senat des Reichs-Versicherungsamts in einer grundsätzlichen Rechtsfrage von der Entscheidung eines anderen Senats abweichen, so ist die Sache zur Entscheidung an einen erweiterten Senat zu verweisen. Dieser unterscheidet unter dem Vorsitze des Präsidenten des Reichs-Versicherungsamts in der Besetzung mit zwei nicht ständigen Mitgliedern des Reichs-Versicherungsamts aus den vom Bundesrate gewählten Mitgliedern, zwei ständigen Mitgliedern, zwei richterlichen Beamten und je zwei Vertretern der Arbeitgeber und der Arbeitnehmer. An Stelle der vom Bundesrate gewählten Mitglieder können ständige Mitglieder des Reichs-Versicherungsamts zugezogen werden.

II Das Gleiche gilt, wenn ein Senat von der Entscheidung des erweiterten Senats abweichen will.

§ 18.

In folgenden Angelegenheiten:

1. bei der Vorbereitung der Beschlußfassung des Bundesrats über die Bestimmung, welche Betriebe mit besonderer Unfallgefahr nicht verbunden und deshalb nicht versicherungspflichtig sind (§ 1 Abs. 3 des Gewerbe-Unfallversicherungsgesetzes);
2. bei der Vorbereitung der Beschlußfassung des Bundesrats über die Genehmigung von Veränderungen des Bestandes der Berufsgenossenschaften (§ 52 a. a. O., § 62 des Unfallversicherungsgesetzes für Land- und Forstwirtschaft), über die Auflösung einer leistungsunfähigen Genossenschaft (§ 54 des Gewerbe-Unfallversicherungsgesetzes, § 64 des Unfallversicherungsgesetzes für Land- und Forstwirtschaft, § 57 des See-Unfallversicherungsgesetzes);
3. bei der Beschlußfassung über die Genehmigung von Vorschriften zur Verhütung von Unfällen (§ 112 des Gewerbe-Unfallversicherungsgesetzes, § 120 des Unfallversicherungsgesetzes für Land- und Forstwirtschaft, § 118 des See-Unfallversicherungsgesetzes)

ist mindestens je ein nichtständiges Mitglied aus den Vertretern der Arbeitgeber und der Versicherten zuzuziehen.

§ 19.

I Die Kosten des Reichs-Versicherungsamts und des Verfahrens vor demselben trägt das Reich.

II Das Reichs-Versicherungsamt ist befugt, den Beteiligten solche Kosten des Verfahrens zur Last zu legen, welche durch Mutwillen oder durch ein auf Verschleppung oder Irreführung berechnetes Verhalten derselben veranlaßt worden sind.

III Die nichtständigen Mitglieder erhalten für die Teilnahme an den Arbeiten und Sitzungen des Reichs-Versicherungsamts eine nach dem Jahresbetrage festzusetzende Vergütung, und diejenigen, welche außerhalb Berlins wohnen, außerdem Ersatz der Kosten der Hin- und Rückreise nach den für die vortragenden Räte der obersten Reichsbehörden geltenden Sätzen (Verordnung vom 21. Juni 1875, Reichs-Gesetzbl. S. 249). Die Bestimmungen im § 16 des Gesetzes, betreffend die Rechtsverhältnisse der Reichsbeamten, vom 31. März 1873 (Reichs-Gesetzbl. S. 61) finden auf sie keine Anwendung.

IV Im Uebrigen werden die Formen des Verfahrens und der Geschäftsgang des Reichs-Versicherungsamts durch Kaiserliche Verordnung unter Zustimmung des Bundesrats geregelt.

1. Die Vergütung der nichtständigen Mitglieder ist auf jährlich 1500 Mark festgesetzt; die Diäten der Stellvertreter derselben betragen 18 Mark, die Reiseentschädigung für beide für jedes angefangene Kilometer der Hin- und Rückreise auf Eisenbahnen oder Dampfschiffen 13 Pfg., auf Landwegen 60 Pfg. und für jeden Zu- und Abgang zur Bahn oder zum Schiff 3 Mark.

2. Die in Abs. IV vorgesehene Kais. Verordn. ist unterm 19. Oktober 1900 ergangen; R.G.Bl. 1900 S. 983 ff.

Regelung des Gebührenwesens.

§ 20.

I Die Gebühren der Rechtsanwälte im Verfahren vor den Schiedsgerichten und dem Reichs-Versicherungsamte werden durch Kaiserliche Verordnung mit Zustimmung des Bundesrats, die Gebühren im Verfahren vor den Landes-Versicherungsämtern von den Landesregierungen festgesetzt.

II Eine Vereinbarung über höhere Beträge ist nichtig.

1. Der § 20 ist erst am 1. Januar 1902 in Kraft getreten.

2. Die „Kais. Verordn." über die Gebühren der Rechtsanwälte im Verfahren vor den Schiedsgerichten und dem Reichs-Vers.-Amte ist unterm 22. Dez. 1901 R.G.Bl. Nr. 50 S. 497 ergangen vgl. Anm. Z. 4 zu § 10 Seite 39.

Eine Vereinbarung über höhere Beträge als die hienach festgesetzten ist nichtig.

Diese Verordnung regelt nur die Gebühren der Rechtsanwälte. Die Gebühren anderer Parteivertreter (Volksanwälte, Rechtskonsulenten, Volksagenten, Kommissionäre, Arbeitersekretäre etc. etc.) werden nach freiem Ermessen (der Schiedsgerichte und der Versicherungs-Ämter) festgesetzt; auf alle Fälle sind denselben keine höheren Vergütungen zuzubilligen, als für Rechtsanwälte verordnungsmäßig festgesetzt sind. Eine Vereinbarung höherer Beträge zwischen Parteivertretern, die nicht Rechtsanwälte sind, und ihren Vollmachtgebern ist auch hier unzulässig.

Landes-Versicherungsämter.

§ 21.

I In den einzelnen Bundesstaaten können für das Gebiet und auf Kosten derselben Landes-Versicherungsämter errichtet werden.

II Die Wirksamkeit des Landes-Versicherungsamts beschränkt sich auf Berufsgenossenschaften, welche nur solche Betriebe umfassen, deren Sitz im Gebiete des betreffenden Bundesstaats belegen ist.

1. Zur Zeit bestehen Landesversicherungsämter in: Bayern, Königreich Sachsen, Württemberg, Baden, Hessen, Mecklenburg-Schwerin, Mecklenburg-Strelitz, Reuß ä. L.

2. Zu Abs. II vgl. § 127 G.U. u. § 133 L.U.G. u. § 41 B.U.G. Die Wirksamkeit der Landes-Vers.-Aemter, welche seit Errichtung der sich in der großen Mehrzahl auf das Gebiet eines Bundesstaates beschränkenden land- und forstwirtschaftlichen Berufsgenossenschaften und seit Einführung der Invalidenversicherung mit örtlich organisierten Versicherungsanstalten ganz erheblich an Bedeutung gewonnen haben, sind für diejenigen Berufsgenossenschaften errichtet, welche nur solche Betriebe umfassen, deren Sitz im Gebiet des betr. Bundesstaats gelegen ist.

Nur für diese Berufsgenossenschaften treten die Landes-Vers.-Aemter innerhalb des ihnen gesetzlich zugewiesenen Wirkungskreises an Stelle des Reichs-Vers.-Amtes, sollen aber in sachlicher Uebereinstimmung mit letzterem bleiben.

3. Die Landes-Vers.-Aemter bilden nur auf dem Gebiete der Unfallversicherung und für die in Abs. II genannten Berufsgenossenschaften die höchste Instanz.

Der Rekurs in Unfallsachen geht demnach teils an das Reichs-, teils an das zuständige Landes-Vers.-Amt; im Gebiete der Invalidenversicherung geht die Revision nur an das Reichs-Vers.-Amt.

Die Landes-Vers.-Aemter haben die bei ihnen anhängigen Unfallsachen dann an das Reichs-Vers.-Amt abzugeben, wenn dabei das Interesse auch solcher Berufsgenossenschaften mitbeteiligt ist, die einem anderen Landes-Vers.-Amt oder dem Reichs-Vers.-Amte unterstellt sind.

4. Dem Gesagten zufolge sind der Aufsicht des bayr. Landes-Vers.-Amtes derzeit unterstellt: die bayr. Baugewerks- und die bayr. Holzindustrie-Berufsgenossenschaft, ferner die auf Grund des bayr. Ausführungsgesetzes vom 5. April 1888 zum Gesetze vom 5. Mai 1886 betr. die Unfall- und Krankenversicherung der in land- und forstwirtschaftlichen Betrieben beschäftigten Personen in den acht bayr. Regierungsbezirken neu gebildeten acht land- und forstwirtschaftlichen Berufsgenossenschaften.

Die Zuständigkeit des Landes-Vers.-Amtes zur Entscheidung eingelegter Rekurse erstreckt sich aber neben den genannten Berufsgenossenschaften auch auf die durch K. V.O. vom 28. Dezember 1900 betr. den Vollzug der §§ 128—132 des G.U.V. in der Fassung der Bekanntm. v. 5. Juli 1900 in Bayern gebildeten Ausführungsbehörden a) für den Betrieb der Staatseisenbahnen, der Bodenseedampfschiffahrt, der Kettenschleppschiffahrt auf dem Main und des Ludwig-Donau-Main-Kanales, einschließlich aller auf eigene Rechnung ausgeführten Bauten (Generaldirektion der k. Staatseisenbahnen), b) für den Betrieb der k. Post- und Telegraphenverwaltung (Generaldirektion der k. Posten und Telegraphen).

5. Das bayr. Landes-Vers.-Amt ist durch k. Verordn. vom 29. Mai 1886 (G. u. V.Bl. S. 295) errichtet worden und hat seinen Sitz in München.

Dasselbe ist dem Ressort des k. Staatsministeriums des Innern unterstellt und besteht aus: 1. einem Vorsitzenden im Hauptamte und sechs ständigen Mitgliedern im Nebenamte (Beamten aus den Ressorts der bayr. Staatsministerien, des k. Hauses und des Äußern, des Innern und der Finanzen), 2. acht nichtständigen Mitgliedern, je zwei Vertreter der Vorstände bezw. der Arbeiter für die industriellen und für die landwirtschaftlichen Berufsgenossenschaften, 3. sieben (in den vom Gesetz vorgesehenen Fällen) beizuziehenden Richterbeamten (Räten des k. Obersten Landgerichts bezw. des k. Oberlandesgerichts München).

6. Die Form des Verfahrens und der Geschäftsgang bei dem bayerischen Landes-Vers.-Amte ist durch die im Anhang abgedruckte Bekanntmachung des k. Staatsministeriums des Innern vom 28. Dezember 1900 — G.V.Bl. Nr. 68 S. 1255 — geregelt.

7. Das Landes-Vers.-Amt entscheidet in der Regel (in den Fällen des § 16 Abs. 1 des Ab.G.) in der Besetzung von fünf Mitgliedern einschließlich des Vorsitzenden, unter denen sich je ein Vertreter der Arbeitgeber und der Versicherten befinden muß, und unter Zuziehung von zwei richterlichen Beamten. In den Fällen des § 110 Abs. I Ziff. 1, 2 u. 3 J.V. entscheidet das Landes-Vers.-Amt in der Besetzung von mindestens vier Mitgliedern einschließlich des Vorsitzenden, unter welchen sich je ein Vertreter der Arbeitgeber und der Versicherten befinden muß, und unter Zuziehung eines richterlichen Beamten.

Die Zurückweisung unzulässiger oder verspäteter Rekurse erfolgt durch Beschluß des Landes-Vers.-Amtes ohne mündliche Verhandlung in der Besetzung von drei Mitgliedern, unter denen sich je ein Vertreter der Arbeitgeber und der Versicherten befinden muß.

8. Das Landes-Vers.-Amt entscheidet innerhalb der erhobenen Ansprüche nach freiem Ermessen; das Verfahren vor demselben ist kostenfrei; es ist aber befugt, den Beteiligten solche Kosten des Verfahrens zur Last zu legen, welche durch Mutwillen oder durch ein auf Verschleppung oder Irreführung berechnetes Verhalten derselben veranlaßt sind (§ 19 Abs. II mit § 22 Abs. VII des Ab.G.).

§ 22.

I Das Landes-Versicherungsamt besteht aus ständigen und nichtständigen Mitgliedern.

II Die ständigen Mitglieder werden von dem Landesherrn des betreffenden Bundesstaats auf Lebenszeit ernannt. Von den nichtständigen Mitgliedern werden in getrennter Wahlhandlung unter Leitung des Landes-Versicherungsamts mittelst schriftlicher Abstimmung vier als Vertreter der Arbeitgeber und vier als Vertreter der Versicherten und zwar in der Art gewählt, daß aus jeder Kategorie mindestens zwei auf die Land- und Forstwirtschaft und, soweit sonstige Träger der Unfallversicherung unter der Aufsicht des Landes-Versicherungsamts stehen, auf diese Träger mindestens je einer entfallen.

III Die Wahl erfolgt unter entsprechender Anwendung der Vorschriften des § 11 Abs. 5, der §§ 12, 13, 14 Abs. 1, 2 mit der Maßgabe, daß an die Stelle des Bundesrats die Landes-Zentralbehörde tritt. Jedoch nehmen an der Wahl der Vertreter der Arbeitgeber nur die Vorstände derjenigen Berufsgenossenschaften teil, welche Betriebe, deren Sitz im Gebiet eines anderen Bundesstaats belegen ist, nicht umfassen, sowie die auf das Gebiet des Bundesstaats beschränkten Ausführungsbehörden, und an der Wahl der Vertreter der Versicherten nehmen nur die Beisitzer derjenigen Schiedsgerichte teil, deren Sitz im Gebiete des Bundesstaats belegen ist.

IV Umfaßt der Wirkungskreis des Landes-Versicherungsamts außer land- und forstwirtschaftlichen Betrieben nur noch Ausführungsbehörden für Bauarbeiten, so brauchen demselben als nichtständige Mitglieder nur je zwei Vertreter der Land- und Forstwirtschaft anzugehören.

v Das Stimmenverhältnis der einzelnen Wahlkörper bestimmt die Landesregierung unter Berücksichtigung der Zahl der bei den betreffenden Genossenschaften und Ausführungsbehörden versicherten Personen.

vi Die Enthebung eines Vertreters der Arbeitgeber oder der Versicherten (§ 14 Abs. 3) erfolgt durch das Landes-Versicherungsamt.

vii Die Bestimmungen der §§ 16, 18, 19 Abs. 2 finden auf das Landes-Versicherungsamt entsprechende Anwendung.

viii Im Uebrigen regelt die Landesregierung die Formen des Verfahrens und den Geschäftsgang bei dem Landes-Versicherungsamte sowie die den nichtständigen Mitgliedern zu gewährende Vergütung.

Vgl. die Anm. zu § 21.

Weitere Einrichtungen der Berufsgenossenschaften.

§ 23.

i Die Berufsgenossenschaften sind berechtigt, Einrichtungen zu treffen

1. zur Versicherung der Betriebsunternehmer und der ihnen in Bezug auf Haftpflicht gleichgestellten Personen gegen Haftpflicht;
2. zur Errichtung von Rentenzuschuß- und Pensionskassen für Betriebsbeamte sowie für die Mitglieder der Berufsgenossenschaft, die bei ihr versicherten Personen und die Beamten der Berufsgenossenschaft sowie für die Angehörigen dieser Personen.

ii Die Teilnahme an diesen Einrichtungen ist freiwillig. Soweit es sich um Haftpflichtansprüche aus der reichsgesetzlichen Unfallversicherung handelt, darf bei der Einrichtung unter 1 nicht mehr als zwei Drittel durch Versicherung gedeckt werden.

iii Beschlüsse der Genossenschaftsversammlung, durch welche Einrichtungen der im Abs. 1 bezeichneten Art getroffen werden, sowie die hierfür erlassenen Statuten und deren Abänderung bedürfen der Genehmigung des Bundesrats.

iv Die Berufsgenossenschaften unterliegen auch in Bezug auf diese Einrichtungen der Aufsicht des Reichs-Versicherungsamts.

1. Durch die Unfallversicherungsgesetze ist die Haftpflicht der Unternehmer nur in Ansehung der versicherten Arbeiter beseitigt, freilich auch hier nur teilweise (vgl. §§ 136, 139 Gew.U.G., §§ 147, 150 L.U.G., §§ 45, 46 Bau-U.G., §§ 134, 137 See-U.G.).

In § 23 ist den Berufsgenossenschaften die Befugnis eingeräumt, auch die Unternehmer gegen Haftpflichtansprüche durch die Übernahme des Risikos auf die Unternehmer-Verbände wirtschaftlich zu sichern.

Ein Zwang soll aber weder für die Berufsgenossenschaften zur Errichtung solcher Verbände, noch für die Unternehmer zur Teilnahme an solchen Einrichtungen bestehen.

2. Zulässig ist die Haftpflichtversicherung sowohl gegen die Haftpflichtforderungen aus dem bürgerlichen Recht (vgl. § 276 ff. des B.G.B.) als gegen die Ersatzansprüche aus der Unfallversicherung; letzteren Falles darf nur zwei Drittel der Ersatzpflicht gedeckt werden, um nicht jeden eigenen Antrieb zur Unfallverhütung zu ersticken.

3. Zu Abs. IV ist zu bemerken, daß in Ansehung der in § 21 Abs. II Ab.G. bezeichneten Berufsgenossenschaften zweifellos die Aufsicht in Bezug auf solche Einrichtungen dem Landes-Vers.-Amt zusteht.

Uebergangsbestimmung.

§ 24.

Die Wahlperiode der nach den bisherigen Bestimmungen gewählten Vertreter der Versicherten und nichtständigen Mitglieder des Reichs-Versicherungsamts sowie der Landes-Versicherungsämter und die Wahlperiode ihrer Stellvertreter endet mit dem 1. Januar 1902. Die Ausscheidenden bleiben jedoch solange im Amte, bis die nach den neuen Bestimmungen an deren Stelle Gewählten ihr Amt angetreten haben.

Gesetzeskraft.

§ 25.

I Der Zeitpunkt, von welchem ab

1. die im § 3 bezeichneten Schiedsgerichte an die Stelle der bisherigen nach Berufsgenossenschaften errichteten Schiedsgerichte treten;
2. die Unfallversicherung für solche Betriebszweige in Kraft tritt, welche durch §§ 1, 2 des Gewerbe-Unfallversicherungsgesetzes und durch §§ 152 ff. des See-Unfallversicherungsgesetzes der Unfallversicherung neu unterstellt sind,

wird mit Zustimmung des Bundesrats durch Kaiserliche Verordnung bestimmt.

II Die Bestimmungen des § 20 dieses Gesetzes, der §§ 25 bis 27 des Gewerbe-Unfallversicherungsgesetzes, der §§ 30 bis 32, 51, 53 Abs. 3, §§ 57, 107, 108, 109 des Unfallversicherungsgesetzes für Land- und Forstwirtschaft sowie der §§ 29 bis 31, 49, 104 des See-Unfallversicherungsgesetzes treten erst am 1. Januar 1902 an die Stelle der bisherigen Bestimmungen.

III Im Uebrigen tritt dieses Gesetz am 1. Oktober 1900 in Kraft.

1. Die örtlichen Schiedsgerichte für Arbeiterversicherung sind mit dem 1. Januar 1901 in Kraft getreten (Kais. Verordn. vom 22. November 1900).

2. Mit Kais. Verordn. vom 2. Dezember 1901 — R.G.Bl. Nr. 48 S. 493 — wurde der Zeitpunkt, von welchem ab die Unfallversicherung für solche Betriebszweige, welche durch §§ 1, 2 des G.U.V.G. der Unfallversicherung neu unterstellt sind, auf den 1. Januar 1902 festgesetzt.

§ 26.

Sofern bis zum 1. Januar 1902 die Statuten einer Berufsgenossenschaft die nach dem gegenwärtigen Gesetz erforderlichen Aenderungen nicht rechtzeitig erfahren sollten, werden diese Abänderungen durch das Reichs-Versicherungsamt von Aufsichtswegen vollzogen.

§ 27.

Die Bestimmungen dieses Gesetzes, insoweit sie für die Berechtigten günstiger sind, finden auch Anwendung auf die erste Feststellung von Entschädigungsansprüchen aus Unfällen, welche sich vor dem Inkrafttreten dieses Gesetzes ereignet haben, sofern diese Ansprüche bereits nach den bisherigen Unfallversicherungsgesetzen begründet waren und zu jenem Zeitpunkt über dieselben noch nicht rechtskräftig entschieden ist.

1. Der § 27 wurde auf Grund der Kommissionsberatung in das Gesetz aufgenommen.

2. „insoweit sie günstiger sind"; in Betracht kommen zunächst die §§ 6, 9—20 des G.U. und die diesen analogen Bestimmungen der anderen U.V.G., z. B. höhere Rente infolge der Zugrundelegung höheren Jahresarbeitsverdienstes oder höhere Rente der Kinder eines durch Unfall Getöteten, d. s. die materiell-rechtlichen Bestimmungen des U.V.G. Die Bestimmungen über das Verfahren, Rechtsmittel und Fristen waren ohne weiteres vom 1. Oktober 1900 an anzuwenden.

3. „nach den bisherigen Unfallversicherungsgesetzen begründet" im Gegensatz zu den neu in die U.V.G. aufgenommenen Bestimmungen.

4. „erste Feststellung von Entschädigungsansprüchen im Gegensatz zu der anderweitigen Feststellung der Unfallentschädigung wegen veränderter Verhältnisse (vgl. §§ 88 ff. G.U., §§ 94 ff. L.U.).

5. Ueber die Anwendung der Vorschriften der neuen Unfallversicherungsgesetze auf die Feststellung von Hinterbliebenenrenten hat sich das Reichsversicherungsamt (A.N. 1901 S. 235) dahin ausgesprochen:

Für die Festsetzung von Hinterbliebenenrenten der Unfallversicherung sind folgende Fälle zu unterscheiden:

a) Ist der Unfallverletzte an den Folgen des Unfalls erst nach dem 1. Oktober 1900 verstorben, so kommt ausschließlich das neue U.V.G. zur Anwendung, da die Entschädigungsansprüche der Hinterbliebenen erst mit dem Tode des Verletzten, also unter der Herrschaft des neuen Gesetzes entstanden sind (§ 25 Abs. III Ab.G.).

b) Ist dagegen der Unfallverletzte an den Folgen des Unfalls bereits vor dem 1. Oktober 1900 gestorben, so ist zu unterscheiden, ob die Hinterbliebenenrenten schon unter der Herrschaft des alten Gesetzes, d. h. noch vor dem 1. Oktober 1900 rechtskräftig festgesetzt worden sind oder nicht. Im ersteren Falle bleibt ausschließlich das alte Gesetz maßgebend; im andern Falle ist gemäß § 27 Ab.G. zu verfahren und demgemäß sind den Hinterbliebenenrenten in diesem Falle sowohl der höhere Jahresarbeitsverdienst aus § 10 Abs. I G.U.V., als auch die höheren Rentensätze aus § 16 l. c. zu Grunde zu legen.

Dagegen ist eine geteilte Behandlung des nämlichen Entschädigungsanspruchs — teils nach altem Rechte (bezüglich des Jahresarbeitsverdienstes), teils nach neuem Rechte (bezüglich des Satzes der Kinderrente) — gesetzlich nicht zulässig.

6. Die von vornherein an Stelle der Rente — wenn auch in berufungsfähiger Form — übernommene Gewährung freier Kur und Verpflegung des Verletzten in einer Heilanstalt ist als eine „Feststellung von Entschädigungsansprüchen" im Sinne des § 27 Ab.G. nicht anzusehen (A.N. 1901 Z. 1858 S. 398).

7. Die nach dem 1. Oktober 1900 erfolgende Feststellung von Beerdigungskosten (Sterbegeld) und Hinterbliebenenrente hat als „erste Feststellung eines Entschädigungsanspruchs" im Sinne des § 27 Ab.G. auch dann zu gelten, wenn für den Verstorbenen bei dessen Lebzeiten wegen des Unfalls bereits vor dem 1. Oktober 1900 eine Rente festgestellt worden war (A.N. 1901 Z. 1859 S. 398).

8. Die für die Berechtigten günstigere Vorschrift der neuen U.V.G., wonach die Rekursfrist durch Eingang des Rekursgesuchs bei einer anderen inländischen Behörde als dem Reichsversicherungsamte gewahrt wird, findet auf Schiedsgerichtsurteile, welche unter der Herrschaft des früheren Rechts — d. h. vor dem 1. Oktober 1900 — rechtskräftig geworden sind, keine Anwendung (A.N. 1901 Z. 1860 S. 398).

§ 28.

Der Reichskanzler wird ermächtigt, den Text der Unfallversicherungsgesetze unter fortlaufender Nummernfolge der Paragraphen jedes einzelnen dieser Gesetze durch das Reichs-Gesetzblatt bekannt zu machen.

Urkundlich unter Unserer Höchsteigenhändigen Unterschrift und beigedrucktem Kaiserlichen Insiegel.

Gegeben Travemünde, den 30. Juni 1900.

(L. S.)

Wilhelm.

Graf von Posadowsky.

Bekanntmachung

des Textes der Unfallversicherungsgesetze vom 30. Juni 1900.

Vom 5. Juli 1900. (Reichs-Gesetzbl. Nr. 29 S. 573.)

Auf Grund der im § 28 des Gesetzes, betreffend die Abänderung der Unfallversicherungsgesetze vom 30. Juni 1900 (Reichsges.-Bl. S. 335) erteilten Ermächtigung wird der Text der Unfallversicherungsgesetze unter fortlaufender Nummernfolge der Paragraphen jedes einzelnen dieser Gesetze nachstehend bekannt gemacht.

Berlin, den 5. Juli 1900.

Der Stellvertreter des Reichskanzlers.

Graf von Posadowsky.

Vergleichende Gegenüberstellung

der Paragraphen

des alten und neuen Gewerbe-Unfallversicherungsgesetzes.

bisher	neu	bisher	neu	bisher	neu
§ 1 Abs. 1, 2, 3, 7;	§ 1	§ 6 litt. b	§ 18	§ 14	
(§ 1 A.G.)			§ 19	§ 15	
§ 1 Abs. 3 bis 6	§ 2	§ 6 litt. a Abs. 2		§ 16	§ 36
	§ 3	litt. b Abs. 2, 3	§ 20	§ 17	§ 37
	§ 4	§ 6 Schluß	§ 21	§ 18	§ 34
§ 2	§ 5	§ 7	§ 22	§ 19	§ 38
§ 3 Abs. 1	§ 6		§ 23	§ 20	§ 39
§ 3 Abs. 2, 3	§ 10		§ 24	§ 21	§ 40
§ 4	§ 7	§ 8 Abs. 1	§ 25	§ 22	§ 41
§ 5 Abs. 1, 7	§ 8		§ 26	§ 23	§ 42
§ 5 Abs. 2, 6	§ 9	§ 8 Abs. 2	§ 27	§ 24	§ 43
§ 5 Abs. 3, 4	§ 10	§ 9	§ 28	§ 25	§ 44
§ 5 Abs. 8 Satz 1, 2	§ 11	§ 10 Abs. 1, 2	§ 29	§ 26	§ 45
§ 5 Abs. 9, 10	§ 12	§ 10 Abs. 3, 4	§ 30	§ 27	§ 46
	§ 13	§ 10 Abs. 5, 6	§ 31		§ 47
§ 5 Abs. 8 Satz 3			§ 32		§ 48
Abs. 11	§ 14		§ 33	§ 28	§ 49
§ 6 Z. 1, 2	§ 15	§ 11	§ 35	§ 29	§ 50
§ 6 litt. a	§ 16	§ 12		§ 30	§ 51
	§ 17	§ 13		§ 31	§ 52

bisher	neu
§ 32	§ 53
§ 33	§ 54
§ 34	§ 55
§ 35	§ 56
§ 36	§ 57
§ 37 Abs. 1—3	§ 58
§ 37 Abs. 4—6	§ 59
§ 37 Abs. 7, 8	§ 60
§ 38	§ 61
§ 39	§ 62
§ 40	
§ 41, § 42, § 43, § 44	vergl. §§ 3 ff., 11 ff. M.G. und §§ 113, 114
§ 45 vgl. § 54	
§ 46, § 47, § 48, § 49, § 50	vgl. §§ 3 ff. M.G.
§ 51	§ 63
§ 52	
§ 53	§ 64
§ 54	§ 65
§ 55	§ 66
§ 56	§ 67
	§ 68
§ 57 Abs. 1, 2	§ 69
§ 57 Abs. 3	§ 70
§ 58	§ 71
§ 59 Abs. 1, 2	§ 72
§ 59 Abs. 3, 4	§ 73
§ 60	§ 74
§ 61	§ 75
§ 62	§ 76
§ 63 Abs. 1 Satz 1	§ 79
	§ 78
§ 63 Abs. 1 Satz 2, 3	§ 80
§ 63 Abs. 2, 3	§ 77
	§ 81

bisher	neu
§ 63 Abs. 2, 3	§ 82
	§ 83
	§ 84
	§ 85
	§ 86
§ 64	§ 87
§ 65 Abs. 1	§ 88
§ 65 Abs. 2	§ 92
§ 65 Abs. 3, 4	§ 89
	§ 90
	§ 91
§ 66	§ 93
	§ 94
§ 67	§ 95
§ 68	§ 96
§ 69	§ 97
§ 70	§ 98
§ 71	§ 99
§ 72 Abs. 1	§ 100
§ 72 Abs. 2	§ 101
§ 73	§ 102
§ 74	§ 103
	§ 104
	§ 105
§ 75	§ 106
§ 76	§ 107
	§ 108
	§ 109
§ 76	§ 110
§ 77	§ 111
§ 78 Abs. 1	§ 112
§ 78 Abs. 2, 3	§ 115
§ 79 Abs. 1 Satz 1, 2	§ 113
	§ 114
§ 79 Abs. 1 Satz 3 Abs. 2	§ 115
§ 80 Abs. 1	§ 116
§ 81	§ 117
(§ 14 A.G.)	§ 118
§ 82	§ 119
§ 83	§ 120

bisher	neu
§ 84	§ 121
§ 85	§ 122
	§ 123
§ 86	§ 124
§ 87 §§ 11 bis 15 M.G.	
§ 88	§ 125
§ 89	§ 126
§ 90, § 91	§§ 16 bis 19 M.G.
§ 92	§ 127
§ 93 § 22 M.G.	
(§ 2 A.G.)	§ 128
(§ 3 A.G.)	§ 129
(§ 4 A.G.)	§ 130
(§ 7 A.G.)	§ 131
(§ 9 A.G.)	§ 132
(§ 10 A.G.)	§ 133
§ 94	§ 134
§ 95	§ 135
§ 96	§ 136
	§ 137
	§ 138
§ 97	§ 139
§ 98	§ 140
§ 99	§ 141
	§ 142
§ 100	§ 143
§ 101	§ 144
§ 102	§ 145
§ 103	§ 146
§ 104	§ 147
§ 105	§ 148
§ 106	§ 149
§ 107	§ 150
§ 108	§ 151
§ 109 Abs. 1 Satz 1 Abs. 2	§ 152, § 154
§ 109 Abs. 1 Satz 2	§ 153
§ 110	§ 155
§ 111	

Gewerbe-Unfallversicherungsgesetz

in der Fassung der Reichskanzler-Bekanntmachung vom 5. Juli 1900.

(Reichsgesetzblatt 1900 Nr. 29, S. 585—640.)

I. Allgemeine Bestimmungen.

Umfang der Versicherung.

§ 1. (§ 1 Abs. 1 bis 3, 7, 8; § 1 des Ausd.-Ges.[1])[2])

I Alle Arbeiter und Betriebsbeamte, letztere sofern ihr Jahresarbeitsverdienst an Lohn oder Gehalt dreitausend Mark nicht übersteigt, werden nach Maßgabe dieses Gesetzes gegen die Folgen der bei dem Betriebe sich ereignenden Unfälle versichert, wenn sie beschäftigt sind:

1. in Bergwerken, Salinen, Aufbereitungsanstalten, Steinbrüchen, Gräbereien (Gruben), auf Werften und Bauhöfen sowie in Fabriken, gewerblichen Brauereien und Hüttenwerken;
2. in Gewerbebetrieben, welche sich auf die Ausführung von Maurer-, Zimmer-, Dachdecker- oder sonstigen durch Beschluß des Bundesrats für versicherungspflichtig erklärten Bauarbeiten oder von Steinhauer-, Schlosser-, Schmiede- oder Brunnenarbeiten erstrecken, sowie im Schornsteinfeger-, Fensterputzer- und Fleischergewerbe;
3. im gesamten Betriebe der Post-, Telegraphen- und Eisenbahnverwaltungen sowie in Betrieben der Marine- und Heeresverwaltungen, und zwar einschließlich der Bauten, welche von diesen Verwaltungen für eigene Rechnung ausgeführt werden;
4. im gewerbsmäßigen Fuhrwerks-, Binnenschiffahrts-, Flößerei-, Prahm- und Fährbetriebe, im Gewerbebetriebe des Schiffsziehens (Treidelei) sowie im Baggereibetriebe;
5. im gewerbsmäßigen Speditions-, Speicher-, Lagerei- und Kellereibetriebe;
6. im Gewerbebetriebe der Güterpacker, Güterlader, Schaffer, Bracker, Wäger, Messer, Schauer und Stauer;

---

[1]) Die in Klammern beigefügten Zahlen verweisen auf die entsprechenden Paragraphen der bisherigen Gesetze.

[2]) Die mit * bezeichneten Paragraphen (von § 29 an) finden keine Anwendung auf die einer Ber.-Gen. nicht angeschlossenen fiskalischen Betriebe.

7. in Lagerungs-, Holzfällungs- oder der Beförderung von Personen oder Gütern dienenden Betrieben, wenn sie mit einem Handelsgewerbe, dessen Inhaber im Handelsregister eingetragen steht, verbunden sind.

II Auf Personen in land- und forstwirtschaftlichen Nebenbetrieben (§ 1 Abs. 2, 3 des Unfallversicherungsgesetzes für Land- und Forstwirtschaft) findet dieses Gesetz keine Anwendung.

III Für Betriebe, welche mit besonderer Unfallgefahr für die darin beschäftigten Personen nicht verknüpft sind, kann durch Beschluß des Bundesrats die Versicherungspflicht ausgeschlossen werden.

1. **Änderungen durch die Novelle** v. 30. Juni 1900 gegenüber den bisherigen Gesetzen:

a) Der § 1 des Ausd.Ges. vom 28. Mai 1885 ist mit obigen Bestimmungen zusammen verarbeitet, während Abs. 3 bis 6 des bisherigen § 1 in den neuen § 2 übergegangen sind.

b) Die Versicherungspflicht ist ausgedehnt auf: gewerbliche Brauereien (soferne dieselben nicht als Fabriken mehr als zehn Arbeiter oder als Betriebe mit Motoren schon bisher versicherungspflichtig waren), auf das Gewerbe der Fensterputzer und der Fleischer, Schlosser, Schmiede, den Gesamtbetrieb aller Bauhandwerker (Tischler, Maler, Glaser, Klempner ꝛc.) — bei letzteren war bisher die Werkstattarbeit von der Versicherung ausgeschlossen — auf das gewerbsmäßige Lagereigewerbe, sowie auf diejenigen gewerbsmäßigen Lagerungs-, Holzfällungs- und Transportbetriebe, deren Inhaber (Vollkaufsleute) im Handelsgesetzbuche eingetragen ist; ferner auf Betriebsbeamte mit einem Gehalte bis zu 3000 Mk., während früher die Grenze auf 2000 Mk. festgesetzt war.

c) Ausdrücklich ausgenommen sind in § 1 Abs. II die land- und forstwirtschaftlichen Nebenbetriebe, soweit sie nicht selbst den Fabriken gleichzuachten und um deswillen versicherungspflichtig sind.

A. Alle Arbeiter:

2. Arbeiter sind alle Personen, die in einem Betriebe für Rechnung eines anderen (des Unternehmers) innerhalb oder außerhalb der Betriebsanlage Arbeiten verrichten.

Es werden aber freie Personen vorausgesetzt. Es sind daher in Strafhaft befindliche oder in Arbeits-, Korrektions-, Detentions-Häusern, staatlichen Besserungs-, Erziehungsanstalten, Wohlthätigkeits-, Landessiechenanstalten untergebrachte Individuen nicht als Arbeiter im Sinne von § 1 zu erachten, da dieselben zwangsweise zu Arbeitsleistungen angehalten werden, überdies zunächst nicht wirtschaftlichen Erwerb bezwecken, sondern in erster Reihe Straf-, Besserungs- oder Erziehungszwecken zu dienen haben.

3. Dagegen wurden die von einer Naturalverpflegsstation eines Kreises oder Bezirks zum Entgelt für gewährte Verpflegung und Beherbergung jeweilig einige Stunden des Tages beschäftigten oder in einer Arbeiterkolonie zum moralischen Schutz oder zur Besserung aufgenommene und zu Arbeitsleistungen herangezogene Individuen als Arbeiter im Sinne des § 1 erachtet, unter der Voraussetzung natürlich, daß der Betrieb, in welchem sie beschäftigt werden, versicherungspflichtig ist.

(A.N. 1886 Z. 132 S. 48, 1888 Z. 526 S. 230, 1889 Z. 702 S. 194, 1890 Z. 820 S. 194, 1891 Z. 1008 S. 233, 1892 Z. 1077 S. 166).

4. Personen des Soldatenstandes sind von der Unfallversicherung nur insoweit ausgeschlossen, als dieselben dienstlich beschäftigt sind; werden dieselben z. B. während ihrer Beurlaubung oder Entlassung zur Disposition der Ersatzbehörden in versicherungspflichtigen Betrieben freiwillig thätig, so sind sie gegen Betriebsunfälle versicherte Arbeiter

5. Auch Bedienstete (Beamte) des Staates, der Gemeinden oder anderer öffentlicher Korporationen können unter Umständen versicherungspflichtige Arbeiter sein, insoweit sie ihre Thätigkeit den privaten Interessen versicherungspflichtiger Betriebe zuwenden; ebenso können Gemeindemitglieder, welche, z. B. bei Wegeräumungsarbeiten, zu Gemeindediensten (Hand- und Spanndienste, Frohnden, Scharwerk) herangezogen werden ebenso wie deren zu diesen Diensten geschickten Knechte, Mägde rc. als versicherte Arbeiter angesehen werden.

6. Dagegen ist ein Reisender oder Bureaubeamter eines gewerblichen Betriebs kein Arbeiter im Sinne des § 1, wenn dieselben mit dem eigentlich gewerbstechnischen, die Unfallgefahr bedingenden Betriebe nichts zu thun haben.

7. Der grundsätzlichen Auseinanderhaltung des Begriffes „Arbeiter" und „Unternehmer" im Gebiete der ganzen Unfallversicherung entspricht es, daß der Unternehmer niemals Arbeiter in seinem eigenen Betriebe sein kann, wenn er sich auch an der Betriebsarbeit wie ein bezahlter Arbeiter beteiligt, während die Möglichkeit, daß er in einem anderen Betriebe als Arbeiter erscheint, nicht ausgeschlossen ist.

8. Als Unternehmer gilt derjenige, für dessen Rechnung der Betrieb erfolgt, demnach bei verpachteten Betrieben der Pächter, bei Betrieben, welche im Nießbrauch besessen werden, der Nießbraucher. So einfach diese (der Anleitung des Reichsversicherungsamtes zur Anmeldung versicherungspflichtiger Betriebe entnommene) Definition des „Unternehmers" ist, so schwierig gestaltet sich gleichwohl in der Praxis vielfach die Unterscheidung zwischen Arbeiter und Unternehmer, wie die zahlreichen in dieser Frage ergangenen Entscheidungen des Reichsversicherungsamtes und der Landesversicherungsämter beweisen, da eben die wirtschaftlichen Verhältnisse des Erwerbslebens zu vielgestaltig sind, als daß sie mit wenigen Worten begrifflich fixiert werden könnten.

Ob in Streitfällen eine Person als Arbeiter oder Unternehmer zu erachten sei, wird daher immer von Fall zu Fall unter Würdigung aller in Betracht kommenden Verhältnisse zu entscheiden sein. Aus diesem Grunde möchte auch davon abgesehen werden, aus der reichen Sammlung der bezüglichen Entscheidungen der Versicherungsämter solche einzelne auszuheben, sondern sich auf die Bemerkung beschränkt werden, daß die der betr. Arbeitsausführung vorausgegangenen Vereinbarungen (Verträge), der Besitz der Betriebsanlage, die Leistung des Betriebskapitales (einschließlich der Betriebsein- und -vorrichtungen), der Bezug oder die Verteilung des Unternehmergewinnes die maßgebendsten Kriterien für die Beurteilung dieser Frage bilden werden.

9. Ohne Einfluß auf die Versicherungspflicht des Arbeiters ist die Verwandtschaft desselben mit dem Unternehmer, das Geschlecht, das Alter des Arbeiters, dessen geistige oder körperliche Gesundheit oder Schwäche, endlich dessen Eigenschaft als Inländer oder Ausländer.

10. Nur ein Ehegatte kann nicht als ein im Betriebe des anderen Ehegatten beschäftigter Arbeiter oder Betriebsbeamter angesehen werden und bezüglich der übrigen Familienangehörigen (Eltern, Kinder, Geschwister) kommt es darauf an, ob thatsächlich ein Arbeitsverhältnis vorliegt, d. h. ob dem Angehörigen ein bestimmter Arbeitsposten übertragen ist, den er mit einer gewissen Regelmäßigkeit versieht und durch dessen Bekleidung er die Stelle eines Arbeiters ausfüllt, welche der Unternehmer sonst anderweit besetzen müßte. Auch hier läßt sich ein alle Verhältnisse treffender Maßstab nicht geben, weshalb diese Verhältnisse eben von Fall zu Fall zu prüfen und zu entscheiden sind.

11. Auch Kinder (selbst schulpflichtige) können unter Umständen als Arbeiter gelten, unter der Voraussetzung, daß es sich mit deren Thätigkeit nicht um eine Spielerei, sondern um eine ernstliche, gewollte, den Interessen des Betriebs dienende Arbeit handelt (A.N. 1891 Z. 1005 S. 232).

Auch Lehrlinge gelten als Arbeiter (A.N. 1888 Z. 574 S. 292).

12. Wenn es im Gesetze auch an jedem Anhaltspunkte für die Annahme fehlt, daß die Wohlthaten der Unfallversicherung auf geistesschwache, -kranke (oder taubstumme) Personen nicht habe erstreckt werden wollen, so können doch solche Personen, solange sie in einer Heilanstalt zu Heilzwecken aufgenommen oder verwahrt sind, als versicherungspflichtige Arbeiter nicht betrachtet werden, auch wenn sie dort mit Arbeiten, die an sich zu versicherungspflichtigen Betrieben gehören, beschäftigt werden sollen: dagegen hat das Reichsversicherungsamt in einem Falle dahin entschieden, daß ein im Auftrage einer Irrenheilanstalt außerhalb derselben bei einem Gewerbtreibenden beschäftigter Geistesschwacher als versicherungspflichtiger Arbeiter zu erachten sei (A.N. 1890 Z. 891 S. 512).

13. Das Gesetz macht ferner in Ansehung der Versicherungspflicht des Arbeiters keinen Unterschied zwischen Inländer und Ausländer; nur die Verwirklichung der Versicherung ist in Ansehung der letzteren insoferne von der der Inländer verschieden gestaltet, — abgesehen von den durch den Bundesrat für bestimmte Grenzgebiete festgesetzten Ausnahmefällen — als die Hinterbliebenen der Ausländer dann keinen Entschädigungsanspruch haben, wenn sie zur Zeit des Unfalls nicht im Inlande wohnten, als die Unfallrente ruht, solange der berechtigte Ausländer nicht im Inlande seinen gewöhnlichen Aufenthalt hat und endlich als Ausländer an Stelle der Unfallrente auf Antrag mit dem dreifachen Betrage der Jahresrente abgefunden werden können. (§§ 21, 94, 95 G.U.V.G.).

14. Eine Arbeitsleistung gegen Entgelt ist nicht Voraussetzung der Versicherungspflicht des Arbeiters.

Ueber den Gegensatz von Arbeiter und Dienstboten s. die Anm. zu § 3.

15. Nicht als Arbeiter im Sinne des § 1 erscheinen Hausgewerbetreibende, d. h. selbständige Gewerbetreibende, welche in eigenen Betriebsstätten im Auftrage und für Rechnung anderer Gewerbetreibender mit der Herstellung oder Bearbeitung gewerblicher Erzeugnisse beschäftigt werden. Möglich ist aber, daß die von diesem Hausgewerbetreibenden beschäftigten Arbeiter der Versicherungspflicht unterliegen, wenn nämlich die Betriebe derselben auf Grund der Beschäftigung von mehr als 10 Arbeitern oder infolge von Anwendung von Motoren selbst versicherungspflichtig sind.

16. Zu unterscheiden von den Hausgewerbetreibenden sind die sog. Heimarbeiter, d. h. die unselbständigen Lohnarbeiter, welche von Gewerbetreibenden außerhalb deren Betriebsstätten verwendet werden; diese sind als Arbeiter anzusehen; die Frage, ob Hausgewerbetreibender ader Lohnarbeiter, ist je nach den vorliegenden Verhältnissen von Fall zu Fall zu unterscheiden.

B. Betriebsbeamte:

17. Dem Gesetze selbst ist nicht zu entnehmen, wer als Betriebsbeamter anzusehen sei. Es wird dies nur von Fall zu Fall nach dem Verhältnis, das der Betreffende einerseits gegenüber dem Unternehmer, andererseits gegenüber den übrigen Bediensteten (Arbeitern) einnimmt, zu beurteilen sein. Zwei Gesichtspunkte werden hiebei von ausschlaggebender Bedeutung sein, einmal wird der Schwerpunkt der Thätigkeit der als Betriebsbeamten zu qualifizierenden Person nicht im regelmäßigen eigenen Handanlegen bei Ausführung der Arbeiten liegen dürfen und dann wird derselben eine gewisse Beteiligung an der Betriebsleitung, eine gewisse Aufsichtsstellung gegenüber anderen Bediensteten oder den Arbeitern übertragen sein müssen.

(Vgl. A.N. 1888 Z. 592 S. 314, 1889 Z. 763 S. 379, 1890 Z. 892 S. 512, 1891 Z. 1018 u. Z. 1019 S. 240).

18. Den Betriebsbeamten sind Werkmeister und Techniker gleichgestellt (§ 2 Abs. I). Damit sind viele bisherige Zweifel, ob Betriebsbeamter oder nicht, aus der Welt geschafft. Das in vor. Ziff. für die Begriffsbestimmung „Betriebsbeamter“ Bemerkte kommt auch in Ansehung der „Werkmeister und Techniker“ zur analogen Anwendung mit der Maßgabe, daß beim Werkmeister die Teilnahme an der Produktionsarbeit selbst nicht ausgeschlossen ist.

19. Vorausgesetzt wird aber, daß deren Jahresarbeitsverdienst an Lohn oder Gehalt 3000 Mk. nicht übersteigt; nach dem bisherigen Gesetze war diese Grenze auf 2000 Mk. gesetzt. (Inwieweit die Versicherungspflicht durch Statut auf Betriebsbeamte mit einem höheren Jahresarbeitsverdienste erstreckt werden kann, s. § 5 u. Anm. hiezu.)

Als Lohn oder Gehalt sind alle thatsächlichen Bezüge anzurechnen, soweit sie nicht den Charakter reiner Geschenke tragen, also nicht nur der Barlohn oder Bargehalt, sondern auch der nach Ortsdurchschnittspreisen festgesetzte Wert etwaiger Naturalbezüge (Kost, Holz, Wohnung, Licht, Nutzgenuß von Grundstücken, Gratifikationen, Tantièmen 2c). Soweit jedoch letztere Bezüge in den Jahresarbeitsverdienst einzubeziehen sind, sollen nicht die schwankenden Bezüge eines einzelnen Jahres, sondern der Durchschnitt der eine Reihe von Jahren dauernden Bezüge als maßgebend erachtet werden.

(A.N. 1887 Z. 424 S. 356, 1894 Z. 1343 S. 277, 1899 Z. 1763 S. 541).

20. Ausgenommen sind die sämtlichen Betriebsbeamten des Reichs (vgl. Unfallfürsorgegesetz vom 15. Mai 1886 R.G.Bl. S. 53) sowie die sämtlichen Betriebsbeamten solcher Bundesstaaten und Kommunalverbände, welche durch dienstpragmatische Spezialgesetze eine gleichartige Unfallfürsorge für ihre Beamten eingeführt haben, endlich solche Betriebsbeamten auch anderer Bundesstaaten und Kommunalverbände, welche mit festem Gehalt und Pensionsberechtigung angestellt sind. (vgl. § 7).

C) **werden versichert**; . . . . . **wenn sie beschäftigt sind**:

21. Abgesehen von der auf Grund gesetzlicher Ermächtigung (§ 5) geschaffenen Versicherung durch Statut entsteht die Versicherungspflicht der Arbeiter und Betriebsbeamten kraft des Gesetzes; für die Existenz des Versicherungsverhältnisses eines Arbeiters ist die Aufnahme desselben in die Lohnnachweisung des Unternehmers ohne Belang.

22. Die Beschäftigung einer Person wird in den meisten Fällen auf einen, wenn auch nur stillschweigend geschlossenen Arbeitsvertrag zurückgeführt werden können; notwendig ist aber diese Voraussetzung für den Begriff „des im Betriebe beschäftigten Arbeiters" nicht, da jedes Eingreifen einer Person durch Arbeitsleistung in einer dem Betriebe förderlichen und dem Willen des Unternehmers entsprechenden Weise als versicherungspflichtige Beschäftigung zu gelten hat.

23. Die Beschäftigung braucht auch nicht eine regelmäßige oder längere Zeit andauernde zu sein; auch eine vorübergehende Hilfeleistung kann als Beschäftigung im Sinne des § 1 angesehen werden, aber nur dann, wenn nach der Sachlage die geleistete Hilfe als ein dem mutmaßlichen Willen des abwesenden Unternehmers entsprechendes, für dessen Betrieb förderliches Eingreifen anzusehen ist; in einem solchen Falle ist es unerheblich, ob die Arbeiter (Betriebsbeamten), welche solche Hilfskräfte herangezogen haben, von ihrem Arbeitgeber hiezu ermächtigt sind oder nicht.

Es ist daher wohl denkbar, daß ein sonst regelmäßig in einem bestimmten Betriebe beschäftigter Arbeiter für vorübergehende Dienstleistungen in einem anderen Betriebe als in letzterem versichert zu gelten hat. (Vgl. A.N. 1887 Z. 377 S. 201, 1888 Z. 598 u. 600 S. 317 u. 318, 1890 Z. 833 S. 452, 1894 Z. 1323 S. 198.)

24. Anders liegt die Sache aber, wenn die Hilfeleistung von einer Person erfolgt, welche sich berufsmäßig auf Straßen und Plätzen zur Entgegennahme von Arbeitsaufträgen der betreffenden Art anbietet (Dienstmann, Packträger), oder wenn eine Person ohne Verabredung oder Verständigung des Leiters der Arbeit in diese eingreift, ohne daß dieses Eingreifen ein augenblicklicher besonderer Notstand notwendig macht, (in welchen Fällen die Hilfe meist den Arbeitern, nicht den Unternehmern zu Gute kommt), oder gar wenn eine Person (z. B. ein entlassener Arbeiter) gegen den Willen oder ausdrückliches Verbot des Unternehmers oder Leiters der Arbeit eine, wenn auch sonst dem Betriebe förderliche Thätigkeit entwickelt.

In solchen Fällen ist selbstverständlich eine versicherungspflichtige Beschäftigung nicht anzunehmen. (A.N. 1889 Z. 707 S. 317, 1891 Z. 1041 S. 251, 1892 Z. 1165 S. 323; vgl. aber auch 1895 Z. 1401. S. 167).

25. Für diejenigen Personen (und Betriebe), welche nicht unter die Unfallversicherung fallen, bleibt das Haftpflichtgesetz vom 7. Juni 1871 mit den durch Art. 42 des Einführungsgesetzes zum Bürgerlichen Gesetzbuch vorgesehenen Änderungen aufrecht erhalten und kommen ferner §§ 823, 842 ff. des letzteren Gesetzbuchs zur Anwendung. Diese Vorschriften treten aber für die Versicherten in Ansehung der diese treffenden Unfälle außer Kraft, und zwar auch für solche, durch welche eine Arbeitsunfähigkeit von geringerer Dauer als von 13 Wochen verursacht worden ist.

26. Wegen der Beschäftigung mit häuslichen und anderen Diensten neben der Beschäftigung im Betriebe siehe § 3 und Anm. hiezu.

b) gegen die Folgen der beim Betriebe sich ereignenden Unfälle:

I. **Unfall.**

27. Im Gesetze selbst ist der Begriff „Unfall" nicht definiert. Derselbe setzt einmal eine körperliche oder geistige Schädigung — Körperverletzung oder Tod — des Betroffenen und dann den Eintritt eines plötzlichen (zeitlich bestimmten oder bestimmbaren) Ereignisses (Trauma) voraus, welch' letzteres diese Schädigung verursacht hat.

Hieraus folgt, daß von dem Begriff „Unfall" im allgemeinen auszuschließen sind:

a) Die sog. Gewerbekrankheiten, die auf länger dauernde, der menschlichen Gesundheit abträglichen, allerdings auf der Eigenart der Betriebsweise beruhenden, Einwirkungen zurückzuführen sind, z. B. Phosphornekrose (bei Beschäftigung in Zündholzfabriken), Quecksilbervergiftung (der Arbeiter in Spiegelbeleganstalten), Bleivergiftung (in Bleihütten, Bleiweißfabriken), Augenzittern (Nystagmus) (der Bergleute), Lungenkrankheiten (infolge Einatmens von Ätzkalk) ꝛc.

Selbstverständlich ist auch hier „Unfall" anzunehmen, wenn die Schädigung als Folge einer zeitlich bestimmten, plötzlichen Einwirkung von giftigen oder sonst schädlichen Stoffen auftritt, z. B. Milzbrand, Einatmen giftiger Gase ꝛc.

b) Einfluß ungesunder Betriebsstätten, z. B. Feuchtigkeit, Zugluft, Mangel an Licht oder frischer Luft, Hitze, Kälte.

Allein auch hier ist durch Hinzutreten besonderer Umstände die Möglichkeit der Annahme „eines Unfalls" nicht ausgeschlossen, z. B. Erhöhung der Tageshitze durch zurückgeworfene Sonnenstrahlen; schädliche Einwirkung derselben wegen des infolge besonderer Anstrengung bei der Betriebsarbeit ungewöhnlich erhitzten Körperzustandes; längeres Einwirken rasch aufgetretener großer oder doch größerer Kälte.

Gewöhnliche Einflüsse der Witterung auf die Gesundheit (z. B. Erkältungen), wie sie naturgemäß mit Arbeiten im Freien verbunden sind, können nicht als Unfälle erachtet werden (Mitth. 1896 Z. 581 S. 391; 1900 Ziff. 798 S. 50 mit 1897 Z. 676 S. 87).

c) Allmählich bei der Betriebsarbeit und unter deren Einfluß entstehende äußere Verletzungen (z. B. Blasen-, Schwielenbildung an den Händen der Arbeiter mit folgenden Entzündungsprozessen durch die Handhabung von Arbeitsgeräten wie Schaufeln, Pickeln, schweren Hämmern u. dgl.), ferner die allmähliche Abnutzung der Körperkräfte, sowie allmähliche Verschlimmerung krankhafter Anlagen.

28. In letzterer Beziehung ist von besonderer praktischer Bedeutung die Frage, wann „Bruchschäden" (Leistenbruch, Hernie, Netzbruch, Bauchbruch — im Gegensatz zum Magenbruch, welcher hier außer Betracht bleiben soll) als durch Unfall herbeigeführt anzusehen sind. In der Beurteilung dieser Frage hat sich bei den mit dem Vollzug der Unfallversicherung betrauten Organen, Schiedsgerichten und Versicherungsämtern, eine bestimmte Praxis herausgebildet.

Gestützt auf wissenschaftliche Erfahrungen und Gutachten wird nämlich angenommen, daß sich die krankhafte Erweiterung der Bruchpforte und ebenso der Bruchaustritt in den weitaus meisten Fällen in allmählicher, zuweilen jahrelanger Entwicklung vollzieht, ohne Beschwerden zu verursachen oder überhaupt wahrnehmbar zu sein. Hat die Entwicklung dieses Zustandes (oder der Bruchanlage) einen gewissen Grad erreicht, so kann jede körperliche Kraftleistung, auch eine ganz leichte täglich vorkommende Verrichtung ebenso gut wie eine außergewöhnliche Anstrengung, ja sogar bloßes Husten u. dgl. den Austritt des Bruches herbeiführen. Die Entstehungsursache des Bruchleidens ist in solchen Fällen aber nicht diejenige Thätigkeit, bei welcher der Bruch gerade zufällig austritt, sondern die ihr vorhergegangene allmähliche und deshalb unbemerkt gebliebene Bildung und Entwicklung der Bruchanlage. In solchen Fällen vollzieht sich der Bruchaustritt oft schmerzlos oder doch ohne die Anzeichen einer schweren Erkrankung (heftige Schmerzen, Erbrechen, Einklemmungserscheinungen, Unmöglichkeit weiter zu arbeiten, Verlangen sofortiger ärztlicher Hilfe).

Hienach läßt die bisherige Praxis den „Bruch" fast ausnahmslos nur dann als Unfall gelten, wenn eine Bruchpforte von normaler Enge durch ein besonderes Ereignis (Stoß, Druck, Fall u. dgl.) oder übermäßige (über den Rahmen der betriebsüblichen Thätigkeit hinausgehende) Anstrengung plötzlich und gewaltsam erweitert, bezw. hiedurch der Austritt eines Teiles der Eingeweide aus der Bruchpforte oder die Einklemmung eines Eingeweideteiles in einen Bruchsack ermöglicht wird, und es folgt hieraus andrerseits, daß an die Beweisführung, daß es sich gegebenen Falles um eine plötzliche Entstehung des Bruches handelt, besonders strenge Anforderungen gestellt werden. Vgl. insbes. A.N. 1888 Z. 468 S. 84 u. 85, 1892 Z. 1091—1099 S. 282—284.)

Andrerseits dürfte nicht außer Acht zu lassen sein, wie bei der Beurteilung der Bruchschäden als Unfall ins Gewicht fallen muß, daß dieselben fast nur bei Verrichtung schwererer, speziell die Unterleibsorgane stark in Anspruch nehmender Arbeiten sich zeigen, daß die einzelnen Individuen in ihrem Körperbau und gewiß auch in der Weite der Bruchpforte sehr verschieden veranlagt sind, daß die Empfindlichkeit der Einzelnen eine gewaltig verschiedene, ferner daß der Austritt des Bruches durch die Bruchpforte oder die Einklemmung in den Bruchsack stets als ein selbständiges, mit der bisherigen angeblichen Entwicklung oder Bruchanlage nicht notwendig zusammenhängendes, vielmehr stets auf erhöhte Kraftanstrengung des Individuums sich äußerlich zeigendes Ereignis erscheint, endlich daß auf letzteres — auch bei der Annahme allmählicher Entwicklung oder von Bruchanlage — unter allen Umständen eine wesentliche, die Arbeitsfähigkeit der betroffenen Person stark beeinflussende Verschlimmerung des bisherigen Zustandes zurückgeführt werden muß, solange der Bruch nicht reponiert oder die Einklemmung behoben ist. Es wird sich daher trotz der erwähnten bestehenden Praxis eine sorgfältigste Prüfung aller vorliegenden Verhältnisse bei Bescheidung der Frage, ob ein Bruchschaden als Folge eines Betriebsunfalles anzusehen sei, dringendst empfehlen.

II. **Betriebsunfälle**:

29. Für die Annahme eines Betriebsunfalls muß vorausgesetzt werden, daß der vom Unfall Betroffene — unmittelbar oder mittelbar — in dem Betriebe beschäftigt war, sowie daß der Unfall — unmittelbar oder mittelbar — mit dem Betriebe und dessen Gefahren in ursächlichen Zusammenhang gebracht werden kann. Die Entscheidung der Frage, ob ein Betriebsunfall vorliegt, ist oft schwierig und muß der Würdigung aller vorliegenden Verhältnisse, die des Wohlwollens für den versicherten Arbeiter nicht entbehren soll, von Fall zu Fall überlassen bleiben.

Es ist daher für die Frage, ob gegebenen Falles ein Betriebsunfall vorliegt, kein absolut strenger Beweis, der die Möglichkeit des Gegenteils ausschließt, zu fordern, sondern es können unter Umständen auch Wahrscheinlichkeitsgründe genügen, die überzeugend auf die Richtigkeit des behaupteten Unfalls hinweisen.

Aus der äußerst fruchtbaren hieher bezüglichen Rechtsprechung der Versicherungsämter, insbesondere des Reichs-Vers.-Amtes möchte Nachstehendes zusammengestellt werden:

30. Unfälle durch Blitzschlag sind nur dann Betriebsunfälle, wenn der Getroffene durch seine Thätigkeit im Betriebe der Blitzgefahr in erhöhtem Maße ausgesetzt war. (A.N. 1887 Z. 317 S. 132, 1892 Z. 1159 S. 319).

31. Auch Hitzschläge sind nur in solchen Fällen als Betriebsunfälle anerkannt worden, in denen die Art oder der Ort der Betriebsarbeit wesentlich dazu beigetragen hatte, die natürliche große Hitze und deren Einwirkung auf den Körper des Betroffenen noch zu steigern. (A.N. 1887 Z. 445 S. 407, 1893 Z. 1235 S. 180).

32. Eigenes Verschulden (Leichtsinn, grobe Fahrlässigkeit) des Verletzten schließt die Annahme eines Betriebsunfalles nicht aus; nur im Falle vorsätzlicher Herbeiführung des Unfalles seitens des Verletzten ist ein Anspruch auf Unfallentschädigung für diesen und seine Hinterbliebenen ausgeschlossen (§ 8 Abs. 2).

33. Auch Verschulden (Spielerei, Neckerei, Schlägerei) dritter Personen (Mitarbeiter), durch welches ein Arbeiter im Betriebe verletzt wird, schließt die Annahme eines Betriebsunfalles nicht aus; bei Unfällen durch vorsätzliche Körperverletzung muß letztere in derart erkennbarem ursächlichen Zusammenhang mit dem Betriebe stehen, daß sowohl die Veranlassung dazu wesentlich in letzterem beruht, als auch die verletzende Handlung selbst sich noch als ein Ausfluß der Betriebsgefahr darstellt. (A.N. 1888 Z. 478 S. 176, Z. 562 S. 288, 1890 Z. 886 S. 508, 1891 Z. 1050—1054 S. 261 ff., 1892 Z. 1144 S. 310, 1894 Z. 1316 S. 195, 1895 Z. 1395—1399 S. 155 ff., 1895 Z. 1439 S. 235.)

34. Verbotwidriges Handeln des Verletzten oder eines Dritten läßt den Unfall dann nicht als Betriebsunfall erscheinen, wenn die Verbote nach Art und Inhalt ihrer Durchführung derart eine Abgrenzung des Betriebes bilden, daß ihre, namentlich wissentliche, Übertretung zugleich ein Hinausschreiten aus dem Bereiche des Betriebes selbst und seiner Gefahren bedeutet. (A.N. 1888 Z. 630 S. 346, 1890 Z. 467 S. 106, 1893 Z. 1256 S. 214, 1897 Z. 1627 u. 1628 S. 365 ff., 1899 Z. 1771 S. 613).

35. Ebensowenig wie das eigene Verschulden des Verletzten ist die Einwirkung anderer, in der Person des Verletzten liegender Umstände (z. B. Epilepsie, Hysterie, Kurzsichtigkeit, Schwerhörigkeit) geeignet, die Annahme eines Betriebsunfalles auszuschließen. (A.N. 1888 Z. 477 S. 176, 1897 Z. 1620 S. 345).

36. Ein Betriebsunfall wird dagegen nicht anzunehmen sein, wenn die Benutzung der Betriebseinrichtung, welche den Unfall herbeigeführt hat, ohne besondere Genehmigung des Unternehmers im persönlichen Interesse des Arbeiters oder dritter Personen erfolgt ist (A.N. 1891 Z. 1038 u. 1042 S. 250 u. 251, vgl. dagegen A.N. 1897 Z. 1443 S. 237), ferner wenn der Arbeiter einer Gefahr erliegt, der er nicht schon durch den Aufenthalt in der Betriebsstätte allein ausgesetzt ist, sondern in die er sich vielmehr freiwillig und ohne durch den Betrieb hiezu gezwungen worden zu sein, erst hineinbegeben hat. (A.N. 1887 Z. 623 S. 343, 1890 Z. 907 S. 596, 1895 Z. 1443 S. 237.)

37. Bildet die Befugnis eines Arbeiters oder Betriebsbeamten zur Aufrechterhaltung der Ordnung und Sicherheit Anordnungen zu treffen, sowie zur Erteilung von Befehlen und Zurechtweisungen einen wesentlichen Bestimmungsgrund für den Entschluß eines von diesen betroffenen Arbeiters, Gewaltthätigkeiten gegen erstere oder andere zu begehen, so ist in der vorsätzlichen Körperverletzung ein durch die Eigentümlichkeit des Betriebs und die damit zusammenhängenden Gefahren verursachter Betriebsunfall zu erblicken. (A.N. 1891 Z. 1055 S. 263); andererseits ist der Arbeiter durch Annahme eines Betriebsunfalls geschützt, wenn durch Mißbrauch des den Aufsichtspersonen zustehenden Rechts der Anordnungen oder Zurechtweisungen ersterer zu Schaden kommt.

38. Grundsätzlich entscheidend für die Beurteilung der Frage, ob ein Unfall als Betriebsunfall anzusehen sei, ist, daß die Zweckbestimmung der Thätigkeit oder Verrichtung, die Anlaß zu dem Unfall gegeben hat, auf den Betrieb gerichtet ist.

Ist dagegen bei einer Thätigkeit des Arbeiters (oder Betriebsbeamten), deren Zweckbestimmung auf die Eigenwirtschaft des Unternehmers, des Arbeiters (oder Betriebsbeamten) oder eines Mitarbeiters oder einer dritten betriebsfremden Person gerichtet, so liegt ein Betriebsunfall nicht vor.

Es liegt nahe, daß in vielen Fällen diese Zweckbestimmungen ineinander greifen und in solchen Fällen ist es für die Annahme eines Betriebsunfalles erforderlich, daß die Thätigkeit immerhin wesentlich, wenn auch nicht ausschließlich, und wenigstens mittelbar den Betriebszwecken zu dienen bestimmt war.

39. Daraus folgt, daß der Arbeiter (Betriebsbeamte) auch gegen Unfälle versichert ist, welche nicht während der Arbeitsleistung selbst, sondern während seines regelmäßigen Aufenthalts an oder in der Betriebsstätte durch den Betrieb, dessen Einrichtungen und die damit verbundenen Gefahren verursacht wird.

40. Unfälle bei Zurücklegung von Wegen: Hieher gehört insbesondere auch die viel erörterte Frage, ob, unter welchen Voraussetzungen und inwieweit Unfälle, welche bei Zurücklegung von Wegen von und zur Arbeitsstätte dem Arbeiter zustoßen, als Betriebsunfälle anzusehen sind.

Soweit die Wege innerhalb der Betriebsstätte gelegen sind, ist die Sache glatt, da diese Wege eben als Teile der Betriebsstätte zu gelten haben. Dabei ist unter Betriebsstätte die Gesamtheit der räumlichen Ausdehnung derselben zu verstehen, über welche der Betriebsunternehmer zu Betriebszwecken verfügt, z. B. die ganze Länge einer Chaussee- oder Eisenbahnstrecke, der Fabrikhof, die mit der Betriebsstätte (Werkstätten) in Verbindung stehenden Lagerplätze &c.

41. Ebenso ist unzweifelhaft, daß Unfälle auf Wegen oder Reisen, die von einem Arbeiter (Betriebsbeamten) im Auftrage des Arbeitgebers im Interesse des Betriebes unternommen werden, oder auf Wegen von einer Betriebsstätte zur andern im Interesse des Betriebes, als Betriebsunfälle anzusehen sind (AN. 1888 Z. 566 S. 290, 1889 Z. 726 S. 342, 1890 Z. 906 S. 596, 1891 Z. 1047 S. 253, 1892 Z. 1150 S. 315).

Selbstverständlich schließt auch in den sub Ziff. 40 und 41 bezeichneten Fällen verbotwidriges, den eigenen Interessen des Arbeiters oder gegen die Interessen des Betriebs gerichtetes Verhalten des Arbeiters die Annahme eines Betriebsunfalles aus.

42. Bei Arbeiten, welche ihrer Natur nach einen öfteren Wechsel der Arbeitsstätte mit sich bringen, tritt der Gang von einer Arbeitsstätte zur andern in der Regel aus dem Rahmen der versicherten Thätigkeit nicht heraus.

43. Ebenso bilden die Wege von der Werkstätte zur Betriebsstätte und umgekehrt einen Teil des Betriebes, wenn nach Lage des Falles die herzustellenden Arbeitsstücke nicht an dem Orte angefertigt werden können, wo sie zur Verwendung kommen.

44. Bei den Wegen des Arbeiters (Betriebsbeamten) von seiner außerhalb der Betriebsstätte befindlichen Wohnung bis zur Betriebsstätte und von dieser zur Wohnung zurück ist die eigenwirtschaftliche Thätigkeit des Arbeiters im Gegensatz zur Betriebsthätigkeit in den Vordergrund zu stellen, da die Zurücklegung dieser Wege nur den Zweck verfolgt, zum Betriebe zu gelangen, um mit der Betriebsthätigkeit beginnen zu können, oder nach Beendigung der letzteren nach Hause zurückzukehren, um eigenen persönlichen Interessen (Ruhe, Nahrung) oder der Eigenwirtschaft des Arbeiters zu dienen

Damit ein dem Arbeiter bei Zurücklegung eines solchen Weges zugestoßener Unfall als Betriebsunfall gelten kann, muß ein Umstand hinzutreten, der den Gang als noch im Banne des versicherungspflichtigen Betriebs erfolgt, erkennen läßt. (A.N. 1887 Z. 324 u. 353 S. 134 u. 147, 1888 Z. 513 u. 612 S. 214 u. 333, 1889 Z. 699 u. 727 S. 193 u. 342, 1890 Z. 888 S. 509, 1893 Z. 1268 S. 429, 1895 Z. 1436 u. 1437 S. 233, 1896 Z. 1528 S. 317, 1897 Z. 1615 S. 342, 1899 Z. 1748 S. 425; Mitt. 1900 S. 54 ff. u. die dortigen Zitate am Schlusse.)

45. Auch die Verrichtungen der Arbeiter zum Zwecke der Befriedigung ihrer leiblichen Bedürfnisse (Ruhe, Nahrung, Schlaf, Notdurft 2c.) werden im Allgemeinen nicht mehr als zum Betriebe gehörig angesehen, es sei denn, daß Betriebseinrichtungen mitwirkende Ursache des Unfalls sind.

Dagegen werden alle diejenigen Einrichtungen, welche notwendig sind, um im gleichen Interesse der Arbeiter wie des Betriebs liegende Wohlfahrtseinrichtungen ins Leben zu rufen und zu erhalten, grundsätzlich dem Betriebe zuzurechnen sein. (A.N. 1892 Z. 1144 S. 310.)

46. Der Schwierigkeit in Beurteilung der Frage, welchem Betriebe ein Unfall zuzurechnen sei, wenn die Arbeitsleistung, bei welcher sich ein Unfall ereignet hat, zugleich mehreren versicherten Betrieben dient, ist im Gesetze selbst durch die Bestimmung in § 85 begegnet, wonach die beteiligten Ber.-Gen. in solchen Fällen die Entschädigungs-Verpflichtung unter sich verteilen können. (Näheres siehe bei § 85.)

47. Kommt jedoch die Arbeitsleistung, bei welcher sich der Unfall ereignete, zu gleicher Zeit einem nicht versicherten und einem versicherungspflichtigen Betriebe zugute, so ist darauf zu sehen, ob die Arbeitsleistung eine einheitliche ist; ist dies der Fall, so kann sie dem versicherten Betriebe angerechnet werden, auch dann, wenn sie zu einem erheblichen oder sogar überwiegenden Teil dem nicht versicherten Betriebe dient. (A.N. 1892 Z. 1141 S. 309.)

48. Ein Uebertritt eines Arbeiters in einen anderen Betrieb ist nicht anzunehmen, wenn eine gelegentliche, ganz vorübergehende Aushilfe nicht zu Gunsten eines fremden, sondern eines räumlich enge verbundenen anderen Betriebs desselben Unternehmers geleistet wird.

49. Während der Mittags- oder sonstigen Arbeitspausen sind die Arbeiter gegen Unfall nur insoweit versichert, als sie sich während derselben noch innerhalb des Gefahrenbereiches des Betriebes befinden (A.N. 1888 Z. 477 u. 478 S. 176, 1893 Z. 1268 S. 429, 1894 Z. 1320 S. 196, 1899 Z. 1741 S. 225.)

50. Bei der Entscheidung der Frage nach der Zugehörigkeit von Nebenverrichtungen (Gelegenheits-, Gefälligkeitsverrichtungen) (d. h. nicht zum eigentlichen Betriebe als solchen gehörende, sich gelegentlich ergebende Nebenarbeiten neben der sonstigen regelmäßigen Betriebsarbeit) wird auf die in den einzelnen oder in den verschiedenen Gewerben vorherrschende Uebung und das zwischen dem Unternehmer und seinen Arbeitern bestehende Vertragsverhältnis Rücksicht zu nehmen sein; der Auftrag des Arbeitgebers allein zur Vornahme solcher Nebenverrichtungen genügt nicht, um dieselben zu einer Betriebsthätigkeit zu stempeln (A.N. 1888 Z. 488 S. 188, 1892 Z. 1139 S. 308, 1894 Z. 1312 S. 192).

51. Aehnlich ist die Gewährung von Feuerlöschhilfe durch die zunächst zur Abwehr von Bränden auf der eigenen Betriebsstätte bestimmten Arbeiter und Einrichtungen zu beurteilen und zwar ohne Rücksicht darauf, ob durch den Brand auf fremdem Grundstücke die eigene Betriebsstätte unmittelbar bedroht wird oder nicht; anders liegt die Sache natürlich, wenn die Feuerlöschhilfe auf Grund eines öffentlich-rechtlichen Pflichtverhältnisses (Pflichtfeuerwehr) geleistet wird. (A.N. 1891 Z. 960 S. 202).

52. Das Herrichten (Zurechtmachen, Ausbessern, Spitzen, Feilen, Schleifen 2c.) der dem Arbeiter selbst gehörigen Arbeitsgeräte fällt im allgemeinen in den Bereich seiner Eigenwirtschaft und stellt selbst dann keine Thätigkeit bei dem Betriebe dar, wenn das Zurechtmachen in der Absicht erfolgt, das Arbeitsgerät demnächst bei der Betriebsarbeit zu verwenden (A.N. 1888 Z. 507 S. 206,

1901 Z. 1848 S. 360, Mitth. 1897 Z. 675 S. 86) es sei denn, daß der Arbeiter sich hiebei einer Vorrichtung des Arbeitgeber-Betriebes selbst, die eigens zu diesem Zwecke angebracht wurde, bedient und hiebei oder beim Zurechtmachen des seinem Arbeitgeber gehörigen Werkzeugs, das im Auftrag oder doch mit Wissen und Willen desselben erfolgt, verunglückt (A.N. 1891 Z. 1037 S. 249).

53. Die Zahlung und Empfangnahme des Arbeitslohnes sind Handlungen, welche ihrem Wesen nach dem Betriebe mitzugehören, denn sie sind durch den Betrieb und die in ihm geleistete Thätigkeit unmittelbar veranlaßt.

54. Bezüglich der Zugehörigkeit der Hilfsarbeiter bei Montagen kommt es auf die thatsächlichen Verhältnisse des einzelnen Falles und fast immer auf die zwischen Lieferanten (Fabrikanten) und Besteller wegen der Montage getroffenen Vereinbarung an, ob die Montagearbeiten vom Fabrikanten oder vom Besteller (Unternehmer) in eigener Regie, d. i. auf eigene Rechnung und Gefahr, ausgeführt werden soll; letzteren Falles gehen auch die etwa vom Fabrikanten dem Besteller zur Verfügung gestellten Hilfsarbeiter in den Betrieb des letzteren über (A.N. 1891 Z. 958 S. 200 u. Z. 1024 S. 243).

55. Wenn Arbeiter innerhalb der Betriebsstätte tot aufgefunden werden, und wenn sich die Ursache des Todes nicht genau ermitteln läßt, aber nach Lage des Falles eine erhebliche Wahrscheinlichkeit dafür spricht, daß eine Betriebseinrichtung die Ursache des Todes gewesen ist, so ist diese Wahrscheinlichkeit vielfach ausreichend für die Annahme des ursächlichen Zusammenhangs zwischen dem Tode des Arbeiters und der Betriebseinrichtung (A.N. 1888 Z. 489 u. 548 S. 189 u. 280).

E. Folgen der . . . . . Unfälle:

56. Als Folgen der Unfälle sind im Gesetze Körperverletzung oder Tötung des von dem Unfall Betroffenen vorgesehen. Als Körperverletzung sind auch geistige und seelische Störungen zu verstehen. Diese Folgen müssen mit dem Betriebsunfalle in ursächlichem Zusammenhang — unmittelbar oder mittelbar — stehen. Näheres siehe § 8 u. Anm. hiezu.

F. Versicherungspflichtige Betriebe:

57. Bergwerke sind Anlagen, welche die Gewinnung unterirdischer Mineralien nach bergtechnischen Regeln zum Zwecke haben.

58. Aufbereitungsanstalten sind gewerbliche Anlagen zur mechanischen Reinigung bergmännisch gewonnener Erze.

59. Steinbrüche sind Anlagen, in denen die Gewinnung von Steinen (Bau-, Werk-, Mühlsteinbrüche, Marmor-, Basalt-, Granit-, Schieferbrüche) gewerbsmäßig und nach technischen Regeln über oder unter der Erde erfolgt. Fehlen letztere Voraussetzungen der Gewerbsmäßigkeit und der Anwendung besonderer Technik, so sind für die Beurteilung, ob Steinbruchbetrieb anzunehmen ist, die Größen- und Betriebsverhältnisse, die Abraummasse ꝛc. mitbestimmend. Betriebe, welche sich ausschließlich mit dem Zerkleinern von Straßenbeschotterungsmaterial befassen, sind nicht als versicherungspflichtige Steinbruchbetriebe zu erachten.

60. Gräbereien (Gruben) sind die auf die Gewinnung der in den sogenannten oberflächlichen Lagerstätten vorkommenden Mineralien (Mergel, Kies, Sand, Thon, Lehm ꝛc.) gerichteten Anlagen, in denen regelmäßig ein gewerbsmäßiger und nach technischen Regeln ausgeführter Betrieb stattfindet. Beim Mangel der Gewerbsmäßigkeit und besonderer Technikanwendung gilt das in voriger Ziffer bezüglich der Steinbrüche unter den gleichen Verhältnissen Bemerkte. Das Aufsuchen und Loslösen der Steine von der Erdoberfläche ist keine Gräberei.

Torfstiche, die nicht zur landwirtschaftlichen Unfallversicherung gehören oder als Nebenbetriebe anderer gewerblicher Betriebe anzusehen sind, sind als Gräbereien anzusehen, wenn die Jahresförderung 100000 bis 200000 Stück erreicht oder wenn im Torfstichbetriebe Maschinen oder eine bedeutende Zahl von Arbeitern verwendet werden.

Als Gräbereien sind auch Schürfarbeiten anzusehen, bei denen es sich um ein bergmännisches Eindringen in die Erdoberfläche behufs Aufsuchen von Mineralien zum Zwecke der späteren Erlangung des Bergwerkseigentums handelt.

Tiefbohrungsbetriebe (mit Ausnahme der durch knappschaftlich organisierte Arbeiter ausgeführten) stellen sich als Schürfarbeiten dar; soweit dieselben aber die Ausführung von Brunnenarbeiten bezwecken, gehören sie der Baugewerksberufsgenossenschaft an.

61. Werften sind Anstalten zur Erbauung von Schiffen.

62. Bauhöfe sind Anlagen zur Vorbereitung von Bauarbeiten, soferne sie auf eine gewisse Dauer berechnet sind.

63. **Fabriken**:

a) Kraft des Gesetzes gelten als Fabriken oder diesen gleichstehende Betriebe:

alle gewerblichen Betriebe, in denen zehn oder mehr Personen mit der Bearbeitung oder Verarbeitung von Gegenständen regelmäßig dauernd beschäftigt werden (§ 2 Abs. 3),

Anlagen zur gewerbsmäßigen Erzeugung von Explosivstoffen, (§ 2 Abs. 3),

diejenigen, wenn auch nicht gewerbsmäßigen Betriebe, in welchen Dampfkessel oder durch elementare (Wind, Wasser, Dampf, Gas, heiße Luft, Elektrizität) oder durch tierische Kraft bewegte Triebwerke (Motoren) nicht bloß vorübergehend zur Anwendung kommen. (§ 2 Abs. 2).

b) Abgesehen von den sub a aufgeführten Fällen sind als Fabriken alle jene Betriebe zu erachten, die sich sprachlich und begrifflich als solche darstellen. Im Zweifel entscheidet das Reichs-Vers.-Amt (gemäß § 2 Abs. 4), welche Betriebe als Fabriken im Sinne der G.U.V. zu erachten sind. Als Merkmale für die Beurteilung dieser Frage kommen in Betracht: die Größe und Ausdehnung der vorhandenen Räumlichkeiten, Umfang und Wert der hergestellten Arbeitsprodukte, die Art der Arbeitseinteilung, die mehr mechanische oder kunstmäßige Mitwirkung der Arbeiter, die mehr oder minder umfassende Verwendung von Arbeitsmaschinen, den Umstand, ob es sich um Herstellung von Gegenständen auf Bestellung, zum Einzelverkauf, auf Vorrat oder für den Massenabsatz handelt, die größere oder geringere Unfallgefahr und andere mehr.

64. Gewerbliche Brauereien: Brauereien waren bisher nur dann versicherungspflichtig, wenn sie als Fabriken anzusehen waren, d. i. wenn wenigstens 10 Arbeiter in denselben beschäftigt wurden oder Motoren (Dampf- ꝛc. Kraft) zur Anwendung kamen. Durch das Abänd.-Ges. vom 30. Juni 1900 ist die Versicherungspflicht auf die Arbeiter aller gewerblichen Brauereien erstreckt worden. Sind die Brauereien Nebenbetriebe landwirtschaftlicher Betriebe, so fallen sie nicht unter das G.U.V.G., wenn sie auch sonst die Merkmale versicherungspflichtiger Betriebe an sich tragen. (cf § 1 Abs. II.)

Als gewerbliche Brauereien sind solche anzusehen, deren Erzeugnisse zur Veräußerung an Dritte bestimmt sind, ohne Rücksicht auf den Umfang der Erzeugung und auf die Herstellungsweise des Bieres (ob obergährig oder untergährig).

65. Maurerarbeiten: als solche sind auch Arbeiten beim Abbruch von Gebäuden zu verstehen, sowie die Lagerung und Verwertung des gewonnenen Abbruchmaterials (A.N. 1886 Z. 128 S. 16; 1893 Z. 1289 S. 442); ferner Fundamentierungsarbeiten, die von Baugewerbetreibenden für bauliche Zwecke ausgeführt werden, der Betrieb eines Architekten, welcher Pläne, Zeichnungen, Voranschläge etc. liefert, die Bauarbeiten selbst aber vergibt und nur die Ausführung überwacht (A.N. 1890 S. 194, 602).

66. Zimmerarbeiten: Hiezu gehören alle Holzarbeiten, bei denen eine kunstgerechte Verbindung oder Verbohrung vorgenommen wird. (Das bloße Behauen des

Holzes, durch welches das Holz statt des bisherigen kreisförmigen einen rechteckigen oder quadratischen Querschnitt erhält, ist keine versicherte Zimmerarbeit; (A.N. 1892 Z. 1130 S. 301).

67. Vom Bundesrat wurden folgende Bauarbeiten für versicherungspflichtig erklärt mit Bekanntmachungen des Reichskanzlers

a) vom 22. Januar 1885 (R.G.Bl. 1885 S. 13)

Auf Grund des § 1 Abs. 8 des Unf.Vers.Ges. vom 6. Juli 1884 hat der Bundesrat beschlossen:

Arbeiter und Betriebsbeamte, welche von einem Gewerbetreibenden, dessen Gewerbebetrieb sich auf die Ausführung von Tüncher-, Verputzer-, (Weißbinder-), Gypser-, Stukateur-, Maler-, (Anstreicher-), Glaser-, Klempner- und Lackiererarbeiten bei Bauten, sowie auf die Anbringung, Abnahme, Verlegung und Reparatur von Blitzableitern erstreckt, in diesem Betriebe beschäftigt werden, für versicherungspflichtig zu erklären.

Berlin, 22. Januar 1885.

Der Reichskanzler:
J. V. **von Bötticher.**

b) vom 27. Mai 1886 (R.G.Bl. 1886 S. 190)

Auf Grund des § 1 Abs. 8 des Unf.-Vers.Ges. vom 6. Juli 1884 hat der Bundesrat beschlossen:

Arbeiter und Betriebsbeamte, welche von einem Gewerbetreibenden, dessen Gewerbebetrieb sich auf die Ausführung von Schreiner-, (Tischler-), Einsetzer-, Schlosser- oder Anschläger-Arbeiten bei Bauten erstreckt, in diesem Betriebe beschäftigt werden, mit der Wirkung vom 1. Januar 1887 für versicherungspflichtig zu erklären.

Berlin, 27. Mai 1886.

Der Reichskanzler:
J. V. **von Bötticher.**

c) Bekanntmachung vom 14. Januar 1888 (R.G.Bl. S. 1)

Auf Grund des § 1 Abs. 8 des Unf.-Vers.Ges. vom 6. Juli 1884 in Verbindung mit § 12 Abs. 1 des Gesetzes vom 11. Juli 1887 betr. die Unfallversicherung der bei Bauten beschäftigten Personen hat der Bundesrat beschlossen:

1. daß Arbeiter und Betriebsbeamte, welche von einem Gewerbetreibenden, dessen Gewerbebetrieb sich erstreckt:
   a) auf das Bohnen der Fußböden, auf die Anbringung, Abnahme oder Reparatur von Oefen und anderen Feuerungsanlagen oder von Tapeten bei Bauten,
   b) auf die Anbringung, Abnahme oder Reparatur von Wetter-Vorhängen und Läden (Rouleaux, Marquisen, Jalousien) oder von Ventilatoren bei Bauten,
   c) auf die Ausführung anderer noch nicht gegen Unfall versicherter Arbeiten bei Bauten, die ihrer Natur nach der Ausführung von Hochbauten näher stehen als der Ausführung von Eisenbahn-, Kanal-, Wege-, Strom-, Deich- und ähnlichen Bauarbeiten,

   in diesem Gewerbebetriebe beschäftigt werden, vom 1. Januar 1888 an versicherungspflichtig sind;
2. daß diese Betriebe aus der auf Grund des Gesetzes vom 11. Juli 1887 gebildeten Tiefbau-Berufsgenossenschaft ausgeschieden werden;
3. daß die unter Ziff. 1a aufgeführten Betriebe den örtlich zuständigen Hochbaugewerks-Berufsgenossenschaften zugeteilt werden,
4. daß die unter Ziff. 1b und 1c aufgeführten Betriebe, soweit sich dieselben lediglich auf das Anbringen oder Abnehmen der Wettervorhänge und Läden bei Bauten erstrecken, den Baugewerks-Berufsgenossenschaften, soweit sie sich dagegen auch mit Herstellung der betreffenden Gegenstände befassen, denjenigen Berufsgenossenschaften zugewiesen werden, welchen sie angehören

würden, sofern sie mindestens 10 Arbeiter regelmäßig beschäftigen und demgemäß schon nach § 1 Abs. 4 des Unf.Vers.Ges. vom 6. Juli 1884 versicherungspflichtig sein würden.

Berlin, 14. Januar 1888.

Der Reichskanzler:
J. V. **von Bötticher.**

68. Die sämtlichen in Anm. 67 aufgeführten Handwerker unterliegen der Unfallversicherung nur dann, wenn in ihren Betrieben Bauarbeiten ausgeführt werden; unter dieser Voraussetzung erstreckt sich die Unfallversicherung auch auf den Werkstattbetrieb ohne Rücksicht darauf, ob der Bau- oder Werkstattbetrieb der Haupt- oder Nebenbetrieb ist;

69. Steinhauerarbeiten: zu diesen zählen auch die Arbeiten der Asphaltierer, Straßenpflasterer und Steinsetzer sowie der Steinbildhauer, nicht aber Gypsarbeiten und Kleinschlagen von Straßenbeschotterungs-Material;

70. Schlosser- u. Schmiedearbeiten: Diese waren nach dem bisherigen Gesetze in die Unfallversicherung einbezogen, nur insoweit sie Arbeiten bei Bauten ausführten oder soweit sie als Fabriken oder diesen gleichstehende Betriebe (Beschäftigung von mehr als 10 Arbeitern oder Motorenbetrieb) zu erachten waren. Wegen der mit den Betrieben der Schlosser und Schmiede für die Arbeiter verbundenen besonderen Gefahr wurden nun durch das Ab.Ges. alle diese Betriebe, ohne Rücksicht auf die Größe und Art des Betriebes sowie auf Bauausführungen, der Unfallversicherung unterworfen.

71. Brunnenarbeiten: Hiezu zählen auch Brunnenreinigungs-Arbeiten (A.N. 1899 Z. 1778 S. 618).

72. Fleischergewerbe: auch hier ist die generelle Einbeziehung dieses Gewerbes erst durch das Abänderungsgesetz erfolgt: bisher war es nur versichert, soferne der betreffende Betrieb als „Fabrik“ zu erachten war.

73. Gesamtbetrieb der Post-, Telegraphen- u. Eisenbahnverwaltungen: nur der durch staatliche Anstalten vermittelte Beförderungs- und Bestellungsdienst ist versichert, nicht aber die privaten Verkehrsanstalten; bei ersteren zählen jedoch „Schalterbeamte“ in der Regel nicht zu den versicherungspflichtigen Personen.

Bei Unfällen, welche Arbeiter und Beamte auf ambulanten Bureaus der Eisenbahnen (Fahrpost) erleiden, besteht der Anspruch aus der Unfallversicherung zunächst gegen die Postverwaltung, außerdem aber gegen die Eisenbahnverwaltung als Dritten gem. §§ 135, 140 Gew.U.G., der §§ 10, 12 d. Unf.-Fürs.Ges. für Beamte.

Der Fuhrwerksbetrieb der Post gehört, soweit er in Regie betrieben wird, zum gesamten Betrieb der staatlichen Postverwaltungen, soweit er von Unternehmern (Posthaltern, Poststallhaltern) auf Grund geschlossener Verträge betrieben wird, zum gewerbsmäßigen Fuhrwerksbetrieb.

Zu den Eisenbahnen gehören auch die kleineren Straßen-, Pferde-, elektrischen Bahnen und ähnliche Unternehmungen, Rutsch- und Luftbahnen, „sofern auf Schienensträngen ein eisenbahnartiger Betrieb“ stattfindet. (Vgl. hieher insbesondere A.N. 1886 Z. 192 S. 182, 1893 Z. 1201 S. 119.) Diese Bahnbetriebe sind (abgesehen von den für Reichs- bezw. Staatsrechnung verwalteten Eisenbahnbetrieben) in zwei Berufsgenossenschaften eingegliedert: die Privatbahn- und Straßenbahn-Berufsgenossenschaft.

Im Eisenbahnbetriebe beschäftigt und daher gegen Unfall versichert ist jeder, welcher bei technischen Verrichtungen irgend welcher Art, die zu dem Eisenbahnbetriebsdienst als solchen (im Gegensatz zur Beschäftigung in den Bureaus) gehören, beschäftigt werden, z. B. Kofferträger, Lichtanzünder, Wagenputzer, sog. Eisenbahnarbeiter, im Notfalle beigezogene Taglöhner, Schneeschaufler u. s. w.

Nicht zu den Eisenbahnen in diesem Sinne sind zu rechnen: die einen Teil der Land- und Forstwirtschaft bildenden Feldbahnen, welche unter das Landw. U.G. fallen, und die einen Nebenbetrieb eines Tiefbau-Unternehmers (z. B. Straßenbau) bildenden Arbeitsbahnen, welche dem Bau-U.G. unterstehen, oder Eisenbahnen, welche wesentliche Bestandteile eines anderen versicherungspflichtigen Betriebes sind, welche Eisenbahnen bei der Ver.-Gen. des Hauptbetriebes gegen Unfall versichert sind.

74. **Betrieb der Marine- und Heeresverwaltungen**: Als solche sind die in der Verwaltung des Heeres und der Marine vorhandenen technischen Magazin- und sonstigen Einzelbetriebe, in denen bürgerliche Arbeiter beschäftigt werden, zu erachten. Es gehören auch die Vorspannleistungen sowie die Leistungen auf Grund des Naturalleistungsgesetzes vom $\frac{\text{13. Februar 1875}}{\text{21. Juni 1887}}$, und der Menagebetrieb, nicht aber die Vorführung der Pferde seitens der Besitzer derselben zu der nach dem Pferdeaushebungsreglement periodisch wiederkehrenden pflichtmäßigen Pferde-Vormusterung (A.N. 1890 Z. 851 S. 491, 1895 Z. 1406 S. 170, 1895 Z. 1410 S. 208.)

75. **Gewerbsmäßiger Fuhrwerksbetrieb**: Voraussetzung für einen solchen ist, daß das Fuhrwerk als unmittelbare Einnahmequelle zu Zwecken des Erwerbes betrieben wird, daß also der Fuhrwerksbetrieb selbst als der Gewerbebetrieb zu erachten ist, z. B. Droschken-, Fiaker- und Omnibusbetriebe (auch in Hotelwagen der Gasthöfe gegen Entgelt), Posthaltereien, Frachtfuhrleute mit Ausnahme der Bahnspediteure, Abfuhr- (Kehricht, Unrat) Geschäfte, Geschäfte für Möbelbeförderung; letztere aber nur, wenn das Tragen, Verpacken, Ein- und Umladen der Möbel nicht mitbesorgt wird, denn in diesem Falle liegt Speditionsbetrieb vor; auch nicht die Fuhrwerksbetriebe, die in weitaus überwiegendem Umfange der Bestellung der Landwirtschaft dienen und nur vorübergehend zu Lohnfuhrleistungen benützt werden (vgl. auch Anm. Z. 9 zu § 28), da diese als Nebenbetriebe der Land- und Forstwirtschaft sich darstellen und den landw. Ver.-Gen. zugehören. Es sind aber nicht hieher zu zählen: Privat-Equipagen, Fuhrwerk von Ärzten für ihren Beruf, Fuhrwerk von Kaufleuten zu Zwecken ihres Handelsgeschäftes (soferne nicht § 1 Abs. 1 Z. 7 zutrifft), das Vorfahren beim Pferdehandel, das Einfahren von Pferden, Fuhrwerksbetriebe, die als Nebenbetriebe anderer, insbesondere landwirtschaftlicher Betriebe gelten.

Ist aber ein Fuhrwerksbetrieb ein gewerbsmäßiger, so ist es gleich, ob tierische oder andere Zugkraft (Benzinmotoren) benützt wird, und gehören hiezu alle Arbeiten, welche zum Fuhrwerksbetriebe notwendig sind, z. B. Pflege der Pferde, Stallarbeiten, Bereitstellung der Wagen, Auf- und Abladen, Aufstapeln der Waren ꝛc.

76. Zur Binnenschiffahrt gehört auch die gewerbsmäßige Kleinschifferei mit Gondeln und Kähnen, nicht aber die Fischerei. Für die See-Schiffahrt gilt das See-U.-V.-G. Lootsen auf Binnengewässern sind in der Regel selbständige Gewerbetreibende, nicht versicherte Arbeiter. Zur gewerbsmäßigen Binnenschiffahrt gehört auch das gewerbsmäßige Heben gesunkener Schiffe, die Bergung der Ladung in Havariefällen, der Wirtschaftsbetrieb auf Flußdampfern u. dgl.

Ein Schiff, welches nicht ausschließlich oder vorzugsweise zur Seefahrt benützt wird, gilt als Binnenschiff, wenn es auch gelegentlich über See geht; der Betrieb mit solchem fällt also unter das G.U.G.

Eine Rhederei, welche teils See-, teils Binnen-Schiffahrt betreibt, gilt als Unternehmer mehrerer selbständiger Betriebe, von denen die einen zur G.U.G., die anderen zur See-U.G. gehören.

77. Prahm- und Fährbetrieb sind im Allgemeinen nur verschiedene Bezeichnungen für denselben Betrieb mit der Maßgabe, daß der Ausdruck „Prahm" bei der Beförderung von Lasten, „Fähre" mehr bei der Beförderung von Personen gebraucht wird.

78. Baggereibetrieb: Die Baggerei ist entweder auf die Gewinnung von Fossilien (Bernstein, Kies, Sand u. dgl.) oder auf die Vertiefung oder Verbreitung von

Wasserstraßen (Kanälen, Flüssen) gerichtet; erstere Arbeiten sind der Steinbruchs-Berufsgenossenschaft, letztere der Binnenschiffahrts-Berufsgenossenschaft zugewiesen (nach Bundesratsbeschlüssen vom 21. Mai 1885 und 15. April 1886): zu letzteren Arbeiten sind in der Regel auch die Erd- und Böschungsarbeiten zu zählen.

79. Gewerbsmäßiger Speditions-Betrieb. Vorausgesetzt ist die Gewerbsmäßigkeit dieses Betriebes.

Der Begriff „Spedition" setzt voraus, daß der Inhaber eines solchen Betriebs gewerbsmäßig in eigenem Namen für fremde Rechnung Güterversendungen durch Frachtführer oder Schiffer zu besorgen übernimmt; daraus folgt einerseits, daß dieser Betrieb mit dem gewerbsmäßigen Fuhrwerks-(Rollfuhrmann)-Betrieb nicht zu identifizieren und daß nur der rein technische, nicht auch der kaufmännische Teil des Speditionsbetriebs, welch' letzterer ohne Beförderungsmittel nicht denkbar ist, gegen Unfall versichert ist.

80. Speicher-, Lagerei- und Kellerei-Betrieb setzt voraus, daß der Betrieb zu Zwecken des Erwerbes für einige Dauer stattfindet und einen hervorstechenden Bestandteil, wenn nicht den Hauptbestandteil des Gesamtunternehmens bildet. Unter dieser Voraussetzung gehören hieher die Speicher, Lager, Keller der Getreidegroßhändler, der Manufaktur-Großhandlungen, Käse-, Zucker-, Petroleum-, Stahl-Eisenwaren-, überseeischen Tabak-Lager von Großhändlern, Lager und Packräume der Buchhändler, Keller von Weingroßhandlungen etc. Lagerplätze unter freiem Himmel zählen nicht hieher: ebenso nicht Getreideschrannenbetriebe unter städtischer oder anderer gemeindlicher Verwaltung. Getreidereinigungsbetriebe gehören nur hieher, wenn sie ein Teil oder ein Nebenbetrieb des Speicherbetriebes sind: im Falle letztere selbstständige gewerbsmäßige Unternehmen (also nicht Nebenbetriebe der Landwirtschaft, landw. Vereine, Konsum-Darlehens-Genossenschaften ꝛc.) darstellen, gehören sie zur Müllerei-Ber.-Gen. Einfache Holz- und Kohlenlager (nur umzäunt) unter freiem Himmel gelten nicht als Lagereibetriebe im Sinne des G.U.G., dagegen umfangreiche Lager von Brennmaterialien in gedeckten Räumen; das dabei vorkommende Zerkleinern des Holzes ist für die Beurteilung der berufsgenossenschaftlichen Zugehörigkeit nicht ausschlaggebend.

Sind Kellereien mit Fabriken oder unfallversicherungspflichtigen Anlagen als Nebenbetriebe verbunden, so gehören sie zu jener Ber.-Gen., welcher der Hauptbetrieb angehört (Champagner-Obstwein-Fabriken). Nicht hieher gehören die Keller der Krämer, Höcker, Bierwirte, kleiner Kaufleute ꝛc. ꝛc. Die in voriger Ziffer gemachte Ausscheidung in technischen und rein kaufmännischen Teil des Betriebs in Ansehung des Versicherungsrechtes und der Versicherungspflicht gilt auch hier.

Das Wort „Lagerei" wurde erst durch das Abänderungsgesetz aufgenommen, um jeden bezüglichen Zweifel auszuschließen.

81. Güterlader, Güterpacker ꝛc. Die Aufzählung in Ziff. 7 von § 1 ist nur exemplikativ; es gehören hieher z. B. auch noch die Getreidemakler, die Schiffstakler; nicht hieher gehören die Dienstmänner, Packträger-, Expreß- ꝛc. Institute. Schwierig ist hier oft die Frage, ob der Packer, Lader ꝛc. als selbständiger Unternehmer oder als Arbeiter eines Auftraggebers zu erachten ist, insbesonders bei Vereinigungen, Verbänden, Aufleger-Innungen, Gesellschaften ꝛc.; es wird diese Frage nur von Fall zu Fall unter Würdigung aller in Betracht kommenden Verhältnisse zu entscheiden sein.

82. Lagerungs-, Holzfällungs- ꝛc. Betriebe. Die Bestimmung in Ziff. 7 des § 1 ist infolge des Abänderungsgesetzes neu aufgenommen worden; vorausgesetzt ist, daß die dort genannten Betriebe mit einem Handelsgewerbe verbunden sind, deren Inhaber im Handelsregister eingetragen sind (Vollkaufleute). Im Gegensatze zu dem bisherigen Rechtszustande unterliegen diese Betriebe der Versicherungspflicht auch dann, wenn die Lagerung der Güter ganz oder teilweise unter freiem Himmel stattfindet.

83. Die erst in dritter Lesung eingefügte Bestimmung in § 1 Abs. II wurde im Interesse besonderer Klarstellung aufgenommen.

Unter „land- und forstw. Nebenbetrieben" sind solche Unternehmungen zu verstehen, welche der Unternehmer eines land- oder forstw. Betriebs neben seiner Land- oder Forstwirtschaft, aber in wirtschaftlicher Abhängigkeit von derselben betreibt. Hiezu sind insbesondere solche Betriebe zu rechnen, welche ausschließlich oder vorzugsweise bestimmt sind:

a) zu weiteren Bearbeitung oder Verarbeitung von Erzeugnissen der Land- oder Forstwirtschaft des Unternehmers,
b) oder zur Befriedigung von Bedürfnissen seiner Land- oder Forstwirtschaft,
c) oder zur Gewinnung oder Verarbeitung von Bestandteilen seines Grundstücks.

Für die Regelung der berufsgenossenschaftlichen Zugehörigkeit der Nebenbetriebe land- und forstw. Unternehmer nach Maßgabe der neuen Bestimmungen ist unterm 1. Oktober 1900 (AN. 1900 S. 710) Rundschreiben ergangen.

84. Von der in Abs. III dem Bundesrat eingeräumten Befugnis, Betriebe ohne besondere Unfallgefahr von der Unfallversicherung auszuschließen, wurde bisher kein Gebrauch gemacht; alle bezüglichen Anträge wurden bisher abgelehnt.

§ 2. (§ 1 Abs. 3 bis 6.)

I Den Betriebsbeamten im Sinne dieses Gesetzes werden Werkmeister und Techniker gleichgestellt.

II Den Fabriken im Sinne dieses Gesetzes gelten alle Betriebe gleich, für welche Dampfkessel oder durch elementare Kraft (Wind, Wasser, Dampf, Gas, heiße Luft, Elektrizität u. s. w.) oder durch tierische Kraft bewegte Triebwerke nicht bloß vorübergehend zur Anwendung kommen.

III Im Uebrigen gelten als Fabriken im Sinne dieses Gesetzes insbesondere diejenigen Betriebe, in welchen die Bearbeitung oder Verarbeitung von Gegenständen gewerbsmäßig ausgeführt wird und zu diesem Zwecke mindestens zehn Arbeiter regelmäßig beschäftigt werden, sowie Betriebe, in welchen Explosivstoffe oder explodierende Gegenstände gewerbsmäßig erzeugt werden.

IV Welche Betriebe außerdem als Fabriken im Sinne dieses Gesetzes anzusehen sind, bestimmt das Reichs-Versicherungsamt.

V Auf gewerbliche Anlagen, Eisenbahn- und Schiffahrtsbetriebe, welche wesentliche Bestandteile eines der vorbezeichneten oder der im § 1 bezeichneten Betriebe sind, finden die Bestimmungen dieses Gesetzes ebenfalls Anwendung.

1. Aenderungen durch die Novelle vom 30. Juni 1900 sind gegenüber dem bisherigen Gesetze in § 2 insoferne aufgenommen als:

a) den Betriebsbeamten, Werkmeister und Techniker, und
b) Triebwerke mit tierischer Kraft den anderen im Gesetze vorgesehenen Motorbetrieben (Wind, Wasser, Dampf 2c.)

gleichgestellt sind.

Die Bestimmungen in § 2 Abs. II—V waren in § 1 Abs. III—VI des U.V.G. vom 6. Juli 1884 aufgenommen; die Teilung ist nur aus redaktionellen Gründen erfolgt.

2. Betriebsbeamten, Werkmeister und Techniker: Vgl. die Anm. sub Ziff. 17—20 zu § 1 Seite 58, vgl. hieher auch § 2 des Kr.V.G. und § 133 der R.G.O.

3. Fabriken und diesen gleichstehende Betriebe: vgl. Anm. Z. 63 a u. b zu § 1 Seite 65.

Bei den in Abs. II aufgeführten Betrieben ist Gewerbsmäßigkeit derselben nicht vorausgesetzt. Hieher ist zu bemerken, daß Hauswasserleitungen, Luftheizungsanlagen in der Regel nur dann als versicherungspflichtig zu erachten sind, wenn sie in gewerblichen Anlagen (Gasthöfen, Warenhäusern), Krankenhäusern, Gefängnissen oder anderen staatlichen oder gemeindlichen (Kreis-, Bezirks-, Distrikts-) Gebäuden bei Verwendung von Motoren unter Bedienung derselben durch einen oder mehrere ständige Arbeiter (Heizer, Wärter, Maschinist ꝛc.) betrieben werden, natürlich ohne daß hiedurch die Gesamtanlage als solche versicherungspflichtig würde (A.N. 1892 Z. 1166 S. 324).

Den Betrieb einer Dampffeuerspritze hat das Reichsversicherungsamt (wegen der Dampfmaschine!) für versicherungspflichtig erklärt.

Hydraulische Fahrstühle sind Triebwerke im Sinne des § 2 Abs. II; die dabei beschäftigten (nicht aber die beförderten) Personen sind dann gegen Unfall versichert, wenn diese Fahrstuhlanlagen einer selbständigen, gewerbsmäßigen Einnahmequelle zu dienen haben; solche Anlagen, die nur der Bequemlichkeit dienen (z. B. in Privathäusern, Hôtels, Warenhäusern, Cafés ꝛc.) und für deren Benutzung Entgelt nicht geleistet und verlangt wird, zählen nicht hieher, ebenso nicht mit der Hand betriebene hydraulische Pressen.

4. **Dampfkessel**: Als solche sind nur Kessel mit gespanntem Dampfe zu verstehen. Nicht hieher gehören die in § 15 der Bekanntmachung vom 25. Mai 1871 (R.G.Bl. S. 122) aufgeführten Dampfgefäße und Vulkanisierungsapparate von 1/2 bis 2 Liter Inhalt.

5. Ob der Unternehmer die zu seinem Betriebe verwendete Dampf- oder andere elementare Kraft selbst hervorbringt oder von anderen mietet, ist für die Versicherungspflicht gleichgiltig, da das Gesetz nur verlangt, daß der Motor in dem Betriebe zur Verwendung kommt; im Falle des Mietens der Kraft kann daher sowohl der Mieter als der Vermieter der Versicherungspflicht unterstellt sein.

6. Der gewerbsmäßigen Bearbeitung oder Verarbeitung von Gegenständen, welche zu Zwecken des unmittelbaren Erwerbes erfolgt, ist entgegenzustellen die rein wissenschaftliche, rein künstlerische oder die auf Unterrichtung oder Erziehung gerichtete Thätigkeit. Eine Bearbeitung oder Veränderung kann schon in der Veränderung der äußeren Gestalt, der Größe, in der Mischung einzelner Stücke oder Sorten, nie aber in der nur auf Verpackung bereits fertig hergestellter Waren gerichteten Thätigkeit erblickt werden.

7. Regelmäßige Beschäftigung von zehn Arbeitern im Gegensatz zu vorübergehender Beschäftigung infolge zeitweiser (Saison!) Arbeitsanhäufung in demselben Betriebe.

8. Betriebe, in welchen Explosivstoffe oder explodierende Gegenstände gewerbsmäßig erzeugt werden: Für dieselben ist maßgebend die gewerbsmäßige Erzeugung, nicht die gewerbsmäßige Verwendung.

9. **Außerdem als Fabriken anzusehen**: Aus den zahlreichen ergangenen Entscheidungen des Reichsversicherungsamtes, welche Betriebe außerdem als Fabriken im Sinne dieses Gesetzes anzusehen sind, möchte hier einiges von besonderer Bedeutung zusammengestellt werden (Handb. II. Aufl. S. 95 ff.).

Abdeckereien, in welchen nur 1 oder 2 Arbeiter beschäftigt werden und nur die zur Verarbeitung der Tierleichen gebräuchlichen Kochapparate verwendet werden, sind nicht versicherungspflichtig (A.N. 1887 Z. 383 S. 206).

Apotheken sind nur dann versicherungspflichtig, wenn mit ihnen ein Mineralwasser-Herstellungsbetrieb verbunden ist und beide Betriebe einen einheitlichen Betrieb darstellen (A.N. 1886 Z. 195 S. 205).

Blumen- (künstliche) Geschäfte. Betriebe zur Herstellung künstlicher Blumen und Blumenbestandteile mit weniger als 10 Arbeitern sind keine Fabriken.

Böttchereien mit weniger als 10 Arbeitern sind in der Regel keine Fabriken.

Brennereien, in welchen jährlich mehr als 100 hl Spiritus erzeugt werden, sind in der Regel Fabriken.

Buchbindereien können nur dann als Fabriken angesehen werden, wenn eine sehr hohe Zahl (viele Tausende) von Einbänden und Broschüren hergestellt wird und Arbeitsteilung stattfindet.

Buchdruckereien sind Fabriken, weil in ihnen regelmäßig Maschinen zur Verwendung kommen; vom Drucker engagierte und gelohnte Zeitungsträger sind mit den anderen Arbeitern der Druckereien versichert.

Bürsten- und Pinselmachereien sind in der Regel Fabriken; nur ganz kleine Betriebe (mit 1 oder 2 Arbeitern) sind ausgenommen.

Cigarrenmachereien und Tabakfabrikationen sind in der Regel als Fabriken anzusehen, wenn mit fremden Arbeitskräften, also nicht nur mit Familienangehörigen im Betriebe gearbeitet wird; auf die Zahl der fremden Arbeiter kommt es nicht an.

Dachpappe: Betriebe zur Herstellung derselben sind in der Regel Fabriken, auch wenn nur einige Arbeiter darin beschäftigt werden.

Damenmäntelfabriken sind Fabriken, ohne Rücksicht auf die Zahl der Arbeiter.

Destillationen, in denen jährlich mehr als 100 hl Alkohol zu Likören, Essig 2c. auf kaltem oder warmem Wege verarbeitet wird, sind Fabriken, ohne Rücksicht auf die Zahl der beschäftigten Arbeiter.

Dütenfabriken: Ein Betrieb dieser Art, in welchem 3 Arbeiter in der Werkstatt beschäftigt werden, das Kleben und Zusammennähen der Düten zu Paketen in einer Strafanstalt besorgt wird, ist eine Fabrik.

Eisbahn- und Eisgewinnungsbetriebe sind nicht versicherungspflichtig, dagegen Eismaschinen-Aufstellung-, Montage (mit mehreren Monteuren).

Elektrische Leitungen: Betriebe zur Verfertigung und Anlage von solchen aller Art ist als Hilfsbetrieb des Großgewerbes eine Fabrik.

Emailwarenfabriken: versicherungspflichtig, wenn in einem solchen Betriebe von 8 bis 9 Arbeitern Schilder, Zifferblätter 2c. in Massen hergestellt werden.

Färbereien mit weniger als 10 Arbeitern sind nur dann Fabriken, wenn in denselben überwiegend gleichartige Gegenstände in Masse für den Großhandel hergestellt werden.

Gasanstalten, Gas-Installationsgeschäfte sind ohne Rücksicht auf die Zahl der beschäftigten Personen Fabriken.

Gerbereien mit weniger als 10 Arbeitern sind nur dann als Fabriken anzusehen, wenn Gerberei und Lohmühle einen einheitlichen Betrieb bilden.

Goldarbeiter (Graveure, Fasser, Emailleure), welche aus verschiedenen Fabriken alle Gattungen von in das Bijouteriegeschäft einschlagenden Gegenständen in halbfertigem Zustand zur weiteren Bearbeitung je nach ihrem besonderen Fache erhalten und demnächst an die Fabriken wieder zurückgeben, dabei 1 bis 4 Arbeiter beschäftigen, haben keine Fabriken.

Gypssteinwarenverfertiger, welche Waren für den großen Markt und an Wiederverkäufer mit 5 Arbeitern herstellen, haben einen fabrikmäßigen Betrieb im Sinne des U.V.G.

Handschuhmachereien sind in der Regel Fabriken, wenn die Herstellung der Handschuhe (Stoffhandschuhe) für den Absatz im Großen erfolgt.

Käsereien, in welchen von 1 oder 2 Arbeitern 150—200 Zentner Käse hergestellt werden, sind keine Fabriken.

Kaffeekochereien — Konditoreien, Zuckerbäckereien mit weniger als 10 Arbeitern gelten nicht als Fabriken.

Kalkbrennereien sind unter allen Umständen als Fabriken anzusehen.

Kistenmachereien sind Fabriken bei Herstellung sehr hoher Zahl von Kisten für ständige Abnehmer oder auf Lager.

Klempnereien, Spänglereien mit weniger als 10 Arbeitern sind keine Fabriken; daß Klempnereien, die Bauarbeiten verrichten, versicherungspflichtige Betriebe sind, wurde schon früher (zu § 1) erwähnt.

Knopfmachereien, in denen mit 8 Arbeitern die Waren sowohl auf Bestellung für den Zwischenhandel und Kunden als auf Vorrat hergestellt werden, wurden als Fabrikbetriebe erklärt.

Lackfabriken (Öllacksiedereien) mit einem Werte der hergestellten Jahresmenge von 15000—20000 Mark sind Fabriken im Sinne unseres Gesetzes.

Landwirtschaftliche Maschinen: Ein Betrieb zur Anfertigung von Futterschneid-, Dresch-, Säe-, Pflugmaschinen mit 3 oder 4 Arbeitern ist eine Fabrik.

Latrinen-, Kanal-, Straßen-Reinigungs-Anstalten, (Abfuhrunternehmungen), in welchen weniger als 10 Arbeiter beschäftigt werden, sind — abgesehen von etwaiger Versicherungspflicht als gewerbsmäßiger Fuhrwerksbetriebe oder landw. Nebenbetriebe — nicht versicherungspflichtig als Fabrikbetriebe.

Mälzereien, in denen durchschnittlich jährlich 1000 Zentner Malz hergestellt wird, sind ihres Umfanges wegen Fabriken.

Meiereien und Molkereien: Betriebe, in denen lediglich die im eigenen landw. Betriebe des Unternehmers gewonnene Milch zu Butter oder Käse verarbeitet wird, sind nicht Fabriken, da sie stets als landw. Betriebe zu erachten sind, auch wenn Milch in unbedeutendem Umfange zugekauft wird. Dagegen sind Genossenschaftsmolkereien (eingetragene Genossenschaften) bei entsprechendem Betriebsumfange Fabriken. Daß gewerbliche Meierei- oder Molkerei-Betriebe mit Anwendung von Göpeln oder mit elementarer Kraft bewegten Triebwerken versicherungspflichtig sind, steht ohnedies außer Zweifel.

Messerschlägereien, in denen unter Benützung verschiedener technischer Hilfsmittel Halbfabrikate in bedeutenden Mengen für Fabrikanten hergestellt werden, sind Fabriken, auch wenn weniger als 10 Arbeiter in denselben beschäftigt werden.

Messing- und Metallgießereien sind wegen der mit diesen Betrieben verbundenen Gefahr schon bei Beschäftigung von 3 bis 5 Arbeitern für Fabriken erklärt worden.

Mineralwasser-Bereitungsbetriebe sind stets Fabriken.

Musikinstrumentenmachereien, die weniger als 10 Arbeiter beschäftigen, sind keine Fabriken.

Orgelbaubetriebe, deren Hauptbetrieb auf Herstellung neuer Orgeln gerichtet ist, sind immer Fabriken; erstreckt sich der Hauptbetrieb aber nur auf Reparaturen, so sind für die Annahme fabrikmäßigen Betriebs die Voraussetzungen in § 2 Abs. II und III erforderlich.

Piano-, Pianino-Verfertigungsbetriebe sind ohne Rücksicht auf die Arbeiterzahl in der Regel Fabriken.

Schankwirtschaften sind im allgemeinen nicht versicherungspflichtig, es sei denn, daß ein enger wirtschaftlicher Zusammenhang zwischen der Brauerei und dem Ausschanke besteht (Nebenbetrieb der Brauerei).

Schiefertafelverfertigung wurde wegen Herstellung gleichartiger Gegenstände für den Massenabsatz bei Beschäftigung von 7 Arbeitern an der Betriebsstelle neben einer Anzahl von Hausgewerbetreibenden als Fabrikbetrieb erklärt. (Mitt. bayr. L.V.A. 1890 S. 96).

Schirmfabriken: Betriebe, in denen unter Arbeitsteilung eine Massenherstellung von Schirmen zum Absatz an Zwischenhändler von weniger als 10 Arbeitern hergestellt wird, wurden als Fabriken erklärt.

Schlösser (für Thüren): Ein Betrieb, in dem jährlich bis zu 2000 Dutzend Schlösser auf Bestellung für Zwischenhändler von 4 Arbeitern hergestellt werden, wurde als Fabrik erklärt.

Schuhmacherbetriebe: Für die Annahme eines fabrikmäßigen Betriebs wird vorausgesetzt: weitgehende Arbeitsteilung, Verwendung von Näh-, Riß- und Stanz-Maschinen, Herstellung für den Massenabsatz (Zwischenhandel oder auf Lager), oft auch Beschäftigung von Hausgewerbetreibenden neben den in der Werkstatt beschäftigten Arbeitern. Wo diese Voraussetzungen fehlen, ist die Schuhmacherei — abgesehen von der Beschäftigung von 10 Arbeitern oder von Motorenbetrieb — keine Fabrik.

Seifensiedereien haben zwar nach der Natur ihres Betriebes ein fabrikmäßiges Gepräge an sich; es wird aber doch nur bei Geschäften von erheblichem Umfang, die für den Massenabsatz (Zwischenhandel, Lager) produzieren, Fabrikbetrieb anzunehmen sein; jedenfalls sind Seifensiedereien mit ein oder zwei Arbeitern in der Regel keine Fabriken.

Stärkebereitungsbetriebe sind dann als Fabriken anzusehen, wenn in denselben Kartoffel oder Getreide (Weizen, Mais, Reis) in einem Umfange verarbeitet werden, der jährlich mindestens 10 000 Zentner Kartoffel entspricht, wobei ein Zentner Getreide drei Zentner Kartoffel gleich zu achten ist.

Steindruckereien mit erheblicherem Geschäftsumfange sind Fabriken, ein Antrag, alle Steindruckereien (wie die Buchdruckereien) für Fabriken zu erklären, ist abgelehnt worden.

Strickwarenverfertigung im Jahreswerte von 10 000 Mk. mit 7 Personen unter Arbeitsteilung für Wiederverkäufer ist eine Fabrik.

Strohhutverfertigung, bei welcher in der Saison 6 bis 8 Arbeiter und daneben eine Anzahl von Hausgewerbetreibenden beschäftigt werden, ist eine Fabrik.

Strumpfwirkereien, in denen neben Strumpfwirkerstühlen Strickmaschinen zur Verwendung kommen, sind Fabriken.

Taschenmesserverfertigung mit 3 Arbeitern für den Massenabsatz wurde als Fabrik erklärt.

Töpfereien: Merkmale für die Fabrikmäßigkeit sind: Anfertigung von Spezialitäten, Arbeitsteilung, Beschäftigung jugendlicher Arbeiter statt der Ausbildung von Lehrlingen. Der Antrag, alle Töpfereien für Fabriken zu erklären, wurde abgelehnt.

Verlagsbetriebe (für Textil- und Seidenwaren): Von denselben sind solche als versicherungspflichtig zu erachten, in denen eine größere Zahl von Hausgewerbetreibenden und an der Betriebsstätte selbst ungefähr 6 Personen oder mit betriebstechnischen Arbeiten bei Anfertigung der Gegenstände beschäftigt werden.

Verzinnereien sind wie Zinkschmelzereien ohne Rücksicht auf die Zahl der beschäftigten Arbeiter Fabriken.

Wagenbauereien sind für Fabriken erklärt worden, wenn bei Beschäftigung von 6 bis 7 Arbeitern Luxuswagen oder sog. Ponny-Wagen für gewerbliche Zwecke der Metzger, Bäcker, Färber ꝛc. hergestellt werden.

Wäschefabrikation: Die Annahme eines Fabrikbetriebes setzt voraus: Benützung von Nähmaschinen, weitgehende Arbeitsteilung, Herstellung einer sehr großen Zahl gleichartiger Gegenstände, Ausschluß des Einzelverkaufs, meist auch Beschäftigung von Hausgewerbetreibenden neben in der Stätte des Betriebs selbst beschäftigten Arbeitern.

Webereien: Eine Weberei, in der auf Handwebstühlen Damast, Gebild, Leinen und Drell von 7 bis 9 Arbeitern gefertigt wird, wurde als Fabrik erklärt.

Ziegeleien sind in der Regel dann als Fabriken anzusehen, wenn die jährliche Herstellung von Ziegelsteinen (Dachziegeln, Hohlziegeln, Platten, Drainage-Röhren u. s. w.) die Zahl von 100 000 bis 200 000 Stück erreicht. Ziegeleien können auch Nebenbetriebe eines landwirtschaftlichen Betriebes sein und der landwirtschaftlichen Unfallversicherung unterliegen, wenn nach den jeweiligen Umständen der erforderliche wirtschaftliche Zusammenhang mit einem solchen besteht und die Produktion nicht bedeutend ist.

10. Gewerbliche Anlagen: Hierunter sind im Sinne des § 2 Abs. V solche handwerksmäßige Anlagen zu verstehen, welche wesentliche Bestandteile der gemäß §§ 1 und 2 versicherungspflichtigen Betriebe sind, aber nicht als Fabriken oder diesen gleichstehende Betriebe zu erachten sind.

§ 3.

Die Versicherung erstreckt sich auf häusliche und andere Dienste, zu denen versicherte Personen neben der Beschäftigung im Betriebe von ihren Arbeitgebern oder von deren Beauftragten herangezogen werden.

Die Bestimmung des § 3 ist neu.

Häusliche und andere Dienste: Vom versicherten Arbeiter (zu den versicherten Personen zählen hier selbstverständlich die versicherten Unternehmer nicht) ist zu unterscheiden der Dienstbote des Arbeitgebers.

Letzterer, welcher mit dem Arbeitgeber in häuslicher Gemeinschaft steht und regelmäßig nur mit häuslichen Dienstverrichtungen beschäftigt wird, war bisher gegen Unfall nicht versichert und ist es auch nicht nach der Novelle vom 30. Juni 1900, da die in § 3 vorgesehene Erstreckung der Versicherungspflicht nur häusliche und andere Dienste umfaßt, zu denen versicherte Arbeiter neben der Beschäftigung im Betriebe von ihren Arbeitgebern oder deren Beauftragten herangezogen werden. Gleichwohl ist die durch § 3 neu geschaffene Bestimmung sehr zu begrüßen, da hiedurch einerseits im Interesse der Arbeiter die Versicherungspflicht nicht unerheblich ausgedehnt wurde, andererseits viele Streitigkeiten, ob Betriebsarbeit oder hauswirtschaftliche Thätigkeit des Arbeiters vorliegt, ausgeschlossen worden sind.

§ 4.

Der Reichskanzler wird ermächtigt, unter Zustimmung des Bundesrats mit den Regierungen solcher Staaten, die für Arbeiter und Betriebsbeamte eine der deutschen Unfallversicherung entsprechende Fürsorge durchgeführt haben, im Falle der Gegenseitigkeit Abkommen zu schließen, durch welche die Anwendung dieses Gesetzes

1. auf Betriebe im Inlande, welche Bestandteile eines ausländischen Betriebs darstellen, ausgeschlossen,
2. auf Betriebe im Auslande, welche Bestandteile eines versicherungspflichtigen inländischen Betriebs darstellen, erstreckt wird.

Die Bestimmung in § 4 ist neu; durch dieselbe ist die Möglichkeit geschaffen, mit Staaten, welche nach Lage ihrer Gesetzgebung Gegenseitigkeit zu gewähren bereit und imstande sind, Vereinbarungen dahin zu treffen, daß jeder Unternehmer hinsichtlich seines ganzen Betriebs einschließlich der in das Ausland hinüberragenden Bestandteile der Unfallversicherungspflicht im Inlande zu genügen imstande ist.

Es kommen hier namentlich Eisenbahnen, Binnenschiffahrtsbetriebe, Bauunternehmungen und Maschinenfabriken in Betracht.

Bei Unternehmungen, die teils im Inlande, teils im Auslande betrieben werden, ist nur der inländische, nicht aber der ausländische Betriebsteil versicherungspflichtig. (A. N. 1901 S. 362).

§ 5. (§ 2.)

I Durch Statut (§ 37) kann die Versicherungspflicht erstreckt werden:

a) auf Betriebsunternehmer, deren Jahresarbeitsverdienst dreitausend Mark nicht übersteigt, oder welche nicht regelmäßig mehr als zwei Lohnarbeiter beschäftigen;

b) ohne Rücksicht auf die Zahl der von ihnen beschäftigten Lohnarbeiter auf solche Unternehmer eines in den §§ 1 und 2 bezeichneten Betriebs, welche in eigenen Betriebsstätten im Auftrag und für Rechnung anderer Gewerbetreibenden mit der Herstellung oder Bearbeitung gewerblicher Erzeugnisse beschäftigt werden (Hausgewerbetreibende), und zwar auch dann, wenn sie die Roh- und Hilfsstoffe selbst beschaffen;

c) auf Betriebsbeamte mit einem dreitausend Mark übersteigenden Jahresarbeitsverdienste. Bei der Versicherung von Betriebsbeamten ist, vorbehaltlich der Bestimmungen des § 10 Abs. 1, der volle Jahresarbeitsverdienst zu Grunde zu legen.

II Betriebsunternehmer, deren Jahresarbeitsverdienst dreitausend Mark nicht übersteigt, oder welche nicht regelmäßig mehr als zwei Lohnarbeiter beschäftigen, sind berechtigt, gegen die Folgen von Betriebsunfällen sich selbst zu versichern. Durch Statut kann diese Berechtigung auf Unternehmer mit einem höheren Jahresarbeitsverdienst erstreckt werden.

III Durch Statut kann ferner bestimmt werden, daß und unter welchen Bedingungen gegen die Folgen der bei dem Betrieb oder Dienste sich ereignenden Unfälle versichert werden können

a) im Betriebe beschäftigte, aber nach §§ 1 oder 2 nicht versicherte Personen durch den Betriebsunternehmer;

b) nicht im Betriebe beschäftigte, aber die Betriebsstätte besuchende oder auf derselben verkehrende Personen durch den Betriebsunternehmer oder den Vorstand der Berufsgenossenschaft (§ 28);

c) Organe und Beamte der Berufsgenossenschaft durch deren Vorstand.

1. Neu ist hier aufgenommen:

a) die Einführung einer statutarischen Versicherungspflicht für kleinere Betriebsunternehmer und Hausgewerbetreibende (Abs. I); bisher bestand diese Art der Versicherungspflicht (mit Ausnahme der Hausgewerbetreibenden) nur für Baugewerbetreibende (vgl. §§ 16, 48 des Bau.U.V.G. vom 11. Juni 1887),

b) die Berechtigung der kleineren Betriebsunternehmer, sich selbst zu versichern (Abs. II Satz 1),

c) die Ermächtigung der Versicherungsträger, durch Statut die Berechtigung zur Selbstversicherung auf größere Betriebsunternehmer (deren Jahresarbeitsverdienst 3000 Mark übersteigt oder welche mehr als 2 Lohnarbeiter beschäftigen) zu erstrecken (Abs. II Satz 2),

d) die Befugnis der Versicherungsträger, im Wege statutarischer Bestimmung die Versicherungspflicht auch auf nach § 1 und 2 nicht versicherungspflichtige Personen, sowie auf Organe und Beamte der Berufsgenossenschaft zu erstrecken (Abs. III.).

2. **Durch Statut kann erstreckt werden**: Eine Pflicht der Berufsgenossenschaft zur Erstreckung der Versicherungspflicht besteht demnach nicht; ist aber statutarische Ausdehnung erfolgt, so sind die betreffenden Personen geradeso zu behandeln, wie die kraft des Gesetzes versicherten Personen; über das zu erlassende Statut beschließt die Genossenschaftsversammlung (§ 36).

3. Betriebsunternehmer ist derjenige, für dessen Rechnung der Betrieb erfolgt (welchem das wirtschaftliche Ergebnis zum Vorteil oder Nachteil gereicht); siehe Anm. Z. 8 zu § 1.

4. **Hausgewerbetreibende**: Welche Personen hierunter zu verstehen sind, ist im Gesetze selbst definiert. Schon oben (vgl. Anm. 15 zu § 1 Seite 57) wurde bemerkt, daß die von Hausgewerbetreibenden beschäftigten Arbeiter der Versicherungspflicht unter den in §§ 1, 2 aufgeführten Voraussetzungen unterliegen; die Erstreckung der Versicherungspflicht ist für die Unternehmer solcher Hausgewerbebetriebe an eine Obergrenze des

Jahreseinkommens oder an die Zahl der in ihren Betrieben beschäftigten Personen nicht gebunden.

5. **Betriebsbeamte**: Ueber den Begriff derselben siehe die Anm. Z. 17—20 zu § 1 Seite 57, 58. Es ist nicht notwendig, daß im Statut die Versicherungspflicht auf alle Betriebsbeamten ohne Unterschied des Einkommens erstreckt wird, es ist vielmehr zulässig, die Versicherung auf bestimmte Gehaltsklassen einzuschränken.

6. **Jahresarbeitsverdienst**: Ueber die Höhe des der statutarischen Versicherung der Betriebsunternehmer (und der Hausgewerbetreibenden) sowie der Selbstversicherung des Betriebsunternehmers zu unterstellenden Jahresarbeitsverdienstes hat das Genossenschaftsstatut zu entscheiden (§ 37 Z. 12), welches auch die Form des Verfahrens für den Fall der Selbstversicherung bestimmt. Als Jahresarbeitsverdienst wird der Ertrag des Betriebes zu gelten haben, nach Abzug der Unkosten (Arbeitsstoffe, Werkzeuge, Löhne der Arbeiter, Verzinsung des Betriebskapitales, Abnützung von Maschinen und Werkzeugen rc.).

Dagegen ist der Jahresarbeitsverdienst der Betriebsbeamten, in welchen neben dem Gehalt (Lohn) auch die Nebenbezüge (Tantièmen, Naturalbezüge) (vgl. § 6) einzubeziehen sind, voll zu Grunde zu legen (für die Rentenfestsetzung kommt jedoch der 1500 Mark übersteigende Betrag nur mit einem Drittel zur Anrechnung); sind Nebenbezüge in den Gehalt einzurechnen, so sind dieselben nach dem Durchschnitt mehrerer Jahre in Ansatz zu bringen.

7. **Selbstversicherung**: Zur Selbstversicherung haben jene Unternehmer, deren Jahresarbeitsverdienst 3000 Mark nicht erreicht, oder welche nicht regelmäßig mehr als zwei Lohnarbeiter beschäftigen, ein gesetzliches Recht; die Selbstversicherung von Unternehmern mit einem höheren Jahresarbeitsverdienste ist nur möglich, soweit solche nach dem Genossenschaftsstatut zugelassen ist; erstere Unternehmer können sich selbst versichern, auch wenn sie gar keinen Lohnarbeiter in ihrem Betriebe beschäftigen.

8. Zu den in Abs. III des § 5 aufgeführten Personen zählen z. B. Personen, welche ihren Angehörigen das Essen in die Fabriken bringen, Handwerker, die vorübergehend in einem Etablissement beschäftigt werden, Fuhrleute, Kunden, Monteure, Boten rc., welche vorübergehend das Etablissement zu besuchen haben. Zu den im Betriebe beschäftigten, aber nichtversicherten Personen zählen z. B. junge Leute (Volontäre), welche ihrer Ausbildung wegen in Betrieben beschäftigt werden; es können aber auch Betriebsbeamte mit einem höheren Jahresarbeitsverdienste, als im Gesetz oder Statut berücksichtigt ist, in Frage kommen.

§ 6. (§ 3 Abs. 1.)

Als Gehalt oder Lohn im Sinne dieses Gesetzes gelten auch Tantiemen, Naturalbezüge und sonstige Bezüge, welche den Versicherten, wenn auch nur gewohnheitsmäßig, gewährt werden und ganz oder teilweise an Stelle des Gehalts oder Lohnes treten. Der Wert der Naturalbezüge ist nach Ortsdurchschnittspreisen in Ansatz zu bringen. Dieselben werden von der unteren Verwaltungsbehörde festgesetzt.

1. Die Bestimmung in § 3 Abs. I des Gesetzes vom 6. Juli 1884 (Abs. II u. III von § 3 sind in den § 10 des neuen Gesetzes übergegangen) hat insoferne eine Erweiterung erfahren, als

a) den Tantiemen und Naturalbezügen „sonstige an die Stelle des Gehaltes oder Lohnes tretende Bezüge" gleichgestellt wurden,
b) ausdrücklich bestimmt wurde, daß die „Naturalbezüge" nach Ortsdurchschnittspreisen von der unteren Verwaltungsbehörde festzusetzen seien.

2. **Tantiemen und Naturalbezüge oder sonstige Bezüge**: Die Anrechnung derselben auf den Gehalt oder Lohn setzt eine ausdrückliche oder stillschweigende Gewährung solcher

Leistungen in dem Arbeitsvertrag und bezw. bei der Lohnvereinbarung voraus; daneben müssen sie mit einer gewissen Regelmäßigkeit (wenn auch nur infolge bestehender Gewohnheit) erfolgen, so daß auf dieselben mit einiger Sicherheit gerechnet werden kann und sie sich als wirtschaftlicher Vorteil, nicht aber als Ersatz barer Auslagen darstellen. Unter dieser Voraussetzung gehören auch Trinkgelder (Rollgelder), ganz oder teilweise freie Wohnung, Bekleidung, Beheizung, Beleuchtung, freie Verpflegung (Kost), Nutznießung von Gärten oder anderen Grundstücken, Freibier, Ersparnisprämien für geringeren Verbrauch an Holz, Kohlen, Öl, Repräsentationskosten der Beamten, Tagegelder (Diäten) derselben 2c. 2c. hieher; selbstverständlich sind aber nicht anzurechnen die Reiseauslagen (Fuhrwerk, Eisenbahnbillet, Nachtquartiere 2c.). Die bei auswärtigen Montagen gezahlten Zuschüsse sind je nach den thatsächlichen Verhältnissen teilweise anzurechnen (A.N. 1899 S. 541), es ist aber auch zulässig, einen gewissen Bruchteil derselben ein für allemal durch Genossenschaftsbeschluß festzusetzen.

Alle Verhältnisse deckende Gesichtspunkte lassen sich auch hier nicht aufstellen, eine besondere Würdigung von Fall zu Fall ist unerläßlich.

3. **Untere Verwaltungsbehörde**: Vgl. Anm. Z. 3 zu § 56 und § 152.

4. **Kommunalverband**: Gemeinde, Provinz, Bezirk, Kreis, nicht aber Stiftungen, Kirchengemeinden oder dgl.

Beamte und Personen des Soldatenstandes.

§ 7. (§ 4; § 4 Abs. 1 des Ausd.-G.)

Auf die im § 1 des Gesetzes, betreffend die Fürsorge für Beamte und Personen des Soldatenstandes infolge von Betriebsunfällen, vom 15. März 1886 (Reichs-Gesetzbl. S. 53) bezeichneten Personen, auf Beamte, welche in Betriebsverwaltungen eines Bundesstaats oder eines Kommunalverbandes mit festem Gehalt und Pensionsberechtigung angestellt sind, sowie auf andere Beamte eines Bundesstaats oder Kommunalverbandes, für welche die im § 12 a. a. O. vorgesehene Fürsorge in Kraft getreten ist, findet dieses Gesetz keine Anwendung.

Die §§ 1 und 12 des Gesetzes, betreffend die Fürsorge für Beamte und Personen des Soldatenstandes infolge von Betriebsunfällen, vom 15. März 1886 lauten:

§ 1.

Beamte der Reichs-Zivilverwaltung, des Reichsheeres und der Kaiserlichen Marine und Personen des Soldatenstandes, welche in reichsgesetzlich der Unfallversicherung unterliegenden Betrieben beschäftigt sind, erhalten, wenn sie infolge eines im Dienste erlittenen Betriebsunfalls dauernd dienstunfähig werden, als Pension sechsundsechzigzweidrittel Prozent ihres jährlichen Diensteinkommens, soweit ihnen nicht nach anderweiter reichsgesetzlicher Vorschrift ein höherer Betrag zusteht.

Personen der vorbezeichneten Art erhalten, wenn sie infolge eines im Dienste erlittenen Betriebsunfalls nicht dauernd dienstunfähig geworden, aber in ihrer Erwerbsfähigkeit beeinträchtigt worden sind, bei ihrer Entlassung aus dem Dienste als Pension:

1. im Falle völliger Erwerbsunfähigkeit für die Dauer derselben den im ersten Absatze bezeichneten Betrag;
2. im Falle teilweiser Erwerbsunfähigkeit für die Dauer derselben einen Bruchteil der vorstehend bezeichneten Pension, welcher nach dem Maße der verbliebenen Erwerbsfähigkeit zu bemessen ist.

Steht solchen Personen nach anderweiter reichsgesetzlicher Vorschrift ein höherer Betrag zu, so erhalten sie diesen.

Nach dem Wegfall des Diensteinkommens sind dem Verletzten außerdem die noch erwachsenden Kosten des Heilverfahrens zu ersetzen.

§ 12.

Staats- und Kommunalbeamten und deren Hinterbliebenen, für welche durch die Landesgesetzgebung oder durch statutarische Festsetzung gegen die Folgen eines im Dienste erlittenen Betriebsunfalls eine den Vorschriften der §§ 1 bis 5 des gegenwärtigen Gesetzes mindestens gleichkommende Fürsorge getroffen ist, steht wegen eines solchen Unfalls ein reichsgesetzlicher Anspruch auf Ersatz des durch denselben erlittenen Schadens nur nach Maßgabe der §§ 8 bis 10 des gegenwärtigen Gesetzes zu. Auf solche Staats- und Kommunalbeamten und deren Hinterbliebene finden die reichsgesetzlichen Bestimmungen über Unfallversicherung keine Anwendung.

1. Die in § 7 bezeichneten Beamten und Personen des Soldatenstandes fallen nicht unter die Unfallversicherung, erhalten aber mit ihren Hinterbliebenen im Falle eines im Dienst erlittenen Betriebsunfalles gleichartige Bezüge in Form erhöhter Pension.

2. Diejenigen Staats- und Kommunalbeamten, welche nicht mit festem Gehalt und Pensionsberechtigung angestellt sind und eine der Unfallversicherung analoge Unfallfürsorge noch nicht genießen, bleiben bis auf Weiteres unter den Bestimmungen des Unfallversicherungsgesetzes. Sie unterliegen also der Unfallversicherung dann, wenn sie in versicherungspflichtigen Betrieben beschäftigt sind und weniger als 3000 Mark Gehalt beziehen. Soweit sie der Unfallversicherung nicht unterstellt sind, bleiben für sie die Bestimmungen des Bürgerlichen Gesetzbuches (§§ 823, 842 ff.) und des Haftpflichtgesetzes vom 5. Juli 1871 in der Fassung des Art. 42 des Einführungsgesetzes zum Bürgerlichen Gesetzbuch in Kraft.

An die Stelle des Gesetzes vom 15. März 1886 ist das Unfallfürsorgegesetz vom 18. Juni 1901 (R.G.Bl. S. 211 ff.) getreten; nachdem dasselbe eine dem G.U.G. entsprechende Erweiterung erfahren hat, dürfte in jenen Bundesstaaten, welche mittels besonderer Gesetze (vgl. für Preußen Ges. vom 18. Juni 1887, Sachsen Ges. vom 9. April 1888, Württemberg, Baden, Hessen Ges. vom 18. Juni 1887, Elsaß-Lothringen Ges. vom 8. Mai 1888) eine dem obigen § 12 entsprechende Fürsorge eingeführt haben, eine Abänderung dieser Gesetze veranlaßt sein. In Bayern waren den Beamten durch deren Pensionsberechtigung schon bisher mindestens gleichwertige Bezüge zugesichert, weshalb die Erlassung eines bezüglichen Sondergesetzes nicht veranlaßt war.

Gegenstand der Versicherung und Umfang der Entschädigung.

§ 8. (§ 5 Abs. 1, 7.)

I Gegenstand der Versicherung ist der nach Maßgabe der nachfolgenden Bestimmungen zu bemessende Ersatz des Schadens, welcher durch Körperverletzung oder Tötung entsteht.

II Dem Verletzten und seinen Hinterbliebenen steht ein Anspruch nicht zu, wenn er den Unfall vorsätzlich herbeigeführt hat. Der Anspruch kann ganz oder teilweise abgelehnt werden, wenn der Verletzte den Unfall bei Begehung eines durch strafgerichtliches Urteil festgestellten Verbrechens oder vorsätzlichen Vergehens sich zugezogen hat. In Fällen der letzteren Art kann die Rente, sofern der Verletzte im Inlande wohnende Angehörige hat, welche im Falle seines Todes Anspruch auf Rente haben würden, ganz oder teilweise den Angehörigen überwiesen werden.

III Die Ablehnung kann, auch ohne daß die vorgesehene Feststellung durch strafgerichtliches Urteil stattgefunden hat, erfolgen, falls diese Feststellung wegen des Todes oder der Abwesenheit des Betreffenden oder aus einem anderen in seiner Person liegenden Grunde nicht erfolgen kann.

1. Der § 5 des Gesetzes vom 6. Juli 1884 wurde insbesondere aus redaktionellen Gründen abgeteilt; Abs. I und VII wurde in § 5, Abs. II und VI in § 9, Abs. III—V in § 10, Abs. VIII in § 11, Abs. IX und X in § 12, endlich Abs. VIII und XI in § 14 des abgeänderten Gesetzes aufgenommen.

Neu aufgenommen ist in § 8 die Bestimmung, daß der Anspruch auf Unfallentschädigung dann abgelehnt werden kann, wenn der Verletzte den Unfall sich gelegentlich einer von ihm begangenen, dem deutschen Reichsstrafgesetzbuche unterstellten Verbrechens- oder vorsätzlichen Vergehenshandlung zugezogen hat.

2. **Schadensersatz in der im Gesetz festgelegten Weise**: An der gesetzlichen Festsetzung der zu gewährenden Unfallentschädigung können weder durch Vertrag der Beteiligten noch durch Statut der Ver.Gen. Aenderungen (Erhöhung oder Minderung der Leistungen) herbeigeführt werden; eine Ausnahme ist grundsätzlich nur für die freiwillige Versicherung der Unternehmer zulässig.

Schadensersatz wird gewährt gegen die Folgen der bei Betrieben sich ereignenden Unfälle, welche Folgen in Körperverletzung oder Tötung bestehen. Hiebei ist es begrifflich nicht notwendig, daß es sich um ein den Betrieb als solchen störendes Ereignis handelt; notwendig ist aber unter allen Umständen, daß dieses schädigende Ereignis, d. i. Körperverletzung oder Tod, mit dem Unfall in ursächlichen Zusammenhang zu bringen ist.

Andererseits ist es aber nicht erforderlich, daß die Körperverletzung oder der Tod die unmittelbare Folge oder die alleinige ausschließliche Ursache des Unfalles ist. Auch mittelbar unter der Einwirkung oder Mitwirkung hinzutretender ungünstiger Umstände sich entwickelnde Folgen fallen den Trägern der Unfallversicherung zur Last.

Schadensersatz ist daher auch dann zu gewähren, wenn ein schon vorhanden gewesenes Leiden durch die Folgen des Unfalls sich verschlimmert oder hiedurch der Eintritt der Erwerbsunfähigkeit (Erwerbsbeschränktheit) oder des Todes erheblich beschleunigt worden ist; ferner, wenn nicht die durch den Unfall verursachte Verletzung allein, sondern das Hinzutreten anderer Schädlichkeiten (Blutvergiftung, Ansteckung) neben oder nach dem Unfalle schädigend gewirkt hat. So wurde z. B. in einem Falle, in welchem die unmittelbare Unfallsverletzung nur in der Zerreißung einer Hautblase entstand, durch hinzugetretene Ansteckungsstoffe eine Zellgewebsentzündung und dadurch eine dauernde Gebrauchsbehinderung der Hand herbeigeführt war, eine Folge des an sich sehr geringfügigen Betriebsunfalles angenommen und es hiebei für gleichgiltig erklärt, ob die Ansteckungsstoffe außerhalb des Betriebes oder während desselben eingedrungen seien (A.N. 1886 Z. 227 S. 273, 1887 Z. 246 S. 8). In einem anderen Falle wurde vom Reichsversicherungsamte angenommen, daß ein Betriebsunfall — sei es durch Verletzungen der Magenschleimhaut, sei es durch einen infolge der Unfall-Neurose eingetretenen entzündlichen Zustand der Magenwände — im Magen des Verletzten Verhältnisse geschaffen hat, welche den Ausbruch des Krebses in so hohem Maße begünstigten, daß die Entstehung des Krebses in ursächlichen Zusammenhang mit dem Unfall gebracht werden muß (A.N. 1896 Z. 1497 S. 246 ff.); damit ist die Möglichkeit der traumatischen Entstehung oder Verschlimmerung eines Krebsleidens zugegeben. In einem anderen Falle ist eine Erkrankung an Cholera mit tötlichem Ausgang, welche sich ein durch Unfall Verletzter in einer ihm vom Versicherungsträger zu Heilzwecken angewiesenen Heilanstalt durch Ansteckung zugezogen hatte, als mittelbare Unfallsfolge angesehen und der Unfall als entschädigungspflichtig erachtet worden (A.N. 1895 Z. 1389 S. 147). In einem anderen Falle wurde der Tod eines Arbeiters, welcher infolge eines Betriebsunfalles einen Beinbruch erlitten hatte, und an den Folgen eines bereits vor dem Unfall vorhanden gewesenen Lungenleidens verstarb, als durch den Unfall herbeigeführt erachtet, weil als nachgewiesen angenommen wurde, daß das Lungenleiden durch die Unfallsverletzung einen rascheren Verlauf genommen hat, als es sonst der Fall gewesen wäre (A.N. 1887 Z. 358 S. 150). Ja selbst ein neuer, außerhalb des Betriebs sich ereignender Unfall mit seinen Folgen kann unter Umständen als mittelbare Folge eines vorangegangenen Betriebsunfalles in Betracht kommen; es wurde dies bei einem Arbeiter angenommen, der ein durch einen Betriebsunfall gebrochenes, zwar geheiltes, aber noch nicht völlig gebrauchsfähiges Bein durch einen Fall zu Boden außerhalb des Betriebs an derselben Bruchstelle noch einmal gebrochen hatte (A.N. 1890 Z. 874 S. 500); es wird sich aber empfehlen, in solchen Fällen den ursächlichen Zusammenhang des zweiten Unfalls mit dem ersten einer sehr sorgfältigen Prüfung zu unterstellen.

3. Schadensersatz infolge Körperverletzung oder Tötung: Körperverletzung ist jede Einwirkung auf den Körper eines Menschen, durch welchen derselbe eine Störung seines körperlichen Wohlbefindens, seiner körperlichen Integrität erleidet. Dieselbe muß nicht gerade eine äußere (Verwundung, Verstümmelung) sein, auch innere Verletzungen, geistige Störungen (Geisteskrankheiten, Geistesschwäche) und psychische Einwirkungen (Depressionszustände, Verstimmungen des Nervenlebens, Verminderung der Sehkraft, des Gehörvermögens ꝛc.) gehören hieher.

Auch eine allmählich sich entwickelnde Körperschädigung (Nervenleiden, Neurosen, Folgen heftiger Gemütsbewegungen, Schrecken) ist nicht ausgeschlossen, sobald sich der ursächliche Zusammenhang mit dem Betriebsunfall nachweisen oder doch wahrscheinlich machen läßt.

Andererseits hat das Reichsversicherungsamt bereits vielfach (vgl. insbes. A.N. 1897 Z. 1581 S. 266) ausgesprochen, daß nicht jede Verletzung der körperlichen Unversehrtheit dem Versicherten einen Anspruch auf Unfallentschädigung gibt, und dieses selbst dann nicht, wenn ihm infolge der Verletzung gewisse Unbequemlichkeiten bei der Verrichtung seiner Arbeiten erwachsen. Auf eine Rente hat nur Anspruch, wer in seiner Erwerbsfähigkeit in einem solchen Grade beeinträchtigt ist, daß die Beeinträchtigung im wirtschaftlichen Leben als ein meßbarer Schaden in Betracht kommt; dies kann aber bei einer Beschränkung der Erwerbsunfähigkeit um weniger als 10% der Regel nach nicht zugegeben werden.

4. Tötung: Der Tod muß nicht die unmittelbare, sofortige Folge des Unfalls sein, er kann auch erst später eintreten, wenn sich nur nachweisen läßt, daß er eine Folge — wenn auch eine mittelbare — des Betriebsunfalles ist z. B. Hinzutreten einer Blutvergiftung, Beschleunigung des Eintritts des Todes bei einem schon vor dem Unfall leidend gewesenen Verletzten (vgl. auch Anm. 2 bezw. die dort angeführten Beispiele). So wurde auch in einem Falle der durch Herzschlag herbeigeführte Tod eines nicht herzleidenden Verletzten als mittelbare Unfallsfolge angesehen, weil hohe Wahrscheinlichkeit dafür vorlag, daß der Herzschlag infolge hochgradiger Aufregung und Furcht vor einer zu erwartenden Operation, die durch die Unfallsverletzung notwendig geworden war, herbeigeführt wurde.

5. Ursächlicher Zusammenhang der Folgen mit dem Unfall — Beweislast: — Im Prinzipe muß daran festgehalten werden, daß dieser Zusammenhang im Streitfalle vom Rentenkläger zu erweisen ist (A.N. 1886 Z. 202 S. 228, 1887 Z. 420 S. 355; Mitth. 1890 Z. 66 S. 101, 1893 Z. 265 S. 106, 1894 Z. 289 S. 17). Allein ein streng bindender, formeller Beweis (wie z. B. im bürgerl. Rechtsstreitverfahren) kann hier nicht verlangt werden. Es wird genügen, wenn für die Annahme dieses Zusammenhangs so überzeugende Anhaltspunkte vorliegen, daß im gewöhnlichen Leben am Vorhandensein desselben nicht gezweifelt würde, mag auch eine andere Möglichkeit nicht ausgeschlossen sein. In den meisten Fällen werden die Sachverständigen-Gutachten der Ärzte für die Beurteilung dieses Zusammenhangs maßgebend sein. Notwendig ist dies aber nicht, da besondere Umstände ein Abweichen hievon bedingen können, da auch sonstigen Behelfen und nicht zuletzt dem glaubwürdigen Vorbringen der Rentenbewerber eine ausschlaggebende Bedeutung beigelegt werden kann. (Vgl. hieher Mitth. 1894 Z. 293 S. 21, 1896 Z. 521 S. 72). Besondere Vorsicht bei Beurteilung dieses Zusammenhangs scheint aber gegenüber gemeindlichen Zeugnissen, daß eine Verletzung auf einen Betriebsunfall zurückzuführen sei, geboten zu sein, da, abgesehen von anderem, Zeugnisse von Gemeindebehörden nur insoweit Anspruch auf volle Glaubwürdigkeit erheben können, als dieselben über Gegenstände ausgefertigt werden, welche zum Geschäftskreise der Gemeindeverwaltungen nach den bestehenden Normen gehören. (Mitth. 1893 Z. 331 S. 84).

6. **Vorsätzliche Herbeiführung des Unfalls**: Der Vorsatz des Verletzten muß auf Herbeiführung der Körperverletzung oder des Todes gerichtet und in ganz bestimmter Weise nachgewiesen sein; eine bloße Vermutung vermag diesen Beweis ebensowenig zu ersetzen, als dem Vorsatz vorliegender Leichtsinn, wenn auch grober, gleichgestellt werden darf.

Vorsätzliche Herbeiführung des Todes ist nicht anzunehmen, wenn Selbstmord im Zustande der Unzurechnungsfähigkeit infolge geistiger Störung begangen ist; ist letztere durch einen Betriebsunfall verursacht, so haben die Hinterbliebenen Anspruch auf Unfallentschädigung. (A.N. 1888 Z. 606 S. 328).

Die Herbeiführung des Unfalls durch Verbrechen oder Vergehen wird in der Regel durch strafgerichtliches Urteil nachgewiesen sein müssen; dies ist jedoch nicht möglich, wenn der Betreffende tot oder abwesend (verschollen) ist; in solchen Fällen haben die zur Feststellung über den Entschädigungsanspruch berufenen Stellen nach ihrem besten Ermessen zu befinden.

7. Von der vorsätzlichen Herbeiführung des Unfalls ist wohl zu unterscheiden pflichtwidriges, verbotwidriges Verhalten des Verletzten. Schon in der Anm. Ziff. 34 zu § 1 (Seite 61) wurde bemerkt, daß, wenn sich der Verletzte durch verbotwidriges Handeln selbst außerhalb des Betriebs gesetzt hat, er auch den Anspruch auf Unfallschaden verwirkt hat. Aber auch für jene Folgen des Unfalles ist nicht aufzukommen, welche bei pflichtmäßigem Verhalten des Verletzten nach dem Unfalle vermieden worden wären z. B. bei unbegründetem Widerstand gegen ärztliche Anordnungen (gegen Anlegung von Verbänden, Anwendung von Heilmitteln, Massage, Elektrizität, Stützapparaten, medikomechanischer Heilapparate u. s. w.) oder gegen Anordnungen der Versicherungsträger, sich dem Arzte zu stellen oder in ein Krankenhaus oder eine Heilanstalt zu Zwecken der Untersuchung oder ärztlichen Behandlung sich zu verfügen. Vgl. übrigens hieher § 22 und Anm. hiezu.

Als pflichtwidriges Verhalten ist aber nicht die Weigerung des Verletzten anzusehen, sich Chloroform- oder anderen Narkosen oder Operationen zu unterziehen. Als pflichtwidrig wurde es ferner auch in einem Falle nicht angesehen, daß der Verletzte in guter Absicht und der Gepflogenheit der Gegend entsprechend, in der er lebte, die Behandlung durch einen Kurpfuscher der Behandlung durch einen approbierten Arzt vorzog, wiewohl erstere Behandlung ungünstigen Erfolg hatte. (A.N. 1890 Z. 873 S. 500).

8. In den Fällen des Abs. II Satz 2 und 3 und des Abs. III von § 8 kann der Anspruch auf Unfallentschädigung und zwar sowohl in der Richtung gegen den Verletzten als event. gegen dessen Hinterbliebenen abgelehnt werden; es ist dies in das Ermessen des Versicherungsträgers gestellt, eine Verpflichtung desselben hiezu besteht nicht. Gleichwohl ist gegen solche Ablehnungen von Entschädigungsansprüchen Berufung an das Schiedsgericht und Rekurs an das Reichs-(Landes-)Vers.-Amt zulässig, wie den Kommissionsverhandlungen zu § 8 Abs. II unzweifelhaft zu entnehmen ist.

§ 9. (§ 5 Abs. 2, 6.)

I Im Falle der Verletzung werden als Schadensersatz vom Beginne der vierzehnten Woche nach Eintritt des Unfalls ab gewährt:

1. freie ärztliche Behandlung, Arznei und sonstige Heilmittel sowie die zur Sicherung des Erfolges des Heilverfahrens und zur Erleichterung der

Folgen der Verletzung erforderlichen Hilfsmittel (Krücken, Stützapparate und dergleichen);

2. eine Rente für die Dauer der Erwerbsunfähigkeit.

II Die Rente beträgt:

a) im Falle völliger Erwerbsunfähigkeit für die Dauer derselben sechsundsechzigzweidrittel Prozent des Jahresarbeitsverdienstes (Vollrente);

b) im Falle teilweiser Erwerbsunfähigkeit für die Dauer derselben denjenigen Teil der Vollrente, welcher dem Maße der durch den Unfall herbeigeführten Einbuße an Erwerbsfähigkeit entspricht (Teilrente).

III Ist der Verletzte infolge des Unfalls nicht nur völlig erwerbsunfähig, sondern auch derart hilflos geworden, daß er ohne fremde Wartung und Pflege nicht bestehen kann, so ist für die Dauer dieser Hilflosigkeit die Rente bis zu hundert Prozent des Jahresarbeitsverdienstes zu erhöhen.

IV War der Verletzte zur Zeit des Unfalls bereits dauernd völlig erwerbsunfähig, so beschränkt sich der zu leistende Schadensersatz auf die im Abs. 1 Ziffer 1 bezeichneten Leistungen. Wird ein solcher Verletzter infolge des Unfalls derart hilflos, daß er ohne fremde Wartung und Pflege nicht bestehen kann, so ist eine Rente bis zur Hälfte der Vollrente zu gewähren.

V Solange der Verletzte aus Anlaß des Unfalls thatsächlich und unverschuldet arbeitslos ist, kann der Genossenschaftsvorstand die Teilrente bis zum Betrage der Vollrente vorübergehend erhöhen.

1. Vgl. hieher zunächst Anm. 1 zu § 8 Seite 80. — § 9 behandelt den Schadensersatz im Falle der Verletzung im allgemeinen; die zeitliche Begrenzung der Ersatzleistung „vom Beginn der 14. Woche nach Eintritt des Unfalls“ wurde hier aus redaktionellen Gründen in den Eingang verlegt.

2. **Sonstige Aenderungen** gegenüber dem § 5 Abs. II u. VI des Ges. vom 6. Juli 1884 sind in § 9 in folgender Weise getroffen:

a) In Abs. I Z. 1 wurde der Begriff „Kosten des Heilverfahrens“ näher bestimmt, dabei wurden die zur Erleichterung (Besserung) der Folgen der Verletzung erforderlichen Hilfsmittel (Krücken, Stützapparate u. dergl.), welche eigentlich nicht mehr zum Heilverfahren gehören, einbezogen.

b) Die in der Praxis und Rechtsprechung bisher vielfach gebrauchten Worte „Vollrente“ und „Teilrente“ wurden in das Gesetz selbst aufgenommen.

c) Nach dem bisherigen Wortlaut des § 5 Abs. VI lit. b war der Maßstab für die Bemessung der Teilrenten in der verbliebenen, nicht in der durch den Unfall verloren gegangenen Erwerbsfähigkeit zu finden; dieser (ungenaue) Wortlaut wurde in Abs. II lit. b präziser dahin gefaßt, daß im Falle teilweiser Erwerbsunfähigkeit auf die Dauer derselben die Rente denjenigen Teil der Vollrente zu betragen hat, welcher dem Maße der durch den Unfall herbeigeführten Einbuße an Erwerbsfähigkeit entspricht.

d) Bei völliger Hilflosigkeit des Verletzten ist die Rente bis zum vollen Arbeitsverdienste zu erhöhen, im Falle thatsächlicher, unverschuldeter Arbeitslosigkeit aus Anlaß des Unfalls des Verletzten kann die Rente bis zum Betrage der Vollrente erhöht werden.

e) Bei Personen, die vor dem Unfall bereits völlig erwerbsunfähig waren, ist der Anspruch auf die Kosten des Heilverfahrens beschränkt und nur bei völliger Hilflosigkeit mit der Notwendigkeit fremder Wart und Pflege eine Rente bis zur Hälfte der Vollrente vorgesehen.

3. **Im Falle der Verletzung**: Schadensersatz: vgl. hieher Anm. Z. 2 zu § 8 Seite 80 und wegen des Begriffes „Unfall" Anm. Z. 27—55 zu § 1 Seite 60 ff.

4. **Vom Beginn der 14. Woche an**: Karenzzeit: Während die Leistungen aus der Unfallversicherung beim Tode des Verletzten, welcher durch Unfall herbeigeführt ist, sofort zu bethätigen sind, beginnen dieselben im Falle einer Unfalls-Verletzung regelmäßig erst mit dem Ablauf der 13. Woche nach dem Unfall (Karenzzeit); eine Ausnahme ist in § 13 des Gew.U.G. bestimmt; siehe dort und die Anm. hiezu.

Bis zum Ablauf der 13. Woche sind die Kosten des Heilverfahrens und eine Entschädigung der Verletzten (Krankengeld) im Falle einer durch den Unfall herbeigeführten Erwerbsunfähigkeit von den Krankenkassen event. der reichsgesetzlichen Gemeinde-Krankenversicherung, die im Sinne dieses Gesetzes als Krankenkasse gilt, nach Maßgabe des Krankenversicherungsgesetzes vom $\frac{\text{15. Juni 1883}}{\text{10. April 1892}}$ (R.G.Bl. 1892 S. 417 ff.) zu tragen.

Nachdem aber im Gew.U.G. (§ 12) bestimmt ist, daß für die durch Unfall Verletzten das Krankengeld vom Beginn der 5. Woche mindestens $66^2/_3\%$ des Arbeitslohnes betragen soll und daß da, wo die Krankenkassen oder Gemeindekrankenversicherung (die gesetzlich als Minimalbetrag nur 50% des Arbeitslohnes zu leisten haben) hinter diesen $66^2/_3\%$ zurückbleiben, die Betriebsunternehmer den Fehlbetrag zuzuschießen haben, und nachdem ferner für jene durch Unfall Verletzte, welche gegen Krankheit (gesetzlich oder statutarisch) nicht versichert sind, während der ganzen ersten 13 Wochen die Unternehmer einzutreten haben, so erscheint die Fürsorge für die durch Unfall Verletzten während der ersten 13 Wochen nach dem Unfall in folgender Weise geregelt:

a) für gegen Krankheit versicherte Personen:

Während der ersten 4 Wochen obliegen die im Krankenversicherungs-Gesetz (nach Gesetz oder Statut) festgesetzten Leistungen den Krankenkassen (und bezw. der Gemeindekrankenversicherung) allein;

Für die Zeit vom Beginn der 5. bis zum Beginn der 14. Woche hat der Unternehmer das Krankengeld (soweit es unter $66^2/_3\%$ des Arbeitslohnes nach gesetzlicher oder statutarischer Festsetzung zurückbleibt) bis auf $66^2/_3\%$ zu erhöhen;

b) für gegen Krankheit nicht versicherte Personen:

Für Verletzte, welche gegen Krankheit nicht versichert sind, hat während der ersten 13 Wochen nach dem Unfall der Betriebsunternehmer für die in §§ 6, 7 des Kranken-V.G. vorgesehenen Leistungen einschließlich der Erhöhung des Krankengeldes auf $66^2/_3\%$ selbst aufzukommen;

Besonders sei hiebei hervorgehoben, daß die Unternehmer zu den bezeichneten Leistungen nur in Ansehung jener Verletzten verpflichtet sind, welche der Unfallversicherung kraft des Gesetzes (also nicht bez. jener, auf welche die Unfallversicherung durch Statut erstreckt ist, § 5) unterstellt sind, und der Vollständigkeit wegen sei noch bemerkt, daß bezüglich der gegen Krankheit nicht versicherten, bei Regiebauten beschäftigten Personen jene Gemeinde, in deren Bezirk der verletzte Arbeiter beschäftigt war, während der ersten 13 Wochen nach dem Unfall für die Kosten des Heilverfahrens (ohne Krankengeld) aufzukommen hat (Vgl. §§ 7, 8 Bau-U.G.).

5. **Vom Beginn der 14. Woche ab** sowie dann, wenn zwar schon vorher Heilung eingetreten, aber eine Beschränkung der Erwerbsfähigkeit, für welche nach Ablauf der ersten 13 Wochen Unfallrente zu gewähren ist, zurückgeblieben ist (vgl. § 13 Abs. I) und nach statutarischer Bestimmung auch ohne diese Voraussetzung (§ 13 Abs. II), obliegt die Fürsorge für den Verletzten den Berufsgenossenschaften allein, welche aber befugt sind, den Krankenkassen (Gemeinde-Kr.V.) die Fürsorge bis zur Be-

endigung des Heilverfahrens, wenn solches nach Ablauf der 13 Wochen noch geboten ist, gegen Kostenerstattung zu übertragen.

Da die Berufsgenossenschaften ferner befugt sind (vgl. § 76c d. Krank.V.G.), schon während der ersten 13 Wochen an Stelle der Krankenkassen das Heilverfahren selbst zu übernehmen, sind die letzteren (vgl. § 76b das.) verpflichtet, bei allen durch Betriebsunfall herbeigeführten Erkrankungen der betr. Berufsgenossenschaft Anzeige zu machen, wenn nach Ablauf von 4 Wochen nach dem Unfall die Erwerbsfähigkeit des Verletzten noch nicht hergestellt ist. Mit dieser Uebernahme des Heilverfahrens durch die Berufsgenossenschaften schon während der Karrenzzeit wurden im allgemeinen sehr günstige Erfahrungen gemacht, weshalb das Reichs-Vers.Amt wiederholt Anlaß genommen hat, den recht häufigen Gebrauch dieser Maßnahme zu empfehlen.

6. Der seitens der Berufsgenossenschaften bei Betriebsunfällen zu leistende Schadensersatz besteht:

a) in Gewährung der Kosten des Heilverfahrens,

b) in Gewährung einer Unfallrente vom Beginn der 14. Woche nach dem Unfall.

A. Kosten des Heilverfahrens:

7. Das Gesetz selbst bestimmt in Abs. I Z. 1: freie ärztliche Behandlung, Arznei, sonstige Heilmittel und die zur Sicherung des Erfolges des Heilverfahrens und zur Erleichterung der Folgen der Verletzung erforderlichen Hilfsmittel (Krücken, Stützapparate u. dergl.).

Ärztliche Behandlung: Hierunter wird in der Regel die Behandlung durch einen approbierten Arzt oder die Behandlung in einem Krankenhause oder in einer Heilanstalt zu verstehen sein, sei es in letzterer Beziehung, daß die Berufsgenossenschaft die Aufnahme des Verletzten in das Krankenhaus (Heilanstalt) selbst veranlaßt oder dieser (ausdrücklich oder stillschweigend) zugestimmt hat. Ausnahmsweise kann auch die Hilfeleistung eines Naturheilkundigen als ärztliche Behandlung angesehen werden. (A.N. 1890 Z. 873 S. 500).

Wird dem Verletzten ein bestimmter Arzt nicht zugewiesen, so kann er diesen frei wählen und kann der Arzt seine Honorarforderung direkt bei der B.G. erheben. (A.N. 1896 Z. 1563 S. 493).

Zur ärztlichen Behandlung sind auch zu rechnen die Kosten für besondere Untersuchungen (Harn, Sputum, Mageninhalt ꝛc.), ferner die Kosten für spezialärztliche, insbesonders auch irrenärztliche Behandlung, — selbst bei erfolgter Einschaffung des Verletzten in die Irrenanstalt durch die Polizeibehörde —, unter der Voraussetzung, daß die Verwahrung in der Irrenanstalt vorwiegend im Interesse des Heilverfahrens erfolgt (Mitth. 1894 Z. 466 S. 105), ferner die Kosten der Reise des Verletzten zum Arzt oder des Transportes desselben in eine Kranken- oder Heilanstalt.

Als nicht hierunter fallend wurde bezeichnet, was zum Unterhalte (Wohnung, Kleidung, Nahrung) für den Kranken wie für den Gesunden notwendig ist. (A.N. 1893 Z. 1209 S. 157, Mitth. 1895 Z. 526 S. 80).

Nicht zur ärztlichen Behandlung werden fortan auf Grund der Novelle vom 30. Juni 1900 zu rechnen sein die Kosten für fremde Wart und Pflege entgegen der bisherigen Praxis (A.N. 1892 S. 259 Nr. 6), da im Falle der Notwendigkeit fremder Wart und Pflege des Verletzten in § 9 Abs. III durch Verpflichtung der B.G. zur Zahlung einer höheren Rente besondere Vorsorge getroffen ist.

Arznei: Was hierunter zu verstehen sei, wird sich nach der Ordination des Arztes und dem Sprachgebrauche zu richten haben; unter Umständen werden hiezu auch stärkende Weine u. a. Kräftigungsmittel zu rechnen sein; auf alle Fälle sind unter „Arznei" nicht nur solche Heilmittel zu verstehen, welche nur in Apotheken verkauft werden.

Heilmittel: Hieher zählen z. B. Verbandstoffe, Beinschienen, Massage, Elektrizität, unter Umständen auch Zahnplomben ꝛc.; Ersatzzähne oder Zahngebisse sind dagegen nicht zu den Heilmitteln zu zählen.

Zu besonderen Spezialkuren, z. B. Gebrauch von Mineralwässern, Badekuren, Besuch von Luftkurorten ꝛc. hat der Verletzte einen begründeten Anspruch nicht.

Sonst erforderliche Hilfsmittel: Hieher sind zu zählen: Brillen, Bandagen, Bruchbänder, Suspensorien, Kanüle, Krücken, unter Umständen auch Fahrstühle, künstliche Gliedmaßen; letztere wurden bisher (auf Grund des Gesetzes vom 6. Juli 1884) nicht zu den Kosten des Heilverfahrens gezählt (vgl. A.N. 1897 Z. 1596 S. 303); nach der nunmehrigen Bestimmung in § 9 Abs. I Z. 1 dürfte aber ein Zweifel über die Verpflichtung der Berufsgenossenschaft zur Beschaffung künstlicher Gliedmaßen, wenn solches vom Verletzten verlangt und damit eine Erleichterung der Unfallsfolgen erzielt wird, kaum mehr bestehen (A.N. 1901 Z. 1861 S. 398); übrigens wird diese Beschaffung in den meisten Fällen auch im Interesse der Berufsgenossenschaft gelegen sein. Die Beschaffung kostspieliger Stützkorsets wurde in einer Entscheidung des R.V.A. nicht als gesetzliche Pflicht einer Berufsgenossenschaft angesehen.

8. Hat der Verletzte und bezw. sein gesetzlicher Vertreter (bei Minderjährigen, Geistesschwachen, Entmündigten ꝛc.) ohne Einvernehmen mit der Berufsgenossenschaft das Heilverfahren nach eigenem Ermessen eingeleitet und durchgeführt, so muß er sich gefallen lassen, daß die Berufsgenossenschaft die Kostenersatzpflicht auf dasjenige beschränkt, was sie selbst nach Lage der Sache für das Heilverfahren hätte aufwenden müssen. (A.N. 1898 Z. 1706 S. 261).

Desgleichen sind die Berufsgenossenschaften berechtigt, die nach Lage der Verhältnisse zulässigen, für den Verletzten ungünstigen Schlüsse in Ansehung der zurückgebliebenen Unfallsfolgen dann zu ziehen, wenn der Verletzte sich weigert, sich der ärztlichen Untersuchung zu stellen oder sich in ein Krankenhaus zur Beobachtung und Untersuchung aufnehmen zu lassen (A.N. 1893 Z. 1219 S. 167).

Daß der Verletzte andererseits sich nicht Operationen oder Chloroformnarkosen gegen seinen Willen unterziehen lassen muß, wurde schon oben erwähnt.

Über pflicht- oder verbotwidriges Verhalten des Verletzten vgl. ferner Anm. Z. 7 zu § 8 S. 82.

B. Unfallrente auf die Dauer der Erwerbsunfähigkeit.

9. Das Alter des Verletzten ist für Beginn und Dauer der Rente ohne Einfluß, dagegen wird die Rente nicht auf Lebenszeit, sondern nur auf die Dauer der Erwerbsunfähigkeit und nach dem gegenwärtigen Zustande des Verletzten (vorerst ohne Rücksicht auf die zu erwartende Besserung) gewährt. Wird die Erwerbsbeschränktheit vermindert oder erhöht, so wird darnach auch die Rente (auf Antrag der Verletzten oder auf Initiative der Versicherungsträger) in anderer Weise festgestellt. (§§ 88 ff. G.U.G.).

Die Freiheitsentziehung oder die Einziehung zum Militärdienste schließt den Anspruch auf Rente nicht aus. Unter welchen Voraussetzungen jedoch die Rente ruht, siehe § 98, und unter welchen Voraussetzungen die Rente durch Kapital abgefunden werden kann, siehe § 95.

Zu Lebzeiten der Rentenberechtigten von diesen nicht erhobene Rentenbeträge gehen nach deren Tod auf die Erben über.

War der Verletzte zur Zeit des Unfalls bereits dauernd völlig erwerbsunfähig, so beschränkt sich der Schadensersatz auf die Kosten des Heilverfahrens, während eine Unfallrente nicht gewährt wird. Wird der Verletzte aber infolge des Unfalls derart hilflos, daß er ohne fremde Wartung und Pflege nicht bestehen kann, so ist eine Rente bis zur Hälfte der Vollrente zu gewähren (§ 9 Abs. III).

10. Die Rente beträgt:

a) bei völliger Erwerbsunfähigkeit $66^2/_3$% des Jahresarbeitsverdienstes, welcher gemäß § 10 zu Grunde zu legen ist (Vollrente),
b) bei teilweiser Erwerbsunfähigkeit einen Bruchteil der Rente sub a (Teilrente).

Ueber „Jahresarbeitsverdienst" siehe § 10 und Anmerkung hiezu. Von der Erwerbsunfähigkeit ist die sog. „Berufsinvalidität" einerseits, die Arbeitslosigkeit, der Mangel an entsprechender Arbeitsgelegenheit andererseits auseinanderzuhalten.

11. **Völlig erwerbsunfähig**: ist derjenige, welcher sich weder in seinem bisherigen Berufe noch durch anderweitige Thätigkeit auch nur einen Teil seines Lebensunterhaltes verdienen kann. Dabei ist aber Erwerbsunfähigkeit nicht immer gleichbedeutend mit Arbeitsunfähigkeit; es kann eine Person noch imstande sein, kleinere Verrichtungen (in der eigenen Wirtschaft) zu leisten, gleichwohl aber als völlig erwerbsunfähig im Sinne des Gesetzes anzusehen sein, wenn sie von niemand mehr als Lohnarbeiter angenommen wird (Mitth. 1893 Nr. 341 S. 94, A.N. 1897 Z. 1645 S. 463).

Der Grad der durch den Unfall herbeigeführten Erwerbsunfähigkeit ist eine Thatfrage des einzelnen Falles, welche nach der durch den Unfall verursachten Einschränkung der dem Verletzten auf dem ganzen wirtschaftlichen Gebiete (dem allgemeinen Arbeitsmarkte, soweit derselbe bei billiger Prüfung der Sache vom Verletzten benützt werden kann), nach seinen gesamten Kenntnissen und körperlichen wie geistigen Fähigkeiten sich bietenden Arbeitsgelegenheit zu bemessen ist.

Im allgemeinen wird bei Bemessung des Grades der Erwerbsfähigkeit einer Person freilich von den Gutachten der ärztlichen Sachverständigen auszugehen sein; allein es sind hiebei durch die in der Person des Verletzten liegenden Sonderheiten, (dessen Alter, Beruf, bisherige Beschäftigung, besondere Fertigkeiten, Lohnbezug, Gesundheitsverhältnisse, schon vor dem Unfalle bestandene körperliche oder geistige Gebrechen 2c.) stets zu berücksichtigen, denn auch bei gleichen Unfallfolgen ist jeder Fall individuell zu beurteilen.

Ueberhaupt hat die Aufgabe der ärztlichen Begutachtung im allgemeinen in der Feststellung der physiologischen Folgen des Unfalls oder der eine gänzliche oder teilweise Erwerbsbeschränktheit begründenden Gebrechen ihre Begrenzung; die sonstigen Aeußerungen der ärztlichen Sachverständigen, insbesondere darüber, welchen Einfluß der Befund auf die Erwerbsfähigkeit des Rentenbewerbers ausübt, bietet den in ihrer Entscheidung selbstständigen Feststellungs-Instanzen wohl wertvolle, bei inneren Krankheiten sogar oft unentbehrliche, aber keineswegs bindende Unterlagen für die Urteilsfindung.

Es widerspräche der Absicht des Gesetzes, wenn die Feststellungs-Instanzen einfach den vom Arzte angegebenen Prozentsatz der Erwerbsunfähigkeit ihrer Entscheidung zu Grunde legen würden, ohne die Frage nach dem Grade der Erwerbsunfähigkeit selbst und unter Würdigung aller Verhältnisse des betr. Falles zu prüfen, da durch ein solches Verfahren eine der wichtigsten Aufgaben der Feststellungsorgane zu einer mechanischen Wiederholung des Ergebnisses der ärztlichen Gutachten herabgedrückt würde. (Rundschreiben des R.V.A. vom 31. Dezember 1901).

Völlige Erwerbsunfähigkeit: Die Vollrente ist auch dann zu gewähren, wenn die Erwerbsfähigkeit des Verletzten schon vor dem Unfall nicht mehr intakt war oder wenn derselbe schon aus Anlaß eines früheren Unfalls eine Rente wegen beschränkter Erwerbsfähigkeit bezog; die neuerliche Rente ist ohne Rücksicht auf für früheren Unfallschaden gewährte Rente festzusetzen (A.N. 1887 Z. 258 S. 17, 1897 Z. 1642 S. 641, 1898 Z. 1720 S. 363).

12. **Teilweise Erwerbsunfähigkeit**: Dieselbe liegt immer dann vor, wenn der Verletzte infolge des Unfalls in der Selbstbestimmung der Art und des Maßes seiner Arbeitsleistungen, d. h. in der Möglichkeit, seine Beschäftigung nach der Art und dem Umfange eines gesunden Menschen beliebig zu wählen, beschränkt ist. Ob der Verletzte nach dem Unfall denselben Lohn weiter bezieht, wie vor dem Unfall, ist im allgemeinen für die Beurteilung des Grades der Erwerbsbeschränktheit oder Erwerbsfähigkeit nicht von Belang; es wird dies aber bei der gesamten Würdigung des Falles zweifellos mit ausschlaggebend sein.

Nach vielfachen Entscheidungen des Reichsversicherungsamts (vgl. insbes. A.N. 1897 Z. 1581 S. 266) ist ein Rentenanspruch nur dann begründet, wenn die Erwerbsfähigkeit durch den Unfall in einem solchen Grade beeinträchtigt ist, daß die Beeinträchtigung im wirtschaftlichen Leben als ein meßbarer Schaden in Betracht kommt; dies kann aber bei einer Beschränkung der Erwerbsfähigkeit um weniger als 10% der Regel nach nicht zugegeben werden.

Ferner hat das Reichsversicherungsamt (A.N. 1897 Z. 1582 S. 267) ausgesprochen, daß Abweichungen in der Schätzung des Grades der Erwerbsunfähigkeit um nur 5% in der Regel keinen Anlaß zur Abänderung der von der Berufsgenossenschaft getroffenen Rentenfestsetzung (seitens der Schiedsgerichte) bieten soll.

13. Die Teilrente muß stets in einem bestimmten Prozentsatz der Vollrente zum Ausdruck gebracht werden (sowohl in den Feststellungsbescheiden der Berufsgenossenschaft als in der Berufungs- oder Rekurs-Instanz).

Für die Bemessung des Grades der teilweisen Erwerbsunfähigkeit ist festzustellen, welche Einbuße die vor dem Unfall vorhanden gewesene Erwerbsfähigkeit durch diesen erlitten hat; hiebei ist das Maß des letzteren auf 100% anzusetzen; der Prozentsatz, um welchen die Erwerbsfähigkeit durch den Unfall gemindert ist, ist sodann als Unfallrente, in gleichem Prozentsatze ausgedrückt, zu bewilligen. Damit ergibt sich von selbst die Berücksichtigung einer vor dem Unfall schon vorhandenen Erwerbsbeschränktheit bei der Rentenfestsetzung, weil jene schon im Bezug des geringeren Lohnes (Jahresarbeitsverdienstes) ihren Ausdruck findet.

Wird die Beeinträchtigung der Erwerbsfähigkeit eines Verletzten regelmäßig je nach Witterungseinflüssen (Jahreszeit) gesteigert oder gemindert, so muß die Rente unter Berücksichtigung dieser Verhältnisse gleichwohl für das ganze Jahr einheitlich festgesetzt werden (A.N. 1896 Z. 1484 S. 218).

(Vergl. zur Beurteilung der teilweisen Erwerbsbeschränktheit die Zusammenstellung der vom Reichs-Vers. Amte in einzelnen Fällen als Folgen von Unfallsverletzungen angenommenen Prozentsätze von Erwerbsbeschränktheit, Verlag f. Arb. Vers., A. Troschel, Berlin).

Die Festsetzung eines künftigen Endtermins für den Rentenbezug in der Rentenanweisung (Feststellungsbescheiden der Ber. Gen.) ist unzulässig, wenn zur Zeit der Festsetzung der Rente eine Erwerbsbeschränktheit noch besteht, da sich nicht mit Sicherheit voraussehen läßt, wann die Erwerbsbeschränktheit gänzlich beseitigt sein wird.

Anders aber ist es, wenn der Wiedereintritt der vollen Erwerbsfähigkeit bereits feststeht und nur aus einer gewissen Rücksicht für einige Zeit noch eine Rente gewährt wird; hier liegt eine Liberalität vor, zu welcher die Berufsgenossenschaft nach Lage der Sache sich veranlaßt sehen kann, welche aber für den Rentenempfänger nicht den Anspruch auf weitere Leistungen begründen kann.

Vergl. auch bezüglich der Gewährung sogen. „Uebergangsrenten" 1896 Z. 1547 S. 425.

Besonderer Erwähnung bedarf ferner noch der Fall, daß jemand, der schon infolge eines früheren Unfalles arbeitsbeschränkt ist und Rente bezieht, neuerlich einen Unfall mit der Folge teilweiser Erwerbsunfähigkeit erleidet.

Hier ist zu unterscheiden, ob der zweite Unfall die Erwerbsfähigkeit des Verletzten für sich allein oder im gegenseitigen Zusammenhang mit dem ersteren beeinflußt; ersteren Falles ist die Rente ohne Rücksicht auf den früheren Unfall festzusetzen; letzteren Falles ist bei Bemessung des Grades der durch den zweiten Unfall hervorgerufenen Erwerbsbeschränktheit das Zusammenwirken der beiden Verletzungen entsprechend zu berücksichtigen, in beiden Fällen sind aber die Renten gesondert festzusetzen und auszuzahlen, da eine Verschmelzung derselben in jedem Falle unzulässig ist.

14. Hilflosigkeit, Arbeitslosigkeit des Verletzten: Die den Berufsgenossenschaften in Abs. III und IV des § 9 für den Fall der vollständigen Hilflosigkeit des Verletzten auferlegten Verpflichtungen sind obligatorisch, die in Abs. V für den Fall unverschuldeter Arbeitslosigkeit des Verletzten vorgesehene Hilfe ist fakultativ.

Die Hilflosigkeit setzt aber in diesem Falle einen bestimmten Abschluß des Heilverfahrens voraus; andererseits ist die Annahme der Hilflosigkeit nicht um deswillen auszuschließen, weil die erforderliche Wart und Pflege nicht durch fremde Personen, sondern durch Familienangehörige besorgt wird.

Der Rechtsweg (Berufung, Rekurs) gegen erfolgende Abweisungen seitens der Versicherungsträger ist auch hier offen gelassen.

§ 10. (§ 3 Abs. 2, 3, § 5 Abs. 3—5.)

I Die Rente ist nach Maßgabe desjenigen Jahresarbeitsverdienstes zu berechnen, den der Verletzte während des letzten Jahres seiner Beschäftigung in dem Betrieb an Gehalt oder Lohn (§ 6) bezogen hat, wobei der fünfzehnhundert Mark übersteigende Betrag nur mit einem Drittel zur Anrechnung kommt.

II Als Jahresarbeitsverdienst gilt, soweit sich derselbe nicht aus mindestens wochenweise fixierten Beträgen zusammensetzt, das Dreihundertfache des durchschnittlichen täglichen Arbeitsverdienstes. Für versicherte Personen in Betrieben, in welchen die übliche Betriebsweise eine höhere oder niedrigere Zahl von Arbeitstagen ergibt, wird diese Zahl statt der Zahl dreihundert der Berechnung des Jahresarbeitsverdienstes zu Grunde gelegt.

III War der Verletzte in dem Betriebe vor dem Unfalle nicht ein volles Jahr, von dem Unfalle zurückgerechnet, beschäftigt, so ist die Rente nach demjenigen Jahresarbeitsverdienste zu berechnen, welchen während dieses Zeitraums versicherte Personen derselben Art in demselben Betrieb oder in benachbarten gleichartigen Betrieben bezogen haben. Ist dies nicht möglich, so ist der dreihundertfache Betrag desjenigen Arbeitslohns zu Grunde zu legen, welchen der Verletzte während des letzten Jahres vor dem Unfall an denjenigen Tagen, an welchen er beschäftigt war, im Durchschnitte bezogen hat.

IV Bei versicherten Personen, welche keinen Lohn oder weniger als den dreihundertfachen Betrag des für ihren Beschäftigungsort festgestellten ortsüblichen Tagelohns gewöhnlicher erwachsener Tagearbeiter beziehen (§ 8 des Krankenversicherungsgesetzes), gilt als Jahresarbeitsverdienst das Dreihundertfache dieses ortsüblichen Tagelohns.

V In den Fällen des Abs. 4 ist bei Berechnung der Rente für Personen, welche vor dem Unfalle bereits teilweise erwerbsunfähig waren, derjenige Teil des ortsüblichen Tagelohns zu Grunde zu legen, welcher dem Maße der bisherigen Erwerbsfähigkeit entspricht.

Vgl. hieher zunächst Anm. Z. 1 zu § 8.

1. Aenderungen durch die Novelle: Die gegenüber den früheren gesetzlichen Bestimmungen getroffenen Aenderungen sind folgende:

a) Statt des Tagesarbeitsverdienstes ist nunmehr ausnahmslos der Jahresarbeitsverdienst zu Grunde zu legen;

b) statt des Wortes „Arbeiter" ist der präziseren Fassung wegen durchweg „versicherte Personen" gesetzt;

c) für die Berechnung des Jahresarbeitsverdienstes kommt der 1500 Mark übersteigende Betrag nur zu ⅓ in Anrechnung, während früher der 4 Mark pro Arbeitstag übersteigende Betrag nur mit ⅓ angerechnet wurde;

d) für den Fall der Verletzte vor dem Unfall nicht ein volles Jahr in dem Betriebe, in welchem er verunglückte, beschäftigt war und ein gleichartiger, längere Zeit in demselben oder einem ähnlichen Betriebe beschäftigter Arbeiter nicht vorhanden oder zu ermitteln ist, soll das Dreihundertfache dessen zu Grunde gelegt werden, was der Verletzte an jenen Tagen, an welchen er thatsächlich im Betriebe beschäftigt war, im Durchschnitte verdient hat;

e) der geringste Betrag des zu Grunde zu legenden Jahresarbeitsverdienstes wurde (ohne Rücksicht auf jugendliche oder noch ungenügend ausgebildete Arbeiter) allgemein auf das Dreihundertfache des ortsüblichen Taglohns erwachsener Arbeiter festgesetzt;

f) in den vorstehend sub lit. d bezeichneten Fällen ist für Personen, welche vor dem Unfall bereits teilweise erwerbsunfähig waren, derjenige Teil des ortsüblichen Taglohns zu Grunde zu legen, welcher dem Maße der bisherigen Erwerbsfähigkeit entspricht.

2. **Jahresarbeitsverdienst**: Grundsätzlich ist bei der Ermittlung des Jahresarbeitsverdienstes zu unterscheiden zwischen:

a) Personen, welche vor dem Unfall in dem Betriebe ein Jahr und darüber beschäftigt waren und

b) Personen mit kürzerer Beschäftigungszeit.

ad a. Ist der Arbeitsverdienst wöchentlich oder monatlich auf Grund Vereinbarung fixiert, so können sich Schwierigkeiten nicht ergeben. Soferne dieser durch einfache Multiplikation sich ergebende Jahresarbeitsverdienst den Betrag von 1500 Mark übersteigt, wird ein Dritteil des Mehrbetrages zu 1500 Mark hinzugerechnet und, wenn er den dreihundertfachen Betrag des ortsüblichen Taglohns nicht erreicht, gilt letzterer als Jahresarbeitsverdienst.

Ist der Arbeitslohn in anderer Weise (Taglohn, Akkordlohn) bestimmt, so wird dieser (d. i. der durchschnittliche Lohn — Verdienst — pro Tag) mit 300 oder, wenn in dem betr. Betriebe eine kürzere oder längere Betriebsdauer üblich ist, mit der größeren oder kleineren Zahl der Arbeitstage vermehrt, wobei natürlich die im vorigen Absatz erwähnte Kürzung oder Erhöhung in derselben Weise stattzufinden hat.

ad b. Bei Beschäftigung von kürzerer Dauer als einem Jahr wird der Jahresarbeitsverdienst einer in demselben oder in einem benachbarten gleichartigen Betriebe beschäftigten versicherten Person derselben Art in der unter a bezeichneten Weise ermittelt und dem Verletzten in gleicher Weise angerechnet.

Ist ein solcher nicht zu finden, so gilt das 300 fache des durchschnittlich vom Verletzten in jener Zeit verdienten Taglohns, während welcher derselbe thatsächlich im letzten Jahre gearbeitet hat, als der der Rentenfeststellung zu Grunde zu legende Jahresarbeitsverdienst desselben.

Auch hier findet die sub a besprochene eventuelle Kürzung oder Erhöhung statt.

Als „versicherte Personen derselben Art" werden solche gelten, die gleichartige Beschäftigung und annähernde Gleichwertigkeit der Leistungen aufzuweisen haben.

3. Abgesehen von den in § 30 vorgesehenen Fällen ist der Jahresarbeitsverdienst sowohl der Rentenberechnung als der Lohnnachweisung und bezw. Beitragserhebung zu Grunde zu legen.

4. Bezüglich des Jahresarbeitsverdienstes der Unternehmer und der Hausgewerbetreibenden, auf welche die Versicherungspflicht erstreckt ist, sowie der Selbstversicherten (Unternehmer) und der Betriebsbeamten siehe die Anm. Z. 6 zu § 5 S. 78 und Anm. Z. 1 und 2 zu § 6 Seite 77.

5. **Ortsüblicher Taglohn:** Gemäß § 8 des Kranken-Versicherungsgesetzes vom $\frac{\text{15. Juni 1883}}{\text{10. April 1892}}$ — R.G.Bl. 1892 S. 417 — wird der Betrag des ortsüblichen Taglohns gewöhnlicher Tagarbeiter von der höheren Verwaltungsbehörde nach Anhörung der Gemeindebehörde festgesetzt und veröffentlicht; Änderungen der Festsetzung treten erst sechs Monate nach der Veröffentlichung in Kraft.

6. Glaubt der Verletzte, daß der der Rentenberechnung zu Grunde gelegte Jahresarbeitsverdienst unrichtig (zu niedrig) sei, so stehen demselben die Rechtsmittel (Berufung, Rekurs) ebenso offen wie gegen die Annahme der durch den Unfall erfolgten Einbuße an Erwerbsfähigkeit.

§ 11. (§ 5 Abs. 8.)

I Die Berufsgenossenschaft ist befugt, der Krankenkasse, welcher der Verletzte angehört oder zuletzt angehört hat, gegen Ersatz der ihr dadurch erwachsenden Kosten die Fürsorge für den Verletzten über den Beginn der vierzehnten Woche hinaus bis zur Beendigung des Heilverfahrens in demjenigen Umfange zu übertragen, welchen die Berufsgenossenschaft für geboten erachtet. Zu ersetzen ist bei Gewährung der im § 6 Abs. 1 Ziffer 1 des Krankenversicherungsgesetzes bezeichneten Leistungen die Hälfte, bei Unterbringung des Verletzten in ein Krankenhaus oder in eine Anstalt für Genesende das Einundeinhalbfache des in jenem Gesetze bestimmten Mindestbetrags des Krankengeldes, sofern nicht höhere Aufwendungen nachgewiesen werden.

II Die Bestimmungen der §§ 76 b bis 76 d des Krankenversicherungsgesetzes finden auch auf Knappschaftskassen (§ 74 a. a. O.) Anwendung. Haben Knappschaftskassen, sonstige Krankenkassen oder Verbände von Krankenkassen Heilanstalten errichtet, in welchen ausreichende Einrichtungen für die Heilung der durch Unfall herbeigeführten Verletzungen getroffen sind, so kann die Landes-Zentralbehörde anordnen, daß die Mitglieder der betreffenden Kassen bis zum Beginne der vierzehnten Woche nach Eintritt des Unfalls nur mit Genehmigung der Vorstände dieser Kassen oder Kassenverbände in andere Heilanstalten untergebracht werden dürfen.

III Verletzte Personen, welche auf Veranlassung von Knappschaftskassen, sonstigen Krankenkassen, Verbänden von Krankenkassen oder von Organen der Berufsgenossenschaften in eine Heilanstalt untergebracht sind, dürfen während des Heilverfahrens in andere Heilanstalten nur mit ihrer Zustimmung übergeführt werden. Diese Zustimmung kann durch die untere Verwaltungsbehörde des Aufenthaltsorts ergänzt werden.

IV Als Krankenkassen im Sinne der vorstehenden Bestimmungen sowie der §§ 76 b bis 76 d des Krankenversicherungsgesetzes gelten außer der Gemeinde-Krankenversicherung auch diejenigen Hilfskassen, welche die im § 75 a. a. O. vorgesehene amtliche Bescheinigung besitzen.

1. Vgl. hieher zunächst Anm. 1 zu § 8 S. 80 und Anm. 4 und 5 zu § 9 S. 84 u. 85. Der Absatz I von § 11 bezieht sich auf das Heilverfahren nach Ablauf der ersten 13 Wochen und ist hier das Verhältnis der Berufsgenossenschaften zu der Krankenkasse, wenn der letzteren die Fürsorge für den Verletzten über den Beginn der 14. Woche hinaus übertragen wird, in Anlehnung an § 19 des J.V.G. vom 13. Juli 1899 näher geregelt.

Abs. II bezieht sich auf das Heilverfahren innerhalb der ersten 13 Wochen und Abs. III und IV auf beide Zeiträume.

2. Die Bestimmungen in Abs. II—IV sind durch die Novelle vom 30. Juni 1900 neu geschaffen:

a) Abs. II sieht gegenüber der Bestimmung in Abs. I eine Berücksichtigung der von Krankenkassen errichteten Heilanstalten insoferne vor, als denselben nach Bestimmung der Landeszentralbehörde Kassenmitglieder nur mit Genehmigung des Kassenvorstandes entzogen werden können, und ordnet ferner an, daß die Bestimmungen in den §§ 76b bis 76d des Kranken-Versicherungs-Gesetzes auf Knappschaftskassen gleichfalls Anwendung finden;

b) Abs. III erklärt die Überführung Verletzter von einer Heilanstalt in die andere nur mit Zustimmung des Verletzten, welch' letztere aber durch die zuständige Verwaltungsbehörde ergänzt werden kann, für zulässig;

c) Abs. IV bestimmt, daß den Krankenkassen auch die Gemeindekrankenversicherung und jene Hilfskassen, welche die in § 75a des Kranken-Versicherungsgesetzes vorgesehene amtliche Bescheinigung besitzen, für den Vollzug des § 11 Abs. I bis III gleichstehen.

3. Die Berufsgenossenschaft ist befugt . . . zu übertragen: Dem Rechte der Berufsgenossenschaft steht gegenüber die Pflicht der Krankenkasse, die Fürsorge auf Verlangen zu übernehmen und zwar in dem Umfange (Fortführung des Heilverfahrens und Bezahlung der Rente), wie dies von der Berufsgenossenschaft bestimmt wird. Dagegen ist es der Krankenkasse überlassen, wie die Fürsorge innerhalb des von der Berufsgenossenschaft bestimmten Rahmens sich gestaltet (ob freie ärztliche Behandlung, Arznei, Heilmittel oder Krankenhausbehandlung). Ist das Heilverfahren beendet, so erlischt damit auch die Pflicht einer weiteren Fürsorge seitens der Krankenkasse, wenn auch die Arbeitsunfähigkeit des Verletzten noch andauern sollte.

4. Der Krankenkasse zuletzt angehört hat: Damit sind jene Fälle vorgesehen, in welchen das Arbeitsverhältnis des Verletzten infolge der durch den Unfall herbeigeführten Arbeitsunfähigkeit gelöst wurde und deshalb auch nach Ablauf der 13. Woche nach dem Unfall auch seine Mitgliedschaft der betr. Krankenkasse aufgehört hat.

5. Krankenkassen: Unter „Krankenkassen" sind alle im Kranken-Versicherungsgesetz vom $\frac{\text{15. Juni 1883}}{\text{10. April 1892}}$ geregelten Kassen: Orts-, Betriebs-, Bau-, Innungs-Krankenkassen, Knappschaftskassen, Hilfskassen, Gemeindekrankenversicherung zu verstehen; ausgenommen sind etwa auf Grund besonderer Gesetze der einzelnen Bundesstaaten geschaffene Einrichtungen für Krankenfürsorge; vgl. in Bayern Art. 12 und 21 (früher 11 und 20) des Gesetzes vom $\frac{\text{29. April 1869}}{\text{30. Juli 1899}}$ über öffentliche Armen- und Krankenpflege; aber auch die durch letzteres Gesetz geschaffene Fürsorge hat als Gemeindekrankenversicherung (d. i. hier =Krankenkasse) zu gelten, soferne Art. 1 des bayr. Ausführungsgesetzes vom 26. Mai 1892 zum Kranken-Versicherungsgesetz in Betracht kommt.

6. Streitigkeiten zwischen Berufsgenossenschaften und Krankenkassen über den Vollzug des § 11 werden nach den Bestimmungen des § 14 entschieden.

7. Landeszentralbehörde. — Untere Verwaltungsbehörde. In Bayern ist erstere das K. Staatsministerium des Innern, letztere die Distriktsverwaltungsbehörde. — Verordnung vom 10. Dezember 1900 G.V.Bl. 1900 S. 1209; vgl. § 152 und Anm. hiezu.

8. Bezüglich der in Abs. IV am Schlusse vorgesehenen Bestimmungsbefugnis der unteren Verwaltungsbehörde enthält das Gesetz keine Vorschrift über die Zulässigkeit einer Beschwerde; nachdem aber im Gesetze eine solche nicht ausgeschlossen ist, dürfte es kaum zweifelhaft sein, daß eine Beschwerde an die vorgesetzten Dienstesstellen der unteren Verwaltungsbehörde zulässig ist.

9. Die in § 11 angezogenen Bestimmungen des Kranken-Versicherungsgesetzes vom $\frac{\text{15. Juni 1883}}{\text{10. April 1892}}$ lauten:

§ 6. Als Krankenunterstützung ist zu gewähren:

1. vom Beginn der Krankheit ab freie ärztliche Behandlung, Arznei, sowie Brillen, Bruchbänder und ähnliche Heilmittel;
2. im Falle der Erwerbsunfähigkeit vom dritten Tage nach dem Tage der Erkrankung ab für jeden Arbeitstag ein Krankengeld in Höhe der Hälfte des ortsüblichen Taglohnes gewöhnlicher Tagearbeiter.

Die Krankenunterstützung endet spätestens mit dem Ablauf der dreizehnten Woche nach Beginn der Krankheit, im Falle der Erwerbsunfähigkeit spätestens mit dem Ablauf der dreizehnten Woche nach Beginn des Krankengeldbezuges. Endet der Bezug des Krankengeldes erst nach Ablauf der dreizehnten Woche nach dem Beginn der Krankheit, so endet mit dem Bezuge des Krankengeldes zugleich auch der Anspruch auf die in Absatz 1 unter Ziffer 1 bezeichneten Leistungen.

Das Krankengeld ist nach Ablauf jeder Woche zu zahlen.

§ 74. Für die Mitglieder der auf Grund berggesetzlicher Vorschriften errichteten Krankenkassen (Knappschaftskassen) tritt weder die Gemeinde-Krankenversicherung noch die Verpflichtung, einer nach Maßgabe der Vorschriften dieses Gesetzes errichteten Krankenkasse anzugehören, ein.

Die statutenmäßigen Leistungen dieser Kassen in Krankheitsfällen müssen die für die Betriebs- (Fabrik-) Krankenkassen vorgeschriebenen Mindestleistungen erreichen.

Die Vorschriften des § 26 Abs. 1 und Abs. 2 Satz 1, §§ 56 a und 57 a finden auch auf Knappschaftskassen Anwendung.

Im Übrigen bleiben die landesgesetzlichen Vorschriften über die Knappschaftskassen unberührt.

§ 75. Mitglieder der auf Grund des Gesetzes über die eingeschriebenen Hilfskassen vom $\frac{\text{7. April 1876 (Reichs-Gesetzblatt S. 125)}}{\text{1. Juni 1884 (Reichs-Gesetzblatt S. 54)}}$ errichteten Kassen sind von der Verpflichtung, der Gemeinde-Krankenversicherung oder einer nach Maßgabe dieses Gesetzes errichteten Krankenkasse anzugehören, befreit, wenn die Hilfskasse, welcher sie angehören, allen ihren versicherungspflichtigen Mitgliedern oder doch derjenigen Mitgliederkasse, zu welcher der Versicherungspflichtige gehört, im Krankheitsfalle mindestens diejenigen Leistungen gewährt, welche nach Maßgabe der §§ 6 und 7 von der Gemeinde, in deren Bezirk der Versicherungspflichtige beschäftigt ist, zu gewähren sind. Die durch Kassenstatut begründeten Beschränkungen der Unterstützungsansprüche schließen die Befreiung nicht aus, wenn sie sich innerhalb der Grenzen der den Gemeinden nach § 6 a gestatteten Beschränkungen halten.

Tritt ein Mitglied einer eingeschriebenen Hilfskasse an einem Orte in Beschäftigung, an welchem das Krankengeld der Mitgliederkasse, der es bisher angehörte, hinter dem von der Gemeinde-Krankenversicherung zu gewährenden Krankengelde zurückbleibt, so gilt die Befreiung noch für die Dauer von zwei Wochen. Die Meldepflicht des Arbeitgebers (§ 49 Abs. 1) beginnt in diesen Fällen erst mit dem Ablauf dieser zwei Wochen.

Mitgliedern einer eingeschriebenen Hilfskasse, welche zugleich der Gemeinde-Krankenversicherung oder einer auf Grund dieses Gesetzes errichteten Krankenkasse angehören, kann an Stelle der freien ärztlichen Behandlung und Arznei eine Erhöhung des Krankengeldes um ein Viertel des Betrages des ortsüblichen Taglohnes (§ 8) ihres Beschäftigungsortes gewährt werden.

Die vorstehenden Bestimmungen finden auch auf Mitglieder solcher auf Grund landesrechtlicher Vorschriften errichteten Hilfskassen Anwendung, deren Statut von einer Staatsbehörde genehmigt ist und über die Bildung eines Reservefonds den §§ 32, 33 entsprechende Bestimmungen enthält.

§ 75a. Die eingeschriebenen Hilfskassen, sowie den im § 75 Abs. 4 bezeichneten, auf Grund landesrechtlicher Vorschriften errichteten Hilfskassen ist auf ihren Antrag eine amtliche Bescheinigung darüber auszustellen, daß sie, vorbehaltlich der Höhe des Krankengeldes, den Anforderungen des § 75 genügen.

Die Bescheinigung wird ausgestellt:

1. für Kassen, deren Bezirk über die Grenzen eines Bundesstaates nicht hinausreicht, von der Zentralbehörde,
2. für Kassen, deren Bezirk über die Grenzen eines Bundesstaates hinausreicht, von dem Reichskanzler.

Wird die Bescheinigung versagt, so sind die Gründe mitzuteilen.

Tritt in dem Statut der Kasse eine Aenderung ein, so ist von Amtswegen zu prüfen, ob die Kasse den Anforderungen des § 75 auch ferner entspricht. Nach dem Ausfall dieser Prüfung ist die Bescheinigung von neuem zu erteilen oder zu widerrufen.

Die Bescheinigung und deren Widerruf sind in dem Falle zu § 1 durch das für die amtlichen Bekanntmachungen der Zentralbehörde bestimmte Blatt, in dem Falle zu 2 durch den Reichs-Anzeiger bekannt zu machen.

§ 76b. Die Verwaltungen der Gemeinde-Krankenversicherung, sowie die Vorstände der Krankenkassen und der im § 75 bezeichneten Hilfskassen sind verpflichtet, jeden Erkrankungsfall, welcher durch einen nach den Unfallversicherungsgesetzen zu entschädigenden Unfall herbeigeführt ist, sofern mit dem Ablauf der vierten Woche der Krankheit die Erwerbsfähigkeit des Erkrankten noch nicht wiederhergestellt ist, binnen einer Woche nach diesem Zeitpunkte dem Vorstande der Berufsgenossenschaft, bei welcher der Erkrankte gegen Unfall versichert ist, anzuzeigen. Ist die Berufsgenossenschaft in Sektionen geteilt, so ist die Anzeige an den Sektionsvorstand zu richten. Zur Erstattung der Anzeige ist, sofern der Vorstand der Gemeinde oder der Krankenkasse nicht eine andere Person damit beauftragt, der Rechnungsführer, für örtliche Verwaltungsstellen der eingeschriebenen Hilfskassen dasjenige Mitglied, welches die Rechnungsgeschäfte derselben führt, verpflichtet.

Die Unterlassung der Anzeige kann von der Aufsichtsbehörde mit Ordnungsstrafe bis zu zwanzig Mark geahndet werden.

§ 76c. In Erkrankungsfällen, welche durch Unfall herbeigeführt werden, ist die Berufsgenossenschaft berechtigt, das Heilverfahren auf ihre Kosten zu übernehmen. Vom Tage der Uebernahme an bis zur Beendigung des Heilverfahrens oder bis zum Ablauf der dreizehnten Woche nach Beginn des Krankengeldbezuges geht der Anspruch des Erkrankten auf Krankengeld auf die Berufsgenossenschaft über. Auf diese gehen dagegen für denselben Zeitraum alle Verpflichtungen über, welche der Krankenkasse dem Erkrankten gegenüber obliegen.

Streitigkeiten aus diesem Verhältnis werden, soweit sie zwischen dem Erkrankten und der Berufsgenossenschaft entstehen, nach Vorschrift des § 58 Abs. 1, soweit sie zwischen der Berufsgenossenschaft und der Gemeinde-Krankenversicherung oder Krankenkasse entstehen, nach Vorschrift des § 58 Abs. 2 entschieden.

§ 76d. Den Berufsgenossenschaften stehen in Beziehung auf die Anwendung der §§ 76a, 76b, 76c das Reich, die Staaten und diejenigen Verbände gleich, welche nach den Bestimmungen der Unfallversicherungsgesetze an die Stelle der Berufsgenossenschaften treten.

§ 12. (§ 5 Abs. 9, 10.)

1 Vom Beginne der fünften Woche nach Eintritt des Unfalls bis zum Ablaufe der dreizehnten Woche ist das Krankengeld, welches den durch einen Betriebsunfall verletzten Personen auf Grund des Krankenversicherungsgesetzes gewährt wird, auf mindestens zwei Drittel des bei der Berechnung desselben zu Grunde gelegten Arbeitslohns zu bemessen. Die Differenz zwischen diesen zwei Dritteln und dem gesetzlich oder statutengemäß zu gewährenden niedrigeren Krankengeld ist der beteiligten Krankenkasse (Gemeinde-Krankenversicherung) von dem Unternehmer desjenigen Betriebs zu ersetzen, in welchem der Unfall sich ereignet hat. Die zur

Ausführung dieser Bestimmung erforderlichen Vorschriften erläßt das Reichs-Versicherungsamt.

II Den nach §§ 1 oder 2 versicherten Arbeitern und Betriebsbeamten, letzteren bei einem Jahresarbeitsverdienste bis zu zweitausend Mark, welche nicht nach den Bestimmungen des Krankenversicherungsgesetzes versichert sind, hat der Betriebsunternehmer die in den §§ 6, 7 des Krankenversicherungsgesetzes vorgesehenen Unterstützungen einschließlich des aus dem vorhergehenden Absatze sich ergebenden Mehrbetrags für die ersten dreizehn Wochen aus eigenen Mitteln zu gewähren. Die Berufsgenossenschaft kann die dem Unternehmer obliegenden Leistungen ganz oder teilweise statt desselben übernehmen. Der Unternehmer hat in diesem Falle der Berufsgenossenschaft Ersatz zu leisten. Dabei gilt als Ersatz der im § 9 Abs. 1 Ziffer 1 bezeichneten Leistungen die Hälfte desjenigen Krankengeldes, welches dem Verletzten nach § 6 Abs. 1 Ziffer 2 des Krankenversicherungsgesetzes zustehen würde, wenn er nach dessen Bestimmungen versichert wäre.

1. Vgl. hieher Anm. 1 zu § 8 und insbesondere Anm. Z. 4 und 5 zu § 9 S. 80, 84 u. 85.

Änderung durch die Novelle: In den durch das Gesetz vom 30. Juni 1900 neu geschaffenen Bestimmungen (siehe die drei letzten Sätze von Abs. II) ist den Berufsgenossenschaften das Recht eingeräumt, die den Betriebsunternehmern während der ersten 13 Wochen nach dem Unfall obliegenden Leistungen für die nicht gegen Krankheit versicherten Personen selbst zu übernehmen.

2. **Vom Beginn der fünften Woche . . . auf mindestens zwei Drittel . . . des Arbeitslohnes zu bemessen**: Die Zahlung des Mehrbetrages beginnt mit dem 29. Tage nach dem Eintritt des Unfalls (A.N. 1886 Z. 150 S. 73).

Wenn eine Krankenkasse ein fixiertes, nicht nach Maßgabe des Arbeitslohnes bemessenes Krankengeld zahlt, ist der Arbeitslohn des verletzten Kassenmitgliedes besonders zu ermitteln und danach der Zuschlag zu bemessen.

3. Der Verletzte hat keinen Nachweis zu erbringen, daß seine Erkrankung auf einen Betriebsunfall zurückzuführen ist; die Krankenkasse hat sich selbst durch Teilnahme an der Unfalluntersuchung, durch Benehmen mit der betr. Ortspolizeibehörde oder mit dem Betriebsunternehmer, die bezügliche Kenntnis zu verschaffen; die Berufsgenossenschaften haben auf die Feststellung, Zahlung und Wiedereinziehung des in § 12 Abs. I festgesetzten Mehrbetrages keinen Einfluß. Wegen Erhöhung der Leistung im Falle fixierten Krankengeldes und der hiebei notwendig werdenden Berechnung siehe insbesondere A.N. 1898 Ziff. 1735 S. 558.

4. Daß die Krankenkassen (einschließlich der Gemeindekrankenversicherung, Hilfskassen) gemäß § 76b des Kranken-Versicherungsgesetzes verpflichtet sind, jeden Erkrankungsfall, welcher auf einen Betriebsunfall zurückzuführen ist und nach Ablauf der vierten Woche noch nicht behoben ist, der betr. Berufsgenossenschaft anzuzeigen, wurde schon oben erwähnt — Anm. Z. 5 zu § 9 S. 84 u. 85.

5. **Streitigkeiten**: Wenn die Krankenkasse irrtümlich das Vorliegen eines Betriebsunfalles angenommen und deshalb ein höheres Krankengeld ausbezahlt hat, ist der Arbeitgeber zum Ersatz des Mehrbetrages nicht verpflichtet; Streitigkeiten hierüber (also auch über die Frage, ob ein Betriebsunfall vorliegt, sowie ob eine erkrankte Person versichert war), sowie alle Streitigkeiten über den Vollzug des § 12 werden in dem in § 14 vorgesehenen Verfahren entschieden.

6. **Die zur Ausführung erforderlichen Vorschriften**: sind durch Bekanntmachung des Reichsversicherungsamtes vom 30. September 1885 — Reichsanzeiger Nr. 234 vom 6. Oktober 1885; siehe auch bayr. Ges.- u. Ver.Bl. 1885 S. 606 — ergangen; dieselben sind im Anhang abgedruckt.

7. **Betriebsbeamte**: Nachdem in Abs. II für die nicht gegen Krankheit versicherten Betriebsbeamten eine Maximalgrenze des Jahresarbeitsverdienstes von 2000 Mark gesetzt ist, fehlt es solchen mit einem höheren Jahresarbeitsverdienst während der ersten 13 Wochen an einer Unfall- oder Krankenfürsorge; das Gesetz hat eben angenommen, daß solche Betriebsbeamte imstande sind, aus eigenen Mitteln für die Kosten der Krankheit während der ersten 13 Wochen aufzukommen.

8. **gilt als Ersatz** der im § 9 Abs. I Z. 1 bezeichneten Leistungen: Höhere Aufwendungen als das im letzten Satz von Abs. II vorgesehene Pauschale können von dem Betriebsunternehmer auf keinen Fall ersetzt verlangt werden, also auch dann nicht, wenn sie unzweifelhaft nachgewiesen sind. Wegen der Ersatzleistung des Betriebsunternehmers im Falle der Unterbringung des Verletzten in einem Krankenhause siehe § 22 Abs. II u. Anm. hiezu.

9. **Nicht gegen Krankheit versichert sind**: Hieher gehören insbesondere die ohne Lohn beschäftigten, sowie diejenigen Personen, deren Beschäftigung ihrer Natur nach eine vorübergehende oder durch den Arbeitsvertrag im voraus auf einen Zeitraum von weniger als einer Woche beschränkt ist, falls auf letztere die Krankenversicherung nicht statutarisch erstreckt ist, oder falls sie nicht freiwillig einer Krankenkasse beigetreten sind. Die Zugehörigkeit zu einer Hilfskasse (§ 75 K.V.G.) steht der Zugehörigkeit zu einer Krankenkasse (Gemeindekrankenversicherung) gleich.

§ 13.

I Wenn der aus der Krankenversicherung oder aus der Bestimmung des § 12 Abs. 2 erwachsende Anspruch auf Krankengeld vor dem Ablaufe von dreizehn Wochen nach Eintritt des Unfalls weggefallen, aber bei dem Verletzten eine noch über die dreizehnte Woche hinaus andauernde Beschränkung der Erwerbsfähigkeit zurückgeblieben ist, so hat die Berufsgenossenschaft dem Verletzten die Unfallrente (§ 9 Abs. 2 lit. b) schon von dem Tage ab zu gewähren, an welchem der Anspruch auf Krankengeld in Wegfall kommt. Erachtet die Berufsgenossenschaft die Voraussetzungen des Anspruchs schon vor dem Ablaufe der dreizehnten Woche nach dem Unfalle für gegeben, so hat sie die Rente zu diesem früheren Zeitpunkte festzustellen.

II Durch Statut kann bestimmt werden, daß die Rente nach dem Wegfalle des Anspruchs auf Krankengeld auch dann zu gewähren ist, wenn nach jenem Zeitpunkte zwar noch eine Beschränkung der Erwerbsfähigkeit infolge des Unfalls verblieben ist, aber voraussichtlich schon vor Ablauf der dreizehnten Woche nach dem Unfalle fortfallen wird.

III Hat die Krankenkasse die ihr aus der Krankenversicherung, oder hat der Betriebsunternehmer die ihm aus § 12 Abs. 2 obliegenden Leistungen vor dem Ablaufe der dreizehnten Woche zu Unrecht eingestellt, so geht der Anspruch des Verletzten auf Krankengeld auf die Berufsgenossenschaft bis zu demjenigen Betrag über, welcher der gemäß Abs. 1, 2 gewährten Entschädigung gleichkommt.

1. Die Bestimmungen des § 13 wurden durch das Gesetz vom 30. Juni 1900 neu geschaffen und bezwecken, dann helfend einzugreifen, wenn vor Ablauf der 13 Wochen nach dem Unfall das Heilverfahren abgeschlossen ist (also kein Krankengeld mehr gewährt wird), aber noch eine Erwerbsbeschränktheit verblieben ist, für welche nach Ablauf der Karenzzeit eine Unfallrente gewährt werden muß. In solchen Fällen soll der Verletzte die Unfallrente schon vom Zeitpunkte des Fortfalles des Krankengeldes an er-

halten (Abs. I). Hiezu wurde noch statutarischer Festsetzung der Berufsgenossenschaft anheimgestellt, die gleiche Leistung seitens derselben auch dann zu übernehmen, wenn eine Entschädigungspflicht der Berufsgenossenschaft nach Ablauf der 13 Wochen überhaupt nicht eintreten würde, weil die Unfallsfolgen beim Beginn der 14. Woche gänzlich behoben sind (Abs. II). Ferner wurde der Ersatzanspruch der Berufsgenossenschaft für jene Fälle geregelt, in welchen die Krankenkasse oder der Betriebsunternehmer die diesen gesetzlich (nach dem Kr.V.G. für die Krankenkassen, nach § 12 Abs. II des G.U.G. für die Unternehmer) obliegenden Leistungen zu Unrecht vor dem Ablaufe der 13. Woche eingestellt haben (Abs. III).

2. **Wegfall des Anspruches auf Krankengeld schon vor Ablauf von 13 Wochen nach dem Unfall**: Nach den Bestimmungen der §§ 5 und 20 Abs. I des Kr.V.G. v. $\frac{\text{15. Juni 1883}}{\text{10. April 1892}}$ [1] erstreckt sich der Anspruch auf Krankengeld über die Dauer der eigentlichen Krankheit hinaus auch für die Zeit der Rekonvalescenz (Erholung, Kräftigung), vorausgesetzt, daß letztere noch mit Erwerbsunfähigkeit verknüpft ist, d. i. mit der körperlichen oder geistigen Unfähigkeit, in dem bisherigen oder in einem gleichartigen Beschäftigungsgebiet seinen Erwerb zu finden.

Sobald die Berufsgenossenschaft durch die Krankenkasse von der Einstellung des Krankengeldes vor Ablauf der 13. Woche Kenntnis erhält, hat dieselbe zu prüfen, ob für sie aus § 13 Abs. I eine Pflicht zur Rentengewährung besteht und dieselbe bejahenden Falles auch festzusetzen.

3. **Hat .... zu Unrecht eingestellt**: Es ist unzulässig, daß die Berufsgenossenschaft die sie nach § 13 Abs. I und II treffende Rentengewährung aus dem Grunde ablehnt, weil nach ihrer Meinung die Krankenkasse oder der Unternehmer noch zur Leistung von Krankengeld verpflichtet wäre und es deshalb dem Verletzten anheimstellt, seine Interessen gegen letztere wahrzunehmen; sie muß vielmehr im Falle der Einstellung des Krankengeldes die Rente unter allen Umständen vorbehaltlich des ihr in Abs. III eingeräumten Ersatzanspruchs gewähren.

Wegen Streitigkeiten über den Vollzug des § 13 Abs. III siehe den folg. § 14.

§ 14. (§ 5 Abs. 8, 11.)

Streitigkeiten, welche aus Anlaß der in § 11 Abs. 1, §§ 12, 13 Abs. 3 enthaltenen Bestimmungen unter den Beteiligten entstehen, werden, wenn es sich um Ersatzansprüche handelt, nach § 58 Abs. 2 des Krankenversicherungsgesetzes, im Übrigen nach § 58 Abs. 1 des Krankenversicherungsgesetzes entschieden, und zwar in den Fällen des § 12 Abs. 2 von der für die Ortskrankenkassen des Beschäftigungsorts zuständigen Aufsichtsbehörde. Gehört diese zu den Beteiligten, so wird die zur Entscheidung des Streitfalls berufene Behörde durch die für den Beschäftigungsort zuständige höhere Verwaltungsbehörde bestimmt.

1. Vgl. zunächst Anm. 1 zu § 8. Die in Satz 2 aufgenommene Bestimmung ist neu und sieht den Fall vor, daß zu den Beteiligten eine Gemeinde (Ortsarmenverband) gehört, deren Behörde (Gemeindebehörde) gemäß § 44 des Kranken-Versicherungsgesetzes vom $\frac{\text{15. Juni 1883}}{\text{10. April 1892}}$ zugleich als Aufsichtsbehörde der betr. Ortskrankenkasse zu entscheiden hat, so daß sie zur Entscheidung in eigener Sache berufen wäre; für diesen Fall tritt an die Stelle der sonst zuständigen Aufsichtsbehörde die höhere Verwaltungs-

[1] Die durch das Abänderungsgesetz vom 30. Juni 1900 geschaffenen Änderungen des Krankenversicherungsgesetzes erstrecken sich nur auf die §§ 2 und 54 (Hausgewerbetreibende), weshalb dieses Gesetz auch fortan nur in obiger Weise allegiert wird.

behörde; (in Bayern die Kgl. Kreisregierung, K. d. J., vgl. V.O. vom 10. Dezember 1900. G.V.Bl. S. 1209); vgl. § 152 und Anm. hiezu.

2. **Streitigkeiten unter den Beteiligten** über den Vollzug der § 11 Abs. I, § 12, § 13 Abs. III: Es sind auseinander zu halten:

a) Streitigkeiten über Ersatzansprüche: Diese werden nach § 58 Abs. II des Kranken-Versicherungsgesetzes im Verwaltungsstreitverfahren und, wo ein solches nicht besteht, von der Aufsichtsbehörde vorbehaltlich des Rekurses gem. §§ 20, 21 der Reichsgewerbeordnung verbeschieden;

Wegen des Verwaltungs-Streitverfahrens vgl. Anm. Z. 4 zu § 26.

b) Sonstige Streitigkeiten: Diese werden nach § 58 Abs. I des Kranken-Versicherungsgesetzes im Allgemeinen von der Aufsichtsbehörde vorbehaltlich des Zivilrechtsweges oder des Verwaltungsstreit-Verfahrens, wo landesgesetzlich dies vorgesehen ist, entschieden; „Aufsichtsbehörde" über die Ortskrankenkassen ist (gem. § 44 K.V.G.) in Preußen für Gemeinden von mehr als 10000 Einwohnern die Gemeindebehörde, im Übrigen die seitens der Landesregierung bestimmte Behörde (preuß. Ausführ. Anweisung vom 10. Juli 1892), in Bayern für unmittelbare Städte die Kreisregierungen, K. d. J., in den übrigen Gemeinden die vorgesetzten Distriktsverwaltungsbehörden.

„Höhere Verwaltungsbehörde" vgl. § 152.

Zu den „Beteiligten" an den Streitigkeiten gehören unter Umständen auch Gemeinden (Armenpflegen, Armenverbände), wenn dieselben gem. § 25 G.U.G. die dem Unternehmer obliegende Fürsorge für den Kranken vorläufig übernommen haben.

3. Der § 58 Abs. I und II des Kranken-Versicherungsgesetzes lautet:

I. Streitigkeiten, welche zwischen den auf Grund dieses Gesetzes zu versichernden Personen oder ihren Arbeitgebern einerseits und der Gemeindekrankenversicherung oder der Orts-Krankenkasse anderseits über das Versicherungsverhältnis oder über die Verpflichtung zur Leistung oder Einzahlung von Eintrittsgeldern und Beiträgen oder über Unterstützungsansprüche entstehen, sowie Streitigkeiten über Unterstützungsansprüche aus § 57a Abs. 3 und über Erstattungsansprüche aus § 50 werden von der Aufsichtsbehörde entschieden. Erstreckt sich der Bezirk der Gemeinde-Krankenversicherung oder der Ortskrankenkasse über mehrere Gemeindebezirke, so kann durch die Zentralbehörde die Entscheidung anderen Behörden übertragen werden. Die Entscheidung kann binnen vier Wochen nach der Zustellung derselben mittelst Klage im ordentlichen Rechtswege, soweit aber landesgesetzlich solche Streitigkeiten dem Verwaltungsstreitverfahren überwiesen sind, im Wege des letzteren angefochten werden.

II. Streitigkeiten über die im § 57 Abs. 2 und 3 bezeichneten Ansprüche, Streitigkeiten über Erstattungsansprüche aus § 3a Abs. 4, §§ 3b und 57a, ferner Streitigkeiten zwischen Gemeinde-Krankenversicherungen und Krankenkassen über den Ersatz irrtümlich geleisteter Unterstützungen werden im Verwaltungsstreitverfahren, wo ein solches nicht besteht, von der Aufsichtsbehörde entschieden. Die Entscheidung der Aufsichtsbehörde kann binnen vier Wochen nach Zustellung derselben im Wege des Rekurses nach Maßgabe der §§ 20 und 21 der Gewerbeordnung angefochten werden.

Es sind also zu entscheiden:

a) im Verwaltungsstreitverfahren (wo ein solches nicht besteht, durch die Aufsichtsbehörden vorbehaltlich des Rekurses aus §§ 20, 21 G.O.).

1. Streitigkeiten zwischen der Berufsgenossenschaft und der Krankenkasse aus der Übertragung der Fürsorge für Verletzte über den Beginn der 14. Woche hinaus (§ 11 Abs. 1);
2. Streitigkeiten zwischen dem Betriebsunternehmer und der Berufsgenossenschaft, welche die dem Unternehmer nach § 12 Abs. 1 obliegenden Leistungen aus der Fürsorge für die keiner Krankenkasse angehörigen Verletzten übernommen hat;

3. Streitigkeiten zwischen der Berufsgenossenschaft und der Krankenkasse oder dem Betriebsunternehmer, insoweit erstere Zahlungen, die den letzteren von Rechtswegen zur Last fallen, geleistet hat und diese Ansprüche auf die Berufsgenossenschaft übergegangen sind (§ 12 Abs. 3).

b) von der Aufsichtsbehörde vorbehaltlich des ordentlichen Rechtsweges event. soweit landesgesetzlich bestimmt des Verwaltungsstreitverfahrens:
1. Streitigkeiten über die Verpflichtung der Krankenkassen, den Aufträgen der Berufsgenossenschaft nachzukommen (§ 11 Abs. 1);
2. Streitigkeiten zwischen der Krankenkasse und dem Betriebsunternehmer wegen des von letzterem von der 5. Woche an zu leistenden Zuschusses (§ 12 Abs. 2);
3. Streitigkeiten zwischen der Krankenkasse und dem Betriebsunternehmer wegen der Fürsorgepflicht für solche Verletzte, die keiner Kasse angehören (§ 12 Abs. 2).

§ 15. (§ 6 Ziffer 1, 2.)

I Im Falle der Tötung ist als Schadensersatz außerdem zu leisten:
1. als Sterbegeld der fünfzehnte Teil des nach § 10 Abs. 1 bis 4 zu Grunde zu legenden Jahresarbeitsverdienstes, jedoch mindestens ein Betrag von fünfzig Mark;
2. eine den Hinterbliebenen vom Todestage des Verstorbenen ab zu gewährende Rente. Dieselbe besteht nach näherer Bestimmung der §§ 16 bis 20 in einem Bruchteile seines nach § 10 Abs. 1 bis 4 ermittelten Jahresarbeitsverdienstes.

II Ist der der Berechnung zu Grunde zu legende Jahresarbeitsverdienst infolge eines früher erlittenen, nach den reichsgesetzlichen Bestimmungen über Unfallversicherung entschädigten Unfalls geringer als der vor diesem Unfalle bezogene Lohn, so ist die aus Anlaß des früheren Unfalls bei Lebzeiten bezogene Rente dem Jahresarbeitsverdienste bis zur Höhe des der früheren Rentenfeststellung zu Grunde gelegten Jahresarbeitsverdienstes hinzuzurechnen.

1. Änderung durch die Novelle: Wie § 5, so wurde auch § 6 aus redaktionellen Gründen in mehrere §§ zerlegt; die dem § 15 analoge Bestimmung in § 6 Abs. I Z. 1 und 2 des Gesetzes vom 6. Juli 1884 hat durch das Gesetz vom 30. Juni 1900 insoferne eine Änderung erfahren, als in § 15 Ziff. 1 und 2 als Sterbegeld (früher Ersatz der Beerdigungskosten) der 15. Teil des gem. § 10 Abs. I—IV zu Grunde zu legenden Jahresarbeitsverdienstes (statt des 20fachen des Tages-Arbeitsverdienstes), jedoch mindestens ein Betrag von 50 Mark (früher 30 Mark) festgesetzt wurde, ferner daß die Hinterbliebenen-Rente nach einem Bruchteile dieses Jahresarbeitsverdienstes zu berechnen sind und eine bei Lebzeiten des Verstorbenen bezogene Unfallrente als Teil des Arbeitsverdienstes berücksichtigt wird; die letzteres enthaltende Bestimmung des Abs. II ist neu.

2. Im Falle der Tötung . . . außerdem: Voraussetzung ist, daß der Tod des Versicherten Unfallsfolge ist; ob unmittelbar oder mittelbar, ist unerheblich; das Wort „außerdem" ist daher redaktionell nicht ganz korrekt, da es nur für den Fall des später eintretenden Todes des durch den Unfall Verletzten Sinn hat. Ist die Todesursache nicht festzustellen, so kann gemäß § 44 G.U.G. die Sektion der Leiche beantragt werden, welchem Ersuchen seitens der requirierten Behörden stattzugeben ist.

3. Sterbegeld: Der Empfangsberechtigte ist im Gesetze nicht genannt. Die Hinterbliebenen des Getöteten sind es nur dann, wenn dieselben die Beerdigung des letzteren auch wirklich besorgt haben und hierauf Kosten hatten. Anderen Falles ist Jedem, der die Beerdigung unter Kostenübernahme bewirkte (Krankenkassen, Armenverbände, Private), ein selbständiger Anspruch auf Erstattung der Kosten innerhalb der Grenzen des gesetzlichen Sterbegeldes gesichert und an die Hinterbliebenen (Erben) nur ein etwa verbleibender Überschuß hinauszugeben. Wird von mehreren Seiten Anspruch auf das Sterbegeld erhoben, wird es sich empfehlen, daß die Versicherungsträger bis zur gütlichen Beilegung oder Austragung der Differenz im Rechtswege die streitigen Beträge bei Gericht hinterlegen.

4. **Jahresverdienst**: siehe § 10 und Anmerkung hiezu Ziff. 2—6 S. 90, 91.

5. **Hinterbliebene**: Hierunter sind zu verstehen: die Ehegatten und Verwandte in auf- und absteigender Linie (Vater, Großvater, Mutter, Großmutter, Sohn, Tochter, Enkel); Geschwister zählen nicht hieher (A.N.1896 Z. 1513 S. 287).

6. **vom Todestage an**: Der Todestag ist zu Gunsten der Hinterbliebenen mitzurechnen; war der durch Unfall Getötete Rentenempfänger, so steht ihm die Unfallrente auch für den Todestag noch zu, so daß die Hinterbliebenen nur auf ein etwaiges Mehr der Hinterbliebenenrente gegenüber der Unfallrente Anspruch haben. Ein eheliches Kind, das erst nach dem durch den Unfall herbeigeführten Tode des Vaters geboren wird, hat selbstverständlich Anspruch auf Rente erst von seinem Geburtstage an (A.N. 1887 Z. 256 S. 11, 1888 Z. 466 S. 84, 1896 Z. 1494 S. 243).

7. **Einrechnung der Unfallrente der Verstorbenen in den Jahresarbeitsverdienst** (Abs. II): Hier ist der Fall vorgesehen, daß ein durch Unfall Getöteter, der wegen beschränkter Erwerbsfähigkeit eine Unfallrente bezogen hatte, den Rest seiner Erwerbsfähigkeit durch Arbeit gegen Lohn verwertet hat; diese Rente, welche den Ersatz für den durch einen früheren Betriebsunfall eingebüßten Teil der Erwerbsfähigkeit darstellt, wird bei Berechnung der den Hinterbliebenen zu gewährenden Entschädigung — und zwar des Sterbegeldes und der Hinterbliebenenrente — der Billigkeit entsprechend mitberücksichtigt, unter der Voraussetzung, daß der Jahresarbeitsverdienst, wie er für die Hinterbliebenen-Entschädigung zu Grunde zu legen ist, geringer als der vor dem ersten Unfall bezogene Lohn ist.

§ 16. (§ 6 Ziffer 2 a.)

I Hinterläßt der Verstorbene eine Witwe oder Kinder, so beträgt die Rente für die Witwe bis zu deren Tode oder Wiederverheiratung sowie für jedes hinterbliebene Kind bis zu dessen zurückgelegtem fünfzehnten Lebensjahre je zwanzig Prozent des Jahresarbeitsverdienstes.

II Im Falle der Wiederverheiratung erhält die Witwe sechzig Prozent des Jahresarbeitsverdienstes als Abfindung.

III Der Anspruch der Witwe ist ausgeschlossen, wenn die Ehe erst nach dem Unfalle geschlossen worden ist; die Berufsgenossenschaft kann jedoch in besonderen Fällen auch dann eine Witwenrente gewähren.

IV Die Bestimmungen über die Renten der Kinder finden auch Anwendung, wenn der Unfall eine alleinstehende weibliche Person betroffen hat und diese mit Hinterlassung von Kindern verstirbt.

1. Die hier durch das Gesetz vom 30. Juni 1900 geschaffenen **Änderungen** bestehen darin, daß:

a) die Rente der Kinder (unter Gleichstellung zur Witwenrente) auf 20% des Jahresarbeitsverdienstes erhöht wurde,

b) daß die Berufsgenossenschaft auch dann eine Witwenrente gewähren kann, wenn die Ehe erst nach dem Unfall geschlossen ist,

c) daß die Gewährung der Hinterbliebenenrente auch auf außereheliche Kinder einer allein stehenden weiblichen Person erstreckt ist.

2. **Witwe und Kinder**: Der Anspruch der Witwe ist dadurch nicht ausgeschlossen, daß dieselbe (ohne rechtlich erfolgte Lösung des Bandes der Ehe) von ihrem Manne ge-

trennt gelebt hat. Der geschiedenen Ehefrau steht ein Rentenanspruch nicht zu (A.N. 1900 Z. 1825 S. 780); unter Kindern sind hier (Abs. I) nur eheliche Kinder zu verstehen; (die Rechte der unehelichen Kinder sind in Abs. IV gesondert geregelt); für das durch Betriebsunfall (Tötung) mutterlos gewordene eheliche Kind besteht ein gesetzlicher Anspruch auf Unfallentschädigung nur in dem Falle des § 17; siehe dort. Für die Begründetheit des Rentenanspruchs der Witwe und der Kinder ist (im Gegensatz zu § 18) die Bedürftigkeit derselben keine gesetzliche Voraussetzung.

3. **Dauer der Hinterbliebenen-Rente**: Die Rente der Witwe ist bis zum Tode oder Wiederverheiratung derselben und die Rente der Kinder bis zum zurückgelegten 15. Lebensjahre derselben zu zahlen, auch wenn die Unterstützung der Hinterbliebenen durch den Getöteten nach menschlicher Voraussicht ohne den Unfall vor Ablauf jener Fristen weggefallen wäre.

4. **Uneheliche Kinder**: erlangen durch die nachgefolgte Ehe ihrer außerehelichen Eltern gemäß § 1719 des B.G.B. die Rechte ehelicher Kinder; es sind daher solche Kinder wie die in der Ehe erzeugten rentenberechtigt. Ob die Anerkennung eines außerehelichen Kindes seitens des Vaters auf Antrag in das Standesregister eingetragen ist oder nicht, ist unerheblich, es genügt, wenn der Vater das Kind als von ihm erzeugt anerkannt hat (A.N. 1896 Z. 1487 S. 219).

5. **Uneheliche Kinder**: bei welchen die in Anmerkung Z. 4 besprochene Voraussetzung der nachgefolgten Ehe der natürlichen Eltern nicht zutrifft, haben im Falle des durch Betriebsunfall herbeigeführten Todes des außerehelichen Erzeugers keinen Entschädigungsanspruch, auch wenn letzterer alimentationspflichtig war und die Kinder thatsächlich alimentiert hat, da solche Kinder mit ihrem Anspruche auf den Fall der Tötung der außerehelichen Mutter unter allen Umständen beschränkt sind.

6. **Stiefkindern** steht, soweit nicht durch rechtsgiltig erfolgte Adoption, Einkindschaft, Annahme an Kindesstatt (§§ 1741 ff. d. B.G.B.) besondere Rechtsverhältnisse geschaffen sind, ein Rentenanspruch nicht zu. Wenn das Vorliegen solcher Rechtsverhältnisse bestritten ist, obliegt die Beweislast dem Rentenkläger; eventuell sind diese Verhältnisse im ordentlichen Rechtswege erst feststellen zu lassen.

7. **Im Falle der Wiederverheiratung der Witwe**: Wenn die Witwe für diesen Fall mit 60% des Jahresarbeitsverdienstes abgefunden wird, wachsen die Renten der Kinder bis zum gesetzlichen Höchstbetrag pro Kind an (vgl. § 20); auf Renten, die die Witwe aus eigenem Rechte (§ 9 Gew.U.G.) genießt, hat die Wiederverheiratung selbstverständlich keinen Einfluß.

8. **Wenn die Ehe erst nach dem Unfall geschlossen ist**: Der Anspruch der Witwe ist auch ausgeschlossen, wenn die Folgen des Unfalls erst nach erfolgter Eheschließung bemerkbar geworden sind (A.N. 1897 Z. 1684 S. 579). Der Berufsgenossenschaft ist es anheimgestellt, in den Fällen des Abs. III Witwenrente zu gewähren; ein Zwang kann aber gegen dieselbe nicht ausgeübt werden, im Falle der Rentenverweigerung stehen daher der Witwe auch keine Rechtsmittel zu.

9. **Kinder einer alleinstehenden weiblichen Person** (Abs. IV): Siehe oben Anmerkung Z. 4 u. 5; stirbt eine Arbeiterin infolge Unfalls, so haben ihre unehelichen Kinder sofort, ihre ehelichen oder legitimierten Kinder erst dann Anspruch auf Rente, wenn auch der Vater tot ist; das gleiche gilt natürlich bezüglich der recte adoptierten Kinder.

§ 17.

I War die Verstorbene beim Eintritte des Unfalls verheiratet, aber der Lebensunterhalt ihrer Familie wegen Erwerbsunfähigkeit des Ehemanns ganz oder überwiegend durch sie bestritten worden, so erhalten bis zum Wegfalle der Bedürftigkeit an Rente

a) der Witwer zwanzig Prozent,
b) jedes hinterbliebene Kind bis zu dessen zurückgelegten fünfzehnten Lebensjahre zwanzig Prozent des Arbeitsverdienstes.

II Die Berufsgenossenschaft ist berechtigt, im Falle der Tötung einer Ehefrau, deren Ehemann sich ohne gesetzlichen Grund von der häuslichen Gemeinschaft ferngehalten und der Pflicht der Unterhaltung der Kinder entzogen hat, diesen Kindern die Rente zu gewähren.

1. Die Bestimmung in § 17 ist neu und sieht die Fälle vor, daß die infolge Betriebsunfalles getötete Frau wegen Erwerbsunfähigkeit des Mannes oder weil sich letzterer der Alimentationspflicht in Ansehung seiner Familie entzieht, den Lebensunterhalt der Familie ganz oder überwiegend selbst zu besorgen hatte; im Falle der Erwerbsunfähigkeit des Mannes ist die Rentengewährung Pflicht der Berufsgenossenschaft, während im Falle derselbe sich der Pflicht der Obsorge für seine Familie entzieht, die Berufsgenossenschaft hiezu nur berechtigt, nicht verpflichtet ist; letzteren Falles stehen daher gegen die Rentenverweigerung Rechtsmittel nicht zu.

2. **Bis zum Wegfall der Bedürftigkeit**: In beiden Fällen des Abs. I und II wird die Rente nur bis zum Wegfalle der Bedürftigkeit gewährt. „Bedürftigkeit" ist dann anzunehmen, wenn für die betr. Familie nicht die Grundlagen einer nach den Verhältnissen des Arbeiterstandes einigermaßen auskömmlichen Lebenshaltung geschaffen sind; aus welchen Gründen eine solche Lage geschaffen ist (neben Krankheit kann es auch Mangel an Arbeitsgelegenheit sein), ist belanglos; selbst der Besitz eines kleinen Kapitals schließt unter Umständen „Bedürftigkeit" nicht aus, z. B. wenn durch verhältnismäßig rasche Aufzehrung des kleinen Kapitales der Zustand der Dürftigkeit sich in einen Zustand völliger Not ausgestalten müßte (A.N. 1896 Z. 1504 S. 263 u. Mitt. 1896 Nr. 600 S. 75), es sei denn, daß sich die betr. Person mit einem solchen Kapitale z. B. eine Leibrente beschaffen könnte, durch welche sie vor Not und Elend geschützt wäre (A.N. 1889, Z. 748 S. 355).

§ 18. (§ 6 Ziffer 2 b.)

Hinterläßt der Verstorbene Verwandte der aufsteigenden Linie, so wird ihnen, falls ihr Lebensunterhalt ganz oder überwiegend durch den Verstorbenen bestritten worden war, bis zum Wegfalle der Bedürftigkeit eine Rente von insgesamt zwanzig Prozent des Jahresarbeitsverdienstes gewährt.

1. **Änderungen durch die Novelle**: Das frühere Gesetz (§ 6 Z. 2b des Gesetzes vom 6. Juli 1884) gab den „Ascendenten" des Verstorbenen dann einen Anspruch auf Rente, wenn dieser ihr „einziger Ernährer" war. Dieser letztere Begriff ist nun in § 18 näher dahin präzisiert, daß der Verstorbene für seine Verwandten aufsteigender Linie den Lebensunterhalt „ganz oder überwiegend" bestritten haben muß.

2. **Verwandte aufsteigender Linie**: Es ist hier leibliche Verwandtschaft vorausgesetzt, auch die außereheliche Mutter (nicht aber der außereheliche Vater) gehört hieher (vgl. § 1589 und 1705 des B.G.B.); dagegen zählen Stiefeltern nur unter der Voraussetzung hieher, daß sie die verunglückte Person in rechtsförmlicher Weise adoptiert, an Kindesstatt angenommen oder eingekindschaftet hatten (§ 1741 ff. des B.G.B.).

3. **Falls ihr Lebensunterhalt ganz oder überwiegend durch den Verstorbenen bestritten worden war**: Für die Beurteilung der Frage, ob diese Voraussetzung vorliegt, lassen sich allgemeine, überall zutreffende Grundsätze nicht aufstellen; es ist die Frage von Fall zu Fall zu entscheiden, ob der Verunglückte seinen Ascendenten (Eltern, Großeltern) nach den gegebenen Verhältnissen thatsächlich den Lebensunterhalt der Hauptsache nach bis

zu seinem Tode bestritten hat. Zu bemerken ist jedoch, daß durch die Behauptung, der Verstorbene hätte die hauptsächlichste Stütze der Eltern, für den Fall dieselben erwerbsunfähig werden, gebildet, der Rentenanspruch ebensowenig begründet werden kann, als derselbe etwa vornherein dadurch ausgeschlossen wäre, daß andere unterhaltspflichtige Personen vorhanden sind, die die Ascendenten unterstützen könnten, solches aber bisher verweigert haben, ferner daß gerade nicht eine lange oder länger dauernde oder ununterbrochene, gänzliche oder vorwiegende Lebensunterhaltung der Ascendenten durch den Verstorbenen für Erfüllung der gesetzlichen Voraussetzung erforderlich ist, sondern daß es unter Umständen genügt, wenn die Thatsache beim Tode des Verunglückten gegeben war, endlich daß die gänzliche oder vorwiegende Bestreitung des Lebensunterhaltes der Ascendenten auf Grund bestehender civilrechtlicher Verpflichtung (Übergabsvertrag, Abnährungsvertrag u. dgl.) hier außer Betracht zu bleiben hat.

4. **Bis zum Wegfall der Bedürftigkeit**: Vgl. hieher Anm. Z. 2 zu § 17 Seite 102. Fällt die Bedürftigkeit aus irgend einem Grunde weg, so hört der Rentengenuß nicht kraft des Gesetzes auf, sondern es bedarf hiezu eines Einstellungsbescheides gemäß § 88 des G.U.G.; im Falle wiedereintretender Bedürftigkeit müßte dann die Ascendentenrente von neuem gewährt werden. Würde sich aber herausstellen, daß die Bedürftigkeit im Sinne des § 18 von Anfang an zu Unrecht angenommen wurde, so erschiene eine Renteneinstellung — ohne Nachweis veränderter Verhältnisse gegenüber der ersten Rentenfeststellung — nicht zulässig, sobald diese erste Rentenfeststellung die Rechtskraft beschritten hat. (Mitt. 1893 Nr. 387 S. 157).

5. **Wird eine Rente von insgesamt 20% des Jahresarbeitsverdienstes gewährt**: Eltern und Großeltern haben einen Anspruch auf Rente überhaupt nur insoweit, als der Höchstbetrag von 60% des Jahresarbeitsverdienstes (vgl. § 20) nicht schon für Ehegatten und Kinder in Anspruch genommen ist.

Gleichberechtigte Personen (Eltern-, Großeltern-Paar) haben sich in den Betrag der 20% gleichmäßig zu teilen; bei nicht gleichberechtigten Personen (Eltern und Großeltern) schließt der nähere Grad der Ascendenz den entfernteren, d. i. die Eltern schließen die Großeltern aus (A.N. 1896 Z. 1550 S. 461); vgl. § 20 Abs. II.

Sind durch ein und denselben Unfall zwei Brüder getötet worden, welche gemeinschaftlich den Lebensunterhalt der Eltern (Großeltern) ganz oder vorwiegend bestritten haben, so haben die letzteren nur einen Anspruch auf 20%ige Ascendentenrente, welcher der höhere Jahresarbeitsverdienst zu Grunde zu legen ist (A.N. 1900 Z. 1803 S. 633). Anders liegt die Sache, wenn unterstützungsbedürftige Eltern (Großeltern) mehrere Söhne durch verschiedene, zeitlich auseinander liegende Unfälle verlieren sollten; hier ist denkbar, daß der Versicherungsträger die in § 18 für die Ascendenten vorgesehene Rente mehrmals zu gewähren hat.

§ 19.

Hinterläßt der Verstorbene elternlose Enkel, so wird ihnen, falls ihr Lebensunterhalt ganz oder überwiegend durch den Verstorbenen bestritten worden war, im Falle der Bedürftigkeit bis zum zurückgelegten fünfzehnten Lebensjahr eine Rente von insgesamt zwanzig Prozent Jahresarbeitsverdienstes gewährt.

1. Durch die neue Bestimmung des § 19 ist die Rentenberechtigung bedürftiger elternloser Enkel vorgesehen; es sind hierunter Doppelwaisen zu verstehen.

2. Im Übrigen vgl. hieher Anm. 2 zu § 17 und Anm. 3, 4 und 5 zu § 18 Seite 102, 103.

3. Enkel haben einen Rentenanspruch nur insoweit, als der Höchstbetrag der Rente nicht für Ehegatten, Kinder oder Verwandte der aufsteigenden Linie in Anspruch genommen wird.

§ 20. (§ 6.)

I Die Renten der Hinterbliebenen dürfen insgesamt sechzig Prozent des Jahresarbeitsverdienstes nicht übersteigen. Ergibt sich ein höherer Betrag, so werden die Renten gekürzt. Bei Ehegatten und Kindern erfolgt die Kürzung im Verhältnisse der Höhe ihrer Renten; Verwandte der aufsteigenden Linie haben einen Anspruch nur insoweit, als der Höchstbetrag der Renten nicht für Ehegatten oder Kinder in Anspruch genommen wird; Enkel nur insoweit, als der Höchstbetrag der Renten nicht für Ehegatten, Kinder oder Verwandte der aufsteigenden Linie in Anspruch genommen wird.

II Sind aus der aufsteigenden Linie Verwandte verschiedenen Grades vorhanden, so wird die Rente den Eltern vor den Großeltern gewährt.

1. In § 20 sind die früheren Bestimmungen über Kürzung der Hinterbliebenenrenten, wenn dieselben 60% des Jahresarbeitsverdienstes übersteigen, unter redaktioneller Besserung und unter Berücksichtigung der Rentenberechtigung der Enkel zusammengefaßt.

2. Der Bestimmungen des § 20 wurde schon in den Anm. zu §§ 17, 18 und 19 erwähnt, weshalb hierauf Bezug genommen werden kann.

3. **Renten der Hinterbliebenen**: Die letzteren sind in § 20 in 3 Klassen geordnet: a) Ehegatten und Kinder, b) Verwandte der aufsteigenden Linie, c) elternlose Enkel; eine vorhergehende Klasse schließt die nachfolgende aus.

4. **Kürzung der Renten im Verhältnis der Höhe derselben**: Eine solche Kürzung findet nur innerhalb ein und derselben Klasse (s. Anm. 3) von Rentenberechtigten statt. Hat also z. B. der Verstorbene eine Witwe und 2 Kinder unter 15 Jahren hinterlassen, so erhält jede dieser 3 Personen noch 20%; sind drei Kinder vorhanden, erhält die Witwe und jedes Kind 15%, bei vier Kindern je 12% (5 Teile) u. s. f.

Beim Ausscheiden eines von mehreren Hinterbliebenen wachsen die den einzelnen Entschädigungsberechtigten zu zahlenden Renten so lange an, bis sie den Höchstbetrag erreichen; ebenso wachsen im Falle der Abfindung der Witwe die Rentenbeträge der Kinder entsprechend an.

§ 21. (§ 6.)

Die Hinterbliebenen eines Ausländers, welche zur Zeit des Unfalls nicht im Inland ihren gewöhnlichen Aufenthalt hatten, haben keinen Anspruch auf die Rente. Durch Beschluß des Bundesrats kann diese Bestimmung für bestimmte Grenzgebiete sowie für die Angehörigen solcher auswärtiger Staaten, durch deren Gesetzgebung eine entsprechende Fürsorge für die Hinterbliebenen durch Betriebsunfall getöteter Deutscher gewährleistet ist, außer Kraft gesetzt werden.

1. Die Bestimmung im Satz II ist neu; das bisherige Gesetz, wonach die Hinterbliebenen eines Ausländers, welche zur Zeit des Unfalls nicht im Inland wohnten, keinen Anspruch auf Rente hatten, wurde in dieser allgemeinen Fassung zu hart befunden. Durch § 21 Satz II wurde daher eine Modifikation dahin geschaffen, daß der Bundesrat ermächtigt wurde, jene Gesetzesvorschrift a) für bestimmte Grenzbezirke, b) für die Angehörigen solcher auswärtiger Staaten, durch deren Gesetzgebung eine entsprechende Fürsorge für durch Betriebsunfälle getötete Deutsche gewährleistet ist, außer Kraft zu setzen.

In Satz I von § 21 wurde statt des früheren Wortes „wohnten" gesetzt: „ihren gewöhnlichen Aufenthalt hatten", siehe Anm. 3.

2. **Ausländer**: d. i. Nichtdeutsche, also alle Personen, welche in keinem Bundesstaate einschließlich der Reichslande Elsaß-Lothringen die Staatsangehörigkeit besitzen.

(Ges. v. 1. Juni 1870 über die Erwerbung und den Verlust der Bundes- und Staatsangehörigkeit G.-Bl. 1870/71 Beil. S. 89); es fallen hienach hierunter auch solche Personen, welche gar keine Staatsangehörigkeit besitzen, und solche, welche die deutsche Staatsangehörigkeit verloren, aber nicht wieder erworben haben.

3. nicht im Inland ihren gewöhnlichen Aufenthalt hatten: bisher (§ 6 Abs. III d. Ges. v. 6. Juli 1884) hieß es „nicht im Inlande wohnten". Diese dem § 48 des J.V.G. vom 13. Juli 1899 nachgebildete Änderung wurde vorgenommen, um die thatsächlichen Verhältnisse des gewöhnlichen Aufenthaltes der Familie des Ausländers, nicht den Rechtsbegriff „Wohnsitz" entscheidend zu machen, und damit eine Reihe von Streitigkeiten aus dem Wege zu räumen.

4. Durch Beschluß des Bundesrats: Ein solcher Beschluß des Bundesrats ist am 23. Mai und 29. Juni 1901 ergangen. Die betr. Bekanntmachungen des Reichskanzlers lauten:

a) Bekanntmachung des Reichskanzlers vom 12. Juni 1901.

Der Bundesrat hat in seiner Sitzung vom 23. Mai 1901 auf Grund des Gew.U.G. (§ 22 Landw.U.G., § 9 Bau.U.G., § 27 See.U.G.) beschlossen, daß die dort vorgesehene Bestimmung,

wonach die Hinterbliebenen eines Ausländers, welche zur Zeit des Unfalls nicht im Inland oder an Bord eines deutschen Seeschiffs ihren gewöhnlichen Aufenthalt hatten, keinen Anspruch auf Rente haben,

für folgende ausländische Grenzbezirke außer Kraft gesetzt wird:

Lfd. Nr.	Bezeichnung des ausländ. Staates.	Nähere Bezeichnung der in Betracht kommenden ausländischen Grenzbezirke.
1.	Dänemark.	Die Ortschaft Vamdrup.
2.	Niederlande.	Die Provinzen Groningen, Drenkhe, Overyssel, Gelderland, Limburg.
3.	Das neutrale Gebiet	Moresnet.
4.	Schweiz.	Die Kantone Basel-Stadt, Basel-Land, vom Kanton Aargau die Bezirke Laufenburg, Baden und Zurzach, vom Kanton Zürich die Bezirke Bülach und Andelfingen, die Kantone Schaffhausen und Thurgau.
5.	Österreich-Ungarn.	Die Bezirkshauptmannschaften: Bregenz, Reutte, Schwaz, Kufstein, Salzburg mit dem Stadtbezirke Salzburg, Braunau a. Inn, Ried, Schärding, Rohrbach, Krumau, Prachatitz, Schuttenhofen, Strakonitz, Klattau, Taus, Bischofteinitz, Tachau, Plan, Eger, Asch, ferner Braunau (Böhmen), Neustadt, Reichenau, Senftenberg, Schönberg, Freiwaldau.

Berlin, den 12. Juni 1901.

Der Reichskanzler:

Im Auftrage: **Dr. von Woedtke.**

b) Bekanntmachung des Reichskanzlers vom 29. Juni 1901, betr. den Fortbezug der Unfallrenten und die Gewährung des Anspruchs auf Hinterbliebenenrente bei Ausländern.

Der Bundesrat hat in seiner Sitzung vom 29. Juni beschlossen:

Die Bestimmungen über das Ruhen der Renten und über die Ausschließung des Ausspruchs auf Hinterbliebenenrente in § 94 Z. 2, § 21 des Gewerbe-Unfallversicherungsgesetzes sowie im § 37 Abs. 1, § 9 des Bau-Unfallversicherungsgesetzes für die Angehörigen der im Reichsrate vertretenen Königreiche und Länder der K. u. K. österreichisch-ungarischen Monarchie sowie für die Angehörigen des Königreichs Italien außer Kraft zu setzen.

Die Außerkraftsetzung erfolgt mit der Maßgabe, daß die rentenberechtigten Ausländer, solange sie sich nicht im Inland aufhalten, den vom Reichsversicherungsamt auf Grund des § 94 Z. 3 des Gew.Unf.Vers.Ges. für Inländer erlassenen Vorschriften zu genügen haben.

Berlin, den 29. Juni 1901.

Der Reichskanzler
In Vertr. Graf von **Posadowsky.**

Die in vorstehender Bekanntmachung angezogenen Vorschriften betreffen insbesondere die Verpflichtung der Versicherten, ihren jeweiligen Aufenthalt der betr. Berufsgenossenschaft mitzuteilen und sich auf Auffordern der letzteren von Zeit zu Zeit dem örtlich zuständigen deutschen Konsul oder einer anderen deutschen Behörde zu stellen; diese Vorschriften sind in den Amtl. Nachr. d. R.V.A. 1901 S. 455 abgedruckt; vgl. hieher auch Anm. Z. 7 zu § 94 u. Anhang.

5. Über „Ruhen der Rente der Ausländer und Kapitalabfindung der Ausländer" siehe §§ 94, 95 u. Anm. hiezu.

§ 22. (§ 7.)

I An Stelle der in den §§ 9 und 12 vorgeschriebenen Leistungen kann von der Berufsgenossenschaft freie Kur und Verpflegung in einer Heilanstalt gewährt werden, und zwar:

1. für Verletzte, welche verheiratet sind oder eine eigene Haushaltung haben oder Mitglieder der Haushaltung ihrer Familie sind, mit ihrer Zustimmung. Der Zustimmung bedarf es nicht, wenn die Art der Verletzung Anforderungen an die Behandlung oder Verpflegung stellt, denen in der Familie nicht genügt werden kann, oder wenn der für den Aufenthaltsort des Verletzten amtlich bestellte Arzt bezeugt, daß Zustand oder Verhalten des Verletzten eine fortgesetzte Beobachtung erfordert;
2. für sonstige Verletzte in allen Fällen.

II Hat die Berufsgenossenschaft von dieser Befugnis in den Fällen des § 12 Abs. 2 Gebrauch gemacht, so hat der Betriebsunternehmer als Ersatz für die freie Kur und Verpflegung der Berufsgenossenschaft das Einundeinhalbfache des im § 12 Abs. 2 bezeichneten Krankengeldes zu vergüten. Auf Streitigkeiten, welche aus Anlaß dieser Bestimmung zwischen der Berufsgenossenschaft und dem Betriebsunternehmer entstehen, findet der § 14 Anwendung.

III Für die Zeit der Verpflegung des Verletzten in der Heilanstalt steht seinen Angehörigen ein Anspruch auf Rente insoweit zu, als sie dieselbe im Falle seines Todes würden beanspruchen können (§§ 16 ff.).

IV Die Berufsgenossenschaften sind befugt, auf Grund statutarischer Bestimmung allgemein, ohne eine solche im Falle der Bedürftigkeit, dem in einer Heilanstalt untergebrachten Verletzten sowie seinen Angehörigen eine besondere Unterstützung zu gewähren.

1. **Änderungen durch die Novelle**: Die Bestimmungen in Abs. II und IV sind neu, Abs. I und III enthalten mehrfache Ergänzungen der bisherigen bezüglichen Bestimmungen. Die durch die Novelle vom 30. Juni 1900 herbeigeführten Änderungen erstrecken sich auf:

a) Erweiterung der Befugnis zur zwangsweisen Unterbringung eines Verletzten in eine Heilanstalt,

b) Verpflichtung des Unternehmers zur Entschädigung der Berufsgenossenschaft für den Fall der Unterbringung des Verletzten in einer Heilanstalt, soferne ersterer nach dem Gesetze zu Leistungen angehalten ist,

c) Gewährung besonderer Unterstützungen nach statutarischer Festsetzung im Falle der Unterbringung in einer Heilanstalt.

2. Von der in § 22 vorgesehenen Unterbringung des Verletzten in einer Heilanstalt ist auseinander zu halten die aus § 9 resultierende Befugnis der Berufsgenossenschaft, den Verletzten behufs Untersuchung und Beobachtung in ein Krankenhaus zu verweisen, sowie die in § 11 Abs. II und III geregelte Frage, in welche Heilanstalt der Verletzte sich unterbringen lassen muß, da in § 22 die Frage präzisiert ist, unter welchen Voraussetzungen oder inwieweit überhaupt eine Unterbringung des Verletzten in eine Heilanstalt zulässig erscheint.

3. Ueber das beim Vollzug des § 22 zu beobachtende Verfahren enthält dieser keine Bestimmung; bei Unfällen, die sich vor dem 1. Oktober 1900 ereignet haben, kommt daher § 27 des Abänderungsgesetzes vom 30. Juni 1900 in Betracht.

Wenn der Verletzte in eine Heilanstalt untergebracht werden will, hat die Berufsgenossenschaft demselben hierüber einen berufungsfähigen Bescheid zuzustellen; es empfiehlt sich hiebei, dem Verletzten zu eröffnen, daß er an einem bestimmten Tage ins Krankenhaus (Heilanstalt) sich zu verfügen und dort bis zur Entlassung durch den Arzt oder die Berufsgenossenschaft zu verbleiben habe und den erforderlichen Kuren sich unterwerfen müsse, widrigenfalls er seine Rente oder einen Teil derselben verliere; hiebei wird auf die persönlichen Verhältnisse des Verletzten (insbesondere bezüglich der Zeit der Aufnahme in die Heilanstalt) angemessene Rücksicht zu nehmen sein.

4. **An Stelle der in den §§ 9 und 12 vorgeschriebenen Leistungen**: d. i. sämtlicher Leistungen; es hat daher der Verletzte auf die Dauer der Aufnahme in der Heilanstalt keinen Anspruch auf Rente; ein etwaiger bisheriger Rentengenuß wird eingestellt. Vom Tage der Entlassung aus der Heilanstalt ist die Rente, unabhängig von früheren Rentenfeststellungsbescheiden, selbstverständlich unter Berücksichtigung des in der Heilanstalt etwa erzielten Heilerfolges neu mittels zuzustellenden Bescheides festzustellen. In der Gewährung freier Kur und Verpflegung des Verletzten in einer Heilanstalt liegt kein verpflichtendes Anerkenntnis des Entschädigungsanspruchs; die endgiltige Feststellung eines erhobenen Unfallentschädigungsanspruchs kann immer noch eine ablehnende Entscheidung treffen (A.N. 1901 Z. 1858 S. 397); anders liegt die Sache natürlich, wenn dem Verletzten schon mit rechtskräftigem Bescheide eine Entschädigungsberechtigung zuerkannt ist, da in diesem Falle die Berufsgenossenschaft hieran gebunden ist.

5. **kann von der Berufsgenossenschaft gewährt werden**: d. h. die Berufsgenossenschaft hat die Wahl, ob im einzelnen Fall die in den §§ 9, 12 festgesetzten Leistungen oder an deren Stelle freie Kur und Verpflegung in einer Heilanstalt eintreten soll. Thatsächlich wird dieses Wahlrecht von demjenigen Genossenschaftsorgan ausgeübt, welches nach Gesetz oder Statut zur Rentenfestsetzung berufen ist. Dem Verletzten steht ein Anspruch auf Unterbringung in einer Heilanstalt nicht zu.

Auch bei einer zunächst seitens einer Behörde aus sicherheitspolizeilichen Gründen veranlaßten Unterbringung eines Verletzten im Irrenhause steht es im freien Ermessen der Berufsgenossenschaft, ob sie die Kur und Verpflegung dortselbst als für ihre Rechnung bewirkt anerkennen und den Angehörigen die gesetzliche Entschädigung zahlen oder die Rente des Verletzten weiter gewähren will (A.N. 1900 Z. 1819 S. 716).

Auf die Fälle, in denen der Verletzte im Berufungs- oder Rekursverfahren (durch Verfügung des Schiedsgerichts, Reichs- oder Landesversicherungsamts) zur Beobachtung und Untersuchung in ein Krankenhaus aufzunehmen ist, ist § 22 nicht anwendbar, wie schon der Anm. Z. 2 zu entnehmen ist.

6. **Freie Kur und Verpflegung**: Dazu gehören auch die Mittel für die Reise ins Krankenhaus, eventuell auch die Beschaffung der für den Aufenthalt in der Anstalt erforderlichen Kleidung, Wäsche ꝛc.; letztere Gegenstände kann die Berufsgenossenschaft zwar beim Verlassen der Anstalt zurückverlangen, an der Rente aber dürfen die Kosten hiefür nicht in Abzug gebracht werden (A.N. 1891 Z. 966 S. 210).

7. **Unterbringung in einer Heilanstalt**: Die Unterbringung muß zum Zwecke der Heilung erfolgen; (eine Unterbringung aus anderen Gründen fällt nicht unter § 22); dieselbe kann freilich auch erst nach Beendigung des Heilverfahrens erfolgen und wird dies auch vielfach bethätigt in Fällen, in denen eine Minderung der Unfallsfolgen durch spezialärztliche (chirurgische, mediko=mechanische, augenklinische ꝛc.) Behandlung zu erwarten steht.

Als Heilanstalt im Sinne des § 22 wird jede Anstalt zu erachten sein, in welcher für die Zwecke der Kur einschließlich der Verpflegung besondere Einrichtungen getroffen sind. Ob dieselbe Krankenhaus, Heilanstalt, Kuranstalt oder sonstwie heißt, ob dieselbe im Eigentum oder unter der Verwaltung eines Staates, Kreises, Distriktes oder Gemeinde, einer Krankenkasse, einer Hilfskasse oder der Berufsgenossenschaft, eines Vereins oder eines Privaten steht, ist ohne Belang.

Nach einer Entscheidung des Reichs=Versicherungs=Amts (A.N. 1888 Z. 501 S. 197) steht unter Umständen die Unterbringung des Verletzten in geeigneter Privatpflege (eines Professors, Spezialarztes) der in einer Heilanstalt gleich.

8. **Unbegründete Weigerung des Verletzten**, sich in eine Heilanstalt aufnehmen zu lassen; derselben steht das unbefugte Verlassen der Anstalt oder der unberechtigte Ungehorsam gegen die ärztlichen Anordnungen in ihrer Wirkung gleich, insoferne als der Verletzte nicht nur des Heilverfahrens, sondern unter Umständen auch der Rente verlustig geht (Vgl. § 23).

9. **Zustimmung der Verletzten**: Die Bestimmung in Abs. I Z. 1 wurde in Anlehnung an § 7 des Krankenversicherungsgesetzes vom $\frac{\text{15. Juni 1883}}{\text{10. April 1892}}$ aufgenommen; die Zustimmung (selbstverständlich soweit sie für die Unterbringung mitentscheidend ist, also nicht in den Fällen des Satz 2 von Ziff. 1) kann auch nach der Aufnahme in der Heilanstalt widerrufen werden; in einem solchen Falle wird sich die Rückkehr des Widerrufenden zu seiner Familie nicht aufhalten lassen, aber Ersatz der Kosten für die Heimreise wird er (besondere Fälle ausgenommen) nicht beanspruchen können.

10. **Für die Zeit der Verpflegung ... in der Heilanstalt steht ... den Angehörigen ... Rente zu insoweit** ... (Abs. III).

Als Angehörige gelten hier die Ehefrau und Kinder (erstere auch, wenn sie den Verletzten erst nach dem Unfall geehelicht hat), die Ascendenten, die Enkel d. i. die in §§ 16—20 aufgeführten Personen.

Die Rentenzahlung hat sich auf die Zeit vom Tage der Unterbringung in die Heilanstalt bis zum Tage der Entlassung aus derselben zu erstrecken; ist der Verletzte urlaubsweise einige Zeit außerhalb der Heilanstalt, so ist dies kein Grund zur Vorenthaltung der Angehörigenrente (A.N. 1900 Z. 1805 S. 399); dagegen kann eine dem Verletzten vorausgezahlte Rente in dem Betrage, auf welchen er wegen seiner Unterbringung in der Heilanstalt keinen Anspruch hat, auf die Rente der Angehörigen angerechnet werden (A.N. 1891 Z. 1862 S. 399).

Auch die Rente der Angehörigen ist in einem förmlichen Bescheide festzusetzen; es wird dies meist gleichzeitig mit dem Bescheide, in welchem die Unterbringung des Verletzten in der Heilanstalt verfügt wird, geschehen können; in Zweifelsfällen ist die Frage, wem der Bescheid bezüglich der Angehörigenrente zuzustellen und an wen letztere auszuzahlen ist, nach den Vorschriften des bürgerlichen Rechts (B.G.B.) zu beurteilen (vgl. A.N. 1899 Z. 1753 S. 441). Diese Rente steht den Angehörigen aber nicht zu, wenn der Verletzte (durch Verfügung der Berufsgenossenschaft, des Schiedsgerichts, Reichs= oder

Landes-Versicherungs-Amts) nur zu Zwecken der Untersuchung oder Beobachtung ins Krankenhaus verwiesen ist. Diese Rente hat endlich auch nicht die rechtliche Natur der Hinterbliebenenrente gem. § 16 ff., (sondern ist nur als eine Zuschußleistung für den Geschädigten selbst zu erachten), weshalb durch Zubilligung der einen der Zurückweisung der anderen und umgekehrt nicht vorgegriffen werden kann.

Trifft für einen Teil des Monats die Rente für den in einer Heilanstalt untergebrachten Verletzten selbst mit der Rente für seine Angehörigen zusammen, so findet eine wechselseitige Aufrechnung dieser Renten statt und die Berufsgenossenschaft ist nur zur Zahlung des überschießenden Teiles der höheren Rente verpflichtet (A.N. 1901 Z. 1862 S. 399).

11. **Besondere Unterstützung des Verletzten oder seiner Angehörigen** (Abs. IV) neben der Unterbringung des Verletzten in der Heilanstalt und bezw. neben der Rentenzahlung an die Angehörigen. Um der durch Entziehung des Ernährers für den Fall dessen Unterbringung in der Heilanstalt unter Umständen für die Familie desselben geschaffenen Notlage vorzubeugen, ist der Berufsgenossenschaft die Befugnis eingeräumt, Genossenschaftsgelder dazu zu verwenden, um sowohl dem in einer Heilanstalt untergebrachten Verletzten, als auch dessen Angehörigen neben ihren Bezügen, auf welche sie gesetzlichen Anspruch haben, eine besondere Unterstützung zu gewähren. Und zwar soll es zulässig sein, derartige Unterstützungen allgemein durch statutarische Bestimmung in Aussicht zu stellen und, wo eine solche Bestimmung nicht besteht, soll das Feststellungsorgan kraft Gesetzes befugt sein, nach seinem Ermessen im einzelnen Falle der Bedürftigkeit die in Rede stehende besondere Unterstützung zu gewähren (Motive).

Ein event. im Wege des Rechtsmittelverfahrens zu verfolgender rechtlicher Anspruch des Verletzten oder seiner Angehörigen auf diese besondere Unterstützung besteht nicht.

§ 23.

I Ist begründete Annahme vorhanden, daß der Empfänger einer Unfallrente bei Durchführung eines Heilverfahrens eine Erhöhung seiner Erwerbsfähigkeit erlangen werde, so kann die Berufsgenossenschaft zu diesem Zwecke jederzeit ein neues Heilverfahren eintreten lassen. Dabei finden die Bestimmungen der §§ 11, 22 Abs. 1, 3, 4 Anwendung.

II Hat sich der Verletzte solchen Maßnahmen der Berufsgenossenschaft, den gemäß § 9 Abs. 1 Ziffer 1, §§ 11, 12 Abs. 2, § 22 oder gemäß den Bestimmungen der §§ 76c, 76d des Krankenversicherungsgesetzes getroffenen Anordnungen ohne gesetzlichen oder sonst triftigen Grund entzogen, so kann ihm der Schadensersatz auf Zeit ganz oder teilweise versagt werden, sofern er auf diese Folge hingewiesen worden ist, und nachgewiesen wird, daß durch sein Verhalten die Erwerbsfähigkeit ungünstig beeinflußt wird.

1. Die Bestimmung in § 23 ist neu; nach dem Vorbilde in § 47 Abs. II des J.V.G. v. 13. Juli 1899 wurden jene Grundsätze zum gesetzlichen Ausdruck gebracht, die in der bisherigen Praxis im Wesentlichen schon Anwendung gefunden hatten. Nach Abs. I kann die Berufsgenossenschaft ein neues Heilverfahren eintreten lassen, wenn sie sich von einem solchen eine Erhöhung der Erwerbsfähigkeit des Verletzten in begründeter Weise verspricht, und in Abs. II sind die Folgen gesetzlich geregelt, denen der Verletzte sich dadurch aussetzt, daß er sich dem Heilverfahren unberechtigt entzieht.

2. **Ist begründete Annahme vorhanden**: Die Beurteilung dieser Voraussetzung ist Thatfrage und hat sich nach Lage des Einzelfalles zu richten; jedenfalls genügt nicht die Annahme der Möglichkeit eines günstigeren Erfolges der neuen Behandlung

gegenüber der früheren, sondern es muß *Wahrscheinlichkeit* für den Eintritt höherer Erwerbsfähigkeit durch das neue Heilverfahren vorliegen; vielfach werden für diese Beurteilung die ärztlichen Gutachten ausschlaggebend sein.

3. **Ein neues Heilverfahren**: Das Gesetz setzt also hier voraus, daß das frühere Heilverfahren schon abgeschlossen war; es sind daher auch die Fälle vorgesehen, daß der Verletzte eine Erwerbsthätigkeit, soweit dies die Unfallsfolgen zuließen, wieder aufgenommen hatte.

4. **Kann die Berufsgenossenschaft ... eintreten lassen**: Zu der Anordnung des neuen Heilverfahrens kann die Berufsgenossenschaft aus eigener Initiative, aber auch auf einen Antrag des Verletzten oder der Krankenkasse, welcher letzterer angehört, kommen; es kann dieses Heilverfahren auch einer Krankenkasse überwiesen werden. Nach Ablauf von 5 Jahren seit der ersten Rentenfeststellung kann dieses Verfahren nur durch Bestimmung des Schiedsgerichts auf Antrag (§ 88 Abs. III) herbeigeführt werden.

An die Zustimmung des Verletzten ist ein neues Heilverfahren nicht gebunden.

Hat sich die Berufsgenossenschaft für Wiederaufnahme des Heilverfahrens entschlossen, (beziehungsweise ist dasselbe vom Schiedsgerichte verfügt), so sind für das weitere Verfahren die Vorschriften der §§ 11, 22 Abs. I, III u. IV gleich maßgebend, d. i. es ist dem Verletzten oder seinem Vertreter förmlicher berufungsfähiger Bescheid zuzustellen; die freie Kur und Verpflegung in der Heilanstalt tritt an die Stelle der in §§ 9 und 12 bezeichneten Leistungen, die Angehörigen haben Anspruch auf Rente für die Zeit des neuen Heilverfahrens und die Berufsgenossenschaften können besondere Unterstützungen auf die Dauer desselben gewähren (vgl. die bezügl. Anm. zu § 11 u. § 22).

5. **Maßnahmen und Anordnungen:** Die „Maßnahmen" der Berufsgenossenschaft sind in berufungsfähigem Bescheide zu treffen (vgl. Anm. 4) und die „Anordnungen" haben den Bestimmungen der §§ 76 c, 76 d des Krank.Vers.Ges. vom $\frac{15.\ \text{Juni}\ 1883}{10.\ \text{April}\ 1892}$ zu entsprechen; letztere sind zu Anm. 9 von § 11 abgedruckt, Seite 93 ff. Ein bloßer *ärztlicher Rat* ist *keine Anordnung*.

6. **Ohne gesetzlichen oder sonst triftigen Grund**: auch hier ist nur eine Beurteilung nach Lage des einzelnen Falles möglich. Die Weigerung des Verletzten, sich einer *Operation* oder einer *Narkose* zu Untersuchungs- oder Operationszwecken zu unterziehen, ist berechtigt; ein triftiger Grund kann auch in schwerer Erkrankung (Entbindung) der Ehefrau, besonderer Hilfsbedürftigkeit erkrankter Kinder ꝛc. gefunden werden.

7. **Kann ihm der Schadenersatz ganz oder teilweise versagt werden**: Die Berufsgenossenschaft hat nur das Recht, nicht die Pflicht, den Schadensersatz zu verweigern; für den Fall dieselbe hievon Gebrauch macht, hat sie berufungsfähigen Bescheid zu erlassen, falls diese Alternative nicht schon in dem Bescheide, durch welchen die Wiederaufnahme des Heilverfahrens angeordnet wurde, gesetzt ist.

Ungehorsam des Verletzten hat die in § 23 Abs. II angedrohten Nachteile nur für diesen selbst; aus Anlaß des Unfalls desselben erworbene Rechte anderer (z. B. der Hinterbliebenen) werden hiedurch nicht berührt, selbst dann nicht, wenn z. B. im Todesfalle des Verletzten erweislich wäre, daß der Tod bei Befolgung der getroffenen Anordnungen durch den Verstorbenen nicht so rasch eingetreten wäre.

Für den Fall die Aufnahme des Verletzten in die Heilanstalt nur zu *Zwecken der Untersuchung und Beobachtung* angeordnet ist, können im Falle Ungehorsams des Verletzten nur die nach Lage der Verhältnisse zulässigen ungünstigen Schlußfolgerungen für den Anspruch des Verletzten gezogen, nicht aber Nachteile gemäß § 23 Abs. II festgesetzt werden.

Auf welche Zeit und in welchem Maße der Schadensersatz versagt werden kann, steht im Ermessen der Berufsgenossenschaft (event. der angerufenen Instanzen, dagegen die Versagung Berufung und Rekurs zulässig ist): vorausgesetzt ist aber immer, daß der Verletzte bei der ihm zugegangenen Anordnung auf die Folge der eventuellen

Versagung des Schadensersatzes ausdrücklich hingewiesen worden ist und daß durch sein Verhalten dessen Erwerbsfähigkeit thatsächlich ungünstig beeinflußt worden ist und bezw. ausreichende Anhaltspunkte hiefür vorliegen, welch' letztere zu erbringen Sache des Versicherungsträgers ist.

Wenn die Berufsgenossenschaft zu dem Entschädigungsanspruch des Verletzten, welcher die angebotene Krankenhausbehandlung grundlos verweigert hatte, nach Beendigung des Heilverfahrens von neuem Stellung nimmt, so ist eine etwaige Rente nicht erst von demjenigen Zeitpunkte ab zu gewähren, in welchem das Heilverfahren beendigt war, sondern von dem Zeitpunkte ab, in welchem die dem Bedürfnisse des Falles entsprechende Krankenhausbehandlung beendigt gewesen wäre (A.N. 1901 Z. 1847 S. 358).

§ 24.

Der Vorstand der Berufsgenossenschaft kann einem Rentenempfänger auf seinen Antrag an Stelle der Rente Aufnahme in ein Invalidenhaus oder in ähnliche von Dritten unterhaltene Anstalten auf Kosten der Berufsgenossenschaft gewähren. Der Aufgenommene ist auf ein Vierteljahr, und, wenn er die Erklärung nicht einen Monat vor Ablauf dieses Zeitraums zurücknimmt, jedesmal auf ein weiteres Vierteljahr an den Verzicht auf die Rente gebunden.

1. Die Bestimmung in § 24 ist neu und ist dem § 25 des J.V.G. v. 13. Juli 1899, abgesehen von den Eingangsworten „auf Grund statutarischer Bestimmung" (der Versicherungsanstalt), welche hier weggeblieben sind, wörtlich nachgebildet; da (nach den Motiven) das Bedürfnis, einen Rentenempfänger durch Aufnahme in ein Invalidenhaus zu versorgen, hier ebenso begründet sein kann, wie bei der Invalidenversicherung.

2. **Invalidenhaus** oder **ähnliche Anstalten**: Die Frage, welche Einrichtungen als solche zu erachten seien, hat das Gesetz offengelassen: „Gemeindliche oder Land-Armenhäuser" sind jedenfalls nicht hieher zu rechnen. Dagegen dürfte nichts im Wege stehen, aus Stiftungsmitteln gegründete und verwaltete „Pfründner-Anstalten" als solche zu erachten, auch wenn sie unter gemeindlicher Aufsicht stehen.

3. **Auf Antrag des Rentenempfängers**: Ohne einen solchen Antrag greift ein Ermessen der Berufsgenossenschaft überhaupt nicht Platz: es liegt nahe, daß der Rentenempfänger das Invalidenhaus oder die Anstalt, in welche er an Stelle des Rentenbezugs aufgenommen werden möchte, in der Regel bei seiner Antragstellung bezeichnen wird.

4. **Auf ein Vierteljahr an den Verzicht auf die Rente gebunden**: Verläßt der Aufgenommene vor Ablauf des Vierteljahres die Anstalt, woran er nicht gehindert werden kann, so geht er eben für die Zeit bis zum Ablaufe desselben seiner Rente verlustig.

Verhältnis zu Krankenkassen, Armenverbänden ꝛc.

§ 25. (Abs. 1.)

I Die Verpflichtung der eingeschriebenen Hilfskassen sowie der sonstigen Kranken-, Sterbe-, Invaliden- und anderen Unterstützungskassen, den von Unfällen betroffenen Arbeitern und Betriebsbeamten sowie deren Angehörigen und Hinterbliebenen Unterstützungen zu gewähren, sowie die Verpflichtung von Gemeinden oder Armenverbänden zur Unterstützung hilfsbedürftiger Personen wird durch dieses Gesetz nicht berührt.

II Wenn auf Grund solcher Verpflichtung Unterstützungen für einen Zeitraum geleistet werden, für welchen den Unterstützten nach Maßgabe dieses Gesetzes ein

Entschädigungsanspruch zustand oder noch zusteht, so ist hierfür den die Unterstützung gewährenden Kassen, Gemeinden oder Armenverbänden durch Ueberweisung von Rentenbeträgen Ersatz zu leisten.

III In Fällen dieser Art gilt für die unter das Krankenversicherungsgesetz fallenden Kassen als Ersatz der im § 6 Abs. 1 Ziffer 1 des Krankenversicherungsgesetzes bezeichneten Leistungen die Hälfte des gesetzlichen Mindestbetrags des Krankengeldes dieser Kassen, sofern nicht höhere Aufwendungen nachgewiesen werden.

IV Ist die von Kassen, Gemeinden oder Armenverbänden geleistete Unterstützung eine vorübergehende, so können als Ersatz höchstens drei Monatsbeträge der Rente, und zwar mit nicht mehr als der Hälfte in Anspruch genommen werden.

V Ist die Unterstützung eine fortlaufende, so kann als Ersatz, wenn die Unterstützung in der Gewährung des Unterhalts in einer Anstalt besteht, für dessen Dauer und in dem zur Ersatzleistung erforderlichen Betrage die fortlaufende Ueberweisung der vollen Rente, im Uebrigen die fortlaufende Ueberweisung der halben Rente beansprucht werden.

1. **Änderungen durch die Novelle**: Die §§ 25—27 sind erst mit dem 1. Januar 1902 in Kraft getreten (vgl. § 25 Abs. II d. Ab.G.); Abs. I, II, IV u. V des § 25 sind dem § 49 des Inv.V.G. v. 13. Juli 1899 nachgebildet.

Die Bestimmungen in § 25 Abs. III, IV u. V sind neu, auch Abs. II enthält am Schlusse eine durchgreifende Änderung. Diese Änderungen gegenüber dem bisherigen Gesetze betreffen folgende Punkte:

a) Bisher bestand die Schadloshaltung der Kassen 2c. seitens der Berufsgenossenschaft in dem „Übergehen des Entschädigungsanspruchs" des Verletzten auf letztere; nun hat die Ersatzleistung in „Überweisung der Rentenbeträge" zu bestehen (Abs. II am Schlusse);
b) als Ersatz freier ärztlicher Behandlung ist ein Pauschalbetrag zu leisten (Abs. III);
c) als Ersatz im Übrigen kann fortan nur noch ein Teil der Unfallrente beansprucht werden (Abs. IV u. V).

Verhältnis der Unfallversicherung zu Krankenkassen, Armenverbänden 2c.: Häufig steht den durch Unfall Verletzten neben dem Anspruche aus der Unfallversicherung ein gleichartiger Anspruch auch gegen Kranken- und andere Kassen, Armenverbände u. s. w. zu; z. B. auf Krankengeld, Sterbegeld (A.N. 1901 Z. 1873 S. 426), auf Rente (gegenüber Knappschaftskassen). Diese Ansprüche sollen den Verletzten in deren Interesse gewahrt bleiben; den Kassen 2c. steht aber gegen die Berufsgenossenschaft Anspruch auf Ersatz in der in Abs. III bis V bestimmten Höhe zu, während bisher Ersatz bis zur Höhe der Unfallrente zu leisten war.

Die Leistungen der Kassen 2c. sind demnach, soweit eine gleichartige Verpflichtung der Berufsgenossenschaft aus demselben Anlasse besteht, nur vorläufig und subsidiär, erstrecken sich aber auf die Zeit innerhalb der ersten 13 Wochen nach dem Unfall wie auf die letzteren folgende. Der Verletzte hält sich zunächst zu seiner Erleichterung an die ihm näher stehende Kasse und überläßt dieser die Erhebung des Ersatzes gegen die beteiligte Berufsgenossenschaft, welch' letztere dem Verletzten den über die Höhe des Ersatzanspruchs gehenden Mehrbetrag der Unfallentschädigung außerdem zu leisten hat.

3. **Verhältnis der Unfallversicherung zur Invalidenversicherung**: Die Fälle, in welchen ein durch Unfall Verletzter neben dem Anspruch auf Unfallentschädigung auch Anspruch auf Invalidenrente nach dem Inv.V.G. vom 13. Juli 1899 hat, sind in folgender Weise geregelt:

a) Wenn die Invalidenrente höher ist als die Unfallrente, wird aus der Invalidenversicherung nur die Differenz gewährt (§ 15 Abs. II J.V.G.);

b) Wenn die Invalidenrente gleich hoch oder niedriger als die Unfallrente ist, dann haben die Rentenempfänger keinen Anspruch auf Invalidenrente, aber es sind ihnen die Alters- und Invalidenversicherungsbeiträge zu erstatten (§ 43 Inv.V.G.).

In allen Fällen ist auf Antrag des Verletzten das Rentenfeststellungsverfahren auf Grund des Inv.V.G. und des G.U.G. einzuleiten und es ist nicht zulässig, daß ein solcher Verletzter von der Versicherungsanstalt zunächst an die Berufsgenossenschaft oder umgekehrt von dieser an erstere verwiesen wird; die Versicherungsanstalt hat aber das Recht, ihrerseits die Feststellung der Unfallrente durch die Berufsgenossenschaft herbeizuführen und wegen der ihr nach dem Gesetze nicht zur Last fallenden Rentenzahlungen gegen die Berufsgenossenschaft Ersatzanspruch zu erheben (§ 113 Inv.V.G.).

Für den Fall dem Empfänger einer Invaliden- oder Altersrente später ein Betriebsunfall zustößt, so hat die Berufsgenossenschaft die Sache zu instruieren und event. die Unfallrente voll zu zahlen; um den Betrag der letzteren ruht die Invaliden- oder Altersrente, falls beide Renten zusammen den 7½fachen Grundbetrag der Invalidenrente übersteigen (§ 36 Abs. II, III, § 48 Z. 1 Inv.V.G.).

Endlich ist zu bemerken, daß Empfänger einer Unfallrente auf ihren Antrag (falls die Unfallrente den Mindestbetrag zu 114 Mark 70 Pfennige der Invalidenrente erreicht) von der Beitragspflicht zur Invalidenversicherung befreit werden können. Geschieht dies nicht oder ist die bisherige Anwartschaft durch freiwillige Beiträge erhalten bezw. noch nicht erloschen, so muß, wenn später der Empfänger einer Unfallrente invalid im Sinne des Invalidenversicherungsgesetzes oder 71 Jahre alt wird, die Invaliden- bezw. Altersrente gleichfalls gewährt werden. Allein die letztere Rente ruht (§ 48 Z. 1 Inv.V.G.) solange und soweit beide Renten zusammen den 7½fachen Grundbetrag der Invalidenrente (§ 36 Abs. II, III Inv.V.G.) übersteigen.

4. **Hilfskassen, Krankenkassen ꝛc. . . . . Armenverbände**: Unter „Kassen" sind hier alle Unterstützungskassen, an welche ein rechtlicher Anspruch auf Unterstützung besteht, zu verstehen, sei es, daß dieselben auf gesetzlicher oder statutarischer Verpflichtung oder auf einem anderen, für die Arbeiter Rechte begründenden Akte beruhen.

Auch der in Folge eines Schenkungsaktes einer Firma ins Leben gerufenen Pensions- und Unterstützungskasse ist ein Anspruch auf Ersatz des von ihr Geleisteten gegen die betr. Berufsgenossenschaft in Höhe der von dieser zu leistenden Unfallentschädigung zuerkannt worden, unter der Voraussetzung, daß den Arbeitern (Betriebsbeamten) ein rechtlicher Anspruch an diese Kasse zugestanden (A.N. 1885 Z. 13 S. 3).

Wenn ein Verletzter mehreren Kassen ꝛc. angehört, hat die Berufsgenossenschaft im Falle der Begründetheit der vom Verletzten erhobenen Ansprüche sämtliche Kassen in den Grenzen desjenigen Betrages, welchen ihr das Gesetz auferlegt, abzufinden und zwar event. nach dem Verhältnis der Leistungen der einzelnen Kassen. Wird hiebei eine Einigung nicht erzielt, so wird die Berufsgenossenschaft am besten thun, den betr. Betrag gerichtlich zu hinterlegen.

Bezüglich der Armenverbände vgl. für Bayern Art. 12 u. 13 (früher 11 u. 12) des Ges. v. $\frac{\text{29. April 1869}}{\text{30. Juli 1899}}$ betr. die öffentliche Armen- und Krankenpflege (G.V.Bl. 1869 S. 469, 1899 S. 489).

5. Unter **Unterstützungen** im Sinne von Abs. II sind nur persönliche Unterstützungen an den Verletzten selbst zu verstehen; nicht z. B. also auch seitens der Gemeinde für die Kinder des Verletzten gezahltes Schulgeld, Nachlaß gemeindlicher Umlagen u. s. w.

6. **Ersatz der in § 6 Abs. I Z. 1 des Krank.V.G. bezeichneten Leistungen**: also der Orts-, Betriebs-, Bau-, Innungs-, Knappschaftskassen ausschließlich der freien Hilfskassen; der Ersatzanspruch dieser Kassen erstreckt sich — soferne nicht höhere Aufwendungen nachgewiesen werden — mindestens auf den in Abs. II bestimmten Pauschal-

betrag d. i. die Hälfte des gesetzlichen Mindestbetrages des Krankengeldes dieser Kassen. Andere Kassen, Gemeinden und Armenverbände können stets nur Ersatz ihrer wirklichen Auslagen fordern.

7. **Streitigkeiten** über den Vollzug des § 25; vgl. § 26 Abs. II u. Anm. hiezu.

§ 26.

I Der Antrag auf Ueberweisung von Rentenbeträgen (§ 25 Abs. 2 bis 5) ist bei der Berufsgenossenschaft anzumelden; soweit es sich um den Ersatz für eine vorübergehende Unterstützung handelt, ist der Anspruch bei Vermeidung des Ausschlusses spätestens binnen drei Monaten seit Beendigung der Unterstützung geltend zu machen.

II Streitigkeiten, welche aus den Bestimmungen des § 25 Abs. 2 bis 5 zwischen den Beteiligten über den Anspruch auf Ueberweisung von Rentenbeträgen entstehen, werden im Verwaltungsstreitverfahren und, wo ein solches nicht besteht, durch die dem Ersatzberechtigten vorgesetzte Aufsichtsbehörde entschieden. Die Entschädigung der letzteren kann innerhalb eines Monats nach der Zustellung im Wege des Rekurses nach Maßgabe der §§ 20, 21 der Gewerbeordnung angefochten werden.

1. Die Bestimmung des § 26 ist neu und ist dem § 50 des Inv.V.G. v. 13. Juli 1899 nachgebildet.

2. **Überweisung von Rentenbeträgen**; der Wortlaut in Abs. I ist nicht ganz erschöpfend, da zweifellos hieher auch die Anträge auf Überweisung des Ersatzes der Kosten des Heilverfahrens gehören.

Die Berufsgenossenschaften haben die angemeldeten Ersatzansprüche der Krankenkassen ꝛc. in berufungsfähigen Bescheiden zu würdigen (A.N. 1898 Z. 1733 Seite 555).

3. **Streitigkeiten**: Hierunter fallen alle Streitigkeiten, welche sich aus Anlaß des Vollzugs des § 25 Abs. II—V zwischen den Krankenkassen ꝛc. und den Versicherungsträgern ergeben; außerhalb dieser Streitigkeiten steht aber die Frage, welche Ansprüche dem Verletzten gegen die Berufsgenossenschaft zustehen, da diese Frage selbständig im vorgeschriebenen Instanzenwege (durch Berufung an das Schiedsgericht, Rekurs zum Reichs-, Landes-Vers.Amt) zum Austrage zu bringen ist.

Den Krankenkassen und Gemeindeverbänden steht es aber frei, in dem Verfahren zwischen dem Verletzten und der Berufsgenossenschaft neben dem Ersteren die Ansprüche desselben auf Grund der ihrerseits geleisteten Unterstützungen zu vertreten. Geschieht dies nicht, so können die betr. Kassen (Verbände), nachdem einem Verletzten selbst jeglicher Entschädigungsanspruch gegenüber einer Berufsgenossenschaft rechtskräftig in allen Instanzen abgesprochen ist, Ansprüche auf Erstattung ihrer Leistungen gegen die Berufsgenossenschaft nicht mehr geltend machen, da die Rechtskraft der gegen den Verletzten getroffenen Entscheidung auch gegen seine Rechtsnachfolger, als welche die Kassen (Verbände) ꝛc. zu gelten haben, wirksam geworden ist (A.N. 1888 Z. 499 S. 196).

In Fällen, in denen Versicherungsanstalten auf Grund des § 76 Abs. II des Inv. V.G. Ersatzansprüche geltend machen, sind die Verletzten selbst zu dem Verfahren beizuziehen (A.N. 1896 S. 169 Z. 3 des Rundschreibens).

4. **Verwaltungs-Streitverfahren, Aufsichtsbehörde.** Vgl. für Bayern: Gesetz vom 20. Dezember 1901 betr. das Verwaltungsstreitverfahren beim Vollzuge der Unfallversicherungsgesetze G.V.Bl. 1901 Nr. 56 S. 734; für Preußen kgl. Verordn. vom 29. August 1900 Pr. Ges. Samml. 1900 S. 317; wegen „Aufsichtsbehörde“ vgl. § 152 u. Anm. hiezu.

§ 27. (§ 8 Abs. 2.)

Die Bestimmungen der §§ 25, 26 gelten auch für Betriebsunternehmer und Kassen, welche die den Gemeinden oder Armenverbänden obliegende Verpflichtung zur Unterstützung Hilfsbedürftiger auf Grund gesetzlicher Vorschrift erfüllen.

1. Vgl. § 51 des Inv.V.G. v. 13. Juli 1899.

2. **Auf Grund gesetzlicher Vorschrift**: Gemeint sind landesgesetzliche Vorschriften. Nachdem Art. 21 des bayr. Armenges. v. 29. April 1869 durch Art. $\frac{\text{4 Abs. II}}{\text{6 Abs. II}}$ des bayr. Ausführ.Ges. v. $\frac{\text{28. Febr. 1884}}{\text{26. Mai 1892}}$ zum Krank. Vers. Ges. aufgehoben ist, kommt die Bestimmung des § 27 für Bayern nur insoferne in Betracht, als in Art. 19 (früher 18) des bayr. Heimatgesetz. v. $\frac{\text{16. April 1868}}{\text{30. Juli 1899}}$ für sogenannte heimatlose Personen an Stelle der unterstützungspflichtigen Gemeinde die Staatskasse tritt.

3. Wegen etwaiger Streitigkeiten vgl. Anm. Z. 4 zu § 26.

Träger der Versicherung (Berufsgenossenschaften).

§ 28. (§ 9; § 11 des Ausd.-G.)

I Die Versicherung erfolgt auf Gegenseitigkeit durch die Unternehmer der unter §§ 1, 2 fallenden Betriebe, welche zu diesem Zwecke in Berufsgenossenschaften vereinigt werden. Die Berufsgenossenschaften sind für bestimmte Bezirke zu bilden und umfassen innerhalb derselben alle Betriebe derjenigen Gewerbszweige, für welche sie errichtet sind. Von letzterer Bestimmung kann bei der Errichtung von Berufsgenossenschaften für Eisenbahnen oder die im § 1 Abs. 1 Ziffer 4 bezeichneten Betriebe abgesehen werden. Die auf Grund der §§ 12 bis 15, 31 des Unfallversicherungsgesetzes vom 6. Juli 1884 (Reichs-Gesetzbl. S. 69) und des § 11 des Gesetzes über die Ausdehnung der Unfall- und Krankenversicherung vom 28. Mai 1885 (Reichs-Gesetzbl. S. 159) errichteten Berufsgenossenschaften bleiben, vorbehaltlich der nach § 2 Abs. 2 des Gesetzes, betreffend die Abänderung der Unfallversicherungsgesetze, und nach § 52 dieses Gesetzes zulässigen Abänderungen bestehen.

II Betriebe, welche wesentliche Bestandteile verschiedenartiger Gewerbszweige umfassen, sind derjenigen Berufsgenossenschaft zuzuteilen, welcher der Hauptbetrieb angehört. Durch das Genossenschaftsstatut kann bestimmt werden, daß die Versicherung auch bei den dem Betriebe der Land- und Forstwirtschaft dienenden Nebenbetrieben gewerblicher Betriebe nach den Bestimmungen dieses Gesetzes zu erfolgen hat, wenn in diesen Nebenbetrieben überwiegend die im Hauptbetriebe verwendeten gewerblichen Arbeiter beschäftigt werden. Wenn das Statut eine solche Bestimmung enthält, so scheiden mit dem Zeitpunkt ihres Inkrafttretens die davon betroffenen Betriebe aus der Versicherung bei der Berufsgenossenschaft des Unfallversicherungsgesetzes für Land- und Forstwirtschaft aus.

III Als Unternehmer gilt derjenige, für dessen Rechnung der Betrieb erfolgt.

IV Unfälle in fremden Betrieben hat die Berufsgenossenschaft dann zu entschädigen, wenn sich diese Unfälle bei Betriebshandlungen ereignen, zu welchen ein der Berufsgenossenschaft angehörender Betriebsunternehmer den Auftrag gegeben und für welche er die Löhne zu zahlen hat.

V Die Berufsgenossenschaften können unter ihrem Namen Rechte erwerben und Verbindlichkeiten eingehen, vor Gericht klagen und verklagt werden.

VI Für die Verbindlichkeiten der Berufsgenossenschaft haftet den Gläubigern derselben nur das Genossenschaftsvermögen.

1. Neu sind die Bestimmungen in Abs. I Satz 3 u. 4, Abs. II Satz 2 u. 3 u. Abs. IV; die Bestimmungen betreffen:

a) die Ermächtigung des Bundesrates, von den bestehenden Berufsgenossenschaften einzelne Betriebsarten auszuscheiden,
b) die Ermächtigung der Berufsgenossenschaften im Wege statutarischer Bestimmungen landwirtschaftliche Betriebe, welche als Nebenbetriebe gewerblicher Betriebe geführt werden, den gewerblichen Berufsgenossenschaften anzugliedern,
c) die Verpflichtung der Berufsgenossenschaften zur Entschädigung von Unfällen, welche sich in fremden, der Berufsgenossenschaft nicht angehörigen Betrieben ereignen.

2. **Träger der Versicherung — Berufsgenossenschaften**: Die Versicherung erfolgt durch die Betriebsunternehmer in korporativen Verbänden mit öffentlich rechtlichem Charakter unter Selbstverwaltung auf Gegenseitigkeit unter Beitrittszwang derselben und mit Ausschließung der Privat-versicherungs-Gesellschaften. Diese Verbände heißen „Berufsgenossenschaften" und umfassen alle Betriebe derjenigen Gewerbszweige, für welche sie errichtet sind.

Ein Verzeichnis der bisher gebildeten Berufsgenossenschaften und der Gewerbebetriebe, welche den ersteren zugeteilt sind, ist im Anhang abgedruckt.

3. **Träger der Versicherung — Ausführungsbehörden**: Für große fiskalische Betriebe (Post-, Telegraphen-, Eisenbahn-, Marine-, Heeres-Verwaltungen) und bei fiskalischen Regiebauten tritt an die Stelle der Berufsgenossenschaft das Reich und bezw. der Bundesstaat, für dessen Rechnung die Verwaltung geführt wird. Zur Durchführung dieser Versicherung sind „Ausführungsbehörden" bestellt, welchen die im Gesetze den Berufsgenossenschafts-Organen zugewiesenen Funktionen obliegen.

4. Bezüglich der Versicherung bei Regiebauten solcher Communal- und anderer öffentlicher Verbände, welche auf ihren Antrag von der Landeszentralbehörde für leistungsfähig erklärt worden sind, welche Versicherung gleichfalls durch Ausführungsbehörden erfolgt, ferner bezüglich der Versicherung von Regiebauten von sonstigen Verbänden und von Privatpersonen, welche durch Versicherungsanstalten der Bau-Berufsgenossenschaft vermittelt wird, vergleiche die Bestimmungen des Bau-Unfallversicherungsgesetzes, insbesonders § 6 Z. 3 u. 4, § 18 u. § 23 des BauU.G. v. 30. Juni 1900.

5. **Wesentliche Bestandteile verschiedener Erwerbszweige: Hauptbetrieb: Nebenbetrieb**: Die Bestimmung in Abs. II bezieht sich nicht auf solche Betriebe, welche verschiedene Verrichtungen durchzuführen haben, um ein fertiges Erzeugnis herzustellen, sondern auf Betriebe, welche verschiedenen Gewerbszweigen angehörend fertige Fabrikate oder Halbfabrikate herstellen z. B. auf Bergwerke mit eigenen Kokereien, auf Getreidemühlen, welche gleichzeitig Sägmühlen sind, Ziegeleien oder Steinbrüche für ein Baugeschäft, Bahnanlagen (Schienenanschlußgeleise) für größere Etablissements 2c.

Unerläßliche Voraussetzung ist, daß die Betriebe in einem solchen Verhältnis zueinander stehen, daß das eine dem andern dient, der eine für den andern arbeitet.

Sind die mehreren Betriebe eines und desselben Unternehmers von einander unabhängig, so besteht kein Gesamtbetrieb, sondern einzelne Betriebe (mit Personalunion), welche zu den verschiedenen, für die betr. Gewerbezweige gebildeten Berufsgenossenschaften gehören.

Die oft schwierige Frage, ob die verschiedenen Gewerbszweige desselben Unternehmers selbständig und von einander unabhängig sind, oder ob die Betriebe sich als ein Gesamtbetrieb darstellen, läßt sich nur von Fall zu Fall entscheiden. Im Handbuch der Unf.Vers. (2. Aufl. S. 215, vgl. auch die dort angeführten Entscheidungen der Versicherungsämter) sind als Merkmale, welche einzeln oder beim Zusammentreffen mehrerer derselben in Betracht kommen, aufgestellt:

a) für die Annahme eines Gesamtbetriebs: Einheit der Leitung, Oberleitung, der Verrechnung, Wechsel der Arbeiter in den verschiedenen Betrieben, Verwendung derselben Betriebskraft, benachbarte Lage, Verbindung durch eine den mehreren Betrieben dienende Einrichtung (Fuhrwerk, Bahnanlage), Gemeinsamkeit der Gefahr, Verarbeitung oder Weiterverarbeitung derselben Stoffe, Verwertung der Erzeugnisse oder Nebenerzeugnisse des einen Betriebs in anderen Betrieben u. s. w.

b) für die Nichtannahme eines Gesamtbetriebs: Räumliche Entfernung der verschiedenen Betriebe, Verwendung besonderer Arbeiterstämme, Selbstständigkeit der Leitung und Verrechnung für jeden Betrieb, Fehlen innerer Beziehungen der Betriebe oder der einzelnen Arbeiter unter einander, Verschiedenartigkeit der Gefahren.

Welcher Betriebsteil von mehreren im gegebenen Falle als der Hauptbetrieb zu gelten hat, bestimmt sich darnach, in welchem der mehreren Bestandteile der Schwerpunkt des gesamten Betriebes liegt. Hier wird es u. a. auf die Zahl der in den einzelnen Betriebsteilen beschäftigten Arbeiter, auf die Dauer der Beschäftigung derselben, auf die Höhe der Löhne, auf die Frage, welcher Bestandteil die wertvollere Betriebsanlage besitzt und die längere Zeit des Jahres im Betriebe ist u. s. f., anzukommen haben.

Besonders hervorzuheben ist noch, daß die Versicherungspflichtigkeit der einzelnen Betriebszweige nur dann vorliegt, wenn der Hauptbetrieb versicherungspflichtig ist; unter dieser Voraussetzung folgen die einzelnen Betriebszweige, ohne daß sie von der Versicherung ausgenommen werden könnten, dem Hauptbetriebe, welch' letzterer die Zugehörigkeit zur Berufsgenossenschaft bestimmt. Dieser Grundsatz findet auch auf Nebenbetriebe von Hauptbetrieben Anwendung, welche landesgesetzlich bestehenden Knappschaften angehören.

6. **Zweigniederlassungen**: sind im Allgemeinen selbständige Betriebe. Hängen sie aber derartig vom Hauptgeschäft ab, daß die Betriebshandlungen in den Zweigniederlassungen als von dem Hauptbetrieb ausgehend oder nur durch denselben ermöglicht anzusehen sind, so handelt es sich bei ihnen um Haupt- und Nebenbetrieb.

7. **Landwirtschaftliche Nebenbetriebe**: Im Allgemeinen ist daran festzuhalten, daß im Gebiete der Gewerbeunfallversicherung der Satz, „daß der Nebenbetrieb dem Hauptbetriebe folgt", nur auf verschiedenartige Gewerbszweige, nicht auch auf landwirtschaftliche Betriebe zur Anwendung zu bringen ist. Eine strenge Aufrechthaltung dieser Scheidung würde aber unter Umständen Härten mit sich bringen, da erfahrungsgemäß nicht selten gewerbliche Unternehmer einen ganz unbedeutenden landwirtschaftlichen Nebenbetrieb besitzen (z. B. eine Wiese, einen Garten, ein Stück Ackerland), den sie mit den Arbeitskräften des Gewerbebetriebs nebenbei versehen. Es wurde daher in Abs. II Vorsorge getroffen, daß im Wege statutarischer Regelung land- und forstwirtschaftliche Nebenbetriebe von gewerblichen Hauptbetrieben nach den Bestimmungen des Gew.U.V.G. versichert werden können, wenn in diesen Nebenbetrieben überwiegend die im Hauptbetriebe verwendeten gewerblichen Arbeiter beschäftigt werden.

8. Umgekehrt sind **gewerbliche Nebenbetriebe** unter den Voraussetzungen des § 1 Abs. II Z. 1—3 des Unf.Vers.Ges. für Land- und Forstwirtschaft vom 30. Juni 1900 als Nebenbetriebe der land- und forstwirtschaftlichen Hauptbetriebe der land- und forstwirtschaftlichen Unfallversicherung unterstellt worden; allein hier ist die wirtschaftliche Abhängigkeit des gewerblichen Betriebes vom land- und forstwirtschaftlichen Betriebe nicht allein maßgebend, sondern das genannte Gesetz stellt 3 Kategorien von Betrieben auf, welche vorzugsweise zu den land- und forstwirtschaftlichen Nebenbetrieben zu rechnen sind, d. i. wenn sie ausschließlich oder vorzugsweise a) zur Weiterbearbeitung oder Verarbeitung von Erzeugnissen der Land- oder Forstwirtschaft des Unternehmers oder b) zur Befriedigung von Bedürfnissen seiner Land- und Forstwirtschaft oder c) zur Gewinnung oder Verarbeitung von Bestandteilen seines Grundstücks bestimmt sind.

Unter diesen Voraussetzungen unterliegen alle, nach § 1 Abs. II des Landwirtschaftlichen Unfallversicherungsgesetzes als land- oder forstwirtschaftliche Nebenbetriebe anzusehende Betriebe, für welche vom Reichsversicherungsamt nicht bestimmt wurde, daß sie den unter das Gewerbe-Unfallversicherungsgesetz fallenden Fabriken zuzurechnen seien (vgl. folg. Anm. Ziff. 10), der land- und forstwirtschaftlichen Unfallversicherung auch dann, wenn sie an und für sich als Fabriken zu erachten sein sollten oder sonst wie unter das Gewerbe-Unfallversicherungsgesetz fallen würden.

Dadurch sind eine Reihe von Zweifeln und Steitigkeiten, ob gewisse Betriebe als land- und forstwirtschaftliche Nebenbetriebe oder als Fabriken anzusehen seien, beseitigt.

9. Bezüglich einiger landwirtschaftlicher Nebenbetriebe möchte noch Nachstehendes bemerkt werden:

Brauereien sind landwirtschaftliche Nebenbetriebe, wenn dieselben nur unbedeutend sind, in den Bedürfnissen und Zwecken der Landwirtschaft aufgehen, insbesondere dann, wenn in einem solchen Betriebe ausschließlich oder weitaus überwiegend nur die Produkte der mit der Brauerei verbundenen Landwirtschaft verwendet werden und selbst dies nur gewissermaßen nebenbei ohne besonderen Aufwand brautechnischer Betriebsmittel und Betriebspersonales geschieht (Mitth. 1893 Ziff. 348 S. 101).

Dampfdreschmaschinenbetriebe sind landwirtschaftliche Nebenbetriebe nur, wenn der Landwirt selbst die Maschine besitzt und sie ausschließlich oder doch vorwiegend in seinem eigenen landwirtschaftlichen Betriebe verwendet.

Wird dagegen die Maschine auch bei anderen Landwirten als dem Besitzer in größerer Ausdehnung gegen Entgelt unter Aufstellung besonderer Arbeiter (Maschinist, Einleger rc.) oder ausschließlich in dieser Weise verwendet, so liegt ein Gewerbebetrieb der Lohndrescherei vor, welcher bei der örtlichen Eisen- und Stahl-Berufsgenossenschaft versichert ist. Aber auch in diesem Falle sind bei letzterer Berufsgenossenschaft nur bei der Maschine selbst (einschließlich des Transportes und der Aufbewahrung derselben) beschäftigten Personen (Maschinist, Heizer, Schmierer, Einleger) versichert, während die übrigen bei der Drescharbeit beschäftigten Personen (mit Wassertragen, Pumpen, Zubringen, Zurichten der Garben, Fassen des gedroschenen Getreides, Aufräumen und Binden des Strohs u. s. w.) der land- und forstwirtschaftlichen Unfallversicherung angehören.

Schneidsägen sind landwirtschaftliche Nebenbetriebe nur dann, wenn in denselben ausschließlich oder doch vorwiegend Nutz- und Bauholz für die Gutswirtschaft geschnitten wird, event. um das aus dem Forstbetriebe gewonnene Holz für den Verkauf vorzubereiten.

Wird aber in denselben gegen Entgelt für fremde Rechnung geschnitten, so sind die hiebei beschäftigten Arbeiter der Gewerbe-Unfallversicherung unterstellt.

Eisgewinnung ist in der Regel nicht als landwirtschaftlicher Nebenbetrieb anzusehen (A.N. 1889 Z. 716 S. 318, 1893 Z. 1284 S. 439).

Fuhrwerksbetrieb: Vgl. Anm. Z. 75 zu § 1 S. 68 und A.N. 1889 Z. 650 und 651, Mitth. 1894 Z. 410 S. 41, 1896 Z. 619 S. 107; hienach ist der Fuhrwerksbetrieb dann landwirtschaftlicher Nebenbetrieb, wenn das Fuhrwerk hauptsächlich für die Zwecke des landwirtschaftlichen Betriebs angeschafft, gehalten und betrieben wird; ob dies zutrifft, ist nach Lage des Falles zu entscheiden.

Über „Botenfuhrwerk" vgl. Mitth. 1899 Z. 766 S. 61.

Molkereien und Käsebereitung sind nur dann landwirtschaftliche Nebenbetriebe, wenn ausschließlich oder vorwiegend im Betriebe der den Hauptbetrieb darstellenden Landwirtschaft gewonnene Milch verarbeitet wird.

Mühlenbetriebe sind landwirtschaftliche Nebenbetriebe, wenn das Korn hauptsächlich für den Bedarf des Gutsbesitzers und seiner Leute und nur nebenbei für Dritte gemahlen wird (A.N. 1890 Z. 860 S. 495).

Ziegeleien: vgl. Anm. Z. 9 zu § 2 S. 74.

Die Herstellung von Ziegelsteinen für einen Regiebau mittels einer für diesen Zweck eigens errichteten Ziegelei zählt zu den Regiebauarbeiten und unterliegt der Bau-Unfallversicherung (A.N. 1893 Z. 1208 S. 154).

10. Mit Bekanntmachung des Reichsversicherungsamtes vom 1. Oktober 1900 (A.N. 1900 S. 1872) wurde auf Grund des § 1 Abs. III Z. 2 des Unfallversicherungsgesetzes für Land- und Forstwirtschaft vom 30. Juni bestimmt, daß von den die thatsächlichen Merkmale des § 1 Abs. II daselbst aufweisenden Nebenbetrieben land- und forstwirtschaftlicher Betriebsunternehmer die folgenden den unter das Gewerbe-Unfallversicherungsgesetz fallenden Fabriken zuzurechnen sind und somit nicht der Unfallversicherung für Land- und Forstwirtschaft unterliegen:

a) Steinbrüche und Gräbereien (Gruben),
   1. welche unterirdisch betrieben werden;
   2. für welche Dampfkessel oder durch elementare Kraft bewegte Triebwerke nicht bloß vorübergehend zur Anwendung kommen;
   3. in denen die Zahl der Arbeitstage der beschäftigten versicherungspflichtigen Personen im Jahresdurchschnitt 1000 übersteigt;

b) Kalkbrennereien und Kalköfen,
   1. für welche Dampfkessel oder durch elementare Kraft (Wind, Wasser, Dampf, Gas, heiße Luft, Elektrizität ꝛc.) bewegte Triebwerke nicht bloß vorübergehend zur Anwendung kommen;
   2. in denen die Zahl der Arbeitstage der beschäftigten versicherungspflichtigen Personen im Jahresdurchschnitt 1000 übersteigt;

c) Ziegeleien,
   in denen im Jahresdurchschnitt mindestens 200 000 Ziegelsteine (Mauersteine, Dachziegel, Hohlziegel, Platten, Drainröhren u. s. w.) hergestellt werden;

d) Mahl- und Ölmühlen,
   in denen die Zahl der Arbeitstage der in der Mühle selbst — nicht bei der An- und Abfuhr u. s. w. — beschäftigten versicherungspflichtigen Personen im Jahresdurchschnitt 1000 übersteigt;

e) Schneidemühlen und Holzbearbeitungsbetriebe,
   1. in denen zur weiteren Bearbeitung der geschnittenen Rohhölzer (Balken, Bretter, Latten u. s. w.) besondere maschinelle Einrichtungen (z. B. Hobelmaschinen) verwendet werden;
   2. in denen die Zahl der Arbeitstage der in der Mühle oder dem Fabrikraum selbst — nicht bei der An- und Abfuhr u. s. w. — beschäftigten versicherungspflichtigen Personen im Jahresdurchschnitt 1000 übersteigt;

f) Zuckerfabriken;

g) Betriebe der Nahrungsmittel-Industrie, soweit sie bisher der Nahrungsmittel-Industrie-Berufsgenossenschaft anzugehören hatten, in denen die Zahl der Arbeitstage der beschäftigten versicherungspflichtigen Personen im Jahresdurchschnitt 1000 übersteigt;

h) Brennereien,
   1. in denen im Jahresdurchschnitt mehr als 100 hl Spiritus erzeugt werden;
   2. in denen zwar weniger Spiritus, aber zugleich Hefe hergestellt wird, und im ganzen mindestens 2000 hl Maischraum zur Versteuerung gelangen;

i) Stärkebereitungsbetriebe,
   in denen Kartoffeln oder Getreide (Weizen, Mais, Reis) oder beide Fruchtarten zusammen in einem Umfange jährlich verarbeitet werden, der mindestens 10000 Ztr. Kartoffeln entspricht (ein Zentner Getreide gleich drei Zentnern Kartoffeln gerechnet);

k) Brauereien,
   1. obergährige, in denen entweder mindestens 1000 hl Malz durchschnittlich im Jahre versotten, oder bei einem Malzverbrauch von weniger als 1000 hl, jedoch mindestens 500 hl jährlich, wenigstens 3000 hl Bier im Jahresdurchschnitt hergestellt werden;
   2. untergährige, in denen mindestens 1000 hl Malz durchschnittlich im Jahr versotten werden;

l) Mälzereien,
   in denen mindestens 1000 Zentner Malz durchschnittlich im Jahr hergestellt werden.

11. Unternehmer (Abs. III.): ist derjenige, welchem das wirtschaftliche Ergebnis des Betriebs, Wert oder Unwert der im Betriebe verrichteten Arbeiten zum Vorteil oder Nachteil gereicht, welcher insbesondere die Leistungen der Arbeiter im Interesse seines Unternehmens verwertet; vgl. auch Anm. Z. 8 zu § 1 S. 56 u. Anm. Z. 3 zu § 5 S. 76.

Bezüglich des Begriffes „Unternehmer" möchten hier noch einige Beispiele angeführt werden:

a) in einem Ziegeleibetriebe, in welchem ein Ziegelmeister durch selbstgeworbene und selbstgelohnte Arbeiter die Ziegelsteine anfertigt und dafür eine feste Vergütung (Akkordlohn) von dem Ringofenbesitzer erhält, während letzterer über das Produkt verfügt, ist nicht der Ziegeleimeister, sondern der Ziegeleibesitzer der Unternehmer (A.N. 1887 S. 351);

b) in Weinkellereien, in welchen die Kellerarbeiten von selbständigen Küfermeistern derart in Akkord übernommen sind, daß die Gesellen von letzteren selbst beigestellt und gelohnt werden, sind nicht die Küfermeister, sondern die Kellereifirmen, denen die Küferei dient, Unternehmer (A.N. 1885 S. 345);

c) bei Fuhrwerksbetrieben, in welchen der Kutscher eine Quote des Fahrgeldes als Lohn erhält, ist gleichwohl der Fuhrherr Unternehmer (A.N. 1886 S. 230);

d) bei dem Flößereibetriebe einer Holzhandlung, welche den Transport der Hölzer zu Wasser an Fischermeister übergeben hatte, wurde die Holzhandlung (nicht die Fischermeister) als Unternehmer erachtet (A.N. 1887 S. 182);

e) beim Betriebe einer Kiesgrube, welcher von einer Gemeinde in Akkord gegeben war, aber ausschließlich für Rechnung und im Interesse der Gemeinde erfolgte, galt die Gemeinde als Unternehmerin (A.N. 1887 S. 31);

f) als Unternehmer wurde ferner ein Brauereibesitzer angesehen, der einem Schachtmeister die Gewinnung und Einkellerung des für seinen Brauereibetrieb erforderlichen Eises übertragen, sich aber die Aufsicht über die vom Schachtmeister aufgenommenen Arbeiter und event. die Entlassung derselben vorbehalten hatte (A.N. 1889 S. 398); ebenso

g) bei größeren Erdarbeiten der Bauunternehmer, der einem Schachtmeister Teile zur Ausführung überträgt, auch wenn dieser die Arbeiter und Geräte beschafft (A.N. 1893 S. 448, 449);

h) wenn ein Hausindustrieller mit einem Motor oder mit mindestens 10 Arbeitern arbeitet, so ist er Unternehmer und nicht der Kaufmann (Fabrikant, Auftraggeber ꝛc.), für den er arbeitet;

i) ein Dienstmann (Packträger) übt im Zweifelsfalle ein selbständiges Gewerbe aus (A.N. 1892 S. 323); vgl. dagegen auch die in A.N. 1895 S. 167 u. 168 aufgeführten Fälle.

12. **Unfälle in fremden Betrieben** (Abs. IV): Durch die Bestimmung des Abs. IV wurde eine große Anzahl bisheriger Streitfälle beseitigt.

In den Motiven zu § 28 Abs. IV sind folgende 2 Beispiele als typisch erwähnt:

a) Eine Maschinenfabrik entsendet ihre Monteure zur Aufstellung der für eine Textilfabrik gelieferten Maschinen; letztere hat vertragsmäßig das zur Aufstellung erforderliche Hilfspersonal zu stellen;

b) ein Sägmüller kauft von einem Forstbesitzer einen Waldbestand auf dem Stamm zum Abtrieb; Fällung, Bewaldrechtung und Abfuhr des Holzes besorgen die Arbeiter des Sägmüllers.

In solchen Fällen hat jene Berufsgenossenschaft für die Entschädigungspflicht aus Anlaß von Unfällen aufzukommen, zu welcher jener Unternehmer gehört, welcher den Auftrag zu fraglicher Arbeit erteilt und die Lohnzahlung für deren Verrichtung bethätigt hat.

Die Erteilung eines solchen Auftrags liegt z. B. auch dann vor, wenn ein Unternehmer einen seiner Leute zur Ausführung gewisser Arbeiten (Herstellung eines Bauwerks) in einem fremden Betrieb entsandt hat und der Arbeiter dort die zur Erledigung dieses allgemeinen Auftrags nach Lage der Verhältnisse notwendigen besonderen Einrichtungen selbständig vornimmt (A.N. 1902 Z. 1901 S. 183).

Die Vorschrift des § 28 Abs. IV bezieht sich aber nur auf Fälle, in denen verschiedenen Berufsgenossenschaften angehörende Betriebe verschiedener Unternehmer in Frage kommen, nicht dagegen auf Fälle, in denen derartige Betriebe für Rechnung eines und desselben Unternehmers erfolgen (A.N. 1901 S. 176, 1902 Z. 1902 S. 183); die in dieser Rechtsprechung vertretene Theorie dürfte nicht unbestritten bleiben.

Soweit diese Lösung nicht Platz greifen kann, ist durch § 85 G.U.G. eine entsprechende Verteilung der Entschädigungspflicht auf mehrere Genossenschaften vorgesehen; näheres siehe § 85.

Unberührt bleiben dagegen die Fälle, in denen eine nicht gegen Unfall versicherte Person z. B. ein Handwerker, sei es der Meister oder ein Geselle, in einem versicherungspflichtigen Betrieb Arbeiten für Rechnung des Handwerksbetriebs vornimmt. In solchen Fällen wird die Handwerksarbeit nicht versicherungspflichtig.

13. **Rechtsfähigkeit — Gerichtsstand der Berufsgenossenschaften** (Abs. V): Dieselben sind juristische Personen des öffentlichen Rechts; gemäß § 17 Abs. I u. III der Reichszivilprozeßordnung vom $\frac{\text{30. Januar 1877}}{\text{17. Mai 1898}}$ — R.G.Bl. 1898 S. 410 ff. wird der allgemeine Gerichtsstand der Berufsgenossenschaften durch den Sitz derselben bestimmt; neben demselben ist ein durch Statut geregelter Gerichtsstand zulässig.

14. **Haftung des Genossenschaftsvermögens** (Abs. VI): Nachdem die Berufsgenossenschaften die zur Erfüllung ihrer gesetzlichen oder statutarischen Verpflichtungen erforderlichen Mittel — mit Ausnahme der Tiefbauberufsgenossenschaft — mittels des Umlageverfahrens aufbringen, kann von einem eigentlichen Genossenschaftsvermögen, abgesehen von dem Reservefond und den laufenden Betriebsmitteln, nicht die Rede sein. Abs. VI hat daher nur den Zweck, ausdrücklich zum Ausdruck zu bringen, daß sich die Gläubiger der Berufsgenossenschaften nur an diese, nicht aber an die einzelnen Berufsgenossenschaften mit einer zivilrechtlichen Klage zur Verfolgung ihrer Ansprüche wenden können.

Aufbringung der Mittel.

§ 29.*[1]) (§ 10 Abs. 1, 2.)

I Die Mittel zur Deckung der von den Berufsgenossenschaften zu leistenden Entschädigungen und der Verwaltungskosten werden durch Beiträge aufgebracht, welche auf die Mitglieder nach Maßgabe der in ihren Betrieben von den Versicherten verdienten Gehälter und Löhne beziehungsweise des nach § 10 Abs. 4 anzurechnenden ortsüblichen Tagelohns gewöhnlicher erwachsener Tagearbeiter sowie der statutenmäßigen Gefahrentarife (§ 49) jährlich umgelegt werden.

II Gehälter und Löhne, welche während der Beitragsperiode den Jahresbetrag von fünfzehnhundert Mark übersteigen, kommen hierbei mit dem überschießenden Betrage nur zu einem Drittel in Anrechnung.

1. Die Bestimmung des § 10 des Gesetzes vom 6. Juli 1884 wurde zerlegt und ist in die §§ 29, 31 und 34 des neuen Gesetzes übergegangen. Neue Bestimmungen sind in § 29 nur insoferne aufgenommen, als solche durch abgeänderte bisherige Bestimmungen — insbesondere des § 10 — geboten waren; dieselben erstrecken sich auf die bei der Umlegung der Mitgliederbeiträge zu Grunde zu legenden Löhne.

Auf die Tiefbaubetriebe ist § 29 Abs. I nicht anwendbar.

2. **Umlageverfahren** im Gegensatz zum **Kapitaldeckungsverfahren**: Nach dem Umlageverfahren werden nur diejenigen Beträge, welche zur Zahlung der bereits fälligen Renten und sonstigen Entschädigungen, der Beträge zur Ansammlung eines Reservefonds und der Verwaltungskosten für das betr. Rechnungsjahr zur Gewährung von Prämien für Rettung Verunglückter, zu Zwecken der Unfallverhütung eventuell zur Errichtung von Heil- und Genesungsanstalten (vgl. § 31) zu zahlen waren, von den Mitgliedern aufgebracht.

Der Maßstab für die Umlegung bildet die Summe der im letzten Rechnungsjahr von den beschäftigten Versicherten im Betriebe des Genossenschaftsmitgliedes wirklich verdienten Löhne (und Gehälter) einerseits und die Gefahrenklasse, welcher der Betrieb (oder die Betriebe) des Mitglieds angehören, andererseits.

Zur Deckung der Verwaltungskosten kann für jedes Jahr ein Vorschuß ausgeschrieben und eingezogen, es kann aber auch ein bleibender (sog. eiserner) Betriebsfond beschafft werden.

Beim Kapitaldeckungsverfahren wird nach Maßgabe der Wahrscheinlichkeitsrechnung jede durch einen Unfall eintretende Belastung ihrem Kapitalwerte nach berechnet und diese in jedem Jahre sich ergebenden Kapitalsbeträge werden nebst den jährlichen Verwaltungskosten und den Zuschlägen zum Reservefond auf die Berufsgenossen verteilt. Die Grundsätze für die Berechnung dieses Kapitalswertes sind in der Bekanntmachung des Reichsversicherungsamtes vom 26. Januar 1889 (A.N. 1889 S. 78—82) veröffentlicht.

Das Kapitaldeckungsverfahren kommt nur bei der Tiefbauberufsgenossenschaft zur Anwendung, alle anderen Berufsgenossenschaften bringen ihre Mittel im Wege des Umlageverfahrens auf.

3. **Umlegung auf die Mitglieder der Berufsgenossenschaft**: Wegen der Mitgliedschaft siehe § 55. Es ist gesetzlich unzulässig und rechtlich unwirksam, daß die Berufsgenossenschaft oder deren Mitglieder einen Teil der umgelegten Beiträge den Arbeitern auflegen.

Die Beiträge der Mitglieder sind öffentliche Abgaben und genießen im Konkurse ein Vorzugsrecht (§ 54 Z. 3 der Konkursordn.).

---

[1]) Die mit * bezeichneten Paragraphen finden keine Anwendung, soweit das Reich oder ein Bundesstaat an die Stelle der Berufsgenossenschaften tritt (cfr. § 129).

4. **Nach Maßgabe der verdienten Löhne bezw. des ortsüblichen Taglohns**: Maßgebend für die Beiträge der berufsgenossenschaftlichen Mitglieder sind die wirklich verdienten Löhne. Soweit Löhne von den Versicherten wegen solcher Beschäftigungen verdient werden, welche keinen Bestandteil des Genossenschaftsbetriebes bilden, bleiben sie außer Ansatz.

Nachdem die bisher in § 3 Abs. III vorgeschriebene Berücksichtigung gewisser geringer Lohnsätze beseitigt und auch für diese Fälle die Regel zur Geltung gebracht ist, daß als Jahresarbeitsverdienst das 300fache des ortsüblichen Taglohns gewöhnlicher Arbeiter zu Grunde zu legen ist, war auch in § 29 die Bezugnahme auf den geringen Jahresarbeitsverdienst jugendlicher und nichtausgebildeter Arbeiter zu streichen und durch den Hinweis auf die ortsüblichen Tagelöhne zu ersetzen.

Die Umlagenberechnung nach dem Tagesverdienst ist für den Regelfall unzulässig und ausnahmsweise nur bei Verrechnungen der Verdienste für Jahresteilbeiträge gestattet (A.N. 1901 Z. 1874 S. 426), wenn die Zugrundelegung des Jahresarbeitsverdienstes undurchführbar ist.

5. Die Bestimmung in Abs. II ist eine Konsequenz der Bestimmung in § 10 Abs. I. Der 1500 Mark übersteigende Betrag der Löhne und Gehälter ist durchweg mit einem Drittel anzusetzen, auch bei Betriebsbeamten und selbstversicherten Unternehmern.

Als Beitragsperiode gilt dasjenige Rechnungsjahr, für welches die Umlegung erfolgt.

§ 30.*

I Abweichend von den Vorschriften im § 29 kann durch das Statut bestimmt werden, daß für die Umlegung der Beiträge die wirklich verdienten Gehälter und Löhne in Anrechnung kommen.

II Für Betriebe, in welchen regelmäßig nicht mehr als fünf Arbeiter beschäftigt werden, kann durch Statut ferner bestimmt werden, daß und nach welchen Grundsätzen mit Zustimmung des Betriebsunternehmers ein Pauschbetrag statt der Einzellöhne bei der Berechnung der Beträge zu Grunde zu legen ist oder daß ein einheitlicher Mindestbeitrag, der vier Mark jährlich nicht übersteigen darf, zu entrichten ist.

III Durch Statut kann bestimmt werden, daß die Arbeitgeber der im § 5 Abs. 1 lit. b bezeichneten Gewerbebetreibenden die Beiträge für die von diesen beschäftigten versicherten Personen und, sofern die Versicherung auf die im § 5 Abs. 1 lit. b bezeichneten Gewerbetreibenden selbst durch Statut ausgedehnt ist, die Beiträge auch für diese zu zahlen haben.

Die Bestimmung des § 30 ist neu und beabsichtigt, Vereinfachungen bezüglich der Beitragsberechnung zu ermöglichen, und zwar ist im Wege statutarischer Bestimmung ermöglicht:

a) durch Abs. I: die wirklich verdienten Löhne in Ansatz zu bringen in jenen Fällen, in welchen nach § 29 der über 1500 Mk. gehende Lohn bis zu einem Drittel des Überschusses zu kürzen oder auf den ortsüblichen Tagelohn gewöhnlicher Tagarbeiter (vgl. § 29 Abs. I und § 10 Abs. IV) zu erhöhen wäre,

b) durch Abs. II, daß für kleinere Betriebsunternehmer mit ihrer Zustimmung statt der Einzellöhne ein Pauschbetrag der Beitragsberechnung zu Grunde gelegt oder von den Lohnnachweisungen abgesehen und ein Einheitsbetrag (bis zu 4 Mark pro Jahr) von diesen erhoben wird.

c) durch Abs. III, daß die Arbeitgeber von Hausgewerbetreibenden verpflichtet werden können, die von letzteren für ihre Hilfspersonen zu entrichtenden Beiträge selbst zu tragen.

Es steht im freien Ermessen der Berufsgenossenschaften, ob event. in welchem Umfange dieselben von der sub a—c erwähnten Befugnis Gebrauch machen wollen.

§ 31.* (§ 10 Abs. 3, 4.)

I Zu anderen Zwecken als zur Deckung der von der Genossenschaft zu leistenden Entschädigungen und der Verwaltungskosten, zur Ansammlung des Reservefonds (§ 34), zur Gewährung von Prämien für Rettung Verunglückter und zu Zwecken der Unfallverhütung sowie mit Genehmigung des Reichs-Versicherungsamts zur Errichtung von Heil- oder Genesungsanstalten dürfen weder Beiträge von den Mitgliedern der Genossenschaft erhoben werden, noch Verwendungen aus dem Vermögen der Genossenschaft erfolgen.

II Behufs Bestreitung der Verwaltungskosten können die Berufsgenossenschaften von den Mitgliedern für das erste Jahr einen Beitrag im voraus erheben. Falls das Statut hierüber nichts Anderes bestimmt, erfolgt die Aufbringung dieser Mittel nach Maßgabe der Zahl der von den Mitgliedern in ihren Betrieben beschäftigten versicherungspflichtigen Personen (§ 35).

1. Neu ist hier die Bestimmung, daß Beitragserhebungen und Verwendungen auch zu Zwecken der Unfallverhütung und mit Genehmigung des Reichsversicherungsamtes auch zur Errichtung von Heil- und Genesungsanstalten verwendet werden dürfen.

2. **Zu anderen Zwecken**: Über das gesetzliche Maß hinaus dürfen die Leistungen aus der Versicherung auch nicht im Wege statutarischer Bestimmungen erhöht werden.

3. **Verwaltungskosten**: Abgesehen von den im Gesetz selbst bestimmten Beschränkungen sind die Berufsgenossenschaften in ihrer Verwaltung und der Verwendung ihrer Mittel zu den in § 31 Abs. I genannten Zwecken nicht beschränkt. Daß die Verwaltungskosten bei den einzelnen Berufsgenossenschaften mit Rücksicht auf die größere oder geringere Kostspieligkeit ihrer Einrichtungen, ihre Ausdehnung, die Zahl der Mitglieder u. s. w. von sehr verschiedener Höhe sind, liegt auf der Hand.

4. **Vorschuß**: Wird zur Deckung der Verwaltungskosten ein Vorschuß erhoben (vgl. Anm. 2 Z. 2 zu § 29), so ist derselbe in der nächsten Umlage auf die Beiträge der einzelnen Unternehmer anzurechnen; ist aber ein eiserner Betriebsfond beschafft, so kann von dessen jährlicher Verrechnung Abstand genommen werden. Aus dem Reservefond darf der Betriebsfond unter keinen Umständen entnommen werden.

§ 32.*

I Auf die Beiträge können von den Mitgliedern nach Bestimmung des Statuts viertel- oder halbjährliche Vorschüsse erfordert werden. Dieselben bemessen sich für die einzelnen Mitglieder nach der Höhe der für das letztvergangene Rechnungsjahr auf sie umgelegten oder nach § 30 Abs. 2 gezahlten Beiträge und betragen jedesmal den vierten Teil beziehungsweise die Hälfte der letzteren, solange nicht die Genossenschaftsversammlung einen niedrigeren Betrag festgesetzt hat. Für neu eintretende Mitglieder sind die Vorschüsse nach demjenigen Betrage zu bemessen, welchen diese Mitglieder nach dem Umfang ihres Betriebs zu den Jahreslasten des letztvergangenen Rechnungsjahrs hätten beitragen müssen, wenn sie in demselben schon Mitglieder der Berufsgenossenschaft gewesen wären.

II Die Vorschüsse sind binnen zwei Wochen nach den durch das Statut oder die Genossenschaftsversammlung bestimmten Fälligkeitsterminen an den Vorstand einzuzahlen.

Die Bestimmung in § 32 ist neu; hiedurch wurde dem aus den Kreisen der Berufsgenossenschaft laut gewordenen Wunsche Rechnung getragen, allen Berufsgenossenschaften die Möglichkeit zur Erhebung von Vorschüssen auf die Mitgliederbeiträge einzuräumen; eine gleiche Bestimmung galt bisher für die Tiefbauberufsgenossenschaft und konnte für die Baugewerksberufsgenossenschaft eingeführt werden (vgl. § 10 Abs. 2 und § 48 des bisherigen Bau-Unf.V.G. vom 11. Juli 1887).

Eine Beschwerde gegen die Vorschußerhebung ist im Gesetze nicht vorgesehen. Rückständige Vorschüsse werden gleich Beitragsrückständen beigetrieben wie rückständige Gemeindeabgaben (§ 103); vgl. auch Anm. Z. 5 zu § 13 Bau-U.G.

§ 33.*

Unternehmer von Betrieben, deren Sitz sich im Auslande befindet, können, wenn sie vorübergehend im Inland einen versicherungspflichtigen Betrieb ausüben, vom Genossenschaftsvorstande mit Beiträgen bis zur doppelten Höhe und zur Sicherheitsleistung herangezogen werden.

Auch die Bestimmung in § 33 ist neu; sie gilt nur für vorübergehende Ausübung versicherungspflichtiger Betriebe seitens solcher Unternehmer, deren regelmäßiger Betriebssitz im Auslande gelegen ist.

§ 34.* (§ 18.)

I Die Berufsgenossenschaften haben einen Reservefonds anzusammeln. An Zuschlägen zur Bildung desselben sind bei der erstmaligen Umlegung der Entschädigungsbeträge dreihundert Prozent, bei der zweiten zweihundert, bei der dritten einhundertundfünfzig, bei der vierten einhundert, bei der fünften achtzig, bei der sechsten sechzig und von da an bis zur elften Umlegung jedesmal zehn Prozent weniger als Zuschlag zu den Entschädigungsbeträgen zu erheben. Nach Ablauf der ersten elf Jahre und, sofern das elfte Jahr beim Inkrafttreten dieses Gesetzes schon überschritten ist, von diesem letzteren Zeitpunkt ab haben die Berufsgenossenschaften dem jeweiligen Bestande des gesetzlichen Reservefonds drei Jahre lang je zehn Prozent und weiter in Zeiträumen von je drei Jahren je ein Prozent weniger bis herab zu je vier Prozent alljährlich zuzuschlagen und zwar jedesmal unter Anrechnung der Zinsen. Nach Ablauf dieser Zeit sind aus den Zinsen des Reservefonds diejenigen Beträge zu entnehmen, welche erforderlich sind, um eine weitere Steigerung des auf eine jede versicherte Person im Durchschnitt entfallenden Umlagebeitrags zu beseitigen. Der Rest der Zinsen ist dem Reservefonds weiter zuzuschlagen.

II In dringenden Bedarfsfällen kann die Genossenschaft mit Genehmigung des Reichs-Versicherungsamts schon vorher die Zinsen und erforderlichen Falles auch den Kapitalbestand des Reservefonds angreifen. Die Wiederergänzung erfolgt alsdann nach näherer Anordnung des Reichs-Versicherungsamts.

III Auf Antrag des Genossenschaftsvorstandes kann die Genossenschaftsversammlung jederzeit weitere Zuschläge zum Reservefonds beschließen. Solche Beschlüsse bedürfen der Genehmigung des Reichs-Versicherungsamts.

1. Die Bestimmungen über Ansammlung eines Reservefonds waren bisher in § 18 unter den Vorschriften über das Genossenschaftsstatut enthalten; es wurde für zweckentsprechender erachtet, dieselben hier in dem Abschnitt für Aufbringung der Mittel aufzunehmen.

Neu ist die Bestimmung in Abs. I, daß der Reservefond durch weitere Zuschläge zu den Entschädigungsbeträgen über die ersten 11 Jahre des Bestehens einer jeden Berufsgenossenschaft hinaus zu verstärken ist, während nach der früheren Bestimmung nach Ablauf der ersten 11 Jahre nur mehr die Zinsen des Reservefonds dem letzteren solange weiter zuzuschlagen sind, bis dieser den doppelten Jahresbedarf erreicht hat.

Nach dieser neuen Bestimmung sind diese Zuschläge außer den ersten 11 Jahren noch weitere 21 Jahre (je 3 weitere Jahre 10 %, 9 % rc. bis herab zu 4 %) zu leisten, und zwar wurden oder werden für die ersten 11 Jahre Prozente der Entschädigungsbeträge (ausschließlich der Verwaltungskosten, aber einschließlich der Abfindungssummen für Ausländer), und in den diesen folgenden 21 Jahren Prozente des Reservefonds in jener Höhe erhoben, welche er mit Ablauf der ersten 11 Jahre erreicht hat.

2. **Reservefond**: In Folge des Umlageverfahrens muß der Jahresbedarf steigen, bis er den Beharrungszustand erreicht hat. Wann und unter welchen Modalitäten der Reservefond, nachdem er seine normale Höhe erreicht hat, in Anspruch genommen werden kann, darüber sagt das Gesetz nichts. Der Reservefond hat den Zweck, gegenüber der in Folge des Umlageverfahrens anfangs nur allmählich zunehmenden Belastung der Unfallversicherungskasse einen billigen Ausgleich in der jährlichen Zahlung der Beiträge herbeizuführen. Es ist deshalb auch bestimmt, daß in den ersten Jahren, da hier die Entschädigungen geringer sind, dem Reservefond ein größerer Betrag zugeschlagen werden muß. Die durch die Novelle vom 30. Juni 1900 vorgesehene Verstärkung des Reservefonds bezweckt eine solche Anwachsung desselben, daß dessen Zinsen ausreichen, um zu einem dauernd gleichen Beitrag übergehen zu können, der etwa die Mitte zwischen Kapitaldeckungs- und Höchstbetrag des Umlagenbeitrags hält. (Mot. u. Komm. Ber.). Nebenbei bemerkt, sollen hiedurch auch die Wege geebnet werden, auf welchen seinerzeit vom Umlageverfahren zu dem als richtiger erkannten Kapitaldeckungsverfahren übergegangen werden soll.

3. Die Ansammlung des Reservefonds ist obligatorisch; für die Verwaltung desselben haftet der Vorstand der Berufsgenossenschaft wie ein Vormund seinem Mündel (§ 45); die Gelder sind nach den Bestimmungen in § 108 ff. anzulegen.

4. Für die Versicherungsanstalt der Baugewerbe-Berufsgenossenschaft ist ein besonderer Reservefond zu bilden (vgl. § 19 Abs. II des Bau-Unf.V.G.).

5. Die Erhebung der in § 34 vorgeschriebenen Zuschläge zu dem Reservefond hat erstmalig im Jahre 1902 für das Jahr 1901 zu erfolgen (A.N. 1900 Z. 1828 S. 806).

Berufsgenossenschaften, bei denen der Reservefond den doppelten Bedarf des Rechnungsjahres 1900 erreicht hat, dürfen die auf das letzte Viertel des Jahres 1900 entfallenden Zinsen in gleicher Weise wie die Zinsen der ersten Dreivierteljahre zur Deckung der Genossenschaftslasten verwenden; anderen Berufsgenossenschaften dagegen, bei denen der Reservefond den doppelten Bedarf des Jahres 1900 noch nicht erreicht hat, ist die Verrechnung der Zinsen des letzten Vierteljahres auf den Zuschlag für das Jahr 1901 unbedingt geboten (A.N. 1901 Z. 1837 S. 178, vgl. auch A.N. 1901 Z. 1895 S. 627).

6. Zur Deckung von Verwaltungskosten darf der Reservefond unter keinen Umständen herangezogen werden.

7. Bei Vermögens-Auseinandersetzungen bedarf es weder einer Genehmigung des Reichs-Vers. Amts zur Überweisung des Anteils am Reservefond noch einer Ergänzung des Reservefonds auf den früheren Bestand (A.N. 1892 Z. 1087 S. 200).

8. An Stelle des Reichs-Versicherungsamts (Abs. III) tritt event. das betr. Landesversicherungsamt.

II. Organisation und Veränderung der Berufsgenossenschaften.

Ermittelung der versicherungspflichtigen Betriebe.

§ 35.* (§ 11.)

I Jeder Unternehmer eines unter §§ 1 oder 2 fallenden, bisher der reichsgesetzlichen Unfallversicherung nicht unterstellten Betriebs hat diesen binnen einer von dem Reichs-Versicherungsamte zu bestimmenden und öffentlich bekannt zu machenden Frist unter Angabe des Gegenstandes und der Art desselben sowie die Zahl der durchschnittlich darin beschäftigten versicherungspflichtigen Personen bei der unteren Verwaltungsbehörde anzumelden.

II Für die nicht angemeldeten Betriebe hat die untere Verwaltungsbehörde die Angaben nach ihrer Kenntnis der Verhältnisse zu ergänzen.

III Dieselbe ist befugt, die Unternehmer nicht angemeldeter Betriebe zu einer Auskunft darüber innerhalb einer zu bestimmenden Frist durch Geldstrafen im Betrage bis zu einhundert Mark anzuhalten.

IV Die untere Verwaltungsbehörde hat ein nach Gewerbszweigen geordnetes Verzeichnis der Betriebe ihres Bezirkes unter Angabe des Gegenstandes und der Art des Betriebs sowie die Zahl der darin beschäftigten versicherungspflichtigen Personen aufzustellen. Das Verzeichnis ist der höheren Verwaltungsbehörde einzureichen und von dieser erforderlichen Falles zu berichtigen.

V Die höhere Verwaltungsbehörde hat die Verzeichnisse sämtlicher versicherungspflichtigen Betriebe ihres Bezirkes dem Reichs-Versicherungsamt einzureichen, welches sie den zuständigen Genossenschaftsvorständen überweist.

1. Die Vorschriften des § 35 erstrecken sich nur auf die durch die Novelle vom 30. Juni 1900 versicherungspflichtig gewordenen Betriebe.

Zur Anmeldung dieser Betriebe ist Frist bis zum 15. November 1900 gesetzt worden; zugleich wurde Anleitung und Formular für die Anmeldung veröffentlicht mit Bekanntmachung des Reichs-Versicherungsamts vom 1. Oktober 1900 (A.N. 1900 S. 707 ff.).

Das Ergebnis der erfolgten Anmeldungen ist vom Reichs-Versicherungsamt mit Bekanntmachung vom 26. April 1901 veröffentlicht (A.N. 1901 S. 353 ff.).

2. **Neu anzumeldende Betriebe sind**: Die gewerblichen Brauereien, die Gewerbebetriebe der Schlosser, Schmiede, Fensterputzer und Fleischer (Metzger, Schlächter), die gewerbsmäßigen Lagereibetriebe, die Lagerungs-, Holzfällungs- oder der Beförderung von Personen oder Gütern dienenden Betriebe (soferne deren Inhaber im Handelsregister eingetragen sind), ferner Betriebe jeder Art, für welche durch tierische Kraft bewegte Triebwerke nicht bloß vorübergehend zur Anwendung kommen.

3. **Eingliederung der neu angemeldeten Betriebe** in die berufsgenossenschaftliche Organisation; vgl. § 2 des Mantelgesetzes vom 30. Juni 1900, § 28 Abs. I Satz 4 Gew.U.G. und den unterm 5. Oktober 1901 vom Reichskanzler veröffentlichen Beschluß des Bundesrats, welcher zu § 2 des Mant.Ges. abgedruckt ist, vgl. Seite 19.

Durch § 28 Abs. I Satz 4 ist das Fortbestehen der auf Grund des bisherigen G.U.G. errichteten Berufsgenossenschaft angeordnet; auf Grund des § 2 des Mant.Ges. und des vorerwähnten Bundesratsbeschlusses wurde nur für die Gewerbebetriebe der Schmiede eine das Gebiet des Reichs umfassende Berufsgenossenschaft gebildet, während die übrigen, oben in Anm. 2 erwähnten Gewerbebetriebe den schon bestehenden Berufsgenossenschaften eingegliedert wurden.

4. Der erstmaligen Anmeldung (1884) wurden die Gruppen, Klassen und Ordnungen der Reichsberufsstatistik, welche vom Reichs-Versicherungsamt den Behörden mitgeteilt worden sind, zugrunde gelegt.

5. **Untere — höhere Verwaltungsbehörde**: vgl. § 152 u. Anm. hiezu.

6. **Reichsversicherungsamt**: Eine Zuständigkeit der Landesversicherungsämter ist hier nicht gegeben.

** Die Bestimmungen in §§ 12—15 des Gesetzes vom 6. Juli 1884 sind gegenstandslos geworden und wurden daher in das geänderte Gesetz nicht mehr aufgenommen.

Statut der Berufsgenossenschaften.

§ 36.* (§ 16.)

I Die Berufsgenossenschaften regeln ihre innere Verwaltung sowie ihre Geschäftsordnung durch ein von der Genossenschaftsversammlung zu beschließendes Statut. Bis zur Uebernahme der Geschäfte durch den auf Grund eines gültigen Genossenschaftsstatuts (§ 39) gewählten Vorstand hat der von der konstituierenden Genossenschaftsversammlung gewählte provisorische Vorstand, welcher aus einem Vorsitzenden, einem Schriftführer und mindestens drei Beisitzern zu bestehen hat, die Genossenschaftsversammlung zu leiten und die Geschäfte der Genossenschaft zu führen.

II Die Mitglieder der Berufsgenossenschaften können sich in der Genossenschaftsversammlung durch andere stimmberechtigte Mitglieder oder durch einen bevollmächtigten Leiter ihres Betriebs vertreten lassen.

1. Die Änderungen des § 36 sind gegenüber dem bisher. § 16 nur redaktioneller Natur.

2. Bezüglich der neu zu errichtenden Berufsgenossenschaften vgl. § 2 Abs. II u. IV des Mant.Ges.

3. Die Verwaltung der Berufsgenossenschaften wird durch ein von der Genossenschaftsversammlung zu beschließendes Statut geregelt.

4. Das Statut hat vorzugsweise die Aufgabe, die allgemeine Verwaltungsorganisation der Berufsgenossenschaft und diejenigen Verhältnisse, welche dauernder Natur sind, zu regeln (Mot. z. Ges. v. 6. Juli 1884).

Vom Reichs-Versicherungsamt wurde am 20. Dezember 1884 ein Normalstatut veröffentlicht (A.N. 1885 S. 9 ff.). Sein Inhalt ist jedoch in keiner Weise für die Berufsgenossenschaft bindend, da denselben im Gesetze volle Selbstverwaltung ihrer Angelegenheiten gewährleistet ist.

Zufolge des Abänderungsgesetzes vom 30. Juni 1900 waren fast alle Berufsgenossenschaften veranlaßt, ein neues Statut zu erlassen.

5. Für die fiskalischen Betriebe (des Reichs oder eines Bundesstaats) treten an die Stelle des Status „Ausführungsvorschriften“ der Ausführungsbehörden; desgleichen für die Regiebauverwaltungen der für leistungsfähig erklärten Kommunalverbände.

Für die „Versicherungsanstalten“ der Baugewerksberufsgenossenschaft ist ein „Nebenstatut“ zu errichten (§ 20 Bau-U.V.G.).

6. Bei der Beratung und beschlußmäßigen Festsetzung des Statuts können sich die Berufsgenossenschaften durch einen bevollmächtigten Leiter ihres Betriebes vertreten lassen (Abs. II).

Disponenten anderer Betriebe können nicht zu Vertretern bestellt werden.

Leiter der Betriebe sind solche, welche die Geschäftsführung in dem Betriebe besorgen oder doch an derselben wesentlich teilnehmen.

Die Vertreter bedürfen zu ihrer Vertretung einer schriftlichen Vollmacht, dieselben sind gebühren- und stempelfrei; gerichtliche oder notarielle Vollmachten sind nicht erforderlich.

§ 37.* (§ 17.)

Das Genossenschaftsstatut muß Bestimmung treffen:

1. über Namen und Sitz der Genossenschaft;
2. über die Bildung des Genossenschaftsvorstandes und über den Umfang seiner Befugnisse;
3. über die Berufung der Genossenschaftsversammlung sowie über die Art ihrer Beschlußfassung;
4. über das Stimmrecht der Mitglieder der Genossenschaft und die Prüfung ihrer Vollmachten;
5. über das von den Organen der Genossenschaft bei der Einschätzung der Betriebe in die Klassen des Gefahrentarifs zu beobachtende Verfahren (§ 49);
6. über das Verfahren bei Betriebsveränderungen sowie bei Aenderungen in der Person des Unternehmers (§ 60 Abs. 2, §§ 61, 62);
7. über die Folgen der Betriebseinstellungen oder eines Wechsels der Betriebsunternehmer, insbesondere über die Sicherstellung der Beiträge der Unternehmer, welche den Betrieb einstellen;
8. über die den Vertretern der versicherten Arbeiter zu gewährenden Vergütungssätze (§ 114 Abs. 4);
9. über die Aufstellung, Prüfung und Abnahme der Jahresrechnung;
10. über die Ausübung der der Genossenschaft zustehenden Befugnisse zum Erlasse von Vorschriften behufs der Unfallverhütung und zur Ueberwachung der Betriebe (§§ 112 ff.);
11. über die Voraussetzungen einer Abänderung des Statuts;
12. über das bei der Anmeldung und dem Ausscheiden der versicherten Betriebsunternehmer und anderer nach §§ 1 oder 2 nicht versicherter Personen (§ 5) zu beobachtende Verfahren sowie über die Höhe des der Versicherung der Unternehmer zu Grunde zu legenden Jahresarbeitsverdienstes und dessen Ermittelung (§§ 5, 10).

1. § 37 setzt in bindender Weise fest, über welche Materien das Genossenschaftsstatut Bestimmungen treffen muß im Gegensatz zu § 38, welcher regelt, welche Bestimmungen das Statut treffen kann.

2. Neue Bestimmungen finden sich in Ziff. 7 und 12; dieselben betreffen:

a) die Regelung der Folgen eines Wechsels des Betriebsunternehmers (Z. 7).

b) Vorschriften über die An- und Abmeldung versicherter Betriebsunternehmer, sowie über die Höhe ihres Jahresarbeitsverdienstes und dessen Ermittlung (Z. 12).

Die Bestimmung in Z. 12 war geboten, da in § 5 Abs. II die Selbstversicherung kleiner Betriebsunternehmer vorgesehen ist.

3. **Genossenschaftsvorstand** vgl. §§ 41—47.

4. Die Berufung der Genossenschaftsversammlung hat durch Bekanntmachung in öffentlichen Blättern zu erfolgen.

5. **Stimmrecht**: Das Statut hat nur zu bestimmen, in welchem Umfang den Einzelnen das Stimmrecht zusteht, wie viele Mitglieder anwesend sein müssen, ob absolute Mehrheit entscheidet u. s. w.; die Stimmberechtigung als solche ist im Gesetze selbst geregelt (vgl. § 55 Abs. II).

6. **Gefahrentarif**: Wenn das Statut nach Ziff. 5 auch nur das Verfahren für Einschätzung der Betriebe in die Gefahrenklassen zu regeln hat, so ist doch gesetzlich nicht ausgeschlossen, daß im Statut die Gefahrentarife selbst festgesetzt werden können.

7. **Wechsel des Betriebsunternehmers** (Ziff. 7): Aus finanziellen Interessen (d. i. in dem der Sicherstellung der Beiträge) sind die Folgen eines Wechsels des Betriebsunternehmers ebenso wie die Folgen von Betriebseinstellungen zu regeln.

Eine Betriebseinstellung liegt nur dann vor, wenn die Absicht besteht, den Betrieb dauernd aufzulösen; zeitweilige Einstellungen (durch die Art des Betriebes bedingt, z. B. in Brennereien, Zuckerfabriken 2c.) gehören nicht hieher. Verlegung eines Betriebs aus dem Gebiet einer Sektion in das Gebiet einer anderen ist keine Betriebseinstellung.

Die für den aufgelösten Betrieb pro rata temporis zu zahlenden Beiträge des laufenden Jahres werden erst am Schlusse des Rechnungsjahres fällig; das Statut kann daher fordern, daß dieselben durch eine Kaution sichergestellt werden.

8. **Vergütungssätze der Vertreter der Arbeiter**: Die Vertreter der Arbeiter haben gesetzlichen Anspruch auf Ersatz für entgangenen Arbeitsverdienst und für Reisekosten; das Statut hat nur die Höhe der Vergütungssätze zu regeln.

Bezüglich der Entschädigung für Genossenschaftsmitglieder ist der Regelung durch Statut unterstellt, ob den Mitgliedern der Vorstände oder den Vertrauensmännern eine Entschädigung für den durch Wahrnehmung der Genossenschaftsgeschäfte denselben entstehenden Zeitverlust zu gewähren sei (vgl. § 44); bare Auslagen der Genossenschaftsmitglieder werden durch Genossenschaftsbeschluß festgesetzt.

§ 38.* (§ 19.)

I Das Statut kann vorschreiben, daß die Genossenschaftsversammlung aus Vertretern zusammengesetzt wird, daß die Berufsgenossenschaft in örtlich abgegrenzte Sektionen eingeteilt wird und daß Vertrauensmänner als örtliche Genossenschaftsorgane eingesetzt werden. Enthält dasselbe Vorschriften dieser Art, so ist darin zugleich über die Wahl der Vertreter, über Sitz und Bezirk der Sektionen, über die Zusammensetzung und Berufung der Sektionsversammlungen sowie über die Art ihrer Beschlußfassung, über die Bildung der Sektionsvorstände und über den Umfang ihrer Befugnisse sowie über die Abgrenzung der Bezirke der Vertrauensmänner, die Wahl der letzteren und ihrer Stellvertreter und den Umfang ihrer Befugnisse Bestimmung zu treffen.

II Die Abgrenzung der Bezirke der Vertrauensmänner sowie die Wahl der letzteren und ihrer Stellvertreter kann von der Genossenschaftsversammlung dem Genossenschafts- oder Sektionsvorstande, die Wahl der Sektionsvorstände den Sektionsversammlungen übertragen werden.

1. In § 38 sind die Bestimmungen des früheren § 19 mit redaktionellen Aenderungen und bezw. Verbesserungen wiederholt.

2. **Sektionen**: Durch § 38 ist die Abteilung der Berufsgenossenschaft in örtlich abgegrenzte Sektionen und die Aufstellung von Vertrauensmännern als örtliche Genossenschaftsorgane im Wege statutarischer Bestimmung vorgesehen. Mit der Einrichtung von Sektionen und der dadurch herbeigeführten Dezentralisation der Verwaltung wird insbesondere bei Berufsgenossenschaften, die sich auf das ganze Gebiet des deutschen Reichs erstrecken, den Interessen einer schleunigeren und sachlicheren Erledigung der Geschäfte ohne Zweifel gedient, und zwar unbeschadet des Einstehens der großen Verbände für die gesetzliche Unfallast. Die Funktionen und Zuständigkeit der Sektionen sind durch das Statut zu regeln; in demselben können den Sektionen deren Verwaltungskosten allein auferlegt werden.

3. **Vertrauensmänner**: Wo die Betriebe wenig konzentriert sind und sich über weite Gebiete erstrecken, empfiehlt sich auch die Aufstellung von Vertrauensmännern für enger begrenzte Bezirke. Dieselben können direkt unter dem Genossenschaftsvorstand oder zunächst unter dem Sektionsvorstand stehen und neben oder an Stelle des letzteren eingesetzt werden. In der Regel ist denselben im Statut die Kontrole über die Schutzmaßregeln (Unfallverhütung!) in den Fabrik- und anderen Betrieben, die Mitwirkung bei Feststellung der Unfälle und da, wo Sektionen nicht gebildet sind, auch die vorläufige Fürsorge für die Verunglückten und deren Hinterbliebenen übertragen; im Gesetze selbst ist der Vertrauensmänner in den §§ 43, 44, 45, 69, 125 gedacht.

Für die Vertrauensmänner sind auch Stellvertreter zu wählen, die erstere in Verhinderungsfällen oder im Falle etwaiger Beteiligung in eigener Sache zu vertreten haben.

Der örtliche und sachliche Geschäftsumfang der Vertrauensmänner und ihrer Stellvertreter sowie die Wahl und Entschädigung derselben wird durch Statut geregelt; vgl. auch A.N. 1885 S. 352 u. 369.

4. Wegen der Aufstellung von technischen Aufsichtsbeamten (Revisionsingenieuren) neben den Vertrauensmännern vgl. § 119 und wegen der Aufstellung sonstiger Beamten (Rechnungsbureaubeamten) vgl. §§ 42, 48.

Wegen der Aufstellung von „Geschäftsführern" vgl. § 42 Abs. IV.

§ 39.* (§ 20.)

I Das Genossenschaftsstatut bedarf zu seiner Giltigkeit der Genehmigung des Reichs-Versicherungsamts. Das Gleiche gilt von Abänderungen des Statuts. Gegen die Versagung der Genehmigung findet innerhalb eines Monats nach der Zustellung die Beschwerde an den Bundesrat statt.

II Ist die Genehmigung des Statuts endgiltig versagt, so hat das Reichs-Versicherungsamt innerhalb eines Monats eine neue konstituierende Genossenschaftsversammlung behufs anderweiter Beschlußfassung über das Statut einzuladen. Wird auch dem von dieser Versammlung beschlossenen Statute die Genehmigung endgiltig versagt, so wird ein solches vom Reichs-Versicherungsamt erlassen.

1. § 39 hat nur redaktionelle Änderungen des früheren § 20 erfahren und ist nur bezüglich der neu zu errichtenden Berufsgenossenschaften mit § 2 in Übereinstimmung gebracht worden.

2. Beim Vollzuge des § 39 tritt an die Stelle des Reichsversicherungsamts event. das Landesversicherungsamt.

3. Wegen der „neuen konstituierenden Genossenschaftsversammlung" vgl. § 2 Abs. III, IV d. Mant.Ges. v. 30. Juni 1900.

Veröffentlichung des Namens und Sitzes der Genossenschaft ꝛc.

§ 40.* (§ 21.)

I Nach endgiltiger Feststellung des Statuts hat der Genossenschaftsvorstand durch den Reichsanzeiger bekannt zu machen:

1. den Namen und den Sitz der Genossenschaft,
2. die Bezirke der Sektionen.

II Etwaige Aenderungen sind in gleicher Weise zur öffentlichen Kenntnis zu bringen.

1. § 40 hat gegenüber dem früheren § 21 eine Änderung insoferne erfahren, als die Anordnung in Z. 3 des letzteren, daß die Zusammensetzung des Genossenschaftsvorstandes und der Sektionsvorstände, sowie die Namen der Vertrauensmänner und deren Stellvertreter durch den Reichsanzeiger bekannt zu machen ist, weggelassen wurde.

2. Die durch § 40 angeordneten Veröffentlichungen, die event. durch das Reichsversicherungsamt erzwungen werden können (§ 126), können außer in dem Reichsanzeiger selbstverständlich auch noch in anderen öffentlichen Blättern bekannt gemacht werden.

Genossenschaftsvorstände.

§ 41.* (§ 22.)

I Dem Genossenschaftsvorstande liegt die gesamte Verwaltung der Genossenschaft ob, soweit nicht einzelne Angelegenheiten durch Gesetz oder Statut der Beschlußnahme der Genossenschaftsversammlung vorbehalten oder anderen Organen der Genossenschaft übertragen sind.

II Die Beschlußfassung der Vorstände kann in eiligen Fällen durch schriftliche Abstimmung erfolgen.

III Der Beschlußnahme der Genossenschaftsversammlung müssen vorbehalten werden:

1. die Wahl der Mitglieder des Genossenschaftsvorstandes,
2. Abänderungen des Statuts,
3. die Prüfung und Abnahme der Jahresrechnung, falls diese nicht von der Genossenschaftsversammlung einem Ausschuß übertragen wird.

1. § 41 hat gegenüber dem früheren § 22 nur insoferne eine Änderung erfahren, als nunmehr gestattet ist, die Prüfung und Abnahme der Jahresrechnung einem Ausschusse zu übertragen, während sie bisher durch die Genossenschaftsversammlung zu bethätigen war.

2. Für die einer Berufsgenossenschaft nicht zugeteilten fiskalischen Betriebe (des Reichs oder der Bundesstaaten), für die Betriebe der für leistungsfähig erklärten Kommunalverbände ꝛc. treten an Stelle der Genossenschaftsvorstände die bestellten „Ausführungsbehörden".

3. **Verhältnis des Genossenschaftsvorstandes zu den Sektionsvorständen:** Die Sektionsvorstände sind innerhalb der ihnen (durch Gesetz oder Statut) übertragenen Befugnisse selbständig. Der Genossenschaftsvorstand hat aber das Recht, die Kenntnisgabe aller Handlungen und Maßnahmen der Sektionsverwaltung zu verlangen, sowie durch Belehrung und Empfehlung eine Verständigung über die Geschäftsbehandlung zu erwirken.

Durch Statut kann den Genossenschaftsvorständen ein Aufsichtsrecht im weitesten Sinne also mit der Befugnis, den Sektionsvorständen Vorschriften für ihre Geschäftsführung zu geben, eingeräumt werden.

Bei Beschwerden über die Sektionsverwaltung kann das Reichsversicherungsamt unmittelbar, mit Umgehung des Genossenschaftsvorstandes angerufen werden.

4. **Der Beschlußfassung der Genossenschaftsversammlung vorbehaltene Angelegenheiten**: Vgl. neben § 4 die §§ 32, 34, 36, 38, 44, 48, 49, 51, 52, 53, 115 Abs. III, 137.

5. **Andere Organe** der Genossenschaft: Solche sind: Sektionsvorstände und Vertrauensmänner (§ 38), Ausschüsse der Genossenschaftsversammlung oder des -Vorstandes (§§ 41, 49) zur Prüfung und Abnahme der Jahresrechnung oder zur Aufstellung (Änderung) des Gefahrentarifs, Ausschüsse des Genossenschafts- oder Sektionsvorstandes zur Festsetzung der Unfallentschädigungen (§ 58), endlich besondere Kommissionen für letztgenannten Zweck (§ 69), technische Aufsichts-Rechnungsbeamte (§ 119), endlich Geschäftsführer (§ 42).

§ 42.* (§ 23.)

I Die Genossenschaft wird durch ihren Vorstand gerichtlich und außergerichtlich vertreten. Die Vertretung erstreckt sich auch auf diejenigen Geschäfte und Rechtshandlungen, für welche nach den Gesetzen eine Spezialvollmacht erforderlich ist. Durch das Statut kann die Vertretung auch einem Mitglied oder mehreren Mitgliedern des Vorstandes übertragen werden.

II Durch die Geschäfte, welche der Vorstand der Genossenschaft und die Vorstände der Sektionen sowie die Vertrauensmänner innerhalb der Grenzen ihrer gesetzlichen und statutarischen Vollmacht im Namen der Genossenschaft abschließen, wird die letztere berechtigt und verpflichtet.

III Zur Legitimation der Vorstände bei Rechtsgeschäften genügt die Bescheinigung der höheren Verwaltungsbehörde, daß die darin bezeichneten Personen den Vorstand bilden.

IV Der Vorstand der Genossenschaft kann unbeschadet seiner eigenen Verantwortung (§ 45) bestimmte Geschäfte besoldeten Geschäftsführern übertragen. Die zur Ausführung dieser Bestimmung erforderlichen Vorschriften erläßt das Reichs-Versicherungsamt.

1. Neue Bestimmungen enthält Abs. I Satz 3 u. Abs. IV; dieselben betreffen:
   a) die Möglichkeit, durch Statut die Vertretung des Genossenschaftsvorstandes einem oder mehreren Mitgliedern des letzteren zu übertragen;
   b) bestimmte Geschäfte des Vorstandes unter dessen Verantwortung besoldeten Geschäftsführern zu übertragen.

2. **Geschäftsführer**: Die stets wachsende Geschäftslast der Berufsgenossenschaft hat zur gesetzlichen Ermächtigung der Genossenschaftsvorstände geführt, bestimmte Geschäfte „besoldeten Geschäftsführern" unter eigener Verantwortung der ersteren zu übertragen.

Die Vollzugsvorschriften hiezu sind vom Reichs-Versicherungsamt noch nicht ergangen. Eine Zuständigkeit der Landesversicherungs-Ämter ist hier nicht gegeben.

3. Die in Abs. III vorgesehenen Legitimationsbescheinigungen sind gebühren- und stempelfrei (§ 145); „höhere Verwaltungsbehörde" (vgl. § 152 und das Verzeichnis abgedr. A.N. 1900 S. 792 ff.).

§ 43.* (§ 24.)

I Wählbar zu Mitgliedern der Vorstände und zu Vertrauensmännern sind die stimmberechtigten Mitglieder der Genossenschaft sowie deren gesetzliche Vertreter und, sofern das Statut dies zuläßt, die von den Unternehmern bevollmächtigten Leiter ihrer Betriebe. Nicht wählbar ist, wer zum Amte eines Schöffen unfähig ist (§§ 31, 32 des Gerichtsverfassungsgesetzes).

II Die Ablehnung der Wahl ist nur aus denselben Gründen zulässig, aus welchen gemäß § 1786 Abs. 1 Ziffer 2 bis 4 und 8 des Bürgerlichen Gesetzbuchs das Amt eines Vormundes abgelehnt werden kann. Die Wahrnehmung eines auf Grund der Gesetze über Krankenversicherung, Unfallversicherung oder Invalidenversicherung übertragenen Ehrenamts steht der Führung einer Vormundschaft gleich. Durch das Statut können noch andere Ablehnungsgründe festgesetzt werden. Die Wiederwahl kann für eine Wahlperiode abgelehnt werden.

III Personen, welche die Wahl ohne zulässigen Grund ablehnen oder sich der Ausübung ihres Amtes ohne hinreichende Entschuldigung entziehen, können vom Vorstande mit Geldstrafen bis zu fünfhundert Mark belegt werden.

1. Neue Bestimmungen (gegenüber dem bisherigen § 24) sind:

a) die Unfähigkeit zum Amte eines Schöffen schließt die Wählbarkeit zu Mitgliedern der Vorstände und zu Vertrauensmännern aus (Abs. I); (früher war für diese Ämter nur derjenige nicht wählbar, welcher in der Verfügung über sein Vermögen durch gerichtliche Anordnung beschränkt war);

b) bezüglich der Gründe für Ablehnung der Wahl ist auf § 1786 Bürg.G.B. (an Stelle der bisherigen landesgesetzlichen Vorschriften über Ablehnung des Amtes eines Vormunds) Bezug genommen und dabei die Führung eines Ehrenamtes auf Grund der sozialen Versicherungsgesetze der Führung einer Vormundschaft gleichgestellt worden. Weiter ist bestimmt, daß die Wiederwahl nur für eine Wahlperiode abgelehnt werden kann (Abs. II);

c) die Strafvorschriften bei unzulässiger Ablehnung oder Nichtwahrnehmung eines Amtes sind dem § 90 Abs. II Inv.V.G. nachgebildet worden (Abs. III).

2. In den Knappschafts-Berufsgenossenschaften können auch „Knappschafts-Älteste" Mitglieder der Vorstände sein (§ 134).

3. **Wählbar:** Wenn die Voraussetzungen der Wählbarkeit fortfallen, erlischt auch die Fähigkeit, das Amt weiter zu bekleiden; z. B. bei Ausscheiden aus einer Firma, Aufgabe des Betriebs, Entlassung des Betriebsleiters u. s. w.; Ausländer sind nicht wählbar.

Die „Leiter" von Betrieben sind nur wählbar, soweit dies das Statut zuläßt. Die gleichen Voraussetzungen gelten auch für die Beisitzer der Schiedsgerichte und des Reichs-Versicherungsamts (vgl. § 3 und 12 d. Abänd.Ges., der §§ 88 und 104 Abs. IV d. Inv.V.G.).

4. **Unfähig zum Amt eines Schöffen sind**: §§ 31 u. 32 des Ger.Verf.Ges. vom $\frac{\text{27. Januar 1877}}{\text{17. Mai 1898}}$ R.G.Bl. 1898, S. 371 ff. lauten:

§ 31.

Das Amt eines Schöffen ist ein Ehrenamt. Dasselbe kann nur von einem Deutschen versehen werden.

§ 32.

Unfähig zu dem Amte eines Schöffen sind:

1. Personen, welche die Befähigung infolge strafgerichtlicher Verurteilung verloren haben;
2. Personen, gegen welche das Hauptverfahren wegen eines Verbrechens oder Vergehens eröffnet ist, das die Aberkennung der Fähigkeit zur Bekleidung öffentlicher Ämter zur Folge haben kann;
3. Personen, welche infolge gerichtlicher Anordnung in der Verfügung über ihr Vermögen beschränkt sind.

5. **Annahme der Wahl**: Die ausdrückliche Erklärung der Annahme der Wahl ist nicht erforderlich; der Gewählte ist zu seinem Amte kraft des Gesetzes berufen. Die Ver-

weigerung der Annahme eines Briefes, welcher die Mitteilung der erfolgten Wahl enthält, ist einer Ablehnung nicht gleich zu erachten; die Zustellung der Benachrichtigung hat in diesem Falle durch Vermittlung der Ortspolizeibehörde oder unteren Verwaltungsbehörde zu erfolgen.

Die Niederlegung des Ehrenamtes kann nur mit Genehmigung des wahlberechtigten Genossenschaftsorgans wirksam werden (A.N. 1892 S. 306).

6. **Ablehnung der Wahl**: Nach § 1786 des Bürg.G.B. (Abs. I Z. 2, 3, 4 u. 8) kann ablehnen:

1. wer das 60. Lebensjahr vollendet hat (Ziff. 2);
2. wer mehr als 4 minderjährige eheliche Kinder hat (adoptierte Kinder zählen nicht mit) (Ziff. 3);
3. wer durch Krankheit oder Gebrechen verhindert ist, die Vormundschaft ordnungsmäßig zu führen (Ziff. 4);
4. wer mehr als eine Vormundschaft oder Pflegschaft führt (Ziff. 8).

Außerdem steht die Wahrnehmung eines Ehrenamtes auf Grund der Gesetze über Kranken-, Unfall-, Invaliden-Versicherung der Führung einer Vormundschaft gleich, und es können ferner durch das Statut noch andere Ablehnungsgründe festgesetzt werden.

7. **Wiederwahl**: Die Wahl muß für eine Wahlperiode (abgesehen vom Bestehen gesetzlicher Ablehnungsgründe) angenommen, kann für die unmittelbar darauf folgende nächste Wahlperiode abgelehnt, muß aber nach dem Ablauf der letzteren wieder angenommen werden, worauf wieder eine Ablehnung erfolgen kann.

Die Dauer der Wahlperiode ist durch das Statut festzusetzen.

§ 44.* (§ 25.)

Die Mitglieder der Vorstände und die Vertrauensmänner verwalten ihr Amt als unentgeltliches Ehrenamt, sofern nicht durch das Statut eine Entschädigung für den durch Wahrnehmung der Genossenschaftsgeschäfte ihnen erwachsenden Zeitverlust bestimmt wird. Die Höhe der Entschädigung unterliegt der Genehmigung des Reichs-Versicherungsamts. Bare Auslagen werden ihnen von der Genossenschaft ersetzt, und zwar, soweit sie in Reisekosten bestehen, nach festen, von der Genossenschaftsversammlung zu bestimmenden Sätzen. Die Mitglieder des Vorstandes dürfen neben diesen Vergütungen eine Besoldung für die Geschäftsführung nicht erhalten.

1. Neu ist hier aufgenommen die Bestimmung, daß:
   a) die den Vorstandsmitgliedern und den Vertrauensmännern nach dem Statut bewilligte Entschädigung für Zeitverlust der Genehmigung des Reichs-Versicherungsamts unterliegt;
   b) daß Mitglieder des Vorstandes, für den Fall denselben die Geschäftsführung übertragen ist, hiefür besondere Besoldung nicht erhalten können.

2. Neben der Entschädigung für Zeitverlust sind den Vorstandsmitgliedern und Vertrauensmännern deren bare Auslagen (Reisekosten, Diäten) zu ersetzen; hiebei sind die Reisekosten nach festen, von der Genossenschaftsversammlung zu bestimmenden Sätzen zu bestimmen; neben Kilometergeldern oder dem Ersatz der baren Auslagen für die Eisenbahnfahrkarte, Gefährte rc. werden Tagegelder in Betracht kommen als Ersatz für Reisezehrung, Übernachten rc.

3. An die Stelle des Reichs-Versicherungsamtes tritt eventuell das Landesversicherungsamt.

§ 45.* (§ 26.)

Die Mitglieder der Vorstände sowie die Vertrauensmänner haften der Genossenschaft für getreue Geschäftsverwaltung wie Vormünder ihren Mündeln und unterliegen, wenn sie absichtlich zum Nachteile der Genossenschaft handeln, der Strafbestimmung des § 266 des Strafgesetzbuchs.

1. § 45 erhielt (an Stelle des § 26) nur eine kleine redaktionelle Änderung.

2. Für die Haftung der Vormünder ihren Mündeln gegenüber, vgl. insbes. §§ 1804, 1805, 1806, 1833, 1834 des Bürg.G.B.; dieselben lauten:

§ 1804.

Der Vormund kann nicht in Vertretung des Mündels Schenkungen machen. Ausgenommen sind Schenkungen, durch die einer sittlichen Pflicht oder einer auf den Anstand zu nehmenden Rücksicht entsprochen wird.

§ 1805.

Der Vormund darf Vermögen des Mündels nicht für sich verwenden.

§ 1806.

Der Vormund hat das zum Vermögen des Mündels gehörige Geld verzinslich anzulegen, soweit es nicht zur Bestreitung von Ausgaben bereit zu halten ist.

§ 1833.

Der Vormund ist dem Mündel für den aus einer Pflichtverletzung entstehenden Schaden verantwortlich, wenn ihm ein Verschulden zur Last fällt. — Sind für den Schaden Mehrere neben einander verantwortlich, so haften sie als Gesamtschuldner. Ist neben dem Vormund für den von diesem verursachten Schaden der Gegenvormund oder ein Mitvormund nur wegen Verletzung seiner Aufsichtspflicht verantwortlich, so ist in ihrem Verhältnisse zu einander der Vormund allein verpflichtet.

§ 1834.

Verwendet der Vormund Geld des Mündels für sich, so hat er es von der Zeit der Verwendung an zu verzinsen.

3. § 266 R.St.G.B. lautet, soweit er hier in Betracht kommt:

„Wegen Untreue werden mit Gefängnis, neben welchem auf Verlust der bürgerlichen Ehrenrechte erkannt werden kann, bestraft:

1. Vormünder . . . . ., wenn sie absichtlich zum Nachteile der ihrer Aufsicht anvertrauten Personen . . . . . handeln.

Wird die Untreue begangen, um sich oder einem anderen Vermögensvorteil zu verschaffen. so kann neben der Gefängnisstrafe auf Geldstrafe bis zu 3000 Mk. erkannt werden."

4. Wegen „Anlegung" des Vermögens der Berufsgenossenschaften vgl. §§ 108 bis 110 Gew.U.G. und wegen der Aufbewahrung der Wertpapiere § 107 das.

§ 46.* (§ 27.)

Kommt eine Wahl der gesetzlichen Organe einer Genossenschaft nicht zu Stande, oder verweigern die Gewählten die Erfüllung ihrer gesetzlichen oder statutarischen Obliegenheiten, so hat, solange und soweit dies der Fall ist, das Reichs-Versicherungsamt die Obliegenheiten auf Kosten der Genossenschaft wahrzunehmen oder durch Beauftragte wahrnehmen zu lassen.

1. Die hier erfolgten Änderungen sind nur redaktioneller Natur.

2. An die Stelle des Reichsversicherungsamtes tritt event. das Landesversicherungsamt.

3. Wegen der „gesetzlichen Organe" einer Berufsgenossenschaft vgl. Anm. Z. 5 zu § 41 S. 133.

§ 47.*

Werden hinsichtlich eines Gewählten Thatsachen bekannt, welche dessen Wählbarkeit nach Maßgabe dieses Gesetzes ausschließen, oder welche sich als grobe Verletzungen der Amtspflicht darstellen, so ist der Gewählte, nachdem ihm Gelegenheit zur Aeußerung gegeben worden ist, durch Beschluß des Vorstandes seines Amtes zu entheben. Gegen den Beschluß ist innerhalb eines Monats Beschwerde beim Reichs-Versicherungsamte zulässig; sie ist ohne aufschiebende Wirkung.

1. Die Bestimmung in § 47 ist neu; sie entspricht dem § 91 des Inv.V.G.

2. An die Stelle des Reichsversicherungsamtes tritt event. das Landesversicherungsamt.

Genossenschaftsbeamte.

§ 48.

I Die Genossenschaftsversammlung hat eine Dienstordnung zu beschließen, durch welche die Rechtsverhältnisse und allgemeinen Anstellungsbedingungen der Genossenschaftsbeamten geregelt werden. Diese Dienstordnung bedarf der Bestätigung durch das Reichs-Versicherungsamt.

II Die Gehälter der Beamten werden im Einzelnen durch den Haushaltsplan der Genossenschaft festgestellt.

1. Die Bestimmung des § 48 Abs. I und II ist neu; die Aufstellung einer „Dienstordnung" für die Genossenschaftsbeamten durch die Genossenschaftsversammlung ist obligatorisch.

2. Die „Dienstordnung", welche die Lage der Genossenschaftsbeamten bessern und sicherer stellen soll, wie bisher, hat zu umfassen: die Frage der Vorbildung der einzelnen Beamtenklassen, die Frage, ob Anstellung derselben auf Lebenszeit oder unter Kündigungsfrist oder auf Ruf und Widerruf erfolgt, die Gehaltsklassen, die Pensionierung, die Reliktenfürsorge, die Regelung der Disziplinarverhältnisse. Die Gehälter der Beamten sind in den „Haushaltungsplan" aufzunehmen. Eine Verpflichtung der Berufsgenossenschaft, Militäranwärter anzustellen, besteht nicht.

Die Dienstordnung bedarf der Genehmigung des Reichs- bezw. Landesversicherungsamts.

Für die Gewährung des Rechts auf Ruhegehalt an Beamte der Berufsgenossenschaft vgl. A.N. 1896 S. 297 u. 1896 Z. 1562 S. 492.

Bildung der Gefahrenklassen.

§ 49.* (§ 28.)

I Durch die Genossenschaftsversammlung sind für die zur Genossenschaft gehörenden Betriebe je nach dem Grade der mit denselben verbundenen Unfallgefahr entsprechende Gefahrenklassen zu bilden und über die Höhe der in denselben zu leistenden Beiträge (Gefahrentarif) Bestimmungen zu treffen.

II Durch Beschluß der Genossenschaftsversammlung kann die Aufstellung und Aenderung des Gefahrentarifs einem Ausschuß oder dem Vorstand übertragen werden.

III Die Aufstellung und Abänderung des Gefahrentarifs bedarf der Genehmigung des Reichs-Versicherungsamts. Wird ein Gefahrentarif von der Genossenschaft innerhalb einer vom Reichs-Versicherungsamte zu bestimmenden Frist nicht aufgestellt, oder dem aufgestellten die Genehmigung versagt, so hat das Reichs-Versicherungsamt nach Anhörung der mit der Aufstellung beauftragten Organe der Genossenschaft den Tarif selbst festzusetzen.

IV Die Veranlagung der Betriebe zu den einzelnen Gefahrenklassen liegt nach näherer Bestimmung des Statuts (§ 37) den Organen der Genossenschaft ob. Gegen die Veranlagung steht dem Betriebsunternehmer binnen einer Frist von zwei Wochen die Beschwerde an das Reichs-Versicherungsamt zu. Nach der Veranlagung kann die Genossenschaft einen Betrieb während der Tarifperiode neu veranlagen, wenn die vorige Veranlagung auf unrichtigen Angaben des Betriebsunternehmers beruht. Auf die erneute Veranlagung finden die für die vorige Veranlagung maßgebenden Vorschriften Anwendung.

V Der Gefahrentarif ist nach Ablauf von längstens zwei Rechnungsjahren und sodann mindestens von fünf zu fünf Jahren unter Berücksichtigung der in den einzelnen Betrieben vorgekommenen Unfälle einer Revision zu unterziehen. Die Ergebnisse derselben sind mit dem Verzeichnisse der in den einzelnen Betriebszweigen vorgekommenen, auf Grund dieses Gesetzes zu entschädigenden Unfälle der Genossenschaftsversammlung zur Beschlußfassung über die Beibehaltung oder Aenderung der bisherigen Gefahrenklassen oder Gefahrentarife vorzulegen. Die über die Aenderung der bisherigen Gefahrenklassen oder Gefahrentarife gefaßten Beschlüsse bedürfen zu ihrer Giltigkeit der Genehmigung des Reichs-Versicherungsamts; demselben ist das Verzeichnis der vorgekommenen Unfälle vorzulegen.

VI Die Genossenschaftsversammlung kann den Unternehmern nach Maßgabe der in ihren Betrieben vorgekommenen Unfälle für die nächste Periode Zuschläge auflegen oder Nachlässe bewilligen.

1. Die Bestimmung des früheren § 28 ist fast wörtlich hieher übergegangen; einen Zusatz hat dieselbe in § 49 Abs. IV dahin erfahren, daß eine Neuveranlagung während der Tarifperiode dann vorgesehen ist, wenn die erste Veranlagung auf unrichtigen Angaben des Unternehmers beruht.

2. **Gefahrenklassen — Gefahrentarif**: Da „das Gesamtrisiko der Genossenschaft auf die Genossen unter Berücksichtigung der anrechnungsfähigen Löhne und Gehälter nach der Höhe zu verteilen ist, in welcher jeder Einzelne nach dem Umfange und der Gefährlichkeit seines Betriebs die Gesamtheit gefährdet" (Motive), ist den Berufsgenossenschaften die Aufstellung von „Gefahrenklassen" zur gesetzlichen Pflicht gemacht.

Die einzelnen Gefahrenklassen werden zu einander in ein ziffermäßiges Verhältnis gebracht; die Verhältnisziffer derjenigen Gefahrenklasse, zu welcher der einzelne Betrieb veranlagt ist (Gefahrenziffer), bildet mit dem anrechnungsfähigen Lohnbetrage dieses Betriebs die Grundlage für die Umlegung des Jahresbedarfs der Berufsgenossenschaften sowie für die Höhe der Beiträge der einzelnen Mitglieder.

Die Unterscheidung der einzelnen Gefahrenklassen muß nach äußerlich erkennbaren (objektiven) Merkmalen erfolgen; subjektive Momente (schlechte Aufsicht, mangelndes Interesse für Unfallverhütung ꝛc.) können nur insoferne Berücksichtigung finden, als sie in der geringeren oder größeren Zahl der Unfälle äußerlich unzweifelhaft in die Erscheinung treten.

Gemischte Betriebe können in verschiedene Klassen des Gefahrentarifs eingereiht werden.

Nur gegen die Einschätzung (Veranlagung) in die einzelnen Klassen des Gefahrentarifs steht dem Unternehmer binnen einer Frist von zwei Wochen Beschwerde an das Reichs-(event. Landes-)Versicherungsamt zu. Dagegen hat der Unternehmer kein Rechtsmittel gegen die Aufstellung des Tarifs und die Abgrenzung der Gefahrenklasse gegen einander; Einwendungen dagegen hätte der Betriebsunternehmer bei der periodisch erfolgenden Revision in der betr. Genossenschaftsversammlung geltend zu machen und bezw. zum Austrag zu bringen.

3. **Zuschläge oder Nachlässe für die nächste Periode**: Als solche Periode ist der Zeitraum zwischen zwei Tarifrevisionen anzusehen.

Zuschläge werden event. wie rückständige Gemeindeabgaben (§ 103) beigetrieben.

Teilung des Risikos.

§ 50.* (§ 29.)

I Durch das Statut kann vorgeschrieben werden, daß die Entschädigungsbeträge bis zu fünfundsiebenzig Prozent von den Sektionen zu tragen sind, in deren Bezirken die Unfälle eingetreten sind.

II Die hiernach den Sektionen zur Last fallenden Beträge sind auf die Mitglieder derselben nach Maßgabe der für die Genossenschaft festgesetzten Gefahrenklassen und der in diesen zu leistenden Beiträge (§§ 29, 30, 49) umzulegen.

1. Neu ist hier, daß der frühere (§ 29) Prozentsatz der Entschädigungsbeträge von 50 auf 75% erhöht worden ist.

2. **Entschädigungsbeträge**: Hieher zählen die Kosten des Heilverfahrens, die Beerdigungskosten, die Renten und die Zuschläge zum Reservefond; nicht aber die Verwaltungskosten, auch wenn deren Tragung den Sektionen allein durch Statut überwiesen ist (§ 38).

Als „Verwaltungskosten" der Sektionen sind im Allgemeinen alle Auslagen anzusehen, welche durch die Existenz der Sektionen und ihrer Organe und die zuständige Thätigkeit der letzteren erwachsen, wogegen die Kosten einer Thätigkeit, welche die Sektionsorgane lediglich als Beauftragte des Genossenschaftsvorstandes entwickeln, der Genossenschaftskasse zu überweisen sind (A.N. 1886 Ziff. 119 S. 11).

3. Die Umlegung innerhalb der Sektion erfolgt nach dem allgemeinen Verteilungsmaßstab (§§ 29, 30, 49). Die Berufsgenossenschaften als solche haben die Haftung für die den einzelnen Sektionen auferlegten Quoten; die Postverwaltungen halten sich nur an jene.

4. Die Knappschafts-Berufsgenossenschaften können durch Statut bestimmen, daß die Entschädigungsbeträge über 75% hinaus von den Sektionen zu tragen sind.

Gemeinsame Tragung des Risikos.

§ 51.* (§ 30.)

I Vereinbarungen von Genossenschaften, die von ihnen zu leistenden Entschädigungsbeträge ganz oder zum Teil gemeinsam zu tragen, sind zulässig. Derartige Vereinbarungen bedürfen zu ihrer Giltigkeit der Zustimmung der beteiligten

Genossenschaftsversammlungen sowie der Genehmigung des Reichs-Versicherungsamts. Dieselben dürfen nur mit dem Beginn eines neuen Rechnungsjahrs in Wirksamkeit treten.

II Die Vereinbarung hat sich darauf zu erstrecken, in welcher Weise der gemeinsam zu tragende Entschädigungsbetrag auf die beteiligten Genossenschaften zu verteilen ist.

III Ueber die Verteilung des auf eine jede Genossenschaft entfallenden Anteils an der gemeinsam zu tragenden Entschädigung unter die Mitglieder der Genossenschaft entscheidet die Genossenschaftsversammlung. Mangels einer anderweiten Bestimmung wird dieser Anteil in gleicher Weise wie die von der Genossenschaft nach Maßgabe dieses Gesetzes zu leistenden Entschädigungsbeträge (§§ 29, 30, 49) umgelegt.

Bisher sind hier vorgesehene Vereinbarungen, die den Charakter von Rückversicherungen tragen, nicht getroffen worden; das Gesetz hat Vereinbarungen verwandter oder solche Industriezweige im Auge, für welche mehrere territoriale Genossenschaften neben einander gebildet wurden; auch hier wären solche Vereinbarungen auf die Haftung der Berufsgenossenschaften als solche und deren Geschäftsverkehr mit den Postverwaltungen ohne Einfluß. An Stelle des Reichs-Versicherungsamts tritt eventuell das Landesversicherungsamt.

Abänderung des Bestandes der Berufsgenossenschaften.

§ 52.* (§ 31, § 12 Ziffer 1, 2.)

I Nach erfolgtem Abschlusse der Organisation der Berufsgenossenschaften sind Aenderungen in deren Bestande mit dem Beginn eines neuen Rechnungsjahrs unter nachstehenden Voraussetzungen zulässig:

1. Die Vereinigung mehrerer Genossenschaften erfolgt auf übereinstimmenden Beschluß der Genossenschaftsversammlungen mit Genehmigung des Bundesrats.
2. Das Ausscheiden einzelner Gewerbszweige oder örtlich abgegrenzter Teile aus einer Genossenschaft und die Zuteilung derselben zu einer anderen Genossenschaft erfolgt auf Beschluß der beteiligten Genossenschaftsversammlungen mit Genehmigung des Bundesrats. Die Genehmigung kann versagt werden, wenn durch das Ausscheiden die Leistungsfähigkeit einer der beteiligten Genossenschaften in Bezug auf die ihr obliegenden Pflichten gefährdet wird.
3. Wird die Vereinigung mehrerer Genossenschaften oder das Ausscheiden einzelner Gewerbszweige oder örtlich abgegrenzter Teile aus einer Genossenschaft und die Zuteilung derselben zu einer anderen Genossenschaft auf Grund eines Genossenschaftsbeschlusses beantragt, dagegen von der anderen beteiligten Genossenschaft abgelehnt, so entscheidet auf Anrufen der Bundesrat.
4. Anträge auf Ausscheidung einzelner Gewerbszweige oder örtlich abgegrenzter Teile aus einer Genossenschaft und Errichtung einer besonderen Genossenschaft für dieselben sind zunächst der Beschlußfassung der Genossenschaftsversammlung zu unterbreiten und sodann dem Bundesrate zur Entscheidung vorzulegen.

II Die Genehmigung zur Errichtung der neuen Genossenschaft kann versagt werden, wenn die Anzahl der Betriebe, für welche die Berufsgenossenschaft gebildet werden soll, oder die Anzahl der in denselben beschäftigten Arbeiter zu gering ist, um die dauernde Leistungsfähigkeit der Berufsgenossenschaft in Bezug auf die bei der Unfallversicherung ihr obliegenden Pflichten zu gewährleisten, oder wenn Betriebe von der Aufnahme in die Berufsgenossenschaft ausgeschlossen werden sollen, welche wegen ihrer geringen Zahl oder wegen der geringen Zahl der in ihnen beschäftigten Arbeiter eine eigene leistungsfähige Berufsgenossenschaft zu bilden außer Stande sind und auch einer anderen Berufsgenossenschaft zweckmäßig nicht zugeteilt werden können.

III Wird die Genehmigung erteilt, so erfolgt die Beschlußfassung über das Statut für die neue Genossenschaft nach Maßgabe der Bestimmungen in den §§ 36 bis 39.

1. In Abs. II sind die Bestimmungen des vorigen § 12 Ziff. 1 u. 2 wörtlich aufgenommen.

2. **Änderungen im Bestande der Berufsgenossenschaften:**
a) Es werden mehrere Genossenschaften mit einander vereinigt, oder
b) es treten einzelne Teile aus einer Berufsgenossenschaft in eine andere über, oder
c) es treten einzelne Teile aus einer Berufsgenossenschaft aus und bilden selbst eine neue Berufsgenossenschaft.

Die Bestimmung über Abänderungen, wie sie sub a—c aufgeführt sind, ist nach dem Prinzipe der Selbstverwaltung den Interessenten selbst überlassen. Die Bestimmungen in §§ 52, 53 regeln nur das in Ansehung solcher Änderungen zu beobachtende Verfahren und die Fixierung allgemeiner Grundsätze, unter welchen solche Änderungen erfolgen können. Jede beteiligte Berufsgenossenschaft, welcher ein von der Genossenschaftsversammlung einer anderen Berufsgenossenschaft beschlossener Antrag wegen Ausscheidung von Industriezweigen oder örtlichen Teilen zugestellt wird, ist verpflichtet, hierüber einen Beschluß ihrer Genossenschaftsversammlung herbeizuführen (A.N. 1889 S. 165).

Dem Bundesrat steht hier eine eigene Initiative nicht zu; seine Entscheidungen erfolgen nur auf Antrag.

3. Auf für leistungsfähig erklärte Kommunalverbände (zur Ausführung von Regiebauten auf eigene Rechnung, vgl. § 6 Bau-U.V.G.) findet § 52 keine Anwendung.

§ 53. (§ 32.)

I Werden mehrere Genossenschaften zu einer Genossenschaft vereinigt, so gehen mit dem Zeitpunkte, zu welchem die Veränderung in Wirksamkeit tritt, alle Rechte und Pflichten der vereinigten Genossenschaften auf die neuerrichtete Genossenschaft über.

II Wenn einzelne Gewerbszweige oder örtlich abgegrenzte Teile aus einer Genossenschaft ausscheiden und einer anderen Genossenschaft angeschlossen werden, so sind von dem Eintritte dieser Veränderung ab die Entschädigungsansprüche, welche gegen die erstere Genossenschaft aus den in Betrieben der ausscheidenden Genossenschaftsteile eingetretenen Unfällen erwachsen sind, von der Genossenschaft zu befriedigen, welcher die Genossenschaftsteile nunmehr angeschlossen sind.

III Scheiden einzelne Gewerbszweige oder örtlich abgegrenzte Teile aus einer Genossenschaft unter Errichtung einer neuen Genossenschaft aus, so sind von dem

Zeitpunkte der Ausscheidung ab die Entschädigungsansprüche, welche gegen die erstere Genossenschaft aus den in Betrieben der ausscheidenden Genossenschaftsteile eingetretenen Unfällen erwachsen sind, von der neuerrichteten Genossenschaft zu befriedigen.

IV Insoweit zufolge des Ausscheidens von Gewerbszweigen oder örtlich abgegrenzten Teilen Entschädigungsansprüche auf andere Genossenschaften übergehen, haben die letzteren Anspruch auf einen entsprechenden Teil des Reservefonds und des sonstigen Vermögens derjenigen Genossenschaft, aus welcher die Ausscheidung stattfindet.

V Die Bestimmungen der Abs. 2 und 4 finden entsprechende Anwendung, wenn einzelne Betriebe oder Nebenbetriebe infolge von Berichtigungen der Kataster von einer Berufsgenossenschaft auf eine andere übergehen.

VI Die vorstehenden Bestimmungen können durch übereinstimmenden Beschluß der beteiligten Genossenschaftsversammlungen abgeändert oder ergänzt werden.

VII Streitigkeiten, welche in Betreff der Vermögensauseinandersetzung zwischen den beteiligten Genossenschaften entstehen, werden mangels Verständigung derselben über eine schiedsgerichtliche Entscheidung von dem Reichs-Versicherungsamt entschieden.

1. Neu ist die Bestimmung in Abs. V, daß die rechtlichen Wirkungen erfolgender Änderungen auch dann Anwendung finden, wenn einzelne Betriebe oder Nebenbetriebe infolge von Berichtigungen der Kataster von einer Berufsgenossenschaft in eine andere übergehen; die bisherige Praxis des Reichsversicherungsamts ist hier zum gesetzlichen Ausdruck gekommen.

2. **Die vermögensrechtlichen Wirkungen der Änderungen** sind in § 53 Abs. I bis V geregelt, und zwar bei Bestandsveränderungen a) auf Grund Beschlusses der Berufsgenossenschaften, b) auf Grund Gesetzes (z. B. Übergang von gewerblichen Betrieben als „Nebenbetriebe" landwirtschaftlicher Betriebe, wie Fuhrwerks-, kleine Mühl-Betriebe u. s. w.), c) infolge irrtümlicher Katastrierung.

In allen 3 Fällen gehen die Rentenansprüche für die Zukunft auf jene Berufsgenossenschaften über, welcher der Betrieb, in welchen sich der Unfall ereignet hat, fortan zugehört; für die Vergangenheit bleibt die Haftung der alten (früheren) Berufsgenossenschaft aufrecht erhalten.

Unter „allen Rechten und Pflichten" im Sinne des Abs. I werden eventuell nicht nur die pekuniären Rechte und Pflichten zu verstehen sein, sondern alle Ansprüche und Verpflichtungen, also auch Geldleistungen und andere Gewährungen.

Beim Übergang eines mit einem Unfall belasteten Betriebs von einer Berufsgenossenschaft auf eine andere stehen Kapitalabfindungen den fortlaufenden Entschädigungen im Sinne des § 53 Abs. II Gew.U.G. nicht gleich (A.N. 1902 Z. 1906 S. 186).

Ein Übergang der Rentenlast findet aber nicht statt bei einem Wechsel infolge von Betriebsveränderungen gemäß § 61 Gew.U.G.

3. **Vermögensauseinandersetzung**: Über diese soll zunächst die freiwillige Vereinbarung der beteiligten Berufsgenossenschaften entscheiden.

Ist diese nicht möglich und kann auch eine Einigung über eine gemäß §§ 1025 ff. der R.C.P.O. zu veranlassende schiedsgerichtliche Entscheidung nicht erzielt werden, so entscheidet das Reichs- eventuell das Landesversicherungsamt. Für das von Fall zu Fall zu bildende Schiedsgericht und bezw. das Verfahren desselben werden die Bestimmungen der §§ 1025 ff. R.C.P.O. (R.G.Bl. 1898 S. 410) zur Anwendung zu kommen haben.

Für die Entscheidung wird im Allgemeinen das Verhältnis des Kapitalwertes der übergehenden Ansprüche zum Kapitalswert der Gesamtbelastung der alten Berufsgenossenschaften maßgebend sein.

Unter dem „sonstigen Vermögen“ (das teilweise mit einem Teile des „Reservefonds“ übergehen soll) sind alle Vermögensgegenstände der Berufsgenossenschaften zu verstehen, welche einen fungiblen oder sonstigen realisierbaren Vermögenswert haben, also alles, was in einer zur Zeit des Überganges nach kaufmännischen Regeln aufgestellten Bilanz unter „Activa“ aufzuführen gewesen wäre (Inventar, Materialien, eiserner Betriebsfond), mit Ausnahme der Akten und Kataster (A.N. 1889 Z. 685 S. 166).

Auflösung von Berufsgenossenschaften.

§ 54.* (§ 33.)

Berufsgenossenschaften, welche zur Erfüllung der ihnen durch dieses Gesetz auferlegten Verpflichtungen leistungsunfähig werden, können auf Antrag des Reichs-Versicherungsamts von dem Bundesrat aufgelöst werden. Diejenigen Gewerbszweige, welche die aufgelöste Genossenschaft gebildet haben, sind anderen Berufsgenossenschaften nach deren Anhörung zuzuteilen. Mit der Auflösung der Genossenschaft gehen deren Rechtsansprüche und Verpflichtungen, vorbehaltlich der Bestimmung im § 127, auf das Reich über.

Es läßt sich kaum denken, daß diese Bestimmung jemals praktische Bedeutung erlangen wird; die hier übernommene „Reichsgarantie“ hat daher vorwiegend theoretische Bedeutung.

III. Mitgliedschaft des einzelnen Betriebs. Betriebsveränderungen.

Mitgliedschaft.

§ 55.* (§ 34.)

I Mitglied der Genossenschaft ist jeder Unternehmer eines Betriebs derjenigen Gewerbszweige, für welche die Genossenschaft errichtet ist, sofern der Betrieb im Bezirke der Genossenschaft seinen Sitz hat. Die Mitgliedschaft beginnt mit dem Zeitpunkte der Eröffnung des Betriebs oder des Beginns seiner Versicherungspflicht.

II Stimmberechtigt ist jedes Mitglied der Genossenschaft, sofern es sich im Besitze der bürgerlichen Ehrenrechte befindet.

1. § 55 enthält nur einige redaktionelle Änderungen des früheren § 34.

2. Mitglied: Jeder an sich versicherungspflichtige Betriebsunternehmer (versicherte Arbeiter oder Beamte können nie Mitglieder der Berufsgenossenschaften sein) wird *kraft des Gesetzes* Mitglied derjenigen Berufsgenossenschaft, zu welcher er nach Maßgabe der Abgrenzung der letzteren und des von ihm betriebenen Industriezweigs gehört. Diese *Zugehörigkeit* wird durch die Einrichtung von „*Genossenschaftskatastern*“ und durch Ausstellung von „*Mitgliedscheinen*“ manifestiert (§ 58).

Aus dem im Anhang abgedruckten *alphabetischen Verzeichnisse* der einzelnen Gewerbszweige ist zu ersehen, welchen Berufsgenossenschaften dieselben zugehören.

Unter den Voraussetzungen des § 55 ist die Mitgliedschaft, d. i. die Existenz der Versicherung, unabhängig von dem Eintrage in das Genossenschaftskataster und der Ausstellung des Mitgliedscheins. *Es sind also auch Unfälle, welche sich in nicht* angemeldeten oder in das Kataster nicht eingetragenen Betrieben ereignen, zu entschädigen; die Formalien der Anmeldung und Katastrierung sind in solchen Fällen eben nachträglich zu erfüllen.

Rechte der Mitglieder sind insbesondere: Stimmberechtigung, Wahlrecht und Wählbarkeit; Pflichten der Mitglieder sind: Anmeldepflicht, Beitragspflicht, Annahme von Wahlen (wenn nicht gesetzlich oder statutarisch Ablehnungsgründe bestehen).

Die Mitgliedschaft erlischt, wenn die Bedingungen der Versicherungspflicht dauernd in Wegfall kommen, bezw. wenn jemand aufhört, Unternehmer eines Betriebes zu sein, für welchen die Berufsgenossenschaft errichtet ist.

3. **Berufsgenossenschaft**: vgl. das im Anhang abgedruckte Verzeichnis.

4. **Gewerbszweige**: vgl. das im Anhang abgedruckte Verzeichnis.

5. **Unternehmer**: Begriff, vgl. §§ 1, 5 u. 28 u. Anm. Z. 8 zu § 1, Z. 3 zu § 5 u. Z. 11 zu § 28 S. 56, 76, 120.

Unternehmer, deren Betriebe erst später versicherungspflichtig werden, z. B. wegen Einstellung einer Kraftmaschine oder Beschäftigung von mehr als 10 Arbeitern, erhalten mit dem Eintritte dieses Zeitpunktes Rechte und Pflichten des Mitgliedes.

Mehrere Unternehmer eines Genossenschaftsbetriebs sind sämtlich Mitglieder; dagegen ist der Unternehmer mehrerer Genossenschaftsbetriebe nur einfaches Mitglied.

Der Wechsel des Unternehmers hat keinen Einfluß auf die Betriebszugehörigkeit, wohl aber auf die Mitgliedschaft.

Der Unternehmer eines Gesamtbetriebes, dessen von einander abhängige Betriebsteile in den Gebieten verschiedener Sektionen liegen, ist nur Mitglied der Sektion, in deren Bezirk der Hauptbetrieb gelegen ist.

6. **Sitz des Betriebes**: Es ist der Sitz des Unternehmens, nicht der Wohnsitz des Unternehmers entscheidend. Der Betriebssitz kann durch das Vorhandensein von Betriebsanlagen, Verkaufsstätten, Warenlagern 2c. äußerlich erkennbar oder aus dem Firmen- oder Gewerberegister zu entnehmen sein. Bezüglich der Zweigniederlassungen oder der Zugehörigkeit zu „mehreren" Betrieben vgl. § 28 u. Anm. hiezu.

7. **Stimmberechtigt**: in welchem Umfang das Mitglied stimmberechtigt ist, entscheidet das Statut; vgl. Anm. Z. 5 zu § 37 S. 130; über die Ausübung des Stimmrechts entscheiden allgemeine Grundsätze. Minderjährige, Handlungsunfähige sind durch ihre gesetzlichen Vertreter, juristische Personen durch ihre Vorstände zu vertreten. Alleinstehende (selbständige) Frauen können sich selbst vertreten, andere Frauen haben sich durch ihre Ehemänner vertreten zu lassen.

Betriebsanmeldung.

§ 56.* (§ 35.)

I Jeder Unternehmer eines versicherungspflichtigen Betriebs, welcher diesen nicht bereits angemeldet hat, ist verpflichtet, binnen einer Woche, nachdem er Mitglied einer Genossenschaft geworden ist (§ 55), der unteren Verwaltungsbehörde, in deren Bezirke der Betrieb belegen ist, eine Anzeige zu erstatten, welche

1. den Gegenstand und die Art des Betriebs,
2. die Zahl der versicherten Personen,
3. die Berufsgenossenschaft, welcher der Betrieb angehört,
4. falls es sich um einen nach dem Inkrafttreten des Gesetzes neu begonnenen oder versicherungspflichtig gewordenen Betrieb handelt, den Tag der Eröffnung beziehungsweise des Beginns der Versicherungspflicht

angiebt. Die Anzeige ist in zwei Exemplaren einzureichen. Ueber dieselbe ist eine Empfangsbescheinigung zu erteilen.

II Wird die Anzeige nicht rechtzeitig erstattet, so ist die untere Verwaltungsbehörde befugt, den Unternehmer zu einer Auskunft über die Beschaffenheit des Betriebs innerhalb einer zu bestimmenden Frist durch Geldstrafen im Betrage bis zu einhundert Mark anzuhalten.

III In dem Betriebe hat der Unternehmer durch einen Aushang bekannt zu machen, welcher Berufsgenossenschaft und Sektion der Betrieb angehört, sowie die Adresse des Genossenschafts- und Sektionsvorstandes. Ist ein landwirtschaftlicher Betrieb an den gewerblichen Betrieb gemäß § 28 angeschlossen, so ist in dem Aushange darauf hinzuweisen.

1. Die Änderungen in Abs. I und II gegenüber dem bisherigen § 35 sind nur redaktioneller Natur. Neu ist die Bestimmung in Abs. III, durch welche den Unternehmern zur Pflicht gemacht ist, durch einen Aushang innerhalb des Betriebs bekannt zu machen, bei welcher Berufsgenossenschaft (Sektion) der Betrieb versichert ist.

2. **Nicht bereits angemeldeter Betrieb**: Sei es, daß Unternehmer ihrer in § 35 begründeten Pflicht nicht nachgekommen sind, oder daß die Betriebe erst später eröffnet wurden oder daß dieselben erst später versicherungspflichtig geworden sind.

Die Anzeigepflicht erstreckt sich auch auf die Verlegung eines Betriebs in den Bezirk einer anderen unteren Verwaltungsbehörde, nicht aber auch auf den Wechsel in der Person des Unternehmers, in welch' letzterem Falle Mitteilung an den Genossenschaftsvorstand vorgeschrieben ist (§ 60 Abs. II).

Der § 56 hat eine auf die Dauer des Gesetzes abzielende Bedeutung, während § 35 den Charakter einer Übergangsbestimmung trägt.

Mitglied: d. h. nachdem dessen Betrieb versicherungspflichtig geworden ist; ob dies der Fall ist, hat der Unternehmer zunächst selbst, event. die untere Verwaltungsbehörde zu prüfen.

3. **Untere Verwaltungsbehörde**: vgl. Zusammenstellung A.N. 1900 S. 792 ff. und Anhang: in Preußen: Landrat (Magistrat), in Bayern: Bezirksamt (Magistrat), im Königreich Sachsen: Amtshauptmannschaft (Stadtrat), in Württemberg: Oberamt, in Baden: Bezirksamt, in Hessen: Kreisamt (Bürgermeisterei), im Großherzogtum Mecklenburg-Schwerin: Großherzogliche Ämter (Magistrate) und für einzelne Güter „Polizeiämter", im Großherzogtum Sachsen: die Bezirksdirektoren, im Großherzogtum Mecklenburg-Strelitz: Ortsobrigkeiten, Gutsobrigkeiten (für die ritterschaftlichen Güter), Polizeiämter für einzelne Güter, und die Magistrate für die 8 Städte, in Oldenburg: „das Amt" (Magistrat), im Fürstentum Lübeck: die Regierung und für den Stadtbezirk der Magistrat, Herzogtum Braunschweig: die Kreisdirektionen (Magistrat), Herzogtum Sachsen-Meiningen: der Landrat, Sachsen-Altenburg: Landratsamt (Stadtrat), Sachsen-Coburg-Gotha: das Landratsamt (Stadtrat), Herzogtum Anhalt: die Kreisdirektion (in Städten die Polizeiverwaltung), in Schwarzburg-Sondershausen: die Gemeindeverwaltung (event. die Guts-, Forst- oder Domänenpolizeiverwaltung), in Schwarzburg-Rudolstadt: das Landratsamt (Bürgermeister in Rudolstadt), in Waldeck und Pyrmont: der Kreisamtmann, in Reuß ä. L.: das Landratsamt, Reuß j. L.: das Landratsamt, Schaumburg-Lippe: das Landratsamt (Magistrat), Lippe: das Verwaltungsamt (Magistrat), in Lübeck: das Stadt- und Landamt, in Bremen: die Polizeidirektion, in Hamburg: die städtische Polizeibehörde, in Elsaß-Lothringen: der Kreisdirektor (in Städten der Bürgermeister).

Die untere Verwaltungsbehörde hat nur die Befugnis, aber nicht die Pflicht, den Unternehmer zu einer Auskunft über die Beschaffenheit des Betriebs unter Strafandrohung anzuhalten. Für den Fall dieselbe von dieser Befugnis keinen Gebrauch macht, hat veranlaßten Falles die Berufsgenossenschaft die nötigen Ermittlungen durch ihre örtlichen Organe (Vertrauensmänner, Beauftragte rc.) bethätigen zu lassen und kann sich hiebei allerdings auch der Mitwirkung der unteren Verwaltungsbehörden auf Grund des § 144 Gew.U.G. bedienen.

4. **Anzeige**: Das vom Reichsversicherungsamt empfohlene Formular für diese Anzeige ist im Anhang abgedruckt.

5. **Bekanntmachung durch Aushang**: Die Arbeiter sollen wissen, zu welcher Berufsgenossenschaft der Betrieb gehört und wohin sie sich mit etwaigen Ansprüchen auf Unfallentschädigung zu wenden haben; deshalb wurde die Bestimmung in Abs. III durch die Novelle neu aufgenommen.

6. **Strafbestimmungen**: vgl. §§ 146, 147 und über Beschwerden dagegen § 149.

§ 57.* (§ 36.)

I Die untere Verwaltungsbehörde hat jeden in ihrem Bezirke belegenen Betrieb, über welchen die Anzeige (§ 56) erstattet ist, binnen einer Woche nach dem Eingange der letzteren durch Einsendung eines Exemplars derselben dem Vorstande der in der Anzeige bezeichneten Genossenschaft zu überweisen.

II Gehört der Betrieb nach Ansicht der unteren Verwaltungsbehörde einer anderen als der in der Anzeige bezeichneten Genossenschaft an, so ist dem Vorstande dieser Genossenschaft, unter gleichzeitiger Benachrichtigung des Vorstandes der in der Anzeige bezeichneten Genossenschaft und des Betriebsunternehmers, eine Abschrift der Anzeige zuzustellen.

III Für Betriebe, über welche eine Anzeige nicht erstattet ist, hat die untere Verwaltungsbehörde die Ueberweisung binnen einer Woche nach Ablauf der von ihr in Gemäßheit des § 56 Abs. 2 bestimmten Frist dadurch zu bewirken, daß sie die im § 56 Abs. 1 Ziffer 1 bis 4 bezeichneten Angaben selbst macht.

1. **Zu überweisen**: überweisen hat hier nur die Bedeutung von „zustellen", „mitteilen"; irgend welche rechtliche Wirkung für die Mitgliedschaft des Unternehmers hat diese Ueberweisung nicht.

2. Im Falle des Abs. III hat die untere Verwaltungsbehörde keine Pflicht zu besonderen Ermittlungen.

3. **Portoauslagen** werden der unteren Verwaltungsbehörde hier ebensowenig erstattet, wie aus Anlaß der Erteilung einer Empfangsbescheinigung gemäß § 58 Abs. III bezw. § 56 Abs. II; dagegen haben die Berufsgenossenschaften den unteren Verwaltungsbehörden die auf Zustellung der Mitgliedscheine erwachsenden Auslagen zu ersetzen; vgl. § 144.

Genossenschaftskataster.

§ 58.* (§ 37 Abs. 1 bis 3.)

I Die Genossenschaftsvorstände haben auf Grund der von dem Reichs-Versicherungsamt ihnen mitzuteilenden Verzeichnisse der versicherungspflichtigen Betriebe (§ 35) und der später erfolgenden Ueberweisungen (§ 57) Genossenschaftskataster zu führen.

II Die Aufnahme der einzelnen Genossen in das Kataster erfolgt nach vorgängiger Prüfung ihrer Zugehörigkeit zur Genossenschaft.

III Den in das Kataster aufgenommenen Genossen werden vom Genossenschaftsvorstande durch Vermittelung der unteren Verwaltungsbehörde Mitgliedscheine zugestellt. Ist die Genossenschaft in Sektionen eingeteilt, so muß der Mitgliedschein die Sektion, welcher der Unternehmer angehört, bezeichnen. Wird die Aufnahme in das Kataster abgelehnt, so ist hierüber ein mit Gründen versehener Bescheid dem Betriebsunternehmer durch Vermittelung der unteren Verwaltungsbehörde zuzustellen.

1. Der bisherige § 37 wurde in die §§ 58—60 der besseren Uebersichtlichkeit wegen abgeteilt; § 37 Abs. I—III sind wörtlich — ohne Änderung oder Zusätze — in § 58 übergegangen.

2. **Genossenschaftskataster**: Jede Genossenschaft hat durch ihren Vorstand ein Kataster zu führen; dasselbe bildet die rechtliche Grundlage (eine formell rechtliche Urkunde) für den Bestand der Genossenschaft und muß daher auch fortlaufend erhalten werden.

Es müssen daher Unfälle, die in katastrierten Betrieben vorgekommen sind, von der Berufsgenossenschaft auch dann entschädigt werden, wenn der Betrieb irrig katastriert ist und an sich nicht zur Genossenschaft gehören würde, vorbehaltlich anderweiter Vereinbarung bis zur Ueberweisung an eine andere Berufsgenossenschaft. Abgesehen von doloser Einwirkung der Aufnahme in das Kataster darf, sofern ein Betrieb im Kataster verzeichnet steht, die Berufsgenossenschaft bei Eintritt eines Unfalls die Zugehörigkeit des Betriebs und die Entschädigungspflicht nicht in Frage stellen, wenngleich die Aufnahme in das Kataster nicht Voraussetzung der Mitgliedschaft ist (A.N. 1886 Z. 138 S. 155, 1888 Z. 451 u. 452 S. 69, 1896 S. 314, 316, 319).

3. **Aufnahme in das Kataster**: Bei der formell rechtlichen Bedeutung der Genossenschaftskataster ist deren Anlage und bezw. Evidenthaltung besondere Sorgfalt zuzuwenden.

Die Aufnahmen in das Kataster erfolgen (abgesehen von der ersten Anlage auf Grund der vom Reichs-Versicherungsamte mitgeteilten Verzeichnisse) auf Grund der erfolgenden Anzeigen und Ueberweisungen. Die Prüfung dieser Unterlagen hat sich auf die Unternehmer-Eigenschaft, die Versicherungspflicht des Betriebs und die Zugehörigkeit zur Berufsgenossenschaft zu erstrecken.

Mehrere selbständige Betriebe eines Unternehmers sind unter besonderen Nummern (event. mit entsprechenden Verweisungen) einzutragen; von einander abhängige, einen Gesamtbetrieb bildende Betriebe desselben Unternehmers sind unter einer Nummer in das Kataster aufzunehmen (A.N. 1885 Z. 48 S. 210).

4. **Löschung — Streichung im Kataster**: Dieselbe erfolgt, wenn die Voraussetzungen der Aufnahme — Unternehmer-Eigenschaft, Betriebsführung, Versicherungspflicht, Zugehörigkeit — in Wegfall gekommen sind.

Will die Berufsgenossenschaft einen Betrieb löschen, so hat sie dem Unternehmer durch Vermittlung der unteren Verwaltungsbehörde Bescheid zuzustellen; hiegegen steht letzterem Beschwerde an das Reichs- (Landes-)Versicherungsamt zu; event. ist die Entscheidung dieser obersten Instanz durch die untere Verwaltungsbehörde herbeizuführen (§ 59 Abs. II u. III).

Irriger Eintrag: Einer besonderen Erwähnung bedürfen noch jene Fälle, in welchen Betriebe irrtümlich in das Kataster einer Berufsgenossenschaft eingetragen worden sind, zumal im Gesetze selbst Bestimmungen für diese Fälle nicht getroffen sind.

a) Sind alle Beteiligten (der Unternehmer, die Vorstände der betr. Berufsgenossenschaft, die untere Verwaltungsbehörde) zur Sache einverstanden, so kann der Betrieb ohne weiteres in jenem Kataster, in welchem er bisher eingetragen war, gelöscht und in das Kataster der Berufsgenossenschaft, zu welcher er anerkanntermaßen wirklich gehört, aufgenommen werden.

b) Kommt eine Einigung nicht zustande, so ist in analoger Anwendung des § 61 Abs. III die Entscheidung des Reichs-(Landes-)Versicherungsamts anzurufen.

c) In Fällen, in welchen der Unternehmer die Löschung in dem einen Kataster und die Überweisung seines Betriebs an eine andere Berufsgenossenschaft beantragt, steht demselben im Falle der Ablehnung ohnedies Beschwerde an das Reichs-(Landes-)Versicherungsamt gemäß § 59 Abs. I zu.

Über Umkatastrierungen bei Betriebsänderungen siehe § 61.

5. **Mitgliedschein**: Derselbe ist ein Legitimationspapier für den Unternehmer, mit welchem er die Zugehörigkeit seines Betriebs zur Berufsgenossenschaft ausweisen kann.

Ein Formular eines Mitgliedscheins ist A.N. 1885 S. 202 veröffentlicht; dasselbe ist nicht bindend.

Unternehmern mehrerer Betriebe ist nur ein Mitgliedschein auszustellen. Hat dagegen ein Betrieb mehrere Unternehmer (die nicht als eine juristische Person erscheinen), z. B. einer Kommunbrauerei (Oberpfalz, Niederbayern), so ist jedem Unternehmer ein Mitgliedschein zuzustellen.

Die Zustellung der Mitgliedscheine muß durch die unteren Verwaltungsbehörden und mit Rücksicht auf die in § 59 gesetzte Beschwerdefrist in einer Weise erfolgen, daß der Tag der Zustellung unzweifelhaft festgestellt ist; eine Zusendung durch die Post mittels einfachen Schreibens genügt nicht. Daß die unteren Verwaltungsbehörden Anspruch auf Portoersatz gegen die Berufsgenossenschaften haben, wurde schon oben zu § 57 Anm. Z. 3 S. 146 erwähnt. Wird die Annahme des Mitgliedscheins vom Adressaten verweigert, so ist derselbe am Orte der Zustellung zurückzulassen (vgl. §§ 170, 186 d. R.C.P.O.).

Tritt in der Person des Unternehmers eine Veränderung ein, so muß der Mitgliedschein berichtigt werden. Ausscheidende Mitglieder haben die Mitgliedscheine zurückzugeben. Das Nähere hierüber wird im Statut geregelt.

6. **Ablehnung der Aufnahme in das Kataster**: Auf alle Fälle (ob Anzeigen gemäß § 56 oder Ueberweisung gemäß § 57 Abs. III erfolgt ist) ist förmlicher Bescheid zu erteilen und zuzustellen. Für die Zustellung des ablehnenden Bescheides gilt das zu Anm. Z. 5 Gesagte in gleicher Weise.

7. Die Genossenschaftskataster der Baugewerksberufsgenossenschaft erstrecken sich nicht auf die Bauarbeiten, welche bei den Versicherungsanstalten versichert sind.

8. Mit der Zustellung des Mitgliedscheins wird einerseits die Verpflichtung des Unternehmers zur Erfüllung der den Mitgliedern der Berufsgenossenschaft gesetzlich oder statutarisch obliegenden Verbindlichkeiten (Beitragsleistung, Lohnnachweisung), andererseits die Verpflichtung der Berufsgenossenschaft, zu der Frage der Entschädigung für in den Betrieben vorgekommene Unfälle durch förmlichen Bescheid Stellung zu nehmen, rechtswirksam.

§ 59.* (§ 37 Abs. 4 bis 6.)

I Gegen die Aufnahme in das Kataster sowie gegen die Ablehnung derselben steht dem Unternehmer binnen einer Frist von zwei Wochen nach erfolgter Zustellung des Mitgliedscheins beziehungsweise des ablehnenden Bescheids die Beschwerde an das Reichs-Versicherungsamt zu. Dieselbe ist bei der unteren Verwaltungsbehörde einzulegen. Stellt sich bei der Verhandlung der Beschwerde heraus, daß der Betrieb keiner der vorhandenen Genossenschaften zugehört, so ist derselbe durch das Reichs-Versicherungsamt derjenigen Genossenschaft zuzuweisen, der er seiner Natur nach am nächsten steht.

II Wird gegen einen ablehnenden Bescheid von dem Betriebsunternehmer innerhalb der angegebenen Frist Beschwerde nicht erhoben, so kann die untere Verwaltungsbehörde den Fall dem Reichs-Versicherungsamte zur Entscheidung vorlegen. Auf Antrag der Berufsgenossenschaft hat sie von dieser Befugnis Gebrauch zu machen.

III Wird in dem Falle des § 57 Abs. 2 die Mitgliedschaft des Unternehmers von dem Vorstande der in der Anzeige bezeichneten Genossenschaft anerkannt, so liegt diesem die Verpflichtung ob, hievon dem Vorstande der anderen Genossenschaft Mitteilung zu machen. Letzterer ist berechtigt, innerhalb zweier Wochen nach dem Empfange der Mitteilung gegen die Anerkennung der Mitgliedschaft beim Reichs-Versicherungsamte die Beschwerde zu erheben.

1. Abs. IV und VI des früheren § 37 wurden in § 59 unverändert aufgenommen; Abs. V hat in § 59 Abs. II eine Änderung insoferne erfahren, als die frühere obligatorische Verpflichtung der unteren Verwaltungsbehörden, in allen Fällen der Ablehnung der Aufnahme eines Betriebes in das Genossenschaftskataster die Entscheidung des Reichs-(Landes-)Versicherungsamtes herbeizuführen, eingeschränkt wurde und die genannten Behörden diese Entscheidung nur mehr herbeiführen müssen, wenn dies von der Berufsgenossenschaft beantragt ist, während es in anderen Fällen im freien Ermessen derselben steht.

2. Die Entscheidungen des Reichs-(Landes-)Versicherungsamts wirken ex tunc, d. h. ihre versicherungsrechtliche Wirkung erstreckt sich zurück auf den Beginn der Verhandlungen.

3. **Binnen einer Frist von 2 Wochen**: Diese Frist ist keine Ausschlußfrist, sondern gilt nur als Ordnungsvorschrift, so daß auch nach Ablauf dieser Frist Entscheidung über die Beschwerde getroffen werden kann.

4. **Der er seiner Natur nach am nächsten steht**: gemeint ist natürlich hiemit „in wirtschaftlicher Beziehung".

5. **Im Falle des § 57 Abs. II**: Es betrifft dies den Fall, in welchem ein Betriebsunternehmer einer bestimmten Genossenschaft überwiesen sein will, während die untere Verwaltungsbehörde den Betrieb als zu einer anderen Berufsgenossenschaft gehörig erachtet und deshalb dem Vorstande der letzteren eine Abschrift der Anzeige mitgeteilt hat. Es sind hier 3 Fälle denkbar:

a) Sind in diesem Falle die Genossenschaftsvorstände einig, daß der Betrieb einer der Genossenschaft angehört, so erfolgt dessen Aufnahme in das Kataster der betreffenden Berufsgenossenschaft, und es steht nur dem Unternehmer das Recht zu, sich beschwerend an das Reichs-(Landes-)Versicherungsamt zu wenden.

b) Sind die Vorstände aber einig, daß der Betrieb keiner der beiden Berufsgenossenschaften angehört, so erteilen beide ablehnende Bescheide, und es kann dann der Betriebsunternehmer, eventuell die untere Verwaltungsbehörde die Entscheidung des Versicherungsamtes anrufen.

c) Beansprucht jeder der beiden Vorstände die Zugehörigkeit des Betriebes zu seiner Berufsgenossenschaft, so hat der Vorstand der in der Anzeige genannten Berufsgenossenschaft die Mitgliedschaft des Betriebes für seine Genossenschaft auszusprechen, dem anderen Vorstande hievon Mitteilung zu machen, und der letztere kann sodann die Entscheidung des Reichs-(Landes-)Versicherungsamts veranlassen.

Sollte das Versicherungsamt hiebei zu der Ueberzeugung gelangen, daß der Betrieb keiner der beiden betr. Berufsgenossenschaften, sondern einer dritten angehöre, so wird dies in den Entscheidungsgründen auszusprechen und die untere Verwaltungsbehörde zu veranlassen sein, daß sie ihrerseits die Anmeldung bei dieser dritten Berufsgenossenschaft bewirke, falls der Unternehmer bei letzterer nicht anmeldet. Das hierauf folgende Verfahren wird mit der Ueberweisung des Betriebes an eine bestimmte Genossenschaft abschließen (Mot.).

§ 60*. (§ 37 Abs. 7, 8.)

I Den Sektionsvorständen sind Auszüge aus dem Kataster in betreff der zu ihren Sektionen gehörenden Unternehmer mitzuteilen.

II Jeder Wechsel in der Person desjenigen, für dessen Rechnung der Betrieb erfolgt, ist von dem Unternehmer binnen einer durch das Statut festzusetzenden Frist dem Genossenschaftsvorstande behufs Berichtigung des Katasters anzuzeigen. Ist die Anzeige von dem Wechsel nicht erfolgt, so werden die auf die Genossenschaftsmitglieder umzulegenden Beiträge von dem in das Kataster eingetragenen Unternehmer forterhoben. Die Haftung umfaßt noch dasjenige Rechnungsjahr, in welchem die Anzeige geschieht, ohne daß dadurch der neue Unternehmer von der auch ihm gesetzlich obliegenden Haftung für die Beiträge entbunden ist.

1. In § 60 hat nur Abs. III des früheren § 37 eine kleine redaktionelle Aenderung erfahren.

2. Wechsel in der Person des Unternehmers: Als solche ist die Aenderung der kaufmännischen Firma, der Austritt und Neueintritt von Personen in dieselbe (Erbgang, Kauf, Pacht 2c.) zu behandeln, dagegen nicht der Eintritt des Konkursverwalters an Stelle des Kridars.

Die untere Verwaltungsbehörde erhält von dem Wechsel aus Anlaß der Zustellung des neuen Mitgliedscheines Kenntnis; eine frühere Anzeige des Wechsels an dieselbe erfolgt nicht.

3. Eine gleichzeitige Haftung des alten Unternehmens neben dem neuen besteht infolge unterlassener rechtzeitiger Anmeldung des Unternehmerwechsels nur für die Zeit nach der Uebernahme des Betriebs durch den neuen Unternehmer: letzterer haftet also nicht für die auf die Zeit seines Vorgängers entfallenden Lasten.

Betriebsveränderungen.

§ 61.* (§ 38.)

I Jeder Betriebsunternehmer ist verpflichtet, Aenderungen seines Betriebs, welche für die Zugehörigkeit zu einer Genossenschaft von Bedeutung sind, dem Genossenschaftsvorstande binnen einer durch das Statut festzusetzenden Frist anzuzeigen. Erachtet letzterer infolge dieser Anzeige oder ohne den Empfang einer solchen von Amtswegen die Ueberweisung des Betriebs an eine andere Genossenschaft für geboten, so teilt er dies unter Angabe der Gründe dem Betriebsunternehmer durch Vermittelung der unteren Verwaltungsbehörde und dem beteiligten Genossenschaftsvorstande mit. Sowohl der Letztere als auch der Betriebsunternehmer können innerhalb zweier Wochen gegen die Ueberweisung bei dem überweisenden Genossenschaftsvorstande Widerspruch erheben.

II Wird innerhalb dieser Frist kein Widerspruch erhoben, so erfolgt die Ab- beziehungsweise Zuschreibung des Betriebs in den Genossenschaftskatastern sowie die Ausstellung eines anderweiten Mitgliedscheins für den Betriebsunternehmer.

III Wird gegen die Ueberweisung Widerspruch erhoben oder beansprucht der Vorstand einer dritten Genossenschaft unter dem Widerspruche des Betriebsunternehmers oder des Vorstandes der Genossenschaft, welcher der Betrieb bisher angehörte, die Ueberweisung des letzteren, so hat der Vorstand der Genossenschaft, welcher der Betrieb bisher angehört hat, die Entscheidung des Reichs-Versicherungsamts zu beantragen. Dasselbe entscheidet nach Anhörung des beteiligten Betriebsunternehmers sowie der Vorstände der beteiligten Genossenschaften.

IV Wird dem Ueberweisungsantrage stattgegeben, so tritt die Aenderung in der Zugehörigkeit zur Genossenschaft von dem Tage ab in Wirksamkeit, an welchem der Antrag dem beteiligten Genossenschaftsvorstande zugestellt ist.

1. Der § 61 enthält keine neuen Bestimmungen; § 38 des früheren Gesetzes wurde hier unverändert aufgenommen.

2. **Aenderungen des Betriebs**: Die hier in Betracht kommenden Aenderungen betreffen: Verlegung des Betriebssitzes, Aenderung der Betriebsart, Aenderungen, infolge deren die Versicherungspflicht endigt:

Ein Wechsel in der Person des Unternehmers fällt nicht unter § 61, sondern unter § 60 Abs. II.

Auch eine Vermehrung oder Verminderung der Zahl der beschäftigten Arbeiter ist nicht eine Betriebsänderung im Sinne des § 61, es sei denn, daß die Minderung der Zahl der Arbeiter (auf weniger als 10) die Versicherungspflicht endigt oder die Erhöhung auf 10 oder mehr Arbeiter die Versicherungspflicht erst begründet.

Die Betriebsänderung muß dauernden Charakter haben. Das zeitweise Ruhen des Betriebs (zeitweise Einstellung, Zahlungseinstellung, Konkurseröffnung u. s. w.) ist keine Betriebsänderung im Sinne des § 61.

3. **Wirkungen der Betriebsänderungen**: Dieselben treten erst ein, wenn der Betrieb im Kataster der Berufsgenossenschaft, welcher er vor der Aenderung angehört hat, gelöscht und in das Kataster einer anderen Berufsgenossenschaft eingetragen ist. Letztere hat nicht (wie in den Fällen des § 53) die Entschädigung für die Unfälle zu übernehmen, welche sich vor der Zustellung des Uebernahmeantrags ereignet haben; vielmehr sind diese Ansprüche auch in Zukunft von der früher zuständigen Berufsgenossenschaft zu befriedigen, weil im Falle des § 61 eine gesetzliche Unterlage für einen Uebergang der Entschädigungspflicht fehlt.

Der Austritt erfolgt ohne Mitnahme von Rechten und Pflichten; dagegen ist der abgeänderte Betrieb mit dem Eintritt in die neue Genossenschaft allen Rechten und Pflichten derselben unterworfen (A.N. 1887 Z. 441 S. 377). Vermögensüberweisungen oder Uebertragung von Renten auf die neue Berufsgenossenschaft finden hier nicht statt, weshalb auch eine Bezugnahme auf § 53 Abs. III—V nicht stattgefunden hat.

4. **Umkatastrierung von Betrieben** infolge von Änderungen: Das hiebei zu beobachtende Verfahren ist im Gesetze selbst in so ausführlicher Weise angeordnet, daß besondere Bemerkungen hiewegen nicht veranlaßt sind. Tritt ein Wechsel ein, so ist sofort die Einschätzung in die Gefahrenklasse herbeizuführen.

Unterlassung der vorgeschriebenen Anzeige der Betriebsänderung kann nach § 147 bestraft werden.

5. An Stelle des Reichs-Versicherungsamts tritt event. das Landesversicherungsamt. Untere Verwaltungsbehörde: vgl. Anm. 3 zu § 56 und § 152.

6. Die in § 61 gesetzte Frist von 2 Wochen ist (wie die in § 62) eine Notfrist. Der Ausdruck „teilt mit" ist deshalb hier gleichbedeutend mit „stellt zu", vgl. § 155 Gew.U.G.

§ 62.* (§ 39.)**)

In Betreff der Anmeldung von Änderungen in dem Betriebe, welche für dessen Einschätzung in den Gefahrentarif (§ 49) von Bedeutung sind, sowie in Betreff des weiteren Verfahrens hat das Genossenschaftsstatut Bestimmung zu treffen.

Gegen den auf die Anmeldung der Aenderung oder von Amtswegen erfolgenden Bescheid des Genossenschaftsvorstandes oder des Ausschusses (§ 49) steht dem Betriebsunternehmer binnen einer Frist von zwei Wochen die Beschwerde an das Reichs-Versicherungsamt zu.

1. § 39 des früheren Gesetzes wurde hier unverändert aufgenommen.
2. An die Stelle des Reichs-Versicherungsamts tritt ev. das Landesversicherungsamt.
3. Strafbestimmung § 147; Frist von 2 Wochen Notfrist (siehe Anm. 6 zu § 61).
4. Beschwerde: Dieselbe hat aufschiebende Wirkung.

**) Die §§ 41—50 des bisherigen Gesetzes sind durch die §§ 3—10 des Mantelgesetzes und §§ 113 und 114 Gew.U.G. gegenstandslos geworden und in Wegfall gekommen; vgl. auch §§ 61 ff., 82, 104 Inv.V.G.

IV. Feststellung und Auszahlung der Entschädigungen.

Anzeige und Untersuchung der Unfälle.

§ 63. (§ 51.)

I Von jedem in einem versicherten Betriebe vorkommenden Unfalle, durch welchen eine in demselben beschäftigte Person getötet wird oder eine Körperverletzung erleidet, welche eine völlige oder teilweise Arbeitsunfähigkeit von mehr als drei Tagen oder den Tod zur Folge hat, ist von dem Betriebsunternehmer bei der Ortspolizeibehörde und dem durch Statut zu bestimmenden Genossenschaftsorgane schriftlich Anzeige zu erstatten.

II Dieselbe muß binnen drei Tagen nach dem Tage erfolgen, an welchem der Betriebsunternehmer von dem Unfalle Kenntnis erlangt hat.

III Für den Betriebsunternehmer kann derjenige, welcher zur Zeit des Unfalls den Betrieb oder den Betriebsteil, in welchem sich der Unfall ereignete, zu leiten hatte, die Anzeige erstatten; im Falle der Abwesenheit oder Behinderung des Betriebsunternehmers ist er dazu verpflichtet.

IV Das Formular für die Anzeige wird vom Reichs-Versicherungsamte festgestellt.

V Die Vorstände der unter Reichs- oder Staatsverwaltung stehenden Betriebe haben die im Abs. 1 vorgeschriebene Anzeige der vorgesetzten Dienstbehörde nach näherer Anweisung derselben zu erstatten.

1. § 63 Abs. I enthält gegenüber dem bisherigen § 51 einige neue Bestimmungen, insoferne als:
   a) zur Behebung aller Zweifel ausdrücklich angeordnet wurde, daß auch bei einer teilweisen Arbeitsunfähigkeit von mehr als drei Tagen Unfallanzeige zu erstatten,
   b) die Verpflichtung der Betriebsunternehmer, neben der Anzeige an die Ortspolizeibehörde eine solche auch gleichzeitig an die Berufsgenossenschaft zu erstatten, obligatorisch gemacht,
   c) die Anzeigefrist von 2 auf 3 Tage verlängert ist.

2. **Von jedem Unfall**: Es sind alle Unfälle mit der Folge des Todes oder einer völligen oder teilweisen Arbeitsunfähigkeit (durch Körperverletzung herbeigeführt) von mehr als 3 Tagen anzuzeigen, ohne Rücksicht darauf, ob die Entschädigung voraussichtlich von den Krankenkassen (Gemeindekrankenversicherung) zu leisten oder nach dem Unfallversicherungsgesetze zu behandeln sind; wegen der Vorschrift des § 3 sind nunmehr auch Unfälle bei häuslichen Dienstleistungen anzuzeigen.

3. **Im Betriebe beschäftigte Person**: Also ohne Rücksicht auf deren Versicherung, mithin auch bei Unfällen von Betriebsbeamten, deren Einkommen 3000 Mk. übersteigt.

4. **Völlige oder teilweise Arbeitsunfähigkeit von mehr als 3 Tagen**: Ausgenommen von der Unfallanzeige sind also nur die ganz geringfügigen Verletzungen (mit Arbeitsunfähigkeit bis zu höchstens 3 Tagen). Ob ein Unfall nur so geringfügige Folgen haben wird, wird in der Praxis manchmal zweifelhaft sein; in solchen Fällen empfiehlt sich, die Anzeige zu erstatten, schon auch aus dem Grunde, um sich auf alle Fälle gegen Strafe (§ 147 Abs. II) zu sichern.

5. **Anzeige an die Ortspolizeibehörde und an das Genossenschaftsorgan**:

Zuständig ist (unabhängig von dem Betriebssitz) diejenige Ortspolizeibehörde, in deren Bezirk der Unfall sich ereignet hat. Ein Unfall, welcher sich im Auslande (außerhalb des deutschen Reichs) ereignet hat, sich aber als in einem inländischen Betriebe (wegen des engen Zusammenhanges) vorgekommen darstellt, ist bei der Ortspolizeibehörde des inländischen Betriebssitzes anzuzeigen.

Die vorgeschriebene weitere Anzeige an die Berufsgenossenschaft ist gesetzliche Pflicht des Unternehmers, wie die vorerwähnte Anzeige. Dem Statut ist nur die Regelung vorbehalten, welchem Genossenschaftsorgan (Vertrauensmann, Sektionsvorstand, Genossenschaftsvorstand) die Anzeige zu erstatten ist.

In Preußen haben die Ortspolizeibehörden Abschrift der Unfallanzeige dem zuständigen Gewerbeaufsichtsbeamten einzusenden (Min. Bl. 1892 S. 229), vgl. auch 1898 S. 42, 1900 S. 93 das.).

6. **Binnen 3 Tagen**: Die erfolgte Verlängerung der Anzeigefrist von 2 auf 3 Tage will die thatsächlichen Verhältnisse berücksichtigen, welche es oft zweifelhaft erscheinen lassen, ob eine Anzeige geboten ist oder nicht. Der Tag, an welchem der Betriebsunternehmer von dem Unfall Kenntnis erlangt hat, wird nicht mitgerechnet.

7. Eventuelle Anzeige durch den Leiter des Betriebs: Wer als solcher zu gelten hat, ist eine Frage von Fall zu Fall; vgl. auch Anm. Z. 6 zu § 36 Seite 129.

8. **Formular für die Anzeige**: Das jetzt anzuwendende Formular ist mit Bekanntmachung des Reichs-Versicherungsamts vom 1. Oktober 1900 veröffentlicht (A.N. 1900 S. 710); dieses Formular ist nach Form, Farbe und Vordruck bindend. Von der in dieser Bekanntmachung vorgesehenen weiteren Aenderung des Formulars für Unfallanzeigen wurde Umgang genommen (A.N. 1902 S. 180). Aeltere Formulare durften nur bis 1. Januar 1902 verwendet werden (Für Bayern vgl. Minist. Entschl. v. 25. Oktober 1900). Die Anschaffung der Formulare ist Sache der Betriebsunternehmer. Es empfiehlt sich aber, daß die Gemeindebehörden stets eine genügende Anzahl von Formularen zum Zwecke der Abgabe an die Betriebsunternehmer bereithalten.

9. **Anzeige an die vorgesetzte Dienstbehörde**: Auch von Unfällen, welche sich in den unter Verwaltung von Reichs- und Staatsbehörden stehenden Betrieben ereignen, soll von den Vorständen der betreffenden Verwaltungen Anzeige an die vorgesetzte Dienstbehörde erstattet werden; die näheren Bestimmungen hiewegen sind den letzteren überlassen.

§ 64. (§ 53.)

I Jeder zur Anzeige gelangte Unfall, durch welchen eine versicherte Person getötet ist oder eine Körperverletzung erlitten hat, die voraussichtlich einen Entschädigungsanspruch auf Grund dieses Gesetzes zur Folge haben wird, ist sobald als möglich, in den im § 76 b des Krankenversicherungsgesetzes und im § 13 dieses Gesetzes bezeichneten Fällen spätestens unmittelbar nach Eingang eines entsprechenden Ersuchens der Berufsgenossenschaft oder der beteiligten Krankenkasse, von der Ortspolizeibehörde einer Untersuchung zu unterziehen, durch welche festzustellen sind:

1. die Veranlassung und Art des Unfalls,
2. die getöteten oder verletzten Personen,
3. die Art der vorgekommenen Verletzungen,
4. der Verbleib der verletzten Personen,
5. die Hinterbliebenen der durch den Unfall getöteten und die Angehörigen der durch den Unfall verletzten Personen, welche auf Grund dieses Gesetzes einen Entschädigungsanspruch erheben können,
6. die Höhe der Renten, welche der Verletzte etwa auf Grund der Unfallversicherungsgesetze oder des Invalidenversicherungsgesetzes bezieht.

II Auf Antrag des Vorstandes der Genossenschaft oder der Sektion oder der beteiligten Krankenkasse hat die Ortspolizeibehörde die Untersuchung auch dann vorzunehmen, wenn sie die Voraussetzung des ersten Absatzes nicht als gegeben ansieht.

* § 52 des früheren Gesetzes wurde gestrichen, dadurch ist die früher den Ortspolizeibehörden auferlegte Führung des „Unfallverzeichnisses" in Wegfall gekommen.

1. § 53 des früheren Gesetzes (jetzt § 64) hat mehrfache Aenderungen bezw. Ergänzungen erfahren, die sich:

a) auf eine Mehrung der zur Unfalluntersuchung zuzuziehenden Personen, eine Vermehrung der hiebei festzustellenden Thatsachen und eine Beschleunigung der Unfalluntersuchungen,

b) auf eine Sicherstellung der Unfalluntersuchung in allen Fällen

erstrecken.

2. **Zu untersuchende Unfälle**: Anzuzeigen sind fast alle Unfälle (§ 63), polizeilich zu untersuchen sind nur diejenigen, welche das Eintreten der Berufsgenossenschaft voraussichtlich herbeiführen werden, d. s. alle Unfälle, welche entweder den Tod der versicherten Person oder eine Körperverletzung derselben herbeigeführt haben, die eine gänzliche oder teilweise Erwerbsunfähigkeit von mehr als 13 Wochen und deshalb eine Entschädigungspflicht der Berufsgenossenschaft voraussichtlich zur Folge haben wird.

3. **Unfalluntersuchung seitens der Ortspolizeibehörden**: Zuständig ist jene Ortspolizeibehörde, an welche nach § 63 die Unfallanzeige zu erstatten war. In Transportbetrieben (Eisenbahn, Schiffahrt 2c.) kann bei Unfällen, die sich auf der Reise ereignen, auf Antrag Beteiligter (§ 65) die der Ortspolizeibehörde vorgesetzte Behörde die Untersuchung auch durch andere Ortspolizeibehörden herbeiführen (§ 68).

Die Ortspolizeibehörden, welche den zu ihrer Kenntnis gekommenen Unfall und seine Folgen von Amtswegen und unbeeinflußt von dem Inhalt der Unfallanzeige im Auge zu behalten haben, haben nach eigenem Ermessen zu prüfen, ob im einzelnen Fall die Voraussetzungen gegeben sind, unter welchen das Gesetz ihnen die Einleitung und Durchführung der Untersuchung zur Pflicht macht.

Auch wenn sie diese Voraussetzung nicht für gegeben erachten, haben sie die Untersuchung auch dann vorzunehmen, wenn dies vom Vorstande der Genossenschaft (Sektion) oder der beteiligten Krankenkassen beantragt wird (Abs. II).

Wird die Einleitung und Durchführung der Unfalluntersuchung verweigert, so steht die Beschwerde an die der Ortspolizeibehörde vorgesetzte Aufsichtsbehörde offen.

4. **Unfalluntersuchung sobald als möglich**: Die Unfalluntersuchung ist in allen Fällen eine dringliche, thunlichst zu beschleunigende Angelegenheit. Die Untersuchung ist daher, sobald wie möglich, und jedenfalls im unmittelbaren Anschluß an das im Vollzuge des § 76b des Krank.V.G. (vgl. oben § 11 u. Anm. hiezu) oder des § 13 Gew.U.V. ergehenden Ersuchens der Berufsgenossenschaft oder der betr. Krankenkasse zu bethätigen.

5. **Zur Unfalluntersuchung zuzuziehende Personen**: vgl. § 65.

6. **Durch die Unfalluntersuchung festzustellender Sachverhalt**: Durch die Untersuchung soll unter Benützung des in § 64 Z. 1—6 bestimmten Rahmens der volle wirkliche Sachverhalt festgestellt und dargelegt werden, wobei Vernehmung von Zeugen, Sachverständigen, Augenscheinseinnahme an Ort und Stelle, unter Umständen sogar Sektion des Getöteten geboten sein kann.

Die getöteten oder verletzten Personen und die Hinterbliebenen der ersteren sind nach Vor- und Zunamen, Alter, Beruf und Wohnort festzustellen. Im Uebrigen bleibt es der Ortspolizeibehörde überlassen, wie sie ihrer gesetzlichen Aufgabe der Unfalluntersuchung und der Feststellung deren Ergebnisses gerecht werden will. Die Genossenschaften dürfen sich also eine Leitung der Untersuchungsverhandlung nicht anmaßen oder z. B. die Benützung eines bestimmten Protokoll-Formulars verlangen. Genügt den Beteiligten das Verfahren der Ortspolizeibehörde nicht, so kann der Beschwerdeweg zur vorgesetzten Dienstbehörde betreten werden.

Selbstverständlich sind aber andererseits die Berufsgenossenschaften berechtigt, gelegentlich der Unfalluntersuchung Anregungen zu geben oder Anträge zu stellen, z. B. auf Vernehmung von Zeugen, Sachverständigen, Ausgrabung und Obduktion einer Leiche u. s. w. Wegen Tragung der hierauf erwachsenden Kosten siehe nächste Anm. Z. 6.

Ueberhaupt können diese polizeilichen Unfalluntersuchungen nur die Bedeutung „wertvoller Unterlagen", nicht aber die einer „notwendigen Erkenntnisquelle", „einer notwendigen Voraussetzung der Entschädigungsfeststellung" für sich beanspruchen; vgl. § 69 u. insbes. Anm. Z. 3 das.

7. **Kosten der Unfalluntersuchung durch die Ortspolizeibehörde**: Die Kosten der Untersuchung im Rahmen des § 64 einschließlich etwaiger Gebühren von Zeugen, Sachverständigen, Leichenöffnung, Beschaffung von Urkunden ɪc. fallen der untersuchenden Ortspolizeibehörde zur Last und zwar im Falle des § 64 Abs. II sowie, wenn es sich um Maßnahmen handelt, die seitens der Berufsgenossenschaft angeregt worden sind.

Nur dann, wenn die Berufsgenossenschaft im Laufe der Untersuchung bestimmte Beweisanträge stellt und deren Berücksichtigung beansprucht oder die Untersuchung leichterer Unfälle, zu deren Vornahme eine gesetzliche Pflicht nicht besteht, verlangt, hat sie die hieraus erwachsenden Kosten zu übernehmen. Die Berufsgenossenschaften sollen daher, um Zweifeln und späteren Differenzen vorzubeugen, bei Stellung ihrer Anträge klar zum Ausdruck bringen, ob sie die Vornahme einer Untersuchungshandlung gemäß § 64 auf Kosten der Polizeibehörde erwarten oder aber auf Kosten der Berufsgenossenschaft verlangen (A.N. 1887 S. 336); vgl. auch § 65 Abs. II.

Der Vertreter der Krankenkasse hat keinen Anspruch auf Gebühren oder Vergütung seiner Auslagen am Untersuchungstermine.

§ 65. (§ 54.)

I An den Untersuchungsverhandlungen können Teil nehmen: der staatliche Aufsichtsbeamte (§ 139 b der Gewerbeordnung), Vertreter der Genossenschaft, ein von dem Vorstande der Krankenkasse, welcher der Getötete oder Verletzte zur Zeit des Unfalls angehört hat, bestellter Bevollmächtigter sowie der Betriebsunternehmer oder ein Vertreter desselben. Zu diesem Zwecke ist dem staatlichen Aufsichtsbeamten, dem Genossenschaftsvorstande, dem Kassenvorstand und dem Betriebsunternehmer von der Einleitung der Untersuchung rechtzeitig Kenntnis zu geben. Ist die Genossenschaft in Sektionen geteilt oder sind von der Genossenschaft Vertrauensmänner bestellt, so ist die Mitteilung von der Einleitung der Untersuchung an den Sektionsvorstand beziehungsweise an den Vertrauensmann zu richten.

II Außerdem sind, soweit thunlich, die sonstigen Beteiligten und auf Antrag und Kosten der Genossenschaft Sachverständige zuzuziehen.

1. Neu ist hier:

a) die Zuziehung des Gewerbeaufsichtsbeamten,

b) die Zuziehung des von Fall zu Fall bestellten Bevollmächtigten der Krankenkasse, während früher (§ 45) ein Bevollmächtigter der Krankenkasse ein für allemal gewählt war.

2. **Zur Unfalluntersuchung sind beizuziehen,** ohne daß aber die Geladenen eine Pflicht zum Erscheinen hätten („können teilnehmen" sagt das Gesetz): der staatliche Aufsichtsbeamte (Gewerbeaufsichtsbeamte § 139b R.Gew.O.), ein Vertreter der Berufsgenossenschaft, ein Bevollmächtigter der betr. Krankenkasse (wenn der Verletzte zur Zeit des Unfalls einer solchen angehört hat), der Betriebsunternehmer oder ein Vertreter desselben, sonstige Beteiligte (d. i. der Verletzte oder seine Hinterbliebenen oder Vertreter derselben, event. auch die Person, welche den Unfall verursacht oder verschuldet hat). Ist eine Genossenschaft in Sektionen geteilt oder sind Vertrauensmänner bestellt, so ist die Mitteilung vom Termine statt an die Berufsgenossenschaft an letztere zu richten. Zu diesem Zweck sind den Ortspolizeibehörden die aufgestellten Vertrauensmänner seitens der Berufsgenossenschaft mitgeteilt.

Tag, Stunde und Ort der Untersuchung sind rechtzeitig mitzuteilen; die Einhaltung einer bestimmten Frist ist nicht vorgeschrieben.

Herrschen Zweifel darüber, welche Berufsgenossenschaft den Unfall zu entschädigen hat, so empfiehlt es sich, die Vertrauensmänner der in Frage stehenden Berufsgenossenschaft unter Mitteilung der Zweifel vom Termine der Unfalluntersuchung gleichzeitig und event. auch die betr. Krankenkasse vom Sachverhalte zu verständigen.

Daß die Berufsgenossenschaften für jene Kosten der Unfalluntersuchungen aufzukommen haben, welche durch besondere Anträge derselben (auf Vernehmung von Zeugen, Sachverständigen u. s. w.) veranlaßt sind und daß es sich empfiehlt, wenn dieselben mit ihrer Antragstellung diesen Kostenpunkt außer Zweifel setzen, wurde schon oben in Anm. Z. 6 zu § 64 erwähnt.

§ 66. (§ 55 Abs. 2.)

Von dem über die Untersuchung aufgenommenen Protokolle sowie von den sonstigen Untersuchungsverhandlungen ist den Beteiligten auf ihren Antrag Einsicht und gegen Erstattung der Schreibgebühren Abschrift zu erteilen. Die Erstattung der Schreibgebühren kann erlassen werden.

1. Schon sub Anm. Z. 6 zu § 64 wurde erwähnt, daß die Verpflichtung der Berufsgenossenschaft, den Bevollmächtigten der Krankenkassen Ersatz für den entgangenen Arbeitsverdienst zu leisten, nunmehr beseitigt ist; es ist daher die Bestimmung in § 55 Abs. I des früheren Gesetzes in Wegfall gekommen; § 66 enthält die Bestimmung des früheren § 55 Abs. II mit dem Zusatze, daß die Erstattung der Schreibgebühren erlassen werden kann.

2. § 66 enthält keine bindende Vorschrift, was nach Abschluß der Unfalluntersuchungsverhandlungen zu geschehen hat. Die Regel ist, daß diese Verhandlungen der Berufsgenossenschaft in Urschrift zugesendet werden; es entspricht dies auch der Vorschrift des § 144. (Für Bayern vgl. auch Min.Entschl. v. 21. Dezember 1891 Nr. 17 709.)

Die Höhe etwaiger Schreibgebühren bemißt sich nach den landesgesetzlichen Bestimmungen; in Bayern beträgt die Schreibgebühr 10 Pfennige für jede angefangene Seite (Art. 222 Abs. II des Gebührengesetzes vom $\frac{\text{18. August 1879}}{\text{11. November 1899}}$).

Für Beglaubigung von Abschriften darf eine Gebühr nicht erhoben werden.

Die Notwendigkeit der Bestimmung, daß „die Erstattung der Schreibgebühren erlassen werden kann", ist schwer einzusehen, da jedermann — auch eine Ortspolizeibehörde — auf einen Anspruch, der ihr zusteht, ohne gesetzliche Ermächtigung verzichten kann.

§ 67. (§ 56.)

Bei den im § 63 Abs. 5 bezeichneten Betrieben bestimmt die vorgesetzte Dienstbehörde diejenige Behörde, welche die Untersuchung nach den Bestimmungen der §§ 64 bis 66 vorzunehmen hat.

§ 68. (§ 13 des Ausd.-Ges.)

I Ereignet sich ein Unfall auf der Reise, so ist die nach § 63 Abs. 1 zu erstattende Anzeige an diejenige Ortspolizeibehörde im Inlande zu richten, in deren Bezirke sich der Unfall ereignet hat oder der erste Aufenthalt nach demselben genommen wird. Die Untersuchung des Unfalls (§ 64) erfolgt durch diejenige Ortspolizeibehörde, an welche die Anzeige erstattet ist. Auf Antrag Beteiligter (§ 65) kann jedoch die der Ortspolizeibehörde vorgesetzte Behörde die Untersuchung durch eine andere Ortspolizeibehörde herbeiführen. Die zur Führung der Untersuchung berufene Ortspolizeibehörde hat der Krankenkasse, welcher der Verletzte angehört, rechtzeitig von dem Zeitpunkt, in welchem die Untersuchung vorgenommen werden wird, Kenntnis zu geben.

II Hinsichtlich der unter Reichs- oder Staatsverwaltung stehenden Betriebe bewendet es bei den Vorschriften im § 63 Abs. 5, § 67.

1. Die Bestimmungen des Ausdehn.Ges. v. 28. Mai 1885 (§ 13) über die Untersuchung von Unfällen, die in Transportbetrieben (Eisenbahn, Binnenschiffahrt rc.) auf der Reise sich ereignen, sind hieher übergegangen.

Die Ersetzung des Wortes „Fahrt" durch das Wort „Reise" hat nur redaktionelle Bedeutung, weil das Wort „Fahrt" im Bergbau technische Bedeutung hat.

2. **Anzeige**: An der für die Anzeige festgesetzten dreitägigen Frist ist im Allgemeinen festzuhalten, es sei denn, daß dieselbe bei den gegebenen Verhältnissen nicht einzuhalten ist, für welchen Fall auch eine Strafeinschreitung gemäß § 147 nicht stattfinden kann.

3. **Untersuchung der Unfälle**: Die Behörde, welcher die Anzeige erstattet ist, wird unter allen Umständen jene Feststellungen bethätigen müssen, welche im Interesse von Verschleppungen oder Verdunklungen des Thatbestandes geboten sind, also auch dann, wenn von der vorgesetzten Behörde eine andere Ortspolizeibehörde mit der Unfalluntersuchung betraut wird.

Eine Unterbrechung der Reise wird sich durch diese Untersuchungen unter Umständen nicht vermeiden lassen; doch soll hierbei jeder unnötige Zeitaufwand und jede unnötige Belästigung vermieden werden.

Die Kosten der Untersuchung trägt auch in diesem Fall die Polizeibehörde.

Feststellung der Entschädigungen.

§ 69. (§ 57 Abs. 1, 2.)

I Die Beschlußfassung über die Feststellung der Entschädigungen (§§ 8 bis 24) erfolgt

1. sofern die Genossenschaft in Sektionen eingeteilt ist, durch den Vorstand der Sektion, wenn es sich handelt
   a) um die im § 9 Abs. 1 Ziffer 1 bezeichneten Leistungen,
   b) um die für die Dauer einer voraussichtlich vorübergehenden Erwerbsunfähigkeit zu gewährende Rente,
   c) um das Sterbegeld,
   d) um die Aufnahme des Verletzten in eine Heilanstalt,
   e) um die den Angehörigen eines Verletzten für die Zeit seiner Behandlung in einer Heilanstalt zu gewährende Rente;
2. in allen übrigen Fällen durch den Vorstand der Genossenschaft.

II Das Genossenschaftsstatut kann bestimmen, daß die Feststellung der Entschädigungen in den Fällen des Abs. 1 Ziffer 1 durch einen Ausschuß des Sektionsvorstandes oder durch besondere Kommissionen oder durch örtliche Beauftragte (Vertrauensmänner), in den Fällen des Abs. 1 Ziffer 2 durch den Sektionsvorstand oder durch einen Ausschuß des Genossenschafts- oder Sektionsvorstandes oder durch besondere Kommissionen zu bewirken ist.

III Soll auf Grund eines ärztlichen Gutachtens die Bewilligung einer Entschädigung abgelehnt oder nur eine Teilrente festgestellt werden, so ist vorher der behandelnde Arzt zu hören. Steht dieser zu der Genossenschaft in einem Vertragsverhältnisse, so ist auf Antrag ein anderer Arzt zu hören.

1. **Zuständigkeit zur Feststellung der Entschädigungen**: Dieselben erfolgen durch den Genossenschaftsvorstand. Da wo die Berufsgenossenschaften in Sektionen abgeteilt sind, ist die Zuständigkeit zu dieser Feststellung geteilt, und zwar erfolgt sie in den sub Abs. I Ziff. 1 lit. a—e aufgeführten Fällen durch den Sektionsvorstand, in allen übrigen Fällen (Abs. I Ziff. 2) durch den Genossenschaftsvorstand.

Durch Statut kann die Feststellung in den weniger wichtigen Fällen (Ziff. 1) einem Ausschuß des Sektionsvorstandes, besonderen Kommissionen oder einem Vertrauensmann übertragen werden; in den wichtigeren Fällen (Ziff. 2) ist die statutarische Uebertragung auf einen örtlichen Beauftragten (Vertrauensmann) ausgeschlossen, es muß vielmehr wenigstens ein Kollegialbeschluß des Sektionsvorstandes oder eines Ausschusses des Genossenschafts- oder Sektionsvorstandes oder einer besonderen Kommission erfolgen.

Hiezu ist zu bemerken:

Ad a. Um die in § 9 Abs. I Z. 1 bezeichneten Leistungen: Diese Fassung ist präziser als die im Gesetz vom 6. Juli 1884 gewählte „Kosten des Heilverfahrens"; vgl. hieher A.N. 1900 S. 670.

Ad b. Voraussichtlich vorübergehende Erwerbsunfähigkeit: ist dann anzunehmen, wenn sie in absehbarer, nicht zu langer Zeit beseitigt sein wird; zweckmäßig ist es, die Dauer von 6 Monaten nach dem Unfall als Grenze für die vorübergehende Erwerbsunfähigkeit zu vereinbaren, wobei für die Beurteilung dieser Dauer im Allgemeinen das ärztliche Gutachten entscheidend sein wird. Ist es zweifelhaft oder streitig, ob eine Erwerbsunfähigkeit voraussichtlich vorübergehend ist, so ist die Sache zur Entscheidung an dasjenige Genossenschaftsorgan abzutreten, welches über den weitergehenden Anspruch zu befinden hat (A.N. 1887 S. 137).

Wird ein und derselbe Unfall zunächst dem Sektionsvorstande und dann (z. B. wegen Eintritts dauernder Erwerbsunfähigkeit nach beendigtem Heilverfahren) dem Genossenschaftsvorstand zur Festsetzung der Unfallentschädigung unterstellt, so ist letzterer an die frühere Entscheidung nur in Ansehung der Entschädigungspflicht als solcher, nicht aber auch an die Unterlagen, auf welche der Sektionsvorstand seine Entscheidung gegründet hat, gebunden.

Ad c. Sterbegeld: vgl. § 15 u. Anm. hiezu.

Ad d u. e. Heilanstalt und Angehörigenrente: Da die bezüglichen Entschließungen von dem den Verhältnissen näher stehenden Sektionsvorstande sachgemäßer getroffen werden können als vom Genossenschaftsvorstande, wurden die in der Praxis bisher aufgetretenen Zweifel durch Aufnahme der Bestimmung in d u. e des § 69 beseitigt.

Zuständig zur Entscheidung ist diejenige Sektion, welcher der Betrieb, in dem sich der Unfall ereignet hat, angehört; Streitigkeiten über die örtliche Zuständigkeit der Sektionen einer und derselben Berufsgenossenschaft hat der Genossenschaftsvorstand zu entscheiden; wegen der Kosten der Festsetzungen durch die Sektionen siehe § 38.

2. Neue Bestimmungen sind hier:

a) daß unter die dem Sektionsvorstande überwiesenen Festsetzungen auch die Entscheidungen über die Aufnahme in eine Heilanstalt und über die Angehörigenrente aufgenommen sind (Abs. I lit. d u. e),

b) daß besondere Rentenkommissionen auch für die wichtigeren Fälle (Abs. I Ziff. 2) durch statutarische Bestimmung zugelassen sind (Abs. II),

c) daß im Falle der beabsichtigten Ablehnung der Entschädigung oder der beabsichtigten Bewilligung einer Teilrente vorher der behandelnde Arzt zu hören ist (Abs. III).

Der veränderte Wortlaut in Ziff. 1 lit. a („die in § 9 Abs. I Ziff. 1 bezeichneten Leistungen" statt „Kosten des Heilverfahrens") und in Ziff. 1 lit. c („Sterbegeld" statt „Beerdigungskosten") ist redaktioneller Natur und war durch die Bestimmungen in § 9 Abs. I Ziff. 1 und § 15 Abs. I geboten.

3. **Festsetzung der Entschädigungen**:

a) die Feststellung der Entschädigungen soll ohne weiteren Antrag der Berechtigten durch die dazu berufenen Organe der Berufsgenossenschaften von Amtswegen eingeleitet werden und zwar unverzüglich, sobald die Thatsachen, welche die Art und den Umfang des Entschädigungsanspruchs bedingen, feststehen.

Für diese Feststellung bieten die seitens der Ortspolizeibehörden bethätigten Unfall-Untersuchungsverhandlungen wertvolle Unterlagen; eine wesentliche oder notwendige Voraussetzung für die Erlassung des Feststellungsbescheides oder eine notwendige Erkenntnisquelle für die Beurteilung des Unfalls und der aus demselben abzuleitenden Entschädigungspflicht bilden aber diese Verhandlungen nicht. Die Organe der Berufsgenossenschaften sind vielmehr berechtigt wie verpflichtet, ihrerseits die Festsetzungsverhandlungen einzuleiten. Es folgt hieraus auch von selbst, daß die Berufsgenossenschaften für notwendig erachtete Ergänzungen der polizeilichen Unfalluntersuchungen veranlassen und zu diesem Zwecke die Rechtshilfe anderer Berufsgenossenschaften oder der Polizei- oder Verwaltungsbehörden in Anspruch nehmen können.

b) Anleitungen der Berufsgenossenschaften für Feststellung der Entschädigungen sind vom Reichs-Versicherungsamt mit Rundschreiben vom 11. Januar 1888 und 28. September 1900 ergangen (A.N. 1888 S. 48; letzteres ist in den A.N. nicht veröffentlicht), vgl. Anhang.

c) In allen Fällen ist aktenmäßig festzustellen, welche Entschädigungsberechtigten in Frage kommen und in eine Prüfung der Prozeßfähigkeit des Antragstellers oder Entschädigungsberechtigten einzutreten (A.N. 1899 S. 464 Ziff. 1 d. Rundschr.).

d) Die Feststellungen haben in formellen, berufungsfähigen, den Beteiligten zuzustellenden Bescheiden zu erfolgen (§ 75).

e) Rentenfeststellungen auf Zeit sind unzulässig (A.N. 1886 Z. 139 S. 55, 1887 Z. 253 u. 409 S. 10 u. 351).

In gleicher Weise ist es unzulässig, die Rente für einzelne erst in der Zukunft liegende Zeiträume verschieden abgestuft, z. B. für die nächsten 6 Monate auf 15%, von da ab auf 10 % festzustellen, da eine solche Herabsetzung nur im Wege des § 88 erfolgen kann (A.N. 1887 Z. 352 S. 415).

Die Renten sind vielmehr „bis auf Weiteres" zu gewähren; eine Beschränkung auf bestimmte Zeit ist höchstens dann zulässig, wenn der Endtermin zweifellos oder sonst kalendermäßig feststeht (z. B. Vollendung des 15. Jahres eines rentenberechtigten Kindes).

f) Der Feststellungsbescheid darf die Gewährung der Unfallentschädigung auch nicht von bestimmten Bedingungen abhängig machen (A.N. 1892 Z. 1180 S. 330).

g) Die Feststellung muß auch in dem Fall erfolgen, wenn der Verletzte schon wegen eines anderen Unfalls die höchst zulässige Unfallrente genießt, weil jeder einzelne Unfall für eventuelle Veränderungen in den Verhältnissen des Verletzten seine Bedeutung gewinnt (A.N. 1889 Z. 663 S. 155).

h) In allen Feststellungsbescheiden, also auch in ablehnenden Bescheiden ist zu der Frage Stellung zu nehmen, ob der erhobene Anspruch begründet ist oder nicht; es ist unzulässig, dem Verletzten z. B. zu eröffnen, daß aus formellen Gründen oder weil der Verletzte sich im Auslande aufhalte, von einer Prüfung und Bescheidung der Sache selbst Umgang genommen werde.

i) Für mehrere Unfälle darf keine einheitliche Rente festgestellt werden (A.N. 1898 Z. 1720 S. 363).

4. Statutarische Bestimmung der zur Entschädigungsfeststellung zuständigen genossenschaftlichen Organe (Abs. II):

a) Die Abgrenzung der statutarischen Zuständigkeit über die Dauer einer voraussichtlich vorübergehenden bezw. für eine dauernde Erwerbsunfähigkeit zu gewährenden Rente bleibt, sofern das Statut nicht nähere Bestimmungen hierüber enthält, einer sachgemäßen Einigung überlassen (A.N. 1888 Z. 643 S. 350 mit 1890 Z. 334 S. 137).

b) Ein örtliches Feststellungsorgan darf bei Zweifeln über seine örtliche Zuständigkeit einen an sich begründeten Entschädigungsanspruch nicht wegen dieser Zweifel ohne weiteres zurückweisen, sondern muß mit dem vermeintlich zuständigen Organ in Verbindung treten, und falls mit diesem eine Einigung nicht erzielt wird, die Entscheidung des Genossenschaftsvorstandes herbeiführen.

c) Die Feststellung der Renten seitens der nach statutarischer Vorschrift hiezu berufenen Organe erfolgt in eigener Zuständigkeit mit verbindlicher Kraft für die Berufsgenossenschaft, und es steht dem Genossenschaftsvorstande ein Recht der Nachprüfung nicht zu (A.N. 1885 Z. 92 S. 369, 1886 Z. 153 S. 74).

d) Für einen Feststellungsausschuß genügen zwei Mitglieder; in einem solchen Falle entscheidet bei Meinungsverschiedenheit der Vorstand (A.N. 1887 Z. 263 S. 19).

e) Personen, die nicht Mitglieder der Berufsgenossenschaft sind, können zu Mitglieder einer Kommission oder zu örtlichen Beauftragten nicht ernannt werden.

5. Ablehnung der Entschädigung oder Bewilligung einer Teilrente (Abs. III): Die Vorschrift des § 69 Abs. III bezieht sich nicht nur auf den Fall, daß das Heilverfahren zur Zeit der Rentenfestsetzung noch im Gange ist, sie hat vielmehr auch dann Anwendung zu finden, wenn das Heilverfahren bereits abgeschlossen ist (A.N. 1901 Z. 1843 S. 180). Behandelnder Arzt kann also hier nicht nur der gegenwärtig behandelnde, sondern auch jener Arzt sein, welcher vom Verletzten früher zugezogen war (vgl. auch A.N. 1901 Z. 1877 u. 1879 S. 557 u. 559).

§ 70. (§ 57 Abs. 3.)

I Soll die Bewilligung einer Entschädigung abgelehnt werden, so ist diese Absicht dem Verletzten oder im Falle seines Todes seinen Hinterbliebenen, soweit sie nach §§ 16 bis 19, 21 entschädigungsberechtigt sein würden, mitzuteilen. Soll eine Entschädigung bewilligt werden, so ist den genannten Personen die Höhe der in Aussicht genommenen Entschädigung mit den rechnungsmäßigen Grundlagen mitzuteilen.

II Der Verletzte sowie seine Hinterbliebenen (§§ 16 bis 19) sind befugt, auf diese Mitteilung innerhalb zweier Wochen sich zu äußern. Auf ihren innerhalb der gleichen Frist gestellten Antrag hat die untere Verwaltungsbehörde diese Äußerung zu Protokoll zu nehmen. Wird ein solcher Antrag gestellt, so hat hiervon die untere Verwaltungsbehörde unverzüglich dem zuständigen Genossenschaftsorgane Kenntnis zu geben; dieses hat bis zum Eingange des Protokolls den Bescheid auszusetzen.

III Bei den im Abs. 1 bezeichneten Mitteilungen hat das zuständige Genossenschaftsorgan auf die aus Abs. 2 und aus § 69 Abs. 3 sich ergebenden Befugnisse, sowie auf die im Abs. 2 vorgesehene Frist hinzuweisen.

1. Durch die neuen Bestimmungen des § 70 haben die des bisherigen § 57 Abs. III eine erhebliche Erweiterung erfahren, insoferne als den Beteiligten (Verletzten und Hinterbliebenen der Getöteten) eine weitergehende Beteiligung an dem der Entschädigungsfeststellung vorhergehenden Ermittelungsverfahren eingeräumt worden ist.

Neu ist nämlich:

a) daß auch im Falle beabsichtigter Ablehnung der Entschädigung den Beteiligten Gelegenheit zur Aeußerung zu geben ist, während nach dem bisherigen Gesetze (§ 57 Abs. III) denselben nur im Falle der Entschädigungsbewilligung die Unterlagen zur Aeußerung mitzuteilen waren,

b) daß die Frist zur Aeußerung von einer Woche auf zwei Wochen erstreckt worden ist,

c) daß sich die Rentenanwärter zum Zwecke einer möglichst sicheren und sachentsprechenden Wahrung ihrer Interessen bei ihrer Stellungnahme zur Sache der Mitwirkung der unteren Verwaltungsbehörde bedienen können,

d) und daß die Anspruchsberechtigten von den betr. Berufsgenossenschaftsorganen auf diese Frist und die event. Mitwirkung der unteren Verwaltungsbehörde ausdrücklich aufmerksam gemacht werden müssen.

2. **Mitteilung der Unterlagen**: Das Gesetz spricht hier nur (im Gegensatz von § 89 Abs. II) von Mitteilung der „rechnungsmäßigen" Unterlagen.

Da jedoch die Mitteilung der Unterlagen zu dem Zwecke angeordnet ist, daß die Beteiligten in der Lage sind, zur Entschädigungsfrage in Wahrung ihrer Interessen auf Grund möglichst genauer Kenntnis der Unterlagen Stellung zu nehmen, so dürfte es geboten sein, daß denselben auch die ärztlichen Gutachten wenigstens ihrem wesentlichen Inhalte nach — soweit dieselben für die Entscheidung des berufsgenossenschaftlichen Feststellungsorgans mit entscheidend sind und soweit sie aus Rücksichten billiger Schonung der Verletzten überhaupt mitgeteilt werden können — auszugsweise bekannt gegeben werden; diese Auffassung dürfte auch durch die Gesetzesmotive ausreichend unterstützt sein, hatte ja die Reichstagskommission (1897) sogar vorgesehen, daß dem Verletzten auf Antrag der gesamte Wortlaut der Sachverständigen-Gutachten mitzuteilen sei; vgl. auch (A.N. 1902 Z. 1907 S. 187).

Als weitere Unterlagen werden „der ermittelte Jahresarbeitsverdienst" (Lohn, Gehalt) und „das anzunehmende Maß der Einbuße an Erwerbsfähigkeit" mitzuteilen sein.

Die Berufsgenossenschaften bethätigen diese Unterlagen in der Regel mittels sogen. „Vorbescheide"; letztere sind nicht berufungsfähige Bescheide und deren Inhalt nicht bindend, weder für die Berufsgenossenschaft noch den Versicherten, und zwar unmittelbar, d. i. ohne Vermittlung der Gemeinde- oder unteren Verwaltungsbehörde.

3. . . . . **sind befugt, innerhalb zweier Wochen sich zu äußern**: Eine Pflicht zu einer Erklärungsabgabe besteht für den Verletzten oder seine Hinterbliebenen nicht. Die Frist von zwei Wochen ist keine Präklusivfrist; gleichwohl ist den Beteiligten dringend zu raten, eine etwaige Erklärung rechtzeitig abzugeben, da eine verspätet (d. i. nach Fest-

stellung der Entschädigung oder Ablehnung) einkommende Aeußerung keinen Anspruch auf Berücksichtigung mehr erheben kann.

4. **Untere Verwaltungsbehörde**: Vgl. § 152 u. Anm. Z. 3 zu § 56 S. 145. Die Aufnahme der Erklärung zu Protokoll der unteren Verwaltungsbehörde ist auf gestellten Antrag Pflicht der letzteren; von einer etwaigen Erklärungsaufnahme hat diese Behörde die betr. Berufsgenossenschaft bezw. deren Feststellungsorgan unverzüglich in Kenntnis zu setzen, da letzteres den Bescheid bis zur Kenntnis dieser Erklärung auszusetzen hat. Erscheint bei schriftlich gestelltem Antrag der Berechtigte auf ergangene Ladung nicht, so kann ein Zwang (Vorführung) zu erscheinen oder sich zu erklären, nicht ausgeübt werden.

Es ist Pflicht (nobile officium, wie die Mot. meinen) der Verwaltungsbehörden, auf eine erschöpfende Darstellung der Erklärungen des Antragstellers bedacht zu sein und es wird sich daher häufig nicht umgehen lassen, die Akten der betr. Berufsgenossenschaften zu erholen und einzusehen.

Die untere Verwaltungsbehörde kann in besonderen Fällen, z. B. wenn sie nicht in der Lage ist, den Verletzten in seiner Behausung aufzusuchen, oder wenn derselbe nicht transportfähig ist, auch die Gemeindevorstände oder andere geeignete Stellen zur protokollarischen Aufnahme der betr. Erklärung heranziehen (Kom.-Ber. S. 83).

§ 71. (§ 58).

I Die Feststellung der Entschädigung hat in beschleunigtem Verfahren von Amtswegen zu erfolgen.

II Für diejenigen verletzten Personen, für welche noch nach Ablauf von dreizehn Wochen nach dem Unfall eine weitere ärztliche Behandlung behufs Heilung der erlittenen Verletzungen notwendig ist, hat sich die Feststellung zunächst mindestens auf die bis zur Beendigung des Heilverfahrens zu leistenden Entschädigungen zu erstrecken. Die weitere Entschädigung ist, sofern deren Feststellung früher nicht möglich ist, nach Beendigung des Heilverfahrens unverzüglich zu bewirken.

III Kann die endgültige Feststellung nicht sofort erfolgen, so ist eine Entschädigung vorläufig zuzubilligen.

1. Entbehrliche Bestimmungen des § 58 sind hier in Wegfall gekommen; aufrecht erhaltene Vorschriften des letzteren sind präziser ausgedrückt.

Um eine thunlichste Beschleunigung der Entschädigungsfeststellung herbeizuführen, sind in Abs. II u. III den Berufsgenossenschaften besondere Vorschriften über die Zubilligung „vorläufiger Entschädigungen" gegeben. Entscheidend ist auch hier der Gesichtspunkt, daß die Leistungen aus der Unfallversicherung, soweit irgend möglich, sich lückenlos an den Fortfall anderer Unterstützungen bezw. an den Tod des Verletzten anschließen sollen. Selbstverständlich müssen die erforderlichen Unterlagen unter allen Umständen beschafft, die Karenzzeit und die zur Erklärungsabgabe gemäß § 70 gesetzte Frist abgelaufen sein.

2. **Feststellung der Entschädigungen**: vgl. § 69 u. insbes. Anm. Z. 3—5 S. 159, 160.

3. **Vorläufige Zubilligung einer Entschädigung**: Die Anwendbarkeit des § 71 Abs. III setzt voraus, daß eine Feststellung der Rente noch nicht erfolgt ist und nicht sogleich erfolgen kann, weil die erforderlichen Unterlagen hiefür noch nicht zu gewinnen waren.

Solche vorläufige Zubilligungen können nicht durch Rechtsmittel angefochten werden, weil sie nur die rechtliche Natur von Vorschüssen haben und weil dieselben keine Bescheide im Sinne des § 75 sind. Wird aber die Form eines Feststellungsbescheides mit dem Berufungshinweis gewählt, so kann unter Umständen formales Recht geschaffen werden (A.N. 1895 S. 258).

§ 72. (§ 59 Abs. 1, 2).

I Entschädigungsberechtigte, für welche die Entschädigung nicht von Amtswegen festgestellt ist, haben ihren Entschädigungsanspruch bei Vermeidung des Ausschlusses vor Ablauf von zwei Jahren nach dem Eintritte des Unfalls bei derjenigen Berufsgenossenschaft anzumelden, welcher die Entschädigungspflicht obliegt. Die Frist gilt auch dann als gewahrt, wenn die Anmeldung bei einem nicht zuständigen Genossenschaftsorgan oder bei einer anderen Berufsgenossenschaft oder bei der für den Wohnort des Entschädigungsberechtigten zuständigen unteren Verwaltungsbehörde erfolgt ist. In solchem Falle ist die Anmeldung unverzüglich an die zuständige Stelle abzugeben und der Beteiligte davon zu benachrichtigen.

II Nach Ablauf der Frist ist der Anmeldung nur dann Folge zu geben, wenn zugleich glaubhaft bescheinigt wird, daß eine einen Entschädigungsanspruch begründende Folge des Unfalls erst später bemerkbar geworden oder daß der Entschädigungsberechtigte von der Verfolgung seines Anspruches durch außerhalb seines Willens liegende Verhältnisse abgehalten worden ist, und wenn die Anmeldung innerhalb dreier Monate, nachdem eine Unfallfolge bemerkbar geworden oder das Hindernis für die Anmeldung weggefallen, erfolgt ist.

1. Neu sind hier die Bestimmungen:

a) daß die zweijährige Anmeldefrist auch dann gewahrt ist, wenn die Anmeldung nicht bei der zunächst zuständigen Stelle erfolgt ist,

b) daß der Anspruch auch dann noch zugelassen wird, wenn eine neue Folge des Unfalls erst nach Ablauf der zweijährigen Frist bemerkbar geworden,

c) daß auch unter den Voraussetzungen des § 72 für die Anspruchserhebung eine Frist von drei Monaten eingehalten werden muß.

2. **Entschädigung nicht von Amtswegen festgestellt**: Die Feststellung von Amtswegen bildet die Regel (vgl. § 69); nur wo diese nicht erfolgt ist, kommt § 72 zur Anwendung. Solche Fälle sind denkbar, wenn:

a) ein Unfall nicht angezeigt und auch sonst nicht zur Kenntnis der Berufsgenossenschaft gekommen ist,

b) der Unfall zwar angemeldet wurde, die Folgen desselben aber anscheinend vor Ablauf der 13. Woche beseitigt waren und daher ein Feststellungs- oder Ablehnungsbescheid nicht ergangen ist,

c) bei dem ersten Feststellungsverfahren Entschädigungsberechte nicht ermittelt oder aus anderen Gründen unberücksichtigt geblieben sind,

d) wenn ein Unfall in einem Betriebe vorgekommen ist, der, obwohl versicherungspflichtig, einer Berufsgenossenschaft überhaupt nicht zugewiesen worden ist.

Der Wortlaut „für welche die Entschädigung nicht von Amtswegen festgestellt ist" erscheint insoferne sprachlich nicht korrekt, als der Fall rechtskräftig erfolgter Ablehnung des Entschädigungsanspruchs hier die gleiche Bedeutung für sich in Anspruch zu nehmen hat, wie der Fall der erfolgten Entschädigungsfeststellung.

3. **Bei Vermeidung des Ausschlusses vor Ablauf von 2 Jahren**: Die Berufsgenossenschaften können auf die Einrede der Verjährung (auch stillschweigend) verzichten; im Berufungs- oder Rekursverfahren ist die Prüfung der Frage, ob Verjährung vorliegt, keine Offizialthätigkeit der Schiedsgerichte oder des Reichs-(Landes-)versicherungsamts; von Amtswegen ist die Verjährung in diesen Fragen nicht zu berücksichtigen (A.N. 1891 Z. 937 S. 150).

Der Lauf der zweijährigen Frist wird nach §§ 187, 188 des Bürg.G.B. berechnet; ereignete sich der Unfall z. B. am 16. Oktober 1901, so endet die Frist mit dem Ablauf des 16. Oktober 1903.

War der Antragsberechtigte handlungsunfähig (Minderjährige, Geisteskranke, Idioten) und war für dessen Vertretung nicht gesorgt, so konnte für denselben der Lauf der zweijährigen Frist nicht beginnen und daher auch eine Verjährung dessen Anspruchs nicht eintreten.

4. Die Wirkung der Verjährung erstreckt sich auch gegen die Hinterbliebenen des Verstorbenen (A.N. 1897 Z. 1666 S. 514), ferner gegen die ersatzberechtigten Krankenkassen (A.N. 1891 Z. 367 S. 124).

Privatrechtliche Verjährungsvorschriften sind gegenüber den Bestimmungen des § 72 nicht anwendbar.

Selbstverständlich ist auch, daß die Frist in § 72 für die Fälle des § 88 außer Betracht zu bleiben hat.

5. Haben den Entschädigungsanspruch anzumelden:

a) Von der Anmeldung des Entschädigungsanspruchs (gem. § 72 Abs. I) ist die „Unfallsanzeige" (gem. § 63) auseinanderzuhalten; letzterer ist die Wirkung der ersteren nicht beigelegt.

b) Ebenso stellt die bloße Mitteilung eines Unfalls an einen vorgesetzten Beamten oder die gelegentliche Mitteilung des Unfalls an den Vorsitzenden eines Genossenschaftsorgans oder den Geschäftsführer oder einen Vertrauensmann der Berufsgenossenschaft oder die Mitteilung an eine Krankenkasse eine Anmeldung des Anspruchs nicht dar (A.N. 1897 Z. 1624 S. 349).

c) Dagegen ist es andererseits nicht erforderlich, daß die Anmeldung gerade durch den Verletzten selbst geschieht; sie kann auch durch Andere z. B. den Arbeitgeber (im Auftrage oder doch mit Zustimmung des Ersteren oder durch einen Bevollmächtigten oder gesetzlichen Vertreter (Ehemann für die Frau, Vater für die Kinder) erfolgen.

d) Rechtshandlungen des Ersatzberechtigten vermögen den Ablauf der zweijährigen Anmeldefrist gegen den Hauptberechtigten nicht zu unterbrechen oder zu hemmen (A.N. 1896 Z. 1546 S. 425).

e) Ist der Anspruch rechtzeitig erhoben, so kann die Einrede des Fristablaufs nach § 72 Abs. I nicht mehr erhoben werden, auch wenn der Anspruch nicht durch förmlichen Bescheid seine Erledigung gefunden hat (A.N. 1893 Z. 1230 S. 177).

f) Dagegen hindert der Umstand, daß eine Berufsgenossenschaft das Feststellungsverfahren von Amtswegen eingeleitet, aber nicht durch förmlichen Bescheid zum Abschluß gebracht hat, nicht, den Einwand des Fristablaufs nach § 72 Abs. I Gew.U.G. mit Erfolg zu erheben (A.N. 1901 Z. 1833 S. 172).

g) Ist aber der Unfall festgestellt, so kann bei der nachträglichen Anmeldung von Unfallfolgen, die bei der früheren Rentenfeststellung außer Betracht geblieben sind, der Verjährungseinwand nicht mit Erfolg geltend gemacht werden (A.N. 1897 S. 515, 1900 S. 671).

6. Zulässigkeit der Anspruchserhebung nach Ablauf von 2 Jahren seit dem Unfall:

Nach der Ausnahmebestimmung des § 72 Abs. II soll ein Anspruch auf Unfallentschädigung nach Ablauf von 2 Jahren dann noch Berücksichtigung finden, wenn gleich mit Erhebung derselben glaubhafte Bescheinigungen beigebracht werden, daß

a) die den Entschädigungsanspruch begründende Folge des Unfalls als solche erst später bemerkbar geworden,

b) der Entschädigungsberechtigte an der Geltendmachung seiner Ansprüche durch außerhalb seines Willens liegende Verhältnisse verhindert worden ist.

Ad a. Der Schutz des § 72 Abs. II steht dem Verletzten auch dann zur Seite, wenn ihm zwar ein die Erwerbsfähigkeit beeinträchtigendes Leiden, das sich später objektiv als die Folge eines Unfalls darstellt, erkennbar geworden ist, er aber das Leiden nicht gerade als eine solche Folge, also in seiner Zurückführbarkeit auf einen Unfall erkannt hat und auch bei Anwendung der pflichtmäßigen Sorgfalt nicht erkennen konnte (A.N. 1893 Z. 1233 S. 179).

In den Ausnahmefällen des Abs. II beginnt von dem Zeitpunkte ab, seit dem die Folgen des Unfalls bemerkbar geworden sind, bezw. die die Anspruchserhebung hindernden Verhältnisse weggefallen sind, nicht eine neue zweijährige Anmeldungsfrist zu laufen (A.N. 1893 Z. 1234 S. 180).

Die Folgen des Unfalls gelten als „nicht bemerkbar geworden", wenn lediglich innerhalb der ersten 13 Wochen nach dem Unfall eine Beeinträchtigung der Erwerbsfähigkeit bestanden hat (1896 Z. 1506 S. 264).

Nach rechtskräftiger Abweisung des auf eine bestimmte Unfallsfolge gestützten Entschädigungsanspruchs kann ein neuer Anspruch auf eine davon verschiedene Folge desselben Unfalls erhoben werden (A.N. 1901 Z. 1832 S. 170) Dieser letztere Anspruch unterliegt einer selbständigen Verjährung.

Ad b. Zu den außerhalb des Willens des Verletzten liegenden hindernden Verhältnissen zählen nicht: Rechtsunkenntnis oder ähnliche in der Person des Verletzten (z. B. Lesens-, Schreibens-Unkunde, Abwesenheit, Aufenthalt im Auslande u. dgl.) bestehende Schwierigkeiten. Krankheiten zählen dann hieher, wenn der Verletzte hiedurch außer Stande war, mit der Anmeldung des Anspruchs Andere zu betrauen, sonst nicht.

Dagegen können als solche Verhältnisse unter Umständen unrichtige, dem Verletzten von hiezu berufenen Personen oder Behörden erteilte Rechtsbelehrungen angesehen werden (A.N. 1896 Z. 1516 S. 288).

7. Die Bestimmungen des § 72 Abs. II finden auch auf Entschädigungsansprüche aus Unfällen, welche sich vor dem 1. Oktober 1900 ereignet haben, Anwendung (A.N. 1901 Z. 1833 S. 172).

8. Wenn die Folgen eines Unfalls erst später, aber noch innerhalb zweier Jahre vom Eintritt des Unfalls an bemerkbar werden, so beginnt damit nicht eine neue zweijährige Frist für die Anmeldung.

Werden die Unfallsfolgen aber erst nach Ablauf der zweijährigen Frist bemerkbar, so läuft zur nachträglichen Anspruchserhebung eine — von der Zeit der Wahrnehmung der Unfallsfolgen oder des Wegfalls des Hindernisses — zu berechnende Frist von 3 Monaten.

§ 73. (§ 59 Abs. 3 und 4.)

I Wird der angemeldete Enschädigungsanspruch anerkannt, so ist die Entschädigung sofort festzustellen. Ist die Berufsgenossenschaft der Ansicht, daß ein entschädigungspflichtiger Unfall nicht vorliegt, so ist der Anspruch durch schriftlichen Bescheid abzulehnen. Der Bescheid ist mit Gründen zu versehen.

II Ist die Genossenschaft der Ansicht, daß zwar ein entschädigungspflichtiger Unfall vorliegt, die Entschädigung aber von einer anderen Genossenschaft zu gewähren ist, so hat der Genossenschaftsvorstand dem Entschädigungsberechtigten eine vorläufige Fürsorge zuzuwenden und sich unter Mitteilung der gepflogenen Verhandlungen wegen Anerkennung der Entschädigungspflicht mit dem Vorstande der anderen Genossenschaft ins Benehmen zu setzen. Wird von diesem die Entschädigungspflicht abgelehnt oder innerhalb einer Frist von sechs Wochen eine Erklärung nicht abgegeben, so ist die Entscheidung des Reichs-Versicherungsamts darüber herbeizuführen, welche Berufsgenossenschaft entschädigungspflichtig ist. Die Entscheidung ist auch dem Entschädigungsberechtigten zuzustellen.

1. Aenderungen durch die Novelle: In Abs. I hat der bisherige § 59 Abs. III eine präzisere Fassung erfahren und ist, was in der Praxis ohnedies bisher beobachtet war, angeordnet worden, daß der ablehnende Bescheid mit Gründen zu versehen ist.

Die Bestimmung in Abs. II ist ganz neu und an Stelle des § 59 Abs. IV getreten. Hiedurch ist das zu beobachtende Verfahren in jenen Fällen angeordnet, in welchen zwar das Vorliegen eines entschädigungspflichtigen Unfalls unbestritten, aber zweifelhaft ist, welche Berufsgenossenschaft über Bestehen oder Nichtbestehen einer Entschädigungspflicht zu entscheiden event. für letztere aufzukommen hat.

[In dem bisherigen § 59 Abs. IV war ein besonderes (dem jetzigen aber nicht gleiches) Verfahren nur für solche Zweifelsfälle vorgeschrieben, in denen der Betrieb, in welchem sich der Unfall ereignete, nicht katastriert war.]

2. Vorläufige Fürsorge: Dieselbe, zu deren Gewährung die angerufene Berufsgenossenschaft gesetzlich verpflichtet ist, hat in einer einstweiligen Unterstützung (wie in dem Falle des § 71 Abs. III), nicht in einer nach den Vorschriften des Gesetzes zu berechnenden Entschädigung zu bestehen; ein förmlicher Bescheid ist nicht notwendig.

Diese Unterstützung muß von der seinerzeit zur Sache selbst verpflichteten Berufsgenossenschaft ersetzt werden. Leistet die Berufsgenossenschaft diese einstweilige Fürsorge nicht, so kann dieselbe im Aufsichtswege hiezu angehalten werden. Die Höhe der Unterstützung (der Grad der einstweiligen Fürsorge) bleibt dem Ermessen der Berufsgenossenschaft anheimgestellt; auch hier ist Beschwerde des Verletzten im Aufsichtsverfahren nicht ausgeschlossen.

3. Hat mit dem Vorstande der anderen Berufsgenossenschaften ins Benehmen zu treten: Diese Vorschrift ist obligatorisch und darf nicht umgangen werden, ist aber nur anzuwenden, solange die Sache noch im vorbereitenden Stadium ist, d. i. ein Feststellungs- oder Ablehnungsbescheid noch nicht erteilt und bezw. zugestellt ist.

Ist dieses Verfahren nicht beachtet, so wären auf eingelegte Rechtsmittel gegen zur Sache selbst ergangene Bescheide letztere als gesetzwidrig aufzuheben und die Sache an die Berufsgenossenschaften event. zurückzuverweisen.

4. Entscheidung des Reichs-Versicherungsamts herbeizuführen, welche Berufsgenossenschaft versicherungspflichtig ist: Dieser Wortlaut des Gesetzes ist nicht korrekt, weil das Reichsversicherungsamt nur die Berufsgenossenschaft festzustellen hat, welcher der Betrieb, in welchem sich der Unfall ereignete, zugehört, d. i. die Berufsgenossenschaft, welche den erhobenen Anspruch formell und materiell zu würdigen hat. Die Berufsgenossenschaft verliert durch die Entscheidung des Reichsversicherungsamts nur den Einwand, daß die Sache eine andere Berufsgenossenschaft angehe; der Anerkennung oder Verweigerung der Entschädigungspflicht seitens der Berufsgenossenschaft wird durch diese Entscheidung nicht präjudiziert, erstere muß vielmehr event. in dem vorgeschriebenen Instanzenwege festgestellt werden.

5. An die Stelle des Reichs-Versicherungsamts tritt — vorbehaltlich der Bestimmung des § 127 Abs. II — event. das Landesversicherungsamt.

§ 74.* (§ 60).

Die Mitglieder der Genossenschaften sind verpflichtet, auf Erfordern der Behörden und der nach § 69 zur Feststellung der Entschädigung berufenen Stellen binnen einer Woche diejenigen Gehalts- und Lohnnachweisungen zu liefern, welche zur Feststellung der Entschädigung erforderlich sind.

1. Die hier vorgenommenen Aenderungen sind nur redaktioneller Natur.

2. Um der Anforderung des § 74 seitens der Mitglieder der Berufsgenossenschaft genügen zu können, empfiehlt sich, daß dieselben über die von den versicherten Personen

in ihren Betrieben verdienten Löhne an der Hand eines entsprechenden Formulars genaue Aufschreibungen machen.

3. Unrichtige Angaben in den Gehalt- und Lohnnachweisungen werden nach § 146 Z. 1, Unterlassungen derselben nach § 147 Abs. I bestraft.

4. Eine Kontrole über die Richtigkeit der Lohnnachweisungen ist in § 119 vorgesehen.

5. Gehalt- und Lohnnachweisungen: Hierher gehören auch Tantièmen und Naturalbezüge; vgl. § 6. War der Verletzte in dem Betriebe, in welchem sich der Unfall ereignet hat, vor demselben ein volles Jahr oder länger beschäftigt, so ist der Berechnung der Entschädigung der während des letzten Jahres an den Verletzten gezahlte anrechnungsfähige Lohn zu Grunde zu legen. War der Verletzte noch nicht ein Jahr in dem Betriebe beschäftigt, so ist derjenige Betrag zu Grunde zu legen, welche während dieses Zeitraums versicherte Personen derselben Art in demselben oder in einem gleichartigen Betriebe bezogen haben; sind solche Personen nicht vorhanden, so ist von dem Genossenschaftsmitgliede der Arbeitslohn nachzuweisen, und es wird dann Sache des Genossenschaftsorgans, welches die Entschädigung festsetzt, sein, den durchschnittlichen Tagesverdienst eines solchen Verletzten zu berechnen bezw. zu ermitteln.

Bescheid der Vorstände.

§ 75. (§ 61).

Ueber die Feststellung der Entschädigung hat diejenige Stelle (§ 69), welche sie vorgenommen hat, dem Entschädigungsberechtigten einen schriftlichen Bescheid zu erteilen, aus welchem die Höhe der Entschädigung und die Art ihrer Berechnung zu ersehen ist. Bei Entschädigungen für erwerbsunfähig gewordene Verletzte ist namentlich anzugeben, in welchem Maße die Erwerbsunfähigkeit angenommen worden ist.

1. Feststellung der Entschädigung: Vgl. § 69 insbes. Anm. Z. 3, 4, 5 S. 159, 160.

Ob die Feststellung auf Antrag oder von Amtswegen zu erfolgen hat, ist belanglos.

Feststellungen (mittels förmlichen Bescheides) sind auch zu erteilen in den Fällen des § 22 (Gewährung oder Zurücknahme freier Kur und Verpflegung in einer Heilanstalt), des § 23 (Versagung des Schadensersatzes wegen ungehorsamen Verhaltens des Verletzten), des § 88 (Anderweitige Feststellung der Entschädigung wegen veränderter Verhältnisse), des § 95 (Kapitalsabfindung der Ausländer) und des § 96 Abs. II (Wiedereinziehung gezahlter Vorschüsse oder zu Unrecht gezahlter Entschädigungen).

2. Schriftlichen Bescheid zu erteilen:

a) Der förmliche Bescheid ist zu erlassen und zu zeichnen durch das für die Feststellung gemäß § 69 zuständige Genossenschaftsorgan; das Zeichnen durch nur ein Mitglied desselben ist unzulässig.

b) Die Erteilung des Bescheides darf nie unterlassen werden; es kann daher hierauf nicht verzichtet werden, ein solcher Verzicht wäre unwirksam.

c) Der rechtskräftige Bescheid bleibt so lange in Kraft, als nicht auf Grund des § 88 eine anderweitige Feststellung erfolgt; es wird durch Erteilung des Bescheides für den Entschädigungsberechtigten ein selbständiges Recht begründet.

d) Zu Gunsten des Entschädigungsberechtigten kann jedoch eine neue Prüfung der Sache event. auch eine anderweitige Entscheidung erfolgen; es ist dies auch während des Berufungs- oder Rekursverfahrens noch zulässig.

e) Schreibfehler, Rechnungsfehler und andere offenbare Unrichtigkeiten können jederzeit von Amtswegen berichtigt werden; auch in diesem Falle ist berichtigter Bescheid zu erteilen und zuzustellen; von dieser Zustellung an läuft aber nicht eine neue Rechtsmittelfrist zur Sache selbst.

Als ein Rechnungsfehler ist aber die unrichtige Berechnung des Jahresarbeitsverdienstes nicht anzusehen; an diese bleibt die Berufsgenossenschaft und der Entschädigungsberechtigte bei vorliegender Rechtskraft des Bescheides gebunden (A.N. 1892 Z. 1178 S. 329).

f) Ein formloses Schreiben kann unter Umständen als ein berufungsfähiger Bescheid angesehen werden, wenn die Berufsgenossenschaft in demselben in einer für sie bindenden Weise zu dem Anspruche hat Stellung nehmen wollen (A.N. 1900 Z. 1806 S. 669).

g) Unerläßlich im Bescheide sind die Angaben, aus welchen die Höhe der Entschädigung und die Art ihrer Verrechnung anzusehen ist; Nichtbeachtung dieser Vorschrift macht den Bescheid nichtig.

h) Vorgeschrieben ist ferner, daß der Bescheid die Bezeichnung des für die Berufung zuständigen Schiedsgerichts und die Belehrung über die Berufungsfrist zu enthalten hat (§ 76 Abs. IV). Die Unterlassung der Belehrungsklausel allein nimmt jedoch dem Bescheide nicht unter allen Umständen die Natur eines förmlichen Bescheides.

i) Der förmliche Bescheid ist zu erteilen und zuzustellen dem Berechtigten. Ist letzterer geschäfts-(prozeß-)unfähig, so ist der Bescheid bei Meidung der Nichtigkeit dem gesetzlichen Vertreter zuzustellen. Im Falle einer Vertretung auf Grund besonderer (spezieller) Vollmacht kann dem Berechtigten selbst, aber auch dem bevollmächtigten Vertreter zugestellt werden. Sind mehrere Entschädigungsberechtigte vorhanden, so ist jedem derselben (ev. ihren gesetzlichen oder bevollmächtigten Vertretern) ein Bescheid zu erteilen und zuzustellen.

k) Ueber Zustellungen vgl. § 155 u. Anm. hiezu.

Berufung.

§ 76. (§ 62 Abs. 2 bis 5).

I Gegen den Bescheid, durch welchen der Entschädigungsanspruch abgelehnt wird, sowie gegen den Bescheid, durch welchen die Entschädigung festgestellt wird, findet die Berufung auf schiedsgerichtliche Entscheidung statt.

II Die Berufung ist bei Vermeidung des Ausschlusses innerhalb eines Monats nach der Zustellung des Bescheids bei dem Schiedsgerichte (Gesetz, betreffend die Abänderung der Unfallversicherungsgesetze, § 3) zu erheben, in dessen Bezirke der Betrieb, in welchem der Unfall sich ereignet hat, belegen ist.

III Die Frist gilt auch dann als gewahrt, wenn innerhalb derselben die Berufung bei einer anderen inländischen Behörde oder bei einem Genossenschaftsorgan eingegangen ist. Diese haben die Berufungsschrift unverzüglich an das zuständige Schiedsgericht abzugeben.

IV Der Bescheid muß die Bezeichnung des für die Berufung zuständigen Schiedsgerichts sowie die Belehrung über die einzuhaltende Frist enthalten.

V Die Berufung hat, ausgenommen im Falle des § 23, keine aufschiebende Wirkung.

1. **Aenderung durch die Novelle**: Durch § 76 wurden die Bestimmungen des bisherigen § 62 folgender Weise geändert:

a) Abs. I von § 62 ist beseitigt;

b) die Worte „schiedsrichterliche Entscheidung“ und „der Vorsitzende des Schiedsgerichts“ sind ersetzt durch die Worte „schiedsgerichtliche Entscheidung“ und „das Schiedsgericht“ (Abs. I u. II);

c) die Berufungsfrist ist von 4 Wochen auf „einen Monat“ erweitert (Abs. II);

d) durch die neue Bestimmung des Abs. III ist die Einlegung der Berufung insofern erleichtert, als die Berufungsfrist nunmehr auch gewahrt erscheint, wenn die Berufungsschrift statt bei der zuständigen Stelle (Schiedsgericht) innerhalb der einmonatlichen Frist bei einer anderen Behörde oder bei einem Genossenschaftsorgan eingekommen ist (Abs. III);

e) den Berufungen im Falle des § 23 (Einleitung eines neuen Heilverfahrens) ist aufschiebende Wirkung eingeräumt.

2. Gegen den Ablehnungs- oder Feststellungsbescheid: Vgl. zunächst Anm. Z. 1 u. 2 zu § 75 S. 167.

Von den berufungsfähigen Bescheiden sind auseinander zu halten die vorläufigen Bescheide, durch welche

a) vor Beendigung des Heilverfahrens eine Entschädigung (Unterstützung) zugebilligt wird (§ 71 Abs. III, § 73 Abs. II);

b) die Mitteilung der Feststellungs-Unterlagen erfolgt (§ 70 Abs. I)

und ferner die Streitigkeiten zwischen dem Verletzten und der Berufsgenossenschaft, welche nach § 58 Kr.V.G. von der Aufsichtsbehörde oder im Verwaltungsstreitverfahren zu verbescheiden sind.

3. Findet Berufung auf schiedsgerichtliche Entscheidung statt:

a) Die Berufung steht nur dem Anspruchsberechtigten, den Ehegatten oder den Erben derselben als Rechtsnachfolger zu; der Versicherungsträger ist stets Berufungsbeklagter.

b) In den Fällen des § 113 oder § 128 Abs. III des Inv.V.G. steht auch dem Vorstande einer Versicherungsanstalt ein selbstständiges Berufungsrecht zu.

Einem Armenverbande (Krankenkasse) oder jedem Dritten, der die Kosten der Beerdigung bestritten hat, steht bezüglich des Sterbegeldes das Recht zu, neben, für und anstatt des Hauptberechtigten die Feststellung der Entschädigung im Rechtsmittelverfahren zu betreiben, nicht nur als Nebenintervenient (§§ 66 ff. R.C.P.O), sondern auch selbständig als Partei und Streitgenosse (§§ 59 R.C.P.O.).

c) Ist der Entschädigungsberechtigte prozeßunfähig (minderjährig, geisteskrank), so steht das Berufungsrecht dem gesetzlichen Vertreter zu.

d) Ehefrauen sind hier selbständig prozeßfähig; eine Vertretung oder Verbeistandung derselben durch den Ehemann ist nicht geboten, wohl aber zulässig.

e) Der Entschädigungsberechtigte kann sich bei Einlegung und Durchführung der Berufung durch einen Bevollmächtigten vertreten lassen; die Vollmacht muß schriftlich erteilt sein; Ehegatten, Verwandte der aufsteigenden Linie und großjährige Verwandte der absteigenden Linie können auch ohne schriftliche Vollmacht zur Vertretung zugelassen werden (§ 10 R.V.O. v. 22. November 1900).

Die Vollmacht kann nachträglich beigebracht werden.

f) Die Prozeßfähigkeit des Berufungsklägers und die Legitimation des Vertreters (des gesetzlichen und des bestellten) ist von Amtswegen zu prüfen.

g) Nicht prozeßfähigen Berufungsklägern kann — gemäß § 10 Abs. IV der Kais. Verordn. v. 22. November 1900, betr. das Verfahren vor den Schiedsgerichten — vorläufig ein besonderer Vertreter bestellt werden.

4. Die Berufung ist zu erheben: Jede Erklärung, welche die Unzufriedenheit des Berechtigten mit dem Bescheide des Versicherungsträgers zum Ausdrucke bringt, ist als Berufungseinlegung anzusehen. Ein bestimmter Inhalt dieser Erklärung oder ein bestimmter Antrag ist nicht erforderlich, wenn nur kein Zweifel besteht, daß eine andere Entscheidung der Sache von einer weiteren Instanz angestrebt wird (A.N. 1888 Z. 484 S. 177, 1891 Z. 1069 S. 357).

5. Bei Vermeidung des Ausschlusses — Rechtskraft des Bescheides: Wird innerhalb der gesetzlichen Frist Berufung nicht erhoben, erlangt der Feststellungs- oder Ablehnungsbescheid die Rechtskraft und wird hiedurch formelles Recht zwischen den Parteien geschaffen (aber nicht gegen Dritte), soweit über den geltend gemachten Anspruch im Tenor des Bescheides (nicht in den Entscheidungsgründen) erkannt ist.

Die Frist des Abs. II ist eine Präklusivfrist; ob dieselbe gewahrt ist, muß von Amtswegen geprüft werden:

6. Innerhalb eines Monats: Der Lauf der Frist beginnt mit der Zustellung (vgl. § 155 u. Anm. hiezu) und endigt mit Ablauf desjenigen Tages des nächsten Monats, welcher durch seine Benennung (Zahl) dem Zustellungstage entspricht (§ 222 R.C.P.O. mit §§ 187—191 B.G.B.).

Fällt das Ende der Frist auf einen Sonntag oder allgemeinen Feiertag, so endigt die Frist erst mit Ablauf des nächstfolgenden Werktages. Nach einer Reichsgerichtsentscheidung (vom 2. November 1880) sind „allgemeine Feiertage" solche, an denen in öffentlichen und bürgerlichen Angelegenheiten Geschäftsruhe herrscht. Ob dies der Fall ist, richtet sich nach den betr. örtlichen Verhältnissen und ist im Zweifel von Fall zu Fall festzustellen, da dies nach Sitte, Konfession oder Religion ganz verschieden ist. Sogenannte „politische" Feiertage (z. B. Geburtsfest, Namensfest von Regenten ꝛc.) gelten nicht als allgemeine Feiertage.

7. Unterbrechung der einmonatlichen Frist: Wird das Verfahren durch den Tod einer Partei unterbrochen, so hört der Lauf der Frist auf und beginnt nach Beendigung der Unterbrechung die volle Frist von neuem (§ 249 R.C.P.O.).

Die für die Berechtigten günstigeren Bestimmungen des § 76 Abs. II und III finden keine Anwendung, wenn das Verfahren unter der Herrschaft des früheren Rechts durch Eintritt der Rechtskraft bereits zum Abschlusse gelangt war (A.N. 1901 Z. 1834 S. 174).

8. **Versäumnis der Berufungsfrist — Wiedereinsetzung in den vorigen Stand**: Gegen die Versäumung der Berufungsfrist kann Wiedereinsetzung in den vorigen Stand gewährt werden; eine analoge Anwendung der §§ 233 ff. der R.C.P.O. findet jedoch nicht ohne weiteres Platz (A.N. 1887 Z. 325 S. 134).

a) Die Wiedereinsetzung kann hier nur durch Naturereignisse oder andere unabwendbare Zufälle oder ähnliche außerhalb des Willens der Parteien liegende Umstände begründet werden, durch welche die Einhaltung der Notfrist verhindert worden ist. Solche Ereignisse sind z. B. Krankheit, welche den Betroffenen willensunfähig machte, Verzögerung der Bestellung der Berufungsschrift wegen eingetretener Störung im Postbetriebe (A.N. 1900 S. 723); nicht hieher zählen aber z. B. Krankheit, welche dem hievon Betroffenen die Möglichkeit offen ließ, seine Rechte durch Andere (Angehörige, Bevollmächtigte) zu wahren, Rechtsunkenntnis, Lesens- oder Schreibensunkunde, Versagen der nicht frühzeitig genug benützten Beförderungsgelegenheit u. a.

b) Der Antrag auf Wiedereinsetzung in den vorigen Stand wegen Versäumnis der Berufungsfrist ist bei dem Schiedsgericht zu stellen, welchem die Entscheidung über die Berufung selbst zusteht (Mitth. 1898 Z. 746 S. 109); mit dem Antrag ist die versäumte Einlegung der Berufung nachzuholen und die dem Antrag auf Wiedereinsetzung begründenden Thatsachen glaubhaft zu machen.

c) An eine bestimmte Frist (§ 234 R.C.P.O.) ist die Stellung dieses Antrags zwar nicht gebunden; gleichwohl ist nach Maßgabe der thatsächlichen Verhältnisse und nach billigem Ermessen eine zeitliche Grenze zu ziehen (A.N. 1891 Z. 982 S. 218, Mitth. 1895 Z. 532 S. 86).

d) Ist eine verspätet eingelegte Berufung vom Schiedsgericht rechtskräftig zurückgewiesen, so kann die Wiedereinsetzung nicht mehr beantragt werden (Mitth. 1901 Z. 839 S. 38).

e) Der Schiedsgerichtsvorsitzende hat den Antrag auf Wiedereinsetzung den anderen Beteiligten in Gemäßheit des Offizialverfahrens mitzuteilen.

f) Der auf den Antrag ergehende Bescheid des Schiedsgerichts (auf Gewährung oder Ablehnung) ist ein Zwischenbescheid, der im Wege des Rekurses nur mit der zur Hauptsache ergangenen Entscheidung des Schiedsgerichts angefochten werden kann.

g) Wegen einer Wiederaufnahme des Verfahrens siehe § 84 und Anmerkung hiezu.

9. **Zuständigkeit des Schiedsgerichts**: a) **örtliche**: Maßgebend hiefür ist die Lage des Betriebs, in welchem sich der Unfall ereignet hat. Es schadet aber dem Berufungskläger nicht, wenn die Berufung bei einem nicht zuständigen Schiedsgerichte oder einer anderen Behörde eingelegt wurde, da letztere die Berufung an das zuständige Schiedsgericht abzugeben haben (Abs. III).

Entsteht unter mehreren Schiedsgerichten Streit über ihre Zuständigkeit, so entscheidet das Reichs- event. Landesversicherungsamt und zwar letzteres dann, wenn die Entscheidung auf einen Rekurs diesem zusteht (§ 6 K.V.O. v. 22. November 1900).

Zuständigkeit des Schiedsgerichts: b) **sachliche**: Die Berufung kann nur bewirken, daß der Bescheid in einem dem Berufungskläger günstigeren Sinne abgeändert wird; die Berufsgenossenschaft bleibt an die dem angefochtenen Bescheide übernommene Verpflichtung gebunden. Das Schiedsgericht hat seine Entscheidungen auf die gestellten Anträge zu beschränken. Vgl. Anm. Z. 3 zu § 3 d. Ab.G. u. Vorbemerk. zu § 9 Ab.G. S. 20, 33.

Das Schiedsgericht (Rekursinstanz) ist zwar befugt, eine Rente beim Eintritte wesentlicher Veränderungen der für Feststellung der Entschädigung maßgebend gewesenen Verhältnisse seinerseits in Anwendung des § 88 ff. zu erhöhen oder herabzusetzen. Jedoch darf das Schiedsgericht dem Kläger nicht eine geringere Rente zusprechen, als ihm solche die Beklagte gewährt hat. Eine reformatio in pejus zu Lasten des Berufungsklägers ist unzulässig.

10. **Die Berufung ist zu erheben**: Es kann dies durch einen Schriftsatz oder zu Protokoll des Schiedsgerichts oder einer anderen Behörde geschehen. Es genügt, daß die Berufung innerhalb einmonatlicher Frist in den Bereich des Schiedsgerichts oder der in Abs. III bezeichneten Stelle gelangt ist (z. B. durch Niederlegung im Amtszimmer, in sonstigen Diensträumen, Einwerfen in den regelmäßig benützten Briefkasten des Schiedsgerichts oder der genannten Stelle u. s. f.). Wann die Schrift in diesem Falle eröffnet wurde, ist belanglos.

Es genügt ferner, daß die Berufung erhoben ist; die Begründung derselben kann nachgeholt werden Die der Berufungsschrift fehlende Unterschrift des Klägers oder seines Vertreters schadet nicht (d. h. ist der Wahrung der Berufungsfrist nicht einträglich), wenn nachträglich (event. auch erst nach Ablauf der Berufungsfrist) festgestellt wird, daß die Berufung von der Partei oder ihrem Vertreter herrührt (A.N. 1894 Z. 1362 S. 330).

11. **Die Frist gilt auch dann als gewahrt** (Abs. III): Vgl. Anm. Z. 10. Durch die Vorschrift in Abs. III soll möglichst verhütet werden, daß die Rechtsverfolgung durch mangelnde Geschäftsgewandtheit der Arbeiter eingeschränkt werde.

Auf Unfallsachen, die schon vor dem 1. Oktober 1900 rechtskräftig verbeschieden waren, findet Abs. III keine Anwendung (A.N. 1901 Z. 1860 S. 398).

12. **Belehrung im Bescheide selbst** (Abs. IV): Die Vorschrift des Abs. IV ist bindend. Ein Bescheid, der sich gegen diese Vorschrift verfehlt, ist bis zur Ergänzung und Berichtigung rechtsunwirksam und hindert den Lauf der Berufungsfrist (A.N. 1892 Z. 1190 u. 1191 S. 345 u. 346). Vgl. hieher auch Anm. Z. 2 lit. h zu § 75 S. 168.

13. **Keine aufschiebende Wirkung**: Die Berufung hat, — abgesehen von § 23 — keine aufschiebende Wirkung. Der Verletzte kann daher trotz der Einlegung der Berufung den von den Genossenschaftsorganen festgesetzten Entschädigungsbetrag erheben und die Berufsgenossenschaften sind zu dessen Leistung ohne Rücksicht auf die im Rechtsmittelverfahren ergehende Entscheidung verpflichtet. Stellt sich nach Abschluß des letzteren heraus, daß die Entschädigung ganz oder zum Teil zu Unrecht bezahlt wurde, so sind dieselben vorbehaltlich der Bestimmung des § 86 zurückzuerstatten.

14. **Verzicht auf Berufung und Zurücknahme derselben**: Auf die Berufung kann verzichtet, ebenso kann dieselbe nach erfolgter Einlegung wieder zurückgenommen werden, wenn die Erklärung in entsprechender Weise, ohne Vorbehalt und an der richtigen Stelle abgegeben wird.

Ein lediglich außergerichtlich der Gegenpartei gegenüber auf Veranlassung derselben erklärter Verzicht auf das Berufungsrecht wurde beim b. Landesversicherungsamt als unwirksam erklärt (Mitth. 1900 Z. 826 S. 103).

15. **Verfahren vor den Schiedsgerichten**: Dasselbe ist durch Kais. Verordnung vom 22. November 1900 — R.G.Bl. 1900 S. 1017 — geregelt; dieselbe ist im Anhang abgedruckt.

§ 77. (§ 63 Abs. 2, 3).

I Bildet in dem Falle des § 15 Abs. 1 Ziffer 2 die Anerkennung oder Nichtanerkennung des Rechtsverhältnisses zwischen dem Getöteten und dem die Entschädigung Beanspruchenden die Voraussetzung des Anspruchs, so kann das Schiedsgericht den Beteiligten aufgeben, zuvörderst die Feststellung des betreffenden Rechtsverhältnisses im ordentlichen Rechtswege herbeizuführen. In diesem Falle ist die Klage bei Vermeidung des Ausschlusses binnen einer vom Schiedsgerichte zu bestimmenden, mindestens auf einen Monat zu bemessenden Frist nach der Zustellung des hierüber erteilten Bescheids des Schiedsgerichts zu erheben.

II Nachdem im ordentlichen Rechtsweg eine rechtskräftige Entscheidung ergangen ist, hat das Schiedsgericht auf erneuten Antrag über den Entschädigungsanspruch zu entscheiden.

1. Neu ist hier nur, daß die Frist zur Anstellung der Klage von 4 Wochen auf einen Monat erstreckt wurde.

Die Verweisung der Beteiligten auf den Zivilrechtsweg kennt das Gewerbe-Unfallversicherungsgesetz nur in dem einen Falle des § 77; derselbe wird nicht allzu häufig praktisch werden; meist wird es sich hiebei um die Frage der Rechtsgiltigkeit einer Ehe handeln. Außereheliche Kinder erlangen durch die nachgefolgte Ehe ihrer Eltern die Rechte von ehelichen Kindern kraft des Gesetzes, sodaß es nach dieser Richtung einer Feststellung auf dem Zivilrechtswege nicht bedarf.

2. Wenn der Entschädigungsberechtigte nach Verweisung der Sache auf den Rechtsweg in der Lage ist, das vorliegende Rechtsverhältnis durch Vorlage standesamtlicher Urkunden nachzuweisen, so fällt der Rechtsweg selbstverständlich fort und kann das schiedsgerichtliche Verfahren seinen Fortgang nehmen.

§ 78.

Das Schiedsgericht hat, wenn es den Entschädigungsanspruch für begründet erachtet, zugleich die Höhe der Entschädigung und den Beginn der Rente festzustellen. Hat das Schiedsgericht in besonderen Ausnahmefällen, welche das Reichs-Versicherungsamt näher bestimmen darf, den Anspruch nur dem Grunde nach anerkannt und nicht gleichzeitig über die Höhe der Entschädigung und den Beginn der Rente entschieden, so hat das Schiedsgericht unverzüglich eine vorläufige Entschädigung zu bewilligen, gegen deren Feststellung ein Rechtsmittel nicht stattfindet. Sobald der Entschädigungsanspruch rechtskräftig feststeht, ist die Höhe der Entschädigung und der Beginn der Rente, sofern dies nicht bereits früher geschehen ist, festzustellen. Die vorläufig gezahlten Beträge werden auf die entgültig angewiesene Rente angerechnet.

1. Die Bestimmung in § 78 ist neu:

2. **Für unbegründet erachtet**: a) Ist der Entschädigungsanspruch nach allen Seiten (formell und materiell) liquid, so ist vom Schiedsgerichte sogleich die Höhe der Entschädigung und der Beginn der Rente festzustellen. Nichtbeachtung dieser Vorschrift macht das Verfahren nichtig.

b) Hält das Schiedsgericht den erhobenen Anspruch noch nicht für liquid, so hat es die erforderlichen Ergänzungen nach freiem Ermessen und von Amtswegen durch Einvernahme von Zeugen oder Sachverständigen, durch Augenschein, Erholung von Urkunden, Anordnung des persönlichen Erscheinens der Partei, Anordnung der Unterbringung des Verletzten in ein Krankenhaus oder in eine Heilanstalt behufs Untersuchung und Beobachtung u. s. w. zu veranlassen.

Stellt sich heraus, daß ein unzuständiges Genossenschaftsorgan die Feststellung getroffen hat, so darf das Schiedsgericht nicht materiell entscheiden, sondern muß die Sache behufs anderweiter Feststellung an das zuständige Genossenschaftsorgan verweisen.

Kann die Feststellung der Entschädigung und bezw. der Beginn der Rente nicht erfolgen, so ist eine vorläufige Entschädigung zuzubilligen.

c) Eine Berufung kann auch durch Vergleich erledigt werden; hält das Schiedsgericht Vergleichsverhandlungen in öffentlicher Sitzung für angezeigt, so kann hiezu der Berufungskläger und ein Vertreter des Versicherungsträgers geladen werden.

Gegen Vergleiche ist Rekurs nicht zulässig.

d) Die Entscheidung des Schiedsgerichts erfolgt auf Grund mündlicher Verhandlung in öffentlicher Sitzung nach freiem Ermessen (nach vorheriger Beratung und Beschlußfassung in nicht öffentlicher Sitzung).

e) Wegen der Tragung der Kosten des schiedsgerichtlichen Verfahrens vgl. § 10 d. Ab.Ges. v. 30. Juni 1900 und Anm. hiezu S. 34 ff.

3. „Besondere Ausnahmefälle“: Vom Reichsversicherungsamte wurden solche Ausnahmefälle nicht näher bestimmt.

§ 79. (§ 63 Abs. 1).

Die Entscheidung des Schiedsgerichts ist dem Berufenden und demjenigen Genossenschaftsorgane, welches den angefochtenen Bescheid erlassen hat, in Ausfertigung zuzustellen.

1. Aus redaktionellen Gründen ist der bisherige § 63 in die §§ 77, 79 u. 80 zerlegt worden; § 79 entspricht dem § 63 Abs. I.

2. **Dem Berufenden und dem Genossenschaftsorgane in Ausfertigung zuzustellen**:

a) Ist der Berufende prozeßunfähig, so ist dem gesetzlichen Vertreter desselben zuzustellen; hatte derselbe einen bevollmächtigten Vertreter, so kann diesem oder dem Vertretenen zugestellt werden; durch die Zustellung an letzteren wird die Rekursfrist in allen Fällen gewahrt. Sind mehrere Berufungskläger vorhanden, so ist jedem derselben eine Ausfertigung zuzustellen.

b) **Form und Ausfertigung der Entscheidung**: vgl. hierüber §§ 24—26 der Schiedsgerichtsordnung vom 22. November 1900, siehe Anhang.

3. Eine Belehrung über Recht und Frist zur Einlegung des Rekurses ist im Gesetze selbst nicht vorgeschrieben. Mit Rundschreiben des Reichsversicherungsamts vom 2. Juni 1888 (A.N. S. 248) wurden die Vorsitzenden der Schiedsgerichte ersucht, von dieser Belehrung Abstand nehmen zu wollen: dieses Ersuchen wurde bisher nicht zurückgenommen.

Rekurs.

§ 80. (§ 63 Abs. 1).

1 Gegen die Entscheidung des Schiedsgerichts steht in den Fällen des § 69 Abs. 1 Ziffer 2, vorbehaltlich der Bestimmungen des § 90 Abs. 2 und des § 95

Abs. 1, dem Verletzten oder dessen Hinterbliebenen sowie dem Genossenschaftsvorstande das Rechtsmittel des Rekurses zu. Der Rekurs des Vorstandes hat aufschiebende Wirkung insoweit, als es sich um Beträge handelt, die für die Zeit vor dem Erlasse der angefochtenen Entscheidung nachträglich gezahlt werden sollen. Im Uebrigen hat der Rekurs keine aufschiebende Wirkung.

II Werden mit der Anfechtung einer Entscheidung des Schiedsgerichts in den im § 69 Abs. 1 Ziffer 1 bezeichneten Angelegenheiten Rekursanträge wegen der im § 69 Abs. 1 Ziffer 2 bezeichneten Angelegenheiten verbunden, so darf die Entscheidung des Schiedsgerichts über die zuerst bezeichneten Angelegenheiten in dem Rekursverfahren nur dann abgeändert werden, wenn im Uebrigen den Rekursanträgen Folge gegeben wird.

III Ueber den Rekurs entscheidet das Reichs-Versicherungsamt. Das Rechtsmittel ist bei demselben zur Vermeidung des Ausschlusses innerhalb eines Monats nach der Zustellung der Entscheidung des Schiedsgerichts einzulegen; die Bestimmung des § 76 Abs. 3 findet entsprechende Anwendung.

1. Die Bestimmungen des § 80 haben durchgreifende Aenderungen und Ergänzungen gegenüber dem bisherigen § 63 Abs. I erfahren; die Bestimmung in Abs. II ist neu.

Neu ist nämlich hier bestimmt:

a) daß der Rekurs für Nachzahlungen aufschiebende Wirkung hat (Abs. I),
b) wie weit bei einer Verbindung von rekursfähigen Angelegenheiten mit nicht rekursfähigen letztere zu berücksichtigen sind (Abs. II);
c) daß die Rekursfrist auf einen Monat (statt 4 Wochen) erstreckt ist und die in § 76 Abs. III für Einlegung von Berufungen gewährte Erleichterung auch für Einlegung des Rekurses Geltung hat (Abs. III).

2. **Gegen die Entscheidung des Schiedsgerichts**: Also nicht gegen Vergleiche; gegen Zwischenbescheide, welch' letztere nur mit der Entscheidung zur Sache selbst angefochten werden können. Die Entscheidung muß nach Form und Inhalt den Charakter einer Endentscheidung haben. Die Begründung des Bescheides allein, ohne daß der Tenor derselben angegriffen werden will, ist mit dem Rechtsmittel des Rekurses nicht anfechtbar; nach der bisherigen Rechtsprechung kann der Rekurs auch wegen des Kostenpunktes allein nicht eingelegt werden (A.N. 1892 Z. 1182 S. 332, 1896 Z. 706 S. 317). Das b. Landesversicherungsamt hat in einem Erkenntnis (vom 20. November 1900) in der Kostenfrage einen gegenteiligen Standpunkt eingenommen (Rasp-Meinel, Commentar zum Landw. Unfallversicherungsgesetz S. 251).

3. **In den Fällen des § 69 Abs. I Z. 2 vorbehaltlich des § 90 Abs. II und des § 95 Abs. I**: a) Rekurs ist also nur bei dauernder (völliger oder teilweiser) Erwerbsunfähigkeit des Verletzten, in Ansehung der Renten der Hinterbliebenen und im Falle einer anderweitigen Feststellung der Rente nach Ablauf von 5 Jahren (§ 90 Abs. I Satz 1) zulässig.

Dazu kommen noch die Fälle, in denen sich das Schiedsgericht für unzuständig erklärt hat (A.N. 1898 Z. 1733 S. 555) und daß der Tenor der schiedsgerichtlichen Entscheidung einen rechtlich unzulässigen Inhalt hat (1890 Z. 925 S. 601), z. B. wenn der Berufsgenossenschaft eine im Gesetze nicht vorgesehene Verpflichtung auferlegt wird, oder eine Entscheidung gefällt wird, welche der schiedsgerichtlichen Zuständigkeit entrückt ist.

b) **Nicht rekursfähig sind**: die Entscheidungen der Schiedsgerichte betreffend: die Kosten des Heilverfahrens, Beerdigungskosten (Sterbegeld), Unfallentschädigung wegen voraussichtlich vorübergehender Erwerbsunfähigkeit

Aufnahme des Verletzten in eine Heilanstalt (vgl. dagegen A.N. 1901 Z. 1891 S. 625) oder die Rente der Angehörigen während des Heilverfahrens, die Höhe der Kapitalabfindung im Falle des § 95 Abs. I. In allen diesen Fällen entscheidet das Schiedsgericht endgiltig.

c) Ob die Erwerbsunfähigkeit eine „voraussichtlich vorübergehende" oder eine „voraussichtlich dauernde" ist, entscheidet im Streitfalle das Reichs-(Landes-)versicherungsamt, das über seine Zuständigkeit damit selbst entscheidet (vgl. A.N. 1888 Z. 491 S. 189, 1896 Z. 1520 S. 291).

4. **Dem Verletzten oder dessen Hinterbliebenen**: bezw. dem Ehegatten oder den Rechtsnachfolgern (Erben) derselben, ferner in den Fällen des § 113 und des § 128 Abs. III des Inv.V.G. auch dem Vorstande der Versicherungsanstalten.

5. **Dem Genossenschaftsvorstande**: also nicht dem Sektionsvorstande oder anderen Genossenschaftsorganen; diese haben daher die schiedsgerichtlichen Entscheidungen dem Genossenschaftsvorstande zu unterbreiten; bezüglich der einer Berufsgenossenschaft zugeteilten fiskalischen 2c. Betriebe tritt an Stelle des Genossenschaftsvorstandes die „Ausführungsbehörde".

6. **Keine aufschiebende Wirkung**: d. h. der Versicherungsträger hat dem Verletzten bezw. dessen Hinterbliebenen einstweilen die vom Schiedsgerichte in dessen Entscheidung festgesetzten Beträge zu zahlen. Wird diese Festsetzung vom Reichs-(Landes-)Versicherungsamte aufgehoben oder abgeändert, so kann die Berufsgenossenschaft das zu Unrecht Gezahlte zurückfordern.

Aufschiebende Wirkung ist der Rekurseinlegung nur in Ansehung jener Beträge eingeräumt, welche für die Zeit vor dem Erlasse der angefochtenen Entscheidung nachgezahlt werden müßten, da die Berufsgenossenschaft gegen die in den meisten Fällen voraussichtliche Unmöglichkeit, diese Beträge von den Rentenempfängern wieder zurückzuerhalten, geschützt werden wollten.

7. Verbindung der Angelegenheiten aus § 69 Abs. I Z. 1 mit Rekursanträgen wegen der in § 69 Abs. I Z. 2 bezeichneten Angelegenheiten: Durch die Bestimmung in Abs. II, daß eine Abänderung der schiedsgerichtlichen Entscheidung über Ansprüche aus § 69 Abs. I Z. 1 nur dann zulässig ist, wenn eine Aenderung der Entscheidung über die Ansprüche aus § 69 Abs. I Z. 2 durch die Rekursinstanz stattfindet, will einer Umgehung der Gesetzesbestimmung über Ausschließung des Rekursrechtes in den in § 69 Abs. I Z. 1 bezeichneten Fällen vorgebeugt werden.

8. **Zur Vermeidung des Ausschlusses innerhalb eines Monats** (Abs. III): Die einmonatliche Frist ist eine Ausschlußfrist (Notfrist, Präklusivfrist) sowohl für die Einlegung als auch für die Begründung des Rekurses; nach Ablauf dieser Frist ist auch eine Anschließung an den Rekurs nicht mehr zulässig.

9. Wegen der Berechnung der Frist, der Zustellung der schiedsgerichtlichen Entscheidung und wegen Wahrung der Frist, wenn der Rekurs bei einer anderen Stelle als dem Reichs-(Landes-)Versicherungsamt eingelegt wird, und wegen Einlegung des Rekurses siehe Anm. Z. 3—6 zu § 76 S. 169, 170, da das dort Erörterte auch hier analoge Anwendung findet.

Die für die Berechtigten günstigeren Bestimmungen des § 80 Abs. III finden keine Anwendung, wenn das Verfahren unter der Herrschaft des früheren Rechts bereits durch Eintritt der Rechtskraft zum Abschluß gelangt war (A.N. 1901 Z. 1834 S. 174).

Die Rekursfrist wird dadurch nicht gewahrt, daß innerhalb derselben der den Rekurs enthaltende Brief auf dem Postamte des Aufgabeortes aufgegeben oder bei dem Postamte des auf der Briefdecke bezeichneten Bestimmungsortes eingetroffen ist (A.N. 1901 Z. 1893 S. 625).

10. **Entscheidung des Reichs-(Landes-)Versicherungsamts**:

a) Dasselbe hat im Rekursverfahren (im Gegensatz zum Revisionsverfahren des Reichsversicherungsamtes in Angelegenheiten der Alters- und Invaliditätsversicherung) auch die Thatfrage zu prüfen, kann Beweis erheben, in der Sache selbst erkennen oder dieselbe zurückverweisen. Daraus folgt von selbst, daß bei der Rekurseinlegung neue Thatsachen behauptet und neue Beweismittel bezeichnet werden können.

b) Die Entscheidungen sind endgiltig; der Rechtsweg ist ausgeschlossen.

c) Wegen „Rentenänderung" (infolge veränderter Verhältnisse §§ 88 ff.) im Rekursverfahren (vgl. Anm. Z. 9 lit b zu § 76 S. 171).

d) Wegen Wiederaufnahme des Verfahrens siehe § 84 u. Anm. hiezu; wegen Wiedereinsetzung in den vorigen Stand infolge Fristversäumnis siehe § 76 Anm. Z. 7.

11. An die Stelle des Reichsversicherungsamts tritt event. das Landesversicherungsamt.

12. **Verfahren vor dem Reichs-(Landes-)Versicherungsamt**: Vgl. Kais. Verordn. vom 19. Oktober 1900 betr. den Geschäftsgang und das Verfahren vor dem Reichsversicherungsamt — R.G.Bl. 1900 S. 983 ff. — und für Bayern Bekanntm. d. k. St. d. J. v. 28. Dezember 1900 betr. die Formen des Verfahrens und den Geschäftsgang bei dem Landesversicherungsamte — G. u. V.Bl. 1900 S. 1255 ff. — Dieselben sind im Anhang abgedruckt.

§ 81.

I Ist der Rekurs unzulässig (§ 80 Abs. 1) oder verspätet (§ 80 Abs. 3), so hat das Reichs-Versicherungsamt den Rekurs ohne mündliche Verhandlung zurückzuweisen; ebenso kann es verfahren, wenn die bei dem Beschlusse mitwirkenden Mitglieder einstimmig den Rekurs für offenbar ungerechtfertigt erachten. Anderenfalls hat das Reichs-Versicherungsamt nach mündlicher Verhandlung zu entscheiden.

II Wird das angefochtene Urteil aufgehoben, so kann das Reichs-Versicherungsamt, statt in der Sache selbst zu entscheiden, dieselbe an das Schiedsgericht oder an das zuständige Genossenschaftsorgan zurückverweisen. Dabei kann das Reichs-Versicherungsamt bestimmen, daß dem Entschädigungsberechtigten eine ihrem Betrage nach bestimmte Rente vorläufig zu zahlen ist. Im Falle der Zurückverweisung ist die rechtliche Beurteilung, auf welche das Reichs-Versicherungsamt die Aufhebung gestützt hat, den weiteren Entscheidungen oder Bescheiden zu Grunde zu legen.

1. Die Bestimmung in § 81 ist durch die Novelle aufgenommen.

2. In den Fällen des Abs. I entscheidet das Reichs-Versicherungsamt ohne mündliche Verhandlung in der Besetzung mit nur 3 Mitgliedern (§ 16 Abs. II d. Mant.Ges.).

3. Im Falle der Zurückweisung der Sache an das Schiedsgericht oder die Berufsgenossenschaft sind diese an die rechtliche Beurteilung der Sache seitens der Rekursinstanz gebunden.

4. An die Stelle des Reichsversicherungsamtes tritt ev. das Landesversicherungsamt.

§ 82.

Kommt nach Ansicht des Reichs-Versicherungsamts nicht die im Verfahren in Anspruch genommene, sondern eine andere Berufsgenossenschaft als entschädigungspflichtig in Frage, so kann das Reichs-Versicherungsamt diese andere Genossenschaft zur Verhandlung beiladen und gegebenen Falles zur Leistung der Entschädigung verurteilen, auch wenn ein Anspruch gegen dieselbe bereits rechtskräftig abgelehnt worden ist.

1. Die Bestimmung in § 82 ist durch die Novelle aufgenommen. Durch dieselbe will in Verbindung mit §§ 83—85 u. § 135 Abs. III Vorkehrung dagegen getroffen werden, daß ein Anspruch auf Entschädigung aus rein formellen Gründen der Wirksamkeit beraubt

wird, andererseits daß eine Berufsgenossenschaft zu Unrecht oder über Gebühr belastet wird (Mot. z. Ab.Ges. S. 92.).

2. § 82 ist auch für anwendbar erklärt, wenn der ablehnende Bescheid der beigezogenen Berufsgenossenschaft schon vor dem 1. Oktober 1900 erteilt oder rechtskräftig geworden ist (A.N. 1900 Z. 1822 S. 776).

3. Aus Anlaß eines unzulässigen oder verspäteten Rekurses (§ 81 Abs. I) ist das Verfahren gemäß § 82 nicht möglich; vgl. auch A.N. 1901 Z. 1883 S. 600 und Z. 1884 S. 601.

4. Fraglich ist, ob die Bestimmung des § 82 auf die Fälle des § 69 Abs. I Z. 2 beschränkt werden wollte. Wird dies nicht angenommen, so dürfte Nichts erübrigen, als in den Fällen des § 69 Abs. I Z. 1 gesonderten Antrag (analog dem Vollzuge des § 83 Abs. I) beim Reichs-(Landes-)Versicherungsamt zu stellen.

5. An die Stelle des Reichs-Versicherungsamts tritt ev. das Landes-Versicherungsamt.

§ 83.

I Sobald einem Verletzten oder dessen Hinterbliebenen ein Entschädigungsanspruch gegenüber einer Genossenschaft rechtskräftig zuerkannt ist, kann auf Antrag ein gegenüber einer anderen Genossenschaft wegen desselben Unfalls etwa schwebendes Verfahren durch Beschluß des Reichs-Versicherungsamts eingestellt werden.

II Sind, abgesehen von den Fällen des § 85, wegen desselben Unfalls Entschädigungsansprüche gegen mehrere Genossenschaften rechtskräftig anerkannt, so hat das Reichs-Versicherungsamt die zu Unrecht ergangene Feststellung oder Entscheidung aufzuheben.

III Die auf Grund der aufgehobenen Feststellung oder Entscheidung geleisteten Zahlungen sind zu ersetzen; der Anspruch des Verletzten geht insoweit auf die ersatzberechtigte Genossenschaft über.

1. Vgl. Anm. Z. 1 zu § 82; die Bestimmung in § 83 ist neu;

2. An die Stelle des Reichs-Versicherungsamts tritt ev. das Landes-Versicherungsamt.

3. Das Reichs-(Landes-)Versicherungsamt hat außer dem Recht zur Einstellung eines schwebenden Verfahrens auch das Recht, ein solches Verfahren fortsetzen zu lassen und falls es zur Verurteilung einer zweiten Berufsgenossenschaft führt, die zu Unrecht ergangene Feststellung des Anspruchs gegenüber der ersten Berufsgenossenschaft aufzuheben (A.N. 1901 Z. 1835 S. 175).

4. Die von einer Berufsgenossenschaft auf Grund eines dieselbe verurteilenden, im Rekursverfahren aufgehobenen schiedsgerichtlichen Urteils an einen Verletzten geleisteten Zahlungen können von der Rente, zu deren Zahlung demnächst eine andere Berufsgenossenschaft verurteilt worden ist, nicht gekürzt werden, soweit nicht bereits die Vorschrift des § 83 Abs. III G.U.G. Anwendung finden kann (A.N. 1901 Z. 1842 S. 179).

§ 84.

Auf die Anfechtung rechtskräftiger Entscheidungen über einen Entschädigungsanspruch finden, unbeschadet der Bestimmungen der §§ 82, 83, die Vorschriften der Civilprozeßordnung über die Wiederaufnahme des Verfahrens entsprechende Anwendung, soweit nicht durch Kaiserliche Verordnung mit Zustimmung des Bundesrats etwas Anderes bestimmt wird.

1. Die Bestimmung in § 84 ist durch die Novelle in das Gesetz aufgenommen. Was hier zum gesetzlichen Ausdruck gekommen ist, war bisher in der Praxis schon zur Anwendung

gekommen. Vgl. insbesondere A.N. 1890 Z. 818, S. 192, 1895 Z. 1458 und 1459 S. 252 und 253, 1897 Z. 1638 S. 407; ferner Mitth. 1892 Z. 271 S. 125, 1898 Z. 743 S. 102 1900 Z. 801 S. 56.

2. **Wiederaufnahme des Verfahrens**: Dieselbe findet statt nach den einschlägigen Vorschriften der §§ 578—591 d. R.C.P.O. (dieselben sind nachstehend beigedruckt), nachdem eine Kaiserliche Verordnung über die Wiederaufnahme des Verfahrens bisher nicht ergangen ist.

Maßgebend sind die in §§ 579, 580 aufgeführten Nichtigkeits- bezw. Restitutionsgründe. Es wird aber vorausgesetzt hiebei, daß die Partei ohne ihr Verschulden außer Stande war, diese Gründe in dem früheren Verfahren geltend zu machen. Dieses Verfahren dient also nicht dazu, im früheren Verfahren versäumte Thatsachen oder Beweismittel, die der Partei bekannt waren aber nicht gebraucht wurden, nachzuschleppen, oder auf einem Umwege die Beseitigung eines sachlich unrichtigen, rechtskräftig gewordenen Urteils herbeizuführen.

3. **Form und Frist des Antrags auf Wiederaufnahme des Verfahrens.** Der in der Civilprozeßordnung vorgeschriebenen Klageerhebung bedarf es nicht. Es genügt der formlos gestellte Antrag, aus welchem genügend deutlich zu erkennen ist, daß die Wiederaufnahme des rechtskräftig abgeschlossenen Verfahrens (aus einem der Gründe in §§ 579, 580 R.C.P.O.) bezweckt werden will (A.N. 1895 Z. 1460 S. 255).

Dagegen sind die Fristen (des § 586 R.C.P.O.) von einem Monat, nach dem die Partei von dem Anfechtungsgrunde Kenntnis erhalten hat, und von fünf Jahren seit der Rechtskraft des Urteils zu beachten; § 76 Abs. III findet auch hier analoge Anwendung.

4. **Entscheidung über den Antrag** auf Wiederaufnahme des Verfahrens: Der Antrag ist bei jener Instanz zu erheben, welche in der Sache die letzte Entscheidung getroffen hatte; (der Feststellungsbescheid der Berufsgenossenschaft hat dabei als Urteil I. Instanz zu gelten). Von dieser Instanz ist der Antrag auch zu verbescheiden. Die Berufsgenossenschaft hat daher event. neuen Bescheid zu erteilen, das Rechtsmittelverfahren beginnt ev. von neuem.

5. Eine „Kaiserliche Verordnung“, welche mit Zustimmung des Bundesrats Anderes bestimmt, ist bisher nicht ergangen.

6. Die §§ 578—591 der R.C.P.O. lauten:

Wiederaufnahme des Verfahrens.

§ 578. (§ 541).

Die Wiederaufnahme eines durch rechtskräftiges Endurteil geschlossenen Verfahrens kann durch Nichtigkeitsklage und durch Restitutionsklage erfolgen.

Werden beide Klagen von derselben Partei oder von verschiedenen Parteien erhoben, so ist die Verhandlung und Entscheidung über die Restitutionsklage bis zur rechtskräftigen Entscheidung über die Nichtigkeitsklage auszusetzen.

§ 579. (§ 542).

Die Nichtigkeitsklage findet statt:

1. wenn das erkennende Gericht nicht vorschriftsmäßig besetzt war;
2. wenn ein Richter bei der Entscheidung mitgewirkt hat, welcher von der Ausübung des Richteramts kraft des Gesetzes ausgeschlossen war, sofern nicht dieses Hindernis mittels eines Ablehnungsgesuchs oder eines Rechtsmittels ohne Erfolg geltend gemacht ist;
3. wenn bei der Entscheidung ein Richter mitgewirkt hat, obgleich derselbe wegen Besorgnis der Befangenheit abgelehnt und das Ablehnungsgesuch für begründet erklärt war;
4. wenn eine Partei in dem Verfahren nicht nach Vorschrift der Gesetze vertreten war, sofern sie nicht die Prozeßführung ausdrücklich oder stillschweigend genehmigt hat.

In den Fällen Nr. 1, 3 findet die Klage nicht statt, wenn die Nichtigkeit mittels eines Rechtsmittels geltend gemacht werden konnte.

§ 580. (§ 543).

Die Restitutionsklage findet statt:

1. wenn der Gegner durch Leistung eines Parteieides, auf welche das Urteil gegründet ist, sich einer vorsätzlichen oder fahrlässigen Verletzung der Eidespflicht schuldig gemacht hat;
2. wenn eine Urkunde, auf welche das Urteil gegründet ist, fälschlich angefertigt oder verfälscht war;
3. wenn durch Beeidigung eines Zeugnisses oder eines Gutachtens, auf welche das Urteil gegründet ist, der Zeuge oder der Sachverständige sich einer vorsätzlichen oder fahrlässigen Verletzung der Eidespflicht schuldig gemacht hat;
4. wenn das Urteil von dem Vertreter der Partei oder von dem Gegner oder dessen Vertreter durch eine in Beziehung auf den Rechtsstreit verübte Handlung erwirkt ist, welche mit einer im Wege des gerichtlichen Strafverfahrens zu verhängenden öffentlichen Strafe bedroht ist;
5. wenn ein Richter bei dem Urteile mitgewirkt hat, welcher sich in Beziehung auf den Rechtsstreit einer Verletzung seiner Amtspflichten gegen die Partei schuldig gemacht hat, sofern diese Verletzung mit einer im Wege des gerichtlichen Strafverfahrens zu verhängenden öffentlichen Strafe bedroht ist;
6. wenn ein strafgerichtliches Urteil, auf welches das Urteil gegründet ist, durch ein anderes rechtskräftig gewordenes Urteil aufgehoben ist;
7. wenn die Partei
   a) ein in derselben Sache erlassenes, früher rechtskräftig gewordenes Urteil, oder
   b) eine andere Urkunde auffindet oder zu benutzen in den Stand gesetzt wird, welche eine ihr günstigere Entscheidung herbeigeführt haben würde.

Diese Bestimmung kommt in den unter b bezeichneten Fällen nicht zur Anwendung, wenn das angefochtene Urteil darauf beruht, daß auf Grund einer Eidesleistung des Gegners die betreffende Thatsache oder deren Gegenteil für bewiesen erachtet ist.

§ 581. (§ 544).

In den Fällen des vorhergehenden Paragraphen Nr. 1—5 findet die Restitutionsklage nur statt, wenn wegen der strafbaren Handlung eine rechtskräftige Verurteilung ergangen ist, oder wenn die Einleitung oder Durchführung eines Strafverfahrens aus anderen Gründen, als wegen Mangels an Beweis nicht erfolgen kann.

Der Beweis der Thatsachen, welche die Restitutionsklage begründen, kann durch Eideszuschiebung nicht geführt werden.

§ 582. (§ 545).

Die Restitutionsklage ist nur zulässig, wenn die Partei ohne ihr Verschulden außer Stande war, den Restitutionsgrund in dem früheren Verfahren, insbesondere durch Einspruch oder Berufung oder mittels Anschließung an eine Berufung geltend zu machen.

§ 583. (§ 546).

Mit den Klagen können Anfechtungsgründe, durch welche eine dem angefochtenen Urteile vorausgegangene Entscheidung derselben oder einer unteren Instanz betroffen wird, geltend gemacht werden, sofern das angefochtene Urteil auf dieser Entscheidung beruht.

§ 584. (§ 547.)

Für die Klagen ist ausschließlich zuständig: das Gericht, welches in erster Instanz erkannt hat; wenn das angefochtene Urteil oder auch nur eines von mehreren angefochtenen Urteilen von dem Berufungsgericht erlassen wurde, oder wenn ein in der Revisionsinstanz erlassenes Urteil auf Grund des § 580 Nr. 1—3, 6, 7 angefochten wird, das Berufungsgericht; wenn ein in der Revisionsinstanz erlassenes Urteil auf Grund der §§ 579, 580 Nr. 4, 5 angefochten wird, das Revisionsgericht.

Sind die Klagen gegen einen Vollstreckungsbefehl gerichtet, so gehören sie ausschließlich vor das Amtsgericht, welches den Befehl erlassen hat; wenn der Anspruch nicht zur Zuständigkeit der Amtsgerichte gehört, vor das für den Rechtsstreit über den Anspruch zuständige Gericht.

§ 585. (§ 548.)

Auf die Erhebung der Klagen und das weitere Verfahren finden die allgemeinen Vorschriften entsprechende Anwendung, sofern nicht aus den Bestimmungen dieses Gesetzes sich eine Abweichung ergibt.

§ 586. (§ 549).

Die Klagen sind vor Ablauf der Notfrist eines Monats zu erheben.

Die Frist beginnt mit dem Tage, an welchem die Partei von dem Anfechtungsgrunde Kenntnis erhalten hat, jedoch nicht vor eingetretener Rechtskraft des Urteils. Nach Ablauf von fünf Jahren, von dem Tage der Rechtskraft des Urteils an gerechnet, sind die Klagen unstatthaft.

Die Vorschriften des vorstehenden Absatzes finden auf die Nichtigkeitsklage wegen mangelnder Vertretung keine Anwendung; die Frist für Erhebung der Klage läuft von dem Tage, an welchem der Partei und bei mangelnder Prozeßfähigkeit dem gesetzlichen Vertreter derselben das Urteil zugestellt ist.

§ 587. (§ 550).

In der Klage muß die Bezeichnung des Urteils, gegen welches die Nichtigkeits- oder Restitutionsklage gerichtet wird, und die Erklärung, welche dieser Klagen erhoben werde, enthalten sein.

§ 588. (§ 551).

Als vorbereitender Schriftsatz soll die Klage enthalten:

1. die Bezeichnung des Anfechtungsgrundes;
2. die Angabe der Beweismittel für die Thatsachen, welche den Grund und die Einhaltung der Notfrist ergeben;
3. die Erklärung, inwieweit die Beseitigung des angefochtenen Urteils und welche andere Entscheidung in der Hauptsache beantragt werde

Dem Schriftsatze, durch welchen eine Restitutionsklage erhoben wird, sind die Urkunden, auf welche dieselbe gestützt wird, in Urschrift oder in Abschrift beizufügen. Befinden sich die Urkunden nicht in den Händen des Klägers, so hat er zu erklären welchen Antrag er wegen Herbeischaffung derselben zu stellen beabsichtigt.

§ 589. (§ 552).

Das Gericht hat von Amtswegen zu prüfen, ob die Klage an sich statthaft und ob sie in der gesetzlichen Form und Frist erhoben sei. Mangelt es an einem dieser Erfordernisse, so ist die Klage als unzulässig zu verwerfen.

Die Thatsachen, welche ergeben, daß die Klage vor Ablauf der Notfrist erhoben ist, sind glaubhaft zu machen.

§ 590. (§ 553).

Die Hauptsache wird, insoweit sie von dem Anfechtungsgrunde betroffen ist, von neuem verhandelt.

Das Gericht kann anordnen, daß die Verhandlung und Entscheidung über Grund und Zulässigkeit der Wiederaufnahme des Verfahrens vor der Verhandlung über die Hauptsache erfolge.

In diesem Falle ist die Verhandlung über die Hauptsache als Fortsetzung der Verhandlung über Grund und Zulässigkeit der Wiederaufnahme des Verfahrens anzusehen.

Das für die Klagen zuständige Revisionsgericht hat die Verhandlung über Grund und Zulässigkeit der Wiederaufnahme des Verfahrens zu erledigen, auch wenn diese Erledigung von der Feststellung und Würdigung bestrittener Thatsachen abhängig ist.

§ 591. (§ 554).

Rechtsmittel sind insoweit zulässig, als sie gegen die Entscheidungen der, mit den Klagen befaßten Gerichte überhaupt stattfinden.

§ 85.

I Hat die Beschäftigung, bei welcher sich der Unfall ereignet hat, für mehrere zu verschiedenen Berufsgenossenschaften gehörende Betriebe stattgefunden, so können die beteiligten Genossenschaften die Entschädigungsverpflichtung unter sich verteilen. Kommt eine Einigung nicht zu Stande, so ist das Reichs-Versicherungsamt berechtigt, auf Antrag einer beteiligten Genossenschaft die Verteilung zu bestimmen. In solchem Falle ist nach Anhörung der beteiligten Vorstände nach billigem Ermessen festzustellen, mit welchem Anteile jede Genossenschaft an der Unfallentschädigung beteiligt ist, und welche Beträge derjenigen, welche vorläufig Entschädigung geleistet hat, zu erstatten sind.

II Die Heranziehung einer der im vorstehenden Absatze bezeichneten Genossenschaften zur Aufbringung eines Anteils an der Entschädigung kann auch dann noch erfolgen, wenn ein ablehnender Bescheid der Genossenschaft oder eine den Anspruch des Entschädigungsberechtigten ihr gegenüber zurückweisende Entscheidung rechtskräftig geworden ist.

III Die für die Feststellung der Entschädigung zuständige Genossenschaft ist mangels einer Vereinbarung durch das Reichs-Versicherungsamt zu bestimmen.

Die Bestimmung in § 85 ist neu. Die Thätigkeit, bei welcher sich ein Unfall ereignet, kann sich auf mehrere Betriebe erstrecken der Art, daß eine Scheidung nicht ausführbar ist. In solchen Fällen enspricht der Gerechtigkeit allein eine Verteilung der Entschädigungspflicht auf die in Betracht kommenden mehreren Berufsgenossenschaften. Diese Verteilung soll zunächst im Wege der Verständigung unter den beteiligten Berufsgenossenschaften und wenn eine solche nicht zu Stande kommt, durch das Reichs- event. Landes-Versicherungsamt auf Antrag einer der beteiligten Berufsgenossenschaft in der in § 85 festgesetzten Weise erfolgen.

§ 86.

Die Berufsgenossenschaften sind befugt, von der Rückforderung der gemäß §§ 76, 78, 81 Abs. 2 vor rechtskräftiger Entscheidung gezahlten Entschädigungen abzusehen.

Auch die Bestimmung in § 86 ist neu und entspricht dem § 118 des Invaliden-Versicherungsgesetzes. Eine analoge Anwendung der in § 86 den Berufsgenossenschaften eingeräumten Befugnis auf andere Fälle als die den §§ 76, 78, 81 Abs. II ist nicht zulässig.

§ 87. (§ 64 Abs. 1.)

Nach erfolgter Feststellung der Entschädigung (§§ 69 ff.) hat der Genossenschaftsvorstand dem Berechtigten die mit der Zahlung beauftragte Postanstalt (§ 97) zu bezeichnen und der unteren Verwaltungsbehörde des Wohnorts über die dem Berechtigten zustehenden Bezüge Mitteilung zu machen. Das Gleiche gilt beim Eintritte von Veränderungen.

1. **Aenderungen** gegenüber dem bisherigen Gesetze:
a) Die Anordnung der Ausfertigung und Zustellung eines Berechtigungsscheins ist weggefallen,
b) die dem Berechtigten zustehenden Bezüge sind der unteren Verwaltungsbehörde mitzuteilen.

2. **Mit der Zahlung beauftragte Postanstalt**: vgl. § 97; mit der Bezeichnung der Postanstalt ist auch die Mitteilung der Zahlungstermine (Fälligkeitstermine, § 93) zu verbinden.

3. **Untere Verwaltungsbehörde**: vgl. § 152 und Anm. Z. 3 zu § 56 Seite 145.

Es empfiehlt sich, daß die untere Verwaltungsbehörde die betreffende Gemeindebehörde entsprechend verständigt, da dieselbe (zumal mit Rücksicht auf ihre event. Unterstützungspflicht) ein lebhaftes Interesse hat zu erfahren, welche ihrer Angehörigen Unfallentschädigungen und in welchem Betrage beziehen.

Die Mitteilungen an die unteren Verwaltungsbehörden und an die Gemeindebehörden können der Vereinfachung wegen durch Postkarten erfolgen.

Die Vorschrift, der unteren Verwaltungsbehörde Mitteilung zu machen, hat wohl zunächst nur die Fälle im Auge, für welche seit dem 1. Oktober 1900 Entschädigungen festgestellt worden sind; es dürfte aber kein Zweifel bestehen, daß einem gemäß § 144 ergehenden Ersuchen der unteren Verwaltungsbehörde um Mitteilung sämtlicher am 1. Oktober 1900 bereits laufenden Renten Seitens der Versicherungsträger wird stattgegeben werden müssen; vgl. A.N. 1900 S. 807.

Veränderung der Verhältnisse.

§ 88. (§ 65 Abs. 1.)

I Tritt in den Verhältnissen, welche für die Feststellung der Entschädigung maßgebend gewesen sind, eine wesentliche Veränderung ein, so kann eine anderweite Feststellung erfolgen.

II Nach Ablauf von zwei Jahren von der Rechtskraft des Bescheids oder der Entscheidung ab, durch welche die Entschädigung zuerst endgiltig festgestellt worden ist, darf wegen einer im Zustande des Verletzten eingetretenen Veränderung eine anderweite Feststellung, sofern nicht zwischen der Berufsgenossenschaft und dem Empfangsberechtigten über einen kürzeren Zeitraum ausdrückliches Einverständnis erzielt ist, nur in Zeiträumen von mindestens einem Jahre beantragt oder vorgenommen werden.

III Die anderweite Feststellung erfolgt innerhalb der ersten fünf Jahre von der Rechtskraft der erwähnten Bescheide oder Entscheidungen ab auf Antrag oder von Amtswegen durch Bescheid der Berufsgenossenschaft, später, sofern nicht über die anderweite Feststellung zwischen der Berufsgenossenschaft und dem Empfangsberechtigten ausdrückliches Einverständnis erzielt ist, nur auf Antrag durch Entscheidung des Schiedsgerichts.

IV Zu dem Antrag auf Wiederaufnahme eines Heilverfahrens ist neben dem Verletzten auch die Krankenkasse, der er angehört, berechtigt.

1. **Aenderungen durch die Novelle**: Nach dem bisherigen Gesetze waren bei wesentlichen Veränderungen im Zustande des Verletzten seit der ersten Rentenfestsetzung neue Entschädigungs-Feststellungen jederzeit zulässig und wurden formell wie die erstmaligen Rentenfestsetzungen behandelt.

Zu Gunsten der Rentenempfänger sind in den neuen Bestimmungen des § 88 Abs. II—IV durchgreifende Gesetzesänderungen insoferne vorgesehen, als:

a) nach Ablauf der ersten 2 Jahre seit Rechtskraft der ersten Rentenfeststellung einseitig Veränderungen der Rentenbezüge nur von Jahr zu Jahr vorgenommen oder beantragt werden dürfen (Abs. II);

b) nach Ablauf von 5 Jahren seit der ersten Rentenfestsetzung für neue Feststellungen nicht mehr die Berufsgenossenschaften (Ausführungsbehörden), sondern die Schiedsgerichte zuständig sind, bei welchem die veranlaßten Anträge zu stellen sind (Abs. III),

c) eine Vereinbarung eines kürzeren Zeitraumes oder eine anderweite Rentenfestsetzung nach Ablauf von 5 Jahren der Vereinbarung zwischen der Berufsgenossenschaft und dem Empfangsberechtigten vorbehalten ist (Abs. II und III),

d) neben dem Verletzten auch die Krankenkasse, der er angehört, die Wiederaufnahme des Heilverfahrens beantragen kann (Abs. IV).

2. **Feststellung der Entschädigung**: Vgl. hieher zunächst § 69 und Anm. hiezu insbesonders Z. 3—5 Seite 159, 160.

Der gesetzliche Ausdruck „Feststellung der Entschädigung" ist nicht korrekt. Sind doch auch Fälle denkbar, in denen ein Anspruch auf Unfallentschädigung abgelehnt wurde, weil bei Ablauf der Karenzzeit eine Erwerbsbeschränktheit nicht nachgewiesen war, später aber Unfallsfolgen mit Minderung oder Aufhebung der Arbeitsfähigkeit aufgetreten oder bemerkbar geworden sind. Es wird kaum zu bestreiten sein, daß § 88 auch auf diese letzteren Fälle anzuwenden ist.

Ebenso kann § 88 nicht ausgeschlossen werden, wenn die Feststellung der Entschädigung im Wege des Vergleiches erfolgt ist.

Es ist also unter „Feststellung" zweifellos rechtskräftige Erledigung des erhobenen Anspruchs auf Unfallentschädigung zu verstehen.

3. **Wesentliche Veränderung der Verhältnisse**:

a) Die erstmalige Rentenfestsetzung ist von dauernder rechtlicher Wirkung für die Anspruchsberechtigten wie für die Versicherungsträger insolange, bis eine neue Rentenfeststellung erfolgt; letztere ist vorzunehmen, wenn der Anspruch sich ändert. Es tritt dies ein wenn:

1. der Gegenstand der Leistung ein anderer wird z. B. bei nachträglicher Unterbringung des Verletzten in einem Krankenhause, bei Abfindung von Ausländern oder einer sich wiederverheiratenden Witwe, oder

2. der Anspruch auf Unfallentschädigung sich erhöht oder vermindert; hiezu zählen insbesondere die Fälle, in welchen Aenderungen in der Erwerbsfähigkeit des Verletzten eingetreten sind. Es gehören hiezu aber auch jene Fälle, in welchen sich eine Rente wegen Wegfalls eines Konkurrenten (Hinterbliebenenrente) erhöht (§§ 16, 20) oder in Folge Wegfalls besonderer Dürftigkeit (§ 9 Abs. IV und V) vermindert.

b) § 88 findet nur in den sub a Z. 2 bezeichneten Fällen Anwendung, nicht auch in den sub a Z. 1, ebenso auch nicht, wenn die Rente ihr schon im Gesetz bestimmtes Ende erreicht, z. B. wenn rentenberechtigte Kinder das 15. Lebensjahr erreicht haben oder vor diesem Zeitpunkte sterben, da in diesen Fällen nicht eine Wiederaufnahme des Entschädigungsverfahrens Platz greift, sondern nur eine rechnerische Festsetzung auf Grund der früheren Unterlagen stattfindet.

c) In den Fällen des § 88 (Anm. a Z. 2) ist die Frage, ob eine Veränderung eine wesentliche sei, eine Thatfrage, die nur von Fall zu Fall entschieden werden kann; vorauszusetzen ist, daß

1. die veränderten Verhältnisse eine gegenüber der früheren Annahme verschiedene Beurteilung der Erwerbsfähigkeit notwendig machen oder doch zulassen,

2. daß die ändernden Thatsachen mit dem Unfall in Zusammenhang stehen.

d) Diese Grundsätze sind sowohl in belehrenden Rundschreiben des Reichs-Versicherungsamts (vgl. insbes. solches vom 20. Juni 1891 A.N. S. 221, und vom 28. September 1900, letzteres ist in den A.N. nicht veröffentlicht) als in der Rechtsprechung der Rekursinstanzen durchwegs festgehalten; aus letzterer möchten hier einige Richtpunkte erwähnt werden:

I. **Aenderung der Verhältnisse wurde nicht angenommen in folgenden Fällen**:

1. Veränderungen, welche mit dem früheren Unfall keinen Zusammenhang haben, z. B. selbständig (neu) sich entwickelnde Krankheiten oder der Eintritt neuer Unfälle fallen nicht unter § 88;
2. auch eine nur veränderte Beurteilung der thatsächlich unverändert gebliebenen Sach- und Rechtslage vermag die Anwendung des § 88 nicht zu begründen (Mitth. 1898 Z. 743 S. 102), ebensowenig
3. eine bloße Ergänzung oder Berichtigung der Kenntnis, der in Betracht kommenden, unverändert gebliebenen Verhältnisse (A.N. 1891 S. 289);
4. die Kräftigung jugendlicher Personen infolge allgemeiner körperlicher Entwicklung oder die Entkräftung infolge zunehmenden Alters ist keine Veränderung im Sinne des § 88 (A.N. 1891 Z. 1065 S. 290);
5. die Höhe des thatsächlichen Arbeitsverdienstes an sich ist für die Annahme einer Aenderung der Verhältnisse nicht maßgebend (A.N. 1888 Z. 568 S. 290), ebenso können
6. Veränderungen des Maßes der Erwerbsfähigkeit um wenige Prozente (5 oder weniger) in der Regel als wesentliche Veränderungen nicht angesehen werden (A.N. 1897 Z. 1582 S. 267, Mitth. 1900 Z. 786 S. 17);
7. keine Aenderung im Sinne des § 88 ist darin zu erblicken, daß der Verletzte seinen Beruf als Arbeiter aufgibt oder Arbeitgeber wird (A.N. 1886 Z. 216 S. 252) oder daß die Festsetzung des durchschnittlichen Jahresarbeitsverdienstes oder des ortsüblichen Taglohns, worauf die Berechnung der Rente sich gründete, geändert wird (A.N. 1894 Z. 1349 S. 282); und endlich sind
8. Aenderungen im Versicherungsverhältnis oder Freiheitsentziehungen (Verhaftungen) nicht von Einfluß auf die Rente (A.N. 1889 Z. 759 S. 378, 1888, Z. 582 S. 298); über das Ruhen der Rente im letzteren Falle siehe § 94 Z. 1.

II. Dagegen wurde wesentliche Aenderung angenommen in folgenden Fällen:

9. im Falle der Angewöhnung des Verletzten an den durch den Unfall geschaffenen Zustand (A.N. 1888 Z. 581, 583, 584 S. 298 u. 299), ja auch dann schon, wenn die Zeit, welche dem Verletzten für die Ausbildung der ihm verbliebenen Arbeitskräfte gelassen war, genügend lang bemessen erschien, um bei gutem Willen des Verletzten den Eintritt der hiedurch bedingten Erhöhung seiner Erwerbsfähigkeit vernünftigerweise erwarten zu lassen (A.N. 1890 Z. 903 S. 594);
10. auch in der Beschaffung künstlicher Gliedmassen (Stützapparate, § 9 Z. 1) durch die Berufsgenossenschaft kann eine Veränderung der Verhältnisse erblickt werden (A.N. 1888 Z. 584 S. 299), selbstverständlich vorausgesetzt, daß der durch die Unfallsverletzung geschaffene Zustand des Verletzten demselben die Benützung dieser künstlichen Gliedmassen mit dem Erfolge einer Erhöhung der Arbeitsfähigkeit auch wirklich gestattet;
11. auch die Ausbildung des Verletzten zu einem anderen Berufe auf Kosten der Berufsgenossenschaft ist hieher zu rechnen, wenn durch diesen anderen Beruf die Erwerbsfähigkeit erhöht wird (A.N. 1888 Z. 621 S. 338, 1890 Z. 902 S. 594).

4. Kontrole der veränderten Verhältnisse:

a) Da die neuen Rentenfestsetzungen auf Grund veränderter Verhältnisse sowohl auf Antrag wie von Amtswegen erfolgen können, üben die Berufsgenossenschaften (Ausführungsbehörden) eine Kontrole der Rentenempfänger aus; hiezu können sie sich ihrer Organe (Vertrauensmänner), aber auch der Mitwirkung der Behörden im Wege des Ersuchens um Rechtshilfe (§ 144) bedienen, wenn sie solches neben oder nach Erholung von ärztlichen Gutachten noch für geboten erachten.

b) Wenn der Verletzte sich ohne triftigen Grund der Kontrole seines Zustandes bezw. den aus Anlaß derselben angeordneten Maßnahmen widersetzt (z. B. die Vornahme einer ärztlichen Untersuchung verweigert), so ist die Berufsgenossenschaft berechtigt, den nach Lage der Sache ungünstigen Schluß zu ziehen d. i. unter Vermutung eingetretener Minderung oder Beseitigung der Unfallsfolgen die Rente zu mindern oder einzuziehen (A.N. 1889 Z. 654 S. 138 und 1898 Z. 1719 S. 362);

c) dieser Kontrolentziehung kann unter Umständen der unbekannte Aufenthalt des Rentenempfängers in der sub lit. b bezeichneten Wirkung gleichgestellt werden (A.N. 1889 Z. 661 S. 140); bezüglich der Kontrole der im Auslande sich aufhaltenden Rentenempfänger (welche Angehörige des deutschen Reichs sind) vgl. Rundschreiben des Reichs-Versicherungsamts vom 5. Juli 1901 (AN. 1901 S. 451).

5. **Kann eine anderweitige Rentenfeststellung erfolgen**:

a) Der Ausdruck „kann erfolgen" ist nicht glücklich, da beim Vorliegen der Voraussetzungen des § 88 eine anderweitige Rentenfestsetzung erfolgen muß und zwar beim Fehlen eines bezüglichen Antrags von Amtswegen (vgl. A.N. 1899 S. 464). Die Seitens der Berufsgenossenschaft mehrfach vertretene Anschauung, daß eine Erhöhung der Entschädigung in Folge Verschlimmerung des Zustandes des Verletzten von der Stellung eines Antrags Seitens des letzteren abhängig zu machen sei, ist nicht haltbar.

b) Sind die Voraussetzungen des § 88 gegeben, so ist das Entschädigungsverfahren wieder aufzunehmen und ist den Berechtigten ein neuer, berufungsfähiger Bescheid zuzustellen; das Verfahren ist in § 89 geregelt.

6. **Ausdrückliches Einverständnis** (Abs. II und III): ein solches muß von Fall zu Fall erzielt werden.

7. **Nach Ablauf von 2 Jahren ... in Zeiträumen von mindestens einem Jahre**: Innerhalb der ersten 2 Jahre seit der Rechtskraft des ersten Feststellungsbescheides gilt die Einschränkung des § 88 Abs. II nicht.

Der Zeitraum von einem Jahre ist vom Beginn der Wirksamkeit der letztvorhergegangenen Rentenfeststellung zu berechnen und beginnt nicht mit dem Tage der Rechtskraft des zuletzt erlassenen Rentenänderungsbescheids, sondern mit demjenigen Tage, der in diesem Bescheid als Anfangstag des geänderten Rentenbezugs bezeichnet ist (A.N. 1901, Z. 1885 S. 601).

8. **Innerhalb der ersten fünf Jahre ... auf Antrag oder von Amtswegen**: Antragsberechtigt sind neben den Rentenempfängern auch die nach § 113 J.V.G. ersatzberechtigten Versicherungsanstalten (A.N. 1894 Z. 1356 S. 292);

Von Amtswegen vgl. oben Anm. Z. 4a und Z. 5a; das neue Festsetzungsverfahren darf auch nicht deshalb unterbleiben, weil die Berufsgenossenschaft wegen des ihr zustehenden Regreßrechtes (vgl. §§ 135, 136, 140) kein thatsächliches Interesse an der Rentenminderung hat (A.N. 1893 Z. 1248 S. 198).

9. **Nach Ablauf von fünf Jahren nur auf Antrag durch Entscheidung des Schiedsgerichts**: Die fünfjährige Frist ist von der Rechtskraft der ersten Rentenfestsetzung an zu berechnen.

Der Antrag steht in gleicher Weise dem Rentenberechtigten wie der Berufsgenossenschaft zu.

Bezüglich der Entscheidung des Schiedsgerichts vgl. § 90 und §§ 27—32 Kaiserl. Verordn. vom 22. Novbr. 1900 betr. das Verfahren vor den Schiedsgerichten s. Anhang.

10. Wegen der Ausnahme von der Bestimmung des § 88 Abs. III vgl. § 91.

11. Die Bestimmung in Abs. IV entspricht einer Anregung von Vorständen von Krankenkassen, da letztere ein berechtigtes Interesse daran haben können, ihre Mitglieder möglichst von den Folgen erlittener Unfälle geheilt zu sehen.

12. § 88 Abs. II—IV findet auch in Ansehung jener Renten Anwendung, welche vor dem 1. Oktober 1900 festgesetzt worden sind.

13. Wegen der „Rentenänderung" im Berufungs- und Rekursverfahren vgl. Anm. 9b zu § 76 Seite 171.

Zur Entscheidung über den Antrag auf Wiedergewährung einer rechtskräftig eingestellten Rente nach Ablauf von 5 Jahren seit der ersten Rentenfestsetzung ist in gleicher Weise wie bei anderweitigen sonstigen Rentenfeststellungen (§§ 88—90 Gew.U.G.) in erster Instanz das Schiedsgericht, nicht die Berufsgenossenschaft zuständig (A.N. 1902 Z. 1903 S. 184)

§ 89. (§ 65 Abs. 3, 4.)

I Wird innerhalb der ersten fünf Jahre ein neuer Bescheid erlassen, bevor die frühere Entscheidung über die Höhe der Entschädigung die Rechtskraft erlangt hat, so muß die Rechtsmittelbelehrung in dem die Rente abändernden Bescheide darauf hinweisen, daß durch das gegen den früheren Bescheid eingelegte Rechtsmittel der Eintritt der Rechtskraft des neuen Bescheids nicht gehemmt wird. Abschrift des neuen Bescheids ist derjenigen Stelle, bei welcher das Verfahren über den älteren Bescheid schwebt, mitzuteilen. Diese ist berechtigt, bei Entscheidung der älteren Sache darüber zu befinden, welche Entschädigung für die Zeit nach Erlaß des neuen Bescheids zu gewähren ist. Ein infolge der Anfechtung des neuen Bescheids etwa eingeleitetes Verfahren ist alsdann einzustellen.

II Vor einer Herabsetzung oder Aufhebung der Rente ist dem Rentenempfänger unter Mitteilung derjenigen Unterlagen, auf Grund deren die Herabsetzung oder Aufhebung erfolgen soll, Gelegenheit zur Aeußerung zu geben.

III Eine Erhöhung der Rente kann nur für die Zeit nach Anmeldung des höheren Anspruchs gefordert werden.

IV Eine Minderung, Einstellung (§ 94) oder Aufhebung der Rente tritt mit Ablauf des Monats in Wirksamkeit, in welchem der die Veränderung aussprechende Bescheid zugestellt worden ist.

1. Die Bestimmungen in Abs. I u. II sind neu; dieselben enthalten:

a) die Vorschrift einer entsprechenden Rechtsbelehrung der Beteiligten für den Fall der Erlassung eines neuen Bescheides, ehe eine frühere Entscheidung die Rechtskraft erlangt hat, und die Ermöglichung des Schiedsgerichts und der Versicherungsämter, die beiden Verfahren über ein und denselben Rentenanspruch zu verbinden (Abs. I),

b) die Vorschrift der vorhergehenden Mitteilung der Unterlagen an den Rentenempfänger, auf Grund deren die Herabsetzung oder Aufhebung der Rente erfolgen soll (Abs. II).

Im Uebrigen regelt § 89 das Verfahren bei anderweitiger Rentenfeststellung in den Fällen des § 88 Abs. III.

2. **Wird innerhalb der ersten fünf Jahre ein neuer Bescheid erlassen**: Dieser Wortlaut entspricht nicht dem Willen des Gesetzes, da die Motive hiezu keinen Zweifel darüber aufkommen lassen, daß nicht ein Anfangstermin für die Geltung des § 89 bestimmt, sondern die gleiche Frist wie zu § 88 Abs. III gesetzt werden wollte.

Ein innerhalb der ersten fünf Jahre nach einem Unfall während schwebenden Rechtsmittelverfahrens erlassener neuer, die Entschädigungshöhe anderweit festsetzender Bescheid, welcher den in § 89 Abs. I Gew.U.G. vorgeschriebenen Hinweis nicht enthält, ist nicht rechtswirksam, auch wenn der Verletzte nicht rechtzeitig Berufung dagegen erhebt (A.N. 1902 Z. 1904 S. 185).

3. **Mitteilung der Unterlagen** (Abs. II): vgl. Anm. 2 zu § 70 S. 161. Nach Entscheidungen des Reichs-Versicherungsamts (A.N. 1901 Z. 1839 u. 1864 S. 178 u. 399) findet die Vorschrift des § 70 Abs. II über die Verpflichtung der unteren Verwaltungsbehörde, die Aeußerung des Berechtigten zu Protokoll zu nehmen, sowie über die Bestimmung einer zweiwöchentlichen Frist im Falle des § 95 Abs. II keine Anwendung; ob aber die unteren Verwaltungsbehörden bei dem denselben mit Nachdruck zugedachten „nobile officium" gut daran thun werden, sich hier der Mitwirkung zu Gunsten der Rentensucher zu entziehen, ist eine andere Frage. —

4. **Mit Ablauf des Monats** (Abs. IV): Die Bestimmung in Abs. IV hat den Zweck, den wirtschaftlichen Nachteilen lästiger, dadurch notwendig werdender Rückzahlungen, daß bei Renten-Minderungen oder -Einstellungen überhobene Beträge wieder einzuziehen sind, thunlichst vorzubeugen. Vgl. auch § 90 Abs. I letzter Satz.

5. § 89 findet auch Anwendung auf Renten, welche vor dem 1. Oktober 1900 festgesetzt worden sind.

§ 90.

I Die anderweite Feststellung einer Rente nach Ablauf der ersten fünf Jahre kann nur für die Zeit nach Zustellung des Antrags gefordert werden. Im Uebrigen wird der Zeitpunkt, von welchem an die Erhöhung, Minderung oder Aufhebung der Rente in Kraft treten soll, in der Entscheidung des Schiedsgerichts festgesetzt. Ebenso bestimmt das Schiedsgericht, in welchen Summen und Fristen die seit dem Inkrafttreten der Rentenminderung etwa bezahlten Mehrbeträge durch Kürzung späterer Rentenbezüge zur Erstattung gelangen sollen. Das Schiedsgericht kann auf Antrag auch schon vor dieser Entscheidung im Wege der einstweiligen Verfügung anordnen, daß die fernere Rentenzahlung bis zur rechtskräftigen Entscheidung über den Antrag auf Aufhebung oder Minderung der Rente ganz oder teilweise eingestellt werde.

II Auf die Entscheidungen des Schiedsgerichts finden die Bestimmungen der §§ 80 ff. über das Rechtsmittel des Rekurses entsprechende Anwendung. Gegen die im Abs. 1 Satz 2 bis 4 bezeichneten Entscheidungen und Verfügungen des Schiedsgerichts findet jedoch ein Rechtsmittel nicht statt.

III Wird der Antrag auf Abänderung der Rente dem Schiedsgericht unterbreitet, bevor die frühere Entscheidung über die Höhe der Entschädigung die Rechtskraft erlangt hat, so ist die Stelle, bei welcher das frühere Verfahren anhängig ist, berechtigt, in diesem darüber zu befinden, welche Entschädigung für die Zeit nach Zustellung des Antrags auf Abänderung der Rente zu gewähren ist.

1. Die Bestimmungen in § 90 sind neu und regeln das Verfahren für diejenigen Fälle, in welchen wegen Ablauf von fünf Jahren seit der ersten Rentenfestsetzung auf Antrag des Berechtigten oder der Berufsgenossenschaften die anderweitige Feststellung durch das Schiedsgericht zu erfolgen hat.

2. **Festsetzung des Zeitpunktes,** von welchem an die Erhöhung, Minderung oder Einstellung der Rente in Kraft treten soll. Dieser Zeitpunkt ist vom Schiedsgericht in dessen Entscheidung besonders festzusetzen und zwar nach freiem Ermessen; § 89 Abs. IV trifft hier keine Anwendung.

3. **Einstweilige Verfügung** des Schiedsgerichts: Vgl. Anm. Z. 4 zu § 89.

Das Reichs-Versicherungsamt hat auf Anfrage vorbehaltlich der Entscheidung im Rechtsmittelwege sich dahin erklärt, daß die Befugnis zur vorläufigen Minderung oder

Einstellung der Rente nur dem Schiedsgerichte selbst im Wege der einstweiligen Verfügung, nicht aber dem Schiedsgerichtsvorsitzenden allein, zustehe (A. N. 1901 Z. 1857 S. 364).

Das Schiedsgericht hat demnach in voller Besetzung (d. i. unter Zuziehung der Beisitzer) über Anträge auf vorläufige Renten-Minderung oder -Einstellung Beschluß zu fassen und hierüber Konstatierung zu den Akten zu machen.

3. In Abs. III wurde den Versicherungsämtern die Befugnis eingeräumt, Rentenstreitigkeiten, die denselben zur Entscheidung vorliegen, bis zu dem Zeitpunkte zu regeln, in welchem sie ihr Urteil erlassen. Die Versicherungsämter können also die an das Schiedsgericht gelangten Abänderungsanträge an sich ziehen und an Stelle des letzteren über die Entschädigung befinden, welche nach Zustellung des Abänderungsantrages noch zu zahlen ist (Motive).

§ 91.

Die anderweite Rentenfestsetzung nach Abschluß eines neuen Heilverfahrens, die Einstellung von Rentenzahlungen (§ 94) sowie die Ablösung einer Rente durch Kapitalzahlung (§ 95) erfolgt auch nach Ablauf des im § 88 Abs. 3 vorgesehenen Zeitraums durch Bescheid der Berufsgenossenschaft.

Auch die Bestimmung in § 91 ist neu; dieselbe wurde lediglich im Interesse besonderer Klarstellung und zur Beseitigung etwaiger Zweifel aufgenommen; unbedingt geboten wäre sie um deswillen nicht gewesen, weil die in § 91 aufgeführten drei Fälle keine Veränderung der Verhältnisse im Sinne der §§ 88, 90 darstellen.

§ 92. (§ 65 Abs. 2.)

Ist der Verletzte, für welchen eine Entschädigung festgestellt war, infolge der Verletzung gestorben, so muß der Anspruch auf Gewährung einer Entschädigung für die Hinterbliebenen, falls diese Entschädigung nicht von Amtswegen festgestellt ist, bei Vermeidung des Ausschlusses vor Ablauf von zwei Jahren nach dem Tode des Verletzten bei dem zuständigen Vorstand oder bei der für den Wohnort des Entschädigungsberechtigten zuständigen unteren Verwaltungsbehörde angemeldet werden. Nach Ablauf dieser Frist ist der Anmeldung nur dann Folge zu geben, wenn zugleich glaubhaft bescheinigt wird, daß der Entschädigungsberechtigte von der Verfolgung seines Anspruchs durch außerhalb seines Willens liegende Verhältnisse abgehalten worden ist, und die Anmeldung innerhalb dreier Monate, nachdem das Hindernis weggefallen, erfolgt ist. Im Uebrigen finden auf das Verfahren die Vorschriften der §§ 69 bis 87 entsprechende Anwendung.

1. § 92 entspricht dem früheren § 65 Abs. II; neu sind die Bestimmungen,
   a) daß die Hinterbliebenen den Entschädigungsanspruch auch bei der unteren Verwaltungsbehörde anmelden können,
   b) daß für verspätete Anmeldungen wie bei § 72 Abs. II eine dreimonatliche, vom Wegfall des Hindernisses an laufende Frist gegeben ist.

2. **Für welchen eine Entschädigung festgestellt war**: Vorausgesetzt ist hier nicht eine förmliche Feststellung der Entschädigung; es genügt, daß dem Verletzten unter Anerkenntnis der Entschädigungspflicht auf Grund des § 9 irgend eine Entschädigung geleistet worden ist; § 92 greift also auch dann Platz, wenn nur eine Uebernahme der Kosten des Heilverfahrens oder eine Uebertragung der Fürsorge nach § 11 G.U.G. stattgefunden hat; es ist auch nicht notwendig, daß die Leistungen bis zum Todestage fortgesetzt worden sind (A.N. 1891 Z. 1066 S. 290).

Dagegen setzt § 92 voraus, daß die Entschädigung beim Tode des Verletzten bereits rechtskräftig festgesetzt war; anderen Falles haben die Hinterbliebenen das durch den Tod des Verletzten unterbrochene Verfahren aufzunehmen und ihre eigenen Ansprüche hiebei zu verfolgen.

3. **Untere Verwaltungsbehörde:** vgl. § 152 und Anm. 3 zu § 56 Seite 156; in Bayern die Distriktspolizeibehörden, in Preußen vornehmlich die Landratsämter.

4. **Außerhalb des Willens des Verletzten liegende Verhältnisse:** vgl. Anm. 6 lit. b zu § 72 Seite 165.

5. § 92 findet auch in jenen Fällen Anwendung, in welchen die Entschädigung des Verstorbenen schon vor dem 1. Oktober 1900 festgesetzt worden war.

Fälligkeitstermine.

§ 93. (§ 66.)

I Kosten des Heilverfahrens und Sterbegelder sind binnen einer Woche nach ihrer Feststellung, Renten in monatlichen, und wenn sich der Jahresbetrag auf sechzig Mark oder weniger beläuft, in vierteljährlichen Beträgen im voraus zu zahlen, letzteres insoweit, als nicht im voraus anzunehmen ist, daß die Rente vor Ablauf des Vierteljahrs fortfällt. Die Renten werden auf volle fünf Pfennig für den Monat beziehungsweise das Vierteljahr nach oben abgerundet.

II Im Einverständnisse mit dem Entschädigungsberechtigten kann die Berufsgenossenschaft anordnen, daß die Zahlung in längeren Zeitabschnitten erfolgt.

III Fällt das Recht auf den Rentenbezug im Laufe des Monats, für welchen die Rente gezahlt war, fort, so ist von einer Rückforderung abzusehen. Wenn für einen Teil des Monats die Rente für den Verletzten mit der Rente für die Hinterbliebenen zusammentrifft, so haben die Hinterbliebenen den höheren Betrag zu beanspruchen.

IV Ein Verzicht auf die Rückforderung ist auch dann zulässig, wenn die Rente für längere Zeitabschnitte gezahlt war.

1. **Aenderungen durch die Novelle:** Die Bestimmungen in § 93 Abs. II bis IV sind neu; in Abs. I hat der frühere § 66 mehrfache Aenderungen und Ergänzungen erfahren Die erfolgten Aenderungen, Ergänzungen und neuen Bestimmungen sind folgende:

a) An die Stelle der früheren Fristbestimmung von 8 Tagen (§ 66 Abs. I) ist eine Woche getreten (Abs. I);

b) Renten im Jahresbetrage bis zu 60 Mk. sind (statt wie früher monatlich) in vierteljährigen Raten zu bezahlen (Abs. I);

c) die Zahlung der Rente in größeren Zeitabschnitten kann zwischen den Berufsgenossenschaften und dem Berechtigten vereinbart werden (Abs. II);

d) beim Wegfall des Bezugsrechts müssen die überbezahlten Beträge belassen werden, wenn die Rentenzahlung in monatlichen Beträgen erfolgt ist; war die Rente für längere Zeitabschnitte bezahlt, so kann von einer Rückforderung der erfolgten Ueberzahlung abgesehen werden (Abs. III und IV);

e) beim Zusammentreffen eines Teils der Rente des Verletzten mit der Rente für die Hinterbliebenen für einen Teil eines Monats haben die letzteren den höheren Betrag zu beanspruchen (Abs. III Satz 2).

2. **Zu zahlen binnen einer Woche, ... in monatlichen ... in vierteljährlichen** Beträgen, die beiden letzteren auf 5 Pfg. abgerundet nach oben:

a) Die Frist von einer Woche wird nach § 186 B.G.B. berechnet;

b) **erfolgt die Anweisung innerhalb eines Monats bei Zahlungen in monatlichen Beträgen, so ist der auf den Rest des Monats entfallende Betrag sofort zu zahlen, während die ferneren Beträge am ersten jeden folgenden Monats fällig werden; der Bruchteilsberechnung ist die Zahl der wirklichen Monatstage zu Grunde zu legen;**

c) bei Zahlung von Renten in vierteljährlichen Beträgen ist für die auf Teile eines Vierteljahres treffenden Beträge bei Zugrundelegung des vollen Vierteljahresbetrages das Verhältnis zwischen der Zahl der Tage, für welche die Rentenzahlung zu leisten ist, und der Gesamtzahl der Tage des betreffenden Vierteljahres maßgebend (A.N. 1901 Z. 1845 S. 235);

d) bezieht der Verletzte von derselben Berufsgenossenschaft mehrere Renten, deren einzelne Jahresbeiträge sich auf 60 Mk. oder weniger belaufen, so ist eine Zusammenrechnung derselben nicht statthaft, sondern es ist jede derselben in vierteljährlichen Beträgen im Voraus zu zahlen (AN. 1901 Z. 1853 S. 363);

Daß Rentenzahlungen für handlungs-(rechts-)unfähige Personen (Minderjährige, Geisteskranke, unter Kuratel stehende 2c.) rechtswirksam nicht an diese, sondern an deren gesetzliche oder obrigkeitlich bestellte Vertreter gezahlt werden können, bedarf keiner besonderen Erörterung.

3. **Zahlung in längeren Zeitabschnitten** (Abs. II): Unter der Voraussetzung des Einverständnisses des Empfangsberechtigten besteht keine Grenze weder in Ansehung der Zeitabschnitte noch in Ansehung des Rentenbetrages; längere Zeitabschnitte können daher auch für Renten, die den Betrag von 60 Mk. übersteigen, vereinbart werden.

4. **Fortfallen des Rentenbezugs im Laufe des Monats** (Abs. III): Die Vorschrift des § 93 Abs. III findet keine Anwendung, wenn der Rentenberechtigte im Laufe des Monats verstorben ist, ohne die ihm für diesen Monat zustehende Rente abgehoben zu haben (A.N. 1902 Z. 1908 S. 187).

Die Frage, in welcher Weise die Seitens einer Berufsgenossenschaft an einen Verletzten zu bewirkende Zahlung von mehreren Renten, deren einzelne Jahresbeträge sich auf 60 Mk. oder weniger belaufen, zu erfolgen hat, hat das Reichs-Versicherungsamt dahin beantwortet, daß jede der verschiedenen Renten in Vierteljahrsbeträgen im Voraus gezahlt werden muß (A.N. 1901 Z. 1853 S. 363).

Ruhen der Rente.

§ 94.

Das Recht auf Bezug der Rente ruht:

1. solange der Berechtigte eine die Dauer von einem Monat übersteigende Freiheitsstrafe verbüßt oder solange er in einem Arbeitshaus oder einer Besserungsanstalt untergebracht ist. Hat der Berechtigte im Inlande wohnende Angehörige, welche im Falle seines Todes Anspruch auf Rente haben würden, so ist diesen die Rente bis zur Höhe jenes Anspruchs zu überweisen;

2. solange der berechtigte Ausländer nicht im Inlande seinen gewöhnlichen Aufenthalt hat. Diese Bestimmung kann durch Beschluß des Bundesrats für bestimmte Grenzgebiete oder für solche auswärtige Staaten, durch deren Gesetzgebung deutschen, durch einen Betriebsunfall verletzten Arbeitern eine entsprechende Fürsorge gewährleistet ist, außer Kraft gesetzt werden;

3. solange der berechtigte Inländer im Auslande sich aufhält und es unterläßt, der Berufsgenossenschaft seinen Aufenthalt mitzuteilen.

Das Reichs-Versicherungsamt hat über die Mitteilung des Aufenthaltsorts nähere Vorschriften zu erlassen und darin anzuordnen, daß der Rentenberechtigte sich von Zeit zu Zeit bei einem deutschen Konsul persönlich vorzustellen hat.

Weist der Entschädigungsberechtigte nach, daß er der Vorstellungspflicht ohne sein Verschulden nicht hat genügen können, so lebt insoweit das Recht auf den Bezug der Rente wieder auf.

1. Die Bestimmungen des § 94 sind neu; hienach haben von den Berechtigten keinen Anspruch auf Auszahlung der Rente, jene,

a) die eine Freiheitsstrafe in der Dauer von mehr als 1 Monat zu verbüßen haben oder in einem Arbeitshause oder in einer Besserungsanstalt verwahrt sind (Abs. I Z. 1),

b) Ausländer, solange sie im Inlande nicht ihren gewöhnlichen Aufenthalt haben,

c) Inländer, solange sie sich im Auslande aufhalten und den bestehenden Vorschriften über die Mitteilung ihres Aufenthalts im Auslande nicht nachkommen.

2. **Das Recht auf Bezug der Rente ruht**: Nicht die Rente selbst, sondern nur die Rentenzahlung ruht; daß letzteres der Fall ist, ist dem bisher Berechtigten mittels förmlichen, berufungsfähigen Bescheides mitzuteilen, wie sich aus § 89 Abs. IV und § 91 unzweifelhaft ergibt; dieser Bescheid tritt erst mit Ablauf des Monats, in welchem er zugestellt worden ist, in Wirksamkeit.

3. **Freiheitsstrafen**: mit der Dauer von mehr als einem Monat: Im strafgerichtlichen Urteile muß primär auf Freiheitsstrafe erkannt sein; es gehören also jene Fälle von Straferstehung nicht hieher, welche durch Umwandlung erkannter uneinbringlicher Geldstrafen notwendig geworden sind.

4. **Ausländer**: sind alle Nichtangehörigen des deutschen Reichs, also auch jene, die gar keine Staatsangehörigkeit besitzen; vgl. hieher § 21 Anm. Z. 2 u. 3 Seite 104, 105.

Die deutschen Schutzgebiete gelten im Gebiete der Unfallversicherung als Ausland (A.N. 1901 S. 452).

Die Vorschrift des § 94 Ziff. 2 findet keine Anwendung auf bereits vor dem 1. Oktober 1900 bewilligte Renten der zu demselben Zeitpunkte im Auslande sich aufhaltenden Ausländer (A.N. 1901 Z. 1875 S. 551).

5. **Inländer**: d. s. alle Angehörigen des deutschen Reichs einschließlich der Reichslande Elsaß-Lothringen.

Der Aufenthalt auf einem deutschen Schiffe steht auch auf dessen Fahrt im Auslande dem Aufenthalt im Inlande gleich (A.N. 1898 Z. 1711 S. 265).

6. **Kann durch Beschluß des Bundesrats außer Kraft gesetzt werden**:

Solche Beschlüsse des Bundesrats sind unterm 13. Oktober 1900 und 29. Juni 1901 ergangen und vom Reichskanzler mit Bekanntmachung vom 16. Oktober 1900 und 29. Juni 1901 veröffentlicht (vgl. A.N. 1900 S. 740 u. 1901 S. 450). Hienach sind die Bestimmungen über das Ruhen der Rente außer Kraft gesetzt für:

a) nach Bekanntmachung vom 16. Oktober 1900:

1. Dänemark, Ortschaft Vamdrup; 2. Niederlande, Provinzen Groningen, Drenthe, Overyssel, Gelderland, Limburg; 3. das neutrale Gebiet Moresnet; 4. Belgien, die Arrondissements Lüttich, Vervier, Marsche, Bastogne; 5. Luxemburg (Großh.); 6. Schweiz, Kanton Bern (nördlich und nordwestlich der Zihl und der Aare, vom Einfluß der Zihl abwärts gerechnet), dann die Kantone Solothurn, Basel-Stadt, Basel-Land, Aargau, Zürich, Schaffhausen, Thurgau, St. Gallen,

Appenzell (Außer- und Inner-Rhoden). 7. Oesterreich-Ungarn, die Bezirkshauptmannschaften Bregenz, Reutte, Schwaz, Kufstein, Salzburg, (und Stadt Salzburg), Schärding, Rohrbach, Krumau, Prachatitz, Schüttenhofen, Strakonitz, Klattau, Taus, Bischofteinitz, Tachau, Plan, Eger, Asch, Graslitz, Joachimsthal, Kaaden, Komotau, Brüx, Dux, Teplitz, Aussig, Tetschen, Schluckenau, Rumburg, Gabel, Reichenberg, Friedland, Gablonz, Starkenbach, Hohenelbe, Trautenau, Braunau, Neustadt, Reichenau, Senftenberg, Schönberg, Freiwaldau, Jägerndorf, Freudenthal, Troppau, Neu-Titschein, Misten, Freistadt, Teschen, Bielitz, die Bezirke Biala und Chouzanow. 8. Rußland, die zwischen der deutschen Reichsgrenze und Sosnowice gelegenen Ortschaften Alt-Sosnowiće, Sinlće, Bogunja, Dembowo-Góra, Ostro-Gortea, Milowiće und Niwka.

b) nach Bekanntmachung vom 29. Juni 1901:

für die Angehörigen der im Reichsrate vertretenen Königreiche und Länder der österreichisch-ungarischen Monarchie, sowie für die Angehörigen des Königreichs Italien, mit der Maßgabe, daß die rentenberechtigten Ausländer, solange sie sich nicht im Inlande aufhalten, den vom Reichs-Versicherungsamt erlassenen Vorschriften zu genügen haben.

Wegen dieser letzteren, siehe folgende Anmerkung Z. 7.

7. **Vorschriften des Reichs-Versicherungsamts über die Mitteilung des Aufenthaltsortes**: Solche Vorschriften wurden am 5. Juli 1901 erlassen (vgl. A.N. 1901 S. 455 und Rundschreiben hiezu vom gleichen Tage (A.N. 1901 S. 451); dieselben sind im Anhang abgedruckt.

Nach diesen Vorschriften hat der Rentenberechtigte seinen gewöhnlichen Aufenthalt im Auslande der Berufsgenossenschaft (Ausführungsbehörde) binnen bestimmter Frist (innerhalb Europa in 3 Monaten, in den Küstenländern von Asien und Afrika in sechs Monaten, in einem sonstigen außereuropäischen Lande in neun Monaten) anzuzeigen und sich auf Auffordern der Berufsgenossenschaft (Ausführungsbehörde) bei dem örtlich zuständigen deutschen Konsul oder einer ihm bezeichneten anderen deutschen Behörde persönlich vorzustellen.

Kapitalabfindungen.

§ 95. (§ 67).

I Ist bei teilweiser Erwerbsunfähigkeit eine Rente von fünfzehn oder weniger Prozent der Vollrente festgestellt, so kann nach Anhörung der unteren Verwaltungsbehörde die Berufsgenossenschaft den Entschädigungsberechtigten auf seinen Antrag durch eine entsprechende Kapitalzahlung abfinden. Der Verletzte muß vor Annahme seines Antrags darüber belehrt werden, daß er nach der Abfindung auch in dem Falle keinerlei Anspruch auf Rente mehr habe, wenn sein Zustand sich erheblich verschlechtern würde. Gegen den Bescheid, durch welchen die Kapitalabfindung festgesetzt wird, ist Berufung (§ 76) zulässig. Das Rechtsmittel hat in diesem Falle aufschiebende Wirkung. Bis zur Verkündung der Entscheidung kann der Antrag zurückgezogen werden. Die Entscheidung des Schiedsgerichts ist endgültig. Sie kann nur auf Bestätigung oder auf Aufhebung des Bescheids lauten.

II Ist der Entschädigungsberechtigte ein Ausländer, so kann er, falls er seinen Wohnsitz im Deutschen Reiche aufgiebt, auf seinen Antrag mit dem dreifachen Betrage der Jahresrente abgefunden werden. Durch Beschluß des Bundesrats kann diese Bestimmung für bestimmte Grenzgebiete oder für die Angehörigen solcher auswärtiger Staaten, durch deren Gesetzgebung deutschen, durch Unfall verletzten Arbeitern eine entsprechende Fürsorge gewährleistet ist, außer Kraft gesetzt werden.

III Diese Bestimmungen finden auch Anwendung auf solche Renten, welche vor dem Inkrafttreten dieses Gesetzes festgestellt worden sind. Wird eine solche Abfindung im Laufe der ersten drei Jahre nach Inkrafttreten des Gesetzes ausgesprochen, so sind die Berufsgenossenschaften berechtigt, die erforderlichen Mittel aus dem Reservefond zu entnehmen. Dieser ist dann nach näherer Anordnung des Reichs-Versicherungsamts (§ 34 Abs. 2) wieder zu ergänzen.

1. Die Bestimmungen in § 95 sind neu und an die Stelle des früheren § 67 getreten; nach letzterem konnten nur Ausländer, die dauernd das Reichsgebiet verließen, abgefunden werden.

Nunmehr können auf Antrag mit einer Kapitalszahlung abgefunden werden:

a) Inländer, welche infolge teilweiser Erwerbsunfähigkeit im Genusse einer Unfallrente bis zu 15% der Vollrente sind;

b) Ausländer, ohne Rücksicht auf die Höhe der bezogenen Rente.

Dabei ist in Ansehung der Ausländer die zu zahlende Abfindungssumme mit dem dreifachen Betrage der Jahresrente (wie dies bisher nach dem Bau-Unfallversicherungsgesetz bei ausländischen Bauarbeiten der Fall war) gesetzlich fixiert, während in Ansehung der inländischen Berechtigten der Festsetzung der Abfindungssumme, die auch zwischen den Beteiligten vereinbart werden kann, ein gewisser Spielraum zur billigen Würdigung aller einschlägigen Verhältnisse offen gelassen ist.

Ein rechtlicher Anspruch auf Abfindung steht weder dem Inländer noch dem Ausländer zu; die Berufsgenossenschaft kann abfinden, sie muß aber nicht.

2. **Renten von fünfzehn oder weniger Prozent der Vollrente:** Die Kapitalsabfindung dieser geringen Rente wurde zugelassen, weil derselben eine besondere wirtschaftliche Bedeutung nicht beizumessen ist, sie aber andererseits schon wegen ihrer großen Zahl eine erhebliche Geschäftslast der Berufsgenossenschaft (Ausführungsbehörde) bedingen.

Auch mehrere Renten von 15 oder weniger Prozent, die ein Verletzter für mehrere zu verschiedenen Zeiten erlittene Unfälle bezieht, können gemäß § 95 auf Antrag durch Kapitalzahlung abgefunden werden (A.N. 1901 Z. 1838 S. 178).

3. **Kann nach Anhörung der unteren Verwaltungsbehörde abfinden**: Vgl. hieher Anm. Z. 3 zu § 56 S. 145 (für Bayern Verordn. v. 10. Dezember 1900 G. u. V.Bl. S. 1209).

Das Reichs-Versicherungsamt hat auf Anfrage vorbehaltlich der instanziellen Entscheidung der Schiedsgerichte (A.N. 1901 Z. 1865 S. 399) ausgesprochen, daß für die Berufsgenossenschaft keine Verpflichtung besteht, in jedem Falle und unter allen Umständen dem Vorschlage der unteren Verwaltungsbehörde stattzugeben, daß vielmehr nach Kenntnisnahme und unter Würdigung der durch die untere Verwaltungsbehörde ermittelten besonderen Verhältnisse des Einzelfalles unter eigener Verantwortung von der Berufsgenossenschaft darüber zu befinden ist, ob dem Verletzten stattzugeben ist oder nicht.

Dabei ist das Reichs-Versicherungsamt der Meinung, daß die Berufsgenossenschaft sich bei ihren Entschließungen in erster Linie von dem Interesse der Versicherten leiten zu lassen haben werde, und daß diesem Interesse besser gedient sein wird, wenn die Abfindung nur bei dem Nachweis ihrer Zweckmäßigkeit bewilligt, als wenn sie nur bei dem Nachweise der Unzweckmäßigkeit versagt wird.

4. **Den Entschädigungsberechtigten**: Im Gegensatz zu § 95 Abs. II kann hier d. i. bei § 95 Abs. I unter „dem Entschädigungsberechtigten" nur der Verletzte selbst — nicht auch die Hinterbliebenen — verstanden werden, da ja in § 95 Abs. I nur die Kapitalsabfindung der „bei teilweiser Erwerbsunfähigkeit" und infolge derselben zu zahlenden Renten zugelassen ist.

5. **Auf seinen Antrag**: Ohne einen solchen Antrag also gegen den Willen des Verletzten ist eine Abfindung gesetzlich unzulässig.

6. **Durch entsprechende Kapitalszahlung**: Im Gegensatz zu Abs. II ist für die Höhe der Kapitalabfindung inländischer Berechtigter im Gesetze selbst eine bestimmte Norm nicht gegeben. „Entsprechend" wird jene Kapitalszahlung sein, welche nach der durch das Lebensalter und die körperliche Beschaffenheit des Berechtigten bedingten voraussichtlichen Dauer des Rentenbezugs abgestuft wird (Motive).

7. **Der Verletzte muß belehrt werden**: Eine etwaige Unterlassung würde den Abfindungsbescheid ungiltig machen, da durch die Abfindung der Entschädigungsanspruch als endgiltig erledigt anzusehen ist, also ein Verfahren nach § 88 wegen veränderter Verhältnisse nach erfolgter Abfindung ebenso ausgeschlossen ist wie eine nachträgliche Erhöhung der rechtskräftig festgestellten Abfindung (A.N. 1900 Z. 1814 S. 685).

8. **Gegen den Bescheid ist Berufung zulässig**: Das Gesetz schreibt in bestimmter Weise vor, daß die Abfindung nach entsprechender Instruktion des hierauf zielenden Antrags (Anhörung der unteren Verwaltungsbehörde, Belehrung des Antragstellers) durch berufungsfähigen, zuzustellenden Bescheid festzusetzen ist.

Die nach § 69 zur Feststellung der Entschädigung zuständigen Genossenschaftsorgane sind auch zur Festsetzung der Kapitalabfindung zuständig.

Die Würdigung des Schiedsgerichts, dessen Entscheidung endgiltig ist und welche nur auf Bestätigung oder auf Aufhebung des Bescheides lauten kann, hat sich auf die Zulässigkeit der Abfindung, die Beachtung des vorgeschriebenen Verfahrens und die Höhe der Kapitalzahlung zu erstrecken.

Bis zur Verkündung der schiedsgerichtlichen Entscheidung kann der Antrag zurückgenommen werden.

Aufschiebende Wirkung: Ist Berufung eingelegt, so hat die Einstellung der Rente und die Bezahlung der Abfindungssumme solange zu unterbleiben, bis die Entscheidung des Schiedsgerichts ergangen ist.

9. **Ist der Entschädigungsberechtigte ein Ausländer**: Die Bestimmung in Abs. II ist so allgemein, daß hier zu den „Entschädigungsberechtigten" neben dem Verletzten auch die Hinterbliebenen zu zählen sind.

Ueber den Begriff Ausländer vgl. Anm. Z. 2 zu § 21 S. 104, 105 u. Anm. Z. 4 zu § 94 S. 191.

10. **Falls er seinen Wohnsitz im deutschen Reiche aufgibt**: „Wohnsitz" ist hier im Sinne von §§ 7 ff. B. G.B. zu verstehen im Gegensatz zum „gewöhnlichen Aufenthalt" im Sinne des § 21 u. § 94 Z. 2 G.U.G.

11. **Mit dem dreifachen Betrag der Jahresrente**: Die Jahresrente muß rechtskräftig festgesetzt sein: ist also z. B. die Minderung einer Rente wegen veränderter Verhältnisse (§ 88) veranlaßt, so kann nicht zugleich mit dem Bescheide, welcher die Rentenminderung verfügt, die Abfindungssumme aus dieser verminderten Rente festgesetzt werden; es muß vielmehr erst die Rechtskraft des ersteren Bescheides abgewartet werden, ehe die Abfindung durch Kapitalzahlung veranlaßt werden kann.

12. **Durch Beschluß des Bundesrats kann ... außer Kraft gesetzt werden**: Ein solcher Beschluß des Bundesrats ist bisher nicht ergangen.

13. **Heranziehung des Reservefonds**: Im Gegensatz zu den vorhergehenden §§ (88, 94) bestimmt hier das Gesetz selbst, daß § 95 auch auf Renten Anwendung findet, welche vor dem 1. Oktober 1900 festgesetzt worden sind; nur bei Abfindung der letzteren ist die Heranziehung des Reservefonds innerhalb der ersten 3 Jahre nach Inkrafttreten des Gesetzes gestattet (A.N. 1901 Z. 1852 S. 363).

14. An die Stelle des Reichs-Versicherungsamts tritt event. das Landes-Versicherungsamt.

Uebertragung der Ansprüche.

§ 96. (§ 68).

I Die Uebertragung der aus diesem Gesetze sich ergebenden Ansprüche auf Dritte sowie deren Verpfändung oder Pfändung hat nur insoweit rechtliche Wirkung, als sie erfolgt;

1. zur Deckung eines Vorschusses, welcher dem Berechtigten auf seine Ansprüche vor Anweisung der Rente oder des Sterbegeldes von dem Betriebsunternehmer oder einem Genossenschaftsorgan oder dem Mitglied eines solchen Organs gegeben worden ist;
2. zur Deckung der im § 850 Abs. 4 der Zivilprozeßordnung bezeichneten Forderungen;
3. zur Deckung von Forderungen der nach §§ 25, 27 ersatzberechtigten Gemeinden, Armenverbände und an deren Stelle getretenen Betriebsunternehmer und Kassen, der Krankenkassen sowie der Versicherungsanstalten für Invalidenversicherung.

II Die Ansprüche dürfen nur auf geschuldete Beiträge, auf gezahlte Vorschüsse, auf zu Unrecht gezahlte Entschädigungen, auf die zu erstattenden Kosten des Verfahrens, auf die vom Vorstande verhängten Geldstrafen sowie auf die im § 136 Abs. 1 bezeichneten Regreßansprüche der Berufsgenossenschaften aufgerechnet werden.

III Ausnahmsweise darf der Berechtigte den Anspruch ganz oder zum Teil auf Andere übertragen, sofern dies von der unteren Verwaltungsbehörde genehmigt wird.

1. Durch § 96 ist die in dem früheren § 68 wenigstens dem Grundsatze nach vertretene Unzulässigkeit, die Unfallrenten zu pfänden, zu verpfänden oder sonst auf Andere zu übertragen, dem Bedürfnisse entsprechend in voller Anlehnung an § 55 des Inv.V.G. näher präzisiert.

Neu ist gegenüber den bisherigen Bestimmungen (§ 68):

a) Daß die Ausnahmen von dem Grundsatze der Nichtpfändbarkeit und Nichtübertragbarkeit der Renten erweitert sind (Abs. I Z. 1—3),

b) daß die im Prinzip (vgl. § 394 des Bürg.G.B.) ausgeschlossene Aufrechnung gegen Rentenforderungen in einzelnen Fällen zugelassen ist (Abs. II),

c) daß ausnahmsweise mit Genehmigung der unteren Verwaltungsbehörde der Anspruch auf Rente ganz oder zum Teil auf Andere übertragen werden darf (Abs. III).

Ueber die Zulässigkeit einer Pfändung entscheiden nicht die Unfallversicherungsinstanzen, sondern das Gericht.

2. **Hat nur insoweit rechtliche Wirkung**: Der Rentenberechtigte kann also im Falle unzulässiger Uebertragung 2c. nochmalige Zahlung vom Versicherungsträger verlangen.

3. **Zur Deckung eines Vorschusses** (Abs. I Ziff. 1): Vorschüsse auf bereits bewilligte, angewiesene, aber noch nicht ausbezahlte Renten zählen nicht hieher; es sind nur Vorschüsse gemeint, die dem Rentenbewerber ob besonderer Notlage derselben gewährt werden in Fällen, in denen sich die Rentenfeststellung über Gebühr hinauszieht; ob der Vorschuß in baar oder in sonstiger Weise gegeben wurde, ist belanglos.

4. **Zur Deckung der in § 850 Abs. IV der R.C.P.O. bezeichneten Forderungen** (Abs. I Z. 2):

§ 850 Abs. IV R.C.P.O. lautet:

In den Fällen der beiden vorhergehenden Absätze ist die Pfändung ohne Rücksicht auf den Betrag zulässig, wenn sie wegen der den Verwandten, dem Ehegatten, und dem früheren Ehegatten für die Zeit nach Erhebung der Klage und für das diesem Zeitpunkte vorausgehende letzte Vierteljahr kraft Gesetzes zu entrichtenden Unterhaltsbeiträge beantragt wird. Das Gleiche gilt in Ansehung der zu Gunsten eines unehelichen Kindes von dem Vater für den bezeichneten Zeitraum kraft Gesetzes zu entrichtenden Unterhaltsbeiträge; diese Vorschrift findet jedoch insoweit keine Anwendung, als der Schuldner zur Bestreitung seines notdürftigen Unterhalts und zur Erfüllung der ihm, seinen Verwandten, seiner Ehefrau oder seiner früheren Ehefrau gegenüber gesetzlich obliegenden Unterhaltspflicht, der Bezüge bedarf. Hiebei werden ausschließlich die Leistungen berücksichtigt, welche vermöge einer solchen Unterhaltspflicht für den nämlichen Zeitraum oder, falls die Klage zu Gunsten des unehelichen Kindes nach der Klage eines Unterhaltsberechtigten erhoben ist, für die Zeit von dem Beginne des der Klage dieses Berechtigten vorausgehenden letzten Vierteljahres ab zu entrichten sind.

Es ist also hienach auch für die von dem Vater eines unehelichen Kindes zu leistenden Unterhaltsbeiträge die Pfändung der Rentenansprüche zugelassen.

5. **Forderungen der Gemeinden, Armenverbände, Betriebsunternehmer, Kassen- und Versicherungs-Anstalten** (Abs. I Ziff. 3): In Ziff. 3 von Abs. I sind nunmehr gesetzlich den Forderungen der Gemeinden und Armenverbände jene der Unternehmer, Kassen, besonderen Kasseneinrichtungen und der Versicherungsanstalten gleichgestellt.

6. **Aufrechnung von Forderungen mit Renten** (Abs. II): Die Verrechnung überhobener Rentenbeträge auf solche, die wegen der Folgen eines anderen Unfalls geschuldet werden, ist unzulässig, vgl. auch (A.N. 1899 S. 469 Z. 10).

Die Rente eines Arbeiters kann mit Beiträgen, die er als Unternehmer schuldig geblieben ist, nicht aufgerechnet werden (A.N. 1901 Z. 1863 S. 399);

Aus Versehen eines Postbeamten zu viel bezahlte Beträge können auf die Rente nicht aufgerechnet werden; der Postbeamte (oder Postfiskus) hätte sich wegen Rückzahlung an den Empfänger zu halten.

Eine Aufrechnung für geschuldete Beiträge ist nur denkbar im Falle der Selbstversicherung.

Zu den geleisteten Vorschüssen sind hier (Abs. II) auch vorläufige Entschädigungen (Renten) zu rechnen.

Unter zu erstattenden Kosten des Verfahrens sind z. B. Kosten zu verstehen, die, durch Mutwillen oder ein auf Verschleppung oder Irreführung berechnetes Verhalten des Beteiligten veranlaßt, durch das Schiedsgericht oder Versicherungsamt dem Kläger auferlegt worden sind (§§ 10 und 19 Abs. II des Abänderungsgesetzes vom 30. Juni 1900).

Wegen der vom Berufsgenossenschaftsvorstande zu verhängenden Geldstrafen vgl. § 146 ff.

Ueber das bei der Aufrechnung zu beobachtende Verfahren vgl. A.N. 1896 Z. 1491 S. 241 ff.; hienach wird es sich — abgesehen von ganz einfachen Fällen der Aufrechnung — empfehlen, über letztere förmlichen, berufungsfähigen Bescheid zu erteilen und zuzustellen.

7. **Ausnahmsweise Uebertragung des Anspruchs auf Andere mit Genehmigung der unteren Verwaltungsbehörde**: Die Bestimmung in Abs. III ist insbesondere in Berücksichtigung süddeutscher Verhältnisse aufgenommen worden für solche Fälle, in denen der Versicherte sich durch Uebertragung seines Rentenanspruchs Aufnahme in eine Versorgungsanstalt ꝛc. ermöglichen kann.

Die Genehmigung der unteren Verwaltungsbehörde (vgl. Anm. Z. 3 zu § 56 und § 152) wurde vorgesehen, damit eine Gewähr dafür gegeben sei, daß die Uebertragung des Rentenanspruchs auch durchwegs den Interessen des Rentenempfängers wirklich entspricht.

Auszahlungen durch die Post.

§ 97. (§ 69.)

I Die Auszahlung der auf Grund dieses Gesetzes zu leistenden Entschädigungen wird auf Anweisung des Genossenschaftsvorstandes vorschußweise durch die Postverwaltung und zwar durch diejenigen Postanstalten bewirkt, in deren Bezirke die Empfangsberechtigten ihren Wohnsitz haben.

II Verlegt der Empfangsberechtigte seinen Wohnsitz, so hat er die Ueberweisung der Auszahlung der ihm zustehenden Entschädigung an die Postanstalt seines neuen Wohnorts bei dem Vorstande, von welchem die Zahlungsanweisung erlassen worden ist, oder bei der Postanstalt des bisherigen Wohnsitzes zu beantragen.

1. Durch § 97 hat der frühere § 69 nur redaktionelle Aenderungen insoferne erfahren, als statt Entschädigungsberechtigte „Empfangsberechtigte" und statt Postamt „Postanstalt" gesetzt wurden: neu ist hier nur, daß der Empfangsberechtigte die Ueberweisung der Auszahlung außer beim Genossenschaftsvorstande auch bei der Postanstalt seines bisherigen Wohnsitzes beantragen kann.

2. **Auszahlung**: Die Auszahlung der Entschädigungen erfolgt vorschußweise durch Vermittlung der Post und zwar auch im Bereiche der Eisenbahn- und fiskalischen Verwaltungen. Eine Entschädigung für Zinsverlust oder die Belastung mit dem Auszahlungsgeschäft haben die Berufsgenossenschaften (Ausf.Beh.) nicht zu leisten.

Die Auszahlung der Knappschaftskassen erfolgt durch letztere selbst (§ 134).

Für die Auszahlungen durch die Post im Inlande (Gebiet des deutschen Reichs) ist die Geschäftsanweisung des Reichs-Versicherungsamts vom 31. Dezember 1900 (Rundschreiben vom gleichen Tage) — vgl. A.N. 1901 S. 216 ff. — maßgebend, durch welche alle früheren bezüglichen Vorschriften aufgehoben sind.

Für Zahlungen in das Ausland, die auf Gefahr und Kosten des Empfängers gehen, sind diese Vorschriften nicht maßgebend; diese Zahlungen können durch Vermittlung der Konsulate oder durch die Post an einem im Inlande bestellten Empfangsbevollmächtigten erfolgen. — Vgl. hieher auch Rundschreiben des Reichs-Versicherungsamts vom 5. Juli 1901 (A.N. 1901 S. 451 ff.) — In welcher Weise der Nachweis der Empfangsberechtigung und die Quittung zu leisten ist, hat die Berufs-Genossenschaft selbst zu befinden.

Die Ausstellung der Anweisungen auf die Post steht nur den Genossenschaftsvorständen (Ausf.Beh.) selbst zu; denselben ist aber keine Befugnis zur Nachprüfung und Beanstandung der von Sektionsvorständen, Vertrauensmännern 2c. getroffenen Feststellungen eingeräumt.

Postverwaltung: Hierunter ist die Reichspostverwaltung und die Postverwaltungen in Bayern und Württemberg (letztere auf Grund der dort bestehenden reichsverfassungsmäßig bestehenden Reservatrechte) zu verstehen. Der gesamte Verkehr (Anweisung, Erstattung) erfolgt im Reichspostgebiete durch die Oberpostdirektion in Berlin in Bayern durch die Oberpostämter, in Württemberg durch die Generaldirektionen der Posten und Telegraphen zu Stuttgart.

Die Auszahlung erfolgt durch diejenige Postanstalt, in deren Bezirk der Empfangsberechtigte seinen Wohnsitz hat.

3. **Der zu leistenden Entschädigungen**: Nach der Novelle vom 30. Juni 1900 sind nicht nur die den Verletzten oder ihren Hinterbliebenen zu zahlenden Entschädigungen, sondern alle auf Grund dieses Gesetzes zu leistenden Entschädigungen z. B. an Genossenschaftsmitglieder, Aerzte, Apotheker, Genossenschaftsbeamte 2c. durch die Post auszuzahlen (Komm.Berichte S. 103); auch die Zahlung der Kapitalabfindungen hat durch die Post zu erfolgen.

4. **Ueberweisung der Auszahlung** infolge Verlegung des Wohnsitzes des Empfangsberechtigten: Die Ueberweisung erfolgt nicht von Amtswegen, sondern nur auf Antrag, welcher bei dem Genossenschaftsvorstande oder bei der Postanstalt des bisherigen Wohnsitzes gestellt werden kann.

Für die Antragsberechtigung zur Ueberweisung genügt nicht ein vorübergehender Aufenthaltswechsel, sondern es wird Verlegung des Wohnsitzes vorausgesetzt.

Liquidation der Post.

§ 98. (§ 70.)

Binnen acht Wochen nach Ablauf jedes Rechnungsjahrs haben die Zentral-Postbehörden den einzelnen Genossenschaftsvorständen Nachweisungen der auf Anweisung der Vorstände geleisteten Zahlungen zuzustellen und gleichzeitig die Postkassen zu bezeichnen, an welche die zu erstattenden Beträge einzuzahlen sind.

Umlage- und Erhebungsverfahren.

§ 99.* (§ 71.)

I Die von den Zentral-Postverwaltungen zur Erstattung liquidierten Beträge sind von den Genossenschaftsvorständen gleichzeitig mit den Verwaltungskosten unter Berücksichtigung der auf Grund der §§ 50, 51 etwa vorliegenden Verpflichtungen oder Berechtigungen nach dem festgestellten Verteilungsmaßstab auf die Genossenschaftsmitglieder umzulegen und von denselben einzuziehen.

II Zu diesem Zwecke hat jedes Mitglied der Genossenschaft, soweit nicht gemäß § 30 Abs. 2 Pauschbeträge der Berechnung der Beiträge zu Grunde zu legen oder Mindestbeträge zu entrichten sind, binnen sechs Wochen nach Ablauf des Rechnungsjahrs dem Genossenschaftsvorstand eine Nachweisung einzureichen, welche enthält:

1. die während des abgelaufenen Rechnungsjahrs im Betriebe beschäftigten versicherten Personen und die von denselben verdienten Löhne und Gehälter,
2. sofern nicht eine statuarische Bestimmung im Sinne des § 30 Abs. 1 getroffen ist, eine Berechnung der bei der Umlegung der Beiträge in Anrechnung zu bringenden Beträge der Gehälter und Löhne,
3. die Gefahrenklasse, in welche der Betrieb eingeschätzt worden ist (§ 49).

III Durch Statut kann vorgeschrieben werden, daß die Lohnnachweisungen viertel- oder halbjährlich eingereicht und fortlaufend Lohnlisten (Lohnbücher) geführt werden, aus welchen diese Nachweisungen entnommen werden können. Durch Statut kann ferner vorgeschrieben werden, daß diese Lohnlisten (Lohnbücher) drei Jahre lang aufzubewahren sind.

IV Für Genossenschaftsmitglieder, welche mit der rechtzeitigen Einsendung der Nachweisung im Rückstande sind, erfolgt deren Aufstellung durch den Genossenschafts- beziehungsweise Sektionsvorstand.

1. Neu ist hier, daß
a) der Berechnung der Beiträge unter den Voraussetzungen des § 30 Abs. II Pauschbeträge zu Grunde zu legen sind (Abs. II),
b) daß die Lohnnachweisungen viertel- oder halbjährlich einverlangt werden können und die Führung von Lohnbüchern sowie deren Aufbewahrung auf drei Jahre durch Statut vorgeschrieben werden kann (Abs. III).

2. **Umlegung und Einziehung nach dem festgestellten Verteilungsmaßstab**: Dieses Geschäft wickelt sich in folgender Weise ab:

Binnen sechs Wochen (§ 99) nach Ablauf des Rechnungsjahres müssen bei jedem Genossenschaftsvorstande die seitens der einzelnen Mitglieder zu erstattenden Nachweisungen über die im abgelaufenen Rechnungsjahre von den in ihren Betrieben versicherten Arbeitern verdienten Löhne und Gehälter eingekommen sein. Nach veranlaßter Prüfung und bezw. Ergänzungen dieser Nachweisungen wird die durch Addition aus diesem sich berechnende Gesamtsumme mit den Gefahrenziffern aller zur Genossenschaft gehörenden Betriebe multipliziert; das sich hieraus ergebende Produkt stellt die Summe aller bei der Verteilung in Betracht kommenden Beitragseinheiten dar.

Inzwischen (§ 98) sind die Liquidationen der Zentral-Postbehörden eingelaufen und ist dadurch die Höhe der von der Post geleisteten Vorschüsse bekannt. Zur Summe dieser Vorschüsse werden der zur Ansammlung des Reservefonds (§ 34) erforderliche Betrag und die Summe der Verwaltungskosten zugerechnet und auf diese Weise wird die Gesamthöhe des durch die Umlage zu deckenden Betrages gewonnen.

Der Gesamtbetrag der Umlage geteilt durch die obige Summe der Beitragseinheiten, ergibt die Höhe des auf jede Beitragseinheit entfallenden Umlagebeitrags.

Um nun den für jeden einzelnen Betrieb sich ergebenden Anteil festzustellen, wird die Summe der für den betr. Betrieb ermittelten anrechnungsfähigen Löhne mit der für den Betrieb festgesetzten Gefahrenziffer multipliziert und hieraus diejenige Zahl von Beitragseinheiten gewonnen, mit welcher dieser betr. Betrieb an den Gesamtlasten der Genossenschaft beteiligt ist. Diese Zahl von Beitragseinheiten mit dem für jede einzelne Beitragseinheit (wie oben gezeigt) ermittelten Umlagenbetrage multipliziert ergiebt die Höhe der auf den betr. Betrieb entfallenden Umlage.

Bei denjenigen Genossenschaftsmitgliedern, deren Betriebe erst durch § 1 Abs. I Z. 1, 2, 5, 7 und § 2 Abs. II der Novelle vom 30. Juni 1900 der Versicherungspflicht unterstellt sind, wird, wenn sie einer der schon bestehenden Berufsgenossenschaften zugeteilt wurden, nur ein Teil der in ihren Betrieben verdienten Löhne und Gehälter während der ersten 40 Jahre nach dem Inkrafttreten der Novelle der Beitragsberechnung zu Grunde gelegt.

(Dieses keineswegs einfache Verfahren wird in den Fällen der §§ 50, 51, 60 noch komplizierter.)

Der auf jeden Unternehmer entfallende Betrag wird in eine Heberolle (§ 101) eingetragen, jedem Unternehmer ein Auszug aus derselben mitgeteilt, und der Betrag ohne Rücksicht auf etwaige Widersprüche (§ 102) von ihm eingezogen; hiebei werden rückständige Beiträge wie rückständige Gemeindeabgaben (§ 103) beigetrieben.

Jeder von mehreren Unternehmern desselben Betriebes haftet der Berufsgenossenschaft für den ganzen zu berechnenden Betrag.

Sodann wird der Gesamtbetrag an die einzelnen, von den Zentralpostverwaltungen bezeichneten Postkassen abgeführt, was (§ 106) binnen 3 Monaten nach Empfang der Liquidation geschehen sein soll.

Bei den Baugewerks-Berufsgenossenschaften ist zunächst zu ermitteln, welcher Teil der von Zentralpostbehörden liquidierten Beträge den Mitgliedern der Berufsgenossenschaft und welcher Teil der Versicherungsanstalt zur Last fällt. Nur der erstere Teil ist auf die Genossenschaftsmitglieder in der oben dargelegten Weise umzulegen; der letztere ist, soweit er für kleine Bauarbeiten (mit der Dauer von weniger als 6 Tagen) erwachsen ist, auf die Gemeinden zu verteilen, im Uebrigen aus den angesammelten Beständen an Prämien zu entnehmen (§ 38 Bau-U.V.G.).

In der Tiefbau-Berufsgenossenschaft wird der Kapitalwert der im abgelaufenen Rechnungsjahre neu entstandenen Renten, nicht deren Jahresbeiträge umgelegt (§ 38 Abs. II Bau-U.V.G.) — Kapitaldeckungsverfahren —; bei der Umlegung werden die gezahlten Löhne voll also ohne Kürzung des die Summe von 1500 Mk. übersteigenden Betrages zu Grunde gelegt. Näheres siehe Bau-Unfallversicherungsgesetz § 38.

3. **Nachweisung der Löhne und Gehälter und der Gefahrenklasse**: Das Gesetz selbst schreibt in bestimmtester Weise vor, was in die Nachweisungen aufzunehmen ist, nämlich:

a) die im letzten Rechnungsjahr im betreffenden Betriebe thatsächlich beschäftigten Personen,

b) die von diesen verdienten Gehälter und Löhne, (§ 6),

c) eine Berechnung des anrechnungsfähigen Betrages der Löhne und Gehälter (§ 29); vgl. auch § 30,

d) die Bezeichnung der Gefahrenklasse des Tarifs.

Die Aufstellung eines bestimmten Formulars für die Nachweisungen ist den Berufsgenossenschaften überlassen; ist ein solches durch Statut aufgestellt, so müssen sich die Genossenschaftsmitglieder desselben bedienen.

Im Einzelnen ist noch zu bemerken:

ad a) Einer namentlichen Aufführung sämtlicher im Betrieb beschäftigten Personen bedarf es nicht, gleichwohl dürfte sich im Interesse der Ermöglichung einer Kontrolle Seitens der Berufsgenossenschaft diese namentliche Aufführung dann empfehlen, wenn Personen nur zeitweise oder mit einem 1500 Mk. übersteigenden Jahresarbeitsverdienste beschäftigt worden sind; bei Betrieben, welche sich aus einem versicherungspflichtigen und aus einem nichtversicherungspflichtigen Teile zusammensetzen, sind nur die in ersteren beschäftigten Personen aufzunehmen, — es sei denn daß letzterer als Bestandteil oder Nebenbetrieb desselben sich darstellt —; sind dieselben Personen bald in dem ersteren bald in dem letzteren Betriebe beschäftigt, so ist nach einer den thatsächlichen Verhältnissen entsprechenden Schätzung die Höhe der in dem versicherten Betriebe von den dort beschäftigten Personen verdienten Löhne nachzuweisen.

ad b) Wenn nicht Pauschbeträge oder Mindestbeträge (§ 30 Abs. II) in Frage kommen, müssen die Nachweisungen genaue (detailierte) Angaben über die im vergangenen Rechnungsjahr (§ 111) thatsächlich verdienten Löhne enthalten; zu letzteren sind alle Bezüge zu rechnen, welche den in dem Betriebe beschäftigten Personen als Entgelt für ihre Beschäftigung zufließen also auch Tantiemen, Naturalbezüge, regelmäßig wiederkehrende Trinkgelder u. s. w. Der „verdiente" Lohn ist nicht identisch mit dem thatsächlich „ausbezahlten"; es dürfen z. B. bezahlte Krankenkassenbeiträge nicht in Abzug gebracht werden.

ad c) Der „anrechnungsfähige" Lohn (Gehalt) ist von dem wirklich verdienten verschieden in den Fällen des § 29 Abs. II, in denen der 1500 Mk. übersteigende Betrag nur mit einem Drittel in Anrechnung kommen darf, sowie in den Fällen des § 10 Abs. IV bei Personen, welche keinen oder einen geringeren Lohn als den Taglohn erwachsener Arbeiter (männl. oder weibl.) beziehen; für solche Personen ist letzterer Taglohn in die Nachweisung aufzunehmen.

ad d) Vgl. § 49 und Anmerkung hiezu.

Die Nachweisung ist binnen 6 Wochen (11. Febr. jeden Jahres) nach Ablauf des Rechnungsjahres ohne vorherige Aufforderung Seitens der Berufsgenossenschaft einzusenden.

Unterlassung der Nachweisung oder nicht rechtzeitige Einsendung derselben zieht event. Bestrafung gemäß § 147 nach sich und hat die weitere Folge, daß sich der Säumige den Feststellungen des Vorstandes unterwerfen muß, und das sonst den Mitgliedern gegen die Feststellung ihrer Beiträge zustehende Beschwerderecht verliert (§ 102 Abs. III).

Unrichtige thatsächliche Angaben (Kontrolle derselben ist durch § 119 vorgesehen) in den Nachweisungen sind gemäß § 146 Abs. I straffällig.

4. **Lohnlisten (Lohnbücher)**: Die statutarische Anordnnng der Führung von Lohnlisten (Lohnbüchern) Seitens der Genossenschaftsmitglieder wird sich im Interesse richtiger, verläßiger Lohnnachweisungen ebenso empfehlen, wie die Aufbewahrung dieser Lohnlisten im Interesse späterer Aufklärungen bei vorkommenden Differenzen geboten erscheint.

§ 100.* (§ 72 Abs. 1.)

I Von dem Genossenschaftsvorstande wird auf Grund der ihm vorliegenden Nachweisungen (§ 99) und der gemäß § 30 Abs. 2 festgesetzten Pauschbeträge sowie unter Berücksichtigung der zu entrichtenden Mindestbeiträge ein summarische Gesamtnachweisung der im abgelaufenen Rechnungsjahre von den Mitgliedern der Genossenschaft beschäftigten versicherten Personen und der von denselben verdienten anrechnungsfähigen Gehälter und Löhne aufgestellt und demnächst für jedes Genossenschaftsmitglied der Beitrag berechnet, welcher auf dasselbe zur Deckung des Gesamtbedarfs (§ 99 Abs. 1) entfällt. Bei denjenigen Genossenschaftsmitgliedern, deren Betriebe durch die Vorschriften des § 1 Abs. 1 Ziffer 1, 2, 5, 7, § 2 Abs. 2 der Versicherungspflicht erst unterstellt sind, wird, wenn sie einer bereits bestehenden Berufsgenossenschaft zugeteilt werden und sie einen Mindestbetrag nicht zu entrichten haben (§ 30 Abs. 2), während der ersten vierzig Jahre nach dem Inkrafttreten dieses Gesetzes nur ein Teil der in ihren Betrieben verdienten anrechnungsfähigen Gehälter und Löhne der Beitragsberechnung zu Grunde gelegt. Dieser Teil bemißt sich in den ersten fünf Jahren auf zwei Fünftel, vom sechsten bis zum zehnten Jahre auf drei Fünftel, vom elften bis zum zwanzigsten Jahre auf drei Viertel, vom einundzwanzigsten bis zum dreißigsten Jahre auf neun Zehntel und vom einunddreißigsten bis zum vierzigsten Jahre auf neunzehn Zwanzigstel.

II Nach Ablauf des vierzigsten Jahres wird für Betriebe dieser Art der volle Betrag der in ihnen verdienten anrechnungsfähigen Gehälter und Löhne der Beitragsberechnung zu Grunde gelegt.

1. Vergl. zunächst Anm. Z. 2 zu § 99 S. 199.

2. Neu sind hier die Bestimmungen in Abs. I Satz 2 und 3 und in Abs. II; dieselben bezwecken,

> daß die auf Grund des § 1 Abs. I Z. 1, 2, 5, 7, § 2 Abs. II des Gesetzes vom 30. Juni 1900 erst der Unfallversicherung unterstellten und bereits bestehenden Berufsgenossenschaft zugeteilten Betriebe nur zu den nach ihrer Einbeziehung erwachsenen Genossenschafts-Lasten herangezogen werden und nur einen entsprechenden Anteil der Verwaltungskosten zu tragen haben,

während für neue Unternehmungen der unter das Gesetz fallenden Art solche Ausnahme nicht besteht, dieselben vielmehr verpflichtet sind, an den Lasten der Berufsgenossenschaft in gleichem Maße mitzutragen, wie diejenigen, die schon längere oder kürzere Zeit der Berufsgenossenschaft angehören.

3. Vergl. bezüglich der: Mindestbeiträge: § 30 Abs. II; der anrechnungsfähigen Gehälter und Löhne Anm. Z. 3 lit c zu § 99; der Beitragsberechnung Anm. Z. 2 zu § 99; (eine entsprechende Abrundung bei der Beitragsberechnung ist zulässig; bei Beträgen bis zu 1 Mk. darf die Abrundung bis zur nächstliegenden, durch 5 teilbaren Pfennigzahl. bei Beträgen über 1 Mk. bis zur nächstliegenden, durch 10 teilbaren Pfennigzahl erfolgen).

§ 101.* (§ 72 Abs. 2.)

I Jedem Genossenschaftsmitglied ist ein Auszug aus der zu diesem Zwecke aufzustellenden Heberolle mit der Aufforderung zuzustellen, den festgesetzten Beitrag unter Verrechnung der nach § 32 erhobenen Vorschüsse zur Vermeidung der zwangsweisen Beitreibung binnen zwei Wochen einzuzahlen. Der Auszug muß diejenigen Angaben enthalten, welche den Zahlungspflichtigen in den Stand setzen, die Richtigkeit der angestellten Beitragsberechnung zu prüfen.

II Nach der Zustellung des Auszugs aus der Heberolle ist die Genossenschaft zu einer anderweiten Feststellung des Beitrags befugt, wenn die Veranlagung des Betriebs zu den Gefahrenklassen nach § 49 Abs. 4 nachträglich abgeändert oder eine im Laufe des Rechnungsjahrs eingetretene Aenderung des Betriebs nachträglich bekannt wird oder die Unrichtigkeit einer Lohnnachweisung sich ergibt.

III Sind in solchen Fällen oder infolge unterlassener Anmeldung der Eröffnung eines neuen Betriebs schon in früheren Rechnungsjahren der Genossenschaft Beiträge, auf die sie Anspruch hatte, entgangen, so hat der Unternehmer den Fehlbetrag, soweit nicht Verjährung eingetreten ist (§ 103), nachträglich zu entrichten.

IV Bei der erneuten oder nachträglichen Feststellung des Beitrags ist ebenso zu verfahren wie bei der erstmaligen Feststellung.

1. Vgl. hieher zunächst Anm. Z. 2 zu § 99.
2. Neu sind hier die Bestimmmungen in Abs. II—IV, nach welchen
   a) unter Umständen nach Zustellung des Heberollen-Auszugs eine anderweitige Feststellung der Beiträge erfolgen kann,
   b) entzogene Beiträge aus früheren Rechnungsjahren nachgezahlt werden müssen.
3. **Zustellung des Heberollen-Auszugs**: Dieser Auszug hat zu enthalten: die der Beitragsberechnung zu Grunde gelegte Lohnsumme (§§ 29, 30), die Gefahrenklasse des Betriebs (§ 49), den Prozentsatz, mit welchem die Betriebe der betreffenden Gefahrenklasse für jede Mark der anzurechnenden Löhne beizuziehen sind (§ 99), endlich den Betrag etwaiger Zuschläge (§ 49 Abs. IV und § 112 Z. 1).
4. **Anderweite Feststellung des Beitrags**: Hiedurch wird verhindert, daß Unternehmer, welche durch unrichtige Angaben eine zu günstige Veranlagung ihrer Betriebe erzielt, eine die Gefahrenklasse beeinflußende Abänderung ihres Betriebs nicht rechtzeitig angezeigt oder die Anzeige von der Eröffnung eines neuen Betriebs unterlassen haben, auf Kosten ihrer Berufsgenossen von den ihnen von Rechtswegen zur Last fallenden Beiträgen ganz oder zum Teil frei bleiben; der Vollzug dieser Bestimmung ist durch einen veranlaßten Zusatz zur Strafbestimmung des § 146 Z. 1 gesichert.

   Andererseits ist aber auch eine Herabsetzung des Beitrags zu Gunsten des Unternehmers nicht ausgeschlossen; vgl. hieher auch § 102 Abs. V.

§ 102.* (§ 73.)

I Die Mitglieder der Genossenschaften können gegen die Feststellung ihrer Beiträge binnen zwei Wochen nach Zustellung des Auszugs aus der Heberolle, unbeschadet der Verpflichtung zur vorläufigen Zahlung, Widerspruch bei dem Genossenschaftsvorstand erheben. Wird demselben entweder überhaupt nicht, oder nicht in dem beantragten Umfange Folge gegeben, so steht ihnen innerhalb zweier Wochen nach der Zustellung der Entscheidung des Genossenschaftsvorstandes die Beschwerde an das Reichs-Versicherungsamt zu.

II Die Beschwerde ist nur zulässig, wenn dieselbe sich entweder auf Rechenfehler oder auf die unrichtige Feststellung des anrechnungsfähigen Betrags der Gehälter und Löhne oder auf den irrtümlichen Ansatz einer anderen Gefahrenklasse, als wozu der Betrieb eingeschätzt ist, gründet.

III Aus den letzteren beiden Gründen ist die Beschwerde jedoch nicht zulässig, wenn die Feststellung in dem Falle der von dem Genossenschaftsmitglied unterlassenen Einsendung der Nachweisung durch den Vorstand bewirkt worden war (§ 99 Abs. 4).

IV Tritt infolge des erhobenen Widerspruchs oder der erhobenen Beschwerde eine Herabminderung des Beitrags ein, so ist der Ausfall bei dem Umlageverfahren des nächsten Rechnungsjahrs zu decken.

V Ergibt sich nachträglich, daß ein ohne Widerspruch (Abs. 1) bezahlter Beitrag zu Unrecht oder in zu hohem Betrag erhoben worden ist, so kann die Rückerstattung auf dem im Abs. 1 bezeichneten Wege verlangt werden. Der Anspruch verjährt in sechs Monaten nach der Zustellung des Auszugs aus der Heberolle.

1. Neu ist hier durch die Novelle in Abs. V nur die Bestimmung geschaffen, daß zu Unrecht bezahlte oder zu viel erhobene Beiträge innerhalb 6 Monaten nach Zustellung des Heberollen-Auszugs zurückverlangt werden können.

2. **Widerspruch binnen 2 Wochen**: Die Frist ist eine ausschließliche (A.N. 1889 Z. 687 S. 166); der Widerspruch hat keine aufschiebende Wirkung.

3. **Beschwerde binnen 2 Wochen**: Das in voriger Anm. Z. 2 Bemerkte gilt auch hier; der Beschwerde muß ein erfolgloser Widerspruch vorhergegangen sein; die Voraussetzungen d. i. die rechtliche Zulässigkeit der Beschwerde ist in Abs. II genau fixiert; es können aber auch Meinungsverschiedenheiten über die Versicherungspflicht eines Teils der beschäftigten Personen im Wege dieser Beschwerde zum Austrage gebracht werden (A.N. 1886 Z. 137 S. 154).

Im Falle des § 99 Abs. IV ist eine Beschwerde ausgeschlossen.

An die Stelle des Reichs-Versicherungsamts tritt ev. das Landes-Versicherungsamt.

4. **Rückerstattung überhobener Beträge**: Auch hier ist zunächst Widerspruch beim Genossenschaftsvorstande zu erheben und erst bei gänzlicher oder teilweiser Erfolglosigkeit desselben Beschwerde an das Reichs-(Landes-)Versicherungsamt zulässig.

Die Frist von 6 Monaten ist eine ausschließliche; dieselbe wird nach §§ 186 ff. des B.G.B. berechnet.

§ 103.* (§ 74.)

I Rückständige Beiträge, Vorschüsse auf die Beiträge (§ 32) sowie Kautionsbeträge (§§ 33, 37 Ziffer 7) werden in derselben Weise beigetrieben wie Gemeindeabgaben.

II Der Anspruch auf rückständige Beiträge verjährt, soweit nicht eine absichtliche Hinterziehung vorliegt, in zwei Jahren nach Ablauf des Kalenderjahrs, in welchem sie hätten gezahlt werden müssen.

III Uneinziehbare Beiträge fallen der Gesamtheit der Berufsgenossen zur Last. Sie sind vorschußweise aus dem Betriebsfonds (§ 31 Abs. 2) oder erforderlichen Falles aus dem Reservefonds der Berufsgenossenschaft zu decken und bei dem Umlageverfahren des nächsten Rechnungsjahrs zu berücksichtigen.

1. **Aenderungen durch die Novelle**: Die bisherige Bestimmung des § 74 über die Beitreibung von Strafzuschlägen im Falle der Ablehnung von Wahlen ist durch die allgemeine Vorschrift des § 153 ersetzt. Neue Bestimmungen sind:

a) daß die nach § 32 zu leistenden Vorschüsse den Beiträgen selbst gleichgestellt sind (Abs. I),

b) daß für die Erhebung des Anspruchs auf rückständige Beiträge eine Verjährungsfrist von zwei Jahren gesetzt ist (Abs. II).

2. **Rückstände werden beigetrieben wie Gemeindeabgaben:**

a) Letztere unterliegen in Preußen nach § 90 des Kommunalabgabegesetzes der Beitreibung im Verwaltungszwangsverfahren nach Maßgabe der k. pr. Verordn. vom 15. November 1899 (pr. Ges.Samml. S. 545) betr. das Verwaltungszwangsverfahren wegen Beitreibung von Geldbeiträgen; wegen der Rechtshilfe hiebei vgl. Reichsgesetz vom 9. Juni 1895 (R.G.Bl. S. 256) über den Beistand bei Einziehung von Abgaben und Vollstreckung von Vermögensstrafen.

b) Vgl. für Bayern Art. 48 des rechtsrh. u. Art. 38 der pfälz. Gemeindeordn. mit Min.Entschl. v. 5. Februar 1886 (M.A.Bl. S. 34).

3. **Beitreibung der Rückstände:**

a) Die Ersuchen hiewegen sind unmittelbar an die zuständige Gemeindebehörde (am Wohnorte oder Betriebsorte des Schuldners) zu richten, ist diese nicht zu ermitteln, so kann im Wege der Rechtshilfe (§ 144) die zuständige untere Verwaltungsbehörde (§ 152 u. Anm. Z. 3 zu § 56 S. 145) um Veranlassung der Zwangsvollstreckung ersucht werden. (Ausländische Verwaltungsbehörden können nur im Falle Bestehens bezüglicher Staatsverträge hiewegen in Anspruch genommen werden; gegen Schuldner, welche im Auslande ihren Wohnort haben, ist die Beitreibung durch jene inländische Gemeindebehörde zu veranlassen, in deren Bezirk die Schuldner den Betrieb führen oder geführt haben (A.N. 1887 Z. 316 S. 122).

b) Die Gemeindebehörden haben das Beitreibungsverfahren so zu handhaben, daß die Berufsgenossenschaft unverkürzt in den vollen Besitz ihrer Forderungen gelangen. Die gesamten Kosten der Zwangsvollstreckung einschließlich etwaiger Gebühren der Vollstreckungsbeamten und der Portiauslagen fallen dem Schuldner zur Last und werden vorweg den eingezogenen Geldern entnommen. Die Berufsgenossenschaften haben niemals „Hebegebühren" zu bezahlen, und Gebühren der Vollziehungsbeamten den Gemeinden als bare Auslagen derselben nur in dem Falle zu ersetzen, in welchem diese Gebühren von dem Schuldner nicht beizutreiben, von der Gemeinde aber (auf Grund der Anstellungsverträge) zu zahlen waren. Beschwerden gegen ungerechtfertigte Abzüge der Gemeindebehörden wären an die denselben vorgesetzte Landesbehörden zu richten (vgl. Rundschr. d. R.V.A. vom 7. Mai 1888 A.N. 1888 S. 222 ff.).

c) Verzugszinsen können von rückständigen Beiträgen nicht erhoben werden (A.N. 1895 Z. 1477 S. 172).

d) Die Zwangsvollstreckung kann nur gegen den Unternehmer selbst durchgeführt werden, gegen die Erben desselben oder gegen den Geschäftsnachfolger nur dann, wenn diese die Haftung für die Schulden des früheren Unternehmers ausdrücklich anerkannt haben oder diese Haftung im Rechtswege festgestellt ist; bei den Erben wird ferner noch vorausgesetzt, daß dieselben den Betrieb fortsetzen (A.N. 1893 Z. 1207 S. 154).

e) Für den Fall über das Vermögen eines Mitgliedes der Berufsgenossenschaft der Konkurs eröffnet ist, sind etwaige Beitragsrückstände nach Maßgabe der einschlägigen Bestimmung der Konkursordnung (§§ 58, 62 126 ff. das.) anzumelden; Rückstände aus dem letzten Jahre vor Eröffnung des Konkurses genießen ein Vorzugsrecht (§ 54 Z. 3 d. Konk.Ordn.), während Beiträge für die Zeit nach der Konkurseröffnung als Massaschulden aus der Konkursmasse vorweg zu berichtigen sind, da die Berufsgenossenschaft bezüglich derselben als Konkursgläubigerin erscheint (§§ 50, 52 Konk.Ordn.).

f) Einwendungen gegen die Zwangsvollstreckung sind nur zulässig, soweit sie die Art und Weise derselben oder das Verfahren derselben betreffen (R.C.P.O. § 766); dagegen kann die Berechnung der Beiträge nur mittels des in § 102 G.U.G. vorgesehenen Verfahrens angefochten werden.

4. Verjährung des Anspruchs auf rückständige Beiträge:

a) Bisher fehlte es an einer solchen Bestimmung, weshalb die Verjährung nach den verschiedenen landesgesetzlichen Bestimmungen über die Verjährung von öffentlich rechtlichen Leistungen erfolgte. Die Beiträge sind im Allgemeinen zahlbar in dem Kalenderjahr, welches auf das Jahr der versicherungspflichtigen Arbeit und der Lohnzahlung folgt; nach Ablauf dieses Jahres ist noch 2 Jahre die nachträgliche Einziehung von Beiträgen offen gelassen.

b) Gegen absichtliche Hinterziehung der Beiträge greift jedoch nicht diese kurze, sondern die vorbezeichnete Frist für Verjährung öffentlich rechtlicher Leistungen Platz.

c) Abgesehen von dem Falle sub litt. a, b findet die zweijährige Verjährungsfrist auch auf die vor dem Inkrafttreten des Gesetzes vom 30. Juni 1900 entstandenen, noch nicht verjährten Beitragsforderungen Anwendung; diese Frist muß aber voll unter der Herrschaft des neuen Gesetzes abgelaufen sein, dagegen ist das alte Recht zur Anwendung zu bringen, wenn die nach demselben bemessene Vollendung der Verjährung nach dem Inkrafttreten dieses Gesetzes nur noch einen Zeitraum erfordert, der kürzer ist als die neue Frist.

§ 104.*

I Auf Antrag des Genossenschaftsvorstandes kann die untere Verwaltungsbehörde widerruflich anordnen, daß bei Unternehmern der unter § 1 Abs. 1 Ziffer 2 fallenden versicherungspflichtigen Baubetriebe, sofern sie mit der Zahlung ihrer Beiträge im Rückstande geblieben sind und ihre Zahlungsunfähigkeit im Zwangsbeitreibungsverfahren festgestellt worden ist, der Bauherr für die Beiträge während eines Jahres nach deren endgiltiger Feststellung insoweit haftet, als sie nach Erlaß der Anordnung erwachsen sind. Sind im Falle einer solchen Anordnung Zwischenunternehmer vorhanden, so haften diese vor dem Bauherrn.

II Die Anordnung muß diejenigen Unternehmer, für welche sie gelten soll, nach Namen, Wohnort und Geschäftsbetrieb deutlich bezeichnen und ist diesen Unternehmern sowie den Ortspolizeibehörden ihres Betriebssitzes und ihres Wohnorts schriftlich mitzuteilen. Wenn der Unternehmer seinen Betriebssitz oder seinen Wohnort verlegt, so hat die Ortspolizeibehörde die für den neuen Betriebssitz oder Wohnort zuständige Ortspolizeibehörde von der getroffenen Anordnung zu benachrichtigen. Die Ortspolizeibehörden haben auf Ersuchen jedem Beteiligten von der getroffenen Anordnung Kenntnis zu geben.

III Die von solchen Anordnungen betroffenen Unternehmer sind verpflichtet, vor der Uebernahme eines auf ihr Bauunternehmern bezüglichen Auftrags dem Auftraggeber von der Anordnung schriftlich Kenntnis zu geben. Unterlassen sie dies und wird infolge dessen der Auftraggeber geschädigt, so werden sie mit Gefängnis bis zu einem Jahre bestraft, neben welchem auf Geldstrafe bis zu dreitausend Mark erkannt werden kann.

1. Die Bestimmungen in §§ 104, 105 sind durch die Novelle vom 30. Juni 1900 neu aufgenommen worden und verfolgen den Zweck, die Berufsgenossenschaften gegen drohende Schädigungen unreeller Bauunternehmer zu schützen. Diese Vorschriften werden vornehmlich die Verhältnisse in größeren Städten treffen und wurden angeregt von dem Verbande der deutschen Baugewerks-Berufsgenossenschaften, welcher inhaltlich der Gesetzesmotive in die Begründung des bezüglichen Antrags folgenden charakteristischen Passus

aufnahm: „meist mittellos und zahlungsunwillig verstehen sie (nämlich die Bauunternehmer) es, mit Hilfe von Baustellenverkäufern und Baugelddarleihern Schiebungen vorzunehmen, welche demjenigen es unmöglich machen, Befriedigung seiner Ansprüche zu erhalten, welchem sie nicht gutwillig gerecht werden wollen".

Es wurde daher durch §§ 104, 105 Vorsorge getroffen, daß unter Umständen dem „Bauherrn" die Haftung für die Beiträge solcher Unternehmer überwiesen werden kann, welche wegen ihres unreellen Geschäftsgebahrens als vertrauensunwürdig gekennzeichnet worden sind. Ein Vorbild für diese Maßnahme war schon in § 52a des Krankenversicherungsgesetzes vom $\frac{\text{15. Juni 1883}}{\text{10. April 1892}}$ geschaffen.

Der § 104 gilt jedoch nur für eigentliche Baubetriebe, nicht aber auf die anderen Gewerbebetriebe, welche den Baugewerbe-Berufsgenossenschaften sonst noch angehören (A.N. 1902 Z. 1910 S. 188).

2. **Auf Antrag kann die untere Verwaltungsbehörde anordnen**: Der Antrag steht dem Genossenschaftsvorstande zu und ist eine unerläßliche Voraussetzung für die Anordnung.

Bezüglich der unteren Verwaltungsbehörde vgl. § 152 und Anm. Z. 3 zu § 56 S. 145.

Die Anordnung liegt im Ermessen der genannten Behörde und wird nur nach Prüfung aller Verhältnisse, welche die Zahlungs-Säumnis und -Unfähigkeit erweisen, erfolgen; in letzterer Beziehung genügt das Vorliegen eines erfolglosen Zwangsbeitreibungsverfahrens irgend welcher Art, es braucht nicht gerade aus § 103 Abs. I veranlaßt zu sein.

3. **Daß der Bauherr für die Beiträge ... haftet**: Bauherr ist hier im weiteren Sinne zu gebrauchen; (vgl. § 29 Bau-U.G.); es ist also nicht erforderlich, daß der Betreffende Eigentümer oder Nutzungsberechtigter der Baustelle ist oder daß seine Verfügungsgewalt über den Bauunternehmer sich in Rechtsgeschäften äußert, welche die Form von Werk- oder Dienstverträgen haben. Entscheidend soll hier die wirtschaftliche Gestaltung der Verhältnisse sein, nicht ihre rechtliche Form (Motive); vgl. Anm. Z. 2 zu § 29 Bau-U.G.

Die Haftung des Bauherrn ist eine primäre, aber zeitlich beschränkt auf den Zeitraum eines Jahres, gerechnet von der endgiltigen Feststellung der Beiträge, soweit sie nach Erlaß der Anordnung erwachsen sind.

4. **Die Anordnung ist mitzuteilen** d. i. gemäß § 155 förmlich dem Unternehmer zuzustellen; die Wirksamkeit der Anordnung beginnt aber nicht erst mit dem Tage der Zustellung, sondern schon mit dem Tage des Erlasses (der amtl. Fertigung) desselben; die Mitteilung an die Ortspolizeibehörden ist vorgeschrieben, damit dieselben von der Sachlage selbst Kenntnis haben und jedem Beteiligten auf Ersuchen hievon Kenntnis geben können.

Dem Unternehmer ist in Abs. III unter Androhung von Gefängnisstrafe die Verpflichtung auferlegt, von dieser Anordnung einem etwaigen Auftraggeber schriftlich Kenntnis zu geben.

§ 105.*

I Die untere Verwaltungsbehörde hat die Anordnung (§ 104) aufzuheben, sobald ihr durch eine Bescheinigung des Genossenschaftsvorstandes nachgewiesen wird, daß von dem Unternehmer oder für dessen Rechnung alle rückständigen und fälligen Verpflichtungen gegenüber der Genossenschaft erfüllt sind.

II Gegen die Anordnung der unteren Verwaltungsbehörde, gegen die Versagung einer solchen Anordnung sowie gegen den auf den Antrag wegen Aufhebung der Anordnung erlassenen Bescheid findet binnen zwei Wochen nach der Zustellung die Beschwerde an die höhere Verwaltungsbehörde statt. Die Beschwerde hat keine aufschiebende Wirkung. Die Entscheidung der höheren Verwaltungsbehörde ist endgiltig.

III Streitigkeiten, welche zwischen den Berufsgenossenschaften einerseits und den nach § 104 Abs. 1 haftenden Bauherren oder Zwischenunternehmern andererseits über die Haftung entstehen, entscheidet mit Ausschluß des Rechtswegs das Reichs-Versicherungsamt.

IV Auf die von den Bauherren und den Zwischenunternehmern zu leistenden Beiträge finden die Bestimmungen im § 103 Abs. 1 Anwendung.

1. Vgl. hieher zunächst Anm. Z. 1 zu § 104.

2. **Beschwerde binnen zwei Wochen an die höhere Verwaltungsbehörde**: Die zweiwöchentliche Frist ist nach §§ 186 ff. B.G.B. zu berechnen; höhere Verwaltungsbehörde vgl. § 152 u. A.N. 1900 S. 792; im Allgemeinen fungieren als solche: in Preußen die k. Regierungspräsidenten, in Bayern (Verordn. v. 10. Dezember 1900) die k. Kreisregierungen, Kammer des Innern.

3. **Streitigkeiten** (Abs. III): Die in § 104 für gewerbliche Baubetriebe als Ausnahme neu eingeführte Haftung des Bauherrn oder des Zwischenunternehmers findet sich als gesetzliche Regel für die der Versicherungsanstalt zugehörigen Regiebauten schon im Bau-Unfallversicherungsgesetz (§ 27). Mangels einer gesetzlichen Bestimmung über die Zuständigkeit und die Behörden bei Austragung von Beitragsstreitigkeiten haben sich die ordentlichen Gerichte bisher für zuständig erachtet, zugleich aber hat auch das Reichs-Versicherungsamt diese Zuständigkeit für sich in Anspruch angenommen. Dieser Kompetenzkonflikt ist durch die Bestimmung in Abs. III beseitigt.

An die Stelle des Reichs-Versicherungsamts tritt event. das Landes-Versicherungsamt

Abführung der Beträge an die Postkassen.

§ 106.* (§ 75.)

I Die Genossenschaftsvorstände haben die von den Zentral-Postbehörden liquidierten Beträge innerhalb dreier Monate nach Empfang der Liquidationen an die ihnen bezeichneten Postkassen abzuführen.

II Gegen Genossenschaften, welche mit der Erstattung der Beträge im Rückstande bleiben, ist auf Antrag der Zentral-Postbehörden von dem Reichs-Versicherungsamte, vorbehaltlich der Bestimmungen des § 54, das Zwangsbeitreibungsverfahren einzuleiten.

III Das Reichs-Versicherungsamt ist befugt, zur Deckung der Ansprüche der Postverwaltungen zunächst über bereite Bestände der Genossenschaftskassen zu verfügen. Soweit diese nicht ausreichen, hat dasselbe das Beitreibungsverfahren gegen die Mitglieder der Genossenschaft einzuleiten und bis zur Deckung der Rückstände durchzuführen.

1. Der frühere § 75 hat in § 106 eine Aenderung nicht erfahren; Abs. I (nicht aber auch Abs. II und III) gilt auch für die einer Berufsgenossenschaft nicht zugewiesenen fiskalischen Betriebe.

2. **Abführung an die Postkassen**: Letztere sind den Berufsgenossenschaften von den Centralpostbehörden schon gelegentlich der gemäß § 98 erfolgenden Liquidation bezeichnet. Die Abführung muß spätestens mit dem 1. Juni jeden Jahres erfolgt sein. Der Reservefond darf zur Erfüllung dieser Verbindlichkeit in keinem Falle herangezogen werden; nötigenfalls hat die Berufsgenossenschaft eine Anleihe aufzunehmen.

3. **Zwangsbeitreibungsverfahren** des Reichsversicherungsamts: An Stelle des letzteren tritt event. das Landes-Versicherungsamt; die Zwangsbeitreibung erfolgt ohne Vermittlung der Genossenschaftsvorstände direkt gegen die Mitglieder der Berufsgenossenschaft, soweit vorhandene Barbestände, zu denen auch Kautionen und der Reservefond zählen, zur Deckung nicht ausreichen; dem Beitreibungsverfahren hat aber die Umlegung nach dem regelmäßigen Verteilungsmaßstab vgl. Anm. Z. 2 zu § 99 (S. 199) vorauszugehen.

Vermögensverwaltung.

§ 107.* (§ 76 Abs. 1.)

I Die Einnahmen und Ausgaben der Berufsgenossenschaften sind von allen den Zwecken der letzteren fremden Vereinnahmungen und Verausgabungen gesondert festzustellen und zu verrechnen, ebenso sind die Bestände gesondert zu verwahren.

II Das Reichs-Versicherungsamt trifft nach Bedarf Bestimmung über die Aufbewahrung von Wertpapieren.

1. Die Vorschriften über die Vermögensverwaltung sind in den §§ 107—111 enthalten; dieselben sind abgesehen von den §§ 107 Abs. I und 111 Abs. I durch die Novelle neu aufgenommen. Hierdurch sind im Prinzipe die Grundsätze des B.G.B. über Anlegung von Mündelvermögen (§§ 1806—1808 das.) festgehalten.

2. Außerdem kann die rentierliche Anlage von Vermögen der Berufsgenossenschaft erfolgen:

a) in Wertpapieren, welche gemäß Art. 212 des Einführungsgesetzes vom 18. August 1896 z. B.G.B. in einzelnen Bundesstaaten zur Belegung von Mündelgeldern zugelassen sind,
b) in solchen Pfandbriefen deutscher Hypotheken-Aktienbanken, welche die Reichsbank in Klasse I (mit 75 % des Kurswertes) beleiht (§ 108 Abs. II),
c) in Darlehenshingaben an Kommunalverbände (§ 109 Abs. I);
d) in vorübergehenden sonstigen Anlagen (Kontokurrentverkehr mit Banken) (§ 109 Abs. II),
e) durch Erwerbung von Grundstücken für Zwecke der Verwaltung (Verwaltungsgebäude 2c.), im Interesse der Vermeidung von Vermögensverlusten (z. B. im Falle der Zwangsversteigerung eines Anwesens, welches für ein Darlehen aus dem Vermögen der Berufsgenossenschaft verpfändet ist), oder für humanitäre Zwecke (Krankenhaus 2c.) (§ 110 Abs. I),
f) event. auch in anderen Wertpapieren (§ 110 Abs. I).

Die sub b—f bezeichneten Anlagen sind aber den in §§ 109, 110 statuierten Beschränkungen (Genehmigung der Landescentralbehörde und in den Fällen von e und f Genehmigung des Reichs-(Landes-)Versicherungsamts) unterworfen.

3. An die Stelle des Reichs-Versicherungsamts (Abs. II) tritt event. das Landes-Versicherungsamt; bisher wurden von denselben Bestimmungen über die Aufbewahrung von Wertpapieren noch nicht getroffen.

§ 108.* (§ 76.)

I Die Bestände der Berufsgenossenschaften müssen in der durch §§ 1806 bis 1808 des Bürgerlichen Gesetzbuchs bezeichneten Weise angelegt werden.

II Außerdem dürfen dieselben in Wertpapieren, welche nach landesgesetzlichen Vorschriften zur Anlegung von Mündelgeldern zugelassen sind, sowie in solchen auf den Inhaber lautenden Pfandbriefen deutscher Hypotheken-Aktienbanken angelegt werden, welche die Reichsbank in Klasse I beleiht.

1. Vgl. zunächst Anm. Z. 1 und 2 zu § 107.

2. Die §§ 1806—1808 des B.G.B. und Art. 212 des Einführungsgesetzes vom 18. August 1896 lauten:

§ 1806.

Der Vormund hat das zum Vermögen des Mündels gehörende Geld verzinslich anzulegen, soweit es nicht zur Bestreitung von Ausgaben bereit zu halten ist.

§ 1807.

Die im § 1806 vorgeschriebene Anlegung von Mündelgeld soll nur erfolgen:

1. in Forderungen, für die eine sichere Hypothek an einem inländischen Grundstücke besteht, oder in sicheren Grundschulden oder Rentenschulden an inländischen Grundstücken;
2. in verbrieften Forderungen gegen das Reich oder einen Bundesstaat sowie in Forderungen, die in das Reichsschuldbuch oder in das Staatsschuldbuch eines Bundesstaats eingetragen sind;
3. in verbrieften Forderungen, deren Verzinsung von dem Reiche oder einem Bundesstaate gewährleistet ist;
4. in Wertpapieren, insbesondere Pfandbriefen, sowie in verbrieften Forderungen jeder Art gegen eine inländische kommunale Körperschaft oder die Kreditanstalt einer solchen Körperschaft, sofern die Wertpapiere oder die Forderungen von dem Bundesrate zur Anlegung von Mündelgeld für geeignet erklärt sind;
5. bei einer inländischen öffentlichen Sparkasse, wenn sie von der zuständigen Behörde des Bundesstaats, in welchem sie ihren Sitz hat, zur Anlegung von Mündelgeld für geeignet erklärt ist.

Die Landesgesetze können für die innerhalb ihres Geltungsbereichs belegenen Grundstücke die Grundsätze bestimmen, nach denen die Sicherheit einer Hypothek, einer Grundschuld oder einer Rentenschuld festzustellen ist.

§ 1808.

Kann die Anlegung den Umständen nach nicht in der im § 1807 bezeichneten Weise erfolgen, so ist das Geld bei der Reichsbank, bei einer Staatsbank oder bei einer anderen durch Landesgesetz dazu für geeignet erklärten inländischen Bank oder bei einer Hinterlegungsstelle anzulegen.

Art. 212 Einf.Ges.: In Kraft bleiben die landesgesetzlichen Vorschriften, nach welchen gewisse Wertpapiere zur Anlegung von Mündelgeld für geeignet erklärt sind.

3. **Außerdem**: Vgl. hieher: für Preußen: Art. 73—76 des Ausf.Ges. zum B.G.B. vom 20. September 1899 — Ges.Samml. S. 177 und die Just.Min.E. vom 17. und 18. Dezember 1899 J.M.Bl. S. 805 —; für Bayern: Art. 32 des Gesetzes vom 9. Juni 1899 betr. Uebergangsvorschriften zum Bürg.Ges.B. — Ges. und Ver.Bl. Nr. 28 — und Art. 92 des Ausf.Ges. vom 9. Juni 1899 — Ges. und Ver.Bl. Nr. 28; für Sachsen: § 36 der Ausf.Verordn. vom 6. Juli 1899; für Württemberg: Art. 68—70 des Ausf.Ges. vom 28. Juli 1899; für Baden: Art. 33 des Ausf.Ges. vom 17. Juni 1899; für Elsaß-Lothringen: § 141 des Ausf.Ges. vom 17. April 1899.

§ 109.*

1 Die Landes-Zentralbehörde desjenigen Bundesstaats, in dessen Gebiete die Berufsgenossenschaft ihren Sitz hat, kann genehmigen, daß die Bestände der Berufsgenossenschaft auch in Darlehen an Gemeinden und weitere Kommunalverbände angelegt werden; sie kann ferner anordnen, daß bei der Anlegung des Genossenschaftsvermögens einzelne Gattungen zinstragender Papiere nur bis zu einem näher zu bestimmenden Betrag erworben werden dürfen. Erstreckt sich der Bezirk der Genossenschaft auf Gebiete oder Gebietsteile mehrerer Bundesstaaten, so bedarf es der

Zustimmung der Zentralbehörden dieser Bundesstaaten oder, sofern ein Einverständnis nicht erzielt wird, der Zustimmung des Bundesrats.

II Die Landes-Zentralbehörde desjenigen Bundesstaats, in dessen Gebiete die Berufsgenossenschaft ihren Sitz hat, kann widerruflich gestatten, daß zeitweilig verfügbare bare Bestände auch in anderer als der in § 108 bezeichneten Weise vorübergehend angelegt werden.

1. Vgl. hieher zunächst Anm. Z. 1 und 2 zu § 107.

2. Die Bestimmungen in § 109 lehnen sich an § 164 Abs. I und II d. Inv.V.G. vom 13. Juli 1899 an.

Den unmittelbar an Gemeinden rc. gegebenen Darlehen können solche an Genossenschaften, Verbände rc. gleichgestellt werden, soferne hiefür die Gemeinden oder weiteren Kommunalverbände entsprechende Bürgschaft übernehmen und soferne mindestens der landesübliche Zinsfuß bezahlt wird; vgl. auch R.G.Bl. 1901 S. 263.

3. Die Bestimmung in Abs. II hat namentlich die Bedeutung, daß ein Kontokurrentverkehr mit sicheren Bankhäusern am Sitze der Berufsgenossenschaft ermöglicht werden soll, um diesen die vorübergehende Aufbewahrung großer Barbestände z. B. beim Einlaufen der Umlagenbeiträge, zu übertragen und den Vorstandsmitgliedern die damit anderen Falles für sie verbundene Verantwortlichkeit zu ersparen.

Ueber die Nutzbarmachung des Reichsbank-Girokontos vgl. A.N. 1902 Z. 1909 S. 187.

§ 110.*

Die Berufsgenossenschaften können mit Genehmigung des Reichs-Versicherungsamts einen Teil ihres Vermögens in anderer als der nach §§ 108, 109 zulässigen Weise, insbesondere in Grundstücken anlegen. Will eine Genossenschaft mehr als den vierten Teil ihres Vermögens in dieser Weise anlegen, so bedarf sie dazu außerdem, sofern sie der Aufsicht eines Landes-Versicherungsamts unterstellt ist, der Genehmigung der Landes-Zentralbehörde, im Uebrigen der Genehmigung des Bundesrats. Eine solche Anlage ist jedoch nur in Wertpapieren, oder für die Zwecke der Verwaltung, zur Vermeidung von Vermögensverlusten für die Genossenschaft, oder für solche Veranstaltungen zulässig, welche ausschließlich oder überwiegend der versicherungspflichtigen Bevölkerung zu gute kommen. Mehr als die Hälfte ihres Vermögens darf jedoch eine Berufsgenossenschaft in der bezeichneten Weise nicht anlegen.

1. Vgl. hieher zunächst Anm. Z. 1 und 2 zu § 107.

2. § 109 entspricht wörtlich der Bestimmung in § 164 Abs. III d. Inv.V.G. vom 13. Juli 1899.

Die Anlegung von Genossenschaftsvermögen in Grundstücken kommt insbesondere in Betracht, wenn es sich um Verwaltungsgebäude, Arbeiterwohnungen, Heilanstalten, Erwerbungen bei Zwangsversteigerungen zur Sicherung beliehener Grundstücke rc. handelt. Zu jedem Ankauf eines Grundstücks (Gebäudes) bedarf die Berufsgenossenschaft der Genehmigung des Reichs-(Landes-)Versicherungsamts.

3. An die Stelle des Reichs-Versicherungsamts tritt event. das Landes-Versicherungsamt.

§ 111. (§ 77.)

I Ueber die gesamten Rechnungsergebnisse eines Rechnungsjahrs ist nach Abschluß desselben alljährlich dem Reichstag eine vom Reichs-Versicherungsamt aufzustellende Nachweisung vorzulegen.

II Das Rechnungsjahr beginnt mit dem 1. Januar und endet mit dem 31. Dezember.

1. Beginn und Ende des Rechnungsjahres ist nun im Gesetze selbst festgesetzt, während diese Festsetzung bisher (§ 77 des Gesetzes vom 6. Juli 1884) der Beschlußfassung des Bundesrats übertragen war.

2. Das Reichs-Versicherungsamt hat für die Aufstellung der Rechnungsergebnisse Formulare aufgestellt, deren Verwendung den Berufsgenossenschaften zur Pflicht gemacht ist (A.N. 1888 S. 260, 1890 S. 116, 1892 S. 303, 1895 S. 131, 173). Die Rechnungsergebnisse sind dem Reichs-Versicherungsamt spätestens seitens der Berufsgenossenschaft bis zum 15. September, seitens der Ausführungsbehörden bis zum 1. Juli jeden Jahres einzusenden; dieselben werden alljährlich in den A.N. veröffentlicht.

Mit diesen Rechnungsergebnissen sind auch die Rentenabnahme-Uebersichten, ferner eine Uebersicht über den Verlauf der Unfallsfolgen für die vorhergegangenen drei Jahre sowie ein Bericht betr. die Uebernahme des Heilverfahrens gemäß § 76 des Kr.V.G. einzureichen (A.N. 1896 S. 243, 1897 S. 298).

Die Sektionen haben in ihren Abrechnungen die Titel so einzurichten, daß denselben die nötigen Angaben für die gemäß § 111 dem Reichs-Versicherungsamt einzureichende Nachweisung entnommen werden können.

V. Unfallverhütung. Ueberwachung der Betriebe.

Unfallverhütungsvorschriften.

§ 112.* (§ 78 Abs. 1.)

I Die Genossenschaften sind befugt und können im Aufsichtsweg angehalten werden, Vorschriften zu erlassen:

1. über die von den Mitgliedern zur Verhütung von Unfällen in ihren Betrieben zu treffenden Einrichtungen und Anordnungen unter Bedrohung der Zuwiderhandelnden mit Geldstrafen bis zu eintausend Mark oder mit der Einschätzung ihrer Betriebe in eine höhere Gefahrenklasse oder, falls sich die letzteren bereits in der höchsten Gefahrenklasse befinden, mit Zuschlägen bis zum doppelten Betrag ihrer Beiträge.

   Für die Herstellung der vorgeschriebenen Einrichtungen ist den Mitgliedern eine angemessene Frist zu bewilligen;
2. über das in den Betrieben von den Versicherten zur Verhütung von Unfällen zu beobachtende Verhalten unter Bedrohung der Zuwiderhandelnden mit Geldstrafen bis zu sechs Mark.

II Die Genossenschaften sind außerdem befugt, solche Vorschriften für bestimmt abzugrenzende Bezirke oder für bestimmte Gewerbszweige oder Betriebsarten zu erlassen.

III In den Unfallverhütungsvorschriften ist anzugeben, in welcher Art diese Vorschriften zur Kenntnis der Versicherten zu bringen sind.

Vorbemerkung zu §§ 112—118.

Nicht nur jede Berufsgenossenschaft, sondern auch jedes Mitglied derselben hat ein Interesse daran, daß in den einzelnen Betrieben möglichst wenig Unfälle vorkommen. Dieses Interesse kann durch Erlassung von Unfallverhütungsvorschriften seitens der Berufsgenossenschaft nach dem Gesetze geschützt werden.

Die bezüglichen Bestimmungen (§§ 78—81) des früheren Gesetzes vom 6. Juli 1884 haben durch die Novelle vom 30 Juni 1900 in den §§ 112—117 wesentliche Ergänzungen und Ausgestaltungen erfahren; hauptsächlich aber bezwecken diese neuen Bestimmungen, die Versicherten an der Beratung der Unfallverhütungsvorschriften wirksamer als bisher teilnehmen zu lassen. Es sollen daher von den Ausschüssen der Versicherungsanstalten (der Invalidenversicherung) gewählte Vertreter der Versicherten zu den Beratungen und Beschlußfassungen der Genossenschaftsvorstände, durch welche der endgiltige Entwurf der Unfallverhütungsvorschriften festgestellt wird, zugezogen werden (§§ 113, 114).

Diese Vorschriften unterliegen der Genehmigung des Reichs-(Landes-)Versicherungsamts; hier werden dann zur Genehmigung dieser Vorschriften nochmals Vertreter der Arbeitgeber und von den Arbeiterbeisitzern der Schiedsgerichte gewählte Vertreter der Versicherten beigezogen (§ 11 Abs. III, V und § 18 Z. 3 des Abänd.Ges. v. 30. Juni 1900).

Solche Unfallverhütungsvorschriften können aber nur generelle Anordnungen für einen Komplex gleichartiger Betriebe, nicht individuelle Vorschriften für einzelne Betriebe treffen.

Neben diesen Vorschriften bleibt die in der Reichsgewerbeordnung (§§ 120 a—e) dem Bundesrate, den Landesbehörden sowie den einzelnen Betriebsunternehmern eingeräumte Befugnis zur Erlassung bezüglicher Vorschriften unberührt.

Anmerkung zu § 112:

1. Neu sind durch die Novelle hier folgende Bestimmungen aufgenommen:
   a) die Berufsgenossenschaften können zur Erlassung von Unfallverhütungsvorschriften im Aufsichtswege angehalten werden (Abs. I),
   b) Zuwiderhandlungen gegen die Vorschriften können nach Wahl der Berufsgenossenschaft mit Geldstrafe bis zu 1000 Mark an Stelle der Einschätzung in eine höhere Gefahrenklasse (früher war nur diese letztere zulässig) geahndet werden (Abs. I Z. 1),
   c) die Vorschriften haben ausdrücklich zu bestimmen, in welcher Weise dieselben von dem Unternehmer zur Kenntnis der Versicherten zu bringen sind.

2. **Die Genossenschaften sind befugt und können im Aufsichtswege angehalten werden**: d. i. durch das Reichs-(ev. Landes-)Versicherungsamt). Dieser aufsichtlichen Maßnahme steht das Recht der Selbstverwaltung der Berufsgenossenschaften gegenüber; es wird daher nicht zulässig sein, daß die Aufsichtsstelle im Falle der Weigerung der Berufsgenossenschaft bestimmte Unfallverhütungsvorschriften an Stelle der ersteren erläßt; insoferne ist der auf Veranlassung der Reichstagskommission eingesetzten Bestimmung eine besondere praktische Bedeutung nicht beizulegen.

Welches Organ der Berufsgenossenschaft zur Erlassung solcher Vorschriften zuständig ist, hat das Genossenschaftsstatut zu bestimmen (§ 37 Z. 10).

3. **Vorschriften zu erlassen**: Dieselben bedürfen der Genehmigung des Reichs-(Landes-) Versicherungsamts (§ 115 Abs. I). Wegen Erlassung solcher Vorschriften vgl. die Rundschreiben des Reichs-Versicherungsamts vom 19. April 1886 und 27. April 1887 (A.N. 1886, S. 62 und 1887 S. 145).

Von den zur Zeit bestehenden 66 gewerblichen Berufsgenossenschaften haben bisher 62 solche Unfall-Verhütungsvorschriften erlassen; vgl. hieher die vom Verbande der deutschen Berufsgenossenschaften herausgegebene „systematische Zusammenstellung der Unfallverhütungsvorschriften" der gewerblichen Berufsgenossenschaften, Berlin 1889, teilweise revidiert 1900 (A.N. 1900 S. 617, 741), ferner die in A.N. 1896 S. 431 abgedruckten Normal-Unfallverhütungsvorschriften für gleichartige Gefahren in den unter die Unfallversicherungsgesetze fallenden gewerblichen Betrieben nach den Beschlüssen des X. Berufsgenossenschaftstags.

4. **Einrichtungen und Anordnungen**: Der Wortlaut „und Anordnungen" wurde durch die Novelle beigefügt, weil der bisherige Ausdruck „Einrichtungen" das Gebiet der bezüg-

lichen Vorschriften nur ungenügend erfaßte, da diese Vorschriften auch Anordnungen in Bezug auf die Betriebsweise zu treffen haben.

5. **Unter Bedrohung mit Geldstrafen bis zu 1000 Mark oder ....**: Bisher konnten Zuwiderhandlungen gegen Unfall-Verhütungsvorschriften nur mit Einschätzung der betr. Betriebe in eine höhere Gefahrenklasse oder mit Zuschlägen bis zum doppelten Betrage der Beiträge bedroht werden. Dadurch konnte es vorkommen, daß unbedeutende Zuwiderhandlungen in großen Betrieben übermäßig hart betroffen wurden, während in anderen Fällen grobe Zuwiderhandlungen in kleinen Betrieben nicht entsprechend geahndet werden konnten. Diesen Uebelständen wurde durch die wahlweise Zulassung einer Geldstrafe bis zu 1000 Mark abgeholfen.

Wegen der Ausführung der Strafandrohung vgl. § 116.

6. **Einschätzung in eine höhere Gefahrenklasse**: Die strafweise erfolgte Einschätzung in eine höhere Gefahrenklasse gilt zunächst für ein Rechnungsjahr, kann aber bei fortgesetztem Zuwiderhandeln auf ein weiteres Rechnungsjahr ausgedehnt werden (A.N. 1888 Z. 496 S. 190).

7. **Ueber das von den Versicherten zu beobachtende Verhalten**: z. B. Verbot des Alkoholgenusses, des Rauchens in den Betriebsräumen, Tragen von Schutzbrillen, Behandlung von Werkzeugen ꝛc.

8. Bezüglich der Baugewerksberufsgenossenschaft vgl. auch § 40 Z. 1 und § 44 des Bau-U.G. u. Anm. hiezu.

9. An die Stelle des Reichs-Versicherungsamts tritt event. das Landes-Versicherungsamt, § 127.

§ 113.* (§ 79 Abs. 1.)

I Die zu erlassenden Vorschriften sind vor der Beschlußfassung dem Reichs-Versicherungsamt einzureichen und, sofern die Genossenschaft in Sektionen eingeteilt ist, den Vorständen derjenigen Sektionen, für welche sie Giltigkeit haben sollen, zur Begutachtung vorzulegen.

II Zu der Beratung und Beschlußfassung über diese Vorschriften sowie zur Begutachtung der nach § 120e Abs. 2 der Gewerbeordnung zu erlassenden Vorschriften haben die Genossenschaftsvorstände Vertreter der Arbeiter mit vollem Stimmrecht und in gleicher Zahl wie die beteiligten Vorstandsmitglieder zuzuziehen.

III Das Reichs-Versicherungsamt ist zu der vom Genossenschaftsvorstand anberaumten Sitzung, in welcher über die von der Genossenschaft zu erlassenden Vorschriften beraten und Beschluß gefaßt werden soll, einzuladen.

IV Sollen die von der Genossenschaft oder die auf Grund des § 120e Abs. 2 der Gewerbeordnung zu erlassenden Vorschriften nur für den Bezirk einzelner Sektionen Giltigkeit haben, so sind zur Begutachtung durch Sektionsvorstände auch Vertreter der Arbeiter gemäß Abs. 2 zuzuziehen.

V Mit der Einladung zu der zur Begutachtung oder zur Beratung und Beschlußfassung anberaumten Sitzung ist den Vertretern der Arbeiter der Entwurf der Vorschriften zuzustellen, welcher der Begutachtung oder der Beratung und Beschlußfassung unterliegen soll.

1. Vgl. hieher zunächst die Vorbemerkung zu § 112.

2. Durch § 113 ist die frühere bezügliche Bestimmung des § 79 vollständig umgearbeitet und in bedeutsamer Weise ergänzt worden: die Vorschriften in Abs. I, III IV und V sind auf Grund der Kommissionsbeschlüsse neu aufgenommen worden.

Der (schon im aufgehobenen § 41 des Gesetzes vom 6. Juli 1884 vertretene) Grundsatz, daß behufs gleichmäßiger Vertretung der beiderseitigen Interessen die Zahl der Arbeiter-Vertreter derjenigen der Vorstandsmitglieder bei der Beratung und Beschlußfassung gleich sein sollen, wurde beibehalten.

3. Neu ist auch die Bestimmung, daß die Zuziehung der Arbeitervertreter auch bei Begutachtung von Schutzvorschriften zu erfolgen hat, welche eine Landesbehörde gemäß § 120e Abs. II der Gewerbeordnung zu erlassen beabsichtigt (Abs. II, IV).

4. **Vorschriften nach § 120e Abs. II der Gewerbeordnung**: Dieser § lautet, soweit er hier in Betracht kommt:

> Abs. I. Durch Beschluß des Bundesrats können Vorschriften darüber erlassen werden, welchen Anforderungen in bestimmten Arten von Anlagen durch Durchführung der in den §§ 120a—c enthaltenen Grundsätze zu genügen ist.
>
> Abs. II. Soweit solche Vorschriften durch Beschluß des Bundesrats nicht erlassen sind, können dieselben durch Anordnung der zum Erlaß solcher berechtigten Behörden erlassen werden. Vor dem Erlaß solcher Anordnungen und Polizeiverordnungen ist den Vorständen der beteiligten Berufsgenossenschaften (oder Berufsgenossenschafts-Sektionen) Gelegenheit zu einer gutachtlichen Aeußerung zu geben.

Die §§ 120a—c, auf welche in § 120e Abs. II Bezug genommen ist, handeln vom Schutze der Arbeiter gegen Gefahren für Leben und Gesundheit und von Aufrechthaltung der guten Sitten und des Anstandes.

5. An die Stelle des Reichs-Versicherungsamts tritt event. das Landes-Versicherungsamt, § 127.

§ 114.*

I Die Vertreter der Arbeiter werden von den Ausschüssen derjenigen Versicherungsanstalten gewählt, auf deren Bezirke sich die Berufsgenossenschaft oder Sektion erstreckt. Wahlberechtigt sind jedoch nur diejenigen Mitglieder der Ausschüsse, die als Vertreter der Versicherten berufen sind.

II Wählbar sind deutsche, männliche, volljährige, auf Grund dieses Gesetzes versicherte Personen, welche in Betrieben der Mitglieder derjenigen Berufsgenossenschaft, für welche die Unfallverhütungsvorschriften erlassen werden sollen, beschäftigt sind. Nicht wählbar ist, wer zum Amte eines Schöffen unfähig ist (§ 32 des Gerichtsverfassungsgesetzes).

III Die Wahl erfolgt auf fünf Jahre nach näherer Bestimmung einer Wahlordnung, welche vom Reichs-Versicherungsamte zu erlassen ist; die erste Wahlperiode endet am 1. Januar 1906. Für jeden Vertreter ist ein erster und ein zweiter Ersatzmann zu wählen, welche denselben in Behinderungsfällen zu ersetzen und im Falle des Ausscheidens für den Rest der Periode in der Reihenfolge ihrer Wahl einzutreten haben. Die Leitung der Wahl liegt einem Beauftragten des Reichs-Versicherungsamts ob. Streitigkeiten über die Wahlen werden vom Reichs-Versicherungsamt entschieden. Die Bestimmung des § 47 findet entsprechende Anwendung.

IV Die Vertreter der Arbeiter erhalten Ersatz für entgangenen Arbeitsverdienst und für Reisekosten nach festen von der Genossenschaft zu bestimmenden Sätzen. Die Feststellung erfolgt durch den Vorsitzenden des Vorstandes.

1. Vgl. hieher zunächst die Vorbemerkung bei § 112.

2. Die Bestimmungen des § 114 sind neu; sie regeln das Verfahren der Wahl der gemäß § 113 beizuziehenden Arbeitervertreter und zwar wurde dieses Verfahren wesentlich vereinfacht.

Die bisherige Wahl (gemäß § 41 ff. des Gesetzes vom 6. Juli 1884) durch die Vorstände derjenigen Krankenkassen, denen wenigstens 10 bei Mitgliedern der Genossenschaft versicherte Personen angehören, war überaus umständlich.

Da in den Ausschüssen der Versicherungsanstalten ohnedies Arbeitervertreter sind, die aus Wahlen der Krankenkassenvorstände hervorgegangen sind, so konnte ersteren ohne Bedenken die Wahl der Arbeitervertreter für die einzelnen Berufsgenossenschaften übertragen werden mit der Maßnahme, daß, (wie dies in Abs. II geschehen) geeignete Vorbedingungen für die passive Wählbarkeit derselben aufgestellt wurden.

Die Wahlperiode und die Bestimmung über die Ersatzmänner ist den sonstigen Vorschriften nachgebildet. Die Beschlußfähigkeit ist aber hier nicht, wie bei den Schiedsgerichten, von dem vollzähligen Erscheinen der Geladenen abhängig.

Die Leitung der Wahl kann schriftlich durch Zusendung von Stimmzetteln erfolgen.

Die Regelung der Bezüge der Arbeitervertreter erfolgt wie bei den Vorstandsmitgliedern durch die Berufsgenossenschaft, deren Vorstandsvorsitzenden die Feststellung im Einzelfall obliegt.

Die Bestimmung in Abs. V verfolgt den Zweck, den Vertretern der Arbeiter zur Prüfung der vom Genossenschaftsvorstande vorzuschlagenden Vorschriften noch vor der gemeinsamen Beratung Gelegenheit zu geben, da die bezüglichen Vorschriften in der Regel umfangreich sind.

3. An die Stelle des Reichs-Versicherungsamts tritt event. das Landesversicherungsamt, § 127.

§ 115.* (§ 78 Abs. 2, 3, § 79.)

I Die Unfallverhütungsvorschriften bedürfen der Genehmigung des Reichs-Versicherungsamts.

II Das Reichs-Versicherungsamt kann anordnen, daß vor der Genehmigung, soweit dies nicht gemäß § 113 Abs. 4 schon geschehen ist, zur Begutachtung der Vorschriften oder einzelner Teile derselben durch die Sektionsvorstände auch die Vertreter der Arbeiter zuzuziehen sind.

III Wenn durch Beschluß der Genossenschaftsversammlung (§ 37 Ziffer 10) die gemäß § 113 Abs. 2 vom Vorstande und den Vertretern der Arbeiter gefaßten Beschlüsse abgeändert worden sind, so hat das Reichs-Versicherungsamt zu bestimmen, ob die Vorschriften vor deren Genehmigung einer nochmaligen Beratung und Beschlußfassung seitens des Vorstandes und der Vertreter der Arbeiter zu unterwerfen sind. Wenn das Reichs-Versicherungsamt seine Genehmigung von der Abänderung der beschlossenen Vorschriften abhängig macht, so hat es gleichfalls zu bestimmen, ob zur Beratung und Beschlußfassung (§ 113 Abs. 2) über die erforderliche Abänderung die Vertreter der Arbeiter zuzuziehen sind.

IV Dem Antrag auf Genehmigung ist das über die Verhandlungen bei den Vorständen aufgenommene Protokoll, aus welchem die Abstimmung der Vertreter der Arbeiter ersichtlich sein muß, sowie die gutachtliche Aeußerung der Vorstände derjenigen Sektionen, für welche die Vorschriften Gültigkeit haben sollen, beizufügen. Vor der Genehmigung ist den Landes-Zentralbehörden derjenigen Bundesstaaten, auf deren Gebiet sich die Vorschriften erstrecken sollen, Gelegenheit zu einer Aeußerung zu geben.

V Die genehmigten Vorschriften sind den höheren Verwaltungsbehörden, auf deren Bezirke dieselben sich erstrecken, durch den Genossenschaftsvorstand mitzuteilen.

1. Vergl. hieher zunächst die Vorbemerkung bei § 112.

2. Neu sind hier die Bestimmungen in Abs. II, III und IV Satz 2 auf Antrag der Reichstagskommission beigefügt; durch dieselben ist:

a) dem Reichs-(Landes-)Versicherungsamt das Recht der Anordnung eingeräumt, daß in den hiefür geeignet erscheinenden Fällen bei der Begutachtung der Vorschriften durch die Sektionsvorstände Vertreter der Arbeiter beigezogen werden (Abs. II),

b) das Verfahren geregelt für die Fälle, in welchen die Beschlüsse des Genossenschaftsvorstandes durch die Genossenschaftsversammlung abgeändert worden sind (Abs. III),

c) angeordnet, daß vor der Genehmigung den Landeszentralbehörden derjenigen Bundesstaaten, auf deren Gebiete die Vorschriften sich erstrecken sollen, Gelegenheit zur Aeußerung gegeben werde (Abs. IV).

3. An die Stelle des Reichs-Versicherungsamt tritt event. das Landes-Versicherungsamt, § 127.

§ 116.* (§ 80 Abs. 1).

Die Festsetzung der im § 112 Abs. 1 Ziffer 1 vorgesehenen Geldstrafen sowie die höhere Einschätzung des Betriebs und die Festsetzung von Zuschlägen erfolgt durch den Vorstand der Genossenschaft, die Festsetzung der im § 112 Abs. 1 Ziffer 2 vorgesehenen Geldstrafen durch den Vorstand der Betriebs- (Fabrik-) oder Bau-Krankenkasse, oder, wenn eine solche für den Betrieb nicht errichtet ist durch die Ortspolizeibehörde. Gegen die Verfügung findet innerhalb zweier Wochen nach der Zustellung die Beschwerde statt. Ueber dieselbe entscheidet, soweit es sich um eine Verfügung des Genossenschaftsvorstandes handelt, das Reichs-Versicherungsamt, im Uebrigen die der Krankenkasse oder Ortspolizeibehörde vorgesetzte Aufsichtsbehörde.

1. Vgl. hieher zunächst die Vorbemerkung bei § 112.

2. Die Bestimmung in Abs. II des früheren § 80, in welche Kasse die Strafgelder fließen, wurde in § 154 aufgenommen.

3. **Ortspolizeibehörde** vgl. § 152 Abs. I. In Bayern in Gemeinden mit städtischer Verfassung der Magistrat, in Gemeinden mit Landgemeindeverfassung und in der Pfalz der Bürgermeister, in ausmärkischen Bezirken die Distriktspolizeibehörde, (§ 1 Z. 3 V.O. vom 10. Dezbr. 1900, G.V.Bl. S. 1209), in Preußen die örtlichen Polizei-Beamten oder -Behörden. **Aufsichtsbehörde** d. i. die der Ortspolizeibehörde oder Krankenkasse zunächst vorgesetzte staatliche Behörde, in Bayern das Bezirksamt oder bei unmittelbaren Städten die Kreisregierung K. d. J., vgl. Zusammenstellung A.N. 1900 S. 792.

4. **Innerhalb 2 Wochen nach der Zustellung**: vgl. §§ 186 ff. des B.G.B. und § 155 des Gew.U.G.

5. An die Stelle des Reichs-Versicherungsamtes tritt ev. das Landes-Versicherungsamt.

§ 117.* (§ 81).

I Die von den Landesbehörden für bestimmte Gewerbszweige oder Betriebsarten zur Verhütung von Unfällen zu erlassenden Anordnungen sollen, sofern nicht Gefahr im Verzug ist, den beteiligten Genossenschafts- oder Sektionsvorständen zur Begutachtung nach Maßgabe des § 115 Abs. 4 vorher mitgeteilt werden. Dabei finden § 113 Abs. 2, § 114 entsprechende Anwendung.

II Die Polizeibehörden sind verpflichtet, von den gemäß § 120 d Abs. 1 der Gewerbeordnung zur Verhütung von Unfällen getroffenen Anordnungen derjenigen Genossenschaft, welcher der beteiligte Betrieb angehört, Kenntnis zu geben.

1. Vgl. hieher zunächst die Vorbemerkung bei § 112.

2. Neu ist die Bestimmmung in Abs. II und bezieht sich auf polizeiliche Anordnungen für Einzelbetriebe, da die Berufsgenossenschaften begreiflicher Weise ein Interesse daran haben, daß nicht durch Vorschriften der Polizeibehörden deren Unfallverhütungs-Vorschriften beseitigt, unwirksam gemacht oder unbegründeter Weise verschärft werden (Kom. Ber. S. 129).

3. § 120d der Gewerbeordnung lautet:

Abs. I Die zuständigen Polizeibehörden sind befugt, im Wege der Verfügung für einzelne Anlagen die Ausführung derjenigen Maßnahmen anzuordnen, welche zur Durchführung der in § 120 a—c enthaltenen Grundsätze erforderlich und nach der Beschaffenheit der Anlage ausführbar erscheinen. Sie können anordnen, daß den Arbeitern zur Einnahme von Mahlzeiten außerhalb der Arbeitsräume angemessene, in der kalten Jahreszeit geheizte Räume unentgeltlich zur Verfügung gestellt werden.

Abs. II Soweit die angeordneten Maßregeln nicht die Beseitigung einer dringenden, das Leben oder die Gesundheit bedrohenden Gefahren bezwecken, muß für die Ausführung eine angemessene Frist gelassen werden.

Abs. III Den bei Erlaß dieses Gesetzes bereits bestehenden Anlagen gegenüber können, solange nicht eine Erweiterung oder ein Umbau eintritt, nur Anforderungen gestellt werden, welche zur Beseitigung erheblicher, das Leben, die Gesundheit oder die Sittlichkeit der Arbeiter gefährdender Mißstände erforderlich oder ohne unverhältnismäßige Aufwendungen ausführbar erscheinen.

Abs. IV Gegen die Verfügung der Polizeibehörde steht dem Gewerbeunternehmer binnen zwei Wochen die Beschwerde an die höhere Verwaltungsbehörde zu. Gegen die Entscheidung der höheren Verwaltungsbehörde ist binnen vier Wochen die Beschwerde an die Zentralbehörde zulässig; dieselbe entscheidet endgiltig. Widerspricht die Verfügung den von der zuständigen Berufsgenossenschaft erlassenen Vorschriften zur Verhütung von Unfällen, so ist zur Einlegung der vorstehend bezeichneten Rechtsmittel binnen der dem Gewerbeunternehmer zustehenden Frist auch der Vorstand der Berufsgenossenschaft befugt.

§ 118. (14 des Ausd.-Ges.)

Auf Unfallverhütungsvorschriften, welche sich auf die Sicherheit des Eisenbahnbetriebs beziehen, finden die Bestimmungen der §§ 113, 117, 132 keine Anwendung.

Ueberwachung der Betriebe.

§ 119.* (§ 83.)

I Die Genossenschaften sind verpflichtet, für die Durchführung der gemäß § 112 erlassenen Unfallverhütungsvorschriften Sorge zu tragen. Sie sind befugt, durch technische Aufsichtsbeamte die Befolgung der zur Verhütung von Unfällen erlassenen Vorschriften zu überwachen und von den Einrichtungen der Betriebe, soweit sie für die Zugehörigkeit zur Genossenschaft oder für die Einschätzung in den Gefahrentarif von Bedeutung sind, Kenntnis zu nehmen. Sie sind ferner befugt, durch Rechnungsbeamte behufs Prüfung der von den Betriebsunternehmern auf Grund gesetzlicher oder statutarischer Bestimmungen eingereichten Arbeiter- und Lohnnachweisungen diejenigen Geschäftsbücher und Listen einzusehen, aus welchen die Zahl der beschäftigten Arbeiter und Beamten und die Beträge der verdienten Gehälter und Löhne ersichtlich werden.

II Die Funktionen des technischen Aufsichtsbeamten und des Rechnungsbeamten können mit Genehmigung des Reichs-Versicherungsamts in einer Person vereinigt werden.

III Die einer Genossenschaft angehörenden Betriebsunternehmer sind verpflichtet, den als solchen legitimierten technischen Aufsichtsbeamten der beteiligten Genossenschaft auf Erfordern den Zutritt zu ihren Betriebsstätten während der Betriebszeit zu gestatten und den Rechnungsbeamten die bezeichneten Bücher und Listen an Ort und Stelle zur Einsicht vorzulegen. Sie können hierzu, vorbehaltlich der Bestimmungen des § 120, auf Antrag der technischen Aufsichtsbeamten oder der Rechnungsbeamten von der unteren Verwaltungsbehörde durch Geldstrafen im Betrage bis zu dreihundert Mark angehalten werden.

1. **Aenderungen** durch die Novelle: Nach den Bestimmungen des Gesetzes vom 6. Juli 1884 waren die Berufsgenossenschaften nur berechtigt, die Befolgung der Unfallverhütungsvorschriften zu überwachen und „Beauftragte" aufzustellen, denen alle oder einzelne der in § 119 vorgesehenen Ueberwachungsgeschäfte übertragen werden konnten.

Durch § 119 sind Aenderungen hierin vorgesehen insoferne als:

a) den Berufsgenossenschaften die Durchführung der erlassenen Unfallverhütungs-Vorschriften zur gesetzlichen Pflicht gemacht ist (Abs. I),

b) für Ueberwachung der Betriebe in der im Gesetze zugelassenen Ausdehnung besondere Beamte, technische Aufsichtsbeamte und Rechnungsbeamte, auf Kosten der Berufsgenossenschaft zu bestellen sind (Abs. I),

c) eine Vereinigung dieser beiden Beamten in einer Person nur mit Genehmigung des Reichs-(Landes-)Versicherungsamts erfolgen darf (Abs. II).

2. **Technische Aufsichtsbeamte — Rechnungsbeamte**: Die aufsichtliche Thätigkeit der ersteren hat sich, was sich schon aus ihrer im Gesetze selbst gewählten Bezeichnung ergibt, nach der technischen Seite, also auf die Unfallverhütung, die Kataster und die Gefahrenklassen zu erstrecken, während den Rechnungsbeamten die Kontrole des Rechnungswesens der Berufsgenossenschaft obliegt.

Die Revisionsbefugnis dieser Beamten geht aber nur soweit, als es die Interessen der Berufsgenossenschaft erfordern, und es steht ihnen das Recht nicht zu, in allen Fällen sämtliche Betriebsanlagen und Geschäftsbücher der Genossenschaftsmitglieder in Augenschein zu nehmen. Bei Zweifeln über den Umfang dieser Rechte entscheiden zunächst die Organe der Berufsgenossenschaft, event. d. i. im Streitfalle das Reichs-(Landes-)Versicherungsamt (§ 126).

Das Verhältnis der technischen Aufsichtsbeamten (Revisionsingenieure) der Berufsgenossenschaft zu den staatlichen Gewerbeaufsichtsbeamten (§ 139 b der Gewerbeordnung) ist in § 122 des Gew.U.G. geregelt; deren Thätigkeit soll Hand in Hand gehen.

Die Aufstellung der genannten Beamten ist Sache der Berufsgenossenschaft; besondere Voraussetzungen für ihre Wählbarkeit hat das Gesetz nicht gestellt.

Ebenso enthält das Gesetz keine Bestimmung, in welcher Weise sich dieselben erforderlichen Falles den Betriebsunternehmern event. den staatlichen Aufsichtsbeamten gegenüber zu legitimieren haben; wenn diese Frage im Genossenschaftsstatute nicht geregelt ist, wird der Genossenschaftsvorstand die nötigen Bestimmungen zu treffen und die Genossenschaftsmitglieder zu verständigen haben.

3. **Können auf Antrag durch Geldstrafen angehalten werden**: Bezüglich der „unteren Verwaltungsbehörde" vgl. Anm. Z. 3 zu § 56 Seite 145, § 152 Abs. I und Zusammenstellung in A.N. 1900 S. 792. Die Geldstrafen sind Exekutivstrafen und vorher anzudrohen; in Bayern fließen dieselben in die Staatskasse (Min.Entschl. vom 28. September 1884): für Preußen vgl. das Gesetz über die allgemeine Landesverwaltung vom 30. Juli 1883.

§ 120.* (§ 73.)

Befürchtet der Betriebsunternehmer die Verletzung eines Fabrikgeheimnisses oder die Schädigung seiner Geschäftsinteressen in Folge der Besichtigung des Betriebs durch den technischen Aufsichtsbeamten der Genossenschaft, so kann derselbe die Besichtigung durch andere Sachverständige beanspruchen. In diesem Falle hat er dem Genossenschaftsvorstande, sobald er den Namen des technischen Aufsichtsbeamten erfährt, eine entsprechende Mitteilung zu machen und einige geeignete Personen zu bezeichnen, welche auf seine Kosten die erforderliche Einsicht in den Betrieb zu nehmen und dem Vorstande die für die Zwecke der Genossenschaft notwendige Auskunft über die Betriebseinrichtungen zu geben bereit sind. In Ermangelung einer Verständigung zwischen dem Betriebsunternehmer und dem Vorstand entscheidet auf Anrufen des letzteren das Reichs-Versicherungsamt.

1. Aenderungen gegenüber dem früheren § 83 sind durch die Novelle nur insoferne vorgenommen, als auf Grund des § 119 statt „Beauftragter" „technischer Aufsichtsbeamte" gesagt ist.

2. **Befürchtet der Betriebsunternehmer**: § 120 sieht die Fälle vor, in denen Betriebsunternehmer im Interesse der Wahrung von Fabrikgeheimnissen oder aus Rücksichten befürchteter Konkurrenz sich weigern, den Eintritt eines technischen Aufsichtsbeamten in seinen Betrieb zu gestatten.

Die Befürchtung braucht nicht näher begründet zu werden.

3. **Kann die Besichtigung durch andere Sachverständige beanspruchen**: Abgelehnt kann nur der technische Aufsichtsbeamte (nicht auch der Rechnungsbeamte) werden; im Falle der Mitteilung einer solchen Ablehnung, die nicht näher begründet zu werden braucht, sind dem Genossenschaftsvorstande durch den Betriebsunternehmer andere Sachverständige zu bezeichnen. Ersterer ist zwar verpflichtet, die Ablehnung zu berücksichtigen, ist aber an den von dem Unternehmer vorgeschlagenen Sachverständigen nicht gebunden. Ist keine Verständigung über die Person des letzteren zu erzielen, so ist die Entscheidung des Reichs-(Landes-)Versicherungsamts anzurufen. Es steht nichts im Wege, daß die staatlichen Gewerbeaufsichtsbeamten in einzelnen Fällen die Funktion des technischen Aufsichtsbeamten der Berufsgenossenschaft übertragen erhalten und übernehmen.

4. **Auf seine Kosten**: Die Ueberweisung der Kosten auf den Unternehmer ist dadurch gerechtfertigt, daß für die Heranziehung anderer Vertrauenspersonen (Mittelsperson) lediglich das Interesse und der Wille des Unternehmers entscheidend ist.

5. An die Stelle des Reichs-Versicherungsamts tritt ev. das Landes-Versicherungsamt.

§ 121.* (§ 84.)

Die Mitglieder der Vorstände der Genossenschaften sowie deren technische Aufsichtsbeamte und Rechnungsbeamte (§§ 119, 120) und die nach § 120 ernannten Sachverständigen haben über die Thatsachen, welche durch die Ueberwachung und Kontrole der Betriebe zu ihrer Kenntnis kommen, Verschwiegenheit zu beobachten und sich der Nachahmung der von den Betriebsunternehmern geheim gehaltenen, zu ihrer Kenntnis gelangten Betriebseinrichtungen und Betriebsweisen, solange als diese Betriebsgeheimnisse sind, zu enthalten. Die technischen Aufsichtsbeamten und Rechnungsbeamten der Genossenschaften und die Sachverständigen sind hierauf von der unteren Verwaltungsbehörde ihres Wohnorts zu beeidigen.

1. Auch hier ist eine Aenderung gegenüber dem früheren § 84 nur insoferne eingetreten, als statt des Wortes „Beauftragter" „technischer Aufsichtsbeamte" und „Rechnungsbeamte" zu setzen war.

2. **Betriebsgeheimnis**: Im Gesetze selbst ist der Begriff nicht definiert. Gegenstand eines Betriebsgeheimnisses kann Alles sein, was Gegenstand des Herstellungs- oder Geschäftsbetriebs ist, sofern es noch nicht offenkundig ist; ob dies als Betriebsgeheimnis behandelt werden soll, hängt von dem Willen des Unternehmers ab.

Die Verletzung des Betriebsgeheimnisses und die Nachahmung von Betriebseinrichtungen und Betriebsweisen sind in §§ 150, 151 unter schwere Strafe gestellt.

3. **Beeidigung der Beamten auf ihre Verschwiegenheit**: Wegen der unteren Verwaltungsbehörde vgl. Anm. Z. 3 zu § 56 Seite 145 und Zusammenstellung A.N. 1900 S. 792 ff.

Als Eidesformel ist vom Reichs-Versicherungsamt (A.N. 1885 S. 365) empfohlen mut. mut.:

> Ich schwöre bei Gott dem Allmächtigen und Allwissenden, daß, nachdem ich zum . . . . der Berufsgenossenschaft gemäß § 119 des Gewerbe-Unfallgesetzes bestellt worden bin, ich über die Thatsachen, welche durch die Ueberwachung und Kontrole der Betriebe zu meiner Kenntnis kommen, Verschwiegenheit beobachten, und mich der Nachahmung der von den Betriebsunternehmern geheim gehaltenen, zu meiner Kenntnis gelangenden Betriebseinrichtungen und Betriebsweisen, solange als diese Betriebsgeheimnisse sind, enthalten werde,
>
> so wahr mir Gott helfe.

Dieselbe Eidesformel ist mut. mut. zu benützen, wenn statt des Beamten der Berufsgenossenschaft ein gemäß § 120 bestellter Sachverständiger zu beeidigen ist.

§ 122.* (§ 85.)

I Namen und Wohnsitz der technischen Aufsichtsbeamten und Rechnungsbeamten sind von dem Genossenschaftsvorstande den höheren Verwaltungsbehörden, auf deren Bezirke sich ihre Thätigkeit erstreckt, anzuzeigen.

II Die Genossenschaften sind verpflichtet, über die Ueberwachungsthätigkeit der technischen Aufsichtsbeamten und deren Ergebnisse dem Reichs-Versicherungsamte Bericht zu erstatten und den nach Maßgabe des § 139 b der Gewerbeordnung bestellten staatlichen Aufsichtsbeamten auf Ersuchen Mitteilung zu machen.

1. Neu ist hier die Bestimmung, daß die Berufsgenossenschaften verpflichtet sind, über die Ergebnisse der Ueberwachungsthätigkeit der technischen Aufsichtsbeamten (§ 119) dem Reichs-Versicherungsamte jährlich Bericht zu erstatten.

2. Eine Berichterstattung an das Landes-Versicherungsamt wird im Zusammenhalt der Bestimmungen in §§ 122 und 127 nur dann geboten sein, wenn dies von Letzterem ausdrücklich gefordert ist.

3. **Höhere Verwaltungsbehörde**: vgl. § 152.

4. **Die Berufsgenossenschaften sind verpflichtet** (Abs. II): Zur Erfüllung dieser Pflicht können dieselben event. im Aufsichtswege vom Reichs-(Landes-)Versicherungsamt angehalten werden.

§ 123.*

I Hat der technische Aufsichtsbeamte der Genossenschaft bei seiner Ueberwachungsthätigkeit von Anordnungen, welche der staatliche Aufsichtsbeamte zur Verhütung von Unfällen getroffen hat, Kenntnis erhalten, so darf er abweichende Bestimmungen nicht treffen. Erscheinen ihm solche geboten, oder glaubt er, daß eine Anordnung des staatlichen Aufsichtsbeamten einer von der Genossenschaft erlassenen Unfallverhütungsvorschrift widerspricht, so hat er an den Genossenschaftsvorstand zu berichten, welcher die vorgesetzte Behörde des staatlichen Aufsichtsbeamten anrufen kann.

II Hält der staatliche Aufsichtsbeamte Anordnungen des technischen Aufsichtsbeamten der Genossenschaft für zweckwidrig oder den erlassenen Unfallverhütungsvorschriften widersprechend, so hat er dem Vorstande der zuständigen Berufsgenossenschaft davon Mitteilung zu machen. Hält der Genossenschaftsvorstand den Einspruch des staatlichen Aufsichtsbeamten nicht für gerechtfertigt, so kann er die vorgesetzte Behörde des staatlichen Aufsichtsbeamten anrufen.

III Von sämtlichen nach Abs. 1 und 2 geführten Verhandlungen hat der Genossenschaftsvorstand dem Reichs-Versicherungsamte Kenntnis zu geben.

1. Die Bestimmungen in § 123 sind neu und sind auf Beschlüsse der zweiten Lesung der Reichstagskommission zurückzuführen (Komm.Ber. S. 136).

Nachdem für die Zwecke der Unfallverhütung eine Reihe von Behörden und Organen zuständig und thätig sind, (Ortspolizei-, Gemeinde-, untere, höhere Verwaltungs-Behörden, Landes-Zentralbehörden, die Vorstände der Berufsgenossenschaften, technische Aufsichtsbeamte der Berufsgenossenschaften und endlich gewerbliche Staatsaufsichtsbeamte), so kann es nicht ausbleiben, daß widersprechende Vorschriften und Ansichten und dadurch Kollisionen der einzelnen Organe zur Erscheinung kommen.

§ 123 ordnet daher an, daß beim Austrage solcher auftretender Differenzen jeder beteiligte Beamte sich enthalten soll, entgegen den Anordnungen einer anderen zuständigen Stelle einzugreifen, vielmehr seine Bedenken der vorgesetzten Behörde (event. dem Vorstande der zuständigen Berufsgenossenschaft) zur weiteren Maßnahme derselben mitzuteilen hat (Abs. I und II).

Der Ausdruck „Anordnungen" (Abs. II) ist hier im thatsächlichen, nicht im streng rechtlichen Sinne zu verstehen, da der technische Aufsichtsbeamte nur das Recht hat, den Unternehmer auf bestehende Unfallverhütungsvorschriften und bezw. im Betriebe wahrgenommene Verfehlungen dagegen hinzuweisen event. darüber hinausgehende Ratschläge zu erteilen; für den Unternehmer werden diese Aeußerungen des Aufsichtsbeamten freilich thatsächlich meist den Charakter von Anordnungen (wegen der drohenden Strafe oder sonstigen Nachteile gemäß § 112 Abs. I Z. 1) annehmen.

Zugleich soll das Reichs-(Landes-)Versicherungsamt unter Empfang der gepflogenen betreffenden Verhandlungen auf dem Laufenden erhalten und dadurch in die Möglichkeit versetzt werden, eine Vermittlung durch den Reichskanzler anzubahnen, für den Fall eine Landeszentralbehörde dem Anliegen der Berufsgenossenschaft nachzukommen sich weigern sollte (Abs. III).

2. An die Stelle des Reichs-Versicherungsamts tritt ev. das Landes-Versicherungsamt.

§ 124.* (§ 86).

I Die durch die Ueberwachung und Kontrole der Betriebe entstehenden Kosten gehören zu den Verwaltungskosten der Genossenschaft.

II Wenn ein Betriebsunternehmer durch Nichterfüllung der ihm obliegenden Verpflichtungen zur Aufwendung solcher Kosten Anlaß gegeben hat, so kann der Vorstand diese Kosten, soweit sie in baaren Auslagen bestehen, dem Betriebsunternehmer auferlegen und gegen diesen außerdem eine Geldstrafe bis zu einhundert Mark verhängen.

III Gegen die Auferlegung dieser Kosten und Geldstrafen findet innerhalb zweier Wochen nach Zustellung des Beschlusses die Beschwerde an das Reichs-Versicherungsamt statt. Die Beitreibung erfolgt in derselben Weise wie bei Gemeindeabgaben.

1. **Neu** ist hier nur die Bestimmung (in Abs. II), daß vom Vorstande der Berufsgenossenschaft neben der Erstattung der Auslagen noch eine Geldstrafe bis zu 100 Mk. gegen den Unternehmer, welcher die ihm obliegenden Verpflichtungen nicht erfüllt, verfügt werden kann; die anderen Aenderungen des § 124 sind nur redaktioneller Natur.

2. **Auferlegung der baren Auslagen**: Diese sind zu spezifizieren; das Mitglied der Berufsgenossenschaft wird auf die ihm event. drohenden Nachteile der Berufsgenossenschaft vorher hinzuweisen sein.

Die Geldstrafe fließt in die Genossenschaftskassa (§ 154) und wird wie eine rückständige Gemeindeabgabe beigetrieben.

3. **Beschwerde innerhalb 2 Wochen nach der Zustellung**: Wegen der Fristberechnung vgl. §§ 186 ff. des Bürgerlichen Gesetzbuchs, wegen der Zustellung § 155 Gew.U.G.

4. **Beitreibung wie bei Gemeindeabgaben**: Vgl. Anm. Z. 2 und 3 zu § 103 Seite 204.

5. An die Stelle des Reichs-Versicherungsamts tritt event. das Landes-Versicherungsamt (§ 127).

VI. Beaufsichtigung der Berufsgenossenschaften.

§ 125.* (§ 87 Abs. 1, § 88).

I Die Genossenschaften unterliegen in Bezug auf die Befolgung dieses Gesetzes der Beaufsichtigung durch das Reichs-Versicherungsamt. Die Aufsicht hat sich auf die Beobachtung der gesetzlichen und statutarischen Vorschriften zu erstrecken.

II Das Reichs-Versicherungsamt ist befugt, jederzeit eine Prüfung der Geschäftsführung der Genossenschaften vorzunehmen.

III Die Vorstandsmitglieder, Vertrauensmänner und Beamten der Genossenschaften sind auf Erfordern des Reichs-Versicherungsamts zur Vorlegung ihrer Bücher, Beläge und ihrer auf den Inhalt der Bücher bezüglichen Korrespondenzen, sowie der auf die Festsetzung der Entschädigungen und Jahresbeiträge bezüglichen Schriftstücke an die Beauftragten des Reichs-Versicherungsamts oder an das letztere selbst verpflichtet. Dieselben können hierzu durch Geldstrafen bis zu eintausend Mark angehalten werden.

IV Der Aufsicht des Reichs-Versicherungsamts unterstehen ferner die von den Berufsgenossenschaften errichteten oder unterhaltenen Heilanstalten. Das Reichs-Versicherungsamt kann zu den zum Zwecke der Aufsicht stattfindenden Revisionen Vertreter der Berufsgenossenschaften und der Arbeiter zuziehen.

1. Die bisherigen Bestimmungen über Organisation, Geschäftsgang und Kosten des Reichs-Versicherungsamts und der Landes-Versicherungsämter (in § 87 Abs. II, § 88 Abs. I, §§ 90 bis 93 des Gesetzes vom 6. Juli 1884) sind in das Abänderungsgesetz vom 30. Juni 1900 (§§ 11—19, 22) übergegangen.

2. Neu ist die Bestimmung in Abs. IV; sie wurde, wiewohl eigentlich selbstverständlich, aufgenommen, um jeden Zweifel auszuschließen.

3. Das Aufsichtsrecht des Reichs-(Landes-)Versicherungsamts erstreckt sich nicht auf die einer Berufsgenossenschaft nicht zugewiesenen fiskalischen oder Kommunalbetriebe; diese unterstehen der Aufsicht der vorgesetzten Dienstesbehörden; in Ansehung dieser Betriebe ist das Reichs-(Landes-)Versicherungsamt nur Spruchbehörde und entscheidet ferner bei Streitigkeiten darüber, welcher Träger der Unfallversicherung im einzelnen Falle entschädigungspflichtig ist (§ 73 Abs. II).

Auch die in Ausübung des Aufsichtsrechts ergehenden Entscheidungen und Verfügungen des Reichs-Versicherungsamts sind endgiltig; Beschwerde an den Bundesrat hat das Gesetz nur im Falle des § 39 (Versagung der Genehmigung des Genossenschafts-Statuts) vorgesehen.

Kraft des Aufsichtsrechts kann auch von Amtswegen eingeschritten werden: bestehende Streitigkeiten oder Anrufen oder Anträge sind nicht Voraussetzungen für die Geltendmachung des Aufsichtsrechtes.

4. **Geldstrafen bis zu 1000 Mark**: Dieselben können im Falle der Fortsetzung des Ungehorsams wiederholt werden; die Geldstrafen fließen in die Genossenschaftskasse (§ 154 Abs. II); deren Beitreibung erfolgt wie die rückständiger Gemeindeabgaben, vgl. Anm. 2 u. 3 zu § 103 S. 204).

5. An die Stelle des Reichs-Versicherungsamts tritt event. das Landes-Versicherungsamt (§ 127).

§ 126. (§ 89.)

Das Reichs-Versicherungsamt entscheidet, unbeschadet der Rechte Dritter, über Streitigkeiten, welche sich auf die Rechte und Pflichten der Inhaber der Genossenschaftsämter, auf die Auslegung der Statuten und die Gültigkeit der vollzogenen Wahlen beziehen. Dasselbe kann die Inhaber der Genossenschaftsämter zur Befolgung der gesetzlichen und statutarischen Vorschriften durch Geldstrafen bis zu eintausend Mark anhalten.

1. An die Stelle des Reichs-Versicherungsamts tritt event. das Landes-Versicherungsamt (§ 127).

2. Wegen der Geldstrafen und deren Beitreibung vgl. Anm. Z. 4 zu § 125.

3. **Genossenschaftsämter**: Hierunter sind hier nur die Ehrenämter, wie Vorstandsmitglied, Vertrauensmann rc. zu verstehen, nicht auch die der technischen Aufsichts- und Rechnungsbeamten; Differenzen mit letzteren wegen Anstellung, Entlassung, Gehalt rc. sind im Civilrechtswege zu entscheiden.

4. **Giltigkeit der Wahlen**: Darunter fallen sämtliche auf Grund des Unfall-Versicherungsgesetzes vorzunehmenden Wahlen.

§ 127. (§ 92.)[1]

I Ist für das Gebiet eines Bundesstaats ein Landes-Versicherungsamt errichtet, so unterliegen Berufsgenossenschaften, welche nur solche Betriebe umfassen, deren Sitz im Gebiete des betreffenden Bundesstaats belegen ist, der Beaufsichtigung durch das Landes-Versicherungsamt. In den Angelegenheiten dieser Berufsgenossenschaften gehen die in den §§ 23, 26 des Gesetzes, betreffend die Abänderung der Unfallversicherungsgesetze, sowie in den §§ 31, 34, 39, 44, 46 bis 49, 51, 53, 54, 58, 59, 61, 62, 73, 80 bis 85, 95, 102, 105 bis 107, 110, 112 bis 116, 119, 120, 123 bis 126, 128 dieses Gesetzes dem Reichs-Versicherungsamt übertragenen Zuständigkeiten auf das Landes-Versicherungsamt über.

II Soweit jedoch in den Fällen der §§ 51, 53, 58, 61, 73, 82, 83, 85 eine der Aufsicht eines anderen Landes-Versicherungsamts oder des Reichs-Versicherungsamts unterstellte Berufsgenossenschaft oder eine Ausführungsbehörde eines anderen Bundesstaats mitbeteiligt ist, entscheidet das Reichs-Versicherungsamt. Das Landes-Versicherungsamt hat in solchen Fällen die Akten an das Reichs-Versicherungsamt zur Entscheidung abzugeben.

---

[1]) Wegen der gestrichenen §§ 90, 91 des Gesetzes vom 6. Juni 1884 vgl. Anm. Z. 1 zu § 125.

III Hat das Reichs-Versicherungsamt einen Entschädigungsanspruch um deswillen abgelehnt, weil nicht der in Anspruch genommene Träger der Versicherung, sondern ein anderer Träger zur Entschädigung verpflichtet ist, so kann der Anspruch gegen den letzteren nicht mit der Begründung abgelehnt werden, daß der erstere entschädigungspflichtig sei.

IV Treten für eine der im Abs. 1 genannten, der Aufsicht eines Landes-Versicherungsamts unterstellten Berufsgenossenschaften die Voraussetzungen des § 54 ein, so gehen die Rechtsansprüche und Verpflichtungen auf den betreffenden Bundesstaat über.

1. § 127 regelt die Zuständigkeit der Landesversicherungsämter, wo solche für das Gebiet eines Bundesstaates errichtet sind. Es bestehen solche in Bayern (zu München), Kgr. Sachsen (zu Dresden), Württemberg (zu Stuttgart), Baden (zu Karlsruhe), Großh. Hessen (zu Darmstadt), Großh. Mecklenburg-Schwerin (zu Schwerin in M.), Großh. Mecklenburg-Strelitz (zu Neustrelitz), Fürstent. Reuß ä. L. (zu Greiz).

2. **Aenderungen** gegenüber den Bestimmungen (§ 92) des Gesetzes vom 6. Juli 1884 sind insoferne in § 127 vorgesehen, als:

a) die Bestimmung derjenigen Berufsgenossenschaften, welche der Beaufsichtigung durch das Landes-Versicherungsamt unterliegen, präziser und korrekter gefaßt ist (Abs. I);

b) abgesehen von der sonst gebotenen Aenderung der allegierten Paragraphen die §§ 23, 26 des Abänd.Ges. v. 30. Juni 1900, sowie die §§ 31, 34, 44, 73, 80 bis 85, 95, 105, 107, 110, 113 bis 115, 128 des Gew.U.G. neu hinzugefügt wurden (Abs. I);

c) die Entscheidung des Reichs-Versicherungsamts, daß eine andere als die zunächst in Anspruch genommene Berufsgenossenschaft zur Entschädigung verpflichtet sei, als für die Entscheidung der Sache bindend erklärt worden ist (Abs. III).

3. Auf die Zuständigkeit der Landes-Versicherungsämter ist in den einzelnen Paragraphen besonders hingewiesen, weshalb hier besondere Bemerkungen nicht veranlaßt sind; wo ein solcher Hinweis nicht erfolgt ist, ist das Reichs-Versicherungsamt ausschließlich zuständig.

Besonders sei noch bemerkt, daß auch die Ausführungsbehörden des betr. Bundesstaates in Ansehung der durch dieselben verwalteten Unfallversicherung der Rechtsprechung des betr. Landes-Versicherungsamtes (nicht aber der Beaufsichtigung durch dasselbe vgl. Anm. Z. 3 zu § 125) unterstellt sind.

4. Ueber die Organisation der Landes-Versicherungsämter vgl. §§ 21, 22 des Abänd.Ges. v. 30. Juni 1900.

5. Ueber die Formen des Verfahrens und den Geschäftsgang bei dem k. bayr. Landes-Versicherungsamte vgl. Bekanntmachung des k. bayr. Staatsm. d. Innern v. 28. Dezember 1900 — bayr. G.- u. V.Bl. 1900 S. 1255 ff. —.

6. **Soweit jedoch in den Fällen ..... mitbeteiligt ist** (Abs. II): Durch die Bestimmung in Abs. II soll die Möglichkeit ausgeschlossen werden, daß bei Verteilung versicherungspflichtiger Betriebe unter die Genossenschaften oder bei den Verhandlungen über die Entschädigung Verunglückter verschiedene Versicherungsämter sich für unzuständig erklären mit der Begründung, der betr. Betrieb gehöre zu einer der Zuständigkeit eines anderen Versicherungsamtes unterstellten Berufsgenossenschaft, da hiedurch ein zweifellos versicherter Arbeiter Gefahr laufen könnte, durch entgegenstehende Entscheidungen keine Entschädigung für einen erlittenen Unfall zu erhalten; durch die Bestimmung in § 127 Abs. II u. III sind solche Kompetenzkonflikte abgeschnitten.

7. **Ausschließliche Zuständigkeit des Reichs-Versicherungsamtes**: Abgesehen von den Fällen des § 127 Abs. II sind der ausschließlichen Zuständigkeit des Reichs-Versicherungsamtes auch in Ansehung jener Berufsgenossenschaften, welche an sich einem Landes-Versicherungsamt unterstellt sind, folgende Angelegenheiten vorbehalten:

a) Entscheidung im Zweifelsfalle, welche Betriebe als „Fabriken" anzusehen sind (§ 2 Abs. IV);
b) Erlaß der Ausführungsvorschriften wegen Mehrleistung an Krankengeld (§ 12 Abs. I);
c) Vorarbeiten zur Bildung der Berufsgenossenschaften (§§ 2, 35, 52. 134);
d) Unfallmeldewesen (§ 63);
e) Bestimmung der Ausnahmen in den Fällen des § 78;
f) Vorschriften über Mitteilung des Aufenthalts im Auslande lebender Rentenempfänger (§ 94 Z. 3);
g) Vorlage der Nachweisung der Rechnungsergebnisse der Berufsgenossenschaften (Unfallstatistik) an den Reichstag (§ 111);
h) Regelung des Geschäftsverkehrs mit der Post (§§ 97 ff.);
i) Entgegennahme der Berichte über die Ueberwachungsthätigkeit der Aufsichtsbeamten (§ 122 Abs. II);
k) Vornahme der Wahlen zum Reichs-Versicherungsamt (§ 14 Ab.G.).

VII. Reichs- und Staatsbetriebe.

§ 128. (§ 2 des Ausd.-Ges.)

I Für die Post-, Telegraphen-, Marine und Heeresverwaltungen sowie für die vom Reiche oder von einem Bundesstaate für Reichs- beziehungsweise Staatsrechnung verwalteten Eisenbahnbetriebe sämtlich einschließlich der Bauten, welche von denselben für eigene Rechnung ausgeführt werden, tritt an die Stelle der Berufsgenossenschaft das Reich beziehungsweise der Staat, für dessen Rechnung die Verwaltung geführt wird.

II Dasselbe gilt hinsichtlich der vom Reiche oder von einem Bundesstaate für Reichs- beziehungswesie Staatsrechnung verwalteten Baggerei-, Binnenschiffahrts-, Flößerei-, Prahm und Fährbetriebe, sofern nicht der Reichskanzler beziehungsweise die Landeszentralbehörde nach Maßgabe des § 2 des Gesetzes vom 28. Mai 1885 (Reichs-Gesetzbl. S. 159) rechtzeitig erklärt hat, daß diese Betriebe den für sie errichteten Berufsgenossenschaften angehören sollen.

III Soweit hiernach das Reich oder ein Bundesstaat an die Stelle der Berufsgenossenschaft tritt, werden die Befugnisse und Obliegenheiten der Genossenschaftsversammlungen und des Vorstandes der Genossenschaft durch Ausführungsbehörden wahrgenommen, welche für die Heeresverwaltungen von der obersten Militärverwaltungsbehörde des Kontingents, im Uebrigen für die Reichsverwaltungen vom Reichskanzler, für die Landesverwaltungen von der Landes-Zentralbehörde zu bezeichnen sind. Dem Reichs-Versicherungsamt ist mitzuteilen, welche Behörden als Ausführungsbehörden bezeichnet worden sind. Die auf Grund des § 2 des Gesetzes vom 28. Mai 1885 (Reichs-Gesetzbl. S. 159) eingesetzten Ausführungsbehörden bleiben bestehen.

1. In §§ 128—133 wurden die Bestimmungen des gemäß § 1 Abs. II des Abänd.G. aufgehobenen Ausdehnungsgesetzes vom 28. Mai 1885 für Reichs- und Staatsbetriebe, soweit sie auch ferner Geltung haben sollen, übernommen.

2. Für Reichs- und Staatsbetriebe, wie sie in § 128 aufgeführt sind, ist die Bildung von Berufsgenossenschaften nicht notwendig, weil das Reich bezw. der Staat für sich allein leistungsfähig ist und in seinen Verwaltungsbehörden für die Uebernahme der Unfallversicherung geeignete Organe hat, aber auch nicht opportun, weil diese fiskalischen Betriebe bei ihrem Umfang und ihrer Bedeutung im Falle der Einbeziehung in die berufsgenossenschaftliche Organisation das Uebergewicht über die anderen Betriebe erlangen müßten.

3. **Ausführungsbehörde**: Soweit das Reich oder ein Bundesstaat an die Stelle der Berufsgenossenschaft tritt, werden die Befugnisse der Versammlung und des Vorstandes der Berufsgenossenschaft durch Ausführungsbehörden wahrgenommen; an die Stelle des „Statuts“ treten hier „Ausführungs-Vorschriften“.

Die Ausführungsbehörden für die Reichs- bezw. Staatsbetriebe sind in den A.N. 1898 S. 476 ff. zusammengestellt.

Für Bayern vgl. Verordn. v. 28. Dezember 1900 betr. den Vollzug der §§ 128—132 des Gew.U.G. — G.- u. V.Bl. 1900 Nr. 68 S. 1253.

Von den Ausführungsbehörden möchten hier besonders erwähnt werden:

a) für die Reichspost- und Telegraphenverwaltung die bei dem Reichspostamt bestehende Kais. Postversicherungskommission in Berlin (Ausf.Vorschr. v. 21. März 1886, Centr.Bl. S. 66),
b) für die Reichs-Eisenbahnverwaltung die Generaldirektion der Eisenbahnen in Elsaß-Lothringen (Bek. v. 20. September 1885 Centr.Bl. S. 469),
c) für die Betriebe der Heeresverwaltung die Intendantur der militärischen Institute in Berlin und die Korps-Intendanturen (Ausf.Vorschr. d. preuß. Kriegsminist. v. 19. Sept. 1885 Centr.Bl. 475; Ausf.Vorschr. d. sächs. Kriegsminist. v. 14. Sept. 1885 Reichs-Anz. Nr. 240),
d) für die Betriebe der Marineverwaltung die Werftverwaltungen in den 3 Versicherungsbezirken zu Wilhelmshaven, Kiel und Danzig (Ausf.Vorschr. v. 2. Sept. 1885 und 3. Dez. 1889),
e) für die k. preuß. Staats-Eisenbahnverwaltung die k. Eisenbahndirektionen (Ausf. Vorschr. v. 18. Sept. 1885, Reichsanz. Nr. 220),
f) für die k. bayr. Staats-Eisenbahnverwaltung, die Bodenseedampfschiffahrt, die Kettenschleppschiffahrt auf dem Main und dem Ludwig-Donau-Main-Kanale die Generaldirektion der k. bayr. Staatseisenbahnen (bayr. Verordn. v. 28. Dezember 1900, G.- u. V.Bl. S. 1254),
g) für die k. bayr. Post- u. Telegraphenverwaltung von der b. Generaldirektion der Posten und Telegraphen (Verordn. v. 28. Dez. 1900, G.- u. V.Bl. S. 1254).

Bezüglich der staatlichen Tiefbaubetriebe in Bayern und der Baubetriebe der für leistungsfähig erklärten Gemeinden (Distrikts-, Kreis-Gemeinden), für welche die k. oberste Baubehörde im k. Staatsministerium des Innern als Ausführungsbehörde aufgestellt ist vgl. Bau-U.V. insbes. § 42 das.

§ 129. (§ 3 des Ausd.-Ges.)

Soweit das Reich oder ein Bundesstaat an die Stelle der Berufsgenossenschaft tritt, finden die §§ 29 bis 52, 54 bis 62, 74, 99 bis 105, 106 Abs. 2, 3, §§ 107 bis 110, 112 bis 117, 119 bis 126, 134, 146 bis 151 keine Anwendung.

1. Die in Wegfall gekommenen Bestimmungen des Gesetzes vom 6. Juli 1884 (§§ 40, 59 Abs. IV, 62 Abs. I, 87 Abs. I, 90 Abs. I lit. a, d, e) wurden hier gestrichen, dagegen die neuen §§ 104, 105, 108—110 den nicht anwendbaren Vorschriften beigefügt.

2. Die auf Reichs- und Staatsbetriebe nicht anwendbaren Paragraphen des Gew.U.G. sind mit * der Uebersichtlichkeit halber in diesem Buche kenntlich gemacht, wie schon bei §§ 1, 29 bemerkt wurde.

Anwendbar auch in Ansehung dieser Betriebe sind die Bestimmungen über Beschränkung der Versicherung auf die in den Betrieben beschäftigten Arbeiter und solche Betriebsbeamten, deren Jahresarbeitsverdienst 3000 Mark nicht übersteigt, über Erstreckung der Versicherung auf häusliche Dienste, auf höher gelohnte Betriebsbeamte, und auf andere nach §§ 1, 2 nicht versicherungspflichtige Personen, über die Ermittlung des Jahresarbeitsverdienstes, über Ausschluß der gegen Gehalt und Pensionsberechtigung angestellten Staatsbeamten, über den Umfang, Feststellung und Auszahlung der Entschädigungen, Verhältnis zu Krankenkassen, Armenverbänden, Anzeige und Untersuchung der Unfälle, Berufung, Rekurs, anderweite Feststellung der Unfallentschädigungen wegen veränderter Verhältnisse, Ruhen der Rente, Kapitalabfindungen, Uebertragung der Ansprüche, Unfallverhütung, Mitwirkung der Schiedsgerichte, des Reichs-(Landes-)Versicherungsamts, Haftpflicht der Betriebsbeamten, Regreßpflicht, sowie die Schlußbestimmungen mit Ausnahme der Strafbestimmungen.

Nichtanwendbar sind die Bestimmungen über die Bildung, Veränderung und Auflösung der Berufsgenossenschaft, über die Aufbringung der Mittel, das Genossenschaftsstatut, die Gefahrenklassen, den Reservefond, Mitgliedschaft, Betriebsveränderung, über Unfallverhütung sowie über die Aufsichtsführung. An die Stelle des Statuts treten Ausführungsvorschriften (§ 133) und an die Stelle der Aufsichtsführung durch das Reichs-(Landes-)Versicherungsamt tritt die Beaufsichtigung durch die dienstpragmatischen Vorgesetzten.

Soweit Modifikationen der auch auf Reichs- und Staatsbetriebe anzuwendenden Bestimmungen des Gew.U.G. veranlaßt sind, wurden dieselben in §§ 130—133 getroffen; sonst haben erstere durchwegs analoge Anwendung zu finden.

§ 130. (§ 4 Abs. 2 des Ausd.-Ges.)

Die Erstreckung der Versicherungspflicht auf Betriebsbeamte mit einem dreitausend Mark übersteigenden Jahresarbeitsverdienste (§ 5 Abs. 1 lit. c) kann durch die Ausführungsvorschriften erfolgen, soweit diese Beamten nicht nach § 7 von der Anwendung dieses Gesetzes ausgeschlossen sind.

Der § 130, welcher nur insoferne eine Aenderung des bisherigen Gesetzes (§ 4 Abs. II d. Ausd.Ges.) enthält, als gemäß § 5 Abs. I lit. c dieses Gesetzes der Jahresarbeitsverdienst der Betriebsbeamten auf 3000 Mark angesetzt wurde, kann nur auf Beamte solcher in § 128 bezeichneten Staatsbetriebe Anwendung finden, für welche die Unfallfürsorge noch nicht dienstpragmatisch geregelt ist.

§ 131. (§ 7 des Ausd.-Ges.)

Die Feststellung der Entschädigungen (§§ 69 ff.) erfolgt durch die in den Ausführungsvorschriften zu bezeichnende Behörde.

§ 132. (§ 9 Abs. 1 des Ausd.-Ges.)[1]

Vorschriften der Ausführungsbehörden über das in den Betrieben von den Versicherten zur Verhütung von Unfällen zu beobachtende Verhalten sind, sofern

[1] Die §§ 5, 6 des Ausd.Ges. sind durch die §§ 3, 4, 5, 7, 12, 13 u. 14 des Abänd.Ges. vom 30. Juni 1900 ersetzt.

sie Strafbestimmungen enthalten sollen, vor dem Erlasse mindestens drei Vertretern der Arbeiter zur Beratung und gutachtlichen Aeußerung vorzulegen. Die Beratung findet unter Leitung eines Beauftragten der Ausführungsbehörde statt. Der Beauftragte darf kein unmittelbarer Vorgesetzter der Vertreter der Arbeiter sein.

Nach den Motiven zur Novelle vom 30. Juni 1900 (S. 117) hat die Ausführungsbehörde bei der Auswahl der zur Beratung der Unfallverhütungsvorschriften beizuziehenden Arbeitervertreter wie bisher freie Hand.

Verfügte Geldstrafen fließen in die betr. Krankenkasse (§ 154).

Unfallverhütungsvorschriften mit Strafandrohung können für die hier in Rede stehenden fiskalischen Verwaltungen nur insoweit in Frage kommen, als es sich um Verhalten der Arbeiter handelt. Diese Vorschriften bedürfen nicht der Genehmigung des Reichs-(Landes-)Versicherungsamtes.

§ 133. (§ 10 des Ausd.-Ges.)

Die zur Durchführung der Bestimmungen in §§ 128 bis 132 erforderlichen Ausführungsvorschriften sind für die Heeresverwaltungen von der obersten Militärverwaltungsbehörde des Kontingents, im Uebrigen für die Reichsverwaltungen vom Reichskanzler, für die Landesverwaltungen von der Landes-Zentralbehörde zu erlassen.

Dieselben Landeszentralbehörden, welche die an die Stelle der Berufsgenossenschaften tretenden Ausführungsbehörden zu bestimmen haben, erlassen auch die an Stelle des Statuts tretenden Ausführungsvorschriften.

VIII. Schluß- und Strafbestimmungen.

Knappschafts-Berufsgenossenschaften.

§ 134.* (§ 94.)

I Unternehmer von Betrieben, welche landesgesetzlich bestehenden Knappschaftsverbänden angehören, können auf Antrag der Vorstände der letzteren vom Bundesrate zu Knappschafts-Berufsgenossenschaften vereinigt werden.

II Die Knappschafts-Berufsgenossenschaften können durch Statut bestimmen:

a) daß die Entschädigungsbeträge auch über fünfundsiebzig Prozent hinaus (§ 50) von denjenigen Sektionen zu tragen sind, in deren Bezirken die Unfälle eingetreten sind;

b) daß den Knappschaftsältesten die Funktionen der in den §§ 113 bis 115 bezeichneten Vertreter der Arbeiter übertragen werden;

c) daß Knappschaftsälteste stimmberechtigte Mitglieder des Genossenschaftsvorstandes oder, sofern die Knappschafts-Berufsgenossenschaft in Sektionen geteilt ist, der Sektionsvorstände sind;

d) daß die Auszahlung der Entschädigungen durch die Knappschaftskassen bewirkt wird (§ 97).

1. § 134 verfolgt den Zweck, die bewährte Organisation der mit der Montanindustrie verwachsenen Knappschaftskassen (landesgesetzlich bestehenden Knappschaftsverbänden) aufrecht zu erhalten, soweit dies ohne Alterierung des Zweckes des Gewerbe-Unfallversicherungsgesetzes selbst geschehen konnte.

2. Zu Abs. I: Auf Grund des § 134 wurde für das Gebiet des deutschen Reichs eine Knappschafts-Berufsgenossenschaft errichtet, welcher alle Betriebe zugeteilt wurden, die landesgesetzlich bestehenden Knappschaftsverbänden angehören (mit Ausnahme der Hochöfen und Stahlhütten, Eisen-, Stahl-, Frisch- und Streckwerke, Eisengießereien, Schwarz- und Weißblechfabriken).

Nebenbetriebe folgen dem Hauptbetriebe, gehören also zur Knappschafts-Berufsgenossenschaft auch dann, wenn sie nicht in dem Knappschaftsverband standen.

3. Zu Abs. II: Die Bestimmungen des Gewerbe-Unfallversicherungsgesetzes über die Bildung, Organisation und Verwaltung der Berufsgenossenschaften finden auch auf die Knappschafts-Berufsgenossenschaft Anwendung; die allgemeinen (territorialen) Schiedsgerichte für Arbeiterversicherung (§§ 3 ff. des Abänd.Ges.) gelten auch für die Knappschafts-Berufsgenossenschaften und zwar mit den besonderen Vorschriften des § 5 Abs. III und § 7 Abs. I das.

4. **Besonderheiten der Knappschafts-Berufsgenossenschaften** sind im Gesetze folgende vorgesehen:

a) Nicht knappschaftspflichtige Betriebe derselben Industrie gehören nicht zur Knappschafts-Berufsgenossenschaft.

b) Die gesamte Unfallast kann den Sektionen, also den einzelnen Knappschaftskassen, wenn dieselben als Sektionen fortbestehen, durch Statut übertragen werden.

c) Den Knappschaftsältesten können die Befugnisse der Vertreter der Arbeiter übertragen werden; dieselben können auch stimmberechtigte Mitglieder des Genossenschaftsvorstandes sein; wenn erstere Vorstandsmitglieder sind, so haben sie als Arbeitervertreter nicht etwa noch eine besondere Stimme.

d) Die Auszahlung der Entschädigungen kann durch die Knappschaftskassen (statt durch die Postanstalten) erfolgen.

Haftung der Betriebsunternehmer und Betriebsbeamten.

§ 135. (§ 95.)

I Die nach Maßgabe dieses Gesetzes versicherten Personen und die in §§ 16 bis 19 bezeichneten Hinterbliebenen können, auch wenn sie einen Anspruch auf Rente nicht haben, einen Anspruch auf Ersatz des in Folge eines Unfalls erlittenen Schadens gegen den Betriebsunternehmer, dessen Bevollmächtigten oder Repräsentanten, Betriebs- oder Arbeiteraufseher nur dann geltend machen, wenn durch strafgerichtliches Urteil festgestellt worden ist, daß der in Anspruch Genommene den Unfall vorsätzlich herbeigeführt hat.

II In diesem Falle beschränkt sich der Anspruch auf den Betrag, um welchen die den Berechtigten nach anderen gesetzlichen Vorschriften gebührende Entschädigung diejenige übersteigt, auf welche sie nach diesem Gesetz Anspruch haben.

III Für das über einen solchen Anspruch erkennende ordentliche Gericht ist die Entscheidung bindend, welche in dem durch dieses Gesetz geordneten Verfahren über die Frage ergeht, ob ein Unfall vorliegt, für welchen aus der Unfallversicherung Entschädigung zu leisten ist, und in welchem Umfang Entschädigung zu gewähren ist.

Vorbemerkung zu §§ 135—140.

Neben der Sicherung der Arbeiter gegen die wirtschaftlichen Folgen der Unfälle verfolgen die Unfallversicherungsgesetze den Zweck, alle Streitigkeiten zwischen Arbeitgebern und Arbeitern über Entschädigungsansprüche, welche den letzteren aus Unfällen erwachsen, zu beseitigen.

Die im Gesetz zugelassenen Ausnahmen von diesem Grundsatze, wonach neben der Unfallfürsorge eine besondere Haftung der Unternehmer und Betriebsbeamten in Ansehung der von denselben vorsätzlich herbeigeführten Unfälle aufrecht erhalten wurden, sind in §§ 135—139 geregelt, während § 140 bestimmt, daß Dritte, d. h. Alle, welche zu dem Verletzten nicht im Verhältnis des Betriebsunternehmers oder eines Betriebsbeamten desjenigen Betriebes, in welchem der Verletzte beschäftigt war, stehen, für Vorsatz und Fahrlässigkeit nach den zivilrechtlichen Bestimmungen (§§ 823 ff., des B.G.B., Reichshaftpflichtgesetz) zu haften haben.

Der Betriebsunternehmer, Bevollmächtigte, Repräsentant, Betriebs- oder Arbeiteraufseher haftet

a) dem Verletzten oder seinen Hinterbliebenen nur dann, wenn er den Unfall durch Vorsatz nach Feststellung durch strafgerichtliches Urteil herbeigeführt hat und zwar auf die Differenz gegenüber der Entschädigung aus der Unfallfürsorge (§ 135).

Der Vorsatz muß dann nicht durch strafgerichtliches Urteil festgestellt sein, wenn diese Feststellung wegen des Todes oder der Abwesenheit des Betreffenden oder aus einem anderen in seiner Person liegenden Grunde nicht erfolgen kann (§ 139).

b) Den Berufsgenossenschaften, Gemeinden, Armenverbänden, Krankenkassen und sonstigen Unterstützungskassen dann, wenn er den Unfall vorsätzlich oder durch Fahrlässigkeit mit Außerachtlassung derjenigen Aufmerksamkeit, zu der er vermöge des Amtes, Berufes oder Gewerbes verpflichtet ist, herbeigeführt hat und zwar für die auf Grund des Unfall- oder Krankenversicherungsgesetzes gemachten Aufwendungen, mit dem Unterschiede, daß der Berufsgenossenschaft gegenüber eine Feststellung durch strafgerichtliches Urteil nicht, den Gemeinden, Armenverbänden, Kassen gegenüber aber in der Regel erforderlich ist (§ 136).

Nur in dem Ausnahmefall des § 139 (Tod, Abwesenheit oder in der Person des Verletzten liegende Gründe) ist auch gegenüber den letzteren eine Feststellung durch strafgerichtliches Urteil nicht erforderlich.

Jeder haftet nur für seine eigenen Handlungen: eine Haftung des Unternehmers für Handlungen seiner Beamten rc. besteht nicht.

Gegen diese Regreßpflicht kann sich der Unternehmer versichern (vgl. § 23 d. Abänd.Ges.).

Die Vorschriften in den §§ 137, 138 betreffen das bei Geltendmachung des Ersatzanspruchs aus § 136 Abs. I Satz 3 (bei Fahrlässigkeit) zu beobachtende Verfahren, sowie die Verjährung des Ersatzanspruchs im Falle des § 136 Abs. I Satz 1.

Die Ansprüche aus §§ 135, 136, 140 sind bei den ordentlichen Gerichten geltend zu machen.

Auf die bei Regiebauten von Privatpersonen beschäftigten, gegen Krankheit nicht versicherten Bauarbeiter findet § 135 Gew.U.G. keine Anwendung während der Karenzzeit, diese Personen sind vielmehr für letztere Zeit auf die Erhebung etwaiger Ersatzansprüche nach den landesrechtlichen Bestimmungen beschränkt.

Hienach ist die Geltung des Haftpflichtgesetzes vom 7. Juni 1871 beschränkt:

a) auf den beim Betriebe einer Eisenbahn durch Tötung oder Körperverletzung von Passagieren entstandenen Schaden,

b) auf diejenigen Verletzungen, welche die nicht gegen Unfall versicherten Personen bei dem Betriebe der unter das Haftpflichtgesetz fallenden Anlagen erleiden.

Anm. zu § 135.

1. Aenderungen gegenüber dem früheren § 95 wurden durch die Novelle insoferne herbeigeführt als:

a) neben den Verletzten auch den hinterbliebenen Ehegatten, Kindern, Enkeln und Ascendenten ein Schadensanspruch gegen den Betriebsunternehmer (Bevollmächtigte, Repräsentanten, Aufseher) zusteht, und zwar auch dann, wenn sie auf Grund des Gew.U.G. keinen Anspruch auf Rente haben sollten (z. B. Mangels vorliegender Dürftigkeit der Ascendenten oder wenn der Verstorbene nicht überwiegend deren Lebensunterhalt bestritten hatte, §§ 17, 18 (Abs. II);

b) das Civilgericht, welches über die Höhe des Schadens zu erkennen hat, an die Entscheidung der Versicherungsinstanzen, ob es sich gegebenen Falles um einen Betriebsunfall handelt und in welchem Umfange Unfallentschädigung zu gewähren ist, gebunden sind (Abs. III).

2. **Versicherte Personen**: Ob die Versicherung kraft des Gesetzes besteht oder auf statutarischer Bestimmung beruht, ist hier belanglos.

3. **Auch wenn sie einen Anspruch auf Rente nicht haben**: Wie schon zu Anm. Z. 1a bemerkt, sind hier jene Fälle gemeint, in denen z. B. Ascendenten einen Anspruch auf Unfallentschädigung nicht haben, weil sie nicht bedürftig sind oder der Verstorbene deren Lebensunterhalt nicht ganz oder vorwiegend bestritten hat (§§ 17, 18).

4. **Anspruch auf Ersatz des Schadens**: Hieher gehören auch Schmerzensgeld, Schadloshaltung wegen Verunstaltung, Zuerkennung einer Buße (Entsch. d. Reichsger. v. 20. Novbr. 1893 Reger Bd. XIV S. 270); letztere müßte aber an Stelle der Entschädigung gemäß § 135 Abs. II treten.

5. **Infolge eines Unfalls**: Ob ein Unfall vorliegt, ist von den Unfallversicherungsinstanzen zu entscheiden; an die rechtskräftigen Entscheidungen derselben sind die Civilgerichte gebunden (Abs. III).

Es kommen hier nur Unfälle versicherter Arbeiter oder Betriebsbeamten in Frage, dagegen nicht solche versicherter Unternehmer (A.N. 1895 Z. 1425 S. 222).

6. **Betriebsunternehmer**: vgl. Anm. Z. 8 zu § 1 S. 56.

7. **Durch strafgerichtliches Urteil festgestellt**: Das Urteil muß rechtskräftig sein; die hiedurch festgestellte Schuldfrage ist für den Civilrichter bindend; ist im Strafurteil die persönliche Stellung des Verurteilten (ob Unternehmer, Beamter 2c.) nicht festgestellt, so hat dies das Civilgericht selbständig festzustellen, andernfalls ist letzteres an die bezügliche Feststellung im Strafurteile gebunden.

8. **Der Anspruch beschränkt sich** (Abs. II) auf die Differenz zwischen dem ganzen Schaden des Verletzten (Hinterbliebenen 2c.) und der demselben nach dem Unf.V.G. zu gewährenden Entschädigung.

9. **Die Entscheidung der Unfallversicherungsinstanzen ist bindend für die Civilgerichte**: Die rechtskräftige Entscheidung über die Frage, ob ein Betriebsunfall vorliege und in welchem Umfange eine Entschädigung aus der Unfallversicherung aus Anlaß dieses Unfalles zu gewähren, ist für den Civilrichter bindend. Wenn in einem anhängigen Rechtsstreite, bevor eine solche rechtskräftige Entscheidung der Unfallversicherungsinstanzen ergangen ist, begründeter Zweifel über die in Rede stehende Frage auftritt, so sind die ordentlichen Gerichte nach § 148 der R.C.P.O. in der Lage, die Verhandlung bis zur rechtskräftigen Entscheidung dieser Frage auszusetzen, um hiedurch einer verschiedenartigen Beurteilung dieser Frage vorzubeugen.

§ 136. (§ 96 Abs. 1—3.)

I Diejenigen Betriebsunternehmer, Bevollmächtigten oder Repräsentanten, Betriebs- oder Arbeiteraufseher, gegen welche durch strafgerichtliches Urteil festgestellt worden ist, daß sie den Unfall vorsätzlich oder durch Fahrlässigkeit mit Außerachtlassung derjenigen Aufmerksamkeit, zu der sie vermöge ihres Amtes, Berufs oder Gewerbes besonders verpflichtet sind, herbeigeführt haben, haften für alle Aufwendungen, welche in Folge des Unfalls auf Grund dieses Gesetzes oder des Krankenversicherungsgesetzes von den Gemeinden, Armenverbänden, Krankenkassen und sonstigen Unterstützungskassen (§ 25 Abs. 1) gemacht worden sind. Dieselben Personen haften der Genossenschaft für deren Aufwendungen auch ohne Feststellung durch strafgerichtliches Urteil. Ist der Unfall durch Fahrlässigkeit mit Außerachtlassung derjenigen Aufmerksamkeit, zu der sie vermöge ihres Amtes, Berufs oder Gewerbes verpflichtet sind, herbeigeführt, so ist die Genossenschaftsversammlung befugt, von der Verfolgung des Anspruchs abzusehen. Durch das Statut kann diese Befugnis auf den Vorstand übertragen werden.

II In gleicher Weise haftet als Betriebsunternehmer eine Aktiengesellschaft, eine Innung oder eingetragene Genossenschaft für die durch ein Mitglied ihres Vorstandes sowie eine Handelsgesellschaft, eine Innung oder eingetragene Genossenschaft für die durch einen der Liquidatoren herbeigeführten Unfälle.

III Als Ersatz für die Rente kann in diesen Fällen deren Kapitalwert gefordert werden.

1. Vgl. hieher zunächst Vorbem. bei § 135.

2. **Aenderungen** sind gegenüber dem § 96 des früheren Gesetzes insoferne vorgesehen, als in Abs. I:

a) den Krankenkassen die Gemeinden, Armenverbände und andere Unterstützungskassen gleichgestellt sind,
b) die Haftung der Betriebsunternehmer ꝛc. den Berufsgenossenschaften gegenüber nicht von der Feststellung des Verschuldens durch strafgerichtliches Urteil abhängig ist,
c) im Falle fahrlässiger Herbeiführung des Unfalls die Berufsgenossenschaft von der Verfolgung des Ersatzanspruchs Umgang nehmen kann,
d) die sub lit. c erwähnte Befugnis der Berufsgenossenschaft durch Statut auf den Vorstand derselben übertragen werden kann.

3. **Fahrlässigkeit**: Im Gegensatz zu § 135 wird die Haftung des Unternehmers Bevollmächtigten ꝛc.) gegenüber den Gemeinden, Krankenkassen ꝛc. auch durch Fahrlässigkeit begründet, wenn diese durch strafgerichtliches Urteil festgestellt ist; letzterer Voraussetzung bedarf es nicht für die Geltendmachung des Ersatzanspruchs der Berufsgenossenschaft, so daß dieser erfolgreich sein kann, auch wenn der in Anspruch Genommene im Strafverfahren freigesprochen worden ist.

Ueber den strafrechtlichen Begriff der „Fahrlässigkeit" vgl. Kommentar von Olshausen zum R.St.G.B. Anm. Z. 17 zu § 59.

Die Fahrlässigkeit muß aber eine qualifizierte sein, d. i. zugleich eine Verletzung besonderer Amts-, Berufs- oder Gewerbepflichten enthalten, welche, ohne daß es eines besonderen Antrags bedürfte, als Vergehen nach § 222, 230 und 232 R.St.G.B. bestraft wurde oder worden wäre.

Interessant ist, daß das Reichsgericht in einem Falle (vgl. Entsch v. 12. Oktober 1896 A.N. 1897 S. 158) ausgesprochen hat, eine Fahrlässigkeit (im Sinne des § 136) könne unter Umständen schon darin erblickt werden, daß jemand eine Berufsthätigkeit übernimmt, ohne die hiezu erforderliche Befähigung zu besitzen.

In Bayern sind die Staatsanwälte angewiesen (Just.Min.Entschl. v. 17. Sept. 1896) von strafgerichtlichen Verurteilungen von Unternehmern, Bevollmächtigten ꝛc. den betr. Genossenschaftsvorstand zu benachrichtigen.

Der redaktionell etwas verunglückte Wortlaut der Sätze 2 und 3 von Abs. I möchte Zweifel darüber aufkommen lassen, ob die Betriebsunternehmer ꝛc. auch den Berufsgenossenschaften gegenüber nur insoweit haften, als dies den Krankenkassen ꝛc. gegenüber der Fall ist (nämlich für Vorsatz und qualifizierte Fahrlässigkeit, nicht aber auch für geringfügiges Verschulden) und ob die Abstandnahme von der Verfolgung nur bei vorliegender Fahrlässigkeit zulässig sei; in Berücksichtigung der Entstehungsgeschichte und des Zweckes der Bestimmung des § 136 sind diese Zweifel als gerechtfertigt nicht zu erachten.

3. **Gemeinden, Armenverbände, Krankenkassen ꝛc.**: Vgl. hieher Anm. Z. 4 zu § 25 S. 113.

4. **Betriebsunternehmer ꝛc.**: vgl. Anm. Z. 8 zu § 1 S. 56.

5. **Durch strafgerichtliches Urteil**: vgl. Anm. Z. 6 zu § 135 S. 231.

6. **Haften**: Wie schon in der Vorbemerkung zu § 135 bemerkt, haftet von den Unternehmern, Bevollmächtigten ꝛc. jeder nur für seine eigenen Handlungen. Die Haftung ist eine civilrechtliche.

7. **Aktiengesellschaft, Innung, eingetragene Genossenschaft**: Diese Vorschrift hat die Bedeutung, daß die Berufsgenossenschaften, Krankenkassen ꝛc. sich wegen der vorsätzlich oder fahrlässig herbeigeführten Unfälle auch direkt an die Aktiengesellschaft ꝛc. halten können und nicht erst die Vorstandsmitglieder, Liquidatoren ꝛc. zu belangen brauchen. Ob die in dieser Weise in Anspruch genommene Aktiengesellschaft ꝛc. gegen das Vorstandsmitglied ꝛc. Regreß nehmen kann, richtet sich nach dem geltenden allgemeinen Recht.

8. **Kapitalwert** der Rente (Abs. III): Ob die gemäß § 136 Abs. I und II zustehende Entschädigung als Rente oder als Kapitalszahlung festzustellen ist, hängt von dem Klageantrage und dem richterlichen Ermessen ab.

§ 137.

I Will der Vorstand den Ersatzanspruch aus § 136 Abs. 1 Satz 3 geltend machen, so hat er den Beschluß dem Ersatzpflichtigen schriftlich mitzuteilen. Der Ersatzpflichtige kann hiergegen die Beschlußfassung der Genossenschaftsversammlung anrufen.

II Die Klage darf nicht vor Ablauf eines Monats nach der Zustellung dieser Mitteilung, und nur dann angestellt werden, wenn nicht innerhalb dieser Frist die Beschlußfassung seitens des Ersatzpflichtigen angerufen ist. Ist letzteres der Fall, so ist die Beschlußfassung der Genossenschaftsversammlung abzuwarten.

1. Die Bestimmung des § 137 ist neu und trifft jene Fälle, in welchen der Genossenschaftsvorstand als Vertreter der Berufsgenossenschaft den Ersatzanspruch aus § 136 Abs. I Satz 3 gegen den Unternehmer, Bevollmächtigten ꝛc. geltend machen will; einer vorausgehenden strafgerichtlichen Verurteilung des letzteren bedarf es nicht.

2. **Schriftlich mitzuteilen**: wegen der Fristsetzung in Abs. II ist Zustellung gemäß § 155 erforderlich.

Von dieser Mitteilung (Zustellung) an hat der Unternehmer ꝛc. einen Monat (Berechnung der Frist nach § 186 des B.G.B. und § 222 der R.C.P.O.) Zeit, die Beschlußfassung der Genossenschaftsversammlung anzurufen; hat er dies gethan, so kann die civilrechtliche Klage erst nach dieser Beschlußfassung erhoben werden.

Von der Geltendmachung des Ersatzanspruchs abzusehen, steht allein der Genossenschaftsversammlung zu (§ 136 Abs. I Satz 3).

§ 138. (§ 96 Abs. 4.)

I Der Anspruch (§ 136 Abs. 1 Satz 1) verjährt in achtzehn Monaten von dem Tage, an welchem das strafgerichtliche Urteil rechtskräftig geworden ist, im Uebrigen in zwei Jahren nach dem Unfalle. Die Anrufung der Beschlußfassung der Genossenschaftsversammlung (§ 137 Abs. 1) unterbricht die Verjährung.

II Die Bestimmung des § 135 Abs. 3 findet Anwendung.

1. Neu sind hier die Bestimmungen gegenüber dem bisherigen Gesetze, daß
a) für den Ersatzanspruch der Berufsgenossenschaft eine zweijährige Verjährungsfrist gesetzt ist,
b) die Anrufung des Beschlusses der Genossenschaftsversammlung die Verjährung unterbricht,
c) die Anwendbarkeit des § 135 Abs. III ausdrücklich erklärt ist.

2. **Verjährung**: Der Anspruch der Gemeinden, Armenverbände, Krankenkassen (Gemeindekrankenversicherung), Unterstützungskassen verjährt in 18 Monaten, der Anspruch der Berufsgenossenschaft in 2 Jahren. Der Ersatzanspruch des Verletzten und seiner Hinterbliebenen verjährt nur nach den allgemein civilrechtlichen Bestimmungen (§§ 194, 195, 852 des B.G.B.).

Die unterbrochene Verjährung beginnt von der Zustellung des Beschlusses der Genossenschaftsversammlung von neuem.

§ 139. (§ 97.)

Die in den §§ 135, 136 bezeichneten Ansprüche können, auch ohne daß die daselbst vorgesehene Feststellung durch strafgerichtliches Urteil stattgefunden hat, geltend gemacht werden, falls diese Feststellung wegen des Todes oder der Abwesenheit des Betreffenden oder aus einem anderen in seiner Person liegenden Grunde nicht erfolgen kann.

Vgl. hieher die Vorbemerkung bei § 135.

Haftung Dritter.

§ 140. (§ 98.)

Die Haftung dritter, in den § 135, 136 nicht bezeichneter Personen bestimmt sich nach den sonstigen gesetzlichen Vorschriften. Insoweit den nach Maßgabe dieses Gesetzes entschädigungsberechtigten Personen ein gesetzlicher Anspruch auf Ersatz des ihnen durch den Unfall entstandenen Schadens gegen Dritte erwachsen ist, geht dieser Anspruch auf die Berufsgenossenschaft im Umfang ihrer durch dieses Gesetz begründeten Entschädigungspflicht über.

1. Vgl. hieher die Vorbemerkung bei § 135.

2. Die durch § 140 erfolgten Aenderungen des bisherigen § 98 sind nur redaktioneller Natur und im Interesse präziserer Fassung der bisherigen Bestimmungen erfolgt.

3. **Haftung Dritter**: d. s. alle Personen, welche nicht als Unternehmer, Bevollmächtigte, Repräsentanten, Betriebs- oder Arbeiter-Aufseher zu erachten sind.

4. **Nach den sonstigen gesetzlichen Vorschriften**: In Betracht kommen: das Haftpflichtgesetz vom 7. Juni 1871 in der durch Art. 42 des Einf.Ges. z. B.G.B. bestimmten Fassung, sowie die Bestimmungen des B.G.B. (vgl. insbes. §§ 823, 827—34, 837, 838, 840, 842—847 das.).

5. **Uebergang des Entschädigungsanspruchs** auf die Berufsgenossenschaft im Umfang der gesetzlichen Entschädigungspflicht derselben: Der Anspruch geht auf die Berufsgenossenschaft nur insoweit über, als letztere bereits infolge gesetzlicher Pflicht eine Unfallentschädigung gewährt hat.

Streitigkeiten über den Vollzug des § 140 sind civilrechtliche Streitigkeiten; eine Beiziehung haftbarer Dritter im Verfahren vor den Unfallversicherungs-Instanzen ist unzulässig (A.N. 1897 Z. 1634 S. 404).

Verbot vertragsmäßiger Beschränkungen.

§ 141. (§ 99.)

I Den Berufsgenossenschaften sowie den Betriebsunternehmern und ihren Angestellten ist untersagt, durch Uebereinkunft oder mittelst Arbeitsordnungen die Anwendung der Bestimmungen dieses Gesetzes zum Nachteile der Versicherten ganz oder teilweise auszuschließen oder die Versicherten in der Uebernahme oder Ausübung eines in Gemäßheit dieses Gesetzes ihnen übertragenen Ehrenamts zu beschränken. Vertragsbestimmungen, welche diesem Verbote zuwiderlaufen, haben keine rechtliche Wirkung.

II Betriebsunternehmer oder Angestellte, welche gegen die vorstehende Bestimmung verstoßen, werden, sofern nicht nach anderen gesetzlichen Vorschriften eine härtere Strafe eintritt, mit Geldstrafe bis zu dreihundert Mark oder mit Haft bestraft.

III Die gleiche Strafe trifft Betriebsunternehmer oder Angestellte, welche Beiträge zur Unfallversicherung den Versicherten ganz oder teilweise auf den Lohn in Anrechnung bringen oder eine solche Anrechnung wissentlich bewirken.

1. Neu sind durch die Novelle vom 30. Juni 1900 die Bestimmungen in Abs. II und III geschaffen, während in Abs. I die Vorschriften des früheren § 99 präziser gefaßt wurden; durch die neuen Bestimmungen wurde zu der rechtlichen Unwirksamkeit (Nichtigkeit) der in Abs. I bezeichneten Handlungen eine Strafvorschrift hinzugefügt.

Abs. I und II entsprechen dem § 180 des Inv.V.G. vom 13. Juli 1899, Abs. III dem § 181 Z. 1 und 2 das.

2. **Arbeitgeber**: vgl. Anm. Z. 8 zu § 1 S. 56.

3. **Angestellte**: Hierunter sind nicht bloß die Bevollmächtigten, Betriebsleiter, sondern alle im betr. Betriebe angestellten Beamten und Bediensteten zu verstehen; vgl. auch Anm. Z. 17 zu § 1 S. 57.

4. **Durch Uebereinkunft oder mittels Arbeitsordnungen**: Der Vertrag setzt die Zustimmung des Arbeiters voraus, die Arbeitsordnung (vgl. §§ 134a ff. der R.G.O.) ist eine einseitige Verfügung des Arbeitgebers.

5. **Zum Nachteil der Versicherten**: Wann ein Vertrag oder eine Arbeitsordnung als zum Nachteil des Versicherten anzunehmen ist, ist eine von Fall zu Fall entscheidende Thatfrage; Bestimmungen (durch Vertrag oder Arbeitsordnung) zum Vorteil des Versicherten fallen nicht unter § 141.

Ebenso steht der § 141 dem Abschluß eines Vergleiches zwischen Versicherungsträger und Versicherten nicht entgegen.

6. **Ehrenamt des Versicherten**: z. B. das als Beisitzer eines Schiedsgerichts, des Reichs- oder eines Landes-Versicherungsamts; vgl. §§ 4, 5, 7 des Abänd.Ges. v. 30. Juni 1900 und §§ 113 bis 115 des Gew.U.G.

7. **Keine rechtliche Wirkung**: Verträge und Arbeitsordnungen im Sinne des Abs. I sind kraft des Gesetzes nichtig; auf solche Verträge kann keine Klage gestützt werden, wie auch eine Einrede aus denselben nicht abgeleitet werden kann; was auf Grund derselben gegeben ist, kann civilrechtlich zurückgefordert werden.

8. **Strafbarkeit**: Verletzungen der Bestimmungen in Abs. I und III sind Vergehen (gemäß § 1 Abs. II d. R.St.G.B.); deren Verfolgung geschieht durch die Amtsanwaltschaft; zuständig zur Aburteilung sind die Schöffengerichte (§ 27 Z. 2 des Ger.Verf.Ges.).

Ob Geldstrafe oder Haftstrafe ausgesprochen wird, liegt im Ermessen des erkennenden Strafgerichts. Die Geldstrafen fließen in die durch die Landesgesetze bestimmte Kasse (in Bayern in die Staatskasse, vgl. Art. 29 des Ausf.Ges. z. R.St.P.O.); Haftstrafe kann für jeden einzelnen Fall auf die Dauer von 1 bis zu 42 Tagen ausgesprochen werden.

Unbehinderte Ausübung der Funktionen.

§ 142.

Die Vertreter der Arbeiter (§§ 113 bis 115) und die Schiedsgerichtsbeisitzer aus der Klasse der Versicherten (Gesetz, betreffend die Abänderung der Unfallversicherungsgesetze, §§ 4, 5, 7) haben in jedem Falle, in welchem sie zur Wahrnehmung ihrer Obliegenheiten berufen werden, die Arbeitgeber hiervon in Kenntnis zu setzen. Die Nichtleistung der Arbeit während der Zeit, in welcher die bezeichneten Personen durch die Wahrnehmung jener Obliegenheiten an der Arbeit verhindert sind, berechtigt den Arbeitgeber nicht, das Arbeitsverhältnis vor dem Ablaufe der vertragsmäßigen Dauer aufzuheben.

Die Bestimmung in § 142 ist neu und verfolgt (in Anlehnung an § 97 des Inv.V.G.) den Zweck, denjenigen Personen, welche dazu berufen sind, die Interessen der Versicherten zu vertreten, die unbehinderte Wahrnehmung ihrer Funktionen gesetzlich zu gewährleisten. Auf solche Personen können die Bestimmungen des § 123 Z. 5 und § 134 der R.Gew.O. für die Zeit ihrer Funktionsleistungen, die ihnen ihr Ehrenamt auferlegt, keine Anwendung finden; vgl. auch § 616 des Bürg.G.B., dessen Anwendbarkeit auf den gegebenen Fall nicht unbestritten ist.

Aeltere Versicherungsverträge.

§ 143. (§ 100.)

Die Rechte und Pflichten aus Versicherungsverträgen, welche von Unternehmern der durch die Vorschriften des § 1 Abs. 1 Ziffer 1, 2, 5, 7, § 2 Abs. 2 der Versicherungspflicht erst unterstellten Betriebe, oder von den in diesen Betrieben beschäftigten versicherten Personen gegen die Folgen der in diesem Gesetze bezeichneten Unfälle vor dem Inkrafttreten desselben mit Versicherungsanstalten abgeschlossen sind, gehen von dem Zeitpunkt ab, zu welchem die Unfallversicherung für den betreffenden Betrieb in Kraft getreten ist oder in Kraft tritt, auf die Berufsgenossenschaft, welcher der Betrieb angehört, über, wenn die Versicherungsnehmer dieses bei dem Vorstande der Genossenschaft beantragen. Die der Genossenschaft hieraus erwachsenden Zahlungsverbindlichkeiten werden durch Umlage auf die Mitglieder §§ 29, 32, 49) gedeckt.

Die Bestimmung des § 143 hat nur noch Bedeutung für die der Unfallversicherung durch die Novelle vom 30. Juni 1900 neu unterworfenen Betriebszweige.

Um nicht Betriebsunternehmer, welche ihre Arbeiter bei bestehenden Privatversicherungsanstalten versichert haben, zu nötigen, nach Inkrafttreten dieses Gesetzes doppelte Versicherungsbeiträge zu bezahlen, und um nicht Arbeiter, welche sich bereits vor Erlaß dieses Gesetzes gegen Unfälle versichert hatten, nach dem Inslebentreten der berufsgenossenschaftlichen Unfallversicherung zu zwingen, ihre Beiträge noch länger fortzuzahlen, muß den Unternehmern wie den Arbeitern die Möglichkeit geboten werden, sich ihrer Verpflichtungen aus solchen Versicherungsverträgen zu entledigen, falls sie es nicht vorziehen, neben der Zwangsversicherung noch die bisherige Privatversicherung aufrecht zu erhalten (Mot.)

Streitigkeiten über die auf Berufsgenossenschaften übergegangenen Rechte und Pflichten aus Privatversicherungsverträgen haben die Zivilgerichte zu entscheiden.

Soweit sich solche Verträge auf die Zeit vor dem Inkrafttreten der Versicherungspflicht beziehen, verbleiben Rechte und Pflichten aus denselben den Versicherten, nach diesem Zeitpunkte gehen Rechte und Pflichten (pekuniäre und persönliche) auf die Berufsgenossenschaften über, falls deren Uebernahme beantragt ist.

Rechtshülfe.

§ 144. (§ 101.)

I Die öffentlichen Behörden sind verpflichtet, den im Vollzuge dieses Gesetzes an sie ergehenden Ersuchen des Reichs-Versicherungsamts, der Landes-Versicherungsämter, der Schiedsgerichte, anderer öffentlicher Behörden sowie der Genossenschafts- und Sektionsvorstände zu entsprechen und den Organen der Berufsgenossenschaften auch unaufgefordert alle Mitteilungen zukommen zu lassen, welche für deren Geschäftsbetrieb von Wichtigkeit sind. Die gleiche Verpflichtung liegt den Organen der Genossenschaften gegen einander und gegenüber den Behörden sowie den Organen der Versicherungsanstalten für Invalidenversicherung und der Krankenkassen ob. Die Verpflichtung der Behörden erstreckt sich insbesondere auch auf die Vollstreckung rechtskräftiger Bescheide und Erkenntnisse.

II Die durch die Erfüllung dieser Verpflichtungen entstehenden Kosten sind von den Genossenschaften als eigene Verwaltungskosten (§ 29) insoweit zu erstatten, als sie in Tagegeldern und Reisekosten sowie in Gebühren für Zeugen und Sachverständige oder in sonstigen baaren Auslagen bestehen.

1. Durch § 144 ist § 101 des Gesetzes vom 6. Juli 1884 nur insoferne erweitert, als die Landes-Versicherungsämter, sowie die Behörden und Organe der Versicherungsanstalten für Invalidenversicherung und der Krankenkassen besonders bezeichnet wurden und die Verpflichtung der Behörden zur Rechtshülfe auf die Vollstreckung rechtskräftiger Bescheide und Erkenntnisse ausgedehnt worden ist.

2. **Oeffentliche Behörden**: Zu denselben zählen auch die Gemeindebehörden, nicht aber auch die Amtsärzte (Bezirksärzte, Kreisärzte, bezirksärztliche Stellvertreter, Landgerichtsärzte, Kreismedizinalreferenten u. s. w.); erholte Gutachten derselben sind, soweit nicht etwa Pauschalien vereinbart sind, von Fall zu Fall auf Verlangen zu honorieren.

3. **Ergehende Ersuchen**: Zur Vermeidung unnützer Schreibereien soll von den Berufsgenossenschaften thunlichst unmittelbar die Rechtshilfe derjenigen Behörde nachgesucht werden, welche die zu beantragende Handlung selbst vorzunehmen in der Lage ist (A.N. 1890 Z. 798 S. 164).

Die Vertrauensmänner, Kommissionen und Ausschüsse (vgl. § 69) haben das Requisitionsrecht, müssen aber, wenn ihnen die gewünschte Auskunft nicht erteilt wird, die Vermittlung der Genossenschafts- oder Sektionsvorstände anrufen; letzteren steht ein selbstständiges Requisitionsrecht um Rechtshülfe zu.

Selbstverständlich können nur solche Handlungen oder Mitteilungen im Wege der Rechtshülfe verlangt werden, die im Unfallversicherungsgesetz selbst vorgesehen oder zum Vollzuge derselben notwendig sind. Auch die Bethätigung von Zustellungen durch Vermittlungen der unteren Verwaltungsbehörde oder Gemeindebehörden kann verlangt werden, wenn die Zustellung mittels eingeschriebenen Briefes im konkreten Falle nicht sachdienlich ist.

Andererseits soll das Requisitionsrecht nicht zu einer überflüssigen Belästigung anderer Behörden führen (A.N. 1899 S. 379).

Bestritten ist die Frage, ob die Versicherungsträger berechtigt sind, öffentliche Behörden (Gerichte oder Verwaltungsbehörden) um eidliche Vernehmung von Zeugen und Sachverständigen zu requirieren; nachdem erstere im Falle der Weigerung der letzteren (insbesondere der Gerichte) ihren Ersuchen den Vollzug zu sichern nicht in der Lage sind, möchte sich empfehlen, daß jene von dem Ersuchen um beeidigte Vernehmung überhaupt absehen.

Im Falle die Sektion der Leiche eines Verunglückten requiriert wird, die Angehörigen aber der Leichenöffnung sich widersetzen, steht der ersuchten Polizeibehörde (oder dem Amtsgerichte) kein Mittel zu Gebote, die Herausgabe der Leiche und bezw. deren Obduktion zu erzwingen; die Angehörigen haben aber die Folgen ihrer Weigerung zu tragen z. B. auch den Verlust der Hinterbliebenenrente, wenn der Beweis des ursächlichen Zusammenhangs des Todes mit dem Unfall auf andere Weise nicht erbracht werden kann.

4. Alle Mitteilungen zukommen zu lassen **rc.**: Besonders erwähnenswert ist hier das Interesse der Berufsgenossenschaft, rechtzeitig Kenntnis zu erhalten von den Konkursen ihrer Mitglieder. Nach der Ausführung des Vertreters der preußischen Staatsregierung bei der zweiten Lesung des Entwurfs sei zu unterscheiden zwischen der Anzeigepflicht, die dem Konkursgericht und der, die dem Konkursverwalter obliegen könnte. Wenn das Konkursgericht von der Zugehörigkeit eines Gemeinschuldners zu einer Berufsgenossenschaft amtlich Kenntnis habe, sei es verpflichtet, der Berufsgenossenschaft von der Eröffnung des Konkurses Mitteilung zu machen; andererseits seien die Gerichte nicht verpflichtet, bei jedem Konkurse besonders zu prüfen, ob etwa der Gemeinschuldner einer Berufsgenossenschaft angehöre eventuell welcher. Der Konkursverwalter falle aber nicht unter § 144, da er keine Behörde sei.

5. Kostenerstattung für Rechtshülfe:

Tagegelder und Reisekosten braucht die Berufsgenossenschaft Beamten (Bediensteten, Amtsgehilfen) nur dann zu erstatten, wenn letztere nach den für das ersuchte Amt geltenden Vorschriften hierauf Anspruch haben.

Gebühren für Zeugen und Sachverständige bestimmen sich nach der Gebührenordnung für Zeugen und Sachverständige vom 20. Mai 1898 (R.G.Bl. 1898 S. 689); die Festsetzung und Auszahlung derselben erfolgt durch die ersuchte Behörde, die Berufsgenossenschaft (Ausf.Beh.) hat dieselben zurückzuerstatten.

Zu den sonstigen baren Auslagen gehören die Portoauslagen. Hier ist grundsätzlich daran festzuhalten, daß eine Portoersatzpflicht dann nicht besteht, wenn die Behörde eine ihr gesetzliche Pflicht erfüllt, deren Thätigkeit also nicht erst infolge eines Ersuchens der Berufsgenossenschaft veranlaßt wird. Es brauchen deshalb z. B. nicht Portoauslagen erstattet zu werden, welche auf Empfangsbescheinigungen (§ 56 Abs. I), Ueberweisungen (§ 57), Ergänzung der Betriebsanmeldungen, Einsendung der Unfalluntersuchungsverhandlungen (§§ 64, 65) u. s. w. erwachsen; dagegen hat die Berufsgenossenschaft die Portoauslagen, welche auf Zustellung der Mitgliedscheine erwachsen, zu tragen. Um in den Fällen, in welchen eine Portoersatzpflicht der Berufsgenossenschaft besteht, den letzteren nicht unnötige Kosten zu verursachen, wurde für Bayern (vgl. Entschl. des k. St.M. d. J. vom 7. Februar 1886, Entschl. der Gen.Dir. der k. Verkehrsanstalten, Postabteilung vom 19. Dezember 1871, Postordn. vom 27. März 1900, § 10 Z. III) angeordnet, daß die absendenden Behörden die Sendung als „Portopflichtige Dienstsache" zu bezeichnen, im übrigen gegen Rückersatz zu frankieren und die Ersatzleistung in längeren Zwischenräumen, etwa alle Vierteljahre, zu betreiben haben.

Den Drucksachen der Berufsgenossenschaften ist im Reichspostgebiete durch Ausschreiben vom 16. Januar 1886 die gleiche Portobegünstigung in Bezug auf Zulässigkeit von Korrekturen zugestanden worden wie den buchhändlerischen Drucksachen; diese Begünstigung gilt auch für den Verkehr zwischen dem Reichspostgebiet und Bayern und Württemberg. Vgl. § 12 Z. X der b. Postordnung.

Besonders sei noch bemerkt, daß § 144 Abs. II auf die durch Vornahme von Unfalluntersuchungen seitens der Ortspolizei entstehenden Kosten (auch nicht bez. der Gebühren von Zeugen, Sachverständigen, Augenschein) keine Anwendung findet. Im Falle die Berufsgenossenschaft bei den Unfalluntersuchungen einzelne bestimmte, über den der Ortspolizeibehörde im Gesetze gestellten Rahmen hinausgehende Maßnahmen beantragt, ist es zweckdienlich, in dem bezüglichen Ersuchen anzugeben, daß die Kosten für die betr. Handlung seitens der Berufsgenossenschaft übernommen werden (A.N. 1887 S. 337), vgl. auch Anm. Z. 6 zu § 64 S. 155.

Bezüglich der eventuellen baren Auslagen für Beitreibung von Rückständen durch die Gemeindebehörden vgl. Anm. Z. 3 zu § 103 S. 203.

Wegen Erstattung der Rechtshilfekosten der Preußischen Gerichte in Angelegenheiten der Unfallversicherung, vgl. A.N. 1894 S. 2.

6. **Beschwerden** wegen Verweigerung der Rechtshilfe hat die der ersuchten Behörde unmittelbar vorgesetzte Behörde, bei Berufsgenossenschaften und Krankenkassen die Aufsichtsbehörde zu entscheiden; vgl. § 152.

Gebühren und Stempelfreiheit.

§ 145. (§ 102.)

Alle zur Begründung und Abwickelung der Rechtsverhältnisse zwischen den Berufsgenossenschaften einerseits und den Versicherten andererseits erforderlichen schiedsgerichtlichen und außergerichtlichen Verhandlungen und Urkunden sind gebühren- und stempelfrei. Dasselbe gilt für die im § 42 Abs. 3 bezeichneten Legitimationsbescheinigungen und für die behufs Vertretung von Berufsgenossen ausgestellten privatschriftlichen Vollmachten.

1. **Verhandlungen und Urkunden**: Es sind nur jene Verhandlungen stempel- und gebührenfrei, welche in den vom Gesetze selbst bezeichneten Beziehungen notwendig sind.

Zu den Urkunden sind neben den im Gesetze aufgeführten Legitimationsbescheinigungen (§ 42 Abs. III) und privatschriftlichen Vollmachten gemeint: pfarramtliche, standesamtliche und amtsärztliche Zeugnisse; die letzteren sind aber nur insoweit gebührenfrei, als der betreffende Amtsarzt zur Ausstellung solcher Atteste dienstlich verflichtet ist: auf Ersuchen ausgestellte Zeugnisse oder Gutachten derselben sind zwar stempelfrei, müssen aber auf Verlangen honoriert werden.

2. **Gebühren- und stempelfrei**: Diese Freiheit erstreckt sich auch auf die Rentenquittungen und deren Beglaubigung, auch wenn letztere durch die deutschen Konsularbehörden im Auslande erfolgt (A.N. 1893 Z. 1202 S. 121).

Vgl. für Bayern auch Art. 3 Z. 3 des Gebührengesetzes vom $\frac{\text{18. August 1879}}{\text{11. Novbr. 1899}}$ und bezüglich der durch Verschulden der Antragsteller notwendig werdenden Anfertigung von Abschriften der Schriftsätze, welche gemäß bestehender Vorschrift in Doppelschrift einzureichen gewesen wären, Entschl. d. k. b. St.M. d. J. v. 13. Mai 1887 (Amtsbl. S. 191).

Strafbestimmungen.

§ 146.* (§ 103.)

Die Genossenschaftsvorstände sind befugt, gegen Betriebsunternehmer Geldstrafen bis zu fünfhundert Mark zu verhängen:

1. wenn die von denselben auf Grund gesetzlicher oder statutarischer Bestimmung eingereichten Arbeiter- und Lohnnachweisungen oder die den zuständigen Genossenschaftsorganen behufs Veranlagung der Betriebe zu den Klassen des Gefahrentarifs abgegebenen Erklärungen thatsächliche Angaben enthalten, deren Unrichtigkeit ihnen bekannt war oder bei Anwendungen angemessener Sorgfalt nicht entgehen konnte;
2. wenn in der von ihnen gemäß § 56 erstatteten Anzeige als Zeitpunkt der Eröffnung oder des Beginns der Versicherungspflicht des Betriebs ein späterer Tag angegeben ist als der, an welchem die Eröffnung stattgefunden oder die Versicherungspflicht begonnen hat, vorausgesetzt, daß die Unrichtigkeit der Angabe ihnen bekannt war oder bei Anwendung angemessener Sorgfalt nicht entgehen konnte.

Vorbemerkung zu den §§ 146—151.

I. a) Die §§ 146—148 verfolgen den Zweck:

α) Handlungen des Betriebsunternehmers zum Schaden der Versicherungspflichtigen (welche unter Umständen auch den Thatbestand des Betrugs enthalten können) zu verhüten,

β) die Erfüllung der im Gesetz den Unternehmern auferlegten Verpflichtungen im Interesse eines raschen und sicheren Geschäftsbetriebs der Berufsgenossenschaft zu sichern (§ 147),

γ) die sub α und β bezeichneten Zwecke auch in Ansehung jener Betriebe zu erreichen, welche für Rechnung strafrechtlich nicht verantwortlicher Rechtssubjekte (Aktiengesellschaften, Innungen, eingetragene Genossenschaften) verwaltet werden, sowie in Ansehung handlungsunfähiger Betriebsunternehmer (§ 148).

Die §§ 146—148 finden auch auf Regiebauten insbesondere bezüglich der Einreichung und Richtigkeit der Nachweisungen, welche für Berechnung der Prämien maßgebend sind, entsprechende Anwendung.

Die Verhängung der Strafen zur Erreichung dieser Zwecke ist den Genossenschaftsvorständen, und nicht den Gerichten übertragen.

Der Ausdruck „Ordnungsstrafe" des Gesetzes vom 6. Juli 1884 wurde durchwegs fallen gelassen und dafür ausschließlich „Geldstrafe" gesetzt.

Diese vom Genossenschaftsvorstande zu verhängenden Geldstrafen können für ein und denselben Fall nur einmal verfügt werden; neben denselben können aber auch solche (z. B. wegen Betrugs) durch die ordentlichen Strafgerichte gegebenen Falles verhängt werden.

Die auf Grund der §§ 146—148 verfügten Geldstrafen fließen in die Genossenschaftskasse.

Die Genossenschaftsvorstände sollen im Allgemeinen Strafen nur verhängen, wo die Pflichtverletzung auf bösem Willen oder grober Fahrlässigkeit beruht. Hiebei sollen nach einem Rundschreiben des Reichs-Versicherungsamts (A.N. 1890 S. 150) die Strafen so bemessen sein, daß schwere wirtschaftliche Schädigungen der Betreffenden vermieden werden und in den Strafverfügungen die Thatsachen angeführt werden, welche den Thatbestand der Ordnungswidrigkeit darstellen.

b) Während nach dem Gesetz vom 6. Juli 1884 Beschwerden gegen die Strafen der Genossenschaftsvorstände an das Reichs-(Landes)Versicherungsamt zustanden, ist durch § 149 die Entscheidung über Strafbeschwerden den von den Landeszentralbehörden bestimmten Behörden überwiesen.

c) §§ 150, 151. Die hier vorgesehenen Strafbestimmungen treffen die unbefugte oder absichtliche Offenbarung von Betriebsgeheimnissen bezw. die unbefugte oder absichtliche Nachahmungen von Betriebseinrichtungen oder Betriebsweisen; diese Zuwiderhandlungen sind Vergehen im Sinne des R.St.G.B. und sind der Aburteilung durch die ordentlichen Strafgerichte (Landgerichte) unterstellt. Der auf Grund der §§ 150, 151 erkannten Geldstrafen fließen in die Staatskasse; Beschwerde oder Berufung ist hier ausgeschlossen, da gegen Strafurteile der Landgerichte nur das Rechtsmittel der Revision zulässig ist.

II. Außer den sub I angeführten Fällen kennt das Gesetz noch weitere Strafbefugnisse, welche hier der Uebersichtlichkeit wegen zusammengestellt werden wollen. Es kommen nämlich noch in Betracht Strafbefugnisse:

a) des Genossenschaftsvorstandes in den Fällen:
  α) des § 43 Abs. III, Ablehnung der Wahl oder Nichtausübung des Amtes als Vorstandsmitglied oder Vertrauensmann,
  β) des § 112 Z. 1, Zuwiderhandlungen der Betriebsunternehmer gegen die zur Unfallverhütung getroffenen Einrichtungen und Anordnungen,
  γ) des § 124 Abs. II, Nichterfüllung der dem Betriebsunternehmer obliegenden Verpflichtungen bei der Ueberwachung der Kontrole der Betriebe.

  Etwaige Beschwerde ist in den Fällen sub α an die von der Landes-Zentralbehörde bestimmte Behörde (§ 149) in den Fällen sub β und γ an das Reichs-(Landes-)Versicherungsamt zulässig. Die Geldstrafen fließen in die Genossenschaftskasse.

b) der unteren Verwaltungsbehörde in den Fällen:
  α) des § 35 Abs. III, Nichtanmeldung eines bisher der Unfallversicherung nicht unterstellten Betriebs durch den Unternehmer,
  β) des § 56 Abs. II, Nichtrechtzeitige Auskunfserteilung über die Beschaffenheit des Betriebs,
  γ) des § 119 Abs. III, Verweigerung des Zutritts zu der Betriebsstätte oder der Einsichtnahme der Bücher und Listen gegenüber dem technischen Aufsichts- oder Rechnungsbeamten.

  Etwaige Beschwerden sind in diesen Fällen im Aufsichtswege an die der unteren Verwaltungsbehörde (vgl. Anm. Z. 3 zu § 56 S. 145) vorgesetzte Behörde zulässig. Die Geldstrafen fließen in die Genossenschaftskasse.

c) des Vorstandes der Betriebs- (Fabriks-) oder Bau-Krankenkasse oder der Ortspolizeibehörde im Falle des §§ 112 Z. 2, 116, Zuwiderhandlungen der Arbeiter gegen Unfallverhütungsvorschriften.

  Etwaige Beschwerden sind an die der Krankenkasse oder Ortspolizeibehörde vorgesetzte Aufsichtsbehörde (vgl. § 116 u. Anm. hiezu) zu richten; die Geldstrafen fließen in die Krankenkasse, welcher der Zuwiderhandelnde angehört (§ 154).

d) des Reichs-(Landes-)Versicherungsamtes in den Fällen
  α) des § 125, Erzwingung der Vorlage der Bücher, Belege 2c. seitens der Vorstandsmitglieder, Vertrauensmänner und Beamten der Berufsgenossenschaft,
  β) des § 126, Erzwingung der Befolgung der gesetzlichen und statutarischen Vorschriften seitens der Inhaber von Genossenschaftsämtern.

  Beschwerde ist hier ausgeschlossen. Die Geldstrafen fließen in die Genossenschaftskasse.

e) der ordentlichen Strafgerichte (Landgerichte) im Falle
  α) des § 45 wegen Untreue der Mitgliedervorstände und der Vertrauensmänner (§ 266 R.St.G.),
  β) des § 104 Abs. III, Unterlassung des Bauunternehmers, den Bauherrn von der durch die untere Verwaltungsbehörde getroffenen Anordnung zu verständigen.

Außerdem in den Fällen der §§ 150, 151, siehe oben, und des § 141, Anrechnung der Beiträge auf den Lohn des Arbeiters seitens des Unternehmers (durch die Amts-(Schöffen-)gerichte).

Erkannte Geldstrafen fließen in die Staatskasse; Beschwerde ist hier selbstverständlich ausgeschlossen; da hier nur das in der Strafprozeßordnung vorgesehene Rechtsmittelverfahren zulässig ist.

f) des Schiedsgerichtsvorsitzenden:

Der Vollständigkeit wegen sei endlich noch der Strafbefugnis des Schiedsgerichtsvorsitzenden gegenüber den Schiedsgerichtsbeisitzern, welche zu den Verhandlungsterminen der Schiedsgerichte ohne genügende Entschuldigung nicht oder nicht rechtzeitig erscheinen, die Abstimmung verweigern oder sich sonst eine Ungebühr zu Schulden kommen lassen, gedacht (§ 3 des Abänd.Ges., § 2 Abs. III der Kais. V.O. vom 22. November 1900, § 90 Abs. II mit § 104 Abs. V des Inv.V.G. vom 13. Juli 1899).

Anmerkungen zu § 146.

1. **Aenderungen** der früheren bezügl. Bestimmungen (§ 103) sind durch § 146 insoferne herbeigeführt, als

a) statt „Ordnungsstrafe" Geldstrafe gesetzt ist (Abs. I),

b) die Strafbefugnis auf unrichtige Angaben in den Lohnnachweisungen behufs Einschätzung der Betriebe ausgedehnt ist (Abs. I Z. 1),

c) die Strafbarkeit unrichtiger Angaben davon abhängig gemacht ist, daß dem Unternehmer diese Unrichtigkeit bekannt war oder doch bei Anwendung angemessener Sorgfalt hätte nicht entgehen können (Abs. I Z. 1 u. 2).

2. **Die Genossenschaftsvorstände sind befugt**: Ob dieselben von dieser Strafbefugnis Gebrauch machen, liegt in ihrem Ermessen; vgl. insbes. Vorbemerkung I a Abs. 7.

3. **Betriebsunternehmer**: vgl. Anm. Z. 3 zu § 5 Seite 76.

4. **Geldstrafen**: Dieselben fließen in die Genossenschaftskasse (§ 154); wegen etwaiger Beschwerde siehe § 149 und oben Vorbemerkung. Ueber den Eintritt der Vollstreckbarkeit der erlassenen Strafverfügungen trifft das Gesetz keine Bestimmung, weshalb eingelegter Beschwerde aufschiebende Wirkung zuzubilligen ist.

§ 147.* (§ 104.)

I Betriebsunternehmer, welche den ihnen obliegenden Verpflichtungen in Betreff der Anmeldung der Betriebe und Betriebsänderungen (§§ 35, 56, 61, 62), in Betreff der Führung und Aufbewahrung der Lohnlisten (Lohnbücher) sowie der Einreichung der Arbeiter- und Lohnnachweisungen (§§ 74, 99) oder in Betreff der Erfüllung der für Betriebseinstellungen und für einen Wechsel des Betriebsunternehmers gegebenen statutarischen Vorschriften (§ 37 Ziffer 7) nicht rechtzeitig nachkommen, können von dem Genossenschaftsvorstande mit Geldstrafen bis zu dreihundert Mark belegt werden.

II Die gleiche Strafe kann, wenn die Anzeige eines Unfalls in Gemäßheit des § 63 nicht rechtzeitig erfolgt ist, gegen denjenigen verhängt werden, welcher zu der Anzeige verpflichtet war.

1. Vgl. zunächst Vorbemerkung I bei § 146 Seite 240.

2. **Aenderungen** gegenüber dem früheren § 104 sind hier insoferne vorgesehen, als die Strafbestimmung ausgedehnt wurde auf die Erfüllung der Verpflichtung

a) zur Führung und Aufbewahrung der Lohnlisten (Lohnbücher),

b) zur Anzeige eines Wechsels in der Person des Unternehmers.

Diese Aenderungen waren durch die Bestimmungen in § 99 Abs. III und § 37 Z. 7 geboten.

3. **Unternehmer:** vgl. Anm. Z. 3 zu § 5 Seite 76.

4. **Geldstrafen** vgl. Anm. Z. 4 zu § 146 und oben Vorbemerkung.

§ 148.* (§ 105).

Die Strafvorschriften der §§ 146, 147 finden auch gegen die gesetzlichen Vertreter handlungsunfähiger Betriebsunternehmer, desgleichen gegen die Mitglieder des Vorstandes einer Aktiengesellschaft, Innung oder eingetragenen Genossenschaft sowie gegen die Liquidatoren einer Handelsgesellschaft, Innung oder eingetragenen Genossenschaft Anwendung.

1. Vgl. zunächst Vorbemerk. bei § 146, insbes. I a das.

2. **Gesetzliche Vertreter**: Vater, Mutter, Vormund (der Minderjähr., Entmündigten, Geisteskranken), Konkursverwalter, Vertreter öffentlicher Korporationen, Gemeindevorstände, Verwalter einer ruhenden Erbschaft; nach der Meinung des Reichs-Versicherungsamtes (Handbuch S. 450) werden sich freilich in der Richtung gegen gesetzliche Vertreter einer öffentlichen rechtlichen Körperschaft, des Fiskus 2c. in der Regel geeignetere Wege zur Abhilfe finden lassen als Strafverfügungen.

§ 149.* (§ 106 Abs. 2).

Gegen Straffestsetzungen des Genossenschaftsvorstandes steht den Beteiligten innerhalb zweier Wochen nach der Zustellung die Beschwerde zu. Ueber dieselbe entscheidet, vorbehaltlich der Bestimmungen der §§ 116, 124 Abs. 3 diejenige Behörde, welche von der für den Sitz des Betriebs zuständigen Landes-Zentralbehörde bestimmt ist.

1. Vgl. zunächst Vorbemerk. bei § 146 insbes. I b das.

2. **Aenderungen** des früheren § 106 sind insoferne vorgenommen, als Abs. I u. III desselben hier weggefallen sind, da die Bestimmung in Abs. I in § 146 und die in Abs. III in § 154 übergegangen ist, und als in Abs. II an die Stelle der bisherigen Zuständigkeit des Reichs-(Landes-)Versicherungsamts zur Bescheidung von Beschwerden gegen Strafverfügungen gem. § 146—148 die von der Landes-Zentralbehörde bestimmte Behörde gesetzt wurde.

3. **Beschwerde innerhalb 2 Wochen nach der Zustellung**: Wegen der Fristberechnung vgl. § 186 ff. des B.G.B., wegen der Zustellung § 155.

4. **Entscheidet diejenige Behörde, welche 2c.**: Für die örtliche Zuständigkeit der Behörden ist der Sitz des Betriebes maßgebend.

Die zuständigen Behörden sind in der Bekanntmachung des Reichs-Versicherungsamts vom 1. Dezember 1900 (A.N. 1900 S. 790) abgedruckt; vgl. für Preußen Min.-Bek. v. 2. u. 10. August 1900 Reichsanz. Nr. 189 und für Bayern Verordn. vom 10. Dezember 1900, G. V.Bl. 1900 S. 1209; zuständig zur Bescheidung erhobener Beschwerden sind hienach: in Preußen der k. Regierungs-Präsident, in Bayern, Baden, Hessen, Mecklenburg-Schwerin, Mecklenburg-Strelitz die Landes-Versicherungs-Aemter, in Württemberg die Kreisregierung, im Kgr. Sachsen die Kreishauptmannschaft, in Sachsen-Meiningen, Sachsen-Weimar, Oldenburg, Schwarzburg-Rudolstadt, Schaumburg-Lippe das Staatsministerium, Abt. des Innern, in Anhalt, den Fürstenthümern Lübeck, Birkenfeld, Lippe die Regierung, in Braunschweig die Kreisdirektion, in Sachsen-Altenburg, Sachsen-Coburg-Gotha, Schwarzburg-Sondershausen, Reuß ä. u. j. Linie das Landratsamt, in Waldeck und Pyrmont der Landesdirektor, in Elsaß-Lothringen der Bezirks-Präsident, in der Stadt Lübeck der Senatsausschuß für Gewerbe- und Versicherungswesen, in der Stadt Hamburg die städtische Polizeibehörde (für Ritzebüttel und Bergedorf die Landherrenschaften), in der Stadt Bremen die Polizei-Kommission des Senats.

§ 150.* (§ 107).

I Die Mitglieder der Vorstände der Genossenschaften, deren technische Aufsichtsbeamte und Rechnungsbeamte (§§ 119, 120) und die nach § 120 ernannten Sachverständigen sowie die Beisitzer der Schiedsgerichte (§ 9 des Gesetzes, betreffend die Abänderung der Unfallversicherungsgesetze) werden, wenn sie unbefugt Betriebsgeheimnisse offenbaren, welche kraft ihres Amtes oder Auftrags zu ihrer Kenntnis gelangt sind, mit Geldstrafe bis zu eintausendfünfhundert Mark oder mit Gefängnis bis zu drei Monaten bestraft.

II Die Verfolgung tritt nur auf Antrag des Betriebsunternehmers ein.

1. Vgl. zunächst Vorbemerkung bei § 146 insbes. I c.

2. **Aenderungen** wurden durch die Novelle insoferne vorgesehen, als die Strafbestimmung auch auf die „technischen Aufsichts- und Rechnungs-Beamten" und auf die „Beisitzer der Schiedsgerichte" erstreckt ist.

3. **Verletzung der Verschwiegenheit** in Ansehung von Betriebsgeheimnissen: Die Verfolgung dieser Vergehen im Sinne des R.St.G.B. geschieht durch die Staatsanwaltschaft bei den Landgerichten, aber nur auf Antrag der Unternehmer, auf welch' letzteren die §§ 61 ff. des R.St.G.B. zur Anwendung kommen.

§ 151.* (§ 108).

I Die im § 150 bezeichneten Personen werden mit Gefängnis, neben welchem auf Verlust der bürgerlichen Ehrenrechte erkannt werden kann, bestraft, wenn sie absichtlich zum Nachteile der Betriebsunternehmer Betriebsgeheimnisse, welche kraft ihres Amtes oder Auftrags zu ihrer Kenntnis gelangt sind, offenbaren, oder geheim gehaltene Betriebseinrichtungen oder Betriebsweisen, welche kraft ihres Amtes oder Auftrags zu ihrer Kenntnis gelangt sind, solange als diese Betriebsgeheimnisse sind, nachahmen.

II Thun sie dies, um sich oder einem Anderen einen Vermögensvorteil zu verschaffen, so kann neben der Gefängnisstrafe auf Geldstrafe bis zu dreitausend Mark erkannt werden.

1. Vgl. zunächst Vorbemerkungen bei § 146 insbes. I c.

2. Im Uebrigen vgl. Anm. Z. 2 u. 3 zu § 150, wobei besonders zu bemerken ist, daß die strafgerichtliche Verfolgung von Vergehen gemäß § 151 nicht von Stellung eines Strafantrages seitens des benachteiligten Unternehmers abhängig ist.

Zuständige Landesbehörden.

§ 152. (§ 109).

I Die Zentralbehörden der Bundesstaaten bestimmen, von welchen Staats- oder Gemeindebehörden die in diesem Gesetze den höheren Verwaltungsbehörden, den unteren Verwaltungsbehörden und den Ortspolizeibehörden zugewiesenen Verrichtungen wahrzunehmen sind.

II Die in Gemäßheit dieser Vorschrift erlassenen Bestimmungen sind durch den Reichsanzeiger bekannt zu machen.

III Die höhere Verwaltungsbehörde kann bestimmte Gemeindebehörden als untere Verwaltungsbehörden im Sinne des § 70 bezeichnen und mit der Wahrnehmung der dort vorgesehenen Geschäfte betrauen.

1. Neu ist durch die Novelle die Bestimmung in Abs. II eingefügt. Die in dem früheren § 109 noch enthaltene Vorschrift, wohin die Geldstrafen fließen, ist hier weggefallen, da sie in § 154 aufgenommen wurde; die früheren Bestimmungen über Strafvollstreckung finden sich in § 153.

2. **Landes-Zentralbehörde**: Welche Behörde als solche anzusehen ist, bemißt sich nach den Bestimmungen der Bundesstaaten. In Preußen: Kgl. Ministerium für Handel und Gewerbe und des Innern, in Bayern: Kgl. Ministerium des Innern.

3. **Höhere Verwaltungsbehörde, untere Verwaltungsbehörde, Ortspolizeibehörde**: Vgl. Zusammenstellung in A.N. 1900 S. 792 ff.

Für Preußen vgl. insbes. Ausführungs-Bekanntmachungen der Kgl. preuß. Minister für Handel und Gewerbe und des Innern vom 2. August 1900. Reichsanzeiger Nr. 189 vom 10. August 1900:

Hienach sind in Preußen bestimmt:

a) als „höhere Verwaltungsbehörden" die Regierungs-Präsidenten. (Im Stadtkreise Berlin tritt in den Fällen der §§ 14, 105 der Oberpräsident, im übrigen der Polizei-Präsident an die Stelle des Regierungs-Präsidenten.)

Für die der Aufsicht der Bergbehörden unterstehenden Betriebe werden die Geschäfte der höheren Verwaltungsbehörden durch die „Ober-Bergbehörden" wahrgenommen;

b) als „untere Verwaltungsbehörden" in Städten mit mehr als 10 000 Einwohner die Gemeindebehörden, im übrigen die Landräte, in den Hohenzollerschen Landen die Oberamtmänner;

für die der Bergverwaltung unterstehenden Betriebe die „Bergrevierbeamten";

c) als „Ortspolizeibehörden" diejenigen Beamten oder Behörden, welchen die Verwaltung der örtlichen Polizei obliegt. Für die der Bergverwaltung unterstehenden Betriebe die Bergrevierbeamten.

Für Bayern vgl. Verordnung vom 10. Dezember 1900 G.V.Bl. 1900 S. 1209. Hienach sind in Bayern bestimmt:

a) als „höhere Verwaltungsbehörden" die Kgl. Kreisregierungen, K. d. J.,

b) als „untere Verwaltungsbehörden" die Distriktsverwaltungsbehörden (Bezirksämter, in unmittelbaren Städten der Magistrat), in München der Stadtmagistrat;

c) als „Ortspolizeibehörden" in den Gemeinden mit städt. Verfassung die Magistrate, in den Gemeinden mit Landgemeindeverfassung und der Pfalz die Bürgermeister, (in ausmärkischen Bezirken die Distriktspolizeibehörden, die mit der Vornahme von Unfallunterſuchungen einen Magistrat oder einen Bürgermeister betrauen können).

Strafvollstreckung.

§ 153.

Geldstrafen, welche auf Grund dieses Gesetzes verhängt werden, mit Ausnahme derjenigen, auf welche von den Gerichten erkannt ist, werden in derselben Weise beigetrieben wie Gemeindeabgaben.

1. Die Bestimmungen in §§ 153, 154 sind durch die Novelle neu aufgenommen worden, während bisher (nach dem Gesetz vom 6. Juli 1884) die Bestimmungen über die Strafvollstreckung teilweise in § 109 enthalten, teilweise in anderen Paragraphen zerstreut waren; diese letzteren Bestimmungen konnten daher auf Grund der §§ 153, 154 in dem abgeänderten Gesetze gestrichen werden.

2. **Auf Grund dieses Gesetzes verhängte Geldstrafen**: vgl. § 35 Abs. III, § 43 Abs. III, § 56 Abs. II, § 112 Abs. I Z. 1 u. 2, § 119 Abs. III, § 125, 126, §§ 146 bis 148 und Vorbemerkung bei § 146.

3. **Von den Gerichten erkannte Geldstrafen**: vgl. §§ 45, 104 Abs. III, §§ 141, 150, 151 und Vorbemerkung bei § 146.

4. **Beigetrieben wie Gemeindeabgaben**: In Preußen erfolgt die Beitreibung nach § 90 des Komunalabgabengesetzes im Verwaltungsverfahren nach Maßgabe der k. preuß. Verordnung vom 15. November 1899 betr. das Verwaltungszwangsverfahren wegen Beitreibung von Geldbeiträgen: wegen der Rechtshilfe hiebei vgl. Reichsgesetz vom 9. Juni 1895 (R.G.Bl. S. 256).

Für Bayern vgl. Art. 48 der rechtsrheinischen und Art. 38 der pfälzischen Gemeindeordnung vom 29. April 1869 mit Ministerial-Entschließung vom 5. Februar 1886 (M.A.Bl. 1886 S. 34).

Eine Umwandlung uneinbringlicher Geldstrafen in Haftstrafen ist gesetzlich unzulässig.

§ 154. (§ 80 Abs. 2, § 106 Abs. 3; § 9 Abs. 2 des Ausd.-Ges.)

I Die im § 112 Abs. 1 Ziffer 2 bezeichneten Geldstrafen fließen in die Krankenkasse, welcher der zu ihrer Zahlung Verpflichtete zur Zeit der Zuwiderhandlung angehört, oder, wenn er keiner Krankenkasse angehört, in die Kasse der Gemeinde-Krankenversicherung des Beschäftigungsorts. Das Gleiche gilt von den Geldstrafen, welche auf Grund der im § 133 bezeichneten Vorschriften verhängt sind.

II Die übrigen auf Grund dieses Gesetzes verhängten Geldstrafen fließen, soweit sie nicht von den Gerichten erkannt sind, in die Genossenschaftskasse.

1. Vgl. Anm. Z. 1 zu § 153 und Vorbemerkung bei § 146.
2. **Die Geldstrafen fließen**: bei Verfehlungen
   a) aus § 112 Abs. I Z. 2 (und § 133) in die betreffende Kranken-(Gem. Krank.V.-) Kasse,
   b) aus § 35 Abs. III, § 43 Abs. III, § 56 Abs. II, § 112 Abs. I Z. 1, § 119 Abs. III §§ 125, 126, §§ 146, 147, 148 in die Genossenschaftskasse,
   c) aus §§ 45, 104 Abs. III, § 120, §§ 141, 150, 151 in die Staatskasse des betr. Bundesstaates.

Zustellungen.

§ 155. (§ 110).

I Zustellungen, welche den Lauf von Fristen bedingen, können durch die Post mittelst eingeschriebenen Briefes erfolgen. Posteinlieferungsscheine begründen nach Ablauf von zwei Jahren seit ihrer Ausstellung die Vermutung für die in der ordnungsmäßigen Frist nach der Einlieferung erfolgte Zustellung.

II Personen, welche nicht im Inlande wohnen, können von den zustellenden Behörden und Genossenschaftsorganen aufgefordert werden, einen Zustellungsbevollmächtigten zu bestellen.

III Ist der Aufenthalt einer Person, welcher zugestellt werden soll, nicht ermittelt oder wird der nach Abs. 2 ergangenen Aufforderung nicht innerhalb der gesetzten Frist genügt, so kann die Zustellung durch öffentlichen Aushang während einer Woche in den Geschäftsräumen der zustellenden Behörden oder Genossenschaftsorgane ersetzt werden.

1. Die bisherigen Bestimmungen über „Zustellungen" sind durch die neuen Vorschriften in Abs. I Satz 2, Abs. II und III nach dem Vorbilde des Invaliden-Versicherungsgesetzes (§ 170) wesentlich erweitert worden, insoferne als:

a) Posteinlieferungsscheine nach Ablauf von 2 Jahren die Vermutung für richtig erfolgte Zustellung begründen,

b) nicht im Inlande wohnende Personen zur Bestellung eines Zustellungsbevollmächtigten veranlaßt werden können,

c) eine Ersatzzustellung für die Fälle vorgesehen ist, daß ein Zustellungsbevollmächtigter nicht bestellt wird oder der Aufenthalt einer Person nicht zu ermitteln ist

2. **Zustellungen**: a) Zustellungen durch die Post mittels eingeschriebenen Briefes sind genügend, der Erholung eines Empfangsscheines („Rückscheines") bedarf es nicht. Dies hat insbesondere für die Rechtsmittel-Instanzen den Nachteil, daß im Zweifelsfalle über den Tag der erfolgten Zustellung letzterer durch Anfrage bei der Postanstalt erst festgestellt werden muß. (Eine Zurückweisung der Berufung als verspätet aus dem Grunde, weil sich nicht feststellen ließ, wenn ein angefochtener Bescheid dem Kläger behändigt worden ist, ist unzulässig).

b) Andere Zustellungsarten sind aber nicht unzulässig; es genügt jede Form der Zustellung, wenn nur hiedurch der Empfang des zuzustellenden Bescheides zuverlässig festgestellt werden kann. Vom bayer. Landes-Versicherungsamt (vgl. Mitt. 1889 S. 8 Z. 4) wurde die Zustellung durch die Ortspolizeibehörde als eine vorzugsweise geeignete Zustellungsart erachtet.

c) Zustellungen an Minderjährige, Geisteskranke, Entmündigte ꝛc. haben an deren gesetzliche oder aufgestellte Vertreter zu erfolgen. Haben Parteien einen bevollmächtigten Vertreter, so kann die Zustellung an letzteren oder an die Partei selbst erfolgen.

d) An wen im einzelnen Falle z. B. bei Abwesenheit des Adressaten der eingeschriebene Brief auszuhändigen ist, bestimmt sich nach den für Postbestellungen allgemein bestehenden gesetzlichen Vorschriften (vgl. für das deutsche Postgebiet Postordnung vom 20. März 1900, für Bayern Postordnung vom 27. März 1900 (§ 39), G.V.Bl. S. 266). Im Einzelnen will noch bemerkt werden:

e) Die mittels eingeschriebenen Briefes bewirkte Zustellung eines Bescheides gilt als erfolgt, wenn der Postbote den Brief dem Adressaten persönlich angeboten, dieser aber die Annahme ohne Grund verweigert hat (A.N. 1900 Z. 1807 S. 669).

f) Bei behördlichen Zustellungen bedarf es einer förmlichen Annahme Seitens des Empfängers nicht; wird die Annahme verweigert, so ist das betreffende Objekt am Orte der Zustellung zurückzulassen (A.N. 1886 Z. 160 S. 80).

g) Im Falle der Abwesenheit des Empfängers können eingeschriebene Briefe auch an ein erwachsenes Familienglied desselben Seitens der Post bestellt werden. Eine derartige Bestellung gilt als rechtsgiltige Zustellung und bleibt es dabei in das Ermessen des Briefträgers gestellt, ob ein Familienglied nach der ganzen Erscheinung zu den erwachsenen Personen zu zählen ist (A.N. 1890 Z. 817 S. 190); eventuell hätte hierüber die vorgesetzte Dienstbehörde zu entscheiden.

h) Die Zustellung einer Entscheidung kann wirksam auch dort erfolgen, wo der Adressat sich nur vorübergehend (z. B. besuchsweise auf einige Zeit) aufhält, denn als Wohnung im Sinne der Postordnung ist nur der Ort des thatsächlichen Wohnens, nicht der „Wohnsitz" im zivil- oder prozeßrechtlichen Sinne gemeint.

i) Die Zustellung für einen im Krankenhause Befindlichen an die in der Wohnung befindliche Ehefrau ist als rechtswirksam erklärt worden (A.N. 1897 S. 317).

k) Eine Zustellung eines Bescheides an einen in Strafhaft Befindlichen setzt zu ihrer Wirksamkeit die Behändigung des Bescheides voraus; die bloße Eröffnung des wesentlichen Inhalts des betr. Schriftstückes würde nicht genügen (A.N. 1893 Z. 1252 S. 206).

l) Die Zustellung eines Bescheides an eine Person, die sich vorübergehend im Ausland aufhält, ist rechtswirksam erfolgt, wenn die Behändigung ordnungsmäßig an die Ehefrau in der im Inland belegenen Wohnung des Adressaten erfolgt ist (A.N. 1893 Z. 1251 S. 206).

m) Mittels eines eingeschriebenen Briefes können auch mehrere Zustellungen an die gleiche Adresse bewirkt werden (A.N. 1891 Z. 988 S. 220).

n) Die Zustellungsurkunde (besonderes durch die Postanstalten zu beziehendes Formular) ist kein ausschließliches Beweismittel für die Rechtmäßigkeit der erfolgten Zustellung (A.N. 1893 Z. 1252 S. 206).

3. **Den Lauf der Fristen bedingen**: Vgl. hiezu die Fälle der §§ 26 Abs. I, 39 Abs. I, 47, 49 Abs. IV, 59 Abs. I, § 61 Abs. II, 76 Abs. II, 80 Abs. III, 102 Abs. I, 105 Abs. II, 116, 124 Abs. III, 149.

Besonders ist hier zu bemerken:

Wenn der Empfänger ohne sein Verschulden von der Zustellung keine oder verspätete Kenntnis erhalten hat, finden die Grundsätze der Wiedereinsetzung in den vorigen Stand Anwendung; vgl. Anm. Z. 8 zu § 76 Seite 170.

Bei der Annahmeverweigerung eines auf die Rentenfestsetzung bezüglichen eingeschriebenen Briefes laufen die Fristen von dem Tage ab, an welchem die Annahme der Zustellung verweigert worden ist.

Es ist nach dem Gesetze nicht ausgeschlossen, daß die Rechtsmittel der Berufung und bezw. des Rekurses vor Zustellung des Bescheides und bezw. des schiedsgerichtlichen Urteils rechtswirksam eingelegt werden.

4. **Posteinlieferungsscheine**: Seitens der Post werden die Ablieferungsscheine über Einschreibebriefe nach Ablauf von zwei Jahren vernichtet; es ist aber möglich, daß z. B. Berufungen erst nach mehr als zwei Jahren seit der Zeit eingelegt werden, in Fällen, in denen ausweislich des allein bei den Akten der Berufsgenossenschaft befindlichen Posteinlieferungsscheines der den Bescheid enthaltende eingeschriebene Brief zur Post gegeben worden ist; um in solchen Fällen der Behauptung des Klägers, seinerzeit den Bescheid nicht erhalten zu haben, wirksam entgegentreten zu können, ist den Posteinlieferungsscheinen nach Ablauf von 2 Jahren seit ihrer Ausstellung Beweiskraft insoferne beigelegt, als dieselben die Vermutung für die in der ordnungsmäßigen Frist erfolgte Zustellung begründen.

5. **Zustellungsbevollmächtigte**: Eine Pflicht der zustellenden Behörden oder Organe zur Aufforderung für Bestellung Zustellungsbevollmächtigter besteht nicht; die Zustellung an nicht im Inlande wohnende Personen kann auch in anderer Weise (mittels eingeschriebenen Briefes oder durch Vermittlung ausländischer Behörden, wenn solche zur Bethätigung der Zustellung bereit sind) erfolgen.

6. **Oeffentlicher Aushang**: Es hat derselbe auf die Dauer einer Woche in den Geschäftsräumen des Genossenschafts-Vorstandes (der Ausführungsbehörde), des Schiedsgerichts ꝛc. zu erfolgen.

Bei der Zustellung von Bescheiden an Personen, deren Aufenthalt unbekannt ist, haben die Berufsgenossenschaften die erforderlichen Ermittlungen über den Aufenthaltsort des Empfangsberechtigten anzustellen; insbesondere müssen sie die aus ihren Akten sich ergebenden Anhaltspunkte benützen, um eine wirkliche Zustellung an den Berechtigten zu ermöglichen.

** Die Bestimmungen über die Gesetzeskraft (§ 111 des Gesetzes vom 6. Juli 1884), welche nur bei Einführung der Unfallversicherung von Bedeutung waren, konnten gestrichen werden, da für das Inkrafttreten der Bestimmungen des abgeänderten Gesetzes in § 25 des Gesetzes vom 30. Juni 1900 betr. die Abänderung der Unfallversicherungsgesetze die erforderliche Vorschrift getroffen worden war.

Bau-Unfallversicherungsgesetz.

Vergleichende Gegenüberstellung

der Paragraphen des

Bau-Unfallversicherungsgesetzes vom **11. Juli 1887**

und der Paragraphen des

Bau-Unfallversicherungsgesetzes vom **30. Juni 1900** in der Fassung der Bekanntmachung vom 5. Juli 1900.

früher	jetzt	früher	jetzt
§ 1 Abs. 1 bis 3	§ 1	§ 25	§ 27
§ 2	§ 4	§ 26	§ 28
§ 3	§ 5	§ 27	§ 29
§ 4	§ 6	§ 28	§ 30
§ 5	§ 8	§ 29	§ 31
§ 6	§ 9	§ 30	§ 32
§ 7	§ 10	§ 31	§ 33
§ 8	§ 11	§ 32	§ 34
§ 9 Abs. 1, 2	§ 12	§ 33	§ 35
§ 10	§ 13	§ 34	§ 36
§ 12	§ 14	§ 37	§ 37
§ 13	§ 15	§ 38	§ 37
§ 14	§ 16	§ 39	§ 37
§ 15	§ 17	§ 40	§ 37
§ 16	§ 18	§ 41	§ 38
§ 17	§ 19	§ 42	§ 39
§ 18	§ 20	§ 43	§ 39
§ 19	§ 21	§ 44	§ 40
§ 20 Abs. 1, 2, 4	§ 22	§ 45	§ 41
§ 21	§ 23	§ 46	§ 42
§ 22	§ 24	§ 47	§ 43
§ 23	§ 25	§ 48	§ 44
§ 24	§ 26	§ 49	§ 45

Bau-Unfallversicherungsgesetz

in der Fassung der Reichskanzler-Bekanntmachung vom 5. Juli 1900.

(Reichsgesetzblatt 1900 S. 698—715.)

I. Allgemeine Bestimmungen.

Umfang der Versicherung.

§ 1. (§ 1 Abs. 1—3.)[1]

I Arbeiter, welche bei der Ausführung von Bauarbeiten beschäftigt und nicht auf Grund des Gewerbe-Unfallversicherungsgesetzes oder des Unfallversicherungsgesetzes für Land- und Forstwirtschaft gegen Unfall versichert sind, werden gegen die Folgen der bei den Bauarbeiten sich ereignenden Unfälle nach Maßgabe der Bestimmungen dieses Gesetzes versichert.

II Dasselbe gilt von den Betriebsbeamten und den ihnen im Sinne dieses Gesetzes gleichgestellten Werkmeistern und Technikern, sofern ihr Jahresarbeitsverdienst an Lohn oder Gehalt dreitausend Mark nicht übersteigt.

III Auf die im § 1 des Gesetzes, betreffend die Fürsorge für Beamten und Personen des Soldatenstandes in Folge von Betriebsunfällen, vom 15. März 1886 (Reichs-Gesetzbl. S. 53) bezeichneten Personen, auf Beamte, welche in Betriebsverwaltungen eines Bundesstaats oder eines Kommunalverbandes mit festem Gehalt und Pensionsberechtigung angestellt sind, sowie auf andere Beamte eines Bundesstaats oder eines Kommunalverbandes, für welche die im § 12 a. a. O. vorgesehene Fürsorge in Kraft getreten ist, findet dieses Gesetz keine Anwendung. Die Ausführung von Bauarbeiten gilt als Betrieb im Sinne des Gesetzes vom 15. März 1886.

1. **Aenderungen durch die Novelle** vom 30. Juni 1900 sind insoferne vorgesehen, als:

a) in Abs. I des § 1 des früheren Gesetzes das aufgehobene Ausdehnungsgesetz vom 28. Mai 1885, dessen Bestimmungen mit dem Gew.U.G. verarbeitet wurden, nicht mehr allegiert und der übrige Wortlaut redaktionell einfacher gestaltet ist,

b) in Abs. II (entsprechend den §§ 1 u. 2 Abs. I des Gew.U.G.) den Betriebsbeamten „Werkmeister und Techniker" gleichgestellt sind und die Grenze des Jahresarbeitsverdienstes von 2000 Mk. auf 3000 Mk. erhöht wurde,

c) Abs. IV des früheren § 1 infolge seines Uebergangs in das Landw.U.G. in Wegfall gekommen ist,

2. **Arbeiter**: a) Vgl. Anm. 2, 6, 9, 10—14 zu § 1 Gew.U.G. S. 55—57, da das dort Bemerkte auch hieher gilt.

---

[1]) Die in Klammern beigefügten Zahlen verweisen auf die Paragraphen des Gesetzes vom 11. Juli 1887.

b) Der Begriff des „Arbeiters" setzt weder die Berufsmäßigkeit noch die Entgeltlichkeit der Arbeit voraus. Auch die einem Baugewerbetreibenden vom Auftraggeber zu Handdiensten gestellten Arbeiter sind in allen Fällen versichert.

c) Ueber den Gegensatz zwischen „Arbeiter" und „Unternehmer" siehe Anm. 8 zu § 1 Gew.U.G. S. 56 u. § 5 Bau=U.G.: es wurde z. B. ein Maurer, welcher früher als Geselle beschäftigt war und nun, ohne von einem Baugewerbetreibenden beschäftigt zu sein, Ausbesserungen im Hause, Weißen, Ofenreinigen und dgl. besorgte, oder ein Zimmermann, der überwiegend Hofthore, Fußböden in stand setzte oder kleinere Reparaturen in Stallungen, Scheunen rc. vornahm, dafür einen den Verdienst gewöhnlicher Taglöhner nur wenig übersteigenden Lohn erhielt, bestimmte Arbeitsstunden einhielt und nebenbei für dieselben Arbeitgeber auch landwirtschaftliche Dienste verrichtete, als Arbeiter (nicht als Unternehmer) erachtet.

Dagegen wurde ein als solcher technisch vorgebildeter Zimmermann, dem zwar von den Kunden die Materialien geliefert wurden und der meist im Taglohn arbeitete, dessen Thätigkeit sich aber nicht auf einfache Ausbesserungen beschränkte, sondern sich vornehmlich auf Brunnenleitungen, Dachstühle, kleine Neubauten erstreckte, als selbständiger Handwerker angesehen.

Die Entscheidung, ob Jemand in Ansehung einer Bauarbeit als Unternehmer oder als Arbeiter zu erachten ist, ist eben auch hier von Fall zu Fall zu treffen, wobei die getroffenen Vereinbarungen, die soziale Stellung des Betreffenden, der Umfang der Arbeit, die Entlohnung, Verteilung eines Unternehmergewinnes rc. zu berücksichtigen sind.

d) Ueber den Gegensatz zwischen „Arbeiter" und Betriebsbeamten" siehe Anm. 17 bis 20 zu § 1 Gew.U.G. S. 57 u. 58.

e) Auch die bei „Wegebauarbeiten", welche mittels Leistung von Gemeindediensten (Frohnden) ausgeführt werden, Hand= und Spanndienste leistenden Gemeindeglieder sind ebenso wie deren zu dieser Gemeindearbeit geschickten Knechte, Mägde, Taglöhner rc. als versicherte Arbeiter der Gemeinde zu erachten.

Jedoch werden gemäß § 1 Abs. IV des Landw.U.G. die kraft öffentlich rechtlicher Verpflichtung von Unternehmern land= und forstwirtschaftlicher Betriebe für Gemeindezwecke geleisteten Arbeiten zur Herstellung oder Unterhaltung von Gebäuden, Wegen, Kanälen, Dämmen und Wasserläufen den land= und forstwirtschaftlichen Betrieben dieser Unternehmer zugerechnet und fallen daher nicht mehr unter das Bauunfallversicherungs=Gesetz, sondern unter das Unfallversicherungs=Gesetz für Land= und Forstwirschaft. Nur jene zu Gemeindediensten bei Gemeindebauten der bezeichneten Art herangezogenen Gemeindeglieder, welche nicht land= oder forstwirtschaftliche Betriebsunternehmer sind, gelten auch ferner als nach den Bestimmungen des Bauunfall=Gesetzes (§ 6 Z. 1, 3 od. 4) versicherte Arbeiter der betreffenden Gemeinde.

f) Bezüglich der Unterscheidung zwischen „Arbeitern" und „selbstständigen Baugewerbetreibenden" (Unternehmern, Arbeitgebern) hat das Reichs=Versicherungsamt (vgl. A.N. 1895 S. 227 und 1900 S. 310 ff. Abt. A. und J.B.) folgende Merkmale aufgestellt.

Als unselbstständige, versicherungspflichtige „Bauarbeiter" sind im Zweifel anzusehen:

1. Die im Bauhandwerk beschäftigten Gesellen, Gehilfen sowie die sonstigen ständigen Arbeiter, welche ausschließlich in Betrieben gewerbsmäßiger Bau=Unternehmer beschäftigt werden;
2. die in der Regel in Betrieben gewerbsmäßiger Bauunternehmer in anderen (landwirtschaftlichen rc.) Betrieben oder sonstwie berufsmäßig als Lohnarbeiter beschäftigten Personen, auch soweit sie nebenher, gelegentlich oder in regelmäßiger Wiederkehr Bauarbeiten unmittelbar für die Bauherrn ausführen;
3. die das ganze Jahr oder den größten Teil des Jahres hindurch mit Bauarbeiten für nicht gewerbsmäßige Bauunternehmer (Bauherrn) beschäftigten Personen, soferne sie in der Regel:

a) nur geringfügige, eine besondere handwerksmäßige Vorbildung nicht erfordernde Bauarbeiten, insbesondere Ausbesserungs-(Flick-)Arbeiten ausführen und

b) ohne eigentliches Betriebskapital gegen einen den Lohn eines Bauarbeiters nicht oder nicht erheblich übersteigenden Lohn arbeiten. Ein Betriebskapital wird insbesondere als vorhanden anzunehmen sein bei Verwendung größerer Betriebsgeräte (Werkstatteinrichtungen, Gerüste rc.) oder bei Lieferung von Baumaterialien oder bei regelmäßiger Gestellung anderer Arbeiter.

Die bei Bauarbeiten beschäftigten Personen, bei welchen diese Voraussetzungen nicht zutreffen, sind im allgemeinen nicht als Bauarbeiter, sondern als selbstständige Baugewerbtreibende (Unternehmer, Arbeitgeber) zu betrachten. Ausnahmen, insbesondere für die sogenannten Akkordanten, sind jedoch nicht ausgeschlossen.

3. **Bei Ausführung von Bauarbeiten beschäftigt**: Als Bauarbeiten haben alle Arbeiten zu gelten, die sich ihrer Natur und Zweckbestimmung nach als Bauarbeiten darstellen; vorausgesetzt wird hiebei weder die Verwendung von Motoren noch die Beschäftigung von zehn oder mehr Arbeitern; es genügt die Beschäftigung auch nur eines Lehrlings in dem Betriebe; unerheblich ist es, ob es sich um Ausführung von Neubauten oder Reparaturen handelt, ob die Arbeiter technische Kenntnisse besitzen oder nicht, ob sie nur vorübergehend oder auf längere Zeit, ob sie gegen Entgelt oder Lohn beschäftiget sind; es ist auch nicht notwendig, daß die Beschäftigung auf einen Arbeitsvertrag zurückzuführen ist; dagegen ist als eine versicherungspflichtige Beschäftigung bei Bauarbeiten nicht zu erachten, wenn ein an sich ganz Unbeteiligter bei einer Arbeit ohne irgend welche Verabredung oder ohne Verständigung mit dem Leiter der Arbeit in diese eingreift, ohne daß ein augenblicklicher, dieses Eingreifen rechtfertigender Notstand vorläge.

Vorausgesetzt ist hiebei, daß die Beschäftigung bei „Ausführung von Bauarbeiten" erfolgt, wobei der Begriff „Bauarbeiten" der ausgedehntesten Auslegung zu unterstellen ist. Es fallen hierunter auch die Eisenbahn-, Kanal-, Strom-, Deich-, Festungs-, Wege- und ähnliche Bauarbeiten, ohne Rücksicht darauf, für wessen Rechnung die Bauausführung erfolgt. Ferner sind hiezu nach der Rechtsprechung der Versicherungsämter zu rechnen: Abbruchsarbeiten, Pflaster- und Asphaltier-Arbeiten, Festungsarbeiten, Gas- und Wasserleitungen, Glaser-, Klempner-, Maler-, Stukkateurarbeiten für Bauten, Steinbildhauerei, Arbeiten an Fensterläden, Tiefbohrungsarbeiten für Herstellung von Brunnen, Ausschachtungs-, Fundamentierungsarbeiten für einen Hochbau rc., ferner auch die Arbeiten der Scheuerfrauen (Putzerinnen), welche bei der Reinigung von Neubauten beschäftigt werden, sind regelmäßig versicherte Arbeiterinnen (A.N. 1896 Z. 1542 S. 422).

4. **Und nicht auf Grund des Gewerbe-Unfallversicherungsgesetzes oder des Landwirtschaftl. Unfallversicherungsgesetzes versichert sind**:

Auf Grund dieser Gesetze sind versichert alle bei Bauarbeiten beschäftigten Personen (Arbeiter und Betriebsbeamte),

a) welche von einem Gewerbetreibenden, dessen Gewerbebetrieb sich auf die Ausführung von Maurer-, Zimmer-, Dachdecker-, Steinhauer- und Brunnenarbeiten erstreckt, in diesem Betriebe beschäftigt werden (§ 1 Z. 2 Gew.U.G);

b) welche von einem Gewerbetreibenden, dessen Gewerbebetrieb sich auf die Ausführung von Tüncher-, Verputzer- (Weißbinder-), Gipser-, Stukkateur-, Maler- (Anstreicher-), Glaser-, Klempner- (Spängler-) und Lackiererarbeiten bei Bauten, auf die Anbringung, Abnahme, Verlegung und Reparatur von Blitzableitern, oder auf die Ausführung von Schreiner- (Tischler-), Einsetzer-, Schlosser- oder Anschläger-Arbeiten bei Bauten erstreckt, in diesem Gewerbebetriebe beschäftigt werden (§ 1 Gew.U.G., Bekanntmachungen des Reichskanzlers vom 22. Januar 1885 und 27. Mai 1886);

c) welche vom Reich oder einem Bundesstaate im Betriebe der Post- und Telegraphen-, sowie in den Betrieben der Marine- und Heeresverwaltungen bei Bauten für eigene Rechnung (Regiebauten) beschäftigt werden (§ 1 Z. 3 Gew.U.G.);

d) welche bei Regiebauten von Eisenbahnverwaltungen beschäftigt werden, mag es sich um Reichs-, Bundesstaats- oder um Privateisenbahnen, um große Lokomotivbahnen oder um Pferdebahnen, elektrische Bahnen, Arbeitsbahnen oder ähnliche Unternehmungen handeln (§ 1 des Ges. v. 28. Mai 1885 betr. die Ausdehnung der Unfall- und Krankenversicherung).

5. **Werden nach Maßgabe der Bestimmungen dieses Gesetzes versichert**: Durch das Bau-Unfall-Versicherungs-Gesetz wurde die Unfallfürsorge auf folgende bei der Ausführung von Bauarbeiten beschäftigte Personen erstreckt:

a) auf Arbeiter (und Betriebsbeamte), welche von Gewerbetreibenden, deren Gewerbebetrieb sich auf die Ausführung von Eisenbahn-, Wege-, Festungs-, Wasser-, Kanal- und ähnlichen Bauarbeiten erstreckt, in diesem Betriebe beschäftigt werden, soweit es sich dabei nicht etwa um einen Nebenbetrieb handelt, welcher der Versicherungspflicht des Hauptbetriebs folgt, und soweit jene Arbeiter nicht etwa Maurer-, Zimmerer- oder ähnliche Arbeiten ausführen, auf welche sich der Gewerbebetrieb des betreffenden Gewerbetreibenden mit erstreckt;

b) auf Arbeiter (und Betriebsbeamte), welche von einem Gewerbetreibenden, dessen Gewerbebetrieb sich erstreckt: auf das Bohnen der Fußböden, auf die Anbringung, Abnahme und Reparatur von Oefen und anderen Feuerungsanlagen oder von Tapeten bei Bauten; auf die Anbringung, Abnahme oder Reparatur von Wetter-Vorhängen und Läden (Rouleaux, Marquisen, Jalousien) oder von Ventilatoren bei Bauten (Anbringung von Vorhängen, Gardinen, Dekorationen, Rouleaux innerhalb der Wohnungen ist jedoch keine Bauarbeit!); auf die Ausführung anderer, noch nicht gegen Unfall versicherter Arbeiter bei Bauten, die ihrer Natur nach der Ausführung von Hochbauten näher stehen, als der Ausführung von Eisenbahn-, Kanal-, Wege-, Strom-, Deich-, und ähnlichen Bauarbeiten (Bundesrats-Beschluß vom 14. Januar 1888) — R.G.Bl. 1888 S. 1 —.

c) auf Arbeiter (und Betriebsbeamte) bei Bauarbeiten, welche Bauunternehmer, die die Ausführung von Bauarbeiten nicht gewerbsmäßig betreiben, für Andere ausführen;

d) auf Arbeiter (und Betriebsbeamte), welche bei Ausführung von Regiebauarbeiten durch das Reich oder von einem Bundesstaate in anderen Betrieben als denen der Post-, Telegraphen-, Heeres- oder Eisenbahnverwaltungen beschäftigt werden;

e) auf Arbeiter (und Betriebsbeamte), welche bei Ausführung von Regiebauarbeiten von Kommunal- oder anderen öffentlichen Verbänden (Deich-, Meliorations- und ähnlichen Verbänden) beschäftigt werden, wenn es sich nicht um für eigene Rechnung ausgeführte Eisenbahnbauten dieser Verbände handelt;

f) auf Arbeiter (und Betriebsbeamte), welche von einer Privatperson bei Regiebauten — mit der unter lit. d erwähnten Einschränkung — beschäftigt werden.

Nachdem ferner die Unternehmer von Bauarbeiten nach dem Bau-Unfallgesetz berechtigt sind, jede bei der Bauausführung beschäftigte Person (auch wenn sie nicht unter die vorstehend sub Z. 4 und 5 bezeichneten Kategorien fällt) und soferne deren

Jahresarbeitsverdienst hinter einer bestimmten Summe zurückbleibt, sich selbst zu versichern, erscheint die Unfallfürsorge thatsächlich allen bei Bauarbeiten beschäftigten Personen gesichert.

Dazu kommt ferner, daß nach dem Gesetz vom 30. Juni 1900 der Kreis der bei Bauarbeiten gegen Unfall versicherten Personen dadurch erheblich erweitert wurde, daß Gewerbebetriebe, welche sich überhaupt auf Bauten erstrecken, in ihrem ganzen Umfange der Unfallversicherung unterstellt werden, so daß das Unfall-Versicherungsgesetz auf sämtliche in diesen Gewerbebetrieben beschäftigten Arbeiter (und Betriebsbeamte) Anwendung findet, auch wenn sie persönlich bei Arbeiten für Bauten nicht verwendet werden.

6. **Nicht unter das Bau-Unfallgesetz fallen** unter der Voraussetzung, daß die Bauarbeiten ohne Vermittlung eines Baugewerbetreibenden direkt für Rechnung des Bauherrn ausgeführt werden:

a) Regiebauten bei Eisenbahnen, sowie den fiskalischen Post- und militärischen Betrieben,

b) die laufenden Reparaturen an den zum Betriebe der Land- und Forstwirtschaft dienenden Gebäuden, sowie die zum land- und forstwirtschaftlichen Betriebe gehörenden Bodenkultur- und sonstigen Bauarbeiten (für Wege, Dämme, Kanäle 2c.),

c) die laufenden Reparaturen an Fabrikgebäuden und die sonstigen zum laufenden Betriebe einer Fabrik gehörenden Bauarbeiten.

Von diesen Bauarbeiten fallen die unter a und c genannten unter das Gewerbe-Unfallversicherungsgesetz, die unter b unter das Landwirtschaftl. Unfallversicherungsgesetz.

7. Hiezu ist noch zu bemerken:

a) Gewerbliche Hochbaubetriebe (Maurer, Zimmerer 2c.), sowie die Betriebe solcher Bauhandwerker, welche vom Bundesrat für versicherungspflichtig erklärt sind (vgl. oben Anm. Z. 5 lit. b), fallen unter das Gewerbe-Unfallversicherungsgesetz (Baugewerbe-Berufsgenossenschaft),

Gewerbliche Tiefbaubetriebe (Eisenbahn-, Wege-, Kanal- 2c. Bauten fallen unter das Bau-Unfallversicherungsgesetz (Tiefbau-Berufsgenossenschaft),

Regiebauten mit Ausnahme der vorstehend sub a—c genannten fallen unter das Bau-Unfallversicherungsgesetz (und zwar die Versicherungsanstalten der Baugewerbs-Berufsgenossenschaft und der Tiefbau-Berufsgenossenschaft).

b) Der Hauptbetrieb zieht stets den Nebenbetrieb, auch rücksichtlich der etwa verwendeten Arbeitsbahnen, Motoren 2c. nach sich.

c) Erdarbeiten aller Art für Bauwerke sind versicherungspflichtig ohne Rücksicht auf den Umfang der Arbeiten. Die gewerbsmäßige Ausführung von Garten- und Parkanlagen (größeren Umfangs, z. B. die Anlage größerer Fischteiche, Hügel 2c.) gehört zur Tiefbau-Berufsgenossenschaft, während dergleichen Arbeiten von geringem Umfange als landwirtschaftliche zu erachten sind und Arbeiten z. B. für Grotten, künstliche Ruinen 2c., bei denen vorherrschend Maurerarbeit in Frage steht, der Baugewerbs-Berufs-Genossenschaft zuzuteilen sind.

d) Die Heranschaffung von Baumaterial für einen in der Ausführung begriffenen oder zur Ausführung vergebenen Bau, auch wenn es durch den Bauherrn (Auftraggeber) mit seinem eigenen Fuhrwerk und seinen Knechten geschieht, ist versicherungspflichtige Bauarbeit, sofern diese Heranschaffung nicht als Bestandtheil eines anderen versicherungspflichtigen Betriebes der Versicherung bei einer anderen Berufsgenossenschaft unterliegt. Wenn es sich aber um die Beischaffung des Materials mit Rücksicht auf einen geplanten Bau, jedoch längere Zeit vor dessen Beginn handelt, kann über die Natur der Arbeit als Bauarbeit nur nach Lage des Einzelfalles entschieden werden (Mitth. 1898 Z. 700 u. 726 S. 10 u. 68).

e) Das Beschaffen von Baumaterial, insbesondere das Brechen oder Sammeln von Steinen für Bauten ist versicherungspflichtige Bauarbeit, auch wenn es für Rechnung des Bauherrn geschieht, während das Ausheben und Sammeln von Steinen aus landwirtschaftlichen Grundstücken, das zum Zwecke der Meliorierung derselben vorgenommen wird, sich als landwirtschaftliche Betriebsarbeit darstellt (A.N. 1891 Z. 947 S. 195; vgl. auch Mitt. 1896 Nr. 568 S. 21). Auch die in eigener Regie des Bauherrn erfolgende Herstellung der Ziegelsteine für eine Bauausführung ist eine Arbeit im Baubetriebe (Mitt. 1897 Nr. 683 S. 98).

f) Wege-, Bau- und Unterhaltungs-Arbeiten jeglicher Art sind versicherungspflichtig. Schon oben wurde bemerkt, daß hieher auch die zur Herstellung und Unterhaltung von Gemeindewegen dienenden Arbeiten, welche mittels Leistung von Gemeindediensten (Frohnden) ausgeführt werden, zu zählen sind; diese Arbeiten müssen aber die bauliche Unterhaltung der Wege bezwecken, Arbeiten, welche zur Reinigung der Straße ausgeführt werden, gehören nur insoweit hieher, als die Reinigung zur Instandhaltung derselben dient. Ohne Rücksicht auf die obwaltenden Umstände wurde eine organisierte unter technischer Oberleitung stehende Straßenreinigung, wie sie in größeren Städten vielfach eingeführt ist, als versicherungspflichtig erklärt.

g) Arbeiten, welche sich auf die Anpflanzung und Unterhaltung der an Straßen stehenden Bäumen erstrecken, gehören zum Straßenbaubetriebe, (Tiefbau-Ber.-Gen.) nur dann, wenn die Bäume auf dem Straßenterrain stehend Bestandtheile der Straßen sind und ausschließlich der Sicherheit und der Bequemlichkeit des Verkehrs auf den letzteren dienen; vgl. auch A.N. 1898 Z. 1721 S. 364).

Kommt dagegen Obstgewinnung oder ausgedehntere Holznutzung hiebei in Frage, so hat die Landwirtschaftliche Unfallversicherung einzutreten.

h) Die Arbeit der Ueberwachung und Kontrole der Ausführung von Bauarbeiten, welche Baugewerbetreibenden übertragen sind, durch Beamte und Gehilfen der Bauverwaltung, die sie vergeben hat, oder durch Architekten, Ingenieure, welche die Baupläne entworfen, Kostenvoranschläge hergestellt 2c., gilt als Bauarbeit (Regiebau).

i) In Regie ausgeführte Eisenbahnbauten fallen dann unter das Bau-Unfallversicherungsgesetz, wenn sie von Jemanden ausgeführt werden, welcher noch nicht Unternehmer eines schon bestehenden Eisenbahnbetriebes ist.

k) Von der durch Theaterverwaltungen in Regie ausgeführten Bühnenarbeiten sind alle diejenigen als Bauarbeiten anzusehen, welche entweder eine Verbindung der Podien, Tribünen, Rampen, Gas- und Wasserleitungen 2c. mit dem betr. Gebäude schaffen oder auf die unmittelbare Herstellung eines Bauwerkes gerichtet sind.

l) Ob Abbrucharbeiten eines Landwirts als selbständige versicherte Bauarbeiten oder als Teil des landwirtschaftlichen Betriebs anzusehen sind, vgl. A.N. 1893 Z. 1287 S. 441 ff.

8. **Als versicherungspflichtige Bauarbeiten wurden dagegen nicht angesehen:**

a) Das Ausgraben und Verfüllen der Gräber, die Arbeit der Feldmesser (auch nicht in Ansehung der Bauplätze), die von der Feuerwehr im Interesse der Feuerpolizei vorgenommenen Räumungsarbeiten auf einer Brandstätte, das Anbringen von Fahnentüchern, die gewerbsmäßige Reinigung von Glasscheiben und Glasdächern an Gebäuden, das Anbringen von Vorhängen, Gardinen, Dekorationen und Innenrouleaux in Wohnräumen und das Aufstellen von Möbeln (soweit nicht gewerbsmäßige, sich hierauf erstreckende Betriebe in Frage stehen), das Aufstellen und Abbrechen eines zusammensetzbaren Karoussels, das Aufstellen einer Obstpresse u. a.

b) Es kommt auf dem Lande häufig vor, daß landwirtschaftliche Arbeiter von dem Arbeitgeber (aus nachbarlichen Rücksichten) zu vorübergehenden Hilfsleistungen bei Bauarbeiten herangezogen werden, welche für den landwirtschaftlichen Betrieb unternommen werden, aber einem versicherten Bauunternehmer im Ganzen zur Ausführung übertragen worden sind. Ein Uebertritt dieser Personen in den Baubetrieb des letzteren findet für die geringe Dauer einer solchen gelegentlichen, vorübergehenden Aushilfe in versicherungsrechtlicher Beziehung nicht statt, dieselben bleiben landwirtschaftliche Arbeiter ihres Arbeitgebers (A.N. 1900 Z. 1799 S. 533).

Anders läge die Sache, wenn der betr. Arbeiter für längere Zeit dem Baugewerbtreibenden als Handlanger überwiesen und von diesem nach seinem Ermessen, wie dessen gewerbliche Arbeiter, bei dem Bau beschäftigt worden wäre: in diesem Falle wären dieselben in dem Baubetriebe versichert.

c) Laufende Reparaturen in landw. Betrieben: Wenn auch die Bestimmung in Abs. IV von § 1 des früheren Gesetzes (vom 11. Juli 1887) in § 1 Abs. IV des neuen Landw. U.G. vom 30. Juni 1900 übergangen ist, so dürften hier hier doch einige Bemerkungen veranlaßt sein:

1. Laufende Reparaturen sind nicht als Bauarbeiten anzusehen, sondern der landw. Unfallversicherung unterstellt, wenn sie sich auf Reparaturen an der Land- oder Forstwirtschaft dienenden Wirtschaftsgebäuden erstrecken; ebenso gelten nicht als Bauarbeiten die dem Betriebe der Land- und Forstwirtschaft dienenden Bodenkulturarbeiten und sonstigen Bauarbeiten, die zur Herstellung oder Unterhaltung von Wegen, Dämmen, Kanälen und Wasserläufen erforderlichen Arbeiten.
2. Vorausgesetzt wird aber hiebei, daß diese Arbeiten α) auf den Grundstücken des land- und forstwirtschaftlichen Betriebes, β) ohne Uebertragung an Andere d. i. durch den land- oder forstwirtschaftlichen Betriebsunternehmer in Regie ausgeführt werden, wobei es in letzterer Richtung unerheblich ist, ob der landw. Unternehmer die Arbeiten durch regelmäßig bei ihm schon beschäftigte Arbeiter oder durch besonders von ihm für diesen Zweck eingestellte Personen ausführen läßt.
3. Unter „laufenden Reparaturen" sind solche zu verstehen, welche mit dem regelmäßigen Gange des Betriebes zusammenhängen, durch die Art desselben notwendig werden und in gewissen Zeitabschnitten immer wieder vorkommen, also kleinere Reparaturen, welche zur Erhaltung des Gebäudes in Dach und Fach notwendig sind und keinen größeren Zeit-, Kosten- und Arbeiter-Aufwand erfordern.

   Hieher sind z. B. zu zählen: Tünchen der Wohn- und Betriebsgebäude, Reparaturen an Backöfen, Feuerungsanlagen, Uebergehen und Ausbessern (aber nicht Neueindecken oder Auswechseln des Dachstuhles) der Dachungen, Ausbessern oder Neuherstellen des vom Sturme eingerissenen Kamins, Erneuerung der Dachrinne ꝛc. ꝛc.
4. Als zum landwirtschaftlichen Betriebe gehörende „Bodenkultur- und sonstige Bauarbeiten" sind wenig umfangreiche Arbeiten untergeordneter oder der sonstigen landwirtschaftlichen Thätigkeit verwandter Art zu verstehen, soferne diese Arbeiten landwirtschaftlichen Zwecken dienen (z. B. Streuschupfen, kleine offene Remisen, Schafpferchen für vorübergehende Zwecke, die Herstellung eines Abzugsgrabens, Reparatur einer Wässerungsanlage, Einsetzung einer neuen Deiche in einen Brunnen selbstverständlich ohne Uebertragung an einen Brunnenmacher, die durch eine Flurbereinigung notwendig werdende Verlegung von Wegen, Gräben, Setzung von Grenzsteinen, Bodenkulturen eines Wiesenverbandes, welcher selbst Grundeigentum nicht besitzt ꝛc.). A.N. 1893 Z. 392 S. 163, 1895 Z. 1413 S. 210, 1898 Z. 1702 S. 246, Mitth. 1896 Nr. 609 S. 92, 1898 Nr. 725 S. 67.

Dagegen zählen z. B. nicht hieher: Drainagearbeiten auf einem sog. Rieselfeld (A.N. 1899 Z. 1768 S. 583), der Bau eines Kellers (Mitt. 1893 Nr. 393 S. 164), die Herstellung eines neuen Brunnens (Mitth. 1898 Nr. 701 S. 11), Deicharbeiten, die für größere Bezirke von Nutzen sind u. dgl.

5. Was sodann die „Wegebauarbeiten“, die gemäß § 1 Abs. IV d. L.U.G. der landwirtschaftlichen Unfallversicherung überwiesen sind, anlangt, so sind die von Privaten zur Herstellung und Unterhaltung der innerhalb ihres land- und forstwirtschaftlichen Gutes gelegenen Privatwege ausgeführten Arbeiten ohne Zweifel Arbeiten innerhalb des landwirtschaftlichen Betriebs, ohne Rücksicht darauf, ob dieselben durch eigene oder fremde Arbeiter ausgeführt werden.

Anlangend die Gemeindewege-Bauarbeiten ist zu unterscheiden, a) ob die Wegebaupflicht den Gemeinden obliegt, letztere also als Unternehmer und die im Frohndienste arbeitenden Gemeindeangehörigen als Arbeiter derselben erscheinen, b) oder ob diese Last den Unternehmern land- und forstwirtschaftlicher Betriebe kraft öffentlich rechtlicher Verpflichtung obliegt, c) oder ob die Verpflichtung zur Herstellung und Unterhaltung dieser Wege auf eine freiwillige, vertragsmäßig übernommene Verpflichtung solcher Unternehmer zurückzuführen ist.

In den Fällen sub a und c gehören diese Wegebauarbeiten der Bau-Unfallversicherung (Tiefbau-Berufsgenossenschaft) und im Falle sub b der landwirtschaftlichen Unfallversicherung zu.

Vgl. hieher die Beispiele bei Anm. Z. 14 und 15 zu § 6 Bau-U.G. S. 271 ff.

9. Werden gegen die Folgen der bei den Bauarbeiten sich ereignenden Unfälle versichert: Bezüglich der Begriffe „Unfall“, „Betriebsunfall“, „Folgen des Unfalls“ vgl. Anm. Z. 27—56 zu § 1 Gew.U.G. S. 59 ff., da das dort Bemerkte auch im Gebiete der Bau-Unfallversicherung die gleiche Geltung hat.

10. Betriebsbeamte, Werkmeister, Techniker; vgl. Anm. Z. 17—20 zu § 1 Gew.U.G. S. 57 ff., das in gleicher Weise auch hier in Betracht zu kommen hat.

11. Jahresarbeitsverdienst: vgl. Anm. Z. 2 u. 3 zu § 10 des Gew.U.G. S. 90.

Kraft des Gesetzes (obligatorisch) sind nur diejenigen Betriebsbeamten, Werkmeister, Techniker versichert, deren Jahresarbeitsverdienst an Lohn oder Gehalt 3000 Mk. nicht übersteigt. Inwieweit die Versicherung auf dieselben, wenn sie einen höheren Verdienst haben, im Wege statutarischer Bestimmungen erstreckt werden kann, siehe § 4 des Bau-U.G.

12. Auf die in § 1 des Gesetzes vom 15. März 1886 .... bezeichneten Personen findet das Gesetz keine Anwendung:

a) Der erste Satz von Abs. III entspricht dem Wortlaut des § 6 des Landw. U.G. vom 30. Juni 1900. Die Bestimmungen des zweiten Satzes waren erforderlich, um alle Zweifel auszuschließen, daß die bei Bauausführungen des Reichs, eines Bundesstaates 2c. beschäftigten Beamten als in einem der Unfallversicherung unterliegenden Betriebe beschäftigt zu gelten haben.

b) Die §§ 1, 12 des Gesetzes vom 15. März 1886 bezw. die §§ 1 und 14 des nunmehrigen Gesetzes vom 18. Juni 1901 (R.G.Bl. S. 211) betr. die Fürsorge für Beamte und Personen des Soldatenstandes lauten:

§ 1.

Beamte der Reichscivilverwaltung, des Reichsheeres und der Kaiserl. Marine und Personen des Soldatenstandes, welche in reichsgesetzlich der Unfallversicherung unterliegenden Betrieben beschäftigt sind, erhalten, wenn sie infolge eines im Dienste erlittenen Betriebsunfalles dauernd dienstunfähig werden, als Pension sechundsechzigzweidrittel Prozent ihres jährlichen Diensteinkommens.

Personen der vorbezeichneten Art erhalten, wenn sie infolge eines im Dienste erlittenen Betriebsunfalles nicht dauernd dienstunfähig geworden, aber in ihrer Erwerbsfähigkeit beeinträchtigt worden sind, bei ihrer Entlassung aus dem Dienste als Pension:

1. im Falle völliger Erwerbsunfähigkeit auf die Dauer derselben den im ersten Absatze bezeichneten Betrag;

2. im Falle teilweiser Erwerbsunfähigkeit für die Dauer derselben denjenigen Teil der vorstehend bezeichneten Pension, welcher dem Maße der durch den Unfall herbeigeführten Einbuße an Erwerbsfähigkeit entspricht.

Ist der Verletzte infolge des Unfalls nicht nur völlig dienst- oder erwerbsunfähig, sondern auch derart hilflos geworden, daß er ohne fremde Wartung und Pflege nicht bestehen kann, so ist für die Dauer dieser Hilflosigkeit die Pension bis zu hundert Prozent des Diensteinkommens zu erhöhen.

Solange der Verletzte aus Anlaß des Unfalls thatsächlich und unverschuldet arbeitslos ist, kann in den Fällen des Abs. II Z. 2 die Pension bis zum vollen Betrage des Abs. I vorübergehend erhöht werden.

Steht dem Verletzten nach anderweiter reichsgesetzlicher Vorschrift ein höherer Betrag zu, so erhält er diesen.

Nach dem Wegfalle des Diensteinkommens sind dem Verletzten außerdem die erwachsenden Kosten des Heilverfahrens (§ 9 Abs. I Z. 1 des Gew.U.G.) zu ersetzen.

§ 12.

Staats- und Kommunalbeamten und deren Hinterbliebenen, für welche durch die Landesgesetzgebung oder durch statutarische Festsetzung gegen die Folgen eines im Dienste erlittenen Betriebsunfalles eine den Vorschriften der §§ 1 bis 7 des gegenwärtigen Gesetzes mindestens gleichkommende Fürsorge getroffen ist, steht wegen eines solchen Unfalls ein reichsgesetzlicher Anspruch auf Ersatz des durch denselben erlittenen Schadens nur nach Maßgabe der §§ 10 bis 12 des gegenwärtigen Gesetzes zu. Auf solche Staats- und Kommunalbeamten und deren Hinterbliebene finden die reichsgesetzlichen Bestimmungen über Unfallversicherung keine Anwendung.

c) Unter „Kommunalverbänden" sind sowohl engere (Stadt-, Markt- und Landgemeinden) wie weitere (Bezirks-, Distrikts-, Kreisgemeinden) zu verstehen.

Die Anstellung muß mit festem Gehalt und Pensionsberechtigung erfolgt sein: ob die Anstellung eine definitive oder nur provisorische ist, ist belanglos.

Ob die Voraussetzungen „der mindestens gleichkommenden Fürsorge (§§ 1 bis 7 des Gesetzes vom $\frac{\text{15. März 1886}}{\text{18. Juni 1901}}$) vorliegen, unterliegt der Entscheidung des zuständigen Civilgerichts von Fall zu Fall.

Als „pensionsberechtigt" kann die bloße Anwartschaft auf einen erst mit Ablauf einer gewissen Zeit wirksam werdenden Pensionsanspruch nicht erachtet werden; als pensionsberechtigt ist ferner ein solcher Bediensteter nicht anzusehen, welcher aus einer für die betreffende Bedienstetenkategorie besonders eingerichteten, auf Beiträgen der Mitglieder rc. beruhenden Kasse Pension zu beanspruchen hat (vgl. Reg.Entsch. d. Ger.- u. Verw.Beh. Bd. X S. 426 u. Bd. XI S. 56).

Personen des Soldatenstandes sind von der Unfallversicherung nur insoweit ausgeschlossen, als dieselben dienstlich beschäftigt sind; Soldaten, welche dagegen während ihrer Beurlaubung freiwillig in versicherungspflichtigen Betrieben thätig werden, sind gegen Betriebsunfälle beim Vorliegen der sonstigen Voraussetzungen versichert.

§ 2.

Die Versicherung erstreckt sich auf häusliche und andere Dienste, zu denen versicherte Personen neben der Beschäftigung im Betriebe von ihren Arbeitgebern oder von deren Beauftragten herangezogen werden.

1. Die Bestimmung in § 2 wie die des folgenden § 3 ist neu; sie entsprechen wörtlich den Bestimmungen der §§ 3, 4 des Gew.U.G. vom 30. Juni 1900; vgl. Anm. zu § 3 Gew.U.G. S. 75.

2. Versicherte Personen: zu denselben zählen hier die selbstversicherten Unternehmer nicht.

§ 3.

Der Reichskanzler wird ermächtigt, unter Zustimmung des Bundesrats mit den Regierungen solcher Staaten, die für Arbeiter und Betriebsbeamte eine der deutschen Unfallversicherung entsprechende Fürsorge durchgeführt haben, im Falle der Gegenseitigkeit Abkommen zu schließen, durch welche die Anwendung dieses Gesetzes

1. auf Betriebe im Inlande, welche Bestandteile eines ausländischen Betriebs darstellen, ausgeschlossen,

2. auf Betriebe im Auslande, welche Bestandteile eines versicherungspflichtigen inländischen Betriebs darstellen, erstreckt wird.

Vgl. Anm. Z. 1 zu vorstehenden § 2 und Anmerkung zu § 4 Gew.U.G. S. 75.

Durch diese Bestimmung soll vermieden werden, daß bei Betrieben, welche sich auf das Gebiet eines anderen Staates erstrecken, für die verschiedenen Bestandteile verschiedene gesetzliche Bestimmungen Platz greifen und daß, wenn in den in Betracht kommenden Staaten die Frage der Selbständigkeit oder Abhängigkeit des abgezweigten Betriebsteils verschieden beurteilt wird, eine doppelte Belastung eintritt.

§ 4. (§ 2.)

I Durch Statut kann die Versicherungspflicht auf Gewerbetreibende, deren Jahresarbeitsverdienst dreitausend Mark nicht übersteigt oder welche nicht regelmäßig mehr als zwei Lohnarbeiter beschäftigen, sowie auf Betriebsbeamte mit einem dreitausend Mark übersteigenden Jahresarbeitsverdienst erstreckt werden.

II Bei der Versicherung von Betriebsbeamten ist der volle Jahresarbeitsverdienst zu Grunde zu legen.

III Unternehmer von Bauarbeiten, deren Jahresarbeitsverdienst dreitausend Mark nicht übersteigt oder welche nicht regelmäßig mehr als zwei Lohnarbeiter beschäftigen, sind berechtigt, gegen die Folgen von Betriebsunfällen sich selbst zu versichern. Durch Statut kann diese Berechtigung auf Unternehmer mit einem höheren Jahresarbeitsverdienst erstreckt werden.

IV Durch Statut kann ferner bestimmt werden, daß und unter welchen Bedingungen gegen die Folgen der bei dem Betrieb oder Dienste sich ereignenden Unfälle versichert werden können

a) im Betriebe beschäftigte, aber nach § 1 nicht versicherte Personen durch den Betriebsunternehmer;

b) nicht im Betriebe beschäftigte, aber die Betriebsstätte besuchende oder auf derselben verkehrende Personen durch den Betriebsunternehmer oder den Vorstand der Berufsgenossenschaft;

c) Organe und Beamte der Berufsgenossenschaft durch deren Vorstand.

1. **Aenderungen** durch die Novelle gegenüber dem früheren § 2: die Bestimmungen in Abs. III sind neu, die in Abs. I u. II erfuhren mehrfache Aenderungen entsprechend dem § 5 des Gew.U.G., dieselben betreffen:

a) die Erhöhung des Jahresarbeitsverdienstes von 2000 auf 3000 Mk. als obere und bezw. untere Grenze für statutarische Erstreckung der Versicherungspflicht auf Gewerbetreibende und Betriebsbeamte (Abs. I),

b) die Möglichkeit, durch Statut die Versicherungspflicht auf Gewerbetreibende, welche nicht regelmäßig mehr als zwei (früher nicht regelmäßig wenigstens einen) Lohnarbeiter beschäftigen (Abs. I),

c) das Festsetzen der unter a und b genannten Voraussetzungen für die Berechtigung der Unternehmer von Bauarbeiten zur Selbstversicherung (Abs. III),

d) die Befugnis der Berufsgenossenschaften, im Wege statutarischer Bestimmung die Versicherungspflicht auch auf nach § 1 nicht versicherte Personen, sowie auf Organe und Beamte der Berufsgenossenschaften zu erstrecken (Abs. IV).

2. Vgl. Anm. Z. 2, 5, 7, 8 zu § 5 Gew.U.G. S. 76, 77.

3. § 4 findet auch in Ansehung der durch das Gewerbe-Unfallversicherungsgesetz geschaffenen Baugewerks-Berufsgenossenschaften Anwendung.

Es ist in § 4 eine zweifache Versicherung vorgesehen:

a) eine Zwangsversicherung (statutarische Versicherung), welche auf Grund gesetzlicher Ermächtigung durch Statut der Berufsgenossenschaft herbeigeführt werden kann (Abs. I, II u. IV),

b) eine Selbstversicherung (freiwillige Versicherung), deren Berechtigung im Gesetze selbst gewährleistet ist (Abs. III).

ad a) 4. Von der durch das frühere Gesetz geschaffenen Berechtigung der statutarischen Ausdehnung der Versicherungspflicht auf Betriebsunternehmer mit kleinen Betrieben (Kleinmeister) und Betriebsbeamte mit einem 2000 Mk. übersteigenden Jahresarbeitsverdienst haben alle Baugewerks-Berufsgenossenschaften und die Tiefbau-Berufsgenossenschaften Gebrauch gemacht.

Die Versicherung der Unternehmer erfolgt bei der bayerischen, hamburgischen, hannoverischen, magdeburgischen und südwestlichen Baugewerks-Berufsgenossenschaft bei den Versicherungsanstalten derselben, bei allen übrigen Baugewerks-Berufsgenossenschaften und den Tiefbau-Berufsgenossenschaften bei diesen selbst.

Die Versicherung der Betriebsbeamten erfolgt bei den Berufsgenossenschaften selbst, wenn sie Beamte von Baugewerbetreibenden sind, bei den Versicherungsanstalten, wenn sie Beamte von Regiebauunternehmern sind.

Die Wirksamkeit der durch Statut geschaffenen Versicherung ist nicht von der Anmeldung hiezu abhängig; die Unterlassung derselben hat also nicht den Verlust des gesetzlichen Entschädigungsanspruchs zur Folge.

ad b) 5. Das Recht zur freiwilligen Versicherung (Selbstversicherung) steht unter den Voraussetzungen des Abs. III sowohl den Baugewerbetreibenden als den Unternehmern von Regiebauarbeiten zu, nur kann diese Versicherung selbstverständlich bezüglich der ersteren d. i. der Gewerbetreibenden nur Platz greifen, soweit dieselben nicht durch Statut zwangsweise zur Versicherung herangezogen sind. Im Uebrigen aber kann das Recht zur freiwilligen Versicherung durch Statut weder beseitigt noch beschränkt werden, insbesondere ist es nicht statthaft, diese Versicherung von Bedingungen abhängig zu machen.

Die freiwillige Versicherung bedarf im Gegensatz zur Zwangsversicherung eines ausdrücklichen Antrags; die gelegentliche Erwähnung z. B. dadurch, daß ein Unternehmer sich selbst in der Lohnnachweisung aufführt, vermag den ausdrücklichen Antrag nicht zu ersetzen, es sei denn daß die Berufsgenossenschaft (Versicherungsanstalt) diese oder eine ähnliche Erwähnung als solchen gelten läßt.

Im Einzelnen ist noch zu bemerken:

6. **Gewerbetreibende**: Hierunter sind solche Baugewerbetreibende zu verstehen, welche, wenn sie Arbeiter in ihrem Betriebe regelmäßig beschäftigten, den Baugewerks- oder der Tiefbau-Berufsgenossenschaft angehören würden, weil sie Bauarbeiten in ihrem Gewerbebetriebe ausführen; hieher gehören also nicht diejenigen Gewerbetreibenden, deren Betriebszweige anderen Berufsgenossenschaften zugeteilt sind.

7. **Welche nicht regelmäßig mehr als zwei Lohnarbeiter beschäftigen**: als solche sind nach feststehender Praxis vorbehaltlich abweichender Vorschriften des Statuts (Nebenstatuts) jene Baugewerbetreibenden anzusehen, welche im Laufe eines Jahres an weniger als 250 Baugewerks-Tagewerken Arbeiter beschäftigen (A.N. 1889 Z. 721 S. 324).

Es gehören hieher aber auch jene Gewerbetreibende, welche keinen Arbeiter beschäftigen, sondern allein arbeiten, oder zugleich in einem nichtversicherungspflichtigen Betriebszweige regelmäßig einen oder mehrere Arbeiter verwenden, oder in einem Teile des Jahres selbständig gewerbsmäßig Bauarbeiten ausführen und in der übrigen Zeit als Taglöhner rc. anderswo arbeiten.

Der Begriff „Lohnarbeiter" setzt hier voraus, daß Jemand thatsächlich ein Entgelt für seine Arbeitsleistung erhält; so wurde ein Lehrling, welcher behufs seiner Ausbildung ohne Bezahlung (auch ohne Kost oder Wohnung zu erhalten), aber jährlich 100 Mk. Lehrgeld zu bezahlen hatte, als Lohnarbeiter nicht angesehen.

Als solche werden in der Regel auch Familienangehörige nicht zu erachten sein, es sei denn, daß für diese die Eigenschaft des Lohnarbeiters in einem ausdrücklichen Arbeitsvertrage, welcher nachzuweisen wäre, ihre Rechtfertigung findet (A.N. 1893 Z. 1215 S. 160).

8. **Betriebsbeamte**: Ueber den Begriff „Betriebsbeamte" vgl. Anm. Z. 17 zu § 1 Gew.-U.-G. S. 57; den Betriebsbeamten sind „Werkmeister, Techniker" gleichgestellt; vgl. § 1 Bau-U.G.; bei der Versicherung derselben ist deren voller Jahresarbeitsverdienst zu Grunde zu legen; vgl. auch Anm. Z. 12 dieses Paragraphen.

9. **Unternehmer von Bauarbeiten**: Solche sind hier sowohl die „Baugewerbetreibenden" als die „Unternehmer von Regiebauarbeiten"; im Uebrigen vgl. § 5 Bau-U.-G. und Anm. hiezu.

10. **Sind berechtigt, sich selbst zu versichern**: vgl. oben Anm. Z. 5 zu § 4: die Selbstversicherung des Unternehmers besteht, wenn einmal formell begründet so lange, bis sie ausdrücklich zur Aufhebung gelangt, sei es auf Abmeldung des Unternehmers, sei es infolge Verfügung von Amtswegen (A.N. 1890 Z. 880 S. 506).

11. **Statutarische Festsetzung der Berechtigung zur Selbstversicherung** der Unternehmer mit einem 3000 Mk. übersteigenden Jahresarbeitsverdienste.

Von der durch das frühere Gesetz geschaffenen Berechtigung haben alle Baugewerks-Berufsgenossenschaften und die Tiefbau-Berufsgenossenschaft Gebrauch gemacht. Von diesen Berufsgenossenschaften lassen sich den Jahresarbeitsverdienst anmelden a) von den gewerbsmäßigen Bauunternehmern die rheinisch-westphälische, bayerische, hamburgische, südwestliche, magdeburgische und hannoverische Baugewerks-Berufsgenossenschaft; b) von den nicht gewerbsmäßigen Bauunternehmern sämtliche Baugewerks-Berufsgenossenschaften mit Ausnahme der Tiefbau-Berufsgenossenschaft, welche sich, wie dies die anderen als die vorgenannten Baugewerks-Berufsgenossenschaften bezüglich der gewerbsmäßigen Bauunternehmer gleichfalls thun, überall den Tagesarbeitsverdienst anmelden läßt.

12. **Jahresarbeitsverdienst**: Hier ist zu unterscheiden zwischen:

a) freiwilliger Versicherung der Unternehmer,
b) Zwangsversicherung der Unternehmer,
c) Versicherung der Betriebsbeamten.

ad a) Unternehmer, d. h. solche (mit einem die Summe von 3000 Mk. übersteigenden Jahresarbeitsverdienste), welche von dem gesetzlichen Rechte, sich selbst zu versichern, Gebrauch machen wollen, haben die Versicherung unter Bezeichnung des Jahresarbeitsverdienstes, welcher der Versicherung zu Grunde gelegt werden soll, bei dem Genossenschaftsvorstande schriftlich zu beantragen, wobei sie sich auch der Vermittlung des Vertrauensmannes bedienen können; dieser angemeldete Jahresarbeitsverdienst, welcher vom Vorstande der Genossenschaft bis auf den Betrag des Jahresarbeitsverdienstes des im Betriebe höchstgelohnten Arbeiters oder Betriebsbeamten ermäßigt werden kann, ist maßgebend für die Berechnung sowohl des Beitrags (Prämie, Umlage) als der Rente.

ad b) Bezüglich der Zwangsversicherung der Unternehmer wird auf Anm. Z. 11 dieses Paragraphen als auch hieher passend mit dem Bemerken Bezug genommen, daß jene Berufsgenossenschaften, welche die Anmeldung des Jahresarbeitsverdienstes eingeführt haben, diesen, die übrigen Berufsgenossenschaften das 300fache des Tagesarbeitsverdienstes der Rentenberechnung zu Grunde legen.

ad c) In Ansehung der Betriebsbeamten, ist, wie das Gesetz in § 4 Abs. II ausdrücklich vorschreibt, der volle Jahresarbeitsverdienst derselben zu Grunde zu legen; es ist demnach nicht zulässig, daß ein Beamter nur mit einem Teile seines Jahresgehaltes versichert wird. Sowohl bei der Berechnung der Rente als bei der Umlegung der Beträge ist jedoch der 1500 Mk. übersteigende Lohn oder Gehalt nur mit einem Drittel in Anrechnung zu bringen.

13. **Durch Statut kann ferner bestimmt werden, daß** ...: Es hat sich das Bedürfnis geltend gemacht, unter Umständen auch solche Personen zu versichern, welche dem betr. Betriebe nicht angehören; es kommt nämlich häufig vor, daß Personen, die teils nur anderweit, teils überhaupt nicht gegen Unfall versichert sind, den Gefahren des Betriebs, oft sogar in regelmäßiger Wiederkehr, ausgesetzt sind; die Möglichkeit des Schutzes solcher Personen gegen Unfälle wurde durch die Bestimmung in Abs. III geschaffen: hiebei wurde wohl gedacht: an Personen, welche ihren Angehörigen Lebensmittel (die Kost, den Trank) zur Baustätte (Bauarbeitsort) bringen, an Fuhrleute, Kunden, Beamte, Bedienstete, welche den genannten Ort vorübergehend zu besuchen haben.

Unternehmer.

§ 5. (§ 3).

Als Unternehmer im Sinne dieses Gesetzes gilt

1. bei Bauarbeiten, welche in einem gewerbsmäßigen Baubetriebe ausgeführt werden, der Baugewerbetreibende, für dessen Rechnung dieser Betrieb erfolgt;
2. bei anderen Bauarbeiten derjenige, für dessen Rechnung sie ausgeführt werden.

1. **Unternehmer**: Als Unternehmer gilt derjenige, für dessen Rechnung der Betrieb erfolgt oder derjenige, welchem das ökonomische Erträgnis des Betriebes zugute kommt; damit ist aber eine erschöpfende begriffliche Feststellung, wer als Unternehmer im Gegensatze zum Arbeiter anzusehen sei, nicht gegeben. Bei der Vielgestaltigkeit der Verhältnisse des täglichen Lebens läßt sich dies vielmehr nur nach Lage des einzelnen Falles entscheiden und ist bei Beurteilung dieser Frage insbesondere zu berücksichtigen: der Inhalt, der zwischen den Beteiligten getroffenen Vereinbarungen, die soziale Stellung (Selbständigkeit, wirtschaftliche Unabhängigkeit), Umfang und Art der Ausführung der Arbeiten, die Frage, ob der für die Thätigkeit bezogene Entgelt die Eigenschaft eines Unternehmergewinnes oder lediglich die eines Arbeitslohnes trägt, sowie die Frage, wer die Verantwortlichkeit für die Ausführung der Arbeiten zu tragen hat.

So wird es z. B. nicht zweifelhaft sein, daß derjenige, welcher einen Betrieb als Pächter oder Nutznießer betreibt, und nicht derjenige, welchem die Betriebsanlage eigenthümlich gehört, in der Regel Unternehmer des Betriebes ist. So sind ferner bei dem Betriebe einer Kommanditgesellschaft oder einer solchen Gesellschaft auf Aktien die persönlich haftenden Gesellschafter Unternehmer des Betriebes. So ist ferner bei einem Betriebe auf Rechnung einer Konkursmasse nicht der Schuldner, sondern der Konkursverwalter als Unternehmer zu erachten.

Vielfachen Zweifeln ist die Praxis in jenen Fällen begegnet, in welchen der Unternehmer die Ausführung der Arbeiten bestimmten Personen in Akkord übertragen hatte und die Löhnung der Arbeiter nicht selbst besorgte, sondern durch einen Dritten besorgen ließ. In mehrfachen Entscheidungen des Reichsversicherungsamts ist hiebei der Grundsatz ausgesprochen, daß es grundsätzlich keinen Unterschied macht, in welcher Weise die Arbeiter gelohnt werden, ob in Taglohn oder Stücklohn, ob die Arbeiten durch den Unternehmer selbst bedungen und bezahlt werden oder ob die Beschaffung und Bezahlung der Arbeitskräfte einer Mittelperson überlassen wird.

Einige hieher bezügliche Entscheidungen mögen hier Platz finden:

a) Eine Gemeinde hatte die Ausbeutung des ihr gehörigen Steinbruchs an ihre Mitglieder verpachtet, zog aber selbst den Unternehmergewinn, während die Gemeindemitglieder aus dem ihnen bestimmten Gewinnanteil nur auf einen Taglohn von etwa 2 Mark kamen; die Gemeinde wurde als Unternehmer, deren Mitglieder als deren Arbeiter erachtet.

b) Steingewinner in Compagnie liefern die Steine gegen einen nach Kubikmetern bemessenen Betrag an A. Letzterer ist nicht Eigentümer der Grundstücke, wo die Steine gesucht werden, vielmehr hat die Compagnie das Recht zum Suchen selbst erworben, diese liefert auch die Werkzeuge ꝛc.; die Steingewinner sind die Unternehmer.

c) Eine Gemeinde läßt eine ihr gehörige Kiesgrube zur Beschaffung des Deckmaterials für ihre Gemeindewege gegen eine nach Akkordsätzen berechnete Barsumme und gegen Ueberlassung des bei der Kiesgewinnung abfallenden Sandes durch Dritte ausbeuten; letztere sind Akkordarbeiter, die Gemeinde ist Unternehmer.

d) Eine Gemeinde hatte die Ausbeutung eines ihr gehörigen Steinbruches einem Anderen — dem „Abbieter" — überlassen unter der Bedingung, daß er hiebei den Anordnungen der Gemeinde zu folgen, für sie stets ein Quantum Steine, ebenso den Schutt zur Verbesserung der Gemeindewege bereit zu halten habe und an Dritte nur mit Genehmigung der Gemeinde Steine gegen „Brecherlohn bezw. Bruchzins" ablassen dürfe; dieser Abbieter wurde als Arbeiter im Betriebe der Gemeinde, letztere also als Unternehmerin erachtet.

e) Bei größeren Erdarbeiten pflegen die Bauunternehmer sog. Schachtmeistern die Ausführung der Arbeiten zu übertragen. Diese bringen zum Teil die Arbeiter und Arbeitsgeräte mit, vermitteln die Lohnzahlungen an jene, haben für die sachgemäße Ausführung der Arbeiten Sorge zu tragen, und pflegen in der Weise bezahlt zu werden, daß sie für das Kubikmeter bewegten Erdmaterials bezw. für je 100 m der Transportstrecke bestimmte Einheitssätze und für die Unterhaltung und Vorhaltung der selbstgestellten Arbeitsgeräte Prozentsätze des eigenen Arbeitsverdienstes erhalten. Sie sind in der Regel in Akkord gelohnte Aufsichtsbeamte der Bauunternehmer.

f) Ein Zimmermann beschäftigt sich etwa 150 Tage des Jahres mit der Ausführung von Zimmerarbeiten, die ihm unmittelbar von den Gebäudebesitzern übertragen werden, er erhält von diesen das Baumaterial und führt die Arbeiten meist in Taglohn aus, wie dies in der betreffenden Gegend allgemein üblich ist. Er ist als selbständiger Gewerbtreibender und Unternehmer der Zimmerarbeiten anzusehen.

g) Ein gewerblicher Brunnenbau- und Tiefbohrungsunternehmer führte unter Leitung seines Bohrmeisters gegen eine bestimmte Vergütung für das Meter Bohrung den Bau eines Brunnens aus, zu welchem ihm der Bauherr die Handarbeiter zuwies. Unternehmer der ganzen Arbeit ist der Gewerbtreibende.

h) Es kommt nicht selten vor, daß ein Unternehmer einem anderen Unternehmer seine Arbeiter zur Ausführung von Bauarbeiten zur Verfügung stellt; dieselben werden zweifellos als Arbeiter des letzteren dann anzusehen sein, wenn das wirtschaftliche Ergebnis dieser Arbeit lediglich diesem zu Gute kommt.

i) Wenn sich mehrere Personen zur Ausführung einer Bauarbeit vereinigen, so läßt sich nur nach Lage des Einzelfalles entscheiden, ob alle Teilnehmer als Unternehmer der Arbeit anzusehen sind oder ob einzelne Teilnehmer als im Dienste der Anderen stehende Arbeiter (oder Betriebsbeamte) zu gelten haben.

k) Der Führer einer Arbeiterkolonne, welcher von Baugewerbetreibenden die Ausführung gewisser Bauarbeiten in Akkord übernimmt, die erforderlichen Arbeiter anstellt, und die Akkordsumme nach Abzug eines festen Wochenbetrages, den er sich für seine besondere Mühewaltung vorbehält, gleichmäßig unter sich und die Arbeiter verteilt, auch selbst mitarbeitet, ist nicht als selbständiger Unternehmer angesehen worden.

l) Unternehmerin von Wegebauarbeiten bleibt die Gemeinde, auch wenn sie Einzelarbeiten (z. B. Stein-, Kiesauffuhr) gegen Akkordpreis an Gemeindemitglieder vergibt; desgleichen wenn sie die gesetzlich ihr obliegenden Arbeiten durch Gemeindebeschluß einzelnen Gemeindemitgliedern überträgt (A.N. 1893 Z. 1292 u. 1293 S. 443; Mitth. 1894 Z. 430 S. 61).

2. Unternehmer im Sinne dieses Gesetzes ist:

a) in Ansehung der einzelnen Bauarbeiten, welche von einem Baugewerbetreibenden in seinem gewerbsmäßigen Baubetriebe ausgeführt werden, der Baugewerbetreibende,

b) in Ansehung aller anderen Bauarbeiten derjenige, für dessen Rechnung die Arbeit ausgeführt wird.

Nach den Motiven des Gesetzes hat diese Bestimmung den Zweck, ausdrücklich hervorzuheben, daß auch der Bauherr, welcher für eigene Rechnung Bauten ausführt, als Betriebsunternehmer anzusehen ist. Außerdem soll dadurch der Unterschied zwischen Baugewerbetreibenden und anderen einen Bau ausführenden Personen, welcher bei den späteren Bestimmungen, insbesondere bei der Organisation der Unfallversicherung von Bedeutung ist, hervorgehoben, zugleich aber auch für beide Kategorien eine gemeinsame Bezeichnung gegeben werden, welche dort angewendet werden kann, wo für beide Kategorien dieselben Vorschriften zu erlassen sind.

ad a. **3. Bauarbeiten und Ausführung derselben**: vgl. zunächst Anm. 3, 4 u. 5 zu § 1 Bau-U.G S. 252 ff.

4. Baugewerbetreibender: ist derjenige, welcher auf eigene Rechnung arbeitet und aus der Ausführung von Bauarbeiten ein Gewerbe macht, den Betrieb also zu Zwecken des Erwerbes für einige Dauer betreibt; vorausgesetzt wird hiebei aber, daß derselbe im Wesentlichen *wirtschaftlich selbständig* ist und das wirtschaftliche Risiko der Arbeit trägt; die Gewerbsmäßigkeit kann nur angenommen werden, wenn der Betrieb auf eine längere Dauer berechnet ist, so daß Baubetriebe, die nur auf die Ausführung eines Baues oder einzelner Bauten gerichtet sind, grundsätzlich nicht als gewerbsmäßige gelten können (A.N. 1899 Z. 1759 S. 470). Ein Mann, welcher regelmäßig in fremden Gewerbebetrieben als Arbeiter thätig ist, wird nicht Gewerbetreibender, wenn er *hie und da* Arbeiten in unmittelbarem Auftrage der Bauherren ausführt, ebensowenig Jemand, welcher auf dem Lande seine Arbeitskraft im wesentlichen in unselbständiger Stellung als Arbeiter in fremden z. B. landwirtschaftlichen Betrieben ausnutzt und nur nebenher untergeordnete Bauarbeiten zur Verschaffung eines Nebenverdienstes verrichtet (vgl. dagegen Anm. Z. 1 lit. f). Ein Taglöhner, welcher als solcher bei Bauten, Wegebauten und bei landwirtschaftlichen Arbeiten thätig war, hatte von einem Landwirte den Abbruch eines Gebäudes übernommen; die ihm von dem Auftraggeber für die ganze Arbeit bezahlte Gesamtsumme brachte ihm nur einen mäßigen Taglohn für den Arbeitstag ein: der Taglöhner wurde daher als Akkordarbeiter des Landwirtes angesehen.

5. Gewerbsmäßige Baubetriebe: Maßgebend ist hier, daß der Baugewerbetreibende die der Art nach zu seinem Gewerbebetriebe gehörige Arbeit in Person oder durch eigene Arbeiter leitet und beaufsichtigt und die gewerbliche Verantwortung für die Ausführung trägt. Ein gewerbsmäßiger Baubetrieb liegt daher z. B. dann nicht vor, wenn ein Baugewerbetreibender einem Gebäudebesitzer für dessen eigene Bauausführung eine Arbeitskraft leihweise überläßt, selbst wenn er hiefür in der sogen. Meistergebühr von dem Gebäudebesitzer ein Entgelt bezieht.

ad b) 6. **Alle anderen Bauarbeiten,** bezüglich deren als Unternehmer derjenige gilt, für dessen Rechnung die Bauarbeiten ausgeführt werden.

Wenn ein Bauherr (Gebäudebesitzer, der nicht Baugewerbetreibender ist) die ganze Bauarbeit durch seine Arbeiter auf seine Rechnung ausführen läßt, kann ein Zweifel über seine Eigenschaft als Unternehmer in Ansehung derselben kaum entstehen; daß auch fremde, eigens für diese Bauarbeit angenommene Arbeiter in diesen Eigen-(Regie-)Baubetrieb einzubeziehen sind, wurde schon oben erwähnt.

Es kommt aber gerade bei Bauausführungen nicht selten vor, daß ein Bauherr einen Teil des Baues einem Baugewerbetreibenden zur Ausführung überträgt, während er sich selbst einzelne für den Bau erforderliche Arbeiten vorbehält, und mit seinen Arbeitern ausführt. In solchen Fällen haben die einen Arbeiten als in dem Baubetriebe des Gewerbetreibenden, die anderen als Regiebauarbeiten des Bauherrn zu gelten; z. B. ein Landwirt überträgt bei einem Scheunenbau die Maurer- und Zimmerarbeiten gewerbsmäßigen Bauunternehmern, schafft aber das Baumaterial, (Sand, Steine, Kalk, Holz ꝛc.) durch seine eigenen Leute selbst herbei oder behält sich vor, die Eindeckung des Daches durch selbst angenommene Personen in eigener Regie zu besorgen; oder ein Schmiedmeister überträgt den Neubau einer Schmiede einem Baugewerbetreibenden, behält sich aber vor, die eisernen Trägerschienen in einem unmittelbar für den Bau verwendbaren Zustande selbst zu liefern.

Hiebei kann es vorkommen, daß Arbeiter des Bauherrn bei Arbeiten des Baugewerbetreibenden und umgekehrt vorübergehend Hilfe leisten; das Reichs-Versicherungsamt (siehe A.N. 1891 S. 244) hat entschieden, daß in solchen Fällen die hilfeleistenden Arbeiter sich im Zweifel nicht von dem Betriebe ihres ständigen Arbeiters loslösen und in den Betrieb des ihnen fremden Unternehmers eintreten.

Die Entscheidung, ob eine einzelne Bauarbeit von einem Gewerbetreibenden in seinem gewerbsmäßigen Baubetriebe oder von dem Bauherrn als Unternehmer durch besonders angenommene Arbeiter ausgeführt wird, ist oft schwierig, insbesondere dann, wenn als Gewerbetreibende sogen. Kleinmeister beteiligt sind. Um der Gefahr einer Doppelversicherung ein und derselben Bauarbeit (durch Heranziehung des Bauherrn zur Zahlung von Regiebauprämien und des Gewerbetreibenden zur Entrichtung von Versicherungsbeiträgen) entgegenzutreten, ist den Berufsgenossenschaften vom Reichs-Versicherungsamt mit Rundschreiben vom 12. März 1891 mitgeteilt worden, daß zur Verhütung einer solchen Doppelversicherung von einzelnen Vorständen der Berufsgenossenschaft mit Erfolg Vereinbarungen mit den beteiligten Behörden dahin getroffen worden seien, daß in den Regiebaunachweisungen die Namen der selbständigen Baugewerbetreibenden erkennbar gemacht würden. Durch eine Vergleichung dieser Nachweisungen mit den Lohnnachweisungen der Kleingewerbetreibenden, soweit solche für die Berechnung des Selbstversicherungsbeitrages zu erstatten sind, ließe sich dann eine Doppelmeldung feststellen und so eine Doppelversicherung vermeiden.

7. Wenn in Gemeinden durch Rezesse oder Herkommen eine Aufteilung der Wegebauarbeiten unter die Grundbesitzer stattgefunden hat, so ist es eine Frage des einzelnen Falles, ob nur eine Regelung und bezw. angemessene Verteilung der den Gemeindegliedern obliegenden Frohndienstleistungen oder eine rechtliche Festsetzung der Wegebaulast bezweckt werden wollte; vgl. auch oben Anm. 2 lit. e zu § 1 Bau-U.G. Seite 251.

8. Es bedarf schließlich kaum der ausdrücklichen Erwähnung, daß wenn ein Bauherr (Gebäudebesitzer) die Arbeit zwar nicht einem gewerbsmäßigen Unternehmer, aber doch einem anderen Unternehmer, welcher sie seinerseits in eigener Regie ausführt, übergeben hat, nicht der erstere, sondern der letztere als Unternehmer zu erachten ist.

9. Vgl. hieher insbesondere auch die §§ 7, 29 und Anm. hiezu.

Träger der Versicherung.

§ 6. (§ 4).

Die Versicherung erfolgt:

1. bei der gewerbsmäßigen Ausführung von Eisenbahn-, Kanal-, Wege-, Strom-, Deich- und anderen Bauarbeiten, welche nicht unter die Bestimmungen des Gewerbe-Unfallversicherungsgesetzes oder unter die nach § 1 Abs. 1 Ziffer 2 a. a. O. vom Bundesrat erlassenen Anordnungen fallen, unbeschadet der Bestimmungen in den Ziffern 2 und 3, auf Gegenseitigkeit durch die Unternehmer. Die letzteren werden zu diesem Zwecke in eine Berufsgenossenschaft vereinigt (§§ 12 bis 17);
2. bei Bauarbeiten, welche von dem Reiche oder von einem Bundesstaat als Unternehmer (§ 5) ausgeführt werden und nicht zu den Bauten der im § 128 Abs. 1 des Gewerbe-Unfallversicherungsgesetzes aufgeführten Reichs- und Staatsverwaltungen gehören, vorbehaltlich der Bestimmung des § 8 Abs. 1 auf Kosten des Reichs oder des Staates durch das Reich beziehungsweise den Staat, für dessen Rechnung die Bauarbeit erfolgt, durch Ausführungsbehörden (§§ 42, 43);
3. bei Bauarbeiten, welche in anderen als Eisenbahnbetrieben von einem Kommunalverband oder einer anderen öffentlichen Korporation als Unternehmer (§ 5) ausgeführt werden, vorbehaltlich der Bestimmung des § 8 Abs. 2, auf Kosten dieses Kommunalverbandes oder dieser Korporation, sofern die Landes-Centralbehörde auf deren Antrag erklärt, daß der Verband oder die Korporation zur Uebernahme der durch die Versicherung entstehenden Lasten für leistungsfähig zu erachten ist, durch Ausführungsbehörden (§§ 42, 43).

   Die Landes-Centralbehörden sind berechtigt, mehrere Kommunalverbände oder andere öffentliche Korporationen zum Zwecke der gemeinsamen Durchführung der Unfallversicherung bei den von ihnen als Unternehmern ausgeführten Bauarbeiten zu einem Verbande zu vereinigen.

   Das Ausscheiden solcher Korporationen aus Berufsgenossenschaften darf nur am Schlusse des Rechnungsjahrs erfolgen;
4. bei Bauarbeiten, deren Ausführung entweder von anderen als den in Ziffer 2 und 3 bezeichneten Verbänden und Korporationen oder deren Ausführung nicht gewerbsmäßig erfolgt, auf Kosten der Unternehmer (§ 5) beziehungsweise Gemeindeverbände durch die Berufsgenossenschaften der Baugewerbebetreibenden (§§ 1, 6 Ziffer 1, §§ 12 ff. dieses Gesetzes, §§ 1, 28 ff. des Gewerbe-Unfallversicherungsgesetzes) nach näherer Bestimmung der §§ 18 ff. (Unfallversicherungsanstalten).

Bezüglich der Bauten, welche von Eisenbahnverwaltungen für eigene Rechnung ausgeführt werden, sowie bezüglich solcher Bauarbeiten, welche als Nebenbetriebe oder Teile eines anderen Betriebs anderweit versicherungspflichtig sind, behält es bei den sonstigen Bestimmungen sein Bewenden.

1. Neu sind durch die Novelle hier nur die Bestimmungen in Abs. II und III zu Z. 3 aufgenommen: durch dieselben soll einerseits leistungsfähigen Kommunalverbänden die oft lästige Notwendigkeit, eine eigene Ausführungsbehörde errichten zu müssen, erspart, andererseits nicht unbedingt leistungsfähigen Korporationen die selbständige Durchführung der Unfallversicherung ermöglicht werden.

Die sonst gegenüber dem früheren § 4 erfolgten Aenderungen sind teils redaktioneller Natur, teils waren sie durch die erfolgte Aufhebung des Ausdehnungsgesetzes vom 28. Mai 1885 und die erfolgte Aenderung der Paragraphenfolge des neuen Gew.U.G. und Bau=U.G. geboten.

2. **Durchführung der Versicherung der Bauarbeiten im Allgemeinen**: Soweit Bauarbeiten nicht schon nach dem Gew.U.V. versichert sind, erfolgt:

a) die Versicherung der gewerbsmäßigen Ausführungen der Erd= und Wasserbauarbeiten auf Gegenseitigkeit der Unternehmer in einer Berufsgenossenschaft (Tiefbau=Berufsgenossenschaft):

b) die Versicherung aller nicht gewerbsmäßigen Bauausführungen, insbesondere der Regiebauten der Privatpersonen auf Kosten der Unternehmer bei den betr. Berufsgenossenschaften der Baugewerbetreibenden (Tiefbau= und Baugewerksberufsgenossenschaften) in Versicherungsanstalten derselben.

c) Die Versicherung der Bauarbeiten (abgesehen von jenen der Post=, Telegraphen=, Marine= und Heeresverwaltungen, sowie der Eisenbahnbetriebe für Rechnung des Reichs oder eines Bundesstaates), welche vom deutschen Reiche oder einem Bundesstaate als Unternehmer ausgeführt werden, kann auf zweifache Weise erfolgen, entweder:

daß das Reich oder der Bundesstaat, für dessen Rechnung die Bauarbeit erfolgt, die Unfallversicherung der hier in Frage kommenden Personen auf eigene Schultern übernimmt und mit dem Vollzuge derselben Ausführungsbehörden betraut

oder

daß das Reich oder der betr. Bundesstaat bezüglich der von ihnen als Unternehmer ausgeführten Bauarbeiten derjenigen Berufsgenossenschaft, welche in dem betreffenden Bezirke für die Gewerbtreibenden der betreffenden Art errichtet ist, als Mitglied beitritt.

d) Die gleiche Befugnis, wie sie sub c in Ansehung des Reichs oder eines Bundesstaates erwähnt ist, wurde in Ziff. 3 von § 6 (abgesehen von Eisenbahnbetrieben) auch den Kommunalverbänden (politischen, Distrikts=, Kreisgemeinden rc.) und anderen öffentlichen Korporationen bezüglich der von denselben als Unternehmer ausgeführten Bauarbeiten eingeräumt unter der Voraussetzung, daß die Leistungsfähigkeit des Kommunalverbandes oder der öffentlichen Korporation von der zuständigen Landes=Centralbehörde anerkannt ist.

(In Bayern wurden vom k. Staatsministerium des Innern auf ihren Antrag eine Reihe unmittelbarer Städte, Distrikte und der größte Teil der anderen Gemeinden zur Uebernahme der denselben aus der Versicherung der von ihnen als Unternehmer ausgeführten Bauarbeiten entstehenden Lasten für leistungsfähig erklärt; in den Ausführungsvorschriften zu dieser Entschließung wurde die k. oberste Baubehörde in München als zuständige Ausführungsbehörde bestimmt.)

e) Die schon anderweit versicherungspflichtigen Bauarbeiten von Eisenbahnverwaltungen oder Nebenbetrieben wurden der Versicherungsanstalt nicht zugewiesen, da die bei diesen Bauausführungen beschäftigten Personen bereits in derjenigen Berufsgenossenschaft versichert sind, zu welcher die Eisenbahnverwaltung bezw. (bei Nebenbetrieben) der Hauptbetrieb gehört und es an einem genügenden Anlasse gebrach, in diese der Natur der Sache entsprechende Organisation einzugreifen.

Das vorstehend sub a—e Gesagte läßt sich kurz so zusammenfassen:

Träger der Unfallversicherung für die bei Bauten beschäftigten Personen sind:

I. Die bisherigen Baugewerks-Berufsgenossenschaften (gebildet auf Grund des Unfallversicherungsgesetzes vom 6. Juli 1884) bezüglich der in gewerbsmäßigen Hochbaubetrieben sowie der bei Regiearbeiten an Hochbauten beschäftigten Personen, soweit diese Arbeiten nicht als Nebenbetriebe oder Betriebsteile einem Betrieb zu anderer genossenschaftlicher Zugehörigkeit folgen.

II. Die Tiefbau-Berufsgenossenschaft (gebildet auf Grund des Bau-Unfallversicherungsgesetzes) bezüglich der in gewerbsmäßigen Tiefbaubetrieben sowie bezüglich der bei Regiearbeiten an Tiefbauten beschäftigten Personen mit der unter I aufgeführten Modalität.

III. Das Reich, die Bundesstaaten, Gemeinden und öffentlichen Korporationen bezüglich der bei allen ihren Bauarbeiten beschäftigten Personen mit den vorstehend in litr. c und d besprochenen Vorbehalten.

Bei den Versicherungsanstalten der Baugewerks- bezw. Tiefbau-Berufsgenossenschaft sind demnach zu versichern: die unter I und II bezeichneten Regiebauarbeiten, die selbstversicherten Unternehmer von Bauarbeiten, die Bauarbeiten der Gemeinden und anderen öffentlichen Korporationen, soferne diese Verbände die Versicherung nicht selbst übernommen haben.

Im Einzelnen kommt zu bemerken:

3. Gewerbsmäßige Ausführung von Bauarbeiten: vgl. Anm. Z. 4 und 5 zu § 5 Seite 264.

4. Wegebauarbeiten: vgl. Anm. Z. 7 lit. f zu § 1 Bau-U.G. Seite 255.

In Ansehung der Versicherungspflichtigkeit von Wegewärtern (Straßenwärtern) hat das Reichs-Versicherungsamt entschieden, daß auch das im Interesse der Wegeunterhaltung stattfindende Legen und Wiederentfernen der Sperrvorrichtungen, sowie das Aufbreiten des Reparaturkieses auf den Wegen als Wegebauarbeit im Sinne des Bau-Unfallversicherungsgesetzes anzusehen und die damit beschäftigten Wegewärter als versicherungspflichtig zu erachten seien.

Die Frage der Versicherungspflicht der im Straßenreinigungsdienste beschäftigten Personen kann nur von Fall zu Fall nach den thatsächlich obwaltenden Verhältnissen beurteilt werden. In Betracht kommen wird dabei namentlich das Material, aus welchem die Straße hergestellt ist, wie z. B. die Reinigung von chaussierten oder von Holz-, Asphalt-, Makadam-Straßen in der Regel als der baulichen Unterhaltung dienend anzusehen sind. Soweit die Straßenreinigung als Nebenbetrieb eines versicherungspflichtigen Straßenbaubetriebs sich darstellt, vgl. § 12 Abs. II des Bau-U.G.'

Die in den Betrieben der gewerbsmäßigen Straßenpflasterer, Steinsetzer, Asphaltierer, Brunnenmacher ausgeführten Arbeiten sind nicht Wegebauarbeiten im Sinne des § 6 Z. 1 des Bau-U.G., sind also auch nicht bei der Tiefbau-Berufsgenossenschaft, sondern bei der Baugewerks-Berufsgenossenschaft versichert.

5. Kanal- und Stromarbeiten: Soweit solche wegen der dazu nötigen Maurerarbeiten schon bisher bei den Baugewerks-Berufsgenossenschaften versichert waren, hat es hiebei sein Bewenden; alle anderen Kanal- und Stromarbeiten gehören zur Tiefbau-Berufsgenossenschaft.

Als Kanalarbeiten wurden auch die alljährlich wiederkehrenden „Aufeisungarbeiten" zur Erhaltung des Wasserlaufs sowie zur Verhütung des Uebertretens des Wassers und der hiedurch bedingten Beschädigungen der Ufer und Brücken des Kanales (Flusses, Baches) erachtet.

6. Andere Bauarbeiten: Hierunter sind nur Tiefbau- also Festungs-, Meliorations-, Bewässerungs-, Entwässerungs-, Drainierungs-, Bodenkultur-, Siel-, Uferschutz- u. dgl. Bauarbeiten zu verstehen, soferne dieselben nicht als Teile land- und forstwirtschaftlicher Betriebe der landwirtschaftlichen Unfallversicherung unterliegen; vgl. Anm. 2 lit. e zu § 1 Bau-U.G. Seite 251 und § 1 Abs. IV Landw.-U.G. Soweit bei Festungs-Bauarbeiten der Hauptbetrieb ein Hochbaubetrieb ist, gehören sie zur Baugewerks-Berufsgenossenschaft.

7. **Versicherung auf Gegenseitigkeit der Unternehmer in einer Berufsgenossenschaft**: Die auf Grund dieser Bestimmung gebildete Berufsgenossenschaft ist die Tiefbau-Berufsgenossenschaft mit dem Sitze in Berlin (Wilmersdorf, Berlin, Babelsbergerstraße 16), ohne Sektionsbildung das ganze Gebiet des deutschen Reichs umfassend.

Zur Tiefbau-Berufsgenossenschaft gehören alle Bauarbeiten, welche in die Tiefe des Erdbodens gehen oder an der Bodenoberfläche vorgenommen werden, soweit sie nicht schon durch das Gewerbe-Unfallversicherungsgesetz oder die auf Grund desselben ergangenen Bundesratsbeschlüsse den Baugewerks-Berufsgenossenschaften überwiesen sind (z. B. Brunnen-, Pflasterer-, Steinsetzer-, Asphaltiererarbeiten). An der Zugehörigkeit der Tiefbauarbeiten zur Tiefbau-Berufsgenossenschaft ändert auch der Umstand nichts, daß diese Bauten, wie es oft der Fall ist, zum Teil in Maurer-, Zimmer- oder anderen schon nach dem Gewerbe-Unfallversicherungsgesetz versicherungspflichtigen Arbeiten bestehen. Die Arbeiten in der Tiefe, in Erde und Wasser, geben der Gesamtarbeit ihr eigentümliches Gepräge und schaffen einen besonderen Gefahrenkreis, in welchen die übrigen Arbeiter miteinbezogen werden. Es sind daher auch die Maurer-, Zimmerarbeiten u. s. w. für einen solchen Bau, auch wenn sie nach der Zahl der Arbeitstage und der Höhe der Arbeitslöhne überwiegen, regelmäßig nur als ein für die Beurteilung der genossenschaftlichen Zugehörigkeit nicht wesentlich entscheidender Bestandteil der Gesamtarbeit zu erachten (Handbuch der Unfall-Versicherung II. Aufl. S. 668).

8. **Bauten, bezüglich deren das Reich oder ein Bundesstaat als Unternehmer erscheint**:

a) Nach wiederholten Entscheidungen des Reichs-Versicherungsamtes sind als solche auch jene Arbeiten zu erachten, welche sich als Bestandteile oder Nebenbetriebe der durch das Bau-Unfallversicherungsgesetz versicherungspflichtig gewordenen Arbeiten darstellen (z. B. Steinbruchsbetriebe, welche das Material für Straßenbauten beschaffen).

b) Zu den in § 128 Abs. I des Gewerbe-Unfallversicherungsgesetzes aufgeführten Reichs- und Staatsverwaltungen gehören: Die Post-, Telegraphen-, Marine- und Heeresverwaltungen, sowie die vom Reiche oder einem Bundesstaate für deren Rechnung verwalteten Eisenbahnbetriebe.

c) Daß das Reich oder der betr. Bundesstaat bezüglich der von denselben als Unternehmer ausgeführten Bauarbeiten als Mitglied derjenigen Berufsgenossenschaft beitreten kann, welche in dem betreffenden Bezirke für die Gewerbetreibenden der betreffenden Art errichtet ist, wurde schon oben erwähnt (vgl. übrigens auch § 8 Bau-U.G.).

Soweit dies nicht geschieht, erfolgt die Versicherung durch „Ausführungsbehörden" (§§ 42, 43 Bau-U.G.).

9. Unter „Kommunalverbänden" sind zu verstehen: selbständige Gutsbezirke, einzelne Gemeinden (Stadt-, Landgemeinden), Distrikte (Distriktsgemeinden in Bayern, Amtskorporationen (in Württemberg), Aemter (in der Provinz Westfalen), Kreise, Provinzen 2c.

Da vorausgesetzt wird, daß die Kommunalverbände als Unternehmer der Bauarbeiten erscheinen, kann jedoch z. B. ein Kreis oder ein Distrikt die Versicherung der Wegebauarbeiten seiner Gemeinden nicht in die eigene Versicherung übernehmen, weil bei diesen Arbeiten nicht der Kreis oder der Distrikt, sondern die einzelne Gemeinde der Unternehmer ist. Dagegen wurde es für unbedenklich erklärt, wenn ein solcher Kommunalverband eine Vereinbarung über Pauschalversicherung seiner sämtlichen Gemeinden und Gutsbezirke im Einvernehmen mit diesen mit der Versicherungsanstalt der Tiefbau-Berufsgenossenschaft trifft und die Pauschalsumme seinerseits an die Versicherungsanstalt überführt, da hiedurch die gesetzliche Verantwortlichkeit der Gemeinden und Gutsbezirke für die Zahlung der Prämien gegenüber der Versicherungsanstalt nicht berührt wird und der Kommunalverband nach außenhin nur als Zahlstelle in Betracht kommt (A.N. 1891 Z. 944 S. 193).

10. **„Oeffentliche Korporationen"**: Unter öffentlichen Korporationen sind solche Personenvereine zu verstehen, welche im Gebiete des Privatrechts juristische Persönlichkeit besitzen und im Gebiete des öffentlichen Rechts öffentliche Verwaltungsgeschäfte unter

staatlicher oder gemeindlicher Aufsicht in der Form der Selbstverwaltung zu besorgen haben (Dr. Piloty U.V.G. S. 468).

11. **Unternehmer**: Ueber den Begriff „Unternehmer" vgl. die Anm. Z. 1 und 2 zu § 5 Bau-U.G.

12. **Leistungsfähigkeit des Kommunalverbandes oder der öffentlichen Korporation**:

a) Dieselbe ist Sache des Ermessens und kann nur auf Antrag erklärt werden. Die der Landescentralbehörde obliegende Prüfung der Leistungsfähigkeit eines Kommunalverbandes oder einer öffentlichen Korporation hat sich nicht allein darauf zu beschränken, ob diese finanziell kräftig genug ist, um den aus der Uebernahme der Versicherung möglicherweise an sie herantretenden Ansprüchen genügen zu können, sondern auch auf die Frage, ob dieselben den sonstigen Anforderungen genügen kann, welche das Gesetz an die Berufsgenossenschaften stellt. Es ergibt sich dies nicht nur aus dem Wortlaut des § 6 Z. 3, welcher von den durch die Versicherung entstehenden Lasten spricht, sondern es folgt dies auch aus der Natur der Sache, da die Landescentralbehörde nicht eine Korporation rechtlich mit den Aufgaben einer Berufsgenossenschaft betrauen kann, wenn derselben thatsächlich die Qualifikation zur Uebernahme dieser Aufgabe mangelt.

b) Ein für leistungsfähig erklärter Kommunalverband kann für ein und dieselbe Art seiner Bauarbeiter entweder die Versicherung selbst übernehmen oder bei der Berufsgenossenschaft verbleiben bezw. ihr beitreten oder die Versicherung bei der Versicherungsanstalt der Berufsgenossenschaft nehmen; dagegen ist es unzulässig, gleichartige Arbeiten (z. B. Chausseearbeiten) teilweise auf die eine, teilweise auf die andere Art zu versichern (A.N. 1894 Z. 1340 S. 272).

c) Die Erklärung der Leistungsfähigkeit kann, wenn die derselben zu Grunde gelegten Voraussetzungen nicht mehr bestehen, wieder zurückgenommen werden; hievon wird wie von der erfolgten Erklärung der Leistungsfähigkeit den beteiligten Berufsgenossenschaften Kenntnis zu geben sein.

d) Die Erklärung der Leistungsfähigkeit hat an sich keine rückwirkende Kraft d. h. ein infolge der Leistungsfähigkeitserklärung aus der Versicherungsanstalt einer Berufsgenossenschaft ausscheidender Kommunalverband (oder eine solche Korporation) ist nicht verpflichtet, Renten aus Unfällen in seinem Baubetriebe zu übernehmen, für welche die Versicherungsanstalt aus der Zeit vor erfolgter Leistungsfähigkeitserklärung einzutreten hatte (A.N. 1888 Z. 628 S. 344). Der für die Frage des Rentenübergangs allgemein maßgebende § 53 des Gew.U.G. ist an keiner Stelle des Bau-Unfallversicherungsgesetzes als auf die Versicherungsanstalten anwendbar erklärt. Ein früherer Termin für den Beginn der Wirksamkeit der Leistungsfähigkeitserklärung kann jedoch im Wege freiwilliger Vereinbarung zwischen den Beteiligten gesetzt werden, jedoch nur dann, wenn hiedurch die Rechte der Versicherten nicht verletzt werden.

13. **Regie-Bauarbeiten**: I. Unter Ziff. 4 Abs. I des § 6 sind zu subsumieren:

a) die Bauarbeiten aller Privatpersonen, welche diese nicht gewerbsmäßig als Unternehmer, d. i. für ihre eigene Rechnung ausführen;

b) die Bauarbeiten der Kommunalverbände und öffentlichen Korporationen, welche diese als Unternehmer in eigener Regie ausführen.

Unter „Regiebauten" sind solche Bauarbeiten zu verstehen, welche der Bauherr für eigene Rechnung mit selbst angenommenen Arbeiter ausführen läßt.

Auf Unfälle eines Arbeiters bei solchen Bauarbeiten finden §§ 12 bis 14 Gew.U.G. keine Anwendung (vgl. § 10 Bau-U.G.).

Die Versicherung dieser Bauarbeiten erfolgt bei den Versicherungsanstalten der Baugewerks-Berufsgenossenschaften, bezw. der Tiefbau-Berufsgenossenschaft auf Kosten der Unternehmer bezw. der Gemeindeverbände oder Korporationen. Dabei ist es ohne Belang, ob es sich um Neubauten oder die Unterhaltung bestehender Baulichkeiten handelt, ferner ob es sich um Bauarbeiten im engeren Sinne oder um Bestandteile derselben (Hilfsarbeiten, Nebenarbeiten, Nebenbetriebe) handelt, ferner welcher Art die Bauarbeiten sind. Es hat daher bei den mit den Berufsgenossenschaften verbundenen Versicherungsanstalten die Versicherung der im Regiebetriebe mit Bau-, Schreiner- (Tischler-), Einsetzer, Schlosser- oder Anschlägerarbeiten beschäftigten Personen zu erfolgen, während diese Arbeiten, wenn sie durch Gewerbetreibende ausgeführt werden, bei den zuständigen Berufsgenossenschaften (Holz-, Eisen- und Stahl-Berufsgenossenschaften) zu versichern sind.

Nicht unter Ziff. 4 Abs. I des § 6 fallen:

α) das Reich und die Bundesstaaten bezüglich derjenigen Bauarbeiten, welche von diesen als Unternehmer ausgeführt werden,

β) Personen, welche gewerbsmäßig Bauarbeiten (Hoch- oder Tiefbauarbeiten) ausführen,

γ) Kommunalverbände oder öffentliche Korporationen, welche für leistungsfähig erklärt oder einer Berufsgenossenschaft als Mitglied beigetreten sind,

δ) alle Bauarbeiten, welche als Nebenbetriebe oder Bestandteile eines anderen Betriebs einer anderen Berufsgenossenschaft als einer Bauberufsgenossenschaft angehören.

Ueber die Art und das Verfahren der Versicherung der Regiebauarbeiten bei den Versicherungsanstalten siehe §§ 18 ff. sowie die Anmerkungen hiezu.

14. Die Bestimmung in Ziff. 4 Abs. II des § 6 umfaßt:

I. die Bauten der Eisenbahnverwaltungen für eigene Rechnung,

II. solche Bauarbeiten, welche als Nebenbetriebe oder Teile eines anderen Betriebes anderweit versicherungspflichtig sind.

Bezüglich dieser Bauten und Bauarbeiten hat es sein Bewenden bei den bisherigen Bestimmungen; d. i. den einschlägigen Bestimmungen des Gewerbe-Unfallversicherungsgesetzes und des landwirtschaftlichen Unfallversicherungsgesetzes.

ad I. a) Zu den Regiebauten (Bauten auf eigene Rechnung) der Eisenbahnverwaltungen gehören nur diejenigen, welche von denselben mit direkt angenommenen und gelohnten Arbeitern ausgeführt werden, nicht aber solche, deren Herstellung an einen Unternehmer mit der Maßgabe verdungen ist, daß diesem auch die Annahme, Verwendung und Beaufsichtigung der Arbeiter obliegt.

b) Ferner ist vom Reichs-Versicherungsamt (A.N. 1889 S. 323) ausgesprochen worden, daß bezüglich der Eisenbahnverwaltungen ein versicherungspflichtiger Betrieb von Bauten nur dann vorliegt, wenn der Unternehmer eines schon bestehenden Eisenbahnbetriebes Eisenbahnbauten ausführt. Soll dagegen durch den Bau erst die Grundlage für den Eisenbahnbetrieb geschaffen werden, und beabsichtigt der Unternehmer erst nach Fertigstellung des Baues eine Eisenbahn in Betrieb zu setzen, so kommt für die Ausführung der Eisenbahnbauarbeit das Bau-Unfallversicherungsgesetz zur Anwendung.

ad II. Hieher gehören die Regiebauarbeiten, welche sich als Bestandteile landwirtschaftlicher oder industrieller Betriebe darstellen:

15. Regiebauarbeiten als Bestandteile landwirtschaftlicher Betriebe: a) Nach § 1 Abs. IV des landwirtschaftlichen Unfallversicherungsgesetzes gelten die laufenden Reparaturen an den zum Betriebe der Land- und Forstwirtschaft dienenden Gebäuden und die zum Wirtschaftsbetriebe gehörenden Bodenkultur- und sonstigen Bauarbeiten, insbesondere die diesem Zwecke dienende Herstellung oder Unterhaltung von Wegen, Dämmen, Kanälen und Wasserläufen als Teile des land- und forstwirtschaftlichen Betriebes, wenn sie vom Unternehmer eines solchen Betriebes ohne Uebertragung an andere Unternehmer auf ihren Grundstücken ausgeführt werden. Wenn aber solche Bauarbeiten nicht von dem Unternehmer desjenigen land- oder forstwirtschaftlichen Betriebes, zu dessen Gunsten sie vorgenommen werden, für eigene Rechnung ausgeführt werden, so gelten sie nicht als

Teile dieses Betriebes: Vgl. hieher Anm. Z. 2 lit. c zu § 1 Bau-U.G. S. 251 und folgende Beispiele:

b) In dem Abnehmen des alten und dem Wiederaufsetzen eines neuen Scheunedachstuhles kann eine laufende Reparatur nicht erblickt werden; eine solche läge z. B. vor im Falle des Ausbesserns von Schindel-, Stroh oder Ziegeldachungen oder im Falle des Ausbesserns von Sparrenwerk.

c) Ein Land- und Gastwirt wollte für seinen Oekonomie- und Wirtschaftsbetrieb einen Keller bauen, um in demselben im Sommer Bier und im Winter Feldfrüchte aufbewahren zu können; derselbe wurde beim Ausgraben des Kellers verschüttet, und beanspruchte von der landwirtschaftlichen Berufsgenossenschaft eine Unfallrente; sein Anspruch wurde jedoch abgewiesen, da die Erbauung eines Kellers von dem Umfange wie ihn der Verunglückte projektiert hatte, besondere technische Kenntnisse sowohl für die Ausgrabungsarbeiten als die Auswölbung erfordert, diese Arbeiten also nicht als Teil eines land- und forstwirtschaftlichen Betriebes angesehen werden können; es wurde daher vielmehr angenommen, daß eine Bauführung, als deren Unternehmer der Verunglückte gilt, im Sinne des Bau-Unfallversicherungsgesetzes in Frage stand. (Mitt. 1892 Z. 228 S. 54).

d) Es kommt häufig vor, daß ein Landwirt für einen Neubau das hiezu erforderliche Material mit seinem für die Oekonomie bestimmten Fuhrwerke nach Gelegenheit beifährt; handelt es sich um einen bereits begonnenen, oder doch demnächst zu beginnenden, zur Ausführung bereits vergebenen Bau, so ist das Beischaffen von Baumaterial versicherungspflichtige Regiebauarbeit, soferne dasselbe nicht als Bestandteil eines anderen versicherungspflichtigen Betriebs zu erachten ist; handelt es sich aber um einen erst geplanten, näher noch nicht festgesetzten Bau, so ist nach Lage des Einzelfalles zu entscheiden, ob das Beischaffen von Material als landwirtschaftlicher Betrieb oder als Regiebauarbeit anzusehen ist; vgl. Anm. 7 lit. d zu § 1 Bau-U.G. Seite 254.

e) Ein Landwirt, welcher als Gemeindemitglied zu Hand- und Spanndiensten für die Wegebauarbeiten der Gemeinde verpflichtet war, hatte von der Gemeinde die Anweisung erhalten, für die Beschaffung und das Anfahren von Kleinschlag zu sorgen. Zu diesem Zwecke ließ er auf einer seiner Wiesen die dort lagernden Findlingssteine durch seinen Dienstknecht ausgraben und zerschlagen, größere Steine aber mit Pulver sprengen. Bei einer solchen Sprengung erlitt der Arbeiter einen Unfall.

Im Gegensatze zur schiedsgerichtlichen Entscheidung hat sich das Reichs-Versicherungsamt dahin ausgesprochen, daß es sich im gegebenen Falle um nach dem Bau-Unfallversicherungsgesetze versicherungspflichtige Wegebauarbeiten handle, da die Arbeit in Erfüllung einer Frohndienstpflicht (weniger in der Absicht, eine landwirtschaftliche Verbesserung der Wiese zu bewirken) ausgeführt wurde und zudem der größere und gefährlichere Teil der Arbeit, das Zerkleinern der Steine, nur für die Zwecke des Wegebaues notwendig war, während zur Verbesserung der Wiese die einfache Entfernung der Steine genügt hätte.

f) Ueber allgemeine Gesichtspunkte, ob Abbrucharbeiten eines Landwirts als selbständige Bauarbeiten oder Teile des landwirtschaftlichen Betriebes gelten, siehe A.N. 1893 S. 441 (maßgebend sind die thatsächlichen Verhältnisse von Fall zu Fall, u. a. auch das Verhältnis des Umfanges der Abbrucharbeiten zur Größe des landwirtschaftlichen Betriebes);

g) Ausbeutung einer geringfügigen Kiesgrube zu Verkaufszwecken durch einen Landwirt als Teil des landwirtschaftlichen Betriebes und nicht Regiebauarbeit (A.N. 1893 S. 444);

h) der Abbruch des Wohnhauses eines Kleinbauern unter Beihilfe von Nachbarn und Arbeitern zum Zwecke eines Neubaues durch einen Baugewerbetreibenden wurde als selbständige Regiebauarbeit des Kleinbauern erachtet (A.N. 1893 S. 441 Z. 1287).

Der Umbau am Wohnhause eines kleinen Landwirts und Spezereiwarenhändlers wurde als Regiebau erachtet, obschon in dem Hause landwirtschaftliche Erzeugnisse lagerten (A.N. 1893 Z 1296 S. 445);

i) dagegen wurde der Bau einer Badehütte für die Wirtschaftsbeamten durch Gutsarbeiter als eine bei der landwirtschaftlichen Unfallversicherung versicherte Bauarbeit angesehen (A.N. 1893 Z. 1297 S. 445).

16. Regiebauarbeiten als Bestandteile industrieller Betriebe:

a) Die Frage, ob Bauarbeiten, welche die Unternehmer von Fabrik= und anderen unfallversicherungspflichtigen Betrieben auf ihren Grundstücken, sei es im Anschlusse an vorhandene Gebäude, sei es als Neuanlagen oder zur Vergrößerung des Betriebes, für ihre Rechnung ohne Uebertragung an einen Baugewerbetreibenden ausführen lassen, als Teile des Fabrik= rc. Betriebes anzusehen und deshalb die dabei beschäftigten Arbeiter bei derjenigen Berufsgenossenschaft, welcher die Fabrik rc. angehört, versichert sind, oder ob diese Arbeiten nach § 6 Z. 4 des Bau=Unfallversicherungsgesetzes als Regiebauten der Versicherungspflicht bei der Versicherungsanstalt der örtlichen Baugewerks=Berufsgenossenschaft bezw. der Tiefbau=Berufsgenossenschaft unterliegen, ist nicht allgemein, sondern für jeden einzelnen Fall nach den obwaltenden thatsächlichen Verhältnissen zu beurteilen. Im allgemeinen werden die den Zwecken eines Fabrik= rc. Betriebes dienenden Bauarbeiten jedenfalls dann als zum laufenden Betriebe der Fabrik rc. gehörend (also nicht nach dem Bau=Unfallversicherungsgesetz versicherungspflichtig) anzusehen sein, wenn sie ausschließlich oder überwiegend durch das ständige Bauarbeiterpersonal des betreffenden Betriebes ausgeführt werden.

Es ist dieser Grundsatz in einer Anzahl von Fällen, welche der Entscheidung der Versicherungsämter unterstellt waren, zum Ausdrucke gebracht. Es wurde ausgesprochen, daß Regiebauarbeiten, welche ausschließlich oder vorwiegend durch fremde, für die Bauten angenommenen Arbeiter (mit besonderer Qualifikation wie Maurer, Zimmerer, Brunnenmacher, Bergleute rc. rc.) ausgeführt werden, bei den Versicherungsanstalten der Baugewerks= bezw. Tiefbau=Berufsgenossenschaft zu versichern sind, während Bauarbeiten, welche innerhalb eines Fabrik= oder anderen versicherungspflichtigen Betriebes (auch wenn es sich um Neubauten, Erweiterungsbauten, Reparaturen von bedeutendem Umfange, wie z. B. Wohnungen für Fabrikarbeiter eines großen Hütten= und Walzwerkes, neuer Glasschmelzofen mit Streckofen in einer Glasfabrik, Vergrößerung eines Maschinenhauses zur Aufstellung einer weiteren Dampfmaschine rc. rc. handelt) für diesen Betrieb ausschließlich oder doch überwiegend durch den Arbeiterstock des betr. Etablissements (die von demselben regelmäßig beschäftigten Bauhandwerker) ausgeführt werden, als Bestandteile des betr. laufenden Betriebes bei derjenigen Berufsgenossenschaft, welcher letzterer überhaupt angehört, versichert sind. — Vorausgesetzt wird hiebei, was hier wiederholt wird, daß die Bauarbeiten den Zwecken des Fabrik= rc. Betriebes dienen: trifft diese Voraussetzung nicht zu (wie z. B. beim Bau eines Privatwohnhauses für den Fabrikunternehmer oder bei Bauarbeiten an einer Kirche, deren Verwaltung einem Betriebsunternehmer anvertraut ist), so sind die Bauarbeiter nach dem Bau=Unfallversicherungsgesetz zu versichern (bei den Versicherungsanstalten), auch wenn es sich nur um Reparaturarbeiten handelt und die bezüglichen Arbeiten auch ausschließend oder vorwiegend durch das ständige Bauarbeiterpersonal der Fabrik oder eines anderen Betriebes ausgeführt werden.

b) Ist eine Bauarbeit als Bestandteil des Fabrik= (oder anderen versicherungspflichtigen) Betriebes anzusehen, so sind sämtliche dabei thätige Personen (auch soweit sie nicht zu dem eigenen Bauarbeiterstamme gehören, sondern nur vorübergehend angenommen werden) bei der Berufsgenossenschaft, welcher ein solcher Betrieb angehört, mitversichert.

c) Hat sie dagegen als selbständig zu versichernde Bauarbeit zu gelten, so sind regelmäßig auch die dabei eventuell mitbeschäftigten ständigen Arbeiter des Fabrik= u. s. w. Betriebes mit ihren bei der Bauarbeit verdienten, event. schätzungsweise festzustellenden Löhnen in die Regie=Baunachweisungen aufzunehmen und Ausnahmen höchstens dann anzuerkennen, wenn sich die dem Bau dienende Thätigkeit von ihrer sonstigen Beschäftigung nicht wohl scheiden läßt (Plenarbeschluß des Reichs-Versicherungsamts vom 12. März 1890).

d) Die laufenden Reparaturen an den Gebäuden, welche zu den im § 1 des Gewerbe-Unfallversicherungsgesetzes gedachten Betrieben dienen, gelten als Teile des Fabrik- rc. Betriebes, wenn sie von dem Unternehmer des Fabrikbetriebes ohne Uebertragung an andere Unternehmer auf seinem Grundstücke ausgeführt werden und sind deshalb die hiebei beschäftigten Arbeiter bei derjenigen Berufsgenossenschaft versichert, welcher der Fabrik- rc. Betrieb angehört.

e) Unter „laufenden Reparaturen" sind solche zu verstehen, welche mit dem regelmäßigen Gange des laufenden Betriebes zusammenhängen, durch die Art desselben notwendig werden und in gewissen zeitlichen Zwischenräumen immer wiederkehren (Reparaturen an Brennöfen, Feuerungsanlagen, Ausbessern der Dachungen, Erneuern des Verputzes, Einstellung eines neuen Wasserrades in eine Mühle, Ausbessern von Dammbrüchen bei Mühlen, Einsetzen eines Windmühlenflügels, die Ausbesserung der Röhrenleitung einer Brennerei rc., A.N. 1890 Z. 831—834 S. 451—453, 1892 Z. 1127 S. 300). Die erwähnten laufenden Reparaturen gelten regelmäßig auch dann als Teile des Betriebes, wenn sie ausschließlich oder überwiegend durch hiefür besonders angenommene Arbeiter ausgeführt werden. Daß jedoch in dieser Richtung laufende Reparaturen nicht mit umfangreichen Erweiterungs- und Neubauten, z. B. industrieller Großbetriebe, zu identifizieren sind, liegt auf der Hand. So kann es wohl nicht unter den Begriff „laufende Reparaturen" subsumiert werden, wenn z. B. ein Fabrikunternehmer, welcher durchschnittlich in seinem Etablissement nur eine geringe Anzahl Bauhandwerker beschäftigt, gezwungen ist, zur möglichst raschen Wiederherstellung eines durch eine Kesselexplosion zerstörten Gebäudes eine große Anzahl Bauarbeiter eigens aufzunehmen. Die Bauarbeiten werden in der Regel dann nicht als „laufende Reparaturen" zu erachten sein, wenn dieselben durch den Eintritt eines dem regelmäßigen Gange des Betriebes fremdes, nicht vorherzusehenden Ereignisses veranlaßt sind.

Als „Regiebau" wurde z. B. erachtet, die Ausbesserung eines durch Hochwasser zerstörten Mühlendammes durch 80 eigens dazu angenommene Taglöhner (A.N. 1889 Z. 700 S. 194), die Bauarbeiten an dem mit der Fabrik in keinem Zusammenhang stehenden Wohnhause des Fabrikbesitzers (A.N. 1889 Z. 764 S. 379), der überwiegend mit fremden Arbeitern ausgeführte Neubau eines Kesselhauses für eine Brauerei (A.N. 1889 Z. 764 S. 380), umfangreiche Neubauten eines Mühlwerkes mit vorwiegend fremden Arbeitern (A.N. 1891 Z. 961 S. 202).

f) Bezüglich der Regiebauarbeiten der Baugewerbetreibenden ist noch zu erwähnen, daß dieselben Bestandteile des Gewerbebetriebes sind, sofern sie ihrer Art nach zu den gewerblichen Bauarbeiten des Betreffenden gehören. Wenn daher ein Baugewerbetreibender eine Bauarbeit ausführt, bezw. ausführen läßt, welche zu seinem gewerbsmäßigen Betriebe nicht gehört, demselben als solchen an sich fremd ist, so hat diese als selbständig (nach dem Bau-Unfallversicherungsgesetz) zu versichernde Regiebauarbeit zu gelten, ebenso wie wenn ein Nichtgewerbetreibender eine Bauarbeit ausführen läßt. Es ist also z. B. der Versicherungsanstalt der zuständigen Baugewerks-Berufsgenossenschaft eine Nachweisung vorzulegen, wenn ein Bauschlosser für sich im Regiebetriebe ein Wohnhaus errichtet, während die von Maurer- und Zimmermeistern in eigener Regie ausgeführte Errichtung eigener Wohnhäuser als bei der Baugewerks-Berufsgenossenschaft mitversichert zu erachten sind.

g) Für den Fall ein Zusammenwirken des Bauherrn (Unternehmers) mit Baugewerbetreibenden zur Herstellung des Baues stattfindet, ist die Frage, ob die in Regie ausgeführten Arbeiten einen Bestandteil des Betriebes oder einen versicherungsrechtlich selbständigen (bei den Versicherungsanstalten zu versichernden) Regiebaubetrieb bilden, für sich, d. i. unabhängig von dem erwähnten Zusammenwirken nach den in vorstehender Erörterung gegebenen Gesichtspunkten zu beurteilen.

§ 7.

Unfälle in fremden Betrieben hat die Berufsgenossenschaft (§ 6 Abs. 1 Ziffer 1) dann zu entschädigen, wenn sie sich bei Betriebshandlungen ereignen, zu welchen ein der Genossenschaft angehörender Unternehmer den Auftrag gegeben und für welche er die Löhne zu zahlen hat.

Die Bestimmung in § 7 ist neu und entspricht wörtlich dem gleichfalls durch die Novelle eingeführten § 28 Abs. IV des Gew.U.G.; weshalb auf das hiezu unter Anm. Z. 12 Seite 121 Bemerkte Bezug genommen wird; § 7 gilt für die Tiefbau-Berufsgenossenschaft wie für die Hochbau-Berufsgenossenschaften.

Vorausgesetzt wird hiebei, daß Unfälle in fremden Betrieben solche Personen erleiden, **welche** gegen Unfall versichert sind.

Ist der Auftrag vom Bauherrn ausgegangen, so findet § 7 auch in Ansehung der den **Versicherungsanstalten zugehörigen** Bauarbeiten Anwendung.

§ 8. (§ 5 Abs. 1, 3).

I Das Reich und die Bundesstaaten sind berechtigt, bezüglich aller oder einzelner Arten der unter § 6 Ziffer 2 fallenden, von ihnen als Unternehmer ausgeführten Bauarbeiten derjenigen Berufsgenossenschaft, welche in dem betreffenden Bezirke für die Gewerbetreibenden der betreffenden Art errichtet ist, durch eine von dem Reichskanzler beziehungsweise der Landes-Centralbehörde abzugebende entsprechende Erklärung als Mitglied beizutreten.

II Dieselbe Berechtigung (Abs. 1) steht den Kommunalverbänden und anderen öffentlichen Korporationen zu. Die Erklärung ist von ihrem Vorstand abzugeben.

1. § 8 hat gegenüber dem früheren § 5 insoferne eine Aenderung erfahren, als die Bestimmung in Abs. II des letzteren, wonach das Reich und die Bundesstaaten ihre etwaige Beitrittserklärung zur Berufsgenossenschaft vor Genehmigung des betreffenden Genossenschaftsstatuts abzugeben hatten, weggefallen ist, da ein Bedürfnis für deren Aufrechterhaltung nicht mehr bestand; hiedurch konnte auch Abs. II von § 8 etwas vereinfacht werden.

§ 8 findet auch Anwendung auf die auf Grund des Gewerbe-Unfallversicherungsgesetzes gebildeten Baugewerks-Berufsgenossenschaften.

2. Beitrittserklärung des Reichs und der Bundesstaaten: Im Interesse der Zweckmäßigkeit werden im Falle der Beitrittserklärung des Reichs oder der Bundesstaaten nicht diese, sondern die die Bauarbeiten derselben ausführenden Behörden in das Kataster der Bau-Berufsgenossenschaften eingetragen; der Mitgliedschein wird deshalb den genannten Behörden zugestellt. Es ist deshalb auch jeder einzelne Baubetrieb, bei welchem Regiebauten des Reichs oder der Bundesstaaten vorkommen, bei Beginn derselben derjenigen unteren Verwaltungsbehörde, in deren Bezirk der Sitz des Baubetriebes gelegen ist, anzumelden.

3. Bezüglich der unter § 6 Z. 2 Bau-U.G. fallenden Bauarbeiten wird auf die Anm. Z. 8 dieses Paragraphen Seite 269 Bezug genommen. Es gehören hieher auch Bauarbeiten, welche sich als Bestandteile oder Nebenbetriebe darstellen; letztere folgen dem Hauptbetriebe, sofern sie nicht bei der Beitrittserklärung ausdrücklich hievon ausgenommen worden sind; es ist deshalb möglich, wenig umfangreiche Hochbauarbeiten eines Staates bei der Tiefbau-Berufsgenossenschaft, sofern der Hauptbetrieb hiezu gehört, zu versichern.

Die Beitrittserklärung ist dem Vorstande der betreffenden Berufsgenossenschaft zu übermitteln.

Zur Zeit gehören der Tiefbau-Berufsgenossenschaft als Mitglieder auf Grund Beitrittserklärung nur mehr an: Sachsen-Meiningen, Anhalt und Bremen. Mehrere zunächst beigetreten gewesene Bundesstaaten (darunter auch Bayern) sind wieder ausgetreten.

4. **Beitrittserklärung der Kommunalverbände und anderen öffentlichen Korporationen**: Bezüglich der Anmeldung, des Beginnes der Mitgliedschaft, der Ablehnung der Aufnahme in das Kataster der Berufsgenossenschaft, der Beschwerde dagegen, der Betriebsveränderungen wird auf §§ 16 Abs. II und 17 des Bau-U.G. mit §§ 56 ff. des Gew.U.G. Bezug genommen.

Nachdem in § 8 Abs. II den Kommunalverbänden und anderen öffentlichen Korporationen das Recht eingeräumt ist, bezüglich der von denselben als Unternehmer ausgeführten Bauarbeiten den Bau-Berufsgenossenschaften als Mitglied beizutreten, ergibt sich hieraus im Zusammenhalt mit § 6 Z. 3, § 6 Z. 4 Abs. I, §§ 24, 31, 42 und 43 des Bau-U.G., daß die Versicherung der bei Bauarbeiten beschäftigten Personen Seitens dieser Verbände auf vier verschiedene Arten erfolgen kann:

Dieselben können:

a) wie erwähnt, der Tiefbau- oder der betr. Baugewerks-Berufsgenossenschaft als Mitglied beitreten (§ 8 Abs. II); in diesem Falle haben dieselben ihren Betrieb gemäß § 17 des Bau.U.G. (mit § 56 des Gew.U.G.) nach dem im Anhang abgedruckten Anmelde-Formular anzumelden,

b) die Versicherung selbst übernehmen, soferne sie für leistungsfähig erklärt sind § 6 Z. 3, §§ 42 und 43 Bau-U.G.),

c) ihre Regiebauarbeiter bei der Versicherungsanstalt der Bau-Berufsgenossenschaft (Tiefbau- oder Baugewerks-Berufsgenossenschaft) unter Einreichung monatlicher Nachweisungen versichern (§ 6 Z. 4 Abs. 1 und § 24 Bau-U.G.); das Formular für diese Nachweisung ist im Anhang gleichfalls abgedruckt, endlich

d) Antrag bei der Versicherungsanstalt der gen. Berufsgenossenschaft auf Pauschalversicherung unter Pauschalierung der der Berechnung der Prämie zu Grunde zu legenden Arbeitslöhne und Tagestellen. (§ 31 Bau-U.G.).

Bezüglich der sub c und d erwähnten Arten der Versicherung der Regiebauarbeiten siehe das nähere zu §§ 24 und 31 des Bau-U.G.

Im Falle Kommunalverbände oder andere öffentliche Korporationen, welche eine der unter a, c und d erwähnten Versicherungsarten gewählt hatten, infolge Leistungsfähigkeitserklärung die Versicherung ihrer Regiebauarbeiten selbst übernehmen, so entsteht die Frage, wer die aus den bezügl. Betrieben herrührenden Renten für die Zukunft zu übernehmen hat und bis zu welchem Teile der Reservefond infolge dieser Selbstübernahme übergeht. In dieser Beziehung hat das Reichs-Versicherungsamt ausgesprochen: Wenn es sich um eine vorgängige Versicherung bei den Versicherungsanstalten handelt, so gehen auf die für leistungsfähig erklärten Kommunalverbände oder Körperschaften Renten oder Reservefondsanteile nicht über. Wie schon in Anm. Z. 12 lit. d zu § 6 Seite 270 erwähnt wurde, ist der für die Frage des Rentenübergangs allgemein maßgebende § 52 des Gew.-U.G. an keiner Stelle des Bau-Unfallversicherungsgesetzes als auf die Versicherungsanstalten anwendbar erklärt. Mag der Vollzug dieses Grundsatzes den Versicherungsanstalten in dem einem Falle zu Gunsten, in einem anderen zu Ungunsten sein, so ist dies eine unvermeidliche Wirkung des Kapitaldeckungsprinzips, nach welchem die Prämientarife der Versicherungsanstalten berechnet und festgesetzt wurden.

Dagegen wurde ein Kommunalverband oder eine Korporation für verpflichtet erklärt, die Renten aus Unfällen, welche sich in den vor dem 1. Januar 1888 (d. i. vor dem Inkrafttreten des Bau-Unfallversicherungsgesetzes) versicherungspflichtigen Nebenbetrieben von deren Baubetrieben ereignet haben, vom Tage der Uebernahme derselben in die eigene Versicherung zu übernehmen (A.N. 1890 Z. 829 S. 198).

Die gleichen Grundsätze haben beim Ausscheiden eines Verbandes (Körperschaft) oder eines Staates aus der Tiefbau-Berufsgenossenschaft analoge Anwendung zu finden (Handb. der U.V. II. Aufl. S. 682).

Jahresarbeitsverdienst, Gegenstand der Versicherung, Umfang der Entschädigung, Verhältnis zu Krankenkassen ꝛc.

§ 9. (§ 6 Abs. 1).

Die Ermittelung des Jahresarbeitsverdienstes, der Gegenstand der Versicherung, der Umfang der Entschädigung und das Verhältnis der Unfallversicherung zu den eingeschriebenen Hilfskassen, zu den sonstigen Kranken-, Sterbe-, Invaliden- und anderen Unterstützungskassen, zu den Leistungen der zur Unterstützung hilfsbedürftiger Personen verpflichteten Gemeinden oder Armenverbände sowie der Unternehmer und Kassen, welche die den Gemeinden und Armenverbänden obliegende Verpflichtung zur Unterstützung auf Grund gesetzlicher Vorschrift erfüllt haben, bestimmt sich, vorbehaltlich der Vorschriften der §§ 10, 11 dieses Gesetzes, nach den §§ 6, 8 bis 27 des Gewerbe-Unfallversicherungsgesetzes.

1. **Anwendung der Bestimmungen des Gewerbe-Unfallversicherungsgesetzes auf das Bau-Unfallversicherungsgesetz.** Schon in der Einleitung (Abschn. C Seite 14) wurde angedeutet, daß sich der sachliche Umfang der Bau-Unfallversicherung an die bisherigen Gesetze über Unfallversicherung soweit als möglich anlehnt. Die Vorschriften über die Voraussetzungen und die Höhe der Entschädigung, über die Feststellung derselben, die dagegen zulässigen Rechtsmittel, die Auszahlung der Entschädigungen, die Unfallanzeigen und Unfalluntersuchungen, die Zusammensetzung der Schiedsgerichte, das Verhältnis der Bau-Unfallversicherung zu den Hilfs-, Kranken-, Invaliden- und anderen Unterstützungskassen, zu Gemeinden, Armenverbänden, welche zur Unterstützung hilfsbedürftiger Personen verpflichtet sind, zu den Versicherungsanstalten der Alters- und Invalidenversicherung, endlich zu Unternehmern und Kassen, welche die obengenannte Verpflichtung an Stelle der letzteren erfüllt haben, entsprechen den gleichartigen Vorschriften des Unfallversicherungsgesetzes.

2. **Vorbehaltlich der Vorschriften der §§ 10, 11 dieses Gesetzes.** Es wurde nämlich als unbillig erachtet, die Bestimmungen des § 12 des Gew.U.G. (früheren § 5 Abs. IX und X), wonach der Unternehmer vom Beginn der 5. Woche nach Eintritt des Unfalls bis zum Ablauf der 13. Woche das auf Grund des Kranken-Versicherungsgesetzes vom $\frac{\text{15. Juni 1883}}{\text{10. April 1892}}$ zu gewährende Krankengeld auf mindestens zwei Dritteil des Arbeitslohnes aus eigenen Mitteln zu erhöhen hat, auch auf die Unternehmer von Regiebauarbeiten auszudehnen, da diese die betreffenden Arbeiter oft nur wenige Tage beschäftigen und auf Grund oft so kurzer Verwendung unmöglich zu solchen Leistungen angehalten werden könnten. Näheres hierüber vgl. die folgenden §§ 10, 11 Bau-U.G. und Anm. hiezu.

3. Bezüglich der in § 9 allegierten §§ 6, 8 bis 27 des Gew.U.G. vom 30. Juni 1900 siehe dort und Anm. hiezu.

Auf Unfälle eines Arbeiters bei Regiebauten finden jedoch §§ 12 bis 14 des Gew.-U.G. keine Anwendung.

Nur bezüglich des Jahresarbeitsverdienstes kommt noch zu bemerken:

a) Als Jahresarbeitsverdienst der in Baubetrieben beschäftigten Arbeiter gilt bei der Rentenberechnung das 300fache des in dem Baubetriebe während des letzten Jahres vor dem Betriebsunfall durchschnittlich erzielten täglichen Arbeitsverdienstes, und zwar auch dann, wenn der Baubetrieb einige Zeit des Jahres entsprechend einem ortsüblichen Gebrauche geruht hat (A.N. 1899 Z. 1761 S. 539).

b) Bezüglich des Jahresverdienstes bei freiwilliger oder Zwangsversicherung der Unternehmer, sowie bezüglich der Versicherung der Betriebsbeamten (Werkmeister, Techniker) vgl. Anm. Z. 12 lit. a—c zu § 4 Seite 261.

§ 10. (§ 7).

I Bei Unfällen eines Arbeiters, welche sich bei Bauarbeiten der im § 6 Ziffer 4 Abs. 1 bezeichneten Art ereignen, finden die Bestimmungen der §§ 12 bis 14 des Gewerbe-Unfallversicherungsgesetzes keine Anwendung.

II Bei solchen Unfällen hat die Gemeinde, in deren Bezirke der verletzte Arbeiter beschäftigt war, demselben während der ersten dreizehn Wochen nach dem Unfalle die im § 6 Abs. 1 Ziffer 1 des Krankenversicherungsgesetzes bezeichneten Leistungen zu gewähren, sofern nicht der verletzte Arbeiter sich im Ausland aufhält oder auf Grund der Krankenversicherung oder anderer Rechtsverhältnisse Anspruch auf eine mindestens gleiche Fürsorge hat. Soweit solchen Personen diese Leistungen von den zunächst Verpflichteten nicht gewährt werden, hat die Gemeinde dieselben zu übernehmen. Die zu diesem Zwecke gemachten Aufwendungen sind von den Verpflichteten zu ersetzen.

III Für außerhalb des Gemeindebezirkes wohnhafte versicherte Personen hat auf Verlangen der verpflichteten Gemeinde die Gemeinde ihres Wohnortes die im Abs. 2 bezeichneten Leistungen, vorbehaltlich des Kostenersatzes, zu übernehmen.

IV Als Ersatz der Kosten gilt die Hälfte des nach dem Krankenversicherungsgesetze zu gewährenden Mindestbetrags des Krankengeldes, sofern nicht höhere Aufwendungen nachgewiesen werden.

V Der weitere Kommunalverband ist befugt, statutarische Anordnungen zu erlassen, nach welchen den Gemeinden die ihnen durch Abs. 2 auferlegten Kosten des Heilverfahrens aus Mitteln des weiteren Kommunalverbandes zu ersetzen sind.

VI Die Versicherungsanstalt (§ 18) ist befugt, die im Abs. 2 bezeichneten Leistungen selbst zu übernehmen.

1. Neu ist hier gegenüber dem früheren § 7 des Gesetzes vom 11. Juli 1887 die Bestimmung in Abs. V, welche bezweckt, die Uebertragung der durch Abs. II den Gemeinden überwiesenen finanziellen Last (z. B. hohe Kosten für schwere Operationen) auf die breiteren Schultern des weiteren Kommunalverbandes zu ermöglichen.

Die übrigen Aenderungen in Abs. I—IV sind teils redaktioneller Natur, teils durch die Aenderungen des Gewerbe-Unfallversicherungsgesetzes und dessen Paragraphenfolge veranlaßt.

Aus dem Vorbehalte des § 9 ergibt sich, daß § 10 nur auf Unfälle bei Bauarbeiten der in § 6 Z. 4 Abs. I bezeichneten Art Anwendung findet, während für alle Unfälle bei anderen Bauten §§ 6, 8 bis 27 Gew.U.G. zur Anwendung zu kommen haben.

2. **Bei Unfällen:** Es zählen also Krankheiten, welche nicht durch einen Betriebsunfall verursacht sind, nicht hieher.

3. **Eines Arbeiters**: Arbeiter im Gegensatz zum Unternehmer und Betriebsbeamten, bezüglich welch letzterer den Gemeinden eine Krankenfürsorge nicht übertragen werden wollte.

4. **Bauarbeiten der in § 6 Z. 4 Abs. 1 bezeichneten Art**: Es gehören hieher die Regiebauarbeiten und zwar:

a) die Bauarbeiten aller Privatpersonen, welche diese nicht gewerbsmäßig als Unternehmer, d. i. für ihre eigene Rechnung ausführen,

b) die Bauarbeiten der Kommunalverbände und öffentlichen Korporationen, welche diese als Unternehmer in eigener Regie ausführen.

Die betr. Arbeiter sind bei den Versicherungsanstalten der Berufsgenossenschaften gegen Unfall versichert. Näheres siehe die Anm. 13 zu § 6 Z. 4 S. 270.

5. **Die Bestimmungen des § 12—14 Gew.U.G. finden keine Anwendung**: Nach den eben erwähnten Bestimmungen hat der Unternehmer vom Beginn der fünften Woche nach Eintritt des Unfalls bis zum Ablauf der dreizehnten Woche das auf Grund des Krankenversicherungsgesetzes zu gewährende Krankengeld auf mindestens zwei Dritteil des Arbeitslohnes auf eigene Kosten zu erhöhen, sowie den nicht nach der reichsgesetzlichen Krankenversicherung gegen Krankheit versicherten Personen während der ersten dreizehn Wochen die gesetzliche Krankenunterstützung ganz aus eigenen Mitteln zu leisten. Es wurde als unbillig erachtet, diese Bestimmungen auch auf die Regiebauunternehmer auszudehnen, da diese ihre Arbeiter oft nur kurze Zeit beschäftigen; vgl. Anm. Z. 2 zu § 9 S. 277.

6. **Krankenfürsorge der Gemeinde während der ersten 13 Wochen**:

a) An Stelle der Unternehmer hat in Ansehung der Regiebauarbeiter für die durch einen Betriebsunfall notwendig gewordene Krankenhilfe während der ersten 13 Wochen nach dem Unfalle die Gemeinde aufzukommen, in deren Bezirk der Verletzte beschäftigt war und zwar für die Kosten des Heilverfahrens in dem in § 6 Abs. I Z. 1 des Krankenversicherungsgesetzes vom $\frac{\text{15. Juni 1883}}{\text{10. April 1892}}$ festgesetzten Umfange.

b) Die Gemeinde hat hiefür aufzukommen, also nicht die Armenpflege oder die Gemeindekrankenversicherung; den Gemeinden stehen gleich selbständige Gutsbezirke und Gemarkungen (§ 36 Bau-U.G.).

Ueber den Rahmen der in § 6 Abs. I Z. 1 festgesetzten Krankenunterstützung hat die Gemeinde nichts zu gewähren, also insbesondere kein Krankengeld im Falle der Erwerbsunfähigkeit des Verletzten. Die Gemeinde hat demnach als Krankenunterstützung zu gewähren: vom Beginn der Krankheit ab freie ärztliche Behandlung, Arznei, Brillen, Bruchbänder und ähnliche Heilmittel. Krank ist eine Person, wenn und solange sie der ärztlichen Hilfe bedarf; der Tag des Eintritts dieser Hilfsbedürftigkeit gilt als Beginn der Krankheit; die Gemeinde kann den Kranken einem bestimmten Arzte, Apotheker 2c. zuweisen; andererseits fällt der Begriff „ärzliche Behandlung" nicht notwendigerweise mit der Behandlung durch einen approbierten Arzt zusammen.

c) Die erwähnte Verpflichtung der Gemeinde tritt nicht ein, wenn der infolge Unfalls kranke Arbeiter sich im Auslande aufhält oder auf Grund der Krankenversicherung oder anderer Verhältnisse, zu denen auch privatrechtliche gehören, Anspruch auf mindestens gleiche Fürsorge hat. Dabei ist gleichgiltig, ob die Krankenversicherung auf Grund gesetzlicher Pflicht oder infolge freiwilligen Beitritts gegeben ist; unter den „anderen Verhältnissen" sind die gemäß § 45 Bau-U.G. den nach den Bestimmungen des Krankenversicherungsgesetzes gegen Krankheit nicht versicherten Regiebauarbeitern vorbehaltenen, auf landesgesetzlichen Bestimmungen einschließlich der auf Privatrechten beruhenden Ansprüche auf Schadensersatz während der ersten 13 Wochen nach dem Unfalle zu verstehen, z. B. Entschädigungsansprüche gegen Arbeitgeber (§ 45 Abs. I), Alimentationsansprüche von Eltern, Eheleuten und Kindern u. dgl.

d) Die seitens der Gemeinden auf Grund der in Satz 2 von Abs. II auferlegten Verpflichtung gewährte vorläufige Unterstützung (an Stelle der eigentlich Verpflichteten) hat nicht einen armenrechtlichen Charakter und ist deshalb auch nicht von der Bedürftigkeit des Verletzten abhängig zu machen; andererseits kann sich der den Gemeinden gesetzlich vorbehaltene Erstattungsanspruch nur gegen die auf Grund der Krankenversicherung oder landesgesetzlicher Bestimmungen Verpflichteten, nicht aber gegen eine Berufsgenossenschaft (oder eine Versicherungsanstalt derselben) oder gegen den Unterstützten selbst richten.

7. **Außerhalb des Gemeindebezirks wohnhafte Versicherte**: Als solcher gilt hier der des Beschäftigungsortes; als letzterer gilt im Zweifel diejenige Gemeinde, in deren Bezirk der Sitz des Betriebes gelegen ist.

Die Gemeinde des Wohnortes hat in Ansehung der in Abs. II bezeichneten Leistungen auf Verlangen der verpflichteten Gemeinde vorbehaltlich des Ersatzanspruchs ganz an deren Stelle zu treten, also ohne Rücksicht darauf, ob der Beschäftigungsgemeinde ein Ersatzanspruch zusteht oder nicht.

8. **Selbstübernahme der in Abs. II bezeichneten Leistungen seitens der Versicherungsanstalt**: Die Versicherungsanstalt ist befugt, aber nicht verpflichtet, die Leistungen selbst zu übernehmen; ein Ersatzanspruch steht der Versicherungsanstalt für den Fall dieser Uebernahme nicht zu. Die Entscheidung darüber, ob von dieser Befugnis in dem einzelnen Falle, die Fürsorge für einen durch Unfall Verletzten während der ersten 13 Wochen selbst zu übernehmen, Gebrauch gemacht werden soll, steht dem Genossenschaftsvorstande zu. Die Prüfung dieser Frage ist seit der Novelle vom 10. April 1892 zum Krankenversicherungsgesetz dadurch erleichtert, daß in § 76b daselbst den Krankenkassen zur Pflicht gemacht ist, jeden Erkrankungsfall, welcher durch einen nach dem Unfallversicherungsgesetz zu entschädigenden Unfall herbeigeführt ist, sofern mit dem Ablaufe der vierten Woche der Krankheit die Erwerbsunfähigkeit des Erkrankten noch fortdauert, binnen einer Woche nach diesem Zeitpunkte dem Vorstande der Berufsgenossenschaft anzuzeigen.

9. **Ersatz der Kosten**: Als solcher wurde als Pauschalentschädigung eine Mindestersatzleistung in der Höhe des vierten Teiles des festgesetzten ortsüblichen Taglohns, für den Fall nicht höhere Aufwendungen nachgewiesen werden können oder wollen, im Interesse der möglichsten Vermeidung eines komplizierten Liquidationsverfahrens bestimmt.

§ 11. (§ 8.)

I Streitigkeiten über Unterstützungsansprüche, welche aus der Bestimmung des § 10 zwischen den Verletzten einerseits und den Gemeinden andererseits entstehen, werden von der Aufsichtsbehörde entschieden. Die Entscheidung ist vorläufig vollstreckbar. Dieselbe kann innerhalb eines Monats im Verwaltungsstreitverfahren, wo ein solches nicht besteht, im Wege des Rekurses nach Maßgabe der Vorschriften der §§ 20, 21 der Gewerbeordnung angefochten werden.

II Streitigkeiten über Ersatzansprüche, welche aus den Bestimmungen des § 10 entstehen, werden im Verwaltungsstreitverfahren, wo ein solches nicht besteht, von der Aufsichtsbehörde der in Anspruch genommenen Gemeinde, Gemeinde-Krankenversicherung oder Krankenkasse entschieden. Gegen die Entscheidung der Letzteren findet der Rekurs nach Maßgabe der Vorschriften der §§ 20, 21 der Gewerbeordnung statt.

III Der Landes-Zentralbehörde bleibt überlassen, vorzuschreiben, daß anstatt des Rekursverfahrens die Berufung auf den Rechtsweg mittelst Erhebung der Klage stattfindet.

1. **Streitigkeiten**: Die in § 11 bezeichneten Streitigkeiten werden nicht in dem Verfahren für Unfallentschädigungsansprüche, sondern abweichend hievon durch Landesbehörden entschieden. Vgl. für Preußen die Verordn. v. 23. März 1888 (Reichsanz. Nr. 109 v. J. 1888 Ges.Samml. S. 73), für Bayern Ausf.G. v. 3. März 1888 (G.- u. V.Bl. 1888 S. 147), für Württemberg Ausf.G. v. 4. März 1888 (Reg.Bl. 1888 Nr. 11), für

Baden Ausf.G. v. 24. März 1888 (G.- u. V.Bl. 1888 Nr. IX), für Hessen Ausf.G. v. 4. April 1888).

Ersatzforderungen von Gemeinden gegenüber dritten Personen auf Grund anderer Rechtsverhältnisse als aus der Krankenversicherung sind durch die Civilgerichte zu entscheiden.

2. „**Verwaltungsstreitverfahren**": Ein solches besteht in Preußen nach Kgl. Verordn. v. 29. August 1900 — pr. Ges.Samml. 1900 S. 317; in Bayern nach dem Gesetze vom 20. Dezember 1901 betr. das Verwaltungsstreitverfahren beim Vollzug der Unfallversicherungsgesetze — b. G. u. V.Bl. 1901 Nr. 56 S. 634.

3. Aufsichtsbehörde (untere Verwaltungsbehörde, höhere Verwaltungsbehörde), Landescentralbehörde, vgl. Anm. Z. 2 und 3 zu § 152 Gew.U.G. S. 245.

4. Die §§ 20, 21 der Reichsgewerbeordnung lauten:

§ 20.

Gegen den Bescheid ist Rekurs an die nächstvorgesetzte Behörde zulässig, welcher bei Verlust desselben binnen vierzehn Tagen, vom Tage der Eröffnung des Bescheides an gerechnet, gerechtfertigt werden muß.

Der Rekursbescheid ist den Parteien schriftlich zu eröffnen und muß mit Gründen versehen sein.

§ 21.

Die näheren Bestimmungen über die Behörden und das Verfahren, sowohl in der ersten als in der Rekursinstanz, bleiben den Landesgesetzen vorbehalten. Es sind jedoch folgende Grundsätze einzuhalten,

1. In erster oder in zweiter Instanz muß die Entscheidung durch eine kollegiale Behörde erfolgen. Diese Behörde ist befugt, Untersuchungen an Ort und Stelle zu veranlassen, Zeugen und Sachverständige zu laden und eidlich zu vernehmen, überhaupt den angetretenen Beweis in vollem Umfange zu erheben.
2. Bildet die kollegiale Behörde die erste Instanz, so erteilt sie ihre Entscheidung in öffentlicher Sitzung, nach erfolgter Ladung und Anhörung der Parteien, auch in dem Falle, wenn zwar Einwendungen nicht angebracht sind, die Behörde aber nicht ohne weiteres die Genehmigung erteilen will und der Antragsteller innerhalb vierzehn Tagen nach Empfang des die Genehmigung versagenden oder nur unter Bedingungen erteilenden Bescheides der Behörde auf mündliche Verhandlung anträgt.
3. Bildet die kollegiale Behörde die zweite Instanz, so erteilt sie stets ihre Entscheidung in öffentlicher Sitzung, nach erfolgter Ladung und Anhörung der Parteien.
4. Als Parteien sind der Unternehmer (Antragsteller), sowie diejenigen Personen zu betrachten, welche Einwendungen erhoben haben.
5. Die Oeffentlichkeit der Sitzungen kann unter entsprechender Anwendung der §§ 173—176 des Gerichtsverfassungsgesetzes ausgeschlossen oder beschränkt werden.

II. Berufsgenossenschaft.

Umfang.

§ 12.* (§ 9 Abs. 1, 2.) [1]

I Die Berufsgenossenschaft (§ 6 Ziffer 1) umfaßt, unbeschadet der Bestimmungen des § 8, alle Baubetriebe der im § 6 Ziffer 1 bezeichneten Art.

---

[1]) Die mit * bezeichneten Paragraphen finden keine Anwendung, soweit das Reich, ein Bundesstaat, ein Kommunalverband oder eine andere öffentliche Korporation an die Stelle der Berufsgenossenschaft tritt (§ 43 Bau-U.G.).

II Bei Baubetrieben, welche sich auf verschiedene Arten von Bauarbeiten erstrecken, entscheidet für die Zugehörigkeit zur Berufsgenossenschaft der Hauptbetrieb. Auch im Uebrigen folgen Nebenbetriebe den Hauptbetrieben.

1. In § 12 wurden die Bestimmungen des früheren § 9 Abs. I und II unverändert aufgenommen; Abs. III des letzteren war Uebergangsbestimmung und ist nunmehr entbehrlich geworden.

2. Soweit das Reich, ein Bundesstaat, ein Kommunalverband oder eine andere öffentliche Korporation an die Stelle der Berufsgenossenschaft tritt, finden §§ 12—14 keine Anwendung; (vgl. § 43 Bau-U.G.).

Sonst finden aber die Bestimmungen des § 12 Abs. II auch auf die auf Grund des Gewerbe-Unfallversicherungsgesetzes gebildeten Baugewerks-Berufsgenossenschaften gleichmäßige Anwendung (§ 44).

3. **Unbeschadet der Bestimmungen des** § 8; siehe dort und die Anm. hiezu Seite 275 ff.

4. **Die Berufsgenossenschaft umfaßt alle Baubetriebe der in** § 6 **Z. 1 bez. Art**: Diese Berufsgenossenschaft ist die Tiefbau-Berufsgenossenschaft: vgl. Anm. Z. 2 lit. a und Z. 7 zu § 6.

5. **Verschiedene Arten von Bauarbeiten** (Abs. II):

a) Es trifft häufig zu, daß ein und derselbe Gewerbetreibende in seinem Gewerbebetriebe Hochbauarbeiten (wie Maurer-, Zimmerer- und andere Bauarbeiten) und Tiefbauarbeiten (wie Erd-, Wasserbauarbeiten) vereinigt. Es wurde nach den Gesetzesmotiven weder für zweckmäßig noch für billig erachtet, die Unfallversicherung dieser verschiedenen Arten von Bauarbeiten eines und desselben Unternehmers in verschiedener Weise durchzuführen. Es wurde deshalb auch im Gebiete der Bauunfallversicherung der schon im Gewerbe-Unfallversicherungsgesetz vertretene Grundsatz, daß der Hauptbetrieb den Nebenbetrieb nach sich ziehe, als maßgebend normiert.

Aus dem Schlußsatze in Abs. II, „auch im Uebrigen folgen Nebenbetriebe den Hauptbetrieben" ist zu folgern, daß nicht nur Baubetriebe, sondern auch alle anderen gewerblichen Betriebe, soferne sie nach dem Gewerbe-Unfallversicherungsgesetz der Unfallversicherung zu unterstellen sind, als Nebenbetriebe den baulichen Hauptbetrieben zu folgen haben.

b) Nur eine berufsgenossenschaftliche Verbindung land- und forstwirtschaftlicher Betriebe (als Nebenbetriebe) mit Baubetrieben ist für unzulässig erklärt, da eine solche Heraushebung einzelner land- oder forstwirtschaftlichen Betriebe aus den landwirtschaftlichen Berufsgenossenschaften ein Durchbrechen des dem landwirtschaftlichen Unfall-Versicherungsgesetze eigentümlichen Grundsatzes bedeuten würde, wonach alle land- und forstwirtschaftlichen Betriebe in sich geschlossen einer einzigen territorialen Berufsgenossenschaft angehören sollen.

c) Die berufsgenossenschaftliche Zugehörigkeit von gewerblichen Baubetrieben, welche sich auf die Ausführung von beiderlei Arten (d. h. nach dem Gewerbe-Unfallversicherungsgesetz und dem Bau-Unfallversicherungsgesetz) versicherungspflichtiger Bauarbeiten erstrecken oder die Frage, ob die betreffenden Bauten als bei der Tiefbau-Berufsgenossenschaft oder bei den zuständigen Baugewerks-Berufsgenossenschaften mitversichert seien, ist in der Regel nach dem Sitze des Gewerbebetriebes und danach zu bestimmen, welche Art von Bauarbeiten in dem gewerbsmäßigen Baubetriebe im Sinne der Zusammenfassung der einzelnen Bauarbeiten zu einem Gewerbeunternehmen überwiegt.

Ausnahmen sind dann anzuerkennen, wenn einzelne Bauarbeiten durch Dauer und Umfang, weite Entfernung vom Betriebssitze, besondere Betriebsanlagen ꝛc. eine wirtschaftlich selbständige Bedeutung erhalten (A.N. 1893 Z. 1304 S. 449, 1896 Z. 1503 S. 262).

6. **„Hauptbetrieb — Nebenbetrieb"**. Welcher Betrieb eines und desselben Unternehmers als der Hauptbetrieb zu gelten hat, bestimmt sich danach, in welchem der mehreren Betriebe der wirtschaftliche Schwerpunkt des Gesamtbetriebes liegt, oder m. a. W.

welcher Betriebsteil für den ganzen Betrieb charakteristisch ist. Es wird hier auf die Zahl der in dem einen oder anderen Betriebe beschäftigten Arbeiter, die Höhe der Löhne, den größeren Wert der einen oder anderen Betriebsanlage, die längere Dauer u. s. w. anzukommen haben. Schwierigkeit wird die Beurteilung dieser Frage in jenen Fällen nicht bieten, in welchen die verschiedenen Industriezweigen angehörenden Bestandteile in einem solchen Verhältnisse zu einander stehen, daß der eine für den anderen arbeitet: wenn z. B. Steinbrüche, Sandgruben, Kalkbrennereien, Ziegeleien, Schneidsägen für ein umfangreiches Baugeschäft für Rechnung und unter Oberleitung eines und desselben Unternehmens betrieben werden. Nicht so einfach ist in manchen Fällen die Frage, ob die Betriebe verschiedener Industriezweige desselben Unternehmers selbständig und von einander unabhängig, also Hauptbetriebe neben einander bilden, oder ob sie sich als ein Gesamtbetrieb und die einzelnen Betriebsteile als Bestandteile des einen Betriebs darstellen. Für die Annahme eines Gesamtbetriebes kommen als charakteristische Merkmale hauptsächlich in Betracht: Einheitlichkeit der Leitung, der Oberleitung, der Verrechnung, Wechsel der Arbeiter in den verschiedenen Betrieben, Verwendung derselben Betriebskraft, benachbarte Lage, Verbindung durch eine den mehreren Betrieben dienende Einrichtung (z. B. Bahnanlage), Gemeinsamkeit der Gefahr, Verarbeitung desselben Materials u. s. w.

Zu dem in § 12 Abs. II ausgesprochenen Grundsatze „Nebenbetriebe folgen dem Hauptbetriebe" ist ferner noch zu bemerken: Innerhalb eines Gesamtbetriebes sind die einzelnen Betriebszweige (Nebenbetriebe) nur dann versicherungspflichtig, wenn der Hauptbetrieb der Unfallversicherung unterliegt; trifft Letzteres nicht zu, so ist es gleichgiltig, ob der Nebenbetrieb an sich unter das Unfallversicherungsgesetz fällt oder nicht.

Bauarbeiten eines inländischen Betriebs im Auslande sind von der Versicherungspflicht nur unter der Voraussetzung ausgenommen, daß sie sich nicht im unmittelbaren Zusammenhange mit der im Inlande gelegenen Betriebsanlage vollziehen, während andererseits Bauarbeiten eines ausländischen Betriebs im Inlande von der Versicherung dann ergriffen werden, wenn sie sich dermaßen als selbständige Betriebsteile darstellen, daß sie in ihrer Gesamtheit losgelöst von den übrigen Bauarbeiten des ausländischen Unternehmers als selbständige Betriebe erachtet werden können, da grundsätzlich festzuhalten ist, daß nur diejenigen Unternehmungen, welche im Inlande betrieben werden, von der Unfallversicherung erfaßt werden (A.N. 1885 S. 345, 1886 S. 13, 1887 S. 122).

Aufbringung der Mittel.

§ 13.* (§ 10 Abs. 1).[1]

I Die Mittel zur Deckung der von der Berufsgenossenschaft zu leistenden Entschädigungsbeträge und der Verwaltungskosten werden, vorbehaltlich der Bestimmungen der §§ 23 ff., von den Mitgliedern durch Beiträge aufgebracht. Die Beiträge sind so zu berechnen, daß durch dieselben außer den sonstigen Leistungen der Berufsgenossenschaft der Kapitalwert der ihr im abgelaufenen Rechnungsjahre zur Last gefallenen Renten gedeckt wird. Die Grundsätze für die Berechnung des Kapitalwerts werden durch das Reichs-Versicherungsamt festgestellt. Die Ausschreibung der Beiträge erfolgt nach Maßgabe der in den Betrieben der Mitglieder von den Versicherten verdienten Löhne und Gehälter beziehungsweise des nach § 10 Abs. 4 des Gewerbe-Unfallversicherungsgesetzes anzurechnenden ortsüblichen Tagelohns gewöhnlicher erwachsener Tagearbeiter sowie des statutenmäßigen Gefahrentarifs (§ 49 a. a. O.).

[1]) Der bisherige § 11 (des Gesetzes vom 11. Juli 1887) ist als entbehrlich weggefallen.

II Der § 29 Abs. 2, §§ 30 bis 33 des Gewerbe-Unfallversicherungsgesetzes finden Anwendung.

1. **Aenderungen durch die Novelle**: Von § 10 des Gesetzes vom 11. Juli 1887 wurde in § 13 dieses Gesetzes nur mehr die Bestimmung in Abs. I aufgenommen mit der durch § 29 Abs. I Gew.U.G. veranlaßten Aenderung.

Die Bestimmungen in Abs. II—IV des früheren § 10 konnten in Wegfall kommen, da in §§ 30 bis 32 Gew.U.G. allgemeine Vorschriften der gleichen Art gegeben sind und deshalb hierauf verwiesen werden konnte, wie dies in § 13 Abs. II geschehen ist.

Die Verweisung auf die § 29 Abs. II und §§ 30—33 Gew.U.G. war geboten, da auch bei der Tiefbau-Berufsgenossenschaft die Gehälter und Löhne, welche den Jahresbeitrag von 1500 Mark übersteigen, nur zu einem Dritteil in Anrechnung kommen (§ 29 Abs. II) und eine besondere Sicherung der Tiefbau-Berufsgenossenschaft für den Fall angezeigt erscheint, daß Unternehmer von Betrieben, die ihren Sitz im Auslande haben, sich an inländischen Arbeiten beteiligen. Einer besonderen Vorschrift (bisher § 10 Abs. IV) über die Beitreibung der Vorschüsse bedurfte es nicht, weil § 39 Bau-U.G. die Bestimmungen des § 103 Gew.U.G. auch hieher für anwendbar erklärt und dort die Beitreibung der Vorschüsse allgemein geregelt ist.

2. **Aufbringung der Mittel**: Die Bestimmungen des § 13 finden auf Hochbau-Berufsgenossenschaften keine Anwendung; bezüglich derselben werden die erforderlichen Mittel nach Maßgabe der §§ 29, 99 ff. Gew.U.G. im Wege des Umlageverfahrens aufgebracht; vgl. dort und die Anm. hiezu insbes. Z. 2 zu § 29 S. 122 u. Z. 2 zu § 99 S. 198, 199.

Auf dem in § 13 vorgeschriebenen Wege werden die Mittel für die Tiefbauberufsgenossenschaft selbst aufgebracht, während die Aufbringung der Mittel für die Versicherungsanstalten derselben auf dem in § 23 Bau-U.G. vorgeschriebenen Wege erfolgt.

3. **Kapitaldeckungsverfahren**: Während, wie eben erwähnt, für die auf Grund des Gewerbe-Unfallversicherungsgesetzes gebildeten Baugewerks-Berufsgenossenschaften das Umlageverfahren zu Grunde gelegt ist, bei welchem jährlich nur diejenigen Beträge, welche zur Zahlung der bereits fälligen Renten und sonstigen Entschädigungen, der Beiträge zum Reservefond und der Verwaltungskosten wirklich erforderlich sind, ist für die Tiefbau-Berufsgenossenschaft das Kapitaldeckungsverfahren eingeführt, bei welchem nach Maßgabe der Wahrscheinlichkeitsrechnung jede durch einen Unfall eintretende Belastung ihrem Kapitalwerte nach berechnet und diese in jedem Jahre sich ergebende Kapitalbeträge nebst den jährlichen Verwaltungskosten und den Zuschlägen zum Reservefond auf die Berufsgenossen verteilt werden. Die Grundsätze für die Berechnung dieses Kapitalwertes sind zuletzt in der Bekanntmachung des Reichs-Versicherungsamts vom 5. Februar 1894 festgesetzt und in den A.N. 1894 S. 141 veröffentlicht.

Als Gesamtbedarf hat die Tiefbau-Berufsgenossenschaft aufzubringen: den Kapitalwert der ihr im abgelaufenen Rechnungsjahre zur Last gefallenen Renten, alle sonstigen Zahlungen an Entschädigungsbeträgen des abgelaufenen Rechnungsjahres, die bestimmungsmäßig dem Deckungskapitale nicht zu entnehmen sind, die Verwaltungskosten, die Einlagen in den Reservefond und die uneinziehbaren Beiträge des Vorjahres.

Bezüglich der Versicherungsanstalten vgl. § 19 Bau-U.G.

4. **Verfahren bei der Verteilung des Gesamtbedarfs** auf die Mitglieder der Tiefbau-Berufsgenossenschaften. Dasselbe entspricht dem durch §§ 29, 99 ff. Gew.U.G. geschaffenen Verteilungsmaßstabe; siehe dort insbesondere Anm. Z. 2 zu § 99 S. 199.

Die nach Deckung des für das betreffende Rechnungsjahr sich beziffernden Bedarfs (an Entschädigungen, Verwaltungskosten, Einlagen in den Reservefond) verbleibenden Barbestände sind verzinslich anzulegen.

Die Tiefbau-Berufsgenossenschaft hat eine besondere Rechnung für das jedes Jahr aufgebrachte Deckungskapital aufzustellen und Uebersicht hieraus wie über den Reservefond alljährlich an das Reichs-Versicherungsamt nach vorgeschriebenem Formulare einzureichen (A.N. 1893 S. 164 Z. 9, 1897 S. 298).

5. **Anwendung der § 29, Abs. II §§ 30—33 Gew.U.G.**: Vgl. oben Anm. Z. 1 dieses Paragraphen und die allegierten Paragraphen mit Anmerkungen hiezu.

Es sind also auch hier die verdienten Löhne und Gehälter, welche während der Beitragsperiode durchschnittlich den Jahresbetrag von 1500 Mk. übersteigen, zum Zwecke der Feststellung der Beiträge nur zu einem Drittel in Ansatz zu bringen, soweit nicht durch Statut (§ 30 Gew.U.G.) anderes bestimmt ist.

Vorschüsse auf die Beiträge können nunmehr nach Statut viertel- oder halbjährig gefordert werden, während bisher nur vierteljährliche Vorschüsse vorgesehen waren. Eine Beschwerde gegen Festsetzung und Erhebung der Vorschüsse kennt das Gesetz nicht. Rückständige Vorschüsse werden (gleich den Beitragsrückständen selbst) beigetrieben wie rückständige Gemeindeabgaben. Die Vorschüsse werden bei der jährlichen Umlegung der Beträge verrechnet (§ 38 Abs. II Bau-U.G.). Ueber die Sicherstellung der voraussichtlich den geleisteten Vorschuß übersteigenden Beträge, für welche der Ausscheidende noch haftet, hat das Statut Bestimmung zu treffen (§ 37 Z. 7 Gew.U.G. mit § 14 Bau-U.G.). Für neu eintretende Mitglieder wird der Vorschuß nach Maßgabe der Betriebsanmeldung festgesetzt.

Organisation.

§ 14.* (§ 12 Abs. 1).

Auf die Berufsgenossenschaft finden die Bestimmungen des § 28 Abs. 5, 6 und der §§ 36 bis 54 des Gewerbe-Unfallversicherungsgesetzes Anwendung.

1. **Aenderung durch die Novelle.** § 14 konnte eine viel einfachere Fassung erfahren als der demselben entsprechende frühere § 12, da die Bestimmungen in Abs. I des letzteren, soweit sie Uebergangsbestimmungen waren, nunmehr wegbleiben konnten und auch der II. Absatz desselben zu streichen war, weil in dem hier für anwendbar erklärten § 37 des Gewerbe-Unfallversicherungsgesetzes (sub Ziff. 12 das.) ohnedies angeordnet ist, daß das Genossenschaftsstatut Bestimmungen über das bei der Anmeldung und dem Ausscheiden der versicherten Unternehmer zu beobachtende Verfahren sowie über die Höhe des der Versicherung der Unternehmer zu Grunde zu legenden Jahresarbeitsverdienstes treffen muß.

Die §§ 14—17 finden auf die Hochbau-Berufsgenossenschaften keine Anwendung (§ 44).

2. **Anwendbarkeit der entsprechenden Bestimmungen des Gewerbe-Unfallversicherungsgesetzes.** Bezüglich der in § 14 allegierten § 28, Abs. V und VI, §§ 36—54 des Gew.U.G. siehe dort und Anmerkung hiezu.

Für die Tiefbau-Berufsgenossenschaften tritt an die Stelle der § 28 Abs. I, II, III, IV, § 29 Abs. I, § 34, § 55 Gew.U.G.: § 6 Z. 1 mit § 10 Abs. I, § 10 Abs. II, § 5, § 7, § 13 Abs. I, §§ 15—17 Bau-U.G.

a) Durch § 28 Abs. V und VI Gew.U.G. (früher § 9 Abs. IV und V) ist den Berufsgenossenschaften die Eigenschaft juristischer Persönlichkeit des öffentlichen Rechts verliehen; dieselben können Rechte erwerben und sich rechtlich verpflichten, also auch klagen und verklagt werden; der Gerichtsstand der Berufsgenossenschaften wird durch den Sitz derselben bestimmt; den Gläubigern der Berufsgenossenschaften haften nicht die Mitglieder derselben, sondern das Genossenschaftsvermögen.

b) Die §§ 36—39 (früher §§ 16, 17, 19, 20) betreffen das Statut der Berufsgenossenschaften. Normalstatut vgl. A.N. 1885 S. 9; für die Versicherungsanstalt ist ein Nebenstatut zu errichten (vgl. A.N. 1887 S. 331) gemäß § 20 Bau-U.G.

c) Weder die Tiefbau-Berufsgenossenschaften noch eine der bestehenden 12 Baugewerbe-Berufsgenossenschaften, wie sie nachstehend aufgeführt sind, sind in Sektionen abgeteilt.

Tiefbau-Berufsgenossenschaft mit dem Sitz in Berlin,							
Hamburgische	Baugewerbe-Berufsgenossenschaft	mit	dem	Sitze	in	Hamburg,	
Nordöstliche	„	„	„	„	„	„	Berlin
Schlesisch-Posensche	„	„	„	„	„	„	Breslau
Hannoversche	„	„	„	„	„	„	Hannover
Magdeburgische	„	„	„	„	„	„	Magdeburg
Sächsische	„	„	„	„	„	„	Dresden
Thüringsche	„	„	„	„	„	„	Erfurt
Hessen-Nassauische	„	„	„	„	„	„	Frankfurt a. M.
Rheinisch-Westfälische	„	„	„	„	„	„	Eberfeld
Württembergische	„	„	„	„	„	„	Stuttgart
Bayerische	„	„	„	„	„	„	München
Südwestliche	„	„	„	„	„	„	Straßburg

d) Dagegen haben sämtliche Baugewerks-Berufsgenossenschaften und die Tiefbau-Berufsgenossenschaften Vertrauensmänner aufgestellt, welchen abgesehen von dem ihnen speziell übertragenen Wirkungskreise beim Vollzuge der Unfallversicherungsgesetze die Pflicht obliegt, die Interessen der Berufsgenossenschaft nach Möglichkeit wahrzunehmen.

e) Der § 40 (früher § 21) trifft Bestimmungen über die Veröffentlichung des Namens und Sitzes der Berufsgenossenschaften und die etwaigen Bezirke der Sektionen, während die §§ 41—47 (früher §§ 22—27) die Wählbarkeit, den Wirkungs- und Zuständigkeitskreis der Genossenschafts-Vorstände und der Vertrauensmänner sowie deren Vertretung mit mehrfachen Aenderungen gegenüber den früheren Bestimmungen regelt.

Inhaltlich dieser Aenderungen können:

α) Die Prüfung und Abnahme der Jahresrechnung einem Ausschusse (§ 41 Abs. III Z. 3),

β) durch Statut die Vertretung des Genossenschaftsvorstandes einem oder mehreren Mitgliedern des letzteren (§ 42 Abs. I),

γ) bestimmte Geschäfte des Vorstandes unter dessen Verantwortung besoldeten Geschäftsführern (§ 42 Abs. IV),

übertragen werden; ferner ist neu bestimmt, daß

δ) die Unfähigkeit zum Amte eines Schöffen die Wählbarkeit zu Vorstandsmitgliedern und Vertrauensmännern ausschließt, daß die Wahl gleich dem Amte eines Vormunds aus den in § 1786 Abs. I Z. 2, 3, 4 und 8 des Bürgerlichen Gesetzbuchs aufgeführten Gründen abgelehnt, und daß unbegründete Ablehnung oder Ausübung des Amtes mit Geldstrafe bis zu 500 Mark belegt werden kann (§ 43),

ε) die Mitglieder des Vorstandes für die Geschäftsführung eine besondere Besoldung nicht erhalten können (§ 44), endlich

η) daß und unter welchen Voraussetzungen Gewählte wegen Verlusts der Wählbarkeit oder grober Verletzung der Amtspflicht ihres Amtes zu entheben sind (§ 47).

f) Nach der neuen Bestimmung des § 48 sind in einer von der Genossenschaftsversammlung zu beschließenden und vom Reichs-(Landes-)Versicherungsamt zu genehmigenden Dienstordnung die Anstellungs- und Rechtsverhältnisse der Genossenschaftsbeamten zu regeln:

g) § 49 (früher 28) trifft Bestimmungen über Bildung von Gefahrenklassen, §§ 50, 51 (früher 29, 30) über Teilung und gemeinsame Tragung des Risikos, §§ 52, 53 (früher 31, 12 Z. 1, 2, 32) über Abänderung des Bestandes der Berufsgenossenschaft; endlich § 54 (33) über Auflösung der Berufsgenossenschaft.

3. **Genossenschaftsvorstand — Genossenschaftsorgane**: Soweit nicht im Statut die Befugnis der einzelnen Organe der Berufsgenossenschaft (Vorstand, Versammlung, Beauftragte, Vertrauensmänner, Ausschuß, Geschäftsführer) von einander abgegrenzt sind, ist der Genossenschaftsvorstand das präsumtiv zuständige Organ der Berufsgenossenschaft in allen Angelegenheiten derselben; ihm obliegt die Verwaltung der Genossenschaft und deren Vertretung nach außen. Hiebei kann sich derselbe der Unterstützung der Genossenschaftsbeamten (§ 48) bedienen; letzteren kann aber nicht etwa im Wege einer Spezialvollmacht die Stellvertretung der Genossenschaftsorgane als solcher bei Vollführung der gesetzlichen oder statutarischen Obliegenheiten derselben übertragen werden, da der Uebergang der Vertretung der Berufsgenossenschaft auf ein Mitglied des Vorstandes nur im Wege statutarischer Bestimmung stattfinden kann. Die bei Ausübung der dem öffentlichen Recht (im Gegensatz zum Privatrechtsverkehr) angehörenden Funktionen des Vorstandes erwachsende Korrespondenz (mit Behörden) wird daher von den Genossenschaftsbeamten allein (auch nicht stellvertretungsweise) rechtsgiltig nicht unterzeichnet werden können, bezw. dürfen.

Vgl. im übrigen Anm. Z. 5 zu § 41, Anm. Z. 2 zu § 42, Z. 3—7 zu § 43, Z. 1 und 2 zu § 44 und Anm. zu § 48.

4. **Geschäftsführer**: Bezüglich des Geschäftsführers vgl. Anm. Z. 2 zu § 42 Gew.-U.G. Seite 133.

5. **Gefahrenklasse, Gefahrentarif**: Bezüglich der Gefahrenklassen und des Gefahrentarifs vgl. Anm. Z. 2 zu § 49 Gew.-U.G. Seite 138.

§ 15.* (§ 13).

Der vorhandene Reservefonds ist in seinem Bestande zu erhalten; seine Zinsen können zur Deckung der Genossenschaftslasten verwendet werden. In dringenden Fällen kann die Genossenschaft mit Genehmigung des Reichs-Versicherungsamts auch den Kapitalbestand angreifen. Die Wiederergänzung erfolgt alsdann nach näherer Anordnung des Reichs-Versicherungsamts.

Wie bei § 14, so konnte sich auch die Fassung des nunmehrigen § 15 (gegenüber dem früheren § 13) kurz und einfach gestalten, da die weitere Ansammlung eines besonderen Reservefonds, wie sie in dem Gesetze vom 11. Juli 1897 vorgeschrieben war, für die Tiefbau-Berufsgenossenschaft neben dem für dieselbe eingeführten Kapitaldeckungsverfahren nicht mehr für erforderlich erachtet wurde und daher darauf beschränkt werden konnte, Bestimmungen über die Erhaltung des bereits angesammelten Reservefonds und die Verwendung der Renten — in dringenden Fällen auch des Kapitalbestandes vorbehaltlich der Wiederergänzung nach Anordnung des Reichs-Versicherungsamts — zu treffen.

Aus dem Gesagten folgt von selbst, daß § 15 auf die auf Grund des Gewerbe-Unfallversicherungsgesetzes gebildeten Baugewerks-Berufsgenossenschaften, für welche das Umlageverfahren und die Pflicht zur weiteren Ansammlung des Reservefonds bis zur Erreichung der gesetzlichen Höhe desselben fortbesteht, keine Anwendung finden kann.

Mitgliedschaft.

§ 16.* (§ 14).

I Mitglied der Genossenschaft ist jeder Unternehmer eines Betriebs der im § 12 bezeichneten Art sowie das Reich, die Bundesstaaten, Kommunalverbände und andere öffentliche Korporationen, soweit diese auf Grund der Bestimmungen des § 8 der Berufsgenossenschaft beigetreten sind.

II Die Mitgliedschaft beginnt für das Reich und die Bundesstaaten, für Kommunalverbände und andere öffentliche Korporationen (§ 6 Ziffer 2, 3) mit dem in der Beitrittserklärung angegebenen Zeitpunkt, im übrigen mit der Eröffnung des Betriebs.

1. Durch Wegfall der entbehrlich gewordenen Uebergangsbestimmungen des früheren § 14 hat sich die Fassung des § 16 einfacher gestaltet.

§ 16 gilt nur für die Tiefbau-Berufsgenossenschaft.

2. Mitgliedschaft: Mitglied der Tiefbau-Berufsgenossenschaft ist jeder Unternehmer eines Genossenschaftsbetriebs; als solcher ist jeder dem räumlichen und sachlichen Umfang der Genossenschaft angehörige Betrieb anzusehen. Materielle Voraussetzung der Mitgliedschaft ist demnach die Versicherungspflichtigkeit des Betriebes einerseits und die räumlich und sachlich begründete Zugehörigkeit zur Berufsgenossenschaft anderseits.

Mitglied ist aber stets der Unternehmer (oder dessen Vertreter), nicht der Betrieb.

Ueber die genossenschaftliche Zugehörigkeit von Baubetrieben vgl. Anm. Z. 4 und 5 zu § 12 Bau-U.G. S. 282 und bezüglich der Begriffe „Hauptbetrieb", „Nebenbetrieb", „Gesamtbetrieb" Anm. Z. 6 zu § 12 Bau-U.G. S. 282, 283 und über den Begriff „Unternehmer" Anm. Z. 1 u. 2 zu § 5 Bau-U.G. S. 262 ff.

Mehrere Unternehmer eines und desselben Betriebes sind sämtlich Mitglieder, während, wenn ein Unternehmer mehrere Betriebe hat, deren wirtschaftliche Stellung zu einander (das Verhältnis von Haupt-, Neben-, Gesamtbetrieb) für die Entscheidung der berufsgenossenschaftlichen Zugehörigkeit maßgebend ist.

Unternehmer von Bauarbeiten, welche bei der Versicherungsanstalt der Bauberufsgenossenschaft zu versichern sind, werden nicht Mitglieder der Berufsgenossenschaft oder deren Versicherungsanstalt.

3. Beitrittserklärung des Reichs oder eines Bundesstaats: Wenn eine solche stattfindet, so ist nicht das Reich oder der Bundesstaat als solcher als Mitglied in das Kataster der Berufsgenossenschaft aufzunehmen, sondern diejenigen Behörden derselben, welche die Bauarbeiten ausführen; den letzteren sind auch die Mitgliedscheine zuzustellen (Rundschr. Reichs-Versicherungsamt v. 22. Februar 1888).

Früher waren der Tiefbau-Berufsgenossenschaft das Reich und 11 Bundesstaaten, der örtlich zuständigen Baugewerks-Berufsgenossenschaft das Reich und 8 Bundesstaaten (darunter auch Bayern) als Mitglieder beigetreten. Aus der Tiefbau-Berufsgenossenschaft sind wieder ausgetreten: Hessen, Koburg, Gotha, Bayern, Schwarzburg-Rudolstadt, Reuß j. L., Lippe, Waldeck, Pyrmont und Schwarzburg-Sondershausen, ferner ab 1. April 1896 auch das Reich mit dem Betriebe des Kaiser Wilhelm-Kanals.

4. Beginn und Ende der Mitgliedschaft: a) Wenn das Reich oder ein Bundesstaat als Mitglied beitritt, so ist in der Beitrittserklärung der Zeitpunkt, mit welchem die Mitgliedschaft beginnen soll, besonders zu bezeichnen; dieser ist für den Beginn maßgebend. b) In allen übrigen Fällen beginnt die Mitgliedschaft mit der Eröffnung des Betriebs.

Die Mitgliedschaft tritt auch hier kraft des Gesetzes ein, ohne Rücksicht darauf, ob die vom Gesetze die für die Erkennbarmachung der Mitgliedschaft (Eintragung in das Kataster, Ausfertigung und Zustellung des Mitgliedscheins) vorgeschriebenen Formalien erfüllt sind und ohne Rücksicht darauf, ob die Unternehmer die ihnen nach dem Gesetze obliegenden Verpflichtungen bezw. die denselben zustehenden Rechte ausgeübt haben.

Die Mitgliedschaft erlischt für das Reich und den Bundesstaat mit dem beim Austritt derselben erklärten oder vereinbarten Zeitpunkt, für die übrigen Unternehmer mit dem dauernden Aufhören der Versicherungspflichtigkeit des Betriebes (oder der Betriebe).

Vgl. hieher § 55 Gew.U.G. u. Anm. hiezu.

§ 17.* (§ 15).

Jedes Mitglied der Genossenschaft, welches seinen Betrieb nicht bereits angemeldet hat, ist verpflichtet, binnen einer Woche nach dem Beginne der Mitgliedschaft (§ 16) der unteren Verwaltungsbehörde, in deren Bezirke der Betrieb belegen ist, über denselben Anzeige zu erstatten. Auf die Anzeige und die Ueberweisung des Betriebs finden die Bestimmungen der §§ 56, 57 des Gewerbe-Unfallversicherungsgesetzes entsprechende Anwendung. Dasselbe gilt von den Bestimmungen der §§ 58 bis 62 a. a. O. über die Genossenschaftskataster und die Betriebsveränderungen.

1. **Aenderung durch die Novelle**: Eine solche ist hier nur insoferne vorgesehen, als mit Aufhebung des § 40 des U.V.G. vom 6. Juli 1884 auch hier die Vorschrift über Führung von Mitglieder-Verzeichnissen weggefallen ist.

2. **Anmeldung des Betriebs**: vgl. das im Anhang abgedruckte Formular hiefür.

Die Tiefbau-Berufsgenossenschaft hat in ihrem Statut den Mitgliedern derselben die Pflicht auferlegt, jede einzelne selbständige, für sich zur Ausführung kommende Bauarbeit, welche länger als 10 Arbeitstage dauert, binnen einer Woche nach Beginn derselben bei dem Genossenschaftsvorstande anzuzeigen.

Als Eröffnung eines neuen Betriebs ist auch die Verlegung eines Betriebs d. i. der Wechsel des Betriebssitzes in den Bezirk einer anderen unteren Verwaltungsbehörde anzusehen; tritt dagegen nur ein Wechsel in der Person des Betriebsunternehmers ein, so ist eine neue Betriebsanmeldung nicht geboten.

3. **Anzeige an die untere Verwaltungsbehörde**: Wegen des dabei zu benützenden Formulars siehe vor. Anm. Z. 2, wegen der „unteren Verwaltungsbehörde" Anm. Z. 3 zu § 56 S. 145, wegen der „Strafbestimmungen" aus Anlaß unrichtiger oder unterlassener Anzeigen §§ 146, 147 Gew.U.G. mit § 45 Bau-U.G.

4. **Anwendbarkeit der §§ 56—62 Gew.U.G.**: Die §§ 56, 57 betreffen die Anmeldung jener versicherungspflichtigen Betriebe, welche nicht rechtzeitig zur Anmeldung gelangt oder erst nach dem bestimmten Anmeldetermin entstanden bezw. versicherungspflichtig geworden sind.

Neu ist die Bestimmung des § 56 Abs. III, daß durch einen Aushang innerhalb des Betriebes bekannt zu machen ist, bei welcher Berufsgenossenschaft der Betrieb versichert ist. Die §§ 58—60 betreffen das Genossenschaftskataster und die Mitgliedscheine und die §§ 61, 62 Betriebsveränderungen.

Im übrigen wird auf die allegierten Paragraphen des Gew.U.G. und die denselben beigefügten Anmerkungen (S. 144 ff.), welche auch hieher zutreffen, Bezug genommen

III. Unfallversicherungsanstalten.

Bildung, Umfang und Organisation.

§ 18.* (§ 16).

I In jeder Berufsgenossenschaft von Baugewerbetreibenden besteht für die Versicherung derjenigen Personen, welche in deren Bezirken von den unter § 6 Ziffer 4 Abs. 1 fallenden Unternehmern bei Bauarbeiten, wie sie in der Berufsgenossenschaft versichert sind, beschäftigt werden, einschließlich der selbstversicherten Unternehmer dieser Art, eine Versicherungsanstalt.

II Den Versicherungsanstalten der auf Grund des Gewerbe-Unfallversicherungsgesetzes errichteten Berufsgenossenschaften von Baugewerbetreibenden werden außer denjenigen Arten von Bauarbeiten, für welche sie errichtet sind, die Eisenbahn-, Kanal-, Wege-, Strom-, Deich- und andere Bauarbeiten (vergl. § 6 Ziffer 1), zu deren Ausführung, einzeln genommen, nicht mehr als sechs Arbeitstage thatsächlich verwendet worden sind (vergl. § 23 lit. b), sofern diese Bauarbeiten von den im

§ 6 Ziffer 4 Abs. 1 bezeichneten Unternehmern ausgeführt werden, innerhalb ihrer Bezirke zugewiesen.

III Durch das Genossenschaftsstatut kann bestimmt werden, daß auch die Versicherung von Unternehmern (§ 4), welche als Baugewerbetreibende Mitglieder der Genossenschaft sind, sowie anderer von diesen Baugewerbetreibenden bei der Bauausführung beschäftigten, nach § 1 nicht versicherten Personen (§ 4) bei der Versicherungsanstalt zu erfolgen hat.

IV Träger der Versicherungsanstalt ist die Berufsgenossenschaft. Der Genossenschaftsvorstand und die Genossenschaftsversammlung sowie die sonstigen Organe der Berufsgenossenschaft führen die Verwaltung der Versicherungsanstalt, unbeschadet der Bestimmungen des § 21 dieses Gesetzes, nach Maßgabe der §§ 41, 42, 45, 46 des Gewerbe-Unfallversicherungsgesetzes.

1. **Aenderungen** (des früheren § 16) sind hier nur aus redaktionellen Gründen vorgesehen; in Abs. I war ferner der Thatsache Rechnung zu tragen, daß die Versicherungsanstalten bereits bestehen.

2. § 18 Abs. I, II und IV findet auf die Tiefbau-Berufsgenossenschaft und die Baugewerks-Berufsgenossenschaften Anwendung, während die Bestimmung des § 18 Abs. II sich auf die Tiefbau-Berufsgenossenschaft nicht erstreckt.

3. **In jeder Berufsgenossenschaft von Baugewerbetreibenden besteht eine Versicherungsanstalt**: Also sowohl bei der Tiefbau-Berufsgenossenschaft als bei den im Gebiete des deutschen Reichs bestehenden 12 Baugewerks-Berufsgenossenschaften.

Die „Versicherungsanstalt" bewirkt die Unfallversicherung für alle Unternehmer und Bauherrn, welche nicht einer Berufsgenossenschaft als Mitglied angehören oder von der Befugnis, die Unfallversicherung auf eigene Rechnung durchzuführen, Gebrauch gemacht haben, und zwar sowohl für die von denselben beschäftigten Arbeiter und Betriebsbeamten, als auch für die Unternehmer und Bauherrn selbst, soferne letztere von der Berechtigung zur freiwilligen Versicherung Gebrauch gemacht haben.

Baugewerbetreibende sind dagegen sowohl in Ansehung der von ihnen bei Bauarbeiten beschäftigten Arbeiter und Betriebsbeamten als in Ansehung der Selbstversicherung, mag diese eine freiwillige oder auf statutarischer Vorschrift beruhende sein, als endlich bezüglich anderer bei der Bauausführung beschäftigter, nach § 1 nicht versicherten Personen, mit der Unfallversicherung an die Berufsgenossenschaften selbst gewiesen.

Die „Unfall-Versicherungsanstalten" sind Verwaltungseinrichtungen der Bau-Berufsgenossenschaft, nicht selbständige Träger der Versicherung.

4. **Umfang der Versicherungsanstalt — Unter § 6 Z. 4 Abs. 1 fallende Unternehmer bei Bauarbeiten**:

I. Hierunter sind zu subsumieren:

a) die Bauarbeiten aller Privatpersonen, welche diese nicht gewerbsmäßig, d. i. welche diese für ihre eigene Rechnung (Regie) als Unternehmer ausführen,

b) die Bauarbeiten der Kommunalverbände und anderer öffentlicher Korporationen, welche diese als Unternehmer in eigener Regie ausführen, soferne sie nicht als leistungsfähig erklärt oder einer Berufsgenossenschaft als Mitglieder beigetreten sind.

Bei den Versicherungsanstalten der Baugewerks-Berufsgenossenschaft erfolgt ferner die Versicherung

c) derjenigen Personen, welche im Regiebetriebe mit Schreiner- (Tischler-), Einsetzer-, Schlosser- oder Anschlägerarbeiten bei Bauten beschäftigt werden, während dieselben, wenn sie durch Gewerbetreibende in gewerbsmäßiger Ausführung dieser Arbeiten beschäftigt werden, bei der Holzindustrie- bezw. Eisen- und Stahl- rc. Berufsgenossenschaft versichert sind.

Die Versicherung dieser Bauarbeiten (sub a, b und c) erfolgt bei den Versicherungsanstalten der Tiefbau- und bezw. Baugewerks-Berufsgenossenschaften auf Kosten der Unternehmer bezw. der Gemeindeverbände oder Korporationen: dabei ist es ohne Belang, ob es sich um Neu- oder um die Unterhaltung bestehender Baulichkeiten handelt, ferner ob es sich um Bauarbeiten im engeren Sinn oder um Bestandteile solcher (Hilfs-, Nebenarbeiten, Nebenbetriebe) handelt: vgl. Anm. Z. 12 zu § 6 S. 270.

II. Nicht hieher zu subsumieren sind:

a) das Reich und die Bundesstaaten bezüglich derjenigen Bauarbeiten, welche von diesen als Unternehmer ausgeführt werden,

b) Personen, welche gewerbsmäßig Bauarbeiten (Hoch- oder Tiefbauarbeiten) ausführen,

c) Kommunalverbände oder öffentliche Korporationen, welche für leistungsfähig erklärt oder einer Berufsgenossenschaft als Mitglied beigetreten sind.

5. **Einschließlich der selbstversicherten Unternehmer dieser Art**: Vgl. Anm. Z. 5 und 10 zu § 4 Bau-U.G. S. 260, 261.

6. **Eisenbahn-, Kanal-, Wege-, Strom-, Deich- und andere Bauarbeiten** (Abs.: II): Diese Arbeiten wurden den Versicherungsanstalten der auf Grund des Gew.U.G. errichteten Baugewerks-Berufsgenossenschaft zur Versicherung zugewiesen unter der Voraussetzung, daß a) diese Bauarbeiten von den in § 6 Z. 4 Abs. I genannten Unternehmern (vgl. oben Anm. Z. 4 Ia und b) ausgeführt werden, b) daß zu deren Ausführung nicht mehr als 6 Arbeitstage verwendet werden bezw. verwendet worden sind; letztere Voraussetzung trifft zu sowohl, wenn ein Arbeiter mehr als 6 Tage thätig war, als auch, wenn mehr als 6 Arbeiter einen Tag thätig waren, als auch wenn überhaupt von mehreren Arbeitern mehr als 6 Arbeitstage aufgewendet worden sind.

7. **Durch das Genossenschaftsstatut kann bestimmt werden** (Abs. III): Von der Befugnis der statutarischen Ausdehnung der Versicherung auf die in § 4 Bau-U.G. bezeichneten Unternehmer (Kleinmeister) haben alle 12 Baugewerks-Berufsgenossenschaften und Tiefbau-Berufsgenossenschaften Gebrauch gemacht: die Versicherung erfolgt bei der Bayerischen, Hamburger, Hannoveraner, Magdeburger und Südwestlichen Baugewerks-Berufsgenossenschaft bei den Versicherungsanstalten derselben, bei den übrigen Baugewerks-Berufsgenossenschaften und der Tiefbau-Berufsgenossenschaft bei diesen selbst: vgl. Anm. Z. 4 zu § 4 Bau-U.G. S. 260.

Besonders zu bemerken ist, daß die Versicherung der bei selbstversicherten Kleinmeistern beschäftigten Bauarbeiter stets bei der Berufsgenossenschaft selbst erfolgt, auch wenn die Selbstversicherung der Kleinmeister nach § 18 Abs. III der Versicherungsanstalt überwiesen (A.N. 1899 Z. 1760 S. 471) ist.

Die Vorschriften über Anmeldung und Ausscheiden der Kleinmeister sind im Falle deren Versicherung bei den Versicherungsanstalten in das Nebenstatut aufzunehmen.

8. **Träger der Versicherungsanstalt** (Abs. IV) ist die Berufsgenossenschaft selbst: Die durch die Organe der letzteren zu führende Verwaltung der ersteren ist eine von ihrer genossenschaftlichen Hauptaufgabe verschiedene Thätigkeit. Das Vermögen der Versicherungsanstalt ist von dem Vermögen der Berufsgenossenschaft getrennt zu führen: erstere hat auch einen eigenen Reservefond anzusammeln und ihre Verwaltungskosten selbst zu bestreiten: vgl. im übrigen die folgenden §§ 19—23 Bau-U.V. und bezüglich der Verwaltung der Versicherungsanstalten die §§ 41, 42, 45, 46 Gew.U.G.

§ 19.* (§ 17.)

I Die Einnahmen und Ausgaben der Versicherungsanstalt sind besonders zu verrechnen und ihre Bestände gesondert zu verwahren.

II Für die Versicherungsanstalt ist ein besonderer Reservefonds anzusammeln. Seine Verwendung zu Zwecken der Berufsgenossenschaft ist unstatthaft.

III Das für die Zwecke der Versicherungsanstalt bestimmte sonstige Vermögen darf für die übrigen Zwecke der Berufsgenossenschaft nur mit Genehmigung des Reichs-Versicherungsamts verwendet werden. Die Genehmigung darf nur erteilt werden, wenn der Nachweis erbracht ist, daß der für die Zwecke der Versicherungsanstalt verbleibende Teil dieses Vermögens zur dauernden Befriedigung der bisher festgestellten, von der letzteren zu zahlenden Renten und der sonstigen Verbindlichkeiten der Versicherungsanstalt voraussichtlich ausreichen wird.

IV Die für den Geschäftsbetrieb der Versicherungsanstalt etwa erforderlichen Mittel hat die Berufsgenossenschaft soweit nötig aus ihrem Reservefonds vorzuschießen.

V Die Versicherungsanstalt darf andere als die im § 18 bezeichneten Versicherungen nicht übernehmen.

VI Die von der Versicherungsanstalt aufzubringenden Verwaltungskosten bestimmen sich nach den durch die besondere Verwaltung derselben thatsächlich erforderlich gewesenen Aufwendungen; neben denselben kann nach näherer Bestimmung des Reichs-Versicherungsamts als Ersatz des auf die Versicherungsanstalt entfallenden Anteils an den gemeinsamen Verwaltungskosten ein Pauschbetrag erhoben werden.

1. § 19 enthält wie die folgenden §§ 20—23 gegenüber den früheren bezüglichen Bestimmungen (§§ 17—21) nur unwesentliche Aenderungen redaktioneller Natur, mit Ausnahme einer sachlichen Aenderung in § 22, siehe dort.

Die §§ 19—22 finden auf die Tiefbau-Berufsgenossenschaft und die Baugewerks-Berufsgenossenschaften gleichmäßige Anwendung.

2. Gesonderte Verrechnung der Einnahmen und Ausgaben der Versicherungsanstalt: Gleichwohl ist das für die Zwecke der Versicherungsanstalt bestimmte Vermögen im rechtlichen Sinne Eigentum der Berufsgenossenschaft.

Für die verzinsliche Anlage des Vermögens der Versicherungsanstalt sind die Bestimmungen des neuen § 108 Gew.U.G. mit §§ 1806—1808 des B.G.B. gleichmäßig zu beachten (§ 39 Bau-U.G.).

3. Besonderer Reservefond der Versicherungsanstalt: Zur Bildung eines solchen ist im Nebenstatut der Versicherungsanstalt die Erhebung eines Zuschlags von 10% des dem Prämientarif als Grundlage dienenden Kapitalwertes der in Aussicht stehenden Leistungen der Versicherungsanstalten vorgesehen; die Zinsen des Reservefonds sind dem letzteren bis auf Weiteres zuzuschlagen; zu Zwecken der Berufsgenossenschaft darf derselbe niemals Verwendung finden; abgesehen von dem Reservefond darf das „sonstige Vermögen" der Versicherungsanstalt für Zwecke der Berufsgenossenschaft nur mit Genehmigung des Reichs-(Landes-)Versicherungsamts verwendet werden.

Wenn die Einnahmen der Versicherungsanstalt nicht ausreichen, um den vorgeschriebenen Reservefond anzusammeln und die für dieselbe verwendeten Verwaltungskosten zu bestreiten, so hat die Berufsgenossenschaft den Fehlbetrag vorzuschießen und unter den eigenen Verwaltungskosten zu verrechnen; soferne die Versicherungsanstalt dann im nächsten Jahre Ueberschüsse hat, kann die Berufsgenossenschaft aus diesen Ersatz beanspruchen (A.N. 1889 Z. 749 S. 356).

4. **Verwaltungskosten — Pauschbetrag**: Die Ausgaben der Berufsgenossenschaft und der Versicherungsanstalt sind thunlichst auszuscheiden und getrennt zu halten. Bezüglich der gemeinsamen Verwaltungskosten (d. i. solcher, die nach ihrem Anfall nicht ausscheidbar sind) wird der Berufsgenossenschaft ein Pauschbetrag bewilligt.

Der „Pauschbetrag“ ist — unter Mitberücksichtigung der auf die Kommunalverbände und Korporationen umzulegenden Verwaltungskosten (§ 33 Bau-U.G.) — nach dem Verhältnis zu berechnen, in welchem die Summe der bei den einzelnen Ausgabetiteln ausscheidbaren Kosten der gesonderten Verwaltung der Versicherungsanstalt (Druckkosten, Porto, Unfalluntersuchungskosten, Arzthonorar ꝛc.) zu den durch die Gesamtverwaltung der Versicherungsanstalt erwachsenen Kosten derselben Art entstehen: der Pauschbetrag darf aber ein Fünftel dieser Gesamtkosten nicht übersteigen (A.N. 1889 Z. 704 S. 195).

5. **Rechnungsabschluß der Versicherungsanstalten**: Hiefür ist vom Reichs-Versicherungsamt ein Formular mitgeteilt, siehe A.N. 1889 S. 315.

§ 20.* (§ 18.)

I Für die Versicherungsanstalt hat die Genossenschaftsversammlung ein Nebenstatut zu errichten. Dasselbe muß Bestimmungen treffen:

1. über die Erfordernisse der An- und Abmeldung der im § 6 Ziffer 4 Abs. 1 bezeichneten Unternehmer, welche von der Befugnis des § 4 Abs. 3 Gebrauch machen wollen;
2. über die Abgrenzung der Befugnisse des Vorstandes und der Genossenschaftsversammlung bei der Verwaltung der Versicherungsanstalt;
3. über die Ansammlung des vorgeschriebenen Reservefonds;
4. über die Aufstellung, Prüfung und Abnahme der Jahresrechnung;
5. über die Veröffentlichung der Rechnungsabschlüsse;
6. über die Voraussetzungen einer Abänderung des Nebenstatuts.

II Sofern von der Bestimmung des § 18 Abs. 3 Gebrauch gemacht ist, muß das Nebenstatut über die An- und Abmeldung der demnach versicherten Personen sowie über die Einzahlung der für dieselben zu entrichtenden Prämien Vorschriften enthalten.

1. Vgl. Anm. Z. 1 zu § 19.

2. **Nebenstatut der Versicherungsanstalten**: Die für die Verwaltung der Versicherungsanstalten erforderlichen Bestimmungen sind in „Nebenstatuten“ zusammenzufassen; vgl. das in den A.N. 1887 S. 333 veröffentliche Normalnebenstatut.

3. **An- und Abmeldung bei den Versicherungsanstalten**: Wegen der An- und Abmeldung der bei den Versicherungsanstalten versicherten Baugewerbtreibenden und der „andern“ von diesen beschäftigten Personen siehe §§ 5 u. 6 des Normalnebenstatuts; die von diesen Unternehmern zu zahlenden Prämien sind durch die Gemeindebehörden einzuziehen.

Hienach haben die Unternehmer von Bauarbeiten (und zwar sowohl diejenigen, welche als Baugewerbetreibende Mitglieder der Genossenschaft sind, als auch die Unternehmer von nicht gewerbsmäßigen Bauarbeiten), welche sich selbst versichern wollen oder andere nach § 1 des Bau-U.G. nicht versicherte, bei der Bauausführung beschäftigte Personen versichern wollen, dies dem Genossenschaftsvorstande schriftlich anzuzeigen: bei der Versicherung der Unternehmer ist der Jahresarbeitsverdienst zu bezeichnen, welcher der Versicherung zu Grunde gelegt werden soll.

Die Versicherung beginnt mit dem Tage, an welchem die Anmeldung dem Vorstande der Genossenschaft zugestellt ist und dauert bis zum Schlusse desjenigen Kalenderjahres, in welchem das Erlöschen der Versicherung dem Vorstande der Genossenschaft angezeigt ist bezw. (bei der Versicherung der Unternehmer) in welchem der versicherte Unternehmer stirbt.

Bezüglich der Versicherung der „anderen Personen" tritt Kollektivversicherung ein und haben die beteiligten Unternehmer hiefür einen Zuschlag von 1 % ihrer Beiträge (Prämien) zu entrichten.

§ 21.* (§ 19.)

I Durch das Nebenstatut können für die Verwaltung der Versicherungsanstalt besondere Organe bestimmt werden. Enthält dasselbe Vorschriften dieser Art, so ist zugleich über den Sitz dieser Organe, über ihre Zusammensetzung, über die Abgrenzung ihrer Bezirke sowie über den Umfang ihrer Befugnisse Bestimmung zu treffen.

II Die Abgrenzung der Bezirke dieser Organe und die Wahl ihrer Mitglieder kann von der Genossenschaftsversammlung dem Genossenschaftsvorstand übertragen werden.

III Die Bezirke und die Zusammensetzung dieser besonderen Organe hat der Genossenschaftsvorstand durch den Reichsanzeiger bekannt zu machen.

Da von der Befugnis des § 19 bisher ein Gebrauch nicht gemacht wurde, wird, wie schon in Anm. Z. 8 zu § 18 bemerkt wurde, die Verwaltung der Versicherungsanstalten durchwegs durch die Organe der betreffenden Berufsgenossenschaft geführt.

§ 22.* (§ 20 Abs. 1, 2, 4.)

I Das Nebenstatut sowie die Abänderungen desselben bedürfen der Genehmigung des Reichs-Versicherungsamts.

II Gegen die Entscheidung desselben, durch welche die Genehmigung versagt wird, findet innerhalb eines Monats vom Tage der Zustellung der Entscheidung an den Genossenschaftsvorstand ab die Beschwerde an den Bundesrat statt.

III Die Beratungen der Genossenschaftsversammlungen über das Nebenstatut finden in Gegenwart eines Vertreters des Reichs-Versicherungsamts statt, welcher auf sein Verlangen jederzeit gehört werden muß.

1. **Aenderung durch die Novelle**: Die Bestimmung in Abs. III des früheren § 20 konnte wegfallen, da für alle Versicherungsanstalten (der Tiefbau- und der Baugewerks-Berufsgenossenschaft) die „Nebenstatuten" längst genehmigt sind; dagegen war die Bestimmung in § 22 Abs. III (früher § 20 Abs. IV) um deswillen aufrecht zu erhalten, da es sich darum handelt, die anderweit nicht vertretenen Interessen der der Versicherungsanstalt zugeteilten Unternehmer, welche nicht Mitglieder der Berufsgenossenschaften sind, zu wahren (Mot).

In § 22 Abs. II wurde die Beschwerdefrist in Uebereinstimmung mit dem Gewerbe-Unfallversicherungsgesetz von 4 Wochen auf einen Monat erstreckt.

2. An die Stelle des Reichs-Versicherungsamts tritt ev. das Landes-Versicherungsamt.

§ 23.* (§ 21.)

In der Versicherungsanstalt erfolgt die Unfallversicherung:

a) bei Bauarbeiten, zu deren Ausführung, einzeln genommen, mehr als sechs Arbeitstage thatsächlich verwendet worden sind, auf Kosten des Unternehmers (§ 5 Ziffer 2) gegen feste, im voraus bemessene Prämien nach Maßgabe eines Prämientarifs (§§ 24 ff.);

b) bei Bauarbeiten von geringerer Dauer auf Kosten der Gemeinden und der sonstigen im § 32 bezeichneten Verbände, über deren Bezirke die Berufsgenossenschaft sich erstreckt, gegen Beiträge, welche auf diese Gemeinden oder Verbände nach Maßgabe der in den einzelnen Jahren für Unfälle bei solchen Bauarbeiten thatsächlich erforderlich gewordenen Zahlungen jährlich umgelegt werden.

1. Vgl. Anm. Z. 1 zu § 19.

Auf die Versicherungsanstalt der Tiefbau-Berufsgenossenschaft findet § 23 lit. b keine Anwendung (§§ 18 Abs. II, 44 Bau-U.G.); dagegen finden die Bestimmungen sub lit. a u. b auch Anwendung auf die Baugewerks-Berufsgenossenschaften.

2. **Unfallversicherung in der Versicherungsanstalt**: vgl. Anm. Z. 4 zu § 18 Bau-U.G. Seite 290, 291.

Die Durchführung der Versicherung ist verschieden, je nachdem

a) mehr als 6 Arbeitstage,

b) weniger als 6 Arbeitstage

zur Ausführung der Bauarbeiten verwendet worden sind; in den Fällen sub a erfolgt die Versicherung auf Kosten der Unternehmer (§ 5 Ziff. 2) gegen feste Prämien nach Maßgabe eines Prämientarifs, im Falle sub b auf Kosten der Gemeinden und sonstigen Verbände (§ 32) gegen Beiträge, welche auf diese nach Maßgabe der in den einzelnen Jahren für Unfälle bei solchen Bauarbeiten thatsächlich erforderlich gewordenen Zahlungen umgelegt werden.

Die Unternehmer, auf deren Kosten die Versicherung erfolgt, werden hiedurch nicht Mitglieder der Berufsgenossenschaften; auch hier können die Arbeiter zu Beiträgen nicht herangezogen werden.

Die Versicherung der Bauarbeiten sub a ist in §§ 24—31, die Versicherung der sub b in §§ 32—36 geregelt.

3. **Mehr als 6 Arbeitstage, einzeln genommen**: Wie schon in Anm. Z. 6 zu § 18 Bau-U.G. bemerkt, trifft diese Voraussetzung zu sowohl, wenn ein Arbeiter mehr wie 6 Tage thätig war, als auch, wenn mehr als 6 Arbeiter einen Tag thätig waren, als auch, wenn überhaupt von mehreren Arbeitern mehr als 6 Arbeitstage aufgewendet wurden. Es fällt hierunter aber auch eine Bauarbeit, zu welcher in einem größeren Zeitraum (etwa einem halben oder ganzen Jahre) mehr als 6 Tage verwendet wurden, wenn die Arbeit eine einheitliche ist; es trifft dies z. B. zu, wenn eine Gemeinde eine Person (Wegmacher, Straßenwärter rc.) mit der Unterhaltung von Gemeindewegen oder Teilen von solchen gegen eine bestimmte vereinbarte Vergütung betraut; in solchen Fällen sind Nachweisungen (vgl. den folgenden § 24) über alle für die Wegunterhaltung verwendeten Arbeitstage und den verdienten Lohn einzureichen, auch wenn in den einzelnen Staaten nur sechs oder weniger Arbeitstage auf diese Arbeiten verwendet worden sind.

Versicherung auf Kosten der Unternehmer (§ 23 lit. a).

§ 24.* (§ 22.)

I Die im § 6 Ziffer 4 Abs. 1 aufgeführten Unternehmer, welche Bauarbeiten der im § 23 lit. a. bezeichneten Art ausführen, haben der von der Landes-Centralbehörde bestimmten Behörde nach einem von dem Reichs-Versicherungsamte vorzuschreibenden Formulare längstens binnen drei Tagen nach Ablauf eines jeden

Monats eine Nachweisung der in diesem Monate bei Ausführung der Bauarbeiten verwendeten Arbeitstage und der von den Versicherten dabei verdienten Löhne und Gehälter vorzulegen.

II Soweit die Verpflichteten die Nachweisung nicht rechtzeitig oder nicht vollständig einreichen, hat die in Gemäßheit des ersten Absatzes von der Landes-Centralbehörde bestimmte Behörde diese Nachweisungen nach ihrer Kenntnis der Verhältnisse selbst aufzustellen oder zu ergänzen. Sie kann zu diesem Zwecke die Verpflichteten zu einer Auskunft innerhalb einer zu bestimmenden Frist durch Geldstrafen bis zu einhundert Mark anhalten.

III Die Nachweisungen sind binnen zwei Wochen nach Ablauf des Kalendervierteljahrs an den Genossenschaftsvorstand oder das von diesem bezeichnete Organ der Genossenschaft einzureichen. Dabei hat die in Gemäßheit des ersten Absatzes von der Landes-Centralbehörde bestimmte Behörde zu bescheinigen, daß ihr über die Ausführung weiterer Bauarbeiten, für welche nach den vorstehenden Vorschriften in ihrem Bezirke Nachweisungen vorzulegen wären, nichts bekannt geworden sei.

1. Die §§ 24—31 enthalten mit wenigen Ausnahmen (vgl. Anm. Z. 1 zu §§ 27, 28 u. 29) eine unveränderte Wiedergabe der §§ 22—29 des früheren Gesetzes vom 11. Juli 1887; § 24 hat nur insoferne eine Aenderung erfahren, als in Abs. I die Uebergangsbestimmung des früheren § 22, „daß die Nachweisung von einem vom Reichs-Versicherungsamt zu bestimmenden und öffentlich bekannt zu machenden Zeitpunkte ab vorzulegen sei" in Wegfall gekommen ist.

Die §§ 24—31, welche auf beide Arten von Berufsgenossenschaften der Bau-Unfallversicherung (Hochbau und Tiefbau) Anwendung finden, beziehen sich auf die Regiebauarbeiten von mehr als sechstägiger Dauer, welche von den in § 6 Z. 4 Abs. I Bau-U.G. aufgeführten Unternehmern ausgeführt werden.

2. **Unternehmer von Regiebauarbeiten**: vgl. § 5 und Anm. hiezu S. 262 ff., § 6 Z. 4 Abs. I und Anm. Z. 12 ff. hiezu S. 270, Anm. Z. 4 zu § 18 S. 290.

3. **Nach Ablauf eines jeden Monats einzusendende Nachweisungen**: Nach § 24 sind für die unter Ziff. 1 genannten Bauarbeiten Nachweisungen herzustellen, welche für die Prämienerhebung dienen und ein Mittel für die amtliche Feststellung der Versicherungszugehörigkeit bilden, da eine Anmeldung des Beginnes der Bauarbeiten nicht stattfindet. Für diese Nachweisung ist vom Reichs-Versicherungsamt in dessen Bekanntmachung vom 12. Dezember 1887 ein Formular und eine Anleitung veröffentlicht; dieselben sind im Anhange abgedruckt.

4. Als jene Behörde, bei welcher die Nachweisungen einzureichen sind, ist fast durchweg (in Preußen, Bayern, Sachsen, Württemberg, Baden, Hessen) die Gemeindebehörde (Ortsvorsteher, Bürgermeister, Bürgermeisterei) bestimmt, in deren Bezirk die Bauarbeiten ausgeführt werden. In Preußen ist durch besondere Minist.Entschl. vom 25. Februar 1888 (Reichsanzeiger Nr. 100) angeordnet, daß für solche Bauarbeiten an Wegen, Kanälen, Wasserläufen 2c., welche sich als Ausfluß eines über die Bezirke mehrerer Gemeinden sich erstreckenden Baubetriebes darstellen, die Nachweisungen der Gemeindebehörde desjenigen Ortes vorzulegen sind, in deren Bezirk der Baubetrieb seinen Sitz hat. Im Großherzogtum Baden sind ferner die Nachweisungen bezüglich derjenigen Städte, in welchem die Ortspolizei durch die Staatsbehörde verwaltet wird, bei den Bezirksämtern, im übrigen bei den Bürgermeistern einzureichen. (Siehe die Min.Bek. für Preußen vom 16. Dezember 1887 (Reichsanzeiger Nr. 304), für Bayern vom 29. Dezember 1887 (M.A.Bl. S. 447), für Sachsen vom 12. November 1887, für Württemberg vom 14. November 1887, für Baden vom 21. Dezember 1887).

5. Jeder Unternehmer oder Bauherr, welcher Regiebauarbeiten von mehr als sechstägiger Dauer (für eigene Rechnung) ausführt, hat binnen längstens drei Tagen nach Ablauf eines jeden Monats eine Nachweisung über die Zahl der in diesem Monat verwendeten Arbeitstage und die Höhe der von den Versicherten dabei verdienten Löhne bei der Gemeindebehörde des Orts, in dessen Bezirk die Bauarbeiten ausgeführt werden, einzureichen. Bei Säumnis des Verpflichteten hat die Gemeindebehörde (analog dem § 35 Abs. II Gew.U.G.) die Nachweisung nach ihrer Kenntnis der Verhältnisse selbst aufzustellen und bezw. zu ergänzen, zu welchem Behufe sie von den Verpflichteten die erforderliche Auskunft unter Androhung und Verhängung einer Geldstrafe bis zu 100 Mark erholen kann. Binnen zwei Wochen nach Ablauf eines jeden Kalendervierteljahres (also bis längstens 15. April, 15. Juli, 15. Oktober und 15. Januar jeden Jahres) hat die Gemeindebehörde diese Nachweisungen mit einer Bescheinigung darüber, daß ihr von weiteren zur Zahlung von Prämien verpflichtenden Bauarbeiten innerhalb ihres Bezirks Nichts bekannt geworden ist, bei dem Vorstande der betr. Berufsgenossenschaft oder dem von diesem bezeichneten Genossenschaftsorgan (je nach der Natur der Arbeit bei dem Vorstande der Tiefbau- oder dem Vorstande der Baugewerks-Berufsgenossenschaft) einzureichen. — Fehlanzeigen brauchen nicht erstattet zu werden. — Auf Grund dieser Nachweisungen werden dann von letzteren die Prämien berechnet, welche jeder einzelne Bauherr (Unternehmer) für die in dem abgelaufenen Quartale von ihm ausgeführten Bauarbeiten zu entrichten hat. Ueber diese Prämienbeträge werden Heberollen aufgestellt; die Gemeindebehörden erhalten Auszüge aus denselben und haben auf Grund derselben die Prämienbeträge einzuziehen und binnen 4 Wochen an den Genossenschaftsvorstand einzuliefern.

Aus dem Gesagten erhellt, welch' wesentliche Aufgaben den Gemeindebehörden bei der Versicherung der Regiebauarbeiten gegen Unfall und die Kontrolle hierüber im Gesetze zugedacht ist und es folgt daraus von selbst deren Verpflichtung, die Ausführung von Regiebauarbeiten besonders zu überwachen.

Aus der Anleitung für die Nachweisungen von Regiebauarbeiten wird hier in Kürze Folgendes zusammengestellt:

a) Nachweisungen sind nicht einzureichen:

α) vom Reiche, den Bundesstaaten und allen Eisenbahnverwaltungen, wenn dieselben Bauarbeiten in eigener Regie (ohne Uebertragung an andere Unternehmer) ausführen,

β) von Privatpersonen, welche gewerbsmäßig Bauarbeiten ausführen, aber nur bezüglich dieser Bauarbeiten,

γ) von Bauarbeiten, die als Teile eines anderen Betriebes (Nebenbetriebe) schon anderweit versicherungspflichtig sind; hieher gehören auch die in § 1 Abs. IV Landw.U.G. erwähnten laufenden Reparaturen rc. und sonstigen Bauarbeiten, wenn sie von dem Unternehmer ohne Uebertragung an Andere auf eigenem Grund und Boden ausgeführt werden,

δ) von Kommunalverbänden, Gemeinden, Korporationen rc., welche der betr. Genossenschaft als Mitglied beigetreten sind, oder welche von der zuständigen Landes-Centralbehörde für leistungsfähig zur Uebernahme der Selbstversicherung erklärt sind oder für welche die Pauschalversicherung (gemäß § 31) festgesetzt ist,

ε) von Privatpersonen, welche Regiebauarbeiten allein (d. i. ohne Gehilfen, ohne Arbeiter) für eigene Rechnung ausführen; die Verwendung von Familienangehörigen (mit Ausnahme der Ehefrauen!) bei Ausführung der Bauarbeiten verpflichtet jedoch zur Einsendung der Nachweisung.

b) Abgesehen von den sub a erwähnten Fällen sind Nachweisungen vorzulegen für Bauarbeiten jeder Art, ohne Unterschied, ob Hochbau oder Tiefbau, ob Neubau oder Umbau oder Reparaturen, ob Maurer-, Schlosser-, Zimmer-, Maler-, Glaser-, Erd-, Kanal-, Drainierungs- rc. rc. Bauarbeiten in Frage stehen, unter der Voraussetzung, daß mehr als sechs Arbeitstage hiezu verwendet werden.

c) Zur Herstellung und Einreichung der Nachweisung ist derjenige (bezw. dessen Vertreter) verpflichtet, für dessen Rechnung die Arbeiten ausgeführt werden.

d) In die Nachweisung, die selbstverständlich nur für solche Monate herzustellen ist, in welchen thatsächlich Bauarbeiten stattgefunden haben, sind aufzunehmen: die zur Arbeit verwendeten Tage (auch die halben), die Löhne und Gehälter einschließlich der Tantiemen und Naturalbezüge (letztere nach Ortsdurchschnittspreisen berechnet) eventuell der sich auf den betr. Monat nach der verwendeten Arbeitszeit berechnende Teil der etwa vereinbarten Akkordsumme, der Gegenstand der Bauarbeiten, die Art des Betriebs (Hand-, Motoren-, Dampf-, Wasser- 2c. Betrieb): sind verschiedene Arten von Bauarbeiten vertreten (Maurer, Zimmerer, Schlosser, Dachdecker 2c.), so sind die einzelnen Kategorien unter Ausscheidung der für jede verwendeten Arbeitstage und von jeder derselben verdienten Löhne getrennt aufzuführen.

e) Besonders zu erwähnen ist endlich noch der Fall, daß sich eine Bauarbeit (event. mit Unterbrechungen) auf einen längeren Zeitraum (mehrere Monate) erstreckt:

α) Wenn eine einzelne Bauarbeit sich über 2 Monate erstreckt und auf den ersten Monat nur sechs oder weniger Arbeitstage entfallen, so ist für den ersten Monat keine Nachweisung vorzulegen; dagegen sind in die Nachweisung für den zweiten Monat die sämtlichen auf die betr. Bauarbeit bis dahin verwendeten Arbeitstage und verdienten Löhne aufzunehmen.

β) Wenn in jedem Monate mehr als 6 Arbeitstage verwendet werden, so ist für jeden derselben eine besondere Nachweisung binnen drei Tagen nach dessen Ablauf einzureichen.

γ) Wenn im ersten Monate mehr als sechs, im zweiten Monate nur sechs oder weniger als sechs Arbeitstage verwendet werden, so ist sowohl für den ersten als für den zweiten eine gesonderte Nachweisung einzureichen.

Was sub lit. e α—γ vom zweiten Monat gesagt wurde, gilt selbstverständlich bei gleichen Verhältnissen auch für den dritten, vierten, fünften u. flgd. unter der Voraussetzung, daß die betr. Bauarbeit eine einheitliche ist.

6. Für jedes Bauobjekt ist eine gesonderte Nachweisung einzureichen.

7. Erachtet der Genossenschaftsvorstand die in den eingereichten Nachweisungen aufgeführten Regiebauarbeiten nicht für versicherungspflichtige Regiebauarbeiten, so hat er dies der Behörde, welche die Nachweisung eingesendet hat, unter Angabe der Gründe behufs Verständigung des betr. Unternehmens mitzuteilen; eines förmlichen Bescheides bedarf es hiebei nicht.

8. Bezüglich der Strafvorschriften wegen Verfehlungen gegen die Einreichung oder Richtigkeit der Nachweisungen siehe § 45 Abs. II Bau-U.G. mit § 147 Gew.U.G.

9. Ist ein Unternehmer im Zweifel, ob er eine Nachweisung vorzulegen verpflichtet ist, so wird er gut thun, die Nachweisung rechtzeitig einzureichen und in der Rubrik „Bemerkung" die Gründe anzugeben, aus welchen er seine Verpflichtung bezweifelt.

Prämientarif.

§ 25.* (§ 23.)

I Der Prämientarif (§ 23 lit. a) muß die der Berechnung der Prämien zu Grunde zu legenden Einheitssätze nach Verhältnis der bei der Bauausführung von den Versicherten verdienten Löhne oder Gehälter (vergl. § 27 Abs. 2) beziehungsweise des in Betracht kommenden Jahresarbeitsverdienstes (§ 4) dergestalt ersichtlich machen, daß sich ergibt, wieviel für jede angefangene halbe Mark des in Betracht kommenden Lohnes an Prämie zu entrichten ist.

II Sofern nach dem für die Berufsgenossenschaft bestehenden Gefahrentarife die einzelnen Arten von Bauarbeiten zu verschieden bemessenen Beiträgen herangezogen werden, sind auch die Einheitssätze der an die Versicherungsanstalt zu entrichtenden Prämien nach dem durch den Gefahrentarif der Genossenschaft festgestellten Verhältnisse verschieden zu berechnen.

1. Vgl. Anm. Z. 1 zu § 24 Bau-U.G. S. 296.

2. **Prämientarif**: Die für die versicherten Regiebauarbeiten (und die Selbstversicherung) zu zahlenden Prämien zur Deckung des Kapitalwertes der dauernden Renten, der sonstigen Entschädigungen, der Zuschläge zur Bildung des Reservefonds und der Verwaltungskosten werden nach dem vom Reichs-Versicherungsamte (für die bayerische Baugewerks-Berufsgenossenschaft vom bayerischen Landes-Versicherungsamte) aufgestellten Prämientarif, welcher nach Gefahrenklassen abgestuft ist, berechnet: aus demselben ergiebt sich, wieviel für jede angefangene halbe Mark der bei der Bauausführung von den Versicherten verdienten Löhne und Gehälter (bezw. des Jahresarbeitsverdienstes bei den Selbstversicherten) an Prämie zu zahlen ist: bleiben die Löhne hinter dem ortsüblichen Taglohn gewöhnlicher Tagarbeiter zurück, so ist letzterer für die Berechnung der Prämie maßgebend: dagegen findet eine Herabsetzung des 4 Mk. übersteigenden Lohnes hiebei nicht statt.

Die Voraussetzungen des § 25 Abs. II treffen bei allen Bau-Berufsgenossenschaften (Hochbau und Tiefbau) zu.

§ 26.* (§ 24.)

I Der Prämientarif wird alle drei Jahre von dem Reichs-Versicherungsamte für jede Berufsgenossenschaft nach Anhörung des Vorstandes derselben im voraus festgesetzt. Als Grundlagen dienen der Kapitalwert derjenigen Leistungen, welche der Versicherungsanstalt aus den bei Bauarbeiten der im § 23 lit. a bezeichneten Art im Jahre durchschnittlich zu erwartenden Unfällen voraussichtlich erwachsen werden, ferner die zur Bildung des vorgeschriebenen Reservefonds (§ 19) erforderlichen Zuschläge sowie ein Pauschbetrag für Verwaltungskosten, welcher nach der Höhe der in der vorangegangenen Periode im Jahresdurchschnitte für die Versicherungsanstalt entstandenen Verwaltungskosten (§ 19 Abs. 6) unter Berücksichtigung des auf die Gemeinden nach § 33 entfallenden Betrags derselben zu berechnen ist. In Abzug zu bringen sind die Zinsen des Reservefonds, soweit dieselben nicht nach den Bestimmungen des Nebenstatuts (§ 20 Ziffer 3) dem Reservefonds selbst zufließen.

II Die näheren Bestimmungen über die Berechnung des Zuschlags für Verwaltungskosten hat das Reichs-Versicherungsamt zu erlassen.

III Der Prämientarif ist durch den Reichsanzeiger und diejenigen Blätter zu veröffentlichen, welche zu den amtlichen Bekanntmachungen der Landes-Centralbehörden oder der höheren Verwaltungsbehörden, in deren Bezirken er Geltung haben soll, bestimmt sind. Die Veröffentlichung erfolgt durch das Reichs-Versicherungsamt.

IV Die Veröffentlichung muß mindestens zwei Wochen vor demjenigen Zeitpunkt erfolgt sein, mit welchem der Tarif in Kraft treten soll. Bis zu diesem Zeitpunkte sind die Prämien nach dem bisherigen Tarife zu erheben.

1. Vgl. hieher Anm. Z. 1 zu § 24 Seite 296: die in Abs. II des früheren § 24 enthaltene Uebergangsbestimmung für die erstmalige Berechnung des Zuschlags ist in Wegfall gekommen.

2. **Zur Zeit geltende Prämientarife**: Die zur Zeit d. i. für die Jahre 1900—1902 geltenden Prämientarife für die Versicherungsanstalten der Bau-Berufsgenossenschaft sind mit Bekanntmachung des Reichs-Versicherungsamts vom 11. November 1899 mit Rundschreiben des Reichs-Versicherungsamts vom 27. Januar 1900 — A.N. 1899 S. 754, 1900 S. 330 veröffentlicht.

Bezügl. der bayer. Baugewerks-Berufsgenossenschaft, deren Prämientarif vom bayer. Landes-Versicherungsamt aufgestellt wird, siehe b. Minist.A.Bl. 1899 S. 661 ff.

Die periodische Revision der Gefahrentarife wurde nach den Motiven mit Rücksicht auf die Unsicherheit der zur Zeit der Beratung des Bau-Unfallversicherungsgesetzes vorhandenen Grundlagen angeordnet: das Gesetz wollte die Möglichkeit offen lassen, diese Grundlagen an der Hand weiterer Erfahrungen zu verbessern.

Für die Zwecke des Prämientarifs ist alljährlich bis zum 15. Mai mit der Vermögensnachweisung eine Nachweisung der Löhne, Sollprämien, Prämien-Eingänge, -Ausfälle und -Reste nach einem bestimmten Formular einzureichen (A.N. 1897 S. 298).

Entrichtung der Prämien.

§ 27.* (§ 25.)

I Nach Ablauf des Kalendervierteljahrs wird auf der Grundlage des Prämientarifs und der nach § 24 Abs. 3 eingerichteten Nachweisungen vom Genossenschaftsvorstande die Prämie berechnet, welche auf jeden Unternehmer entfällt, und die Heberolle aufgestellt.

II Für diejenigen Personen, deren bei der Ausführung der Bauarbeit verdiente Löhne und Gehälter für den Arbeitstag den Betrag des von der höheren Verwaltungsbehörde für den Ort der Beschäftigung festgesetzten ortsüblichen Tagelohns gewöhnlicher erwachsener Tagearbeiter nicht erreichen, ist dieser letztere Betrag der Berechnung der Prämie zu Grunde zu legen.

III Den Gemeindebehörden sind bezüglich der dem Gemeindebezirk angehörenden Unternehmer Auszüge aus der Heberolle mit der Aufforderung zuzustellen, die Beiträge einzuziehen und in ganzer Summe innerhalb eines Monats an den Genossenschaftsvorstand oder das nach § 21 zuständige andere Organ der Genossenschaft nach Abzug der Portoauslagen einzusenden.

IV Den Gemeindebehörden ist hierfür von der Berufsgenossenschaft eine Vergütung zu gewähren, deren Höhe von der Landes-Centralbehörde im Einvernehmen mit dem Reichs-Versicherungsamte festzusetzen ist. Für Bauarbeiten, welche von der Gemeinde selbst für eigene Rechnung ausgeführt werden, wird diese Vergütung nicht bezahlt.

V Die Gemeinde haftet für diejenigen Prämien, bei denen sie den wirklichen Ausfall oder die fruchtlos erfolgte Zwangsvollstreckung nicht nachweisen kann, und muß sie vorschußweise mit einsenden.

1. Vgl. hieher Z. 1 zu § 24 Seite 296 und die Anm. Z. 1 und 2 zu § 25 S. 299: eine Aenderung ist hier gegenüber dem früheren § 25 nur insoferne vorgesehen, als in Abs. III die Frist zur Einsendung der Beiträge von 4 Wochen auf einen Monat erstreckt wurde.

2. **Berechnung der Prämien**: Wegen der Berechnung der Prämien im allgemeinen siehe Anm. Z. 2 zu § 25; die Höhe der Prämie ergiebt sich durch Multiplikation des Einheitssatzes (§ 25) mit dem Betrage der bei der Ausführung der einzelnen Bauarbeiten

von den Versicherten verdienten Löhne und Gehälter bezw. soweit diese bei bestimmten Personen den ortsüblichen Tagelohn erwachsener Tagarbeiter nicht erreichen, mit dem Betrage dieses Taglohns.

Wie schon zu §§ 1, 5, 6 BauU.G. bemerkt wurde, sind die zur Herstellung und Unterhaltung der Gemeindewege erforderlichen Arbeiten versicherungspflichtig, auch wenn dieselben mittels Gemeindediensten (Frohnden) ausgeführt werden und eine Vergütung hiefür Seitens der Gemeinde nicht gewährt wird. Zur Beurteilung der Frage, wie in diesem Falle die Prämien für die Wegeunterhaltungspflichtigen (oder deren Vertreter) zu berechnen seien für den Fall, daß eine Gemeinde von der Pauschalversicherung (gemäß § 31 Bau-U.G.) keinen Gebrauch gemacht hat, hat das Reichs-Versicherungsamt (vgl. A.N. 1889 S. 76) Entscheidung dahin erlassen, daß in solchen Fällen der Betrag des von der höheren Verwaltungsbehörde (in Bayern die Kreisregierungen, in Preußen die Regierungspräsidenten) für den Ort der Beschäftigung festgesetzten ortsüblichen Taglohns gewöhnlicher erwachsener Tagarbeiter der Berechnung der Prämie zu Grunde zu legen ist; dieser ortsübliche Taglohn umfaßt auch den Wert der üblicher Weise gewährten Naturalien mit (A.N. 1899 Z. 1775 S. 617).

3. **Einhebung der Prämien**: Die Prämien (und zwar auch die der selbstversicherten Gewerbetreibenden) sind durch die Gemeindebehörden des Wohnsitzes der Unternehmer, welchen Gemeindebehörden Seitens der Versicherungsanstalten Auszüge aus der aufgestellten Heberolle zuzusenden sind, einzuziehen und an die Versicherungsanstalten einzusenden.

Eine unmittelbare Einziehung der Prämien von den Unternehmern oder einzelnen derselben Seitens der Versicherungsanstalten ist nicht zulässig, es sei denn daß die betr. Gemeindebehörde damit einverstanden ist (A.N. 1888 Z. 642 S. 350).

Soferne das Nebenstatut einer Bau-Berufsgenossenschaft nicht eine abweichende Bestimmung enthält, empfiehlt sich, die Prämien für die Selbstversicherungen von Unternehmern zusammen mit den Prämien für die Regiebauarbeiten einheben zu lassen.

Rückständige Prämienbeträge werden beigetrieben wie rückständige Gemeindeabgaben (vgl. § 103 Gew.U.G. und Anm. hiezu S. 203 ff.); solche Rückstände können aber nur für die dem laufenden Jahre vorhergehenden zwei Kalenderjahre beigetrieben werden (§ 103 Abs. II Gew.U.G. mit § 39 Bau-U.G.); die Kosten der Zwangsvollstreckung sind von den säumigen Schuldern mitbeizutreiben. Für die aus dem letzten Jahre vor Eröffnung eines Konkurses rückständigen Prämienbeträge steht der Versicherungsanstalt ein Vorzugsrecht zu (§ 54 Z. 3 Konk.Ord.).

Gegen Schuldner, die im Auslande wohnen, ist die Beitreibung durch jene Gemeindebehörde zu veranlassen, in deren Bezirk die Schuldner den Betrieb führen oder geführt haben: da staatliche Vereinbarungen auf Rechtshilfe mit außerdeutschen Ländern nicht getroffen sind, kann eine solche Zwangsbeitreibung nur dann Erfolg versprechen, wenn der Schuldner im Inlande zur Zwangsvollstreckung sich eignende Gegenstände sein eigen nennt.

4. **Vergütung für Einhebung der Prämien; Hebegebühr**: Die Vergütung für Einhebung und Einsendung der Prämien ist von allen zuständigen Landes-Centralbehörden auf 4% der Gesamtsumme der eingezogenen Prämien, welche ebenso wie die Portoauslagen bei der Einsendung gleich abgezogen werden können, festgesetzt worden.

Für die von der Gemeinde selbst in Regie ausgeführten Bauarbeiten wird eine Prämienvergütung nicht gewährt, wohl aber sind die Gemeinden auch hier zum Abzug der Portoauslagen berechtigt (A.N. 1892 Z. 1081 S. 200).

Die Hebegebühr stellt den Ersatz für alle mit der Einziehung der Prämien verbundenen Unkosten dar, so daß die Gemeinden bei fruchtlos ausgefallener Zwangsvollstreckung den Ersatz barer Auslagen nicht gesondert beanspruchen können (A.N. 1897 Z. 1650 S. 469); dagegen besteht die Berechtigung zur Einforderung der Hebegebühr für die Gemeindebehörde auch dann, wenn nach erfolgter Pfändung die Schuldner Teilbeträge direkt an die Versicherungsanstalt abführen (A.N. 1896 Z. 1510 S. 267).

5. Haftung der Gemeinden aus Anlaß der Prämieneinhebung (Abs. V): Den Gemeindebehörden ist in Ansehung der Prämieneinhebung eine besondere Haftung auferlegt: sie haften den Versicherungsanstalten nämlich für diejenigen Prämien, bei denen sie den wirklichen Ausfall oder die fruchtlose Zwangsvollstreckung nicht nachweisen können und haben die betr. Prämienbeträge vorschußweise einzusenden.

Wenn daher die zur Einhebung von Prämienbeträgen oder zur Beitreibung von Prämienrückständen requirierte Gemeindebehörde dem Schuldner Zahlungsnachsicht gewährt, so thut sie dies auf eigene Wag und Gefahr und haftet vielmehr der Versicherunganstalt für den derselben aus der gewährten Nachsicht entstandenen Schaden.

6. An die Stelle des Reichs-Versicherungsamts tritt ev. das Landes-Versicherungsamt.

§ 28.* (§ 26.)

I Der Auszug aus der Heberolle (§ 27) muß diejenigen Angaben enthalten, welche die Zahlungspflichtigen in den Stand setzen, die Richtigkeit der angestellten Prämienberechnung zu prüfen. Die Gemeindebehörde hat den Auszug während zweier Wochen zur Einsicht der Beteiligten auszulegen und den Beginn dieser Frist auf ortsübliche Weise bekannt zu machen. Binnen einer weiteren Frist von zwei Wochen kann der Zahlungspflichtige, unbeschadet der Verpflichtung zur vorläufigen Zahlung, gegen die Prämienberechnung bei dem Genossenschaftsvorstand oder dem nach § 21 zuständigen anderen Organe der Genossenschaft Einspruch erheben.

II Der Einspruch ist nur zulässig, wenn sich derselbe auf unrichtigen Ansatz der Löhne, auf unrichtige Anwendung des Prämientarifs, auf Rechenfehler oder auf die Behauptung stützt, daß der in Anspruch Genommene zur Entrichtung von Prämien für die von ihm beschäftigten Personen nicht verpflichtet sei. Auf unrichtigen Ansatz der Löhne kann der Einspruch in den Fällen nicht gestützt werden, in welchen die Nachweisung wegen Säumnis des Verpflichteten von der Behörde (§ 24 Abs. 2) aufgestellt worden war.

III Wird dem Einspruch überhaupt nicht oder nicht in dem beantragten Umfange Folge gegeben, so steht dem Zahlungspflichtigen binnen zwei Wochen nach der Zustellung der Entscheidung des zuständigen Genossenschaftsorgans die Beschwerde an die untere Verwaltungsbehörde zu. Gegen die Entscheidung derselben ist binnen zwei Wochen nach der Zustellung Rekurs an das Reichs-Versicherungsamt zulässig. Derselbe darf aber nur auf die Behauptung gestützt werden, daß eine Verpflichtung zur Entrichtung von Prämien nicht vorliege.

IV Ergiebt sich nachträglich, daß ein ohne Widerspruch (Abs. 1) bezahlter Betrag ganz oder teilweise zu Unrecht erhoben worden ist, so kann die Rückerstattung auf dem im Abs. 1 bezeichneten Wege verlangt werden. Der Anspruch verjährt in zwei Jahren nach Ablauf des Kalenderjahrs, in welchem der Betrag gezahlt worden ist.

1. Vgl. hieher Anm. Z. 1 zu § 24 S. 296; neu ist hier die Bestimmung in Abs. V, daß ohne Widerspruch bezahlte, ganz oder teilweise zu Unrecht eingehobene Prämienbeträge auf dem in § 28 Abs. I bezeichneten Wege innerhalb 2 Jahren nach Ablauf des Kalenderjahres, in welchem der Betrag bezahlt worden ist, zurückgefordert werden können.

Die in Abs. II des früheren § 26 irrtümlicherweise aufgenommenen Worte „von der Gemeindebehörde" sind durch die Worte „von der Behörde" richtig gestellt worden (die Bestimmung der die Nachweisung aufstellenden Behörde obliegt nämlich den Landescentralbehörden, so daß also nicht ohne weiteres die Gemeindebehörde zuständig ist und der frühere Ausdruck des Gesetzes nicht korrekt war, weshalb er berichtigt wurde).

2. **Oeffentliche Auslegung der Heberollen-Auszüge**: Die den Gemeinden zugehenden Heberollenauszüge sind während zweier Wochen öffentlich auszulegen; der Beginn der Frist ist öffentlich bekannt zu machen; die Kosten dieser Bekanntmachung hat die Gemeindebehörde (nicht die Versicherungsanstalt) zu tragen; die Veröffentlichung des Beginnes der Auslegungsfrist kann statt durch Inserierung in einem öffentlichen Blatt in sonstiger ortsüblicher Weise (öffentliches Verkünden, Anschlag an das Rathaus oder die Gemeindetafel ꝛc.) erfolgen; bei diesem letzteren Verfahren sind jedoch die Zahlungspflichtigen durch Schreiben gegen Zustellungsurkunde zur Zahlung aufzufordern und berechnet sich deren zweiwöchentliche Einspruchsfrist vom Tage dieser Zustellung an.

3. **Einspruch gegen den Heberollen-Auszug**: Der bei dem Genossenschaftsvorstande gegen die Prämienberechnung zu erhebende Einspruch ist auf die in § 28 Abs. II aufgeführten Gründe beschränkt und entbindet nicht von der Verpflichtung zu vorläufigen Zahlung der Prämie.

4. **Beschwerde**: Gegen die auf den erhobenen Einspruch ergangene Entscheidung des Genossenschaftsvorstandes steht dem Zahlungspflichtigen binnen 2 Wochen nach der Zustellung Beschwerde an die untere Verwaltungsbehörde (siehe Anm. 3 zu § 56 S. 145) zu; gegen deren Entscheidung steht sowohl dem Zahlungspflichtigen als dem Genossenschaftsvorstande binnen einer weiteren Frist von 2 Wochen (nach Zustellung) Rekurs an das Reichs-Versicherungsamt (Landes-Versicherungsamt, soweit nicht die Zugehörigkeit des fraglichen Betriebes zu einer zum Reichs-Versicherungsamt ausschließlich ressortierenden Berufsgenossenschaft im Rekurse behauptet wird) aber nur in dem einen Falle zu, wenn geltend gemacht werden will, daß eine Verpflichtung zur Entrichtung von Prämien überhaupt nicht besteht.

Das Reichs-Versicherungsamt ist auch für die Entscheidung über Rekurse gegen die Erhebung von Regiebauprämien seitens einer Versicherungsanstalt einer zu einem Landes-Versicherungsamt ressortierenden Baugewerks-Berufsgenossenschaft zuständig, wenn behauptet wird, daß die betr. Bauarbeit nicht eine selbständige Regiebauarbeit, sondern ein Teil eines Betriebes sei, welcher einer der Aufsicht des Reichs-Versicherungsamtes oder eines anderen Landes-Versicherungsamtes unterstellten Berufsgenossenschaft zugehört.

Für *selbstversicherte* Baugewerbetreibende (Kleinmeister) ist die Zwischeninstanz der unteren Verwaltungsbehörde nicht gegeben (A.N. 1892 Z. 1083 S. 200).

5. **Zusammenstellung der den Gemeindebehörden im Vollzuge der §§ 24, 27, 28 Bau-U.G. obliegenden Verpflichtungen**:

a) Entgegennahme und Prüfung oder Aufstellung und Ergänzung der Nachweisungen über die Regiebauarbeiten,

b) Verpflichtung und Berechtigung, von den zur Vorlegung dieser Nachweisungen Verpflichteten Auskunft zu verlangen und sie nötigenfalls zur Erteilung der Auskunft mittels Geldstrafen anzuhalten,

c) Einsendung der Nachweisungen an die Genossenschaftsvorstände binnen 2 Wochen nach Ablauf der Kalendervierteljahre mit der in § 24 Abs. III vorgeschriebenen Bescheinigung,

d) Auslegung der Heberollen-Auszüge auf die Dauer von 2 Wochen und öffentliche Bekanntmachung des Beginns dieser Frist,

e) Einziehung der Prämien und Einsendung derselben in ihrer ganzen Summe binnen einem Monat (nach Abzug der Portoauslagen und der Hebegebühren mit 4% dieser Summe — event. vorschußweise — an die Genossenschaftsvorstände,

f) Haftung der Gemeinden für die Prämien mit Ausnahme der nicht beizutreibenden,

g) Beitreibung der Prämienrückstände in derselben Weise wie Gemeindeabgaben-Rückstände.

§ 29.* (§ 27.)

I Für die Prämien und die sonstigen den unter § 6 Ziffer 4 Abs. 1 fallenden Unternehmern in diesem Gesetz auferlegten Leistungen haftet im Falle der Zahlungsunfähigkeit des Bauunternehmers der Bauherr während eines Jahres nach der endgültigen Feststellung der betreffenden Verbindlichkeit.

II Sind Zwischenunternehmer vorhanden, so haften diese vor dem Bauherrn.

III Streitigkeiten, welche zwischen den Versicherungsanstalten und den Bauherren oder Zwischenunternehmern über die Haftung entstehen, entscheidet mit Ausschluß des Rechtswegs das Reichs-Versicherungsamt.

1. Vgl. hieher Anm. Z. 1 zu § 24 S. 296; neu ist die Bestimmung in Abs. III, über deren Zweck und Bedeutung vgl. Anm. Z. 3 zu § 105 Gew.U.G. S. 207, sowie Anm. Z. 1 zu § 104 S. 205.

§ 29 findet nur Anwendung, wenn der „Bauherr" nicht ohnedies der Bauunternehmer ist.

2. **Haftung der Bauherrn für die Prämien und sonstigen Leistungen**: Für den Begriff „Bauherrn" ist wesentlich, daß dieser sich eines Unternehmers bedient, durch welchen er für sich die Bauarbeiten ausführen läßt, so daß letztere vom Unternehmer dem Bauherrn gegenüber als Vertragsleistung geschuldet werden (A.N. 1898 S. 250). Bauherr kann daher auch ein anderer als der Grundeigentümer sein, sofern dieser Andere infolge seiner Rechts- oder Vertragsverhältnisse zu dem Grundeigentümer thatsächlich die Verfügung über den Bau hat; vgl. auch Anm. Z. 3 zu § 104 Gew.U.G. S. 206.

Bei den Bauspekulationsgeschäften (in großen Städten) ist der Baustellenhändler „der Bauherr" (A.N. 1901 Z. 1888 S. 603). Nach mehrfachen Entscheidungen des k. Landes-Versicherungsamtes in München ist auch ein Baukapitalist, welcher dem Bauunternehmer die Baustelle nicht verkauft, sondern sich darauf beschränkt hat, dem insolventen Unternehmer das Baukapital darzuleihen unter der Modalität, daß der Kapitalist thatsächlich die Herrschaft über den Bau und auch das Hauptinteresse an der Fertigstellung desselben hat, als „Bauherr" anzusehen, welchem die Haftung für geschuldete Regiebauprämien obliegt (Mitth. 1902 Z. 868 S. 13 ff.).

Die „Haftung des Bauherrn" trifft nur in Ansehung der bei Regiebauarbeiten beschäftigten, bei den Versicherungsanstalten versicherten Personen, nicht auch in Ansehung zahlungsunfähiger Genossenschaftsmitglieder oder der Selbstversicherung der Unternehmer zu. Für die Geltendmachung der Haftung sind die §§ 27, 28 Bau-U.G. zur Anwendung zu bringen: eine Zuständigkeit der Gerichte ist nicht gegeben.

Die endgiltige (rechtskräftige) Feststellung der Prämie in der Richtung gegen den Unternehmer schließt Angriffe des Bauhern gegen die Höhe der Prämie nicht aus (A.N. 1897 Z. 1592 S. 285).

Unter „sonstigen Leistungen" sind nur durch das Bau-Unfallversicherungsgesetz pflichtmäßig gewordene Leistungen zu verstehen (vgl. § 30) und zwar nur Zahlungen; anderweitige Verpflichtungen des Unternehmers (z. B. Einreichung der Nachweisungen rc.) kommen nicht in Betracht.

Die „Haftung" ist eine subsidiäre d. i. nur für den Fall der Zahlungsunfähigkeit des Unternehmers existent; für den Nachweis der letzteren genügt das Vorliegen eines erfolglosen Zwangsbeitreibungsverfahrens irgend welcher Art (A.N. 1901 Z. 1889 S. 606). Die Haftung ist aber zeitlich beschränkt auf die Dauer eines Jahres, beginnend mit der rechtskräftigen Feststellung der Prämienzahlung. Etwa vorhandene „Zwischenunternehmer" haften in derselben Weise wie die Bauherrn, aber vor letzteren.

3. Streitigkeiten: An die Stelle des Reichs-Versicherungsamts tritt event. das Landes-Versicherungsamt.

§ 30.* (§ 28.)

Weitere Zahlungen als die nach diesem Gesetze zu entrichtenden Prämien und die wegen Verletzung bestehender Verpflichtungen einzuziehenden Strafen und Kosten können seitens der Berufsgenossenschaft von den Unternehmern nicht gefordert werden.

Vgl. Anm. Z. 1 zu § 24 Seite 296 und Anm. Z. 2 zu § 29 über „sonstige Leistungen."

§ 31.* (§ 29.)

Für Kommunalverbände, öffentliche Korporationen und andere Bauherren, welche regelmäßig ohne Uebertragung an andere Unternehmer Bauarbeiten ausführen, kann auf ihren Antrag der Betrag der der Berechnung der Prämien zu Grunde zu legenden Arbeitslöhne und Gehälter nach Maßgabe der Zahl der im Jahresdurchschnitte verwendeten Arbeitstage in einem Pauschbetrage festgesetzt werden. Solche Festsetzungen müssen Bestimmungen über die Termine, zu welchen die Prämien einzuzahlen sind, enthalten. Soweit solche Festsetzungen getroffen sind, finden die Bestimmungen der §§ 24 und 27 keine Anwendung.

1. Vgl. Anm. Z. 1 zu § 24 S. 296; der Wortlaut des früheren § 29 „in Pausch und Bogen" wurden in den präziseren „in einem Pauschbetrage" umgewandelt; sonstige Aenderungen hat der frühere § 29 nicht erfahren.

2. **Kommunalverbände, öffentliche Korporationen** rc.: Solche kommen hier nur in Betracht, soweit sie für leistungsfähig erklärt (§ 6 Z. 3) oder der Berufsgenossenschaft als Mitglied beigetreten sind (§ 8); siehe folgde. Anm. 3.

3. **Festsetzung der Arbeitslöhne und Gehälter in einem Pauschbetrage**: Durch § 31 soll jenen Bauherrn, welche regelmäßig Regiebauten auszuführen pflegen, insbesondere solchen Gemeinden (Kommunalverbänden, Kreis-, Distriktsgemeinden), welche die Versicherung der Regiebauten auf Grund Leistungsfähigkeitserklärung (§ 6 Z. 3) nicht selbst übernommen haben oder der Berufsgenossenschaft nicht als Mitglied beigetreten sind (§ 8 Abs. II), die Möglichkeit gewährt werden, durch Pauschbeträge die Vorlegung der Nachweisungen (§ 24) und die vierteljährliche Einzahlung der Prämien (§ 27) zu vermeiden.

Der Festsetzung ist die zwischen Berufsgenossenschaft und Bauherrn getroffene Vereinbarung zu Grunde zu legen.

Wenn die Festsetzung nicht auf eine bestimmte Zeit erfolgt ist, so kann beiderseitig mit Wirksamkeit vom nächsten Rechnungsjahre an von der Vereinbarung zurückgetreten werden: ebenso kann eine frühere Festsetzung später bei gegenseitigem Einverständnis geändert werden.

Gemeinden eines weiteren Verbandes können sich zur gemeinschaftlichen Regelung gemäß § 31 vereinigen.

Versicherung auf Kosten von Gemeinden (23 lit. b).

§ 32. (§ 30.)

1 Die Mittel zur Deckung der Entschädigungsbeträge und Verwaltungskosten, welche der Versicherungsanstalt aus Unfällen bei den im § 23 lit b bezeichneten Bauarbeiten erwachsen sind, werden durch Beiträge der Gemeinden, über deren Bezirke die Berufsgenossenschaft sich erstreckt, aufgebracht und auf dieselben nach dem Verhältnisse der Bevölkerungsziffer jährlich umgelegt. Als Bevölkerungsziffer gilt

diejenige Zahl von Einwohnern, welche aus Anlaß der nächstvorhergegangenen Volkszählung von der zuständigen Behörde amtlich festgestellt ist, und zwar von dem auf die Feststellung folgenden Rechnungsjahr ab.

II Durch die Landes-Centralbehörde kann bestimmt werden, daß an Stelle der Gemeinden weitere Kommunalverbände treten, oder daß innerhalb bestimmter Bezirke einzelne Gemeinden zur gemeinschaftlichen Uebernahme der aus der Unfallversicherung bei der Versicherungsanstalt ihnen erwachsenden Last vereinigt werden. Bestimmungen der letzteren Art müssen Festsetzungen über die Vertretung und Verwaltung dieser Vereinigung sowie darüber enthalten, nach welchen Grundsätzen die diesen Vereinigungen zur Last fallenden Beträge auf die einzelnen Gemeinden zu verteilen sind.

III Die Landes-Centralbehörde kann ferner bestimmen, daß die Umlegung statt auf Gemeinden oder weitere Kommunalverbände auf Verwaltungsbezirke erfolge, und wie von den letzteren die auf sie umgelegten Beträge auf die einzelnen Gemeinden zu verteilen sind.

IV Soweit derartige Bestimmungen der Landes-Centralbehörde nicht erlassen sind, können Gemeinden durch übereinstimmende Beschlüsse zur gemeinsamen Uebernahme der gemäß § 23 lit. b ihnen zufallenden Lasten sich vereinigen. Solche Vereinbarungen müssen Bestimmungen über die Vertretung und Verwaltung dieser Vereinigungen enthalten und bedürfen der Genehmigung der Landes-Centralbehörde.

V Diese Bestimmungen und Vereinbarungen sind den betreffenden Berufsgenossenschaften sowie dem Reichs-Versicherungsamte mitzuteilen.

Vorbemerkungen zu §§ 32—36.

Die §§ 32—35, die wie § 36 gegenüber den §§ 30—34 des früheren Gesetzes wesentliche Aenderungen nicht enthalten, betreffen die Versicherung von Regiebauarbeiten mit einer Dauer bis zu höchstens 6 Tagen (§ 23 lit. b), welche ohne Rücksicht auf die Art derselben (ob Tiefbau- oder Hochbau-Arbeiten) bei der *örtlich zuständigen Baugewerksberufsgenossenschaft versichert sind, so daß diese Paragraphen auf die Tiefbau-Berufsgenossenschaft keine Anwendung finden.*

Der § 36 setzt fest, daß den Gemeinden in Ansehung des Bau-U.G. die selbstständigen Gutsbezirke und Gemarkungen (bezüglich der letzteren vgl. für Bayern Art. 3 der Gemeindeordnung vom 29. April 1869) gleichstehen.

Im Einzelnen kommt hiezu zu bemerken:

1. Da nach dem Gesetze über die Bauunfallversicherung alle bei Bauarbeiten, auch wenn diese weniger wie 6 Tage in Anspruch nehmen, beschäftigten Arbeiter mit den nämlichen Entschädigungsansprüchen gegen Unfall versichert werden wollten, eine Anmeldung oder Nachweisung der unendlich zahlreichen kleinen Bauarbeiten eine außerordentliche Arbeitslast und Belästigung der Behörden wie der Versicherungsanstalt hervorrufen würde, wurde im Interesse der Erzielung eines möglichst einfachen Verfahrens für die Versicherung dieser kleineren Bauarbeiten bestimmt, daß bei Betriebsunfällen, welche bei letzteren Arbeiten vorkommen, die Entschädigungen von der Versicherungsanstalt der betr. Baugewerks-Berufsgenossenschaft festgestellt und vorschußweise bezahlt, nach Ablauf des Kalenderjahres auf jene Gemeinden, welche zum Bezirke der betr. Genossenschaft gehören, nach Verhältnis der Bevölkerungsziffer ohne Rücksicht auf ihren thatsächlichen Anteil an der Unfallast umgelegt und auf diese Weise der Versicherungsanstalt zurückvergütet werden.

Hieraus folgt:

a) daß die Gemeinden (Gemeindeverbände) nur für die Unfälle bei den in § 23 lit. b aufgeführten Bauarbeiten und in Ansehung dieser Unfälle für die Entschädigungen und Verwaltungskosten aufzukommen haben,

b) daß die hiefür erforderlichen Mittel von den Versicherungsanstalten vorschußweise gezahlt und auf sämtliche Gemeinden des betr. Genossenschaftsbezirks (auch wenn in denselben ein Unfall bei den genannten Bauarbeiten während des betr. Jahres nicht vorgekommen ist) nach Jahresschluß umgelegt werden.

2. Gegen den den Gemeinden zugehenden Auszug aus der Heberolle, welcher die auf diese gemäß § 32 umgelegten und von dieser zu vergütenden Beträge enthält, ist gemäß § 38 Abs. III eine Beschwerde an das Reichs-(Landes-)Versicherungsamt nur zulässig, soweit sie sich auf die Behauptung eines Rechnungsfehlers oder eines Irrtums bei Ansatz der Bevölkerungsziffer gründet.

3. Für die Bevölkerungsziffer der einzelnen Gemeinden ist das Ergebnis der letzten amtlichen Volkszählung und zwar von dem auf diese folgenden Rechnungsjahre ab maßgebend.

4. Die Entscheidung, ob eine selbständige versicherungspflichtige, unter § 23 lit. b fallende Bauarbeit vorliegt, steht dem Vorstande der betr. Genossenschaft zu.

5. Von der in § 32 Abs. II und III den Landes-Centralbehörden eingeräumten Befugnis wurde in folgenden Staaten ein Gebrauch nicht gemacht: Bayern, Großherzogtum Sachsen, Mecklenburg-Strelitz, Mecklenburg-Schwerin, Sachsen-Meiningen, Sachsen-Altenburg, Schwarzburg-Sondershausen, Schwarzburg-Rudolstadt und Lippe, Bremen Elsaß-Lothringen.

In den anderen Staaten haben durch besondere Erlasse der genannten Behörden derselben an Stelle der Gemeinden größere Verbände zu treten und zwar: in Preußen, Hessen, Braunschweig, Waldeck, Pyrmont, Anhalt die Kreise, in Sachsen (Königr.) die Bezirksverbände (mit Ausnahme der Städte Leipzig, Dresden und Chemnitz), in Württemberg die Amtskorporationen, in Baden die Kreisverbände, in Oldenburg die Amtsverbände (bezw. im Fürstentum Birkenfeld die Bürgermeistereien), in Sachsen-Coburg-Gotha die beiden Staatsgebietsbezirke (je nach Vorkommen des Unfalles), in Reuß ä. L. der Verband der vereinigten Gemeinden, in Reuß j. L., Schaumburg-Lippe und Lübeck die Verwaltungsbezirke (für Lübeck ausgeschieden nach Stadt und Land) und in Hamburg die städt. Polizeibehörde und je die Landherrschaften der Geestlande, Marschlande, Ritzebüttel und Bergedorf.

6. Bezüglich der Verwaltungskosten der Versicherung auf Kosten der Verbände wurde gemäß § 33 für die ausschließlich zum Reichs-Versicherungsamt ressortierenden Baugewerks-Berufsgenossenschaften (mit Bek. des gen. Amtes vom 23. März 1889, A.N. 1889 S. 159) ein Pauschalbetrag von 80 Mk. für jeden thatsächlich zu entschädigenden Unfall festgesetzt, welcher inzwischen auf 200 Mk. erhöht worden ist (vgl. A.N. 1898 Z. 1696 S. 236); diese Verwaltungskosten werden gleichzeitig mit dem von den Gemeinden zurückzuvergütenden Schadenersatz (Renten rc.) auf. diese umgelegt und von denselben eingehoben.

7. Rückständige Beiträge der Gemeinden oder Verbände werden auch hier wie rückständige Gemeindeabgaben nach landesgesetzlichen Bestimmungen beigetrieben.

8. Auf den Reservefond der Versicherungsanstalt haben die in § 32 bezeichneten Gemeinden oder Verbände keinen Anspruch.

9. Der § 36 ist dem § 165 des Landw.U.V.G. und bezw. dem § 83 des Krank.V.G. nachgebildet. Da die selbständigen Gutsbezirke und ausmärkischen Güter und Ländereien (Forste) außerhalb der Gemeinden stehen, so können diesen die denselben sonst zustehenden Verpflichtungen in Ansehung der ersteren nicht übertragen werden. Es stellen daher obige Paragraphen fest, daß die Behörden und Unterstützungsberechtigten ihrerseits die Erfüllung der sonst den Gemeinden obliegenden Verpflichtungen von dem Gutsherrn oder Gemarkungsberechtigten zu fordern haben, wobei es selbstverständlich letzteren unbenommen bleibt, wegen Uebernahme der ihnen durch das Gesetz übertragenen Verpflichtungen durch dritte mit diesen bezügliche Vereinbarungen zu treffen. Als Eigentümer solcher abgesonderter Markungen kommen vorzugsweise der Staat (siehe in Bayern bezüglich der ausmärk. Forstbezirke, deren Eigentümer der Staat ist, art. 3 der Gemeindeordnung vom 29. April 1869) und Standesherrn in Betracht.

10. An die Stelle des Reichs-Versicherungsamtes (§ 32 Abs. V) tritt event. das Landes-Versicherungsamt.

§ 33.* (§ 31.)

Der Betrag der auf die Verbände umzulegenden Verwaltungskosten wird nach Maßgabe der Vorschriften des § 26 festgesetzt.

§ 34.* (§ 32.)

I Innerhalb der einzelnen Gemeinden oder weiteren Kommunalverbänden werden die aus den Bestimmungen des § 23 lit. b auf dieselben entfallenden Lasten wie Gemeindeabgaben aufgebracht.

II Durch die Landesgesetzgebung oder durch statutarische Bestimmung der einzelnen Gemeinden beziehungsweise weiteren Kommunalverbände, welche der Genehmigung der höheren Verwaltungsbehörde bedarf, kann ein anderer Verteilungsmaßstab festgestellt, insbesondere bestimmt werden, daß die Lasten von den Grund- oder Gebäudebesitzern zu tragen sind.

§ 35.* (§ 33.)

Auf den besonderen Reservefonds der Versicherungsanstalt haben die Gemeinden und sonstigen im § 32 bezeichneten Verbände rücksichtlich der aus der Bestimmung des § 23 lit. b ihnen erwachsenen Lasten keinen Anspruch.

§ 36.* (§ 34.)

Den Gemeinden im Sinne dieses Gesetzes stehen die selbständigen Gutsbezirke und Gemarkungen gleich. Soweit den Gemeinden aus diesem Gesetze Rechte oder Verbindlichkeiten erwachsen, tritt an die Stelle der Gemeinden der Gutsherr oder der Gemarkungsberechtigte.

IV. Feststellung und Auszahlung der Entschädigungen.

Untersuchung. Entschädigung.

§ 37. (§ 37 bis 40.)[1]

I Auf die Anzeige und Untersuchung der Unfälle, auf die Feststellung, Auszahlung und Pfändung der Entschädigungen sowie auf die Liquidationen der Postverwaltungen finden die Bestimmungen der §§ 63 bis 98 des Gewerbe-Unfallversicherungsgesetzes entsprechende Anwendung.

[1]) Die §§ 35, 36 des früheren Gesetzes vom 11. Juli 1887 betr. die „Vertretung der Arbeiter“ und die „Schiedsgerichte“ sind durch die bezüglichen Bestimmungen des Abänderungsgesetzes (§§ 3 ff.) ersetzt und daher in Wegfall gekommen.

II Die Verpflichtung zur Einreichung von Lohn- und Gehaltsnachweisungen (§ 74 a. a. O.) erstreckt sich auf Unternehmer, welche nicht Mitglieder der Berufsgenossenschaft sind.

1. In § 37 sind die Bestimmungen der §§ 37—40 des früheren Gesetzes vom 11. Juli 1887 zusammengezogen dadurch, daß auch für das Verhältnis zu den Postverwaltungen, für die Rechtsmittel und für die Behandlung ausländischer Berechtigter auf die entsprechenden Bestimmungen des Gewerbe-Unfallversicherungsgesetzes gleichmäßig anwendbar Bezug genommen ist.

§ 37 findet gleiche Anwendung auf die Tiefbau und Baugewerks-Berufsgenossenschaften und die Versicherungsanstalten derselben, sowie auf die fiskalischen Betriebe des Reichs, eines Bundesstaats ꝛc.; nur § 74 Gew.U.G. findet auf letztere keine Anwendung.

2. Von den in § 37 Abs. I allegierten §§ 63—98 Gew.U.G. beziehen sich:
§§ 63—68 auf die Anzeige und Untersuchung der Unfälle,
§§ 69—75 auf die Feststellung der Entschädigungen,
§§ 76—87 auf die Rechtsmittel der Berufung und des Rekurses,
§§ 88—92 auf das Verfahren bei Veränderung der Verhältnisse,
§ 93 auf die Fälligkeitstermine,
§ 94 auf das Ruhen der Rente unter bestimmten Voraussetzungen,
§ 95 auf die Kapitalabfindungen,
§ 96 auf die Uebertragung der Ansprüche,
§ 97 auf die Auszahlungen durch die Post
§ 98 auf die Liquidationen der Post.

Nachdem in diesen Gebieten für die Bauunfallversicherung besondere Vorschriften nicht gelten, kann sich auf §§ 63—98 Gew.U.G. und die denselben beigefügten Erläuterungen als auch hieher geltend bezogen werden.

Erstattung der Vorschüsse.

§ 38.* (§ 41.)

I Der Genossenschaftsvorstand stellt fest, welcher Teil der von den Zentral-Postbehörden liquidirten Beträge der Berufsgenossenschaft, und welcher Teil der Versicherungsanstalt zur Last fällt.

II Der erstere Teil ist aus den verfügbaren Mitteln der Berufsgenossenschaft zu entnehmen. Gleichzeitig ist nach den Bestimmungen des § 13 der Kapitalwert der im vergangenen Rechnungsjahre neu entstandenen, der Berufsgenossenschaft erwachsenen Lasten zu berechnen und unter Berücksichtigung der auf Grund der §§ 50, 51 des Gewerbe-Unfallversicherungsgesetzes etwa vorliegenden besonderen Verpflichtungen oder Berechtigungen nach dem festgestellten Verteilungsmaßstab und unter Verrechnung der erhobenen Vorschüsse (§ 13) von den Mitgliedern einzuziehen. Im Uebrigen finden die Bestimmungen des § 99 Abs. 2 bis 4 sowie der §§ 100 bis 102 a. a. O. Anwendung.

III Der der Versicherungsanstalt zur Last fallende Teil ist, soweit er durch Unfälle verursacht ist, die sich bei Bauarbeiten der im § 23 lit. a bezeichneten Art ereignet haben, aus den verfügbaren Beständen an Prämien zu entnehmen. Soweit der Betrag aber durch Unfälle verursacht ist, die sich bei Bauarbeiten der im § 23 lit. b bezeichneten Art ereignet haben, ist derselbe nach dem im § 32 festgesetzten Maßstab auf die im Bezirke der Berufsgenossenschaft belegenen Gemeinden, weiteren Kommunalverbänden oder Vereinigungen von Gemeinden, welche an die Stelle der Gemeinden gesetzt sind, umzulegen und von ihnen einzuziehen. Denselben ist zu diesem Zwecke ein Auszug aus der aufzustellenden Heberolle mit der Aufforderung zuzustellen, den festgesetzten Betrag bei Vermeidung der zwangsweisen Beitreibung binnen zwei Wochen einzuzahlen. Der Auszug muß diejenigen Angaben enthalten, welche die Gemeinden rc. in den Stand setzen, die Richtigkeit der angestellten Beitragsberechnung zu prüfen. Den Gemeinden rc. stehen gegen die Feststellung ihrer Beiträge, unbeschadet der Verpflichtung zur sofortigen Zahlung, die im § 102 des Gewerbe-Unfallversicherungsgesetzes angegebenen Rechtsmittel zu; die Beschwerde ist jedoch nur zulässig, wenn sich dieselbe entweder auf Rechenfehler oder auf Irrtümer bei Ansatz der Bevölkerungsziffer gründet.

1. In § 38 hat der frühere § 41 — abgesehen von einigen Fassungsänderungen — keine Aenderung erfahren.

§ 38 Abs. I und III finden auf die Tiefbau- und die Baugewerks-Berufsgenossenschaften Anwendung, die Bestimmungen des § 38 Abs. II dagegen nur auf die Tiefbau-Berufsgenossenschaft.

2. **Feststellung der die Berufsgenossenschaft und die Versicherungsanstalt treffenden Last** (Abs. I): Auf Grund der nach Ablauf des Kalenderjahres seitens der Central-Postbehörden (§ 98 Gew.U.G.) den Genossenschaftsvorständen übermittelten Liquidationen (Nachweisungen).

Die Feststellung der auf die Berufsgenossenschaft und die Versicherungsanstalt entfallenden Beträge ist, da eine bezügliche Trennung in den Zahlungsnachweisungen nicht zum Ausdruck kommt, durch mit besonderer Sorgfalt zu führende Verzeichnisse vorzubereiten und an der Hand der Liquidationen der Central-Postbehörden nach Jahresschluß eingehend zu prüfen (A.N. 1888 S. 47).

Um den Gemeinden einen Anhalt dafür zu gewähren, daß nur die Ausgaben für diejenigen Fälle auf sie umgelegt sind, für welche sie aufzukommen haben, sind in die den Gemeinden zuzustellenden Heberollen-Auszüge die Unfälle, aus welchen die Entschädigungsbeträge im abgelaufenen Jahre erwachsen sind, wenigstens nach Name und Wohnort der Verletzten, Datum und Ort des Unfalls rc. einzustellen. Eine weitergehende bezügliche Regelung ist einstweilen noch den Genossenschaftsvorständen überlassen (A.N. 1889 Z. 708 S. 378).

Die Annahme einer Regiebau-Nachweisung in Verbindung mit der daraufhin erfolgten Einziehung der Prämie entzieht der Berufsgenossenschaft das Recht, im Entschädigungsverfahren die Versicherungspflichtigkeit der betreffenden Arbeit zu bestreiten (A.N. 1897 Z. 1572 S. 259).

3. **Aufbringung der Mittel** (Abs. II) **für die Berufsgenossenschaft**: Die Baugewerks-Berufsgenossenschaft, auf welche wie erwähnt, § 41 Abs. II nicht anzuwenden ist, haben die nach der in vor. Anm. besprochenen Feststellung erforderlichen Mittel einschließlich der Verwaltungskosten, der beschlossenen Zuschläge zum Reservefond, der uneinziehbaren Beiträge des Vorjahres, etwa zu zahlender Prämien (für Rettung Verunglückter oder an Privatversicherungsgesellschaften rc.) und abzüglich etwaiger Einnahmen z. B. der Zinsen (welche dem Reservefond nicht zuzuschlagen sind), an Strafgeldern rc. nach dem Umlageprinzip gem. §§ 99—102 Gew.U.G. aufzubringen.

Die Tiefbau-Berufsgenossenschaft bringt dagegen den ihr zu Last fallenden Teil auf: a) aus den von ihren Mitgliedern gemäß § 13 Bau-U.G. erhobenen Vorschüssen (letztere sind die im Satz 1 von § 38 Abs. II erwähnten „verfügbaren Mittel"), b) aus den Beträgen, welche von den Mitgliedern in der in Satz 2 von § 38 Abs. II festgesetzten

Weise eingezogen werden. Vgl. hieher die §§ 13 und 15 des Bau-U.G. und die Anm. hiezu Seite 283 ff., 287.

5. Bezüglich der in § 38 Abs. II angezogenen §§ 99—102 Gew.U.G. (die §§ 50, 51 daselbst betreffen die Teilung und gemeinsame Tragung des Risikos cf. oben § 14 und Anm. hiezu Seite 285 ff.) sind folgende Bemerkungen veranlaßt:

a) Zu § 99 Abs. II bis IV Gew.U.G.

Jedes Mitglied der Genossenschaft hat binnen 6 Wochen nach Ablauf jeden Rechnungsjahres (1. Januar bis 31. Dezember) dem Genossenschaftsvorstande (event. wenn dies durch Statut vorgeschrieben ist, dem Vertrauensmanne) eine Nachweisung einzureichen, welche enthält:

α) die während dieses Jahres im Betriebe beschäftigten versicherten Personen und die von denselben verdienten Löhne und Gehälter,

β) eine Berechnung der bei der Umlegung der Beiträge in Anrechnung zu bringenden Beträge der Löhne und Gehälter,

γ) die Gefahrenklasse, in welche der Betrieb eingeschätzt worden ist.

Ein einheitliches Formular für diese Nachweisungen ist vom Reichs-Versicherungsamt nicht vorgeschrieben; es ist daher Sache der zur Regelung des Umlageverfahrens berufenen Genossenschaftsvorstände, über Form und Inhalt dieser Nachweisungen nähere Vorschriften zu erlassen. Wesentliche Voraussetzungen der Nachweisungen sind: a) die Angabe der thatsächlich gezahlten und verdienten Lohnsumme (also nicht eine Durchschnittsberechnung derselben), b) die ziffermäßige Angabe der in dem Betriebe (Haupt- und Nebenbetriebe) beschäftigten versicherten Personen; werden letztere bald in einem versicherungspflichtigen, bald in einem nichtversicherungspflichtigen Betriebe eines und desselben Unternehmers beschäftigt, so haben die Unternehmer durch eine den thatsächlichen Verhältnissen ihres Betriebs entsprechende Schätzung die von den versicherten Personen in dem versicherungspflichtigen Betriebe verdienten Löhne von den übrigen auszuscheiden und in die Lohnnachweisung einzutragen.

Unter dem verdienten Lohn sind alle Bezüge zu verstehen, welche den in dem Betriebe beschäftigten Personen als Entgelt für ihre Beschäftigung zufließen, also auch Naturalien (deren Wert nach Ortsdurchschnittspreisen anzusetzen ist), Zehrungs-, Nachtquartier-, Fahrgelder, Tantièmen, Trinkgelder; (letztere, wenn sie als regelmäßig wiederkehrende Einnahme bei der Vereinbarung der Lohnbedingungen zwischen Arbeitgeber und und Arbeitnehmer wenn auch nur stillschweigend in Betracht gezogen worden sind).

Zu bemerken ist hiebei noch, daß der 1500 Mark pro Jahr übersteigende Lohnbetrag nur mit einem Drittel in Anrechnung kommt und daß für jugendliche Arbeiter und solche Personen, welche wegen noch nicht beendigter Ausbildung keinen Lohn oder einen geringeren Lohn als den ortsüblichen Taglohn Erwachsener beziehen, dieser letztere (nach Festsetzung durch die höhere Verwaltungsbehörde) in Ansatz zu bringen ist.

War der versicherungspflichtige Betrieb nur einen Teil des Jahres in Thätigkeit, so sind die Einträge in den Nachweisungen auch nur für diese Zeit zu machen.

Im Falle eine versicherungspflichtige Person in dem abgelaufenen Rechnungsjahre nicht beschäftigt wurde, ist Fehlanzeige dann zu erstatten, wenn dies im Statut der Genossenschaft vorgeschrieben ist.

Wegen unrichtiger thatsächlicher Angaben können Betriebsunternehmer durch die Genossenschaftsvorstände mit Geldstrafen bis zu 500 Mk. belegt werden. Wegen nicht rechtzeitiger Einsendung der Nachweisung kann abgesehen von der in § 99 Abs. IV vorgesehenen Maßnahme der subsidiären Feststellung derselben durch den Genossenschaftsvorstand eine Geldstrafe bis zu 300 Mk. verhängt werden. Ueber die Einschränkung des Beschwerderechtes wegen nicht rechtzeitiger Einsendung siehe § 102 Abs. III Gew.U.G.

Bezüglich der Kontrolle der eingereichten Nachweisungen auf die Richtigkeit von deren Einträgen durch Einsichtnahme der Geschäftsbücher, Lohnlisten durch besondere Beamte vgl. § 102 Gew.U.G.

b) Zu §§ 100, 101 Gew.U.G.

Auf der Grundlage dieser Nachweisungen erfolgt die Feststellung der Umlage für die Betriebe der Genossenschaftsmitglieder durch Aufstellung der Heberolle. Die in diese einzutragenden, für jeden Betrieb zur Erhebung kommenden Umlagen werden abgesehen von den besonderen Fällen der §§ 50, 51 Gew.U.G. so berechnet:

Die Summe der Gefahrenziffern aller Betriebe einer Genossenschaft vermehrt mit der Summe aller Löhne (soweit anrechnungsfähig) ergiebt die Summe der Beitragseinheiten. Die Summe des umzulegenden Gesamtbetrages geteilt durch letztere Summe ergiebt die Höhe des auf jede Beitragseinheit entfallenden Umlagebetrages. Diese letztere Zahl vermehrt mit dem Produkt der Gefahrenziffer und der Lohnsumme eines jeden Betriebes ergiebt die für jeden Betrieb zu erhebende Umlage.

Die Erhebung der Umlagen erfolgt durch Zustellung von Auszügen aus der Heberolle an die Unternehmer mit der Aufforderung, den festgesetzten Beitrag bei Vermeidung der zwangsweisen Beitreibung binnen 2 Wochen einzuzahlen. Bezüglich der Zustellung des Heberollenauszugs, (für welchen ein einheitliches Formular nicht vorgeschrieben ist), ist die Zusendung mittels einfachen Briefes unter dem Ersuchen der Empfangsbestätigung als genügend erachtet, sofern letztere wirklich erfolgt ist; anderen Falles wäre die Zustellung mittels eingeschriebenen Briefes nachzuholen, da sonst der Lauf der in § 102 Gew.U.G. festgesetzten Widerspruchs- bezw. Beschwerdefrist nicht festzusetzen wäre.

c) Zu § 102 Gew.U.G.

Die am Schlusse voriger Anmerkung erwähnte Frist ist eine Ausschlußfrist; Versäumnis dieser Frist hat die Abweisung des Widerspruchs bezw. der Beschwerde (ohne nähere Prüfung der Gründe derselben) zur Folge.

Der Widerspruch ist beim Genossenschaftsvorstande, die Beschwerde beim Reichs-Versicherungsamte (bezw. bezüglich derjenigen Berufsgenossenschaft, welche sich nicht über das Gebiet eines Bundesstaates hinaus erstrecken, beim Landes-Versicherungsamt) einzulegen: eine aufschiebende Wirkung kommt dem einen wie dem anderen nicht zu; auch sind beide an eine bestimmte Form nicht gebunden.

Aus anderen als den in § 102 Abs. II Gew.U.G. aufgeführten Gründen kann Beschwerde nicht erhoben werden; streitige Fragen über Betriebszugehörigkeit, Mitgliedschaft, Versicherungspflicht sind im ordentlichen Instanzenzuge (Berufung, Rekurs) zum Austrage zu bringen; die in § 102 Abs. I vorgesehenen Rechtsmittel setzen voraus, daß die Zugehörigkeit des Betriebes zu der umlagenerhebenden Berufsgenossenschaft unstreitig ist.

4. Aufbringung der Mittel für die Versicherungsanstalten (Abs. III): Was den den Versicherungsanstalten zur Last fallenden Teil der von den Zentralpostbehörden zum Ersatze liquidierten Beträge betrifft, so ist zu unterscheiden:

a) zwischen Unfällen bei Bauarbeiten der in § 23 lit. a Bau-U.G. bezeichneten Art (Regiebauarbeiten mit einer Dauer von mehr als 6 Tagen, deren Versicherung auf Kosten der Unternehmer erfolgt).

Der auf diese Unfälle treffende Teil ist aus den verfügbaren Beständen an Prämien zu entnehmen. Vgl. hiezu oben die §§ 23—31 Bau-U.G. und die Anm. hiezu Seite 294—305 und

b) zwischen Unfällen bei Bauarbeiten der in § 23 lit. b bezeichneten Art (Regiebauarbeiten von einer geringeren Dauer als von 6 Tagen, deren Versicherung auf Kosten der Verbände erfolgt).

Der auf diese Unfälle treffende Teil wird auf jene Gemeinden, über deren Bezirke die betr. Berufsgenossenschaft sich erstreckt, nach dem Maßstabe der Bevölkerungsziffer umgelegt. Vgl. hiezu oben §§ 32—36 Bau-U.G. und die denselben vorausgeschickte Vorbemerkung, Seite 305 ff.

§ **39.*** (§ 42, 43.)

Die Bestimmungen der §§ 103 bis 106 des Gewerbe-Unfallversicherungsgesetzes über die Einziehung, Verjährung und Abführung der Beiträge sowie der §§ 107 bis 111 a. a. O. über die Vermögensverwaltung finden, und zwar auch auf Prämienbeträge, entsprechende Anwendung.

§ 39 umfaßt die §§ 42, 43 des früheren Gesetzes, von welch' letzterem § 42 ganz, § 43 teilweise fortgefallen ist.

§ 39 findet auf die Tiefbau-Berufsgenossenschaft und die Baugewerks-Berufsgenossenschaften gleichmäßige Anwendung.

Im übrigen vgl. §§ 103—111 Gew.U.G. und Anm. hiezu; die §§ 193—106 enthalten Vorschriften über die Einziehung, Verjährung und Abführung der Beiträge; die §§ 107—111 betreffen die Vermögensverwaltung.

§ 104 Gew.U.G. gilt aber nur für eigentliche Baubetriebe, nicht auch für andere Gewerbebetriebe, welche den Baugewerks-Berufsgenossenschaften sonst noch angehören (A.N. 1902 Z. 1910 S. 188).

V. Unfallverhütung. Beaufsichtigung.

Unfallverhütung. Ueberwachung durch die Genossenschaft.

§ **40.*** (§ 44.)

Die Bestimmungen der §§ 112 bis 124 des Gewerbe-Unfallversicherungsgesetzes finden mit folgenden Maßgaben Anwendung:

1. Unfallverhütungsvorschriften können auch für die Bauarbeiten derjenigen Unternehmer erlassen werden, welche nicht Mitglieder der Genossenschaft sind, aber in deren Bezirke Bauarbeiten ausführen.

   In den Unfallverhütungsvorschriften, welche auf derartige Bauarbeiten Anwendung finden sollen, sind für die Zuwiderhandelnden Zuschläge bis zum doppelten Betrage der Prämie oder, sofern es sich um Bauarbeiten der im § 23 lit. b bezeichneten Art handelt, Geldstrafen bis zu einhundert Mark anzudrohen. Die Vorschriften sind von der höheren Verwaltungsbehörde in geeigneter Weise zu veröffentlichen.

2. Die Berechtigung der Genossenschaft zur Ueberwachung der Betriebe und die Verpflichtungen der Unternehmer wegen Gestattung des Zutritts zu den Betriebsstätten und wegen Vorlegung ihrer Bücher und Nachweisungen erstrecken sich auch auf Unternehmer, welche, ohne Mitglied der Genossenschaft zu sein, in deren Bezirke Bauarbeiten ausführen.

1. Der § 40 findet auf Tiefbau- und Baugewerks-Berufsgenossenschaften gleichmäßige Anwendung; die unwesentlichen Aenderungen gegenüber dem § 44 des früheren Gesetzes sind nur redaktioneller Natur; die Bestimmung in Z. 2 des letzteren konnten bei der im Eingange erfolgten Bezugnahme auf die gleiche Bestimmung des Gew.U.G. (§ 116) hier wegfallen.

2. Unfallverhütungs-Vorschriften (gewerbepolizeiliche): Die Bestimmungen über Unfallverhütung bei gewerblichen und anderen Baubetrieben sind durch § 40 des Bau-U.G. und der §§ 112—124 des Gew.U.G. keineswegs erschöpft. Es kommen hiezu in Betracht: die Bestimmungen in den §§ 120a, 120d und 120e mit der Strafbestimmung in § 147 Z. 4 der Reichsgewerbeordnung über den Arbeiterschutz und die in Ansehung bestimmter Arten von Anlagen (Industriezweigen) zur Ausführung des § 120a ergangenen oder ergehenden Verordnungen (cf. § 120e Abs. I und II) des Bundesrats event. eines Bundesstaates, ferner die von einzelnen Landespolizeibehörden (die Zuständigkeit der letzteren richtet sich nach den bez. Ausführungsbestimmungen des betr. Bundesstaates — siehe f. Bayern V.O. v. 29. März 1892 —) für einzelne Anlagen zur Durchführung der Grundsätze des § 120a getroffenen Maßnahmen.

Die angezogenen Bestimmungen der Reichsgewerbeordnung lauten:

§ 120a.

Die Gewerbeunternehmer sind verpflichtet, die Arbeitsräume, Betriebsvorrichtungen, Maschinen und Gerätschaften so einzurichten und zu unterhalten und den Betrieb so zu regeln, daß die Arbeiter gegen Gefahren für Leben und Gesundheit soweit geschützt sind, wie es die Natur des Betriebes gestattet.

Insbesondere ist für genügendes Licht, ausreichenden Luftraum und Luftwechsel, Beseitigung des bei dem Betriebe entstehenden Staubes, der dabei entwickelten Dünste und Gase, sowie der dabei entstehenden Abfälle Sorge zu tragen.

Ebenso sind diejenigen Vorrichtungen herzustellen, welche zum Schutze der Arbeiter gegen gefährliche Berührungen mit Maschinen oder Maschinenteilen oder gegen andere in der Natur der Betriebsstätte oder des Betriebes liegende Gefahren, namentlich auch gegen die Gefahren, welche aus Fabrikbränden erwachsen können, erforderlich sind.

Endlich sind diejenigen Vorschriften über die Ordnung des Betriebes und das Verhalten der Arbeiter zu erlassen, welche zur Sicherung eines gefahrlosen Betriebes erforderlich sind.

(Die Bestimmungen der §§ 120b und 120c betreffen Einrichtungen zur Aufrechthaltung der guten Sitten, Gesundheit und des Anstandes mit Rücksicht auf das Alter und verschiedene Geschlecht der Arbeiter.)

§ 120d.

Die zuständigen Polizeibehörden sind befugt, im Wege der Verfügung für einzelne Anlagen die Ausführung derjenigen Maßnahmen anzuordnen, welche zur Durchführung der in § 120a—c enthaltenen Grundsätze erforderlich und nach der Beschaffenheit der Anlage ausführbar erscheinen. Sie können anordnen, daß den Arbeitern zur Einnahme von Mahlzeiten außerhalb der Arbeitsräume angemessene, in der kalten Jahreszeit geheizte Räume unentgeltlich zur Verfügung gestellt werden.

Soweit die angeordneten Maßregeln nicht die Beseitigung einer dringenden, das Leben oder die Gesundheit bedrohenden Gefahr bezwecken, muß für die Ausführung eine angemessene Frist gelassen werden.

Den bei Erlaß dieses Gesetzes bereits bestehenden Anlagen gegenüber können, solange nicht eine Erweiterung oder ein Umbau eintritt, nur Anforderungen gestellt werden, welche zur Beseitigung erheblicher, das Leben, die Gesundheit oder die Sittlichkeit der Arbeiter gefährdender Mißstände erforderlich oder ohne unverhältnismäßige Aufwendungen ausführbar erscheinen.

Gegen die Verfügung der Polizeibehörde steht dem Gewerbunternehmer binnen 2 Wochen Beschwerde an die höhere Verwaltungsbehörde zu. Gegen die Entscheidung der letzteren ist binnen 4 Wochen die Beschwerde an die Centralbehörde zulässig; diese entscheidet endgiltig. Widerspricht die Verfügung den von der zuständigen Berufsgenossenschaft erlassenen Vorschriften zur Verhütung von Unfällen, so ist zur Einlegung der vorstehend bezeichneten Rechtsmittel binnen der dem Gewerbeunternehmer zustehenden Frist auch der Vorstand der Berufsgenossenschaft befugt.

§ 120e.

Durch Beschluß des Bundesrats können Vorschriften darüber erlassen werden, welchen Anforderungen in bestimmten Arten von Anlagen zur Durchführung der in den §§ 120a—120c enthaltenen Grundsätze zu genügen ist.

Soweit solche Vorschriften durch Beschluß des Bundesrats nicht erlassen sind, können dieselben durch Anordnung der Landes-Centralbehörden oder durch Polizeiverordnungen der zum Erlaß solcher berechtigten Behörden erlassen werden. Vor dem Erlaß solcher Anordnungen und Polizeiverordnungen ist den Vorständen der beteiligten Berufsgenossenschaften oder Berufsgenossenschafts-Sektionen Gelegenheit zu einer gutachtlichen Aeußerung zu geben. Auf diese finden die Bestimmungen des § 79 Abs. I des Gesetzes, betr. die Unfallversicherung der Arbeiter, vom 6. Juli 1884 Anwendung.

Durch Beschluß des Bundesrats können für solche Gewerbe, in welchen durch übermäßige Dauer der täglichen Arbeitszeit die Gesundheit der Arbeiter gefährdet wird, Dauer, Beginn und Ende der zulässigen Arbeitszeit und der zu gewährenden Pausen vorgeschrieben und die zur Durchführung dieser Vorschriften erforderlichen Anordnungen erlassen werden.

Die durch Beschluß des Bundesrats erlassenen Vorschriften sind durch das Reichsgesetzblatt zu veröffentlichen und dem Reichstag bei seinem nächsten Zusammentritt zur Kenntnisnahme vorzulegen.

§ 147.

Mit Geldstrafe bis zu dreihundert Mark und im Unvermögensfalle mit Haft wird bestraft:

— —

Z. 4. wer den auf Grund des § 120d erlassenen Verfügungen oder den auf Grund des § 120e erlassenen Vorschriften zuwiderhandelt.

Vom Bundesrat sind bisher im Gebiete der Bau-Unfallversicherung bezügliche Vorschriften nicht ergangen; bezüglich der in Bayern zur Verhütung von Bauunfällen ergangenen Vorschriften vgl. Anordnung des kgl. Staatsministeriums des Innern vom 27. Novbr. 1895 und 20. Oktober 1896 (M.A.Bl. 1895 S. 618 und 1896 S. 489), ferner Ministerial-Bekanntmachung vom 16. Oktober 1899 und 16. Mai 1900 (M.A.Bl. 1899 S. 593 und 1900 S. 357), endlich Oberpoliz. Vorschriften vom 1. Januar 1901 (G.V.Bl. 1901 S. 1), welch' letztere nachstehend abgedruckt sind.

Oberpolizeiliche Vorschriften vom 1. Januar 1901, Schutz der bei Bauten beschäftigten Personen betr.

Kgl. Staatsministerium des Innern.

Auf Grund des Art. 101 des Polizeistrafgesetzbuches für das Königreich Bayern vom 26. Dezember 1871 in der durch das Gesetz vom 22. Juni 1900 (G.- u. V.Bl. S. 484) geänderten Fassung, dann des § 120e Abs. II der Reichsgewerbeordnung und des § 45 der Kgl. Allerh. Verordnung vom 19. März 1892, den Vollzug der Reichsgewerbeordnung betreffend (G.- u. V.Bl. S. 75), ferner der §§ 113—117 des Gewerbe- und § 40 des Bau-Unfallversicherungsgesetzes in der Fassung der Bekanntmachung vom 5. Juli 1900 (R.G.Bl. S. 29) erläßt das k. Staatsministerium des Innern nachstehende oberpolizeiliche Vorschriften, welche für die Landesteile rechts des Rheins sofort, für die Pfalz mit dem in § 4 Abs. II des angeführten Gesetzes vom 22. Juni 1900 vorgesehenen Zeitpunkt in Kraft treten.

Gerüste und Geräte.

§ 1.

Alle bei der Herstellung von Gerüsten zur Verwendung kommenden Materialien und Gerätschaften, insbesondere Gerüst- und Steifhölzer, Bretter, Leitern, Bindezeug, Tauwerk nebst Flaschenzügen, Rollen, Winden, Aufzugsmaschinen, müssen sich in gutem gebrauchsfähigem Zustande befinden.

§ 2.

Rüstungen, sowohl stehende wie hängende oder auch auf sogenannten Auslegern befindliche, müssen nach fachmännischen Grundsätzen und dem jeweiligen Zwecke entsprechend in genügender Festigkeit hergestellt und darf hiebei nur gutes gesundes Material verwendet werden.

§ 3.

Die Gerüstständer müssen mit Neigung nach der zu berüstenden Front in die Erde eingegraben oder auf Holzunterlagen (Schwellen) sicher und unverrückbar befestigt werden. Ferner müssen die Gerüste mit den nötigen Streichstangen versehen, und letztere bei stärkerer Belastung außer der Befestigung mit Hanf- oder Drahtseilen noch durch untergenagelte Knappen, Eisenklammern oder Steifhölzer unterstützt werden.

§ 4.

Die zum Gerüstbelag verwendeten Bretter müssen eine ihrer Belastung entsprechende Stärke haben, ferner müssen sie dicht aneinander und so gelegt werden, daß das sogenannte Wippen (Aufschnappen) der Bretter ausgeschlossen ist.

Alle Gerüstgeschoße, auf welchen gearbeitet wird, sind, um den Absturz von Menschen, sowie das Abfallen von Baumaterialien und Werkzeugen zu verhindern, mit gehörig befestigten Brustwehren und an den Bretterbelag dicht anschließenden Bordbrettern zu versehen.

§ 5.

Gegen Längen- und Seitenverschiebungen der Gerüste müssen genügend starke Verschwertungen (Diagonalverstrebungen) angebracht werden.

§ 6.

Die Gerüstleitern, Bäume wie Sprossen, müssen aus gesundem Holz bestehen und nach ihrer Aufstellung so befestigt werden, daß sie weder unten abrutschen noch oben überschlagen oder ausweichen können. Ferner müssen die Leitern den Austritt entsprechend überragen und bei verhältnismäßig weit voneinanderliegenden Gerüstetagen gegen das Durchbiegen und seitliche Schwanken fest, eventuell kreuzweise, abgesteift werden.

§ 7.

Alle Teile des Gerüstes, das zu demselben verwendete Bindezeug, dann die Aufzugsvorrichtungen mit ihrem Tauwerk und sonstigen Zubehör müssen in entsprechenden Zwischenräumen sorgfältig untersucht werden.

Ungleichmäßige und übermäßige Belastungen der Gerüste sind unter allen Umständen zu verhindern. Den Arbeitern ist jede eigenmächtige Aenderung an den Gerüsten, insbesondere das Herausnehmen von Klammern, Hölzern, das Entfernen von Schutzbrettern und Dielen zu verbieten.

Es ist Sorge zu tragen, daß beim Abbruch der Gerüste und beim Entfernen von Absteifungen ein unnützes Verweilen von Arbeitern unter denselben nicht stattfindet.

Personen, welche als Epileptiker oder als mit Schwindel behaftet bekannt sind dürfen zu Arbeiten auf Gerüsten nicht verwendet werden.

Abbrucharbeiten.

§ 8.

Beim Abbruch alter Gebäude darf ein Umwerfen ganzer Wände, Schornsteine oder sonstiger Gebäudeteile nur bei besonderen Verhältnissen unter gewissenhafter Aufsicht und mit Beobachtung aller Vorsichtsmaßregeln erfolgen.

Für die entsprechende Absteifung von Bauwerken, welche durch den Abbruch anstoßender Bauteile ihre Stütze verlieren, ist Sorge zu tragen.

Baugruben und Ausschachtungen.

§ 9.

Baugruben und Gräben müssen genügend schräge Böschung erhalten oder gut abgesteift werden.

Neben vorhandenen Bauwerken sind die neuen Fundamente und der hiezu nötige Baugrubenaushub mit besonderer Vorsicht und nur nach Vornahme der nötigen Absteifungen auszuführen.

§ 10.

Zur Herstellung und Zurückbauung von Ausschachtungen jeder Art dürfen nur fachmännisch ausgebildete Arbeiter verwendet werden.

Lauftreppen und Steigleitern.

§ 11.

Lauftreppen sind in einer solchen Breite anzulegen, daß sie das Ausweichen zweier Personen gestatten, und mit einem festen Geländer zu versehen. Steigleitern müssen den Bestimmungen in § 6 entsprechen.

Abschluß und Ueberdeckung der Oeffnungen.

§ 12.

Alle Oeffnungen in den Balkenlagen und Gewölbedecken, insbesondere der Treppen, der Lichtschächte und Aufzüge, sowie Kalkgruben und andere beim Verkehre der Bauarbeiter in Betracht kommende Vertiefungen der Baustellen sind mit hinreichend festem Brustgeländer einzufriedigen oder mit Brettern fest zu überdecken. Alle Balkenlagen, auf oder über welchen gearbeitet wird, müssen mit Brettern abgedeckt werden.

Aufbringen der Balken.

§ 13.

Während des Aufbringens (Aufziehens) der Balken oder der Dachverbandhölzer hat, wenn nicht genügende Vorkehrung zur Sicherheit getroffen ist, jede Beschäftigung unter diesen Arbeitsstellen zu ruhen.

Sandstreuen.

§ 14.

Bei Glatteis und Frostwetter müssen die Gerüstbretter, Treppen und Laufbahnen mit Sand bestreut werden, dasselbe muß an den oberen Mauerflächen beim Aufbringen von Balkenlagen, Eisenschienen u. dgl. geschehen.

Abschluß nicht genügend erleuchteter Baustellen.

§ 15.

Das Betreten von nicht genügend erleuchteten Rohbauten ist den Arbeitern nach Eintritt der Dunkelheit zu untersagen und soweit thunlich durch Abschließen der Zugänge zu verhindern.

Schutzgerüste.

§ 16.

Bei allen Arbeiten, bei denen eine erhebliche Gefahr des Absturzes beschäftigter Personen oder des Herunterfallens von Bauteilen, Werkzeugen besteht, sind eigene Schutzgerüste anzubringen.

Sind die letzteren lediglich zum Schutze der unterhalb arbeitenden Personen, dagegen nicht für den Verkehr von solchen bestimmt, so sollen dieselben so konstruiert werden, daß sie nicht ohne Weiteres betreten werden können.

Sicherheitsgürtel.

§ 17.

Zur Ausführung von Arbeiten an steilen Dächern und an anderen gefährlichen Gebäudestellen sind, soferne hiezu nicht genügend sichere Schutzgerüste hergestellt sind, Sicherheitsgürtel und starke Leinen vorrätig zu halten und die Arbeiter auf den Gebrauch derselben hinzuweisen.

Vorsichtsmaßregeln beim Einsteigen im Schachte.

§ 18.

Vor dem Einfahren oder Einsteigen in Brunnenschachte, Abortgruben u. dergl. ist festzustellen, daß in denselben keine das Leben gefährdende Luft (gefährliche Gase) vorhanden ist; eventuell ist für die Beseitigung derselben Sorge zu tragen.

Abhaltung von Zugluft.

§ 19.

Die im Innern von Gebäuden, insbesondere von Neubauten beschäftigten Bauarbeiter sind, soweit es nach Art der Arbeit veranlaßt ist, während der kalten Jahreszeit durch Fenster, Thüren oder andere entsprechende Vorrichtungen gegen Luftzug und sonstige schädliche Witterungseinflüsse zu schützen.

Coaksfeuer.

§ 20.

In Räumen, in denen offene Coaks- oder Kohlenfeuer ohne vollständige Ableitung der entstehenden Gase brennen, darf nicht gearbeitet werden.

Solche Räume sind gegen andere, in denen gearbeitet wird, dicht abzuschließen und dürfen nur für kurze Zeit im Bedürfnisfalle betreten werden.

Aborte.

§ 21.

Bei allen Bauten sind den Arbeitern geeignete, für die Geschlechter getrennte Aborte von ausreichender Anzahl zur Verfügung zu stellen.

Unterkunftsräume.

§ 22.

Bei allen Bauten, bei denen mehr als 10 Arbeiter gleichzeitig beschäftigt werden, sollen zur Benützung während der Arbeitspausen gegen die Unbilden der Witterung geschützte Unterkunftsräume mit ausreichender Sitzgelegenheit zur Verfügung gestellt werden.

Verabreichung geistiger Getränke.

§ 23.

Auf jeder Baustelle ist zum Genusse geeignetes Wasser nebst den erforderlichen Trinkgefässen bereit zu stellen. Die Verabreichung von Bier und anderen geistigen Getränken auf der Baustelle während der Arbeitszeit ist zu untersagen. Betrunkenen Arbeitern ist das Betreten der Baustelle oder das Fortsetzen der Arbeit auf derselben nicht zu gestatten.

Verantwortlichkeit.

§ 24.

Verantwortlich für den Vollzug obiger Vorschriften sind zunächst der mit der Bauleitung betraute Baumeister oder Bauhandwerker, welcher nach den einschlägigen Vorschriften der Bauordnung die verantwortliche Bauleitung übernommen hat, neben demselben diejenigen auf dem Bau beschäftigten Aufsichtsorgane, denen die Ueberwachung der Bauausführung von dem ersteren speziell übertragen ist, bezw. jene Unternehmer von Nebenbetrieben, welche in selbständiger Weise zur Ausführung der Bauten mitbeitragen, oder die von diesen mit der Ueberwachung speziell betrauten Aufsichtsorgane.

Bekanntmachung der Vorschriften.

§ 25.

Gegenwärtige Vorschriften müssen auf jeder Baustelle, wo regelmäßig mehr als 10 Arbeiter beschäftigt werden, an einem leicht zugänglichen Orte in Plakatform sichtbar angebracht werden.

Dispensation.

§ 26.

Die Baupolizeibehörde kann bei dem Vorhandensein besonderer Verhältnisse, namentlich bei einfacheren Bauten auf dem Lande, von einzelnen Bestimmungen der vorstehenden Vorschriften dispensieren.

Weitergehende ortspolizeiliche Vorschriften.

§ 27.

Die Erlassung weitergehender ortspolizeilicher Vorschriften nach Maßgabe des bestehenden Bedürfnisses bleibt vorbehalten.

3. **Unfallverhütungsvorschriften der Berufsgenossenschaft**: Neben den in Anm. Z. 2 aufgeführten gewerbepolizeilichen Bestimmungen bestehen die seitens der Berufsgenossenschaft auf Grund des Unfall-Versicherungsgesetzes erlassenen Unfallverhütungsvorschriften zu Recht.

Um eine Collision der beiderseitigen Anordnungen und Vorschriften zu vermeiden, sind die Bestimmungen in § 120d Abs. IV Satz 2, § 120e Abs. II Satz 2 der Reichs-Gewerbeordnung einerseits und in § 115 Abs. IV, § 117 Gew.G. mit § 40 Z. 1 (letzter Satz) Bau-U.G. andererseits getroffen, wonach nicht nur für eine entsprechende Veröffentlichung der erlassenen Vorschriften gesorgt sondern auch angeordnet ist, daß die Polizeibehörden und die Berufsgenossenschaften sich gegenseitig von dem Erlasse solcher Vorschriften verständigen und Collisionen auf dem gesetzlich vorgeschriebenen Wege hintanzuhalten sind.

Unfallverhütungsvorschriften wurden von der Tiefbau-Berufsgenossenschaft (A.N. 1890 S. 143) und folgenden Baugewerks-Berufsgenossenschaften erlassen: Hamburg (A.N. 1887 S. 188, 1894 S. 128, 1896 S. 239); Hannover (A.N. 1887 S. 373, 1890 S. 482, 1897 S. 530); Hessen-Nassau (A.N. 1887 S. 238, 1893 S. 118, 1896 S. 402); Magdeburg (A.N. 1891 S. 255); Nordöstliche (A.A. 1887 S. 383, 1890 S. 150, 1899 S. 214); Rheinisch-Westphälische (A.N. 1887 S. 235, 1898 S. 602); Sächsische (A.N. 1887 S. 314, 1890 S. 191, 1896 S. 407); Südwestliche (A.N. 1887 S. 365, 1889 S. 378, 1894 S. 325); Thüring'sche (A.N. 1887 S. 311, 1894 S. 343, 1900 S. 770).

Für die Erlassung der Unfallverhütungsvorschriften haben die Bestimmungen der §§ 112—118 Gew.U.G. gleichmäßige Anwendung zu finden; siehe daher dort und Anm. hiezu; es wurde jedoch für zweckmäßig erachtet, durch die besonderen Bestimmungen des § 40 Bau-U.G.

a) die Unfallverhütungsvorschriften auch für solche Bauarbeiten zuzulassen, welche im Betriebe einer Genossenschaft von Nichtmitgliedern derselben ausgeführt werden,

b) die Berechtigung der Berufsgenossenschaft zur Ueberwachung der Betriebe und die bezüglichen Verpflichtungen der Unternehmer (Gestattung des Zutritts zu den Betriebsstätten, Vorlegung der Bücher, Lohnlisten ꝛc.) auch auf diejenigen Unternehmer und Bauherrn auszudehnen, welche im Bezirke der Gnossenschaften Bauarbeiten ausführen, ohne Mitglieder der Bau-Berufsgenossenschaft zu sein.

4. **Ueberwachung der Betriebe**: Die §§ 119—124 des Gew.U.G. finden gleichmäßige Anwendung, siehe dort Anm. hiezu; vgl. auch vorstehende lit. b von Anm. Z. 3.

Reichs-Versicherungsamt. Landes-Versicherungsämter.

§ 41. (§ 45.)

I Wegen der Zuständigkeit des Reichs-Versicherungsamts und der Landes-Versicherungsämter bewendet es bei den Bestimmungen der §§ 125 bis 127 des Gewerbe-Unfallversicherungsgesetzes.

II Soweit hiernach ein Landes-Versicherungsamt zur Beaufsichtigung der Genossenschaft und zur Entscheidung der im Bezirke derselben vorkommenden Streitigkeiten befugt ist, gehen die im § 26 des Gesetzes, betreffend die Abänderung der Unfallversicherungsgesetze, sowie in den §§ 13, 19, 22, 26 bis 28, 32, 33, 38, 42, dem Reichs-Versicherungsamt übertragenen Zuständigkeiten auf das Landes-Versicherungsamt über.

1. Die hier vorgenommenen Aenderungen erstrecken sich nur auf die Allegate, die anpassend an die Aenderungen des Gewerbe-Unfallversicherungsgesetzes und Bau-Unfallversicherungsgesetzes richtig zu stellen waren.

§ 41 findet auf die Tiefbau-Berufsgenossenschaft und die Baugewerks-Berufsgenossenschaften gleichmäßige Anwendung.

Soweit die Organisation des Reichs-Versicherungsamts und der Landes-Versicherungsämter in Frage steht, sind die Bestimmungen der §§ 11 ff. und bezw. der §§ 22, 23 des Abänderungsgesetzes vom 30. Juni 1900 maßgebend, siehe dort und Anm. hiezu.

2. **Zuständigkeit der Landes-Versicherungsämter**: Hiezu gehören nur die Angelegenheiten derjenigen Berufsgenossenschaften, welche sich nicht über das Gebiet der betr. Bundesstaaten erstrecken. Die Tiefbau-Berufsgenossenschaft erstreckt sich über das ganze Reich und von den bestehenden 12 Baugewerks-Berufsgenossenschaften beschränken sich nur die Bayerische und Württembergische auf das Gebiet eines Bundesstaates. Für die unter das Bau-Unfallversicherungsgesetz fallenden Berufsgenossenschaften kommen daher nur die Landes-Versicherungsämter von Bayern (in München) und Württemberg (in Stuttgart) in Betracht. Die übrigen Landes-Versicherungsämter haben im Vollzuge des Bau-Unfallversicherungsgesetzes eine Zuständigkeit nur, soweit der betr. Bundesstaat, ein Kommunalverband oder eine andere öffentliche Korporation die Versicherung der Bauarbeiten selbst übernommen hat.

VI. Bauarbeiten für Rechnung des Reichs, der Bundesstaaten, von Kommunalverbänden und Korporationen.

Ausführungsbehörden.

§ 42. (§ 46.)

Für Bauarbeiten des Reichs, eines Bundesstaats, eines nach den Bestimmungen des § 6 Ziffer 3 für leistungsfähig erklärten Verbandes oder einer anderen öffentlichen Korporation, bei welchen nach § 6 Ziffer 2, 3 bei Anwendung dieses Gesetzes an die Stelle der Berufsgenossenschaft das Reich, der betreffende Bundesstaat, der betreffende Verband oder die Korporation tritt, werden die Befugnisse und Obliegenheiten der Genossenschaftsversammlung und des Genossenschaftsvorstandes durch Ausführungsbehörden wahrgenommen, welche für die Reichsverwaltungen von dem Reichskanzler, im übrigen von der Landes-Centralbehörde zu bezeichnen sind. Dem Reichs-Versicherungsamt ist mitzuteilen, welche Behörden als Ausführungsbehörden bezeichnet sind.

1. Die auf Grund des § 42 für Baubetriebe des Reichs, eines Bundesstaats, bestimmten „Ausführungsbehörden“ sind im Anhang abgedruckt.

2. Da bei den in § 42 Bau-U.G. genannten Betrieben die Notwendigkeit der „Versicherungsanstalt“ fortfällt, finden die auf letztere bezüglichen Bestimmungen des Bau-Unfallversicherungsgesetzes hier keine Anwendung.

Versicherung durch das Reich rc.

§ 43. (§ 47.)

Soweit das Reich oder ein Bundesstaat, ein Kommunalverband oder eine andere öffentliche Korporation an die Stelle der Berufsgenossenschaft tritt (§ 6 Ziffer 2, 3), finden die §§ 12 bis 36, 38, 40 dieses Gesetzes sowie die §§ 74,

103 bis 105, 106 Abs. 2, 3, §§ 107 bis 110, 125, 126, 146 bis 151 des Gewerbe-Unfallversicherungsgesetzes keine Anwendung. Dagegen sind die Bestimmungen der §§ 130 bis 133 des Gewerbe-Unfallversicherungsgesetzes entsprechend anzuwenden.

Die Aenderung der Allegate gegenüber dem früheren § 47 waren durch die Aenderungen des Gewerbe-Unfallversicherungsgesetzes und des Bau-Unfallversicherungsgesetzes sowie durch die Aufhebung des Ausdehnungsgesetzes vom 28. Mai veranlaßt.

An die Stelle der §§ 3—10 des letzteren Gesetzes sind die §§ 130—133 des Gewerbe-Unfallversicherungsgesetzes getreten und auch im Gebiete der Bau-Unfallversicherung gleichmäßig anwendbar erklärt worden, siehe dort.

Jene Paragraphen des Gewerbe-Unfallversicherungsgesetzes und des Bau-Unfallversicherungsgesetzes, welche keine Anwendung finden, soweit das Reich, ein Bundesstaat, ein Kommunalverband oder eine andere öffentliche Korporation an die Stelle der Berufsgenossenschaft tritt, sind mit * kenntlich gemacht.

VII. Schluß- und Strafbestimmungen.

Erstreckung auf andere Gesetze über Unfallversicherung.

§ **44.** (§ 48.)

Die Bestimmungen der §§ 8, 12 Abs. 2, §§ 18 bis 36, 37 Abs. 2, § 38 Abs. 1, 3, §§ 39 bis 41, 45 finden bei den im Geltungsbereiche des Gewerbe-Unfallversicherungsgesetzes errichteten Berufsgenossenschaften für Baugewerbetreibende gleichfalls entsprechende Anwendung.

Die Aenderung der Allegate (gegenüber dem früheren § 48) ist eine Folge der sonstigen Aenderungen des Gesetzes.

Schon zu den in § 44 allegierten Paragraphen wurde je bemerkt, daß die Bestimmungen derselben auch auf die auf Grund des Gewerbe-Unfallversicherungsgesetzes gebildeten Baugewerks-Berufsgenossenschaften anzuwenden sind.

Ebenso wurde zu §§ 18 Abs. II, § 23 lit. b, §§ 32—36 je bemerkt, daß die dort enthaltenen Bestimmungen überhaupt nur für die Baugewerks-Berufsgenossenschaften Geltung haben.

Haftpflicht ꝛc. Strafbestimmungen. Zustellungen.

§ **45.** (§ 49.)

I Für Arbeiter, welche bei Bauarbeiten der im § 6 Ziffer 4 Abs. 1 bezeichneten Art beschäftigt, aber nicht nach den Bestimmungen des Krankenversicherungsgesetzes gegen Krankheit versichert sind, bleiben die auf gesetzlichen Bestimmungen beruhenden Ansprüche auf Ersatz des in Folge eines Unfalls erlittenen Schadens für die Dauer der ersten dreizehn Wochen nach dem Unfalle vorbehalten.

II Im Uebrigen finden die Vorschriften der §§ 135, 139 bis 155 des Gewerbe-Unfallversicherungsgesetzes entsprechende Anwendung, die Strafbestimmungen insbesondere auch bezüglich der Einreichung und Richtigkeit der für die Berechnung der Prämien maßgebenden Nachweisungen (§ 24.)

1. § 45, welcher abgesehen von den veranlaßten Allegatsänderungen die Bestimmungen des früheren § 49 unverändert wiedergibt, findet auch auf die Baugewerks-Berufsgenossenschaften Anwendung (§ 48 Bau-U.G.).

2. Für die bei **Regiebauten** beschäftigten Arbeiter, (Betriebsbeamte, Werkmeister, Techniker), welche nicht nach dem Reichsgesetz vom $\frac{\text{15. Juni 1883}}{\text{10. April 1892}}$ gegen **Krankheit** versichert sind, bleiben die denselben auf Grund besonderer Gesetze der Bundesstaaten zustehenden Ansprüche auf Schadensersatz (Krankenpflege, ärztliche Behandlung, Heilmittel ꝛc.) infolge erlittenen Unfalls für **die ersten** 13 **Wochen** nach demselben aufrecht erhalten; vgl. für **Bayern** Art. 12 u. 21 (früher 11 u. 20) des Gesetzes vom $\frac{\text{29. April 1869}}{\text{30. Juli 1899}}$ über öffentliche Armen- und Krankenpflege — bayer. Gesetzbl. 1866/69 S. 1093, G.V.Bl. 1899 S. 489 — und bayer. Ausführ.Ges. v. 26. Mai 1892 zum Reichs-Krank.Vers.Ges., — G.V.Bl. 1892 S. 441.

3. In Ansehung „der Haftung der Betriebs-Unternehmer und -Beamten, sowie Dritter, des Verbots vertragsmäßiger Beschränkungen, der Rechtshülfe, der Gebühren- und Stempelfreiheit, der Strafbestimmungen, der zuständigen Landesbehörden, endlich der Zustellungen" sind die Bestimmungen der § 135, §§ 139—155 Gew.U.G. auch für die Bau-Unfallversicherung anwendbar erklärt (siehe dort und Anmerkung hiezu) mit der Maßnahme, daß die Strafbestimmungen in §§ 146—151 auch auf die Regiebauten, insbesondere bezüglich der Einreichung und Richtigkeit solcher Nachweisungen von Regiebauten, welche für die Berechnung der Prämien maßgebend sind, entsprechende Anwendung finden.

Bezüglich der Haftung der Betriebsunternehmer, Bevollmächtigten, Repräsentanten, Betriebs- oder Arbeiteraufseher für Aufwendungen von Kommunalverbänden oder Krankenkassen bei Vorliegen von vorsätzlichem Verschulden oder Fahrlässigkeit der ersteren sind in den folgenden §§ 46—48 noch besondere Bestimmungen getroffen.

§ 46.

I Diejenigen Betriebsunternehmer, Bevollmächtigten oder Repräsentanten, Betriebs- oder Arbeiteraufseher, gegen welche durch strafgerichtliches Urteil festgestellt worden ist, daß sie den Unfall vorsätzlich oder durch Fahrlässigkeit mit Außerachtlassung derjenigen Aufmerksamkeit, zu der sie vermöge ihres Amtes, Berufs oder Gewerbes besonders verpflichtet sind, oder dadurch herbeigeführt haben, daß sie bei der Leitung oder Ausführung eines Baues wider die allgemein anerkannten Regeln der Baukunst verstießen, haften für alle Aufwendungen, welche infolge des Unfalls auf Grund dieses Gesetzes oder des Krankenversicherungsgesetzes von den Kommunalverbänden (§ 25 Abs. 1 des Gewerbe-Unfallversicherungsgesetzes, § 10 Abs. 2, 5 dieses Gesetzes) oder Krankenkassen gemacht worden sind. Dieselben Personen haften der Genossenschaft für deren Aufwendungen auch ohne Feststellung durch strafgerichtliches Urteil. Ist der Unfall durch Fahrlässigkeit mit Außerachtlassung derjenigen Aufmerksamkeit, zu der sie vermöge ihres Amtes, Berufs oder Gewerbes besonders verpflichtet sind, herbeigeführt, so ist die Genossenschaftsversammlung befugt, von der Verfolgung des Anspruchs abzusehen. Durch Statut kann diese Befugnis auf den Vorstand übertragen werden.

II In gleicher Weise haftet als Betriebsunternehmer eine Aktiengesellschaft, eine Innung oder eingetragene Genossenschaft für die durch ein Mitglied ihres Vorstandes sowie eine Handelsgesellschaft, eine Innung oder eingetragene Genossenschaft für die durch einen der Liquidatoren herbeigeführten Unfälle.

III Als Ersatz für die Rente kann in diesen Fällen deren Kapitalwert gefordert werden.

Der neue § 46 ist an die Stelle des § 136 (früher § 96) Gew.U.G. getreten und ist hiedurch das Regreßrecht gegen die bei der Ausführung von Bauarbeiten grob fahrlässig handelnden Nichtgewerbetreibenden ebenso geregelt, wie es in § 136 gegen Gewerbetreibenden geschehen ist; nur ist hier eine Erweiterung der dortigen Bestimmungen insoferne geschaffen, als die Haftung der am Eingang des § 46 aufgeführten Personen auch dann eintritt, wenn sie „bei der Leitung oder Ausführung eines Baues wider die allgemein anerkannten Regeln der Baukunst" verstießen, welch' letztere Voraussetzung der Festsetzung von Fall zu Fall überlassen bleibt.

Durch diese Erweiterung sollen die Regiebauunternehmer getroffen werden, bei welchen von einer besonderen Pflicht zur Aufmerksamkeit aus Anlaß ihres Amtes, Berufes oder Gewerbes regelmäßig keine Rede sein kann.

Im übrigen vgl. § 136 Gew.U.G. und Anmerkung hiezu.

§ 47.

I Will der Vorstand den Ersatzanspruch aus § 46 Abs. 1 Satz 3 geltend machen, so hat er den Beschluß dem Ersatzpflichtigen schriftlich mitzuteilen. Der Ersatzpflichtige kann hiergegen die Beschlußfassung der Genossenschaftsversammlung anrufen.

II Die Klage darf nicht vor Ablauf eines Monats nach der Zustellung dieser Mitteilung, und nur dann angestellt werden, wenn nicht innerhalb dieser Frist die Beschlußfassung seitens des Ersatzpflichtigen angerufen ist. Ist letzteres der Fall, so ist die Beschlußfassung der Genossenschaftsversammlung abzuwarten.

Der neue § 47 entspricht abgesehen von dem Allegat (§ 46 Abs. I Satz 3 an Stelle des § 136 Abs. I Gew.U.G.) wörtlich dem § 137 Gew.U.G., es wird hierauf und auf das hiezu Bemerkte, ferner auf Anmerkung Z. 2 zu § 146 Gew.U.G. Bezug genommen.

§ 48.

I Der Anspruch (§ 46 Abs. 1 Satz 1) verjährt in achtzehn Monaten von dem Tage, an welchem das strafgerichtliche Urteil rechtskräftig geworden ist, im übrigen in zwei Jahren nach dem Unfalle. Die Anrufung der Beschlußfassung der Genossenschaftsversammlung (§ 47 Abs. 1) unterbricht die Verjährung.

II Für das über einen solchen Anspruch erkennende ordentliche Gericht ist die Entscheidung bindend, welche in dem durch dieses Gesetz geordneten Verfahren über die Frage ergeht, ob ein Unfall vorliegt, für welchen aus der Unfallversicherung Entschädigung zu leisten ist, und in welchem Betrag Entschädigung zu gewähren ist.

Der neue § 48 entspricht (abgesehen von den veranlaßten Aenderungen der Allegate) in Abs. I wörtlich dem § 138 Abs. I Gew.U.G. und in Abs. II dem § 135 Abs. III Gew.U.G., weshalb hierauf und die Anmerkung hiezu Bezug genommen wird.

** Schlußbemerkung: Die §§ 50, 51 des früheren Gesetzes vom 11. Juli 1887 sind fortgefallen; § 50 ist durch die in § 45 Bau=U.G. erfolgte Anwendbarkeitserklärung des § 155 Gew.U.G. und § 51 mit Rücksicht auf seine Natur als frühere Uebergangsbestimmung überflüssig geworden.

Das neue Bau=Unfallversicherungsgesetz ist nach § 25 des Abänd.Ges. vom 30. Juni 1900 am 1. Oktober 1900 in Kraft getreten.

Anhang.

Inhalts-Ueberſicht.

Verordnung

betreffend den Geschäftsgang und das Verfahren des Reichs-Versicherungsamtes.

Vom 19. Oktober 1900.

(R.G.Bl. Nr. 49 S. 983 ff.)

Wir **Wilhelm**, von Gottes Gnaden Deutscher Kaiser, König von Preußen rc. verordnen auf Grund des § 19 Abs. 4 des Gesetzes, betreffend die Abänderung der Unfallversicherungsgesetze, vom 30. Juni 1900 (Reichs-Gesetzbl. S. 573) und des § 110 Abs. 4 des Invalidenversicherungsgesetzes (Reichs-Gesetzbl. 1889 S. 463) im Namen des Reichs, nach erfolgter Zustimmung des Bundesrats, was folgt:

I. Einteilung und Bearbeitung der Dienstgeschäfte.

Dienststellung des Präsidenten.

§ 1. Dem Präsidenten des Reichs-Versicherungsamts steht die Leitung und Beaufsichtigung des gesamten Dienstes zu. Er verteilt die Geschäfte unter die Mitglieder, die Beamten und die richterlichen Beisitzer des Reichs-Versicherungsamts und bestellt, soweit erforderlich, die Beauftragten und Vertreter der Behörde.

Präsidialsachen.

§ 2. Der Präsident ordnet die Einrichtung des Bureaus, der Akten und der Geschäftsregister; er hat die Verfügung in allen die Verwaltung betreffenden Angelegenheiten, insbesondere in Personalsachen, sowie in denjenigen Angelegenheiten, welche das Haushalts- und Kassenwesen, das Dienstgebäude und dessen Einrichtung, die amtlichen Veröffentlichungen, die Bibliothek und ähnliche Gegenstände betreffen (Präsidialsachen).

Der Präsident bezeichnet diejenigen sonstigen Sachen, deren Bearbeitung oder Revision er sich vorbehält. Er ist befugt, in jeder Sitzung den Vorsitz zu übernehmen; er vollzieht die Ausfertigung und Reinschriften in den ihm vorbehaltenen Sachen.

Vertretung des Präsidenten.

§ 3. Die ständige Vertretung des Präsidenten für dessen sämtliche Dienstobliegenheiten wird vom Reichskanzler (Reichsamt des Innern) einem der Direktoren übertragen. In dessen Behinderung wird der Präsident durch den anderen Direktor vertreten. Ist auch dieser behindert, so erfolgt die Vertretung durch die übrigen ständigen Mitglieder des Reichs-Versicherungsamts in der Reihenfolge des Dienstalters, sofern nicht der Reichskanzler (Reichsamt des Innern) etwas anderes bestimmt.

Abteilungen.

§ 4. Im Reichs-Versicherungsamte bestehen zwei Abteilungen.

Die eine Abteilung hat die Angelegenheiten der Unfallversicherung und die sonstigen Aufgaben der Träger dieser Versicherung, die andere Abteilung die Angelegenheiten der Invalidenversicherung zu bearbeiten. Die auf Grund des § 11 des Invalidenversicherungsgesetzes von der See-Berufsgenossenschaft getroffenen Einrichtungen gehören zum Geschäftsbereiche der Abteilung für Invalidenversicherung.

Direktoren.

§ 5. An der Spitze jeder Abteilung steht ein Direktor. Der Präsident bestimmt, welcher Direktor die eine und welcher Direktor die andere Abteilung zu leiten hat; die Bestimmung bedarf der Genehmigung des Reichskanzlers (Reichsamt des Innern).

Der Direktor leitet die Geschäfte seiner Abteilung unter der Oberleitung des Präsidenten. Er zeichnet diejenigen Sachen, welche die Abteilung als solche oder mehrere Unterabteilungen gemeinsam betreffen, sowie diejenigen sonstigen Entwürfe, deren Revision er sich vorbehält, und vollzieht bei diesen die Ausfertigungen und Reinschriften.

Der Direktor wird im Falle seiner Behinderung durch die der Abteilung zugewiesenen ständigen Mitglieder nach der Reihenfolge des Dienstalters vertreten.

Unterabteilungen.

§ 6. In jeder Abteilung können für einzelne Teile ihres Geschäftsbereichs Unterabteilungen errichtet werden. Die Errichtung der Unterabteilungen und die Abgrenzung ihres Geschäftskreises bestimmt der Reichskanzler (Reichsamt des Innern).

Die Leitung der Unterabteilung steht, sofern der Präsident sie nicht dem Direktor der Abteilung oder einem anderen ständigen Mitglied überträgt, unter des Präsidenten und des Direktors Oberleitung demjenigen ständigen Mitgliede zu, welches unter den der Unterabteilung zugewiesenen ständigen Mitgliedern nach dem Dienstalter das älteste ist. Dieses Mitglied erledigt die Geschäfte durch Mitzeichnung der Entwürfe desjenigen Mitglieds, dem die Bearbeitung der einzelnen Angelegenheiten übertragen ist, und vollzieht, soweit dies nicht dem Direktor oder dem Präsidenten vorbehalten bleibt, in deren Vertretung die abzusendenden Ausfertigungen und Reinschriften.

Die Vertretung des Leiters der Unterabteilung liegt im Falle der Behinderung den übrigen der Unterabteilung zugewiesenen ständigen Mitgliedern nach der Reihenfolge des Dienstalters ob.

Nichtständige Mitglieder.

§ 7. Die Zahl der Stellvertreter, welche für die als Vertreter der Arbeitgeber und der Versicherten gewählten nichtständigen Mitgliedern zu wählen sind (§ 13 des Gesetzes, betreffend die Abänderung der Unfallversicherungsgesetze), bestimmt der Reichskanzler (Reichsamt des Innern).

§ 8. Die vom Bundesrate gewählten nichtständigen Mitglieder werden vom Staatssekretär des Innern auf die Erfüllung der Obliegenheiten ihres Amtes mittelst Handschlags an Eidesstatt verpflichtet.

Die Verpflichtung der als Vertreter der Arbeitgeber und der Versicherten gewählten nichtständigen Mitglieder sowie ihrer Stellvertreter erfolgt in gleicher Weise durch den Präsidenten des Reichs-Versicherungsamts.

Im Falle der Wiederwahl genügt die Verweisung auf die frühere Verpflichtung.

Richterliche Beisitzer.

§ 9. Die zu den Entscheidungen des Reichs-Versicherungsamts zuziehenden richterlichen Beamten werden für die Dauer des zur Zeit ihrer Berufung von ihnen bekleideten Hauptamts durch den Reichskanzler (Reichsamt des Innern) berufen. Der Reichskanzler kann weitere richterliche Beamte bestimmen, welche aushilfsweise oder auf Zeit nach näherer Bestimmung des Präsidenten zu den Entscheidungen des Reichs-Versicherungsamts zuzuziehen sind.

Sitzungen.

§ 10. Die Geschäfte des Reichs-Versicherungsamts sind, soweit sie nicht durch den Präsidenten oder unter Mitzeichnung des Präsidenten, eines Direktors oder des Leiters einer Unterabteilung von dem mit der Bearbeitung betrauten Mitgliede bearbeitet werden, in Sitzungen zu erledigen.

In den Angelegenheiten der Verwaltung werden Gesamtsitzungen, Abteilungssitzungen und Sitzungen der Unterabteilungen abgehalten (§§ 11 bis 16); für die Rechtsprechung und die derselben nach gesetzlicher Bestimmung gleichgestellten Angelegenheiten bestehen Senate (§§ 20 ff.).

Gesamtsitzungen.

§ 11. Bei Angelegenheiten, die beide Abteilungen gemeinsam betreffen, kann auf Anordnung des Präsidenten und unter seinem Vorsitz eine gemeinsame Beratung und Beschlußfassung in Gesamtsitzungen stattfinden.

§ 12. Zur Teilnahme an den Gesamtsitzungen sind alle ständigen Mitglieder des Reichs-Versicherungsamts, sowie die zur Bearbeitung von Geschäften der Mitglieder herangezogenen Hilfsarbeiter einzuladen.

Außerdem sind einzuladen:

a) die vom Bundesrate gewählten nichtständigen Mitglieder;

b) die nichtständigen Mitglieder aus dem Stande der Arbeiter und der Versicherten, soweit sie am Sitzungstag in Berlin anwesend sind;

c) vier richterliche Beisitzer. Als solche werden in der Regel und soweit nicht der Präsident im einzelnen Falle anders bestimmt, die nach der Dauer ihrer Beschäftigung im Reichs-Versicherungsamt ältesten vier richterlichen Beamten eingeladen.

Für diejenigen nichtständigen Mitglieder aus dem Stande der Arbeitgeber und der Versicherten, welche am Sitzungstage voraussichtlich in Berlin nicht anwesend sein werden, oder deren Behinderung dem Präsidenten rechtzeitig mitgeteilt wird, ist je ein in Berlin anwesender oder in Berlin oder dessen naher Umgebung wohnender Stellvertreter einzuladen.

Bei der Einladung ist die Tagesordnung mitzuteilen.

Abteilungssitzungen.

§ 13. Angelegenheiten, welche den Geschäftskreis nur einer Abteilung berühren, werden, sofern der Präsident oder der Direktor der Abteilung dies bestimmt oder in Uebereinstimmung mit dem die Angelegenheit bearbeitenden Mitgliede der Leiter einer Unterabteilung dies beantragt, unter dem Vorsitze des Präsidenten oder des Direktors in der Abteilungssitzung verhandelt.

Die im § 18 des Gesetzes, betreffend die Abänderung der Unfallversicherungsgesetze, bezeichneten Angelegenheiten sind stets in Abteilungssitzungen zu erledigen.

§ 14. Zur Teilnahme an den Abteilungssitzungen sind einzuladen;

1. bei der Abteilung für Invalidenversicherung die derselben zugewiesenen ständigen Mitglieder und Hilfsarbeiter;
2. bei der Abteilung für Unfallversicherung mindestens der dritte Teil und höchstens die Hälfte der derselben zugewiesenen ständigen Mitglieder nach einer von dem Präsidenten aufzustellenden Reihenfolge dieser Mitglieder sowie die in der Abteilung beschäftigten Hilfsarbeiter.

War die Angelegenheit in Unterabteilungen bearbeitet worden, so sind die denselben zugewiesenen ständigen Mitglieder, soweit sie nicht schon auf Grund der vorstehenden Bestimmungen zur Teilnahme berufen sind, gleichfalls einzuladen.

Zu jeder Abteilungssitzung sind außerdem einzuladen:

a) die vom Bundesrate gewählten nichtständigen Mitglieder;

b) je ein in Berlin anwesendes nichtständiges Mitglied aus dem Stande der Arbeitgeber und der Versicherten, soweit deren Zuziehung im Gesetze vorgeschrieben oder von dem Präsidenten oder dem Direktor angeordnet wird; der Präsident sowie der Direktor können bestimmen, daß noch je ein oder je zwei weitere in Berlin anwesende nichtständige Mitglieder aus dem Stande der Arbeitgeber und der Versicherten zuzuziehen sind;

c) zwei richterliche Beisitzer, soweit dies zur Erörterung von Rechtsfragen für erforderlich erachtet wird, nach näherer Bestimmung des Präsidenten.

In der Abteilung für Invalidenversicherung ist auch der Vorsteher der Rechnungsstelle nach Bedarf zuzuziehen.

§ 15. In den Angelegenheiten der Unfallversicherung sind die Vertreter der Arbeitgeber und der Versicherten sowie deren Stellvertreter aus den im einzelnen Falle beteiligten Gruppen von Berufsgenossenschaften zu entnehmen (§ 16 Abs. 3 des Gesetzes, betreffend die Abänderung der Unfallversicherungsgesetze).

Der § 12 Abs. 2, 3 findet entsprechende Anwendung.

Sitzungen der Unterabteilungen.

§ 16. Soweit der Leiter einer Unterabteilung oder das mit der Bearbeitung der Angelegenheit betraute Mitglied eine Besprechung in der Unterabteilung für erforderlich hält, ist die Sache in einer Sitzung der Unterabteilung zu erledigen. Zu derselben sind die der Unterabteilung zugewiesenen ständigen Mitglieder des Reichs-Versicherungsamts sowie die daselbst beschäftigten Hilfsarbeiter zuzuziehen.

Gemeinsame Bestimmungen.

§ 17. Die Sitzungen (§§ 11 bis 16) sind nicht öffentlich.

Stimmberechtigt sind die eingeladenen und in der Sitzung anwesenden Mitglieder des Reichs-Versicherungsamts und deren Stellvertreter (§ 7, § 12 Abs. 3) sowie die zugezogenen richterlichen Beamten.

Die von dem Bundesrate gewählten Mitglieder nehmen ihre Stelle nach dem Vorsitzenden, also vor den übrigen Mitgliedern, in der Reihenfolge ein, die für sie im Bundesrate besteht, soweit sie aber dem Bundesrate nicht angehören, nach den Bundesratsmitgliedern und in der Reihenfolge des Dienstalters.

Der Vorsitzende leitet die Verhandlungen und Beratungen, er stellt die Fragen und sammelt die Stimmen. Meinungsverschiedenheiten über den Gegenstand, die Fassung und die Reihenfolge der Fragen oder über das Ergebnis der Abstimmung werden gemäß § 18 entschieden.

§ 18. Für den mündlichen Vortrag in den Sitzungen wird ein Berichterstatter ernannt. Aus besonderen Gründen können Mitberichterstatter bestellt werden.

Die Beschlüsse werden nach Stimmenmehrheit gefaßt; bei Stimmengleichheit giebt der Vorsitzende den Ausschlag.

Bilden sich in Beziehung auf Summen, über die zu entscheiden ist, mehr als zwei Meinungen, deren keine die Mehrheit für sich hat, so werden die für die größte Summe abgegebenen Stimmen den für die zunächst geringere abgegebenen Stimmen solange hinzugerechnet, bis sich eine Mehrheit ergibt.

Die Stimmen werden bei namentlicher Abstimmung in nachstehender Reihenfolge abgegeben.

1. von den Berichterstattern in der Reihenfolge ihrer Bestellung;
2. von den Vertretern der Versicherten;
3. von den Vertretern der Arbeitgeber;
4. von den richterlichen Beamten;
5. von den ständigen Mitgliedern;
6. von den vom Bundesrate gewählten Mitgliedern;
7. von dem Vorsitzenden.

Innerhalb der einzelnen Gruppen richtet sich die Reihenfolge der Abstimmung bei der zweiten und dritten Gruppe nach dem Lebensalter, innerhalb der vierten und fünften Gruppe nach dem Dienstalter im Reichs-Versicherungsamt und bei gleichem Dienstalter nach dem Lebensalter, und zwar in allen Fällen dergestalt, daß der Jüngste zuerst stimmt. Bei den vom Bundesrate gewählten Mitgliedern ist die im § 17 Abs. 3 bestimmte Reihenfolge umgekehrt zur Anwendung zu bringen.

§ 19. Werden in den Sitzungen Fragen verhandelt, die im Wege der Rechtsprechung zur Entscheidung gelangen, so ist der in der Sitzung gefaßte Beschluß für die Abstimmung in den Senaten nicht bindend.

II. Geschäftsgang und Verfahren bei den Senaten.

Besetzung.

§ 20. Die Entscheidung der in den §§ 16, 17 des Gesetzes, betreffend die Abänderung der Unfallversicherungsgesetze, und im § 110 des Invalidenversicherungsgesetzes bezeichneten Streitfälle erfolgt in der aus den nachstehenden Paragraphen sich ergebenden Besetzung durch Spruchkollegien, welche die Bezeichnung Senate führen. Diese treten an die Stelle der bisherigen Spruchkammern des Reichs-Versicherungsamts.

Den Vorsitz in den Senaten führen der Präsident, die Direktoren oder die zu Vorsitzenden ernannten ständigen Mitglieder. Im Falle des Bedürfnisses kann der Reichskanzler ein anderes ständiges Mitglied vorübergehend mit dem Vorsitze betrauen.

§ 21. Die Senate für die Unfallversicherung entscheiden gemäß § 16 des Gesetzes, betreffend die Abänderung der Unfallversicherungsgesetze, in der Besetzung mit sieben Personen einschließlich des Vorsitzenden.

§ 22. Die Senate für die Invalidenversicherung entscheiden gemäß § 110 des Invalidenversicherungsgesetzes in der Besetzung mit fünf Personen einschließlich des Vorsitzenden.

Sind jedoch im einzelnen Falle der Direktor der Abteilung oder der Vorsitzende des Senats in Uebereinstimmung mit dem Berichterstatter der Meinung, daß es sich bei der Entscheidung um die noch nicht festgestellte Auslegung gesetzlicher Bestimmungen von erheblicher grundsätzlicher Bedeutung handelt, so sind zu der Entscheidung noch ein vom Bundesrate gewähltes nichtständiges sowie ein ständiges Mitglied zuzuziehen. An Stelle des vom Bundesrate gewählten Mitglieds ist im Behinderungsfall ein weiteres ständiges Mitglied zuzuziehen.

Der Senat ist befugt, unter vorläufiger Aussetzung der Entscheidung eine gleiche Verstärkung zu beschließen, wenn sich bei der mündlichen Verhandlung ergiebt, daß die Voraussetzung des Abs. 2 vorliegt.

§ 23. Will ein Senat für Unfallversicherung oder für Invalidenversicherung bei einer ihm vorliegenden Spruchsache in einer grundsätzlichen Rechtsfrage von einer früheren Entscheidung abweichen, so ist die Sache zur Entscheidung an den erweiterten Senat zu verweisen. In dem Verweisungsbeschluß ist die grundsätzliche Rechtsfrage, in der von einer früheren Entscheidung abgewichen werden soll, zu bezeichnen. Der erweiterte Senat entscheidet in der im § 17 des Gesetzes, betreffend die Abänderung der Unfallversicherungsgesetze, angegebenen Besetzung mit elf Personen einschließlich des Vorsitzenden.

§ 24. Zu den Sitzungen des erweiterten Senats sind zwei vom Bundesrate gewählte Mitglieder abwechselnd nach der im § 17 Abs. 3 bestimmten Reihenfolge zu berufen. An Stelle eines solchen Mitglieds ist ein ständiges Mitglied nur dann zuzuziehen, wenn die vom Bundesrate gewählten Mitglieder sämtlich behindert sind.

Im Uebrigen bezeichnet der Präsident vor Beginn des Geschäftsjahrs für dessen Dauer die Mitglieder des erweiterten Senats. Für jedes dieser Mitglieder ist mindestens je ein erster und ein zweiter Stellvertreter zu bestimmen, welche im Falle der Behinderung in der Reihenfolge ihrer Bezeichnung einzutreten haben.

Der verweisende Senat hat eines seiner Mitglieder zu bezeichnen, welches für die Entscheidung der Sache als Beisitzer in den erweiterten Senat eintritt, falls es diesem nicht ohnehin angehört. Von den Mitgliedern des erweiterten Senats scheidet alsdann der nach dem Dienstalter im Reichs-Versicherungsamte Jüngere von derjenigen Gruppe, welcher das von dem verweisenden Senat entsandte Mitglied angehört, für die Entscheidung dieser Sache aus; bei den von dem Bundesrate gewählten Mitgliedern ist die im § 17 Abs. 3 bestimmte Reihenfolge umgekehrt zur Anwendung zu bringen.

§ 25. Sind der Direktor der Abteilung oder der zuständige Vorsitzende eines Senats und der Berichterstatter übereinstimmend der Ansicht, daß einer der Fälle vorliegt, welche nach § 16 Abs. 2 des Gesetzes, betreffend die Abänderung der Unfallversicherungsgesetze, oder nach § 110 Abs. 2 des Invalidenversicherungsgesetzes durch einen Beschlußsenat von drei Mitgliedern einschließlich des Vorsitzenden zu erledigen sind, so ist diesem Senate die Sache durch Verfügung zur Beschlußfassung zu überweisen.

Die Ausfertigung des Beschlusses wird von dem den Vorsitz führenden ständigen Mitgliede vollzogen.

§ 26. Die §§ 20 bis 25 finden bei Verhandlungen und Entscheidungen über die Wiederaufnahme des Verfahrens gemäß § 84 des Gewerbe-Unfallversicherungsgesetzes, § 90 des Unfallversicherungsgesetzes für Land- und Forstwirtschaft, § 88 des See-Unfallversicherungsgesetzes und § 119 des Invalidenversicherungsgesetzes Anwendung.

§ 27. Der Präsident setzt unbeschadet des § 24 für bestimmte Zeitabschnitte — in der Regel vierteljährlich — im voraus die Reihenfolge fest, in welcher die nichtständigen Mitglieder des Reichs-Versicherungsamts zu den Spruchsitzungen einberufen werden.

Die Einberufung soll in der Regel mindestens zwei Wochen vor der Sitzung erfolgen.

Die Einberufung darf nur aus zwingenden Gründen, die auf Erfordern glaubhaft zu machen sind, abgelehnt werden.

§ 28. Die Vertreter der Arbeitgeber und der Versicherten sind zu den Sitzungen der Spruch- und Beschlußsenate in den Angelegenheiten der Unfallversicherung aus den beteiligten Gruppen von Berufsgenossenschaften zu entnehmen (§ 16 Abs. 3 des Gesetzes, betreffend die Abänderung der Unfallversicherungsgesetze).

Sofern bei einer Entscheidung verschiedene Gruppen dieser Art in Betracht kommen (§ 73 Abs. 2, §§ 82, 83, 85 des Gewerbe-Unfallversicherungsgesetzes, § 79 Abs. 2, §§ 88, 89, 91 des Unfallversicherungsgesetzes für Land- und Forstwirtschaft, § 78 Abs. 2, §§ 86, 87, 89 des See-Unfallversicherungsgesetzes), sollen Vertreter aus derjenigen Gruppe zugezogen werden, welche der Präsident bestimmt.

Verfahren.

§ 29. Der Antrag auf Entscheidung in den Fällen des § 16 Abs. 1 des Gesetzes, betreffend die Abänderung der Unfallversicherungsgesetze, des § 84 des Gewerbe-Unfallversicherungsgesetzes, des § 90 des Unfallversicherungsgesetzes für Land- und Forstwirtschaft, des §§ 88 des See-Unfallversicherungsgesetzes, des § 110 Abs. 1, § 119 des Invalidenversicherungsgesetzes ist an das Reichs-Versicherungsamt schriftlich zu richten.

In dem Schriftsatze soll der Anspruch bezeichnet und begründet sein; bei Rekursen sollen insbesondere auch die etwa vorzubringenden neuen Thatsachen und Beweismittel, bei Revisionen insbesondere auch die Gesichtspunkte angeführt werden, aus welchen die Nichtanwendung oder die unrichtige Anwendung des bestehenden Rechtes oder ein Verstoß wider den klaren Inhalt der Akten oder Mängel des Verfahrens sich ergeben sollen (§ 117 Abs. 1 des Invalidenversicherungsgesetzes). Für jeden Gegner ist eine Abschrift beizufügen.

Die Vorverhandlungen sind dem Reichs-Versicherungsamte von dem Versicherungsträger, sofern der Antrag auf Entscheidung von diesem ausgeht, gleichzeitig mit dem Antrag, im Uebrigen sobald sie entbehrlich sind, auch ohne besondere Aufforderung einzureichen. Dies gilt auch für die Vorverhandlungen des Schiedsgerichts. Die Einreichung erstreckt sich auf die sämtlichen bei dem Träger der Versicherung und deren Organen sowie bei der unteren Verwaltungsbehörde oder dem Schiedsgerichte vorhandenen, auf den Anspruch sich beziehenden Schriftstücke, einschließlich derjenigen, welche sich in Vorakten befinden.

§ 30. Das Reichs-Versicherungsamt hat die Abschrift des Antrags dem Gegner zur Einreichung einer Gegenschrift binnen einer bestimmten, von einer Woche bis zu einem Monate zu bemessenden Frist mitzuteilen. In den Fällen des § 25 kann hiervon abgesehen werden. In der Aufforderung ist zugleich auszusprechen, daß, wenn die Gegenschrift innerhalb der Frist nicht eingeht, die Entscheidung nach Lage der Akten erfolgen werde. Die Frist kann auf Antrag aus wichtigen Gründen verlängert werden.

Der Gegenschrift und den etwaigen weiteren Schriftsätzen sind Abschriften beizufügen, die dem Gegner von dem Reichs-Versicherungsamte zuzustellen sind. Ist ein Versicherungsträger beigeladen, so sind die Schriftsätze auch diesem mitzuteilen und dessen Erklärungen den Parteien zu übermitteln.

§ 31. Die Schriftsätze müssen entweder von den Beteiligten selbst oder von ihren gesetzlichen Vertretern oder von ihren Bevollmächtigten unterzeichnet sein. Die Vollmacht muß schriftlich erteilt werden. Ehegatten, Verwandte der aufsteigenden Linie und großjährige Verwandte der absteigenden Linie können auch ohne schriftliche Vollmacht zur Vertretung zugelassen werden.

Das Reichs-Versicherungsamt kann Bevollmächtigte und Beistände, welche das mündliche Verhandeln vor Gericht geschäftsmäßig betreiben, zurückweisen. Diese Vorschrift findet keine Anwendung auf Rechtsanwälte und auf Personen, denen das mündliche Verhandeln vor Gericht durch Anordnung der Justizverwaltung gestattet ist.

§ 32. Die §§ 17, 18 finden Anwendung.

In einfacheren Fällen des § 116, § 124 Abs. 3 des Gewerbe-Unfallversicherungsgesetzes, § 124, § 130 Abs. 3 des Unfallversicherungsgesetzes für Land- und Forstwirtschaft, § 122 Abs. 1, § 126 Abs. 3 des See-Unfallversicherungsgesetzes kann von den Vorschriften des § 30 sowie von der Beifügung einer Abschrift (§ 29 Abs. 2) abgesehen werden.

Besondere Vorschriften für Rekurse und Revisionen.

§ 33. Die Entscheidung auf Rekurse und Revisionen erfolgt, von den in den §§ 25, 45, 46 bezeichneten Ausnahmen abgesehen, auf Grund mündlicher Verhandlung vor dem Reichs-Versicherungsamte. Die Beteiligten werden mittelst eingeschriebenen Briefes von dem Termine mit dem Bemerken in Kenntnis gesetzt, daß im Falle ihres Ausbleibens nach Lage der Akten werde entschieden werden. Hält das Reichs-Versicherungsamt das persönliche Erscheinen eines Beteiligten für angemessen, so ist ihm zu eröffnen, daß aus seinem Nichterscheinen ungünstige Schlüsse für seinen Anspruch gezogen werden können.

Das Schiedsgericht hat auf Erfordern des Reichs-Versicherungsamts bei Uebersendung der Akten eine Abschrift des angefochtenen Urteils beizufügen.

Vor dem Termine hat der Berichterstatter einen schriftlichen Bericht nebst Gutachten, der Mitberichterstatter ein schriftliches Gutachten vorzulegen.

§ 34. Die Bestimmungen der §§ 41 ff. der Civilprozeßordnung über die Ausschließung und Ablehnung der Richter finden auf die Mitglieder des Senats entsprechende Anwendung.

Ueber das Ablehnungsgesuch entscheidet der Senat durch Beschluß.

§ 35. Die mündliche Verhandlung erfolgt in öffentlicher Sitzung. Die Oeffentlichkeit kann durch einen öffentlich zu verkündenden Beschluß ausgeschlossen werden, wenn dies aus Gründen des öffentlichen Wohles oder der Sittlichkeit für angemessen erachtet wird.

Die zur Verhandlung gelangenden Sachen werden der Regel nach in der durch Aushang vor dem Sitzungszimmer bekannt zu machenden Reihenfolge erledigt.

§ 36. Die mündliche Verhandlung beginnt mit der Darstellung des Sachverhältnisses durch den Berichterstatter; demnächst sind die erschienenen Beteiligten zu hören.

Der Vorsitzende hat jedem Mitgliede des Senats auf Verlangen zu gestatten, Fragen zu stellen.

§ 37. Die mündliche Verhandlung erfolgt unter Zuziehung eines vereidigten Protokollführers. Von demselben ist ein Protokoll aufzunehmen, das den Gang der Verhandlung im allgemeinen angibt. Anerkenntnisse, Verzichtleistungen, Vergleiche und solche Anträge und Erklärungen der Beteiligten, welche von den Schriftsätzen abweichen, sowie die Formel der Entscheidung sind in das Protokoll aufzunehmen.

Die Protokolle sind von dem Vorsitzenden und dem Protokollführer, in Fällen der Urteilsprechung außerdem von den Berichterstattern zu vollziehen.

§ 38. Die Vorschriften der §§ 176 bis 182, 184 des Gerichtsverfassungsgesetzes über die Aufrechterhaltung der Ordnung finden entsprechende Anwendung.

Die vom Reichs-Versicherungsamte festgesetzten Strafen werden in derselben Weise beigetrieben, wie die Gemeindeabgaben und fließen in die Reichskasse.

§ 39. Hinsichtlich der Verpflichtung, sich als Zeuge oder Sachverständiger vernehmen zu lassen und die Aussagen eidlich zu erhärten, finden die Bestimmungen der Civilprozeßordnung entsprechende Anwendung. Insbesondere ist der Senat befugt, gegen Zeugen und Sachverständige, welche sich nicht oder nicht rechtzeitig zu den Sitzungen einfinden oder ihre Aussage oder die Eidesleistung ohne Angabe eines Grundes oder noch dann verweigern, nachdem der angeführte Grund für unerheblich erklärt ist, eine Geldstrafe bis zu dreihundert Mark festzusetzen. Kommt die Verhängung oder Vollstreckung von Zwangsmaßregeln in Frage, so ist um diese das Amtsgericht zu ersuchen, in dessen Bezirk die Zeugen oder Sachverständigen ihren Wohnsitz oder in Ermangelung eines solchen ihren Aufenthalt haben. Auf Militärpersonen, die dem aktiven Heere oder der aktiven Marine angehören, finden die Vorschriften des § 380 Abs. 4, § 390 Abs. 4, § 409 Abs. 3 der Civilprozeßordnung Anwendung.

Erfolgt nachträglich eine genügende Entschuldigung für das Verhalten des Zeugen oder Sachverständigen, so sind die getroffenen Anordnungen wieder aufzuheben.

Die Zeugen und Sachverständigen erhalten Gebühren nach Maßgabe der Gebührenordnung für Zeugen und Sachverständige (Reichs-Gesetzbl. 1898 S. 689).

§ 40. Die Beratung über die Entscheidung erfolgt in nicht öffentlicher Sitzung.

§ 41. Das Reichs-Versicherungsamt entscheidet innerhalb der erhobenen Ansprüche nach freiem Ermessen.

Bei der Verhandlung ist, auch ohne daß es eines Antrags bedarf, zu prüfen, ob und in welchem Betrag eine unterliegende Partei dem Gegner die ihm in dem Verfahren erwachsenen Kosten zu erstatten hat. Wird die Erstattung solcher außergerichtlicher Kosten angeordnet, so ist deren Höhe im Urteile festzusetzen; diese Beträge werden auf Antrag durch Vermittlung des Reichs-Versicherungsamts in derselben Weise beigetrieben wie Gemeindeabgaben.

Bei den Entscheidungen, die auf Grund der mündlichen Verhandlung ergehen, dürfen nur Mitglieder mitwirken, vor denen diese Verhandlung stattgefunden hat.

§ 42. Der Vorsitzende verkündet das Ergebnis der Beratung in öffentlicher Sitzung. Die Verkündung kann auf eine spätere Sitzung vertagt werden; diese soll in der Regel binnen einer Woche stattfinden.

Wird die Verkündung der Gründe für angemessen gehalten, so erfolgt sie durch mündliche Mitteilung ihres wesentlichen Inhalts.

Dem Schiedsgerichte, gegen dessen Entscheidung Rekurs oder Revision eingelegt war, ist Abschrift des Urteils zu erteilen.

§ 43. Die Urteile werden nebst Gründen von den Berichterstattern entworfen und in der Urschrift von dem Vorsitzenden, den Berichterstattern und einem anderen Mitgliede, das an der Urteilssprechung teilgenommen hat, unterzeichnet. Im Falle der Behinderung des Vorsitzenden erfolgt die Unterzeichnung durch das älteste mitwirkende ständige Mitglied.

§ 44. Im Eingange des Urteils sind die Mitglieder, welche an der Entscheidung teilgenommen haben, namentlich aufzuführen, auch ist der Sitzungstag zu bezeichnen, an dem die Entscheidung erfolgt ist.

Die Ausfertigungen der Urteile werden mit der Ueberschrift versehen:
„Im Namen des Reichs."
Sie enthalten neben dem Siegel des Reichs-Versicherungsamts die Schlußformel:
„Urkundlich unter Siegel und Unterschrift."
„Das Reichs-Versicherungsamt."

Die Vollziehung erfolgt durch den Vorsitzenden, im Falle seiner Behinderung durch das dem Dienstalter nach älteste ständige Mitglied des Reichs-Versicherungsamts, welches bei der Entscheidung mitgewirkt hat.

§ 45. Schreibfehler, Rechnungsfehler und ähnliche offenbare Unrichtigkeiten, die in dem Urteile vorkommen, sind jederzeit auch von Amtswegen zu berichtigen.

Ueber die Berichtigung kann ohne vorgängige mündliche Verhandlung entschieden werden. Der Berichtigungsbeschluß wird von dem Vorsitzenden und den Mitgliedern des Senats, die das Urteil unterzeichnet haben, erlassen; er wird auf der Urschrift des Urteils und den Ausfertigungen vermerkt.

§ 46. Wenn ein von einer Partei geltend gemachter Haupt- oder Nebenanspruch oder der Kostenpunkt bei der Entscheidung ganz oder teilweise übergangen ist, so ist auf Antrag das Urteil durch nachträgliche Entscheidung zu ergänzen.

Ueber diesen Antrag kann ohne vorgängige mündliche Verhandlung entschieden werden, soweit es sich um einen Nebenanspruch oder um den Kostenpunkt handelt. Der Ergänzungsbeschluß wird auf der Urschrift des Urteils und den Ausfertigungen vermerkt.

III. Beschwerden über Verfügungen der Rechnungsstelle.

§ 47. Beschwerden gegen die durch die Rechnungsstelle des Reichs-Versicherungsamts vorgenommenen Verteilungen und Abrechnungen (§ 126 Abs. 2 des Invalidenversicherungsgesetzes) werden im Wege der Verfügung erledigt. Dies gilt auch für Einsprüche und Widersprüche gegen derartige Maßregeln, soweit sie auf Grund des Gesetzes vom 22. Juni 1889 noch zu erledigen sind. Handelt es sich dabei um eine noch nicht entschiedene Frage von erheblicher grundsätzlicher Bedeutung oder soll von einer früheren Entscheidung abgewichen werden, so ist die Sache an die Abteilung für Invalidenversicherung zur Beschlußfassung zu verweisen.

IV. Schlußbestimmungen.

§ 48. Das Verfahren vor dem Reichs-Versicherungsamt ist kostenfrei; ein Ersatz der durch dieses Verfahren dem Reichs-Versicherungsamte verursachten baren Auslagen durch die Parteien findet nicht statt. Doch ist das Reichs-Versicherungsamt befugt, den Beteiligten solche Kosten des Verfahrens zur Last zu legen, welche durch Mutwillen oder durch ein auf Verschleppung oder Irreführung berechnetes Verhalten derselben veranlaßt sind (§ 19 Abs. 2 des Gesetzes, betreffend die Abänderung der Unfallversicherungsgesetze).

Diese Beträge werden in derselben Weise beigetrieben wie Gemeindeabgaben und fließen, soweit es sich um die dem Reichs-Versicherungsamt erwachsenen Kosten handelt, in die Reichskasse.

§ 49. In Betreff der Geschäftssprache vor dem Reichs-Versicherungsamte finden die Bestimmungen der §§ 186 ff. des Gerichtsverfassungsgesetzes entsprechende Anwendung. Eingaben, welche nicht in deutscher Sprache abgefaßt sind, werden nicht berücksichtigt.

§ 50. Vorladungen und sonstige nur dem Geschäftsbetriebe dienende formularmäßige Schreiben werden durch die Unterschrift eines dazu bestimmten Beamten und unter Beifügung des Siegels des Reichs-Versicherungsamts beglaubigt.

Das Reichs-Versicherungsamt führt zwei Siegel:

1. ein großes Siegel, welches dem Siegel des Reichsgerichts entspricht und nur bei förmlichen Ausfertigungen, insbesondere der Urteile, gebraucht wird,
2. ein kleineres Siegel, welches den bei den Gesandtschaften des Deutschen Reichs eingeführten Siegeln entspricht,

mit der Umschrift: „Reichs-Versicherungsamt."

§ 51. Die Ausfertigungen und Reinschriften ergehen unter der Unterschrift: „Das Reichs-Versicherungsamt." Dabei ist, soweit es sich nicht um gemeinsame Angelegenheiten oder um Urteile der Senate (§ 44) handelt, die in Betracht kommende Abteilung zu bezeichnen (Abteilung für Unfallversicherung, Abteilung für Invalidenversicherung).

§ 52. Am Schlusse eines jeden Jahres hat das Reichs-Versicherungsamt dem Reichskanzler (Reichsamt des Innern) einen Geschäftsbericht einzureichen.

§ 53. Diese Verordnung tritt am 1. November 1900 in Kraft.

Mit demselben Zeitpunkte verlieren die Verordnungen, betreffend die Formen des Verfahrens und den Geschäftsgang des Reichs-Versicherungsamts, vom 5. August 1885 (Reichs-Gesetzbl. S. 255) und 13. November 1887 (Reichs-Gesetzbl. S. 523) sowie die Verordnung, betreffend die Formen des Verfahrens und den Geschäftsgang des Reichs-Versicherungsamts in den Angelegenheiten der Invalidenversicherung, vom 6. Dezember 1899 (Reichs-Gesetzbl. S. 687) ihre Geltung.

Die erstmalige Bestimmung der Mitglieder des erweiterten Senats (§ 24 Abs. 2) gilt für die Zeit bis zum 31. Dezember 1901.

Urkundlich unter Unserer Höchsteigenhändigen Unterschrift und beigedrucktem Kaiserlichen Insiegel.

Gegeben Homburg v. d. Höhe, den 19. Oktober 1900.

(L. S.) **Wilhelm.**

Graf von Posadowsky.

Verordnung,

betreffend das Verfahren vor den Schiedsgerichten für Arbeiterversicherung.

Vom 22. November 1900.

(R.G.B. Nr. 55 S. 1017 ff.)

Wir **Wilhelm**, von Gottes Gnaden Deutscher Kaiser, König von Preußen ꝛc. verordnen auf Grund des § 106 Abs. 6 des Invalidenversicherungsgesetzes (Reichs-Gesetzbl. 1899 S. 463) und im Hinblick auf § 3 des Gesetzes, betreffend die Abänderung der Unfallversicherungsgesetze, vom 30. Juni 1900 (Reichs-Gesetzbl. S. 335) im Namen des Reichs, nach erfolgter Zustimmung des Bundesrats, was folgt:

I. Allgemeine Bestimmungen.

§ 1.

Beeidigung der Mitglieder des Schiedsgerichts.

Der Vorsitzende des Schiedsgerichts und dessen Stellvertreter werden von einem Beauftragten der Landes-Centralbehörde des Bundesstaats, in welchem der Sitz des Schiedsgerichts belegen ist, die Beisitzer dagegen von dem Vorsitzenden des Schiedsgerichts auf die Erfüllung der Obliegenheiten ihres Amtes beeidigt.

Die Beeidigung der Beisitzer erfolgt bei ihrer ersten Dienstleistung in öffentlicher Sitzung; sie gilt für die Dauer der Wahlperiode. Im Falle der Wiederwahl genügt die Verweisung auf die frühere Beeidigung.

Im übrigen finden auf die Beeidigung die Vorschriften des § 51 des Gerichtsverfassungsgesetzes entsprechende Anwendung.

§ 2.

Befugnisse des Vorsitzenden.

Die Leitung und Beaufsichtigung des Geschäftsganges bei dem Schiedsgerichte liegt dem Vorsitzenden und im Falle der Behinderung seinem Stellvertreter ob. Der Vorsitzende öffnet die eingehenden Sendungen, verteilt die Geschäfte, bestimmt die Sitzungen, zeichnet die Verfügungen, vollzieht die Reinschriften und trifft in Beziehung auf die Führung der Geschäftskontrolen die erforderlichen Anordnungen. Er verpflichtet eidlich die Beamten des Schiedsgerichts, soweit sie nicht bereits als Beamte der Versicherungsanstalt einen Diensteid geleistet haben, und übt über sie die unmittelbare Dienstaufsicht aus. Disziplinarstrafen gegen dieselben verhängt, sofern sie bei dem Schiedsgericht im Hauptamt angestellt sind, der Vorstand der Versicherungsanstalt, im übrigen die ihnen im Hauptamte vorgesetzte Dienstbehörde (§ 104 Abs. 5 in Verbindung mit § 83 Abs. 1, 3 Satz 2 des Invalidenversicherungsgesetzes).

Der Vorsitzende setzt die den Beisitzern statutenmäßig zu gewährenden Bezüge fest und ist befugt, Beisitzer, welche die Wahl ohne zulässigen Grund ablehnen, ohne genügende Entschuldigung zu den Sitzungen nicht rechtzeitig sich einfinden oder ihren Obliegenheiten in anderer Weise sich entziehen, mit Geldstrafen zu belegen (§ 104 Abs. 5 in Verbindung mit § 83 Abs. 3 Satz 1, § 90 Abs. 2, § 94 a. a. O.).

Die Beisitzer haben dem Vorsitzenden Anzeige zu machen, wenn durch Aenderung in ihren persönlichen Verhältnissen die Voraussetzungen ihrer Wählbarkeit nachträglich wegfallen.

Werden dem Vorsitzenden Thatsachen bekannt, welche die Wählbarkeit eines Beisitzers ausschließen oder sich als grobe Verletzungen seiner Amtspflicht darstellen, so hat er diesen Beisitzer zu den Sitzungen einstweilen nicht einzuberufen und ihn, nachdem ihm Gelegenheit zur Aeußerung gegeben worden ist, seines Amtes zu entheben (§ 104 Abs. 5 in Verbindung mit § 91 a. a. O.). Gegen die diese Enthebung aussprechende Verfügung, welche die derselben zu Grunde liegenden Thatsachen angeben muß, kann von dem Beisitzer innerhalb eines Monats nach der Zustellung bei dem Schiedsgerichtsvorsitzenden oder bei dem Schiedsgerichte Beschwerde eingelegt werden. Der Vorsitzende hat die Beschwerde unter Beifügung der Verhandlungen und einer Aeußerung unverzüglich der höheren Verwaltungsbehörde einzureichen; diese entscheidet endgültig. Die Bestimmung des § 114 Abs. 3 a. a. O. findet entsprechende Anwendung. Die Fähigkeit eines Beisitzers, als solcher an einer Sitzung Teil zu nehmen, erlischt, sobald der Enthebungsbescheid rechtskräftig geworden ist.

§ 3.

Zuziehung der Beisitzer.

Die Reihenfolge, in welcher die Beisitzer bei Streitsachen aus der Invalidenversicherung in der Regel zu den Verhandlungen zuzuziehen sind, wird durch das Statut der Versicherungsanstalt bestimmt (§ 106 Abs. 5 in Verbindung mit § 83 Abs. 2 des Invalidenversicherungsgesetzes).

In Streitsachen aus der Unfallversicherung (§ 7 Abs. 1 des Gesetzes, betreffend die Abänderung der Unfallversicherungsgesetze) bestimmt der Vorsitzende unter Beachtung des Statuts der Versicherungsanstalt, und zwar regelmäßig für jedes Halbjahr im voraus, getrennt für die einzelnen Berufszweige die Reihenfolge, in der die Beisitzer zuzuziehen sind, soweit es sich um Unfälle

1. in der Land- und Forstwirtschaft,
2. im Bergbaubetriebe,
3. in den sonstigen der Versicherung unterliegenden Betrieben

handelt. Abweichungen von der festgesetzten Reihenfolge sind unter Angabe der Gründe aktenkundig zu machen. Für die Entscheidung bei Unfällen im Bergbaubetriebe kann von der Vorausbestimmung der Reihenfolge der Beisitzer, unbeschadet der Bestimmung im § 7 Abs. 1 a. a. O., bei denjenigen Schiedsgerichten abgesehen werden, bei welchen ein Bedürfnis für die Vorausbestimmung nicht besteht.

Der Antrag eines Entschädigungsberechtigten, zur Verhandlung und Entscheidung in einem einzelnen Falle abweichend von der festgesetzten Reihenfolge Beisitzer aus den Betrieben derjenigen Berufsgenossenschaft oder Ausführungsbehörde zuzuziehen, welcher der Betrieb, in dem sich der Unfall ereignet hat, angehört (§ 7 Abs. 2 a. a. O.), ist in der Regel bei Einreichung der Berufungsschrift zu stellen. Der gleiche Antrag einer Berufsgenossenschaft oder Ausführungsbehörde ist in der Regel bei Einreichung der Gegenschrift zu stellen. Der Schiedsgerichtsvorsitzende hat jedoch auch später eingehende Anträge solcher Art bis zur Anberaumung des Termins zur mündlichen Verhandlung zuzulassen.

Wird der Antrag abgelehnt, so ist dem Antragsteller ein mit Gründen zu versehender Bescheid in Ausfertigung zuzustellen. In dem Bescheid ist darauf hinzuweisen, daß der Antragsteller vor Beginn der Verhandlung eine Entscheidung des Schiedsgerichts über den Antrag beanspruchen kann.

Wird der Antrag erst nach Anberaumung des Termins zur mündlichen Verhandlung gestellt, so entscheidet, sofern dem Antrage nicht schon von dem Vorsitzenden stattgegeben worden ist, das Schiedsgericht selbst.

§ 4.

Ablehnung der Mitglieder des Schiedsgerichts.

Die Bestimmungen in den §§ 41 ff. der Civilprozeßordnung über die Ausschließung und Ablehnung der Richter finden auf die Mitglieder der Schiedsgerichte entsprechende Anwendung. Jedoch beschließt über ein Ablehnungsgesuch in Betreff des Vorsitzenden das Schiedsgericht, in Betreff der Beisitzer der Vorsitzende.

Bei dem Beschluß über ein Ablehnungsgesuch in Betreff des Vorsitzenden hat dieser nicht mitzuwirken. An seiner Stelle führt dabei der dem Lebensalter nach älteste Beisitzer den Vorsitz. Ergiebt sich bei der Abstimmung über das Gesuch Stimmengleichheit, so gilt dasselbe für abgelehnt.

Der Beschluß kann, wenn das Ablehnungsgesuch für unbegründet erklärt wird, nicht für sich allein, sondern nur mit der Entscheidung in der Hauptsache angefochten werden.

II. Vorschriften über das Verfahren.

§ 5.

Erhebung der Berufung.

Die Berufung auf schiedsgerichtliche Entscheidung muß innerhalb eines Monats nach der Zustellung des Bescheids bei dem zuständigen Schiedsgericht eingegangen sein (§ 114 Abs. 2 des Invalidenversicherungsgesetzes, § 76 Abs. 2 des Gewerbe-Unfallversicherungsgesetzes, § 82 Abs. 2 des Unfall-Versicherungsgesetzes für Land- und Forstwirtschaft, § 37 Abs. 1 des Bau-Unfallversicherungsgesetzes, § 80 Abs. 4 des See-Unfallversicherungsgesetzes in Verbindung mit § 36 dieser Verordnung). Die Frist gilt auch dann als gewahrt, wenn innerhalb derselben die Berufung bei einer anderen inländischen Behörde oder in Streitsachen aus der Unfallversicherung bei einem Genossenschaftsorgan, in Angelegenheiten der See-Unfallversicherung auch bei einem deutschen Seemannsamt im Ausland eingegangen ist. Diese Stellen haben die Berufungsschrift ungesäumt an das zuständige Schiedsgericht abzugeben.

Zuständig ist in Streitsachen aus der Invalidenversicherung dasjenige Schiedsgericht, zu dessen Bezirke die untere Verwaltungsbehörde oder Rentenstelle gehört, die gemäß § 112 Abs. 1 des Invalidenversicherungsgesetzes mit dem Rentenanspruche befaßt gewesen ist. In Streitsachen aus der Unfallversicherung ist, abgesehen von den gegen die See-Berufsgenossenschaft gerichteten Ansprüchen, dasjenige Schiedsgericht zuständig, in dessen Bezirke der Betrieb, in welchem der Unfall sich ereignet hat, belegen ist (§ 76 Abs. 2 des Gewerbe-Unfallversicherungsgesetzes, § 82 Abs. 2 des Unfallversicherungsgesetzes für Land- und Forstwirtschaft, § 37 Abs. 1 des Bau-Unfallversicherungsgesetzes). Für die Entscheidung auf die gegen die See-Berufsgenossenschaft gerichteten Berufungen ist das Schiedsgericht zuständig, in dessen Bezirke der Heimatshafen desjenigen Fahrzeugs belegen ist oder derjenige Betrieb seinen Sitz hat, auf oder in welchem der Unfall sich ereignet hat. Ist der Heimatshafen nicht im Bezirk eines Schiedsgerichts belegen, so ist das für den Sitz zuständige Schiedsgericht zur Entscheidung zuständig (§ 80 Abs. 2 des See-Unfallversicherungsgesetzes).

In der Berufung sollen der Gegenstand des Anspruchs bezeichnet und die für die Entscheidung maßgebenden Thatsachen unter Angabe der Beweismittel angeführt werden; auch ist die Versicherungsanstalt, Berufsgenossenschaft oder Ausführungsbehörde, welche den angefochtenen Bescheid erteilt hat, zu benennen.

Die Berufung kann schriftlich oder zu Protokoll des Schiedsgerichts, einer anderen inländischen Behörde, in Streitsachen aus der Unfallversicherung auch zu Protokoll eines Genossenschaftsorgans bezw. eines deutschen Seemannsamts im Ausland erhoben werden. Bei schriftlicher Erhebung ist dem Schriftsatz eine Abschrift beizufügen.

§ 6.

Streit über die Zuständigkeit.

Entsteht unter mehreren Schiedsgerichten Streit über ihre Zuständigkeit, so entscheidet das Reichs-Versicherungsamt. In Streitsachen aus der Unfallversicherung tritt an dessen Stelle das Landes-Versicherungsamt, sofern die Entscheidung auf einen Rekurs diesem zusteht.

§ 7.

Verfahren bei Eingang der Berufung.

Der Zeitpunkt des Einganges der Berufung ist sofort sowohl auf der Berufungsschrift wie auf der beigefügten Abschrift zu vermerken. Ist der Berufung eine Abschrift nicht beigefügt (§ 5 Abs. 4), so ist seitens des Schiedsgerichts eine solche zu fertigen und auf diese der Vermerk des Einganges zu übertragen; die Kosten dieser Abschrift können von dem Berufenden eingezogen werden.

Richtet sich die Berufung gegen einen auf Grund der Unfallversicherungsgesetze ergangenen Bescheid oder gegen einen Bescheid des Vorstandes der Versicherungsanstalt oder gegen einen den Anspruch auf Rente nur zum Teil anerkennenden Bescheid einer Rentenstelle, so hat der Vorsitzende des Schiedsgerichts dem Vorstande der Berufsgenossenschaft oder berufsgenossenschaftlichen Sektion, der Ausführungsbehörde oder dem Vorstande der Versicherungsanstalt die Abschrift der Berufung mit dem Ersuchen mitzuteilen, die Vorverhandlungen einzusenden.

Legt der Rentenbewerber Berufung gegen den Bescheid einer Rentenstelle ein, durch welchen eine beantragte Rente versagt, die Entziehung einer Invalidenrente oder die Einstellung von Rentenzahlungen ausgesprochen worden ist, so hat der Vorsitzende des Schiedsgerichts die Vorverhandlungen der Rentenstelle einzufordern.

Legt der Vorstand der Versicherungsanstalt in den Fällen des § 129 Abs. 4 des Invalidenversicherungsgesetzes gegen den Bescheid einer Rentenstelle Berufung ein, so hat er seiner Berufungsschrift die ihm übersandten Verhandlungen der Rentenstelle, versehen mit dem Vermerke des Einganges bei der Versicherungsanstalt, beizufügen.

Die einzusendenden Vorverhandlungen müssen sämtliche, bei der Berufsgenossenschaft und deren Organen, bei der Ausführungsbehörde, der Versicherungsanstalt und der Rentenstelle vorhandenen Schriftstücke, die sich auf den geltend gemachten Anspruch beziehen, enthalten, einschließlich derjenigen, welche sich in Vorakten befinden.

§ 8.
Abweisung durch Bescheid.

Ist die Berufung nicht rechtzeitg eingelegt, oder ist das Schiedsgericht gesetzlich zur Entscheidung über die der Berufung zu Grunde liegenden Beschwerdepunkte nicht zuständig, so kann der Vorsitzende die Berufung durch einen mit Gründen zu versehenden Bescheid zurückweisen. Die Anfertigung einer Abschrift der Berufung seitens des Schiedsgerichts (§ 7 Abs. 1) kann in diesen Fällen einstweilen unterbleiben.

Der Berufende ist befugt, innerhalb zwei Wochen vom Tage der Zustellung des Bescheids ab bei dem Schiedsgerichte die Anberaumung eines Termins zur mündlichen Verhandlung zu beantragen.

Die vorstehende Befugnis ist dem Berufenden in dem Bescheide zu eröffnen.

Die Ablehnung von Anträgen auf mündliche Verhandlung kann nur durch Entscheidung des Schiedsgerichts erfolgen.

§ 9.
Beantwortung der Berufung.

Dem Vorstande der Berufsgenossenschaft oder berufsgenossenschaftlichen Sektion, der Ausführungsbehörde oder dem Vorstande der Versicherungsanstalt ist im Falle des § 7 Abs. 2 bei Uebersendung der Abschrift der Berufung anheimzustellen, eine Gegenschrift einzureichen. In den Fällen des § 7 Abs. 3, 4, hat der Vorsitzende, sofern die Voraussetzungen des § 8 Abs. 1 nicht vorliegen, die Abschrift der Berufung dem Gegner mit der Anheimgabe mitzuteilen, eine Gegenschrift einzureichen.

Die Frist zur Einreichung der Gegenschrift ist in der Regel auf nicht länger als zwei Wochen zu bemessen. Zugleich ist darauf hinzuweisen, daß, wenn die Gegenschrift innerhalb der Frist nicht eingeht, die Entscheidung nach Lage der Akten erfolgen werde. Die Frist kann auf Antrag aus wichtigen Gründen verlängert werden.

Der Gegenschrift und etwaigen weiteren Schriftsätzen sind zur Zustellung an den Gegner Abschriften beizufügen. Die Bestimmungen des § 7 Abs. 1 Satz 2 finden Anwendung.

In einfachen Fällen, sowie dann, wenn das thatsächliche Verhältnis aus vorliegenden Akten und Urkunden sich sofort feststellen läßt, kann ohne vorgängigen Schriftwechsel Termin zur mündlichen Verhandlung anberaumt werden. Den Beteiligten ist in den Fällen des § 7 Abs. 3, 4 gleichzeitig mit der Benachrichtigung vom Termine die Abschrift der Berufung mitzuteilen.

§ 10.

Unterzeichnung der Schriftsätze und Vertretung der Parteien.

Berufungen und Gegenschriften müssen entweder von den Beteiligten selbst oder von ihren gesetzlichen Vertretern oder von ihren Bevollmächtigten unterzeichnet sein. Die Vollmacht muß schriftlich erteilt werden. Ehegatten, Verwandte der aufsteigenden Linie und großjährige Verwandte der absteigenden Linie können auch ohne schriftliche Vollmacht zur Vertretung zugelassen werden.

Das Schiedsgericht kann Bevollmächtigte und Beistände, welche das mündliche Verhandeln vor Gericht geschäftsmäßig betreiben, zurückweisen. Diese Vorschrift findet keine Anwendung auf Rechtsanwälte und auf Personen, denen das mündliche Verhandeln vor Gericht durch eine seitens der Justizverwaltung getroffene Anordnung gestattet ist.

Die Prozeßfähigkeit einer Partei sowie die Legitimation eines Vertreters sind von Amtswegen zu prüfen.

Nichtprozeßfähigen Parteien, welche ohne gesetzlichen Vertreter sind, kann bis zum Eintritte des gesetzlichen Vertreters von dem Vorsitzenden ein besonderer Vertreter bestellt werden. Derselbe ist befugt, alle Parteirechte zum Zwecke der Durchführung des Feststellungsverfahrens wahrzunehmen. Eine Befugnis zur Empfangnahme von Zahlungen steht demselben nicht zu. Das Gleiche gilt, wenn der Aufenthaltsort des gesetzlichen Vertreters unbekannt oder vom Sitze des Schiedsgerichts weit entfernt ist. Die nichtprozeßfähige Partei ist auf ihr Verlangen selbst zu hören. Die Kosten des besonderen Vertreters gelten als außergerichtliche Kosten.

§ 11.

Mündliche Verhandlung.

Die Entscheidung erfolgt auf Grund mündlicher Verhandlung vor dem Schiedsgerichte. Der Termin hierzu wird von dem Vorsitzenden anberaumt.

Die Beteiligten werden von dem Termin, in der Regel mittelst eingeschriebenen Briefes, mit dem Bemerken in Kenntnis gesetzt, daß im Falle ihres Ausbleibens nach Lage der Akten werde entschieden werden. Ein Ausweis hierüber muß zu den Akten gebracht werden.

Hält das Schiedsgericht das persönliche Erscheinen eines Beteiligten für angemessen, so hat es demselben zu eröffnen, daß aus seinem Nichterscheinen ungünstige Schlüsse für seinen Anspruch gezogen werden können.

§ 12.

Ort der Verhandlung.

Die mündliche Verhandlung findet in der Regel am Sitze des Schiedsgerichts statt. Der Vorsitzende ist jedoch befugt, das Schiedsgericht zu einer Sitzung an einen anderen Ort seines Bezirkes zu berufen, wenn dies zur Ersparung an Kosten oder Reisen, zur Aufklärung des Sachverhalts oder zur Erleichterung der Beweisaufnahme zweckmäßig erscheint.

§ 13.

Oeffentlichkeit des Verfahrens.

Die mündliche Verhandlung erfolgt in öffentlicher Sitzung. Die Oeffentlichkeit kann durch einen öffentlich zu verkündenden Beschluß ausgeschlossen werden, wenn das Schiedsgericht dies aus Gründen des öffentlichen Wohles oder der Sittlichkeit für angemessen erachtet.

Die Vorschriften der §§ 176 bis 182, 184 des Gerichtsverfassungsgesetzes über die Aufrechterhaltung der Ordnung finden entsprechende Anwendung. Ueber die Beschwerde gegen Ordnungsstrafen entscheidet endgiltig die höhere Verwaltungsbehörde, in deren Bezirke sich der Sitz des Schiedsgerichts befindet. Die Beschwerde ist binnen zwei Wochen nach der Zustellung der Strafverfügung bei der zur Entscheidung zuständigen Stelle einzulegen.

Die vom Schiedsgerichte festgesetzten Strafen werden in derselben Weise beigetrieben wie Gemeindeabgaben und fließen bei Streitsachen aus der Invalidenversicherung in die Kasse der Versicherungsanstalt, bei Streitsachen aus der Unfallversicherung in die Kasse der Berufsgenossenschaft oder der Ausführungsbehörde.

§ 14.

Die mündliche Verhandlung beginnt mit der Darstellung des Sachverhalts durch den Vorsitzenden oder durch einen von diesem ernannten Berichterstatter. Demnächst sind die erschienenen Beteiligten zu hören. Der Vorsitzende hat jedem Beisitzer auf Verlangen zu gestatten, Fragen zu stellen.

§ 15.

Erledigung der Berufung durch Vergleich.

Eine Berufung kann durch Vergleich erledigt werden, wenn dieser sich auf den streitigen Anspruch selbst und auf die etwaigen außergerichtlichen Kosten erstreckt.

§ 16.

Sitzungsprotokoll.

Die mündliche Verhandlung erfolgt unter Zuziehung eines vereidigten Protokollführers. Von demselben ist ein Protokoll aufzunehmen, welches die Namen des Vorsitzenden und der mitwirkenden Beisitzer, deren Eigenschaft als Vorsitzender, Arbeitgeber oder Arbeitnehmer sowie die Bezeichnung des Berufs der Beisitzer enthält und den Gang der Verhandlung im allgemeinen angibt.

Außerdem sind durch Aufnahme in das Protokoll festzustellen:

1. Erklärungen der Parteien, welche die Zurücknahme einer Berufung bezwecken, ferner Anerkenntnisse, Verzichtleistungen, Vergleiche;
2. solche Anträge und Erklärungen der Parteien, welche von den Schriftsätzen abweichen;
3. die Aussagen der Zeugen und Sachverständigen, soweit dieselben früher nicht abgehört waren oder von ihrer früheren Aussage abweichen;
4. die Ergebnisse eines Augenscheins;
5. Beschlüsse des Schiedsgerichts und die Urteilsformel.

Das Protokoll ist, soweit in demselben Vergleiche, Anerkenntnisse oder Verzichtleistungen festgestellt worden sind, den Beteiligten vorzulesen. In dem Protokoll ist zu bemerken, daß die Vorlesung stattgefunden hat und daß die Genehmigung erfolgt ist, oder welche Einwendungen erhoben worden sind.

Das Protokoll ist von dem Vorsitzenden und dem Protokollführer zu unterzeichnen.

§ 17.

Beweisaufnahme.

Das Gericht hat den zur Klarstellung des Sachverhalts erforderlichen Beweis in vollem Umfange zu erheben, ohne Rücksicht darauf, ob dieser Beweis von den Parteien angetreten worden ist oder nicht.

Der Vorsitzende ist befugt, zur mündlichen Verhandlung auch ohne vorausgehenden Beschluß des Schiedsgerichts Zeugen und Sachverständige vorzuladen sowie das persönliche Erscheinen eines Beteiligten anzuordnen (§ 11 Abs. 3 dieser Verordnung, § 9 Abs. 5 des Gesetzes, betreffend die Abänderung der Unfallversicherungsgesetze).

Die Beweiserhebung erfolgt in der Regel in der mündlichen Verhandlung. Das Schiedsgericht ist jedoch befugt, den Beweis durch ein Mitglied oder gemäß § 172 des Invalidenversicherungsgesetzes, § 144 des Gewerbe-Unfallversicherungsgesetzes, § 154 des Unfallversicherungsgesetzes für Land- und Forstwirtschaft, § 45 Abs. 2 des Bau-Unfallversicherungsgesetzes, § 141 des See-Unfallversicherungsgesetzes durch eine öffentliche Behörde erheben zu lassen. Geeignetenfalls steht die Befugnis der Beweiserhebung auch dem Vorsitzenden schon vor Anberaumung des Termins zur mündlichen Verhandlung zu.

Die Beweisverhandlungen sind unter Zuziehung eines vereidigten oder durch Handschlag zu verpflichtenden Protokollführers aufzunehmen; die Beteiligten sind zu benachrichtigen.

§ 18.

Hinsichtlich der Verpflichtung, sich als Zeuge oder Sachverständiger vernehmen zu lassen und die Aussagen eidlich zu erhärten, finden die Bestimmungen der Civilprozeßordnung entsprechende Anwendung. Insbesondere ist das Schiedsgericht befugt, gegen Zeugen und Sachverständige, welche sich nicht oder nicht rechtzeitig zu den Sitzungen einfinden, oder ihre Aussage oder die Eidesleistung ohne Angabe eines Grundes oder, nachdem der vorgeschützte Grund rechtskräftig für unerheblich erklärt ist, verweigern, eine Geldstrafe bis zu dreihundert Mark festzusetzen. Kommt die Verhängung oder Vollstreckung von Zwangsmaßregeln in Frage, so ist um diese das Amtsgericht zu ersuchen, in dessen Bezirke die Zeugen oder Sachverständigen ihren Wohnsitz oder in Ermangelung eines solchen ihren Aufenthalt haben. Auf Militärpersonen, welche dem aktiven Heere oder der aktiven Marine angehören, finden die Vorschriften des § 380 Abs. 4, § 390 Abs. 4, § 409 Abs. 3 der Civilprozeßordnung Anwendung.

Gegen die Beschlüsse des Schiedsgerichts findet binnen einer Frist von zwei Wochen nach deren Zustellung die Beschwerde an das Reichs-Versicherungsamt statt, in Streitsachen aus der Unfallversicherung tritt an dessen Stelle das Landes-Versicherungsamt, sofern die Entscheidung auf einen Rekurs diesem zusteht; die Beschwerde ist schriftlich beim Schiedsgericht einzulegen.

Erfolgt nachträglich eine genügende Entschuldigung für das Verhalten des Zeugen oder Sachverständigen, so sind die getroffenen Anordnungen wieder aufzuheben.

Die Bestimmung des § 13 Abs. 3 findet Anwendung. Die Zeugen und Sachverständigen erhalten Gebühren nach Maßgabe der Gebührenordnung für Zeugen und Sachverständige (Reichs-Gesetzbl. 1898 S. 689).

§ 19.

Entscheidung.

Das Schiedsgericht entscheidet innerhalb der erhobenen Ansprüche nach freiem Ermessen. Bilden sich in Beziehung auf Summen, über welche zu entscheiden ist, mehr als zwei Meinungen, deren keine die Mehrheit für sich hat, so werden die für die größte Summe abgegebenen Stimmen den für die zunächst geringere abgegebenen solange hinzugerechnet, bis sich eine Mehrheit ergiebt.

Die Beratung und Beschlußfassung erfolgt in nichtöffentlicher Sitzung; hierbei dürfen nur Mitglieder mitwirken, vor welchen die mündliche Verhandlung stattgefunden hat.

§ 20.

Gerichtliche Kosten.

Die Festsetzung der gerichtlichen Kosten des Verfahrens, die nach § 107 Abs. 1 des Invalidenversicherungsgesetzes vorbehaltlich der Bestimmung des § 10 Abs. 2 des Gesetzes, betreffend die Abänderung der Unfallversicherungsgesetze, die Versicherungsanstalt zu tragen hat, erfolgt durch den Vorsitzenden des Schiedsgerichts. Wird seine Festsetzung angefochten, so ist die Entscheidung des Schiedsgerichts herbeizuführen.

Gegen diese Entscheidung findet Beschwerde an das Reichs-Versicherungsamt statt. Die Beschwerde ist binnen einem Monate nach der Zustellung des Festsetzungsbescheids schriftlich beim Schiedsgericht einzureichen, das, wenn es die Beschwerde für begründet erachtet, ihr stattgeben kann. Anderenfalls ist die Beschwerde mit einer gutachtlichen Aeußerung unter Beifügung der Verhandlungen dem Reichs-Versicherungsamt einzureichen.

Der Vorsitzende des Schiedsgerichts, in Streitsachen aus der Unfallversicherung aber das Schiedsgericht, kann den Beteiligten solche Kosten des Verfahrens zur Last legen, welche durch Mutwillen oder durch ein auf Verschleppung oder Irreführung berechnetes Verhalten veranlaßt worden sind (§ 104 Abs. 5 in Verbindung mit § 64 Abs. 5 des Invalidenversicherungsgesetzes; § 10 Abs. 4 des Gesetzes, betreffend die Abänderung der Unfallversicherungsgesetze).

§ 21.

Außergerichtliche Kosten.

Das Schiedsgericht hat, ohne daß es eines Antrags bedarf, zugleich mit der Entscheidung über die Hauptsache zu prüfen, ob und in welchem Betrage die unterliegende Partei dem Gegner die ihm in dem Verfahren vor dem Schiedsgericht erwachsenen Kosten zu erstatten hat. Die Festsetzung des Betrags erfolgt nach freiem Ermessen. Dasselbe gilt, solange nicht durch die im § 20 des Gesetzes, betreffend die Abänderung der Unfallversicherungsgesetze, vorgesehene Verordnung etwas Anderes bestimmt wird, unter Berücksichtigung der zweckentsprechend aufgewendeten Zeit und Mühewaltung auch für Rechtsanwälte sowie sonstige Vertreter und Beistände der Parteien.

Die von einer Partei zu erstattenden außergerichtlichen Kosten werden auf Antrag durch Vermittelung des Schiedsgerichts in derselben Weise beigetrieben wie Gemeindeabgaben.

§ 22.

Abstimmung.

Bei der Abstimmung stimmt der etwa bestellte Berichterstatter (§ 14) zuerst. Im übrigen richtet sich bei der Abstimmung der Beisitzer die Reihenfolge nach dem Lebensalter dergestalt, daß der Jüngste zuerst stimmt. Der Vorsitzende stimmt in allen Fällen zuletzt.

§ 23.

Verkündung.

Der Vorsitzende verkündet den Beschluß oder die Entscheidung in öffentlicher Sitzung. Die Verkündung kann auf eine sofort anzuberaumende spätere Sitzung vertagt werden, welche in der Regel binnen einer Woche stattfinden soll.

Wird die Verkündung der Gründe für angemessen gehalten, so erfolgt sie durch mündliche Mitteilung des wesentlichen Inhalts.

§ 24.

Form und Ausfertigung der Entscheidung.

Die Entscheidungen enthalten eine gedrängte Darstellung des Sach- und Streitstandes auf Grund der gesamten Verhandlungen unter Hervorhebung der in der Sache gestellten Anträge (Thatbestand), ferner die Entscheidungsgründe und die von der Darstellung des Thatbestandes und der Entscheidungsgründe äußerlich zu sondernde Urteilsformel. Die Entscheidungen sind in der Urschrift von dem Vorsitzenden zu unterschreiben; im Falle seiner Behinderung unterschreibt der dem Lebensalter nach älteste mitwirkende Beisitzer.

§ 25.

Bei den Ausfertigungen der Entscheidungen sind im Eingange die Mitglieder des Schiedsgerichts, welche an der Entscheidung Teil genommen haben, nach Maßgabe des § 16 namentlich aufzuführen und der Sitzungstag, an welchem die Entscheidung erfolgt ist, zu bezeichnen.

Die Ausfertigungen enthalten neben dem Siegel des Schiedsgerichts (§ 26) die Schlußformel:

„Urkundlich unter Siegel und Unterschrift."

„Das Schiedsgericht für Arbeiterversicherung . . . .".

Die Vollziehung erfolgt durch den Vorsitzenden oder im Falle seiner Behinderung in Vertretung durch dessen Stellvertreter.

Die Entscheidungen sollen spätestens innerhalb drei Wochen nach ihrer Verkündung den Parteien zugestellt werden.

§ 26.

Das Schiedsgericht führt ein Siegel, welches durch die für den Sitz des Schiedsgerichts zuständige Landes-Centralbehörde bestimmt wird.

III. Besondere Vorschriften über das Verfahren bei Anträgen auf anderweite Feststellung der Unfallentschädigungen.

§ 27.

Der im § 88 Abs. 3 des Gewerbe-Unfallversicherungsgesetzes, § 94 Abs. 3 des Unfallversicherungsgesetzes für Land- und Forstwirtschaft, § 92 Abs. 3 des See-Unfallversicherungsgesetzes vorgesehene Antrag auf anderweite Feststellung einer Entschädigung ist seitens der Berufsgenossenschaft oder der Ausführungsbehörde beim Schiedsgerichte schriftlich zu stellen.

Der Verletzte kann den Antrag schriftlich oder zu Protokoll des Schiedsgerichts oder einer anderen inländischen Behörde oder eines Genossenschaftsorgans beziehungsweise eines deutschen Seemannamts im Auslande stellen. Diese Stellen haben den Antrag ungesäumt an das zuständige Schiedsgericht abzugeben.

Zuständig ist dasjenige Schiedsgericht, das gemäß § 5 dieser Verordnung zuständig sein würde, falls es sich um die Einlegung der Berufung handelte.

Dem Antrage der Berufsgenossenschaft oder Ausführungsbehörde sind die Vorverhandlungen beizufügen. Die Unterlagen, auf Grund deren die Herabsetzung oder Aufhebung erfolgen soll, sind besonders hervorzuheben.

Der Verletzte hat in seinem Antrage die Unterlagen, auf Grund deren die Erhöhung oder Wiedergewährung der Rente begehrt wird, glaubhaft zu machen.

Bei schriftlicher Stellung sind dem Antrag und seinen Unterlagen Abschriften beizufügen.

§ 28.

Entsteht unter mehreren Schiedsgerichten Streit über ihre Zuständigkeit, so entscheidet das Reichs- oder Landes-Versicherungsamt (§ 6).

§ 29.

Der Zeitpunkt des Einganges ist sofort auf dem Antrag und auf dessen Abschrift zu bemerken. Ist dem Antrag eine Abschrift nicht beigefügt, so ist eine solche zu fertigen und auf diese der Vermerk des Einganges zu übertragen. Die Bestimmungen des § 7 Abs. 1 Satz 2 finden Anwendung.

§ 30.

Nach Eingang des Antrags hat der Vorsitzende die Vorverhandlungen, auch diejenigen des Reichs- oder Landes-Versicherungsamts, falls bei demselben früher ein Verfahren anhängig gewesen ist, einzufordern.

§ 31.

Ist das Schiedsgericht gesetzlich zur Entscheidung über den Antrag nicht zuständig, so kann der Vorsitzende den Antrag durch einen mit Gründen zu versehenden Bescheid zurückweisen. Die Anfertigung einer Abschrift des Antrags seitens des Schiedsgerichts (§ 29) kann in diesem Falle einstweilen unterbleiben.

Die Bestimmungen des § 8 Abs. 2, 3, 4 finden entsprechende Anwendung.

§ 32.

Sofern die Voraussetzungen des § 31 nicht vorliegen hat der Vorsitzende die Abschrift des Antrags und seiner Unterlagen dem Gegner mit der Anheimgabe mitzuteilen, eine Gegenschrift einzureichen.

Im weiteren Verfahren finden die Bestimmungen des § 9 Abs. 2, 3 sowie der §§ 10—26 entsprechende Anwendung.

§ 33.

Geschäftsbetrieb.

Die Schiedsgerichte unterliegen der Beaufsichtigung durch die für ihre Sitze zuständigen Landes-Centralbehörden oder die von denselben zu bestimmenden anderen Behörden.

Ueber Beschwerden der Parteien, die die Prozeßführung betreffen, entscheidet in Streitsachen aus der Invalidenversicherung das Reichs-Versicherungsamt, in Streitsachen aus der Unfallversicherung das Reichs-Versicherungsamt oder das Landes-Versicherungsamt, letzteres, sofern ihm die Entscheidung auf einen Rekurs zusteht.

Auf die Beseitigung von Verzögerungen oder sonstigen Unregelmäßigkeiten in der Prozeßführung hat das Reichs- oder Landes-Versicherungsamt, auch ohne daß Beschwerden der Partei vorliegen, hinzuwirken. Bleiben die aus diesem Anlaß ergangenen Weisungen ohne Erfolg, so sind die Aufsichtsbehörden um Abhülfe zu ersuchen.

§ 34.

Geschäftssprache.

In Betreff der Geschäftssprache vor dem Schiedsgerichte finden die Bestimmungen in den §§ 186 ff. des Gerichtsverfassungsgesetzes entsprechende Anwendung. Eingaben, welche nicht in deutscher Sprache abgefaßt sind, werden nicht berücksichtigt.

§ 35.

Geschäftsbericht.

Am Schlusse eines jeden Jahres hat der Vorsitzende des Schiedsgerichts dem Reichs-Versicherungsamte zu dem von diesem zu bestimmenden Zeitpunkt und nach dem von demselben vorzuschreibenden Muster einen Geschäftsbericht einzureichen.

§ 36.

Besondere Bestimmungen über Fristen.

Bei Streitsachen aus der Invalidenversicherung gelten für Seeleute, welche sich außerhalb Europas aufhalten, hinsichtlich der in dieser Verordnung bestimmten Fristen die Vorschriften des § 167 Abs. 3 des Invalidenversicherungsgesetzes. Bei Streitsachen aus der See-Unfallversicherung gelten für Personen, welche sich außerhalb Europas aufhalten, die gemäß § 80 Abs. 4 des See-Unfallversicherungsgesetzes festgesetzten Fristen.

§ 37.

Schlußbestimmungen.

Diese Verordnung tritt mit dem Tage in Kraft, von welchem ab die im § 3 des Gesetzes, betreffend die Abänderung der Unfallversicherungsgesetze, vom 30. Juni 1900 bezeichneten Schiedsgerichte für Arbeiterversicherung in Thätigkeit treten (§ 25 a. a. O.). Mit demselben Tage treten die Bestimmungen der Verordnung über das Verfahren vor den auf Grund des Unfallversicherungsgesetzes errichteten Schiedsgerichten vom 2. November 1885 (Reichs-Gesetzbl. S. 279), die Bestimmung im Artikel III der Verordnung, betreffend die Formen des Verfahrens und den Geschäftsgang des Reichs-Versicherungsamts sowie das Verfahren vor den auf Grund der Gesetze vom 5. Mai 1886 und vom 13. Juli 1887 errichteten Schiedsgerichten, vom 13. November 1887 (Reichs-Gesetzbl. S. 523) sowie die Bestimmungen der Verordnung, betreffend das Verfahren vor den auf Grund des Invalidenversicherungsgesetzes errichteten Schiedsgerichten, vom 6. Dezember 1899 (Reichs-Gesetzbl. S. 677) außer Wirksamkeit.

Auf die zur Zeit des Inkrafttretens dieser Verordnung bei den Schiedsgerichten schwebenden Berufungen finden die Vorschriften dieser Verordnung Anwendung.

Urkundlich unter Unserer Höchsteigenhändigen Unterschrift und beigedrucktem Kaiserlichen Insiegel.

Gegeben Homburg v. d. Höhe, den 22. November 1900.

(L. S.)

Wilhelm.

Graf von Posadowsky.

Bekanntmachung

des k. b. Staatsministerium des Innern,
betreffend die Formen des Verfahrens und den Geschäftsgang bei dem Landes-Versicherungsamte.

Vom 28. Dezember 1900.
(G.V.Bl. 1900 Nr. 68 S. 1255 ff.).

K. Staatsministerium des Innern. **Im Namen seiner Majestät des Königs.** Seine Königliche Hoheit Prinz Luitpold, des Königreichs Bayern Verweser, haben Sich allergnädigst bewogen gefunden, im Hinblick auf § 22 Abs. VIII des Gesetzes vom 30. Juni 1900, betreffend die Abänderung der Unfallversicherungsgesetze (R.-G.-Bl. S. 573) und § 111 Abs. III des Invalidenversicherungsgesetzes vom 13. Juli 1899 (R.-G.-Bl. S. 463) bezüglich der Formen des Verfahrens und des Geschäftsganges bei dem Landes-Versicherungsamte folgende Bestimmungen zu treffen:

I. Verfahren und Geschäftsgang im Allgemeinen.

§ 1.

Die nichtständigen Mitglieder des Landes-Versicherungsamtes und deren Stellvertreter werden für die Erfüllung der Obliegenheiten ihres Amtes vom Vorsitzenden des Landes-Versicherungsamtes mittelst Handschlags an Eidesstatt verpflichtet.

§ 2.

Die Geschäfte des Landes-Versicherungsamtes sind, soweit sie nicht durch den Vorsitzenden oder unter Mitzeichnung desselben von einem Mitgliede bearbeitet werden, in Sitzungen zu erledigen, welche der Vorsitzende anberaumt.

Soweit nicht in gegenwärtiger Bekanntmachung ein Anderes bestimmt ist, sind zu diesen Sitzungen die in München anwesenden Mitglieder unter Mitteilung der Beratungsgegenstände einzuladen; die Entscheidung ist durch die Anwesenheit von mindestens 3 Mitgliedern (des Vorsitzenden und je eines Vertreters der Arbeitgeber und der Versicherten) bedingt.

§ 3.

Alle bei dem Landes-Versicherungsamte einkommenden Schriftstücke müssen von den Beteiligten selbst oder ihren gesetzlichen Vertretern oder von ihren Bevollmächtigten unterzeichnet sein.

Die Vollmacht muß schriftlich erteilt werden. Ehegatten, Verwandte der aufsteigenden Linie und großjährige Verwandte der absteigenden Linie können auch ohne schriftliche Vollmacht zur Vertretung zugelassen werden.

Das Landes-Versicherungsamt kann Vertreter, welche ohne Rechtsanwälte zu sein die Vertretung geschäftsmäßig betreiben, zurückweisen.

§ 4.

Sofern ein Streits- und Parteiverhältnis gegeben ist, sind die beiderseitigen Erklärungen und Anträge den Beteiligten mitzuteilen. Diese Mitteilung hat, soweit es zur Klärung der Sach- und Rechtslage erforderlich ist, auch in anderen Fällen zu erfolgen.

Die Feststellung des Sachverhalts erfolgt im Uebrigen von Amtswegen.

§ 5.

Die Beschlüsse werden, vorbehaltlich der Bestimmungen im Abschnitt III, auf Vortrag in nicht-öffentlicher Sitzung nach einfacher Stimmenmehrheit gefaßt.

Bei Stimmengleichheit giebt die Stimme des Vorsitzenden den Ausschlag.

Bilden sich in Beziehung auf Summen, über welche zu entscheiden ist, mehr als zwei Meinungen, von denen keine die absolute Mehrheit für sich hat, so werden die für die größte Summe abgegebenen Stimmen den für die zunächst geringere abgegebenen solange hinzugerechnet, bis sich eine Mehrheit ergibt.

Die Stimmen werden in nachstehender Reihenfolge abgegeben:

1. von den Berichterstattern;
2. von den Vertretern der Versicherten;
3. von den Vertretern der Arbeitgeber;
4. von den richterlichen Beamten;
5. von den ständigen Mitgliedern;
6. von dem Vorsitzenden.

Die Reihenfolge der Abstimmung der Mitglieder innerhalb der einzelnen Klassen richtet sich nach dem Dienstalter dergestalt, daß das jüngste Mitglied zuerst stimmt; bei gleichem Dienstalter hat das dem Lebensalter nach jüngere Mitglied zuerst zu stimmen.

§ 6.

Für den mündlichen Vortrag in den Sitzungen werden Berichterstatter von dem Vorsitzenden ernannt.

Als Berichterstatter können bei nicht-öffentlichen Sitzungen Hilfsarbeiter des Landesversicherungsamtes mit beratender Stimme zugezogen werden.

Die Entscheidungen (Beschlüsse und Urteile) sind in der für die Zufertigung an die Beteiligten geeigneten Form von den Berichterstattern zu entwerfen und in der Urschrift außer von diesen von dem Vorsitzenden zu zeichnen.

Die Verfügungen und Entscheidungen ergehen unter der Bezeichnung:

„Das k. bayerische Landes-Versicherungsamt"

und werden in der Ausfertigung vom Vorsitzenden vollzogen.

§ 7.

Der Vorsitzende leitet die Verhandlungen und Beratungen in den Sitzungen, er stellt die Fragen und sammelt die Stimmen.

Meinungsverschiedenheiten über den Gegenstand, die Fassung und die Reihenfolge der Fragen oder über das Ergebnis der Abstimmung werden in Gemäßheit des § 5 entschieden.

II. Besetzung des Landes-Versicherungsamtes in den Fällen des § 16 Abs. I des Gesetzes, betreffend die Abänderung der Unfallversicherungsgesetze.

§ 8.

Das Landes-Versicherungsamt entscheidet in den Fällen des § 16 Abs. 1 des Gesetzes, betreffend die Abänderung der Unfallversicherungsgesetze, in der Besetzung von fünf Mitgliedern einschließlich des Vorsitzenden, unter denen sich je ein Vertreter der Arbeitgeber und der Versicherten befinden muß, und unter Zuziehung von zwei richterlichen Beamten.

Die Vertreter der Arbeitgeber und der Versicherten sind, sofern es sich nicht um allgemeine Angelegenheiten handelt, nur zu denjenigen Verhandlungen zuzuziehen, bei denen es sich um Angelegenheiten der Berufsgenossenschaft handelt, für welche sie gewählt sind.

III. Besondere Vorschriften für Rekurse.

§ 9.

Der Vorsitzende setzt die Reihenfolge fest, in welcher die nichtständigen Mitglieder und Stellvertreter des Landes-Versicherungsamtes zu den Sitzungen einberufen werden.

Die Einberufung zu den einzelnen Sitzungen muß in der Regel mindestens eine Woche vor denselben erfolgen.

§ 10.

Die Bestimmungen in den §§ 41 ff. der Civilprozeßordnung über die Ausschließung und Ablehnung der Richter finden auf die Mitglieder des Landes-Versicherungsamtes entsprechende Anwendung.

Ueber das Ablehnungsgesuch entscheidet das Landes-Versicherungsamt mittelst Beschlusses (§§ 2 ff.)

§ 11.

Der Rekurs muß an das Landes-Versicherungsamt schriftlich gerichtet werden. In dem Schriftsatze ist der Gegenstand des Anspruchs zu bezeichnen und zu begründen, insbesondere sind die etwa vorzubringenden neuen Thatsachen und Beweismittel anzuführen.

Für jeden Gegner ist eine Abschrift des Schriftsatzes beizufügen.

§ 12.

Das Landes-Versicherungsamt hat die Abschrift des Antrags dem Gegner zur Einreichung einer Gegenschrift binnen einer bestimmten, von einer Woche bis zu einem Monat zu bemessenden Frist mitzuteilen. In der Aufforderung ist zugleich auszusprechen, daß, wenn die Gegenschrift innerhalb der Frist nicht eingeht, die

Entscheidung nach Lage der Akten erfolgen werde. Die Frist kann auf Antrag aus wichtigen Gründen verlängert werden.

Der Gegenschrift ist eine Abschrift beizufügen, welche dem Gegner von dem Landes-Versicherungsamte zuzustellen ist.

Ist ein Versicherungsträger beizuladen, so sind die Schriftsätze auch diesem mitzuteilen und dessen Erklärungen den Parteien zu übermitteln.

§ 13.

Die Entscheidung erfolgt, vorbehaltlich der Bestimmung in § 21, auf Grund mündlicher Verhandlung vor dem Landes-Versicherungsamt. Der Termin hiezu wird von dem Vorsitzenden anberaumt. Die Beteiligten werden gegen Zustellungsnachweis von dem Termin mit dem Bemerken in Kenntnis gesetzt, daß im Falle ihres Ausbleibens nach Lage der Akten werde entschieden werden. Hält das Landes-Versicherungsamt das persönliche Erscheinen eines Beteiligten für angemessen, so ist ihm zu eröffnen, daß aus seinem Nichterscheinen ungünstige Schlüsse für seinen Anspruch gezogen werden können.

§ 14.

Regelmäßig vor Anberaumung des Termins (§ 13) sind von dem Vorsitzenden ein erster und ein zweiter Berichterstatter zu ernennen; der erste Berichterstatter hat, sofern dies von dem Vorsitzenden angeordnet wird, vor dem Termin eine schriftliche Sachdarlegung vorzulegen.

§ 15.

Die mündliche Verhandlung erfolgt in öffentlicher Sitzung. Die Oeffentlichkeit kann durch einen öffentlich zu verkündigenden Beschluß ausgeschlossen werden, wenn das Landes-Versicherungsamt dies aus Gründen des öffentlichen Wohls oder der Sittlichkeit für angemessen erachtet.

Die zur Verhandlung gelangenden Sachen werden in der Regel nach der durch den Vorsitzenden bestimmten, durch Anschlag in dem Sitzungszimmer bekannt zu machenden Reihenfolge erledigt.

§ 16.

Die mündliche Verhandlung beginnt mit der Darstellung des Sachverhältnisses durch den ersten Berichterstatter; demnächst sind die erschienenen Beteiligten zu hören.

Der Vorsitzende hat jedem beisitzenden Mitgliede des Landes-Versicherungsamtes auf Verlangen zu gestatten, Fragen zu stellen.

§ 17.

Die mündliche Verhandlung findet statt unter Zuziehung eines vereidigten Protokollführers. Von demselben ist ein Protokoll aufzunehmen, welches den Gang der Verhandlung im allgemeinen angibt. Anerkenntnisse, Verzichtleistungen, Vergleiche und solche Anträge und Erklärungen der Beteiligten, welche von den Schriftsätzen abweichen, sowie die Urteilsformel sind in das Protokoll aufzunehmen. Die Protokolle sind von den Vorsitzenden und dem Protokollführer, in Fällen der Urteilssprechung auch von den Berichterstattern zu vollziehen.

§ 18.

Die Vorschriften der §§ 176—182, 184 des Gerichtsverfassungsgesetzes über die Aufrechterhaltung der Ordnung finden entsprechende Anwendung.

Die vom Landes-Versicherungsamte festgesetzten Geldstrafen werden in derselben Weise beigetrieben, wie die von den Gerichten erkannten Ordnungsstrafen und fließen in die Staatskasse.

§ 19.

Hinsichtlich der Verpflichtung, sich als Zeuge oder Sachverständiger vernehmen zu lassen und die Aussagen eidlich zu erhärten, finden die Bestimmungen der Civilprozeßordnung entsprechende Anwendung. Insbesondere ist das Landes-Versicherungsamt befugt, gegen Zeugen und Sachverständige, welche sich nicht oder nicht rechtzeitig zu den Sitzungen einfinden oder ihre Aussage oder die Eidesleistung ohne Angabe eines Grundes oder noch dann verweigern, nachdem der angeführte Grund für unerheblich erklärt ist, eine Geldstrafe bis zu dreihundert Mark festzusetzen. Kommt die Verhängung oder Vollstreckung von Zwangsmaßregeln in Frage, so ist um diese das Amtsgericht zu ersuchen, in dessen Bezirk die Zeugen oder Sachverständigen ihren Wohnsitz oder in Ermanglung eines solchen ihren Aufenthalt haben. Auf Militärpersonen, die dem aktiven Heere oder der aktiven Marine angehören, finden die Vorschriften des § 380 Abs. IV, § 390 Abs. IV, § 409 Abs. III der Civilprozeßordnung Anwendung.

Erfolgt nachträglich noch eine genügende Entschuldigung für das Verhalten des Zeugen oder Sachverständigen, so sind die getroffenen Anordnungen wieder aufzuheben.

Die Zeugen und Sachverständigen erhalten Gebühren nach Maßgabe der Gebührenordnung für Zeugen und Sachverständige (Reichsgesetzblatt 1898 S. 689).

§ 20.

Die Beratung und Entscheidung des Landes-Versicherungsamtes erfolgt in nicht-öffentlicher Sitzung.

Bei den Entscheidungen, welche auf Grund der mündlichen Verhandlung ergehen, dürfen nur Mitglieder mitwirken, vor welchen diese Verhandlung stattgefunden hat.

§ 21.

Die Zurückweisung unzulässiger oder verspäteter Rekurse (§ 81 Abs. I des Gewerbe-Unfallversicherungsgesetzes, § 87 Abs. I des Unfallversicherungsgesetzes für Land- und Forstwirtschaft) erfolgt durch Beschluß des Landes-Versicherungsamtes ohne mündliche Verhandlung in der Besetzung mit 3 Mitgliedern, unter denen sich je ein Vertreter der Arbeitgeber und der Versicherten befinden muß.

In gleicher Weise können offenbar unbegründete Rekurse durch einstimmigen Beschluß zurückgewiesen werden (§ 81 Abs. I bezw. § 87 Abs. I l. c., § 16

Abs. II und § 22 Abs. VII des Gesetzes, betreffend die Abänderung der Unfallversicherungsgesetze).

§ 22.

Das Landes-Versicherungsamt entscheidet innerhalb der erhobenen Anspüche nach freiem Ermessen.

Die Entscheidung erstreckt sich auch auf die in dem Verfahren vor dem Landes-Versicherungsamte den Parteien erwachsenen Kosten, und auf die Frage, welcher Kostenbetrag zur zweckentsprechenden Wahrung der Ansprüche und Rechte notwendig gewesen ist.

§ 23.

Das Verfahren vor dem Landes-Versicherungsamte ist kostenfrei; ein Ersatz der durch dieses Verfahren dem Landes-Versicherungsamte verursachten baren Auslagen durch die Parteien findet nicht statt. Doch ist das Landes-Versicherungsamt befugt, den Beteiligten solche Kosten des Verfahrens zur Last zu legen, welche durch Mutwillen oder durch ein auf Verschleppung oder Irreführung berechnetes Verhalten derselben veranlaßt sind (§ 19 Abs. II, § 22 Abs. VII des Gesetzes, betreffend die Abänderung der Unfallversicherungsgesetze).

§ 24.

Der Vorsitzende verkündet die auf Grund mündlicher Verhandlung ergangene Entscheidung in öffentlicher Sitzung durch Verlesung des Beschlusses oder der Urteilsformel.

Wird die Verkündung der Gründe für angemessen gehalten, so erfolgt sie durch Verlesung derselben oder durch mündliche Mitteilung des wesentlichen Inhalts.

Die Verkündung der Entscheidung kann auf eine spätere Sitzung vertagt werden, welche in der Regel binnen einer Woche stattfinden soll.

§ 25.

Das Urteil wird nebst Sachverhalt und Gründen von dem ersten Berichterstatter entworfen und in der Urschrift von den ständigen und von den richterlichen Mitgliedern, welche an der Verhandlung beteiligt gewesen sind, unterzeichnet.

§ 26.

Im Eingange des Urteils sind die Mitglieder, welche an der Entscheidung teilgenommen haben, namentlich aufzuführen; auch ist der Sitzungstag zu bezeichnen, an welchem die Entscheidung erfolgt ist.

Die Ausfertigungen der Urteile werden mit der Ueberschrift versehen:

„Im Namen seiner Majestät des Königs.“

Sie enthalten neben dem Siegel des Landes-Versicherungsamtes die Schlußformel:

„Urkundlich unter Siegel und Unterschrift.“

„Das k. bayerische Landes-Versicherungsamt.“

Die Vollziehung erfolgt durch den Vorsitzenden.

§ 27.

Dem Schiedsgerichte, gegen dessen Entscheidung Rekurs eingelegt worden war, ist Abschrift des Urteils bezw. Beschlusses zu erteilen.

§ 28.

Vorstehende Bestimmungen (Abschnitt III) finden auf die Fälle der Wiederaufnahme des Verfahrens (§ 84 des Gewerbe-Unfallversicherungsgesetzes, § 90 des Unfallversicherungsgesetzes für Land- und Forstwirtschaft) sinngemäß Anwendung.

IV. Besetzung des Landes-Versicherungsamtes in den Fällen des § 110 Abs. I Ziffer 1, 2 und 3 des Invalidenversicherungsgesetzes.

§ 29.

Das Landes-Versicherungsamt entscheidet in den Fällen des § 110 Abs. I Ziffer 1, 2 und 3 des Invalidenversicherungsgesetzes in der Besetzung von mindestens vier Mitgliedern einschließlich des Vorsitzenden, unter welchen sich je ein Vertreter der Arbeitgeber und der Versicherten befinden muß, und unter Zuziehung eines richterlichen Beamten.

V. Besondere Befugnisse des Vorsitzenden.

§ 30.

Dem Vorsitzenden steht die Leitung und Beaufsichtigung des gesamten Dienstes zu. Er verteilt die Geschäfte unter die ständigen Mitglieder, die Beamten und richterlichen Beisitzer des Landes-Versicherungsamtes und bestellt, soweit erforderlich, die Beauftragten und Vertreter der Behörde.

Der Vorsitzende ordnet die Einrichtung des Amtes, der Akten und Geschäftsregister; ihm steht die Verfügung in allen Verwaltungsangelegenheiten des Amtes zu.

§ 31.

Der Vorsitzende wird im Behinderungsfalle von den ständigen Mitgliedern nach der Reihenfolge des Dienstalters vertreten.

VI. Geschäftssprache.

§ 32.

In Betreff der Geschäftssprache vor dem Landes-Versicherungsamte finden die Bestimmungen in den §§ 186 ff. des Gerichtsverfassungsgesetzes entsprechende Anwendung.

Eingaben, welche nicht in deutscher Sprache abgefaßt sind, werden nicht berücksichtigt.

VII. Geschäftsbericht.

§ 33.

Am Schlusse eines jeden Jahres hat das Landes-Versicherungsamt dem k. Staatsministerium des Innern einen Geschäftsbericht einzureichen.

VIII. Aufhebung älterer Vorschriften.

§ 34.

Die Bekanntmachungen gleichen Betreffs vom 2. August 1886 und 28. April 1888 (Gesetz- und Verordnungsblatt 1886 S. 547, 1888 S. 365) treten außer Wirksamkeit.

München, den 28. Dezember 1900.

Dr. Frhr. v. Feilitzsch.

Anlage IV.

Bekanntmachung

des Reichs-Versicherungsamtes vom 30. September 1885, betr. den von der Krankenkasse in der Zeit von der 5. bis zur 13. Woche nach dem Unfall zu leistenden, seitens der Betriebsunternehmer zu erstattenden Mehrbetrag an Krankengeld.

(Früher § 5 Abs. 9, jetzt § 12 G.U.G.)

(A.N. 1885 S. 283.)

Auf Grund des § 5 Absatz 9 des Unfallversicherungsgesetzes erläßt das Reichs-Versicherungsamt die nachstehenden Ausführungsvorschriften:

§ 1. Als Krankenkassen im Sinne des § 5 Absatz 9 des Unfallversicherungsgesetzes gelten: Die Gemeinde-Krankenversicherung, die Orts-, Betriebs- (Fabrik-), Innungs-, Baukrankenkassen, die Knappschaftskassen, sowie die auf Grund des Gesetzes vom 7. April 1876 (Reichs-Gesetzbl. S. 125) errichteten eingeschriebenen Hilfskassen und die auf Grund landesrechtlicher Vorschriften errichteten Hilfskassen, sofern die Mitglieder dieser Hilfskassen gemäß § 75 des Krankenversicherungsgesetzes von der Verpflichtung, einer der vorgenannten Kassen beizutreten, befreit sind.

§ 2. Der im § 5 Absatz 9 cit. vorgesehene Mehrbetrag an Krankengeld ist vom Beginn der fünften Woche (dem 29. Tage) nach Eintritt des Unfalls an bis zum Ablauf der dreizehnten Woche für jeden Tag zu gewähren, für welchen ein Anspruch auf Krankengeld gesetzlich oder statutengemäß besteht. Der Tag des Unfalls ist bei der Berechnung des Zeitablaufs nicht mitzuzählen.

Der Mehrbetrag ist nur dann zu gewähren, wenn der Verletzte gesetzlich oder statutengemäß gegen Unfall versichert und der Unfall beim Betriebe eingetreten ist (§§ 1 und 2 des Unfallversicherungsgesetzes).

§ 3. Ist der Verletzte in einem Krankenhause untergebracht, und hat derselbe Angehörige, deren Unterhalt er bisher aus seinem Arbeitsverdienst bestritten hat (vgl. § 7 Absatz 2 des Krankenversicherungsgesetzes), so ist demselben ein Mehrbetrag auf Grund des § 5 Absatz 9 des Unfallversicherungsgesetzes insoweit zu leisten, als das neben der freien Kur und Verpflegung gewährte Krankengeld ein Drittel des bei der Berechnung desselben zu Grunde gelegten Arbeitslohnes nicht erreicht.[1])

Hat dagegen der in einem Krankenhause untergebrachte Verletzte solche Angehörige nicht, so ist demselben ein Mehrbetrag auf Grund des § 5 Absatz 9 a. a. O. nur insoweit zu leisten, als ihm nach § 21 Ziffer 3 des Krankenversicherungsgesetzes statutengemäß ein An-

---

[1]) Nach § 7 Absatz 2 des Krankenversicherungsgesetzes ist neben der freien Kur und Verpflegung die Hälfte des in § 6 daselbst festgesetzten Krankengeldes zu leisten. Wird das nach § 6 cit. zu gewährende Krankengeld gemäß § 5 Absatz 9 cit. auf zwei Drittel des Arbeitslohnes erhöht, so erhöht sich entsprechend das nach § 7 Absatz 2 zu gewährende Krankengeld auf die Hälfte von zwei Dritteln, d. h. auf ein Drittel des Arbeitslohnes.

spruch auf Krankengeld zusteht, und dieses den Betrag von einem Sechstel des bei der Berechnung desselben zu Grunde gelegten Arbeitslohnes nicht erreicht.[1])

§ 4. Hilfskassen, welche an Stelle freier ärztlicher Behandlung und freier Arznei ein erhöhtes Krankengeld gewähren (§ 75 letzter Satz des Krankenversicherungsgesetzes), haben dem verletzten Kassenmitgliede für die im § 2 angegebene Zeit als Mehrbetrag auf Grund des § 5 Absatz 9 cit. so viel zu gewähren, als zur Erreichung von elf Zwölfteln des bei der Berechnung des Krankengeldes zu Grunde gelegten Arbeitslohnes erforderlich ist.[2])

§ 5. Beträgt, abgesehen von dem Falle des § 4, das gesetzliche oder statutenmäßige Krankengeld, welches der Verletzte aus einer Krankenkasse allein oder aus mehreren Krankenkassen zusammen zu beanspruchen hat, bereits zwei Drittel des bei der Berechnung desselben zu Grunde gelegten Arbeitslohnes oder mehr, so steht dem Verletzten aus § 5 Absatz 9 cit. ein Anspruch auf einen Mehrbetrag nicht zu. Ebensowenig hat in diesem Falle die Krankenkasse auf Grund dieser Bestimmung einen Anspruch auf Erstattung gegen den Betriebsunternehmer.

§ 6. Bestehen Bedenken gegen den Anspruch des Verletzten auf den in § 5 Absatz 9 cit. vorgesehenen Mehrbetrag, so hat die Verwaltung der Krankenkasse dem Unternehmer desjenigen Betriebes, in welchem sich der Unfall ereignet hat, von dem Anspruche Mitteilung zu machen und dessen Erklärung hierüber einzuholen. Können hierdurch die Bedenken nicht beseitigt werden, so hat die Verwaltung auch die Ortspolizeibehörde sowie die Organe der beteiligten Berufsgenossenschaft um eine Aeußerung zu ersuchen und nach dem Ergebnisse, vorbehaltlich der Entscheidung der für Streitigkeiten dieser Art zuständigen Behörde (§ 5 Absatz 11 a. a. O.), über den Anspruch nach bestem Ermessen zu beschließen.

§ 7. Die Auszahlung des Mehrbetrages seitens der Krankenkasse hat in der gleichen Weise und an denselben Zahlterminen zu erfolgen, welche für das gesetzlich oder statutengemäß zu gewährende Krankengeld bei der Kasse eingeführt sind.

§ 8. Die der Krankenkasse in Befolgung des § 5 Absatz 9 cit. erwachsene Mehrausgabe an Krankengeld ist ungesäumt nach der Wiederherstellung des verletzten Kassenmitgliedes, nach dem etwa erfolgten Ableben desselben, beziehungsweise nach Ablauf der dreizehnten Woche nach Eintritt des Unfalls bei dem Unternehmer desjenigen Betriebes, in welchem der Unfall sich ereignet hat, zur Erstattung zu liquidieren.

§ 9. Der Liquidation ist das nachstehende Formular zu Grunde zu legen.

§ 10. Bei Betriebs-(Fabrik-)Krankenkassen und bei Knappschaftskassen kann abweichend von den Bestimmungen in §§ 8 und 9 die Liquidation nach freier Vereinbarung zwischen den Betriebsunternehmern und den Kassenverwaltungen auch in bestimmten Zwischenräumen und für mehrere Kassenmitglieder gemeinschaftlich erfolgen.

Berlin, den 30. September 1885.

Das Reichs-Versicherungsamt.
Bödiker.

---

[1]) Nach § 21 Ziffer 3 des Krankenversicherungsgesetzes kann neben freier Kur und Verpflegung in einem Krankenhause ein Krankengeld bis zu einem Achtel des durchschnittlichen Tagelohnes auch solchen bewilligt werden, welche nicht den Unterhalt von Angehörigen aus ihrem Lohn bestritten haben. Hiernach verhält sich das dem alleinstehenden Verletzten höchstens zu gewährende Krankengeld zu dem Krankengeld, welches beim Vorhandensein von Angehörigen gemäß § 7 Absatz 2 des Krankenversicherungsgesetzes zu gewähren ist, wie 1 zu 2. Wird nun das letztere Krankengeld gemäß der vorstehenden Anmerkung von $1/4$ auf $1/3$ des Arbeitlohnes erhöht, so erhöht sich im gleichen Verhältnis das dem alleinstehenden Verletzten zu gewährende Krankengeld von $1/8$ auf $1/6$ des Arbeitslohnes.

[2]) Da nach § 5 Absatz 9 cit. das Krankengeld von $1/2$ auf $2/3$ des Arbeitslohns, also um $1/6$ zu erhöhen ist, so erhöht sich der im § 75 letzter Satz des Krankenversicherungsgesetzes bestimmte Mindestbetrag von $3/4$, wovon $1/4$ die Stelle freier Kur vertritt, um $1/6$, mithin auf $11/12$.

Liquidation

auf Grund

des § 5 Absatz 9 des Unfallversicherungsgesetzes vom 6. Juli 1884.

Krankenkasse (Name, Art, Sitz): ....

Aufsichtsbehörde (Name, Sitz): ....

1. Betrieb, in welchem sich der Unfall ereignet hat, Name des Unternehmers (Firma): genaue Ortsangabe (event. Straße und Hausnummer):

2. Vor- und Zuname des verletzten Kassenmitgliedes:
Wohnort, Wohnung:

3. Datum des Unfalls:

4. Datum
a) der Wiederaufnahme der Arbeit, oder — zu a:
b) des erfolgten Ablebens, oder — zu b:
c) des Ablaufs der dreizehnten Woche nach Eintritt des Unfalls: — zu c:

5. Anzahl der Tage, für welche dem Verletzten vom Beginn der fünften Woche nach Eintritt des Unfalls bis zur Wiederherstellung (bis zum etwa erfolgten Ableben, beziehungsweise bis zum Ablauf der dreizehnten Woche) Krankengeld gezahlt worden ist: ....

6. Betrag des
a) der Berechnung des Krankengeldes zu Grunde gelegten täglichen Arbeitslohnes ....*M* ..... *ℌ*
b) (gesetzlichen) (statutenmäßigen) Krankengeldes für den Tag ....*M* ..... *ℌ*
c) auf Grund des § 5 Absatz 9 des Unfallversicherungsgesetzes für den Tag gewährten Krankengeldes ....*M* ..... *ℌ*

7. Berechnung. — Das verletzte Kassenmitglied hat vom Beginn der fünften Woche seit Eintritt des Unfalles an Krankengeld insgesamt empfangen:
und zwar für .... Tage (vergl. Ziffer 5) à .... *M* ..... *ℌ* (vergl. Ziffer 6 c), zusammen ....*M* ..... *ℌ*

Dem Kassenmitgliede stand für die gleiche Zeit (gesetzlich) (statutenmäßig) zu und zwar für .... Tage (vergl. Ziffer 5) à .... *M* ..... *ℌ* (vergl. Ziffer 6 b), zusammen ....*M* ..... *ℌ*

Mehrauslage, welche der Kasse vom Betriebsunternehmer zu erstatten ist ....*M* ..... *ℌ*

8. Bemerkungen: ....
....

Auf Grund des § 5 Absatz 9 des Unfallversicherungsgesetzes werden Ew. / wird die .... zufolge Beschlusses des Kassenvorstandes vom .... ergebenst ersucht, der unterzeichneten Kasse zu Händen des Herrn .... die vorstehend begründete Mehrauslage zum Betrage von (in Buchstaben) .... *M* ..... *ℌ* bis zum .... gefälligst erstatten zu wollen.

Ort und Datum: — Unterschrift:

An

....

Den vorstehend liquidierten Betrag von .... *M* ..... *ℌ* erhalten.

Ort und Datum: — Unterschrift:

Bekanntmachung

des Reichs-Versicherungsamts vom 12. Dezember 1887
betreffend die Nachweisung der Regiebauarbeiten.

(A.N. 1888 S. 14 ff.)

Auszug.

— —
— —

Formular für die Nachweisung.

Staat . . . .
Bezirk der höheren Verwaltungsbehörde . . . .
Bezirk der unteren Verwaltungsbehörde . . . .
Gemeinde- (Stadt-) (Guts-) Bezirk . . . .

Nachweisung

der im Monat . . . . 18 . . ausgeführten Regie-Bauarbeiten, zu deren Ausführung mehr als sechs Arbeitstage thatsächlich verwendet worden sind.

(§ 22 des Bau-Unfallversicherungsgesetzes.)

a. Vor- und Zuname, Stand und Wohnung des Unternehmers . . . .
b. Ort der Bauarbeit (Baustelle) . . . .
c. Gegenstand der Bauarbeit [1]) . . . .
d. Art des Betriebes [2]) . . . .
e. Ist die Arbeit schon im vorvergangenen Monat begonnen worden? (Ja oder Nein.) [3]) . . . .
f. Ist für den vorvergangenen Monat schon eine Nachweisung vorgelegt worden? Ja oder Nein.) [3]) [4]) . . . .
g. Ist die Bauarbeit beendigt? (Ja oder Nein.) . . . .
h. Wenn die Bauarbeit noch nicht beendigt ist, wird sie im laufenden Monat fortgesetzt werden? (Ja oder Nein.) . . . .

---

[1]) Z. B. Neubau eines Schuppens durch Maurer-, Zimmer- und Dachdeckerarbeit. Bei mehreren Arbeitszweigen ist der Hauptarbeitszweig zu unterstreichen.
[2]) Z. B. Handbetrieb, Betrieb mit Motoren 2c.
[3]) Bei Einreichung der Nachweisung für den Monat Januar 1888 sind die Fragen e und f nicht zu beantworten.
[4]) Die Frage f ist nur dann zu beantworten, wenn die Frage e bejaht worden ist.

Fortlaufende Nummer.	Name jeder bei der Bauarbeit beschäftigten Person.*)	Geschlecht: männlich (m) oder weiblich (w.).	Art der Beschäftigung jeder Person. (z. B. Maurerarbeit, Dachdecken, Brunnengraben 2c.)	Zahl der Arbeitstage (Arbeitsschichten, Tagewerke), welche jede Person geleistet hat.**)	Lohn und Gehalt, welchen jede Person in Geld und Naturalbezügen täglich erhalten hat. Mark.	Pf.	Gesamtlohn, welcher von jeder Person verdient worden ist. Mark.	Pf.	Etwaige Bemerkungen.	Vom Unternehmer nicht auszufüllen! Wird von der Versicherungsanstalt ausgefüllt. Zur Berechnung zu ziehender Gesamtlohn (§ 25 Abs. 2 des Bau-U.V.G.). Mark.	Pf.	Laut Prämientarif ist zu erheben für jede angefangene 1/2 Mark. Pf.	Zu entrichtende Prämie. Mark.	Pf.
1	2	3	4	5	6		7		8	9		10	11	
	I. Im vergangenen Monat.													
1	*Schulze*	*m.*	*Maurerarbeit*	*8*	*4*	—	*32*	—						
2	*Müller*	*m.*	*Zimmerarbeit*	*6 1/4*	*3*	*60*	*22*	*50*						
	II. Im vergangenen Monat.*)**													

*) Die Personen, welche mit derselben Art von Bauarbeiten beschäftigt waren, sind thunlichst unmittelbar nach einander vorzutragen, z. B. zuerst alle, welche mit Maurerarbeit beschäftigt waren, dann diejenigen, welche Zimmerarbeiten ausgeführt haben 2c.

**) Auch halbe und Viertels-Arbeitstage sind anzugeben.

***) Hier ist nur dann etwas einzutragen, wenn die Arbeit schon im vorvergangenen Monat begonnen, aber für denselben eine Nachweisung nicht vorgelegt worden ist.

Bei Einreichung der Nachweisung für den Monat Januar 1888 ist unter II nichts einzutragen.

(Datum.) (Unterschrift des zur Vorlegung der Nachweisung Verpflichteten.)

Anleitung

im Betreff der Nachweisungen von Regie-Bauarbeiten.

1. Zur Einreichung von Nachweisungen sind gemäß § 22 Absatz 1 in Verbindung mit § 4 Ziffer 4 Absatz 1 des Bau-Unfallversicherungsgesetzes verpflichtet:

a) alle Privatpersonen, welche Bauarbeiten nicht gewerbsmäßig als Unternehmer d. h. für ihre Rechnung ausführen, bezüglich dieser Bauarbeiten;

b) Kommunalverbände (Provinzen, Kreise, Stadt- und Landgemeinden, selbständige Gutsbezirke, Distriktsgemeinden in Bayern, Amtskorporationen in Württemberg), Aemter in der Provinz Westfalen ꝛc.) und andere öffentliche Korporationen (z. B. Deich- oder Meliorationsverbände, Kirchengemeinden oder Stiftungen), welche Bauarbeiten als Unternehmer in eigener Regie ausführen, bezüglich dieser Bauarbeiten.

2. Nachweisungen sind einzureichen für diejenigen Bauarbeiten, zu deren Ausführung, einzeln genommen, mehr als sechs Arbeitstage thatsächlich verwendet worden sind. Letzteres ist sowohl dann der Fall, wenn ein Arbeiter mehr als sechs Arbeitstage thätig gewesen ist, als auch dann, wenn mehr als sechs Arbeiter einen Arbeitstag thätig waren, als auch dann, wenn überhaupt Arbeiter zusammen mehr als sechs Arbeitstage (Arbeitsschichten, Tagewerke) aufgewendet haben.

3. Bezüglich der Verpflichtung zur Einreichung einer Nachweisung macht es keinen Unterschied, ob es sich um einen Neubau oder um die Erhaltung und Wiederherstellung bestehender Baulichkeiten handelt.

4. Nicht verpflichtet zur Einreichung von Nachweisungen sind:

a) das Reich und die Bundesstaaten bezüglich derjenigen Bauarbeiten, welche von ihnen als Unternehmer ausgeführt werden;

b) alle Eisenbahnverwaltungen, einschließlich der Verwaltungen von Pferdebahnen, Arbeitsbahnen oder ähnlichen Unternehmungen, bezüglich derjenigen Bauten, welche von ihnen für eigene Rechnung (in eigener Regie, ohne Uebertragung an einen anderen Unternehmer durch direkt angenommene und gelohnte Arbeiter und Betriebsbeamte) ausgeführt werden;

c) Personen, welche gewerbsmäßig Bauarbeiten (Hoch- oder Tiefbauarbeiten) ausführen, bezüglich dieser Arbeiten;

d) Unternehmer, welche Bauarbeiten ausführen, die als Nebenbetriebe oder Teile eines anderen Betriebes anderweit versicherungspflichtig sind.

Die laufenden Reparaturen an den zum Betriebe der Land- und Forstwirtschaft dienenden Gebäuden und die zum Wirtschaftsbetriebe gehörenden Bodenkultur- und sonstigen Bauarbeiten, insbesondere die diesem Zweck dienende Herstellung oder Unterhaltung von Wegen, Dämmen, Kanälen und Wasserläufen, gelten als Teile des land- und forstwirtschaftlichen Betriebes, wenn sie von Unternehmern land- und forstwirtschaftlicher Betriebe ohne Uebertragung an andere Unternehmer auf ihren Grundstücken ausgeführt werden. Wenn aber solche Bauarbeiten nicht von dem Unternehmer desjenigen land- und forstwirtschaftlichen Betriebes, zu dessen Gunsten sie vorgenommen werden, für eigene Rechnung ausgeführt werden, so gelten sie nicht als Teile dieses Betriebes.

Die laufenden Reparaturen an den Gebäuden, welche zu den im § 1 des Unfallversicherungsgesetzes vom 6. Juli 1884 gedachten Betrieben dienen, und die zum laufenden Betriebe gehörenden Bauarbeiten gelten als Teile des Fabrik- ꝛc. Betriebes, wenn sie von dem Unternehmer des Fabrik- ꝛc. Betriebes ohne Uebertragung an andere Unternehmer auf seinem Grundstücke ausgeführt werden.

5. Die Verpflichtung zur Einreichung von Nachweisung fällt weg:

a) für Kommunalverbände oder andere öffentliche Korporationen, wenn dieselben bezüglich aller oder einzelner Arten der von ihnen als Unternehmer ausgeführten Bauarbeiten derjenigen Berufsgenossenschaft, welche in dem betreffenden Bezirke für die Gewerbtreibenden der betreffenden Art errichtet ist (Tiefbau-Berufsgenossenschaft oder die betreffende Baugewerks-Berufsgenossenschaft), durch eine von ihrem Vorstande abgegebene entsprechende Erklärung als Mitglied beigetreten sind, bezüglich derjenigen Arten von Bauarbeiten, betreffs deren die Erklärung abgegeben worden ist;

b) für Kommunalverbände oder andere öffentliche Korporationen, sofern die Landes-Zentralbehörde auf deren Antrag erklärt hat, daß sie zur Uebernahme der durch die Versicherung entstehenden Lasten für leistungsfähig zu erachten sind;

c) für Kommunalverbände, öffentliche Korporationen und andere Bauherren, welche regelmäßig ohne Uebertragung an andere Unternehmer Bauarbeiten ausführen, wenn auf ihren Antrag von der Verwaltung der mit der Berufsgenossenschaft verbundenen Versicherungsanstalt der Betrag der der Berechnung der Prämien zu Grunde zu legenden Arbeitslöhne und Gehälter in Pausch und Bogen festgesetzt worden ist (§ 29 des Bau-Unfallversicherungsgesetzes).

6. Nachweisungen sind vorzulegen für Bauarbeiten jeder Art, also für Maurer-, Zimmer-, Dachdecker-, Steinhauer-, Brunnenarbeiten, Tüncher-, Verputzer- (Weißbinder-), Gypser-, Stukkateur-, Maler- (Anstreicher-), Glaser-, Klempner- und Lackiererarbeiten bei Bauten, für die Anbringung, Abnahme, Verlegung und Reparatur von Blitzableitern, für Schreiner- (Tischler-), Einsetzer-, Schlosser- und Anschlägerarbeiten bei Bauten, für Eisenbahn-, Kanal-, Wege-, Strom-, Deich-, Meliorations-, Entwässerungs-, Bewässerungs-, Drainierungs- und andere Erd-Bauarbeiten, für Ofensetzen, Tapezieren (Tapetenankleben), Stubenbohnen, Anbringung, Abnahme und Reparatur von Wetterrouleaus (Marquisen, Jalousien) ꝛc.

7. Wenn ein Baugewerbetreibender eine Bauarbeit ausführt, welche zu seinem gewerbsmäßigen Betriebe nicht gehört, auch nicht zu demselben in dem Verhältnisse eines Nebenbetriebes (§ 9 Absatz 3 des Unfallversicherungsgesetzes beziehungsweise § 9 Abs. 2 des Bau-Unfallversicherungsgesetzes) steht, so ist bezüglich dieser Bauarbeit eine Nachweisung ebenso einzureichen, als wenn ein Nichtgewerbetreibender eine Bauarbeit ausführt. Es ist also z. B. eine Nachweisung vorzulegen, wenn ein Bauschlosser im Regiebetriebe für sich ein Wohnhaus errichtet.

8. Eine Nachweisung ist nicht einzureichen bezüglich solcher Bauarbeiten, welche eine Privatperson für ihre Rechnung (als Unternehmer) allein und ohne Gehilfen und sonstige Arbeiter ausgeführt hat. Dagegen ist eine Nachweisung einzureichen, wenn bei der Ausführung einer Bauarbeit ein Familienangehöriger des Unternehmers als Gehilfe oder sonstiger Arbeiter beschäftigt war, mit Ausnahme der Ehefrau, welche niemals als eine von ihrem Ehemanne beschäftigte Arbeiterin gilt. Im Uebrigen ist die Pflicht zur Einreichung der Nachweisungen weder von der Zahl der bei der Ausführung der Bauarbeit beschäftigten Arbeiter, noch von der Art der Ausführung (Handbetrieb, Motorenbetrieb ꝛc.) abhängig.

9. Zur Einreichung der Nachweisung verpflichtet ist der Unternehmer der Bauarbeit oder sein gesetzlicher Vertreter.

Als Unternehmer im Sinne des Bau-Unfallversicherungsgesetzes gilt bei Bauarbeiten, welche nicht in einem gewerbsmäßigen Baubetriebe ausgeführt werden, derjenige, für dessen Rechnung dieselben ausgeführt werden.

Für die Verpflichtung zur Einreichung der Nachweisungen ist es an sich ohne Bedeutung, ob der Unternehmer eine physische oder juristische Person, ein Kommunalverband oder eine Privatperson ist.

10. Die Einreichung der Nachweisungen hat vom 1. Januar 1888 ab zu erfolgen, d. h. es sind erstmalig für die im Monat Januar 1888 ausgeführten Bauarbeiten Nachweisungen einzureichen. Die Einreichung muß längstens binnen drei Tagen nach Ablauf des Monats, also für die im Monat Januar ausgeführten Bauarbeiten längstens bis zum 3. Februar, einschließlich, geschehen.

11. Wenn der dritte Tag eines Monats ein Sonntag oder allgemeiner Feiertag ist, so endigt die Frist zur Vorlegung der Nachweisung für die im vorhergehenden Monat ausgeführten Bauarbeiten mit Ablauf des nächstfolgenden Werktages.

12. Wenn eine einzelne Bauarbeit, zu deren Ausführung mehr als sechs Arbeitstage thatsächlich verwendet werden, sich über zwei Monate erstreckt, und auf den ersten Monat nur sechs oder weniger als sechs Arbeitstage entfallen, so ist für den ersten Monat keine Nachweisung vorzulegen. Dagegen sind in die Nachweisung für den zweiten Monat die sämtlichen auf die Ausführung der Bauarbeit bis dahin verwendeten Arbeitstage, sowie die sämtlichen von den Versicherten dabei verdienten Löhne und Gehälter aufzunehmen.

Zum Beispiel: ein Privatmann läßt durch einen Dachdeckergesellen, welcher gerade außer Arbeit steht, das Dach seines Hauses umdecken. Die Arbeit, welche acht Arbeitstage in Anspruch nimmt, wird am 30. Januar 1888 begonnen und — da der 5. Februar 1888 ein Sonntag ist — am 7. Februar beendigt. In diesem Falle ist für den Monat Januar keine Nachweisung vorzulegen: dagegen ist eine solche für den Monat Februar einzureichen und sind in derselben die sechs Arbeitstage, welche im Monat Februar auf die Ausführung des Dachumdeckens verwendet worden sind, und die zwei Arbeitstage des Monats Januar nebst allen von den Versicherten hierbei verdienten Löhnen und Gehältern aufzuführen.

Wenn dagegen eine Bauarbeit sich über zwei Monate erstreckt, in jedem Monat aber mehr als sechs Arbeitstage zu ihrer Ausführung verwendet worden sind, so ist für jeden dieser Monate eine besondere Nachweisung rechtzeitig einzureichen. Gesetzt z. B., die oben aufgeführte Arbeit des Dachumdeckens hätte vierzehn Arbeitstage erfordert, und vom 24. Januar bis 8. Februar 1888 gewährt, so müßte für die im Monat Januar auf die Ausführung verwendeten sieben Arbeitstage spätestens am 3. Februar eine Nachweisung eingereicht werden, desgleichen für die im Monat Februar verwendeten sieben Arbeitstage spätestens am 3. März. In der Nachweisung für den Monat Januar wäre auf Seite 1 des Formulars die Frage g mit „Nein" zu beantworten; dagegen wären in der Nachweisung für den Monat Februar auf Seite 1 des Formulars die Fragen e, f und g mit „Ja" zu beantworten.

Gleiches gilt, wenn eine Bauarbeit sich über zwei Monate erstreckt und im ersten Monat mehr als sechs, im zweiten Monat nur sechs oder weniger als sechs Arbeitstage zu ihrer Ausführung verwendet werden. In diesem Falle ist nicht nur für den ersten Monat, sondern auch für den zweiten, obgleich in diesem, für sich allein genommen, nicht mehr als sechs Arbeitstage verwendet worden sind, eine Nachweisung vorzulegen. In der Nachweisung für den zweiten Monat ist hierbei durch Bejahung der auf Seite 1 des Formulars unter lit. e gestellten Frage ersichtlich zu machen, daß die Bauarbeit, auf deren Ausführung im zweiten Monat Arbeitstage verwendet wurden, eine schon im vorvergangenen Monat begonnene, im ganzen mehr als sechs Arbeitstage erfordernde Bauarbeit war. Wenn z. B. die mehrerwähnte Arbeit des Dachumdeckens am 20. Januar 1888 begonnen und am 4. Februar geendigt hätte, so wäre der Unternehmer verpflichtet, für die im Monat Januar auf die Ausführung verwendeten zehn Arbeitstage (und den hierauf treffenden Lohn) spätestens am 3. Februar eine Nachweisung einzureichen und für die im Monat Februar hierauf verwendeten vier Arbeitstage spätestens am 3. März eine weitere Nachweisung vorzulegen.

13. Für die einzureichenden Nachweisungen ist das oben abgedruckte Formular zu benutzen.

Eine Nachweisung ist nur vorzulegen für diejenigen Monate, in welchen Bauarbeiten stattgefunden haben.

14. In der Nachweisung sind die in dem betreffenden Monat bei Ausführung der Bauarbeit verwendeten Arbeitstage (einschließlich der halben und Viertels-Arbeitstage) anzugeben, desgleichen die von den Versicherten hierbei verdienten Löhne und Gehälter.

Wenn die Arbeiter nicht nach Tagelöhnen, sondern nach einer Akkordsumme bezahlt wurden, so ist der verdiente Lohn nach Maßgabe der in jedem Monat auf die Ausführung verwendeten Arbeitszeit zu berechnen und in die Nachweisung des betreffenden Monats einzustellen.

In die Nachweisungen sind die von den Versicherten verdienten Löhne und Gehälter voll einzusetzen, auch wenn sie den Betrag von vier Mark für den Arbeitstag übersteigen.

Als Gehalt oder Lohn gelten auch Tantiemen und Naturalbezüge, letztere nach Ortsdurchschnittspreisen berechnet.

Die Arbeitstage, Löhne und Gehälter der bei den Bauarbeiten beschäftigten Betriebsbeamten, deren Jahresarbeitsverdienst an Lohn oder Gehalt 2000 Mark übersteigt, sind in die Nachweisungen nicht aufzunehmen.

15. In den Nachweisungen sind der Gegenstand der Bauarbeit und die Art des Betriebes genau zu bezeichnen, insbesondere ob derselbe lediglich ein Handbetrieb ist oder unter Benutzung elementarer Kräfte (Wind, Wasser, Dampf, Gas, heiße Luft 2c.) erfolgt.

Wenn bei der Ausführung einer Bauarbeit mehrere Arten (Kategorien) von Bauarbeiten vertreten waren — z. B. bei der Ausführung eines Schuppens fanden Maurer-, Zimmer- und Dachdeckerarbeiten statt —, so sind die sämtlichen Arten anzugeben, und, wenn möglich, für jede Art die verwendeten Arbeitstage und die verdienten Löhne getrennt aufzuführen. Ist letzteres nicht angängig, so ist die Hauptkategorie besonders hervorzuheben.

16. Die Nachweisung ist der von der Zentralbehörde bestimmten zuständigen Behörde vorzulegen, in deren Bezirk die Bauarbeit ausgeführt wurde.

Für jedes einzelne Bauobjekt ist eine besondere Nachweisung einzureichen.

17. Ist der Unternehmer einer Bauarbeit zweifelhaft, ob er eine Nachweisung vorzulegen habe, so wird derselbe gut thun, die Einreichungsfrist nicht unbenutzt verstreichen zu lassen, wenn er sicher sein will, den aus der Nichteinreichung einer vorzulegenden Nachweisung sich ergebenden Nachteilen zu entgehen. Hierbei bleibt ihm unbenommen, in der Spalte „Bemerkungen" die Gründe anzugeben, aus denen er seine Verpflichtung zur Einreichung einer Nachweisung bezweifelt.

18. Schließlich werden die beteiligten Unternehmer noch besonders darauf aufmerksam gemacht, daß, wenn sie die vorgeschriebene Nachweisung nicht rechtzeitig oder nicht vollständig einreichen, die von der Landes-Centralbehörde bestimmte Behörde die Nachweisungen nach ihrer Kenntnis der Verhältnisse selbst aufzustellen oder zu ergänzen hat. Sie kann zu diesem Zweck die Verpflichteten zu einer Auskunft innerhalb einer zu bestimmenden Frist durch Geldstrafen bis zu einhundert Mark anhalten.

Ferner können Unternehmer, welche den ihnen obliegenden Verpflichtungen in Betreff der Einreichung der Nachweisungen nicht rechtzeitig nachkommen, mit einer Ordnungsstrafe bis zu dreihundert Mark belegt werden, und endlich können gegen Unternehmer Ordnungsstrafen bis zu fünfhundert Mark verhängt werden, wenn die von ihnen eingereichten Nachweisungen unrichtige thatsächliche Angaben enthalten.

Anhang VI.

Rundschreiben [1])

des Reichs-Versicherungsamts vom 11. Januar 1888, betreffend die Feststellung der Entschädigungen.

(Auszug.)

Anleitung

für die zur Feststellung der Entschädigungen zuständigen berufsgenossenschaftlichen Organe.

I.

Aufklärung der thatsächlichen Verhältnisse bei Erhebung von Entschädigungsansprüchen, insbesondere durch Beteiligung der Berufsgenossenschaften an den ortspolizeilichen Unfallversicherungen.

(U.V.G. §§ 53—55, L.U.V.G. §§ 57—60). [2])

§ 1. Die für die Beschlußfassung über etwaige Entschädigungsansprüche maßgebenden thatsächlichen Verhältnisse sind rechtzeitig und ausreichend aufzuklären. Andernfalls werden

---

[1]) Das Rundschreiben bildet noch jetzt die Grundlage der Bestimmungen über die Feststellung der Entschädigungen vorbehaltlich der durch das im Anhang weiter folgende Rundschreiben vom 28. September 1900 erfolgten Aenderungen: aus der am Eingang zum Gewerbe-Unfallversicherungsgesetz und Bau-Unfallversicherungsgesetz beigedruckten Zusammenstellung sind die entsprechenden Bestimmungen der Gesetze leicht festzustellen.

[2]) U.V.G. = Unfallversicherungsgesetz vom 6. Juli 1884.

L.U.V.G. = Gesetz, betreffend die Unfall- und Krankenversicherung der in land- und forstwirtschaftlichen Betrieben beschäftigten Personen, vom 5. Mai 1886.

manche Ansprüche unnützerweise auf den Weg der Berufung und damit in das kostspielige schiedsgerichtliche Verfahren gedrängt oder veranlassen doch in letzterem eine besondere, mit ungleich höherem Kostenaufwand verknüpfte Beweisaufnahme.

§ 2. Zur Vermeidung dieser Uebelstände ist auf thätige Beteiligung von Genossenschaftsvertretern an den Unfalluntersuchungen (U.V.G §§ 53, 54 Abs. 1, L.U.V.G. § 57, § 58 Abs. 1), z. B. durch Stellung geeigneter Anträge, Bedacht zu nehmen.

§ 3. Insbesondere wird es sich nicht selten empfehlen, daß die Berufsgenossenschaften von dem Rechte des § 54 Abs. 2, § 101 U.V.G. beziehungsweise § 58 Abs. 2, § 121 L.U.V.G. Gebrauch machen, nämlich bei der die Untersuchungsverhandlungen leitenden Ortspolizeibehörde die Zuziehung von Sachverständigen in Antrag zu bringen.

§ 4. Da im letzteren Falle (§ 3) die entstehenden Kosten den Berufsgenossenschaften zur Last fallen, während sie die aus der Vornahme der pflichtmäßigen Unfalluntersuchung (§ 2) erwachsenen Kosten nicht zu tragen haben, so ist bei Stellung von Anträgen an die Untersuchungsbehörden deutlich zum Ausdruck zu bringen, ob die Erledigung der Anträge kostenlos erwartet wird, oder etwaige Kosten erstattet werden sollen.

II.

Vorbereitung und geschäftliche Behandlung der Beschlußfassung bei anerkannten oder anscheinend begründeten Ansprüchen. Bedeutung der Unterlagen.

(U.V.G. § 57 Abs. 3, L.U.V.G. § 62 Abs. 3.)

§ 5. Nach den vorstehend angezogenen Gesetzesvorschriften sind „vor der Feststellung der Entschädigung" dem Entschädigungsberechtigten die „Unterlagen" für die Bemessung derselben mitzuteilen. Diese Mitteilung beziehungsweise das dieselbe vorbereitende Verfahren hat sich folgendermaßen zu gestalten:

A. Erhebung von Ansprüchen während der dreizehnwöchigen Wartezeit.

(Vergleiche U.V.G. § 5 Abs. 2, L.U.V.G. § 6 Abs. 1.)

§ 6. Wenn ein an sich begründet erscheinender Anspruch schon während der dreizehnwöchigen Wartezeit erhoben wird oder von Amtswegen geprüft werden muß, so ist die Beschlußfassung des Feststellungsorgans (des Vorstandes, Ausschusses u. s. w.) durch den Vorsitzenden oder ein anderes Mitglied — beziehungsweise in deren Auftrage durch einen Beamten der Genossenschaft — vorzubereiten. Der Inhalt der — eventuell sofort zu beschaffenden — Untersuchungsverhandlungen, Rückfragen bei dem Unternehmer, dem behandelnden Arzt u. s. w. werden in der Regel ausreichende Anhaltspunkte zur Ermittelung der in Betracht kommenden Verhältnisse bieten.

§ 7. Diese Ermittelung ist thunlichst vor Ablauf der dreizehnten Woche zu Ende zu führen; in klarliegenden Fällen, z. B. bei zweifelloser völliger Erwerbsunfähigkeit, ist das Erforderliche sofort nach Kenntnis von dem Unfalle in die Wege zu leiten.

§ 8. Gleich nach Beginn der vierzehnten Woche — geeignetenfalls noch früher (vergleiche § 7) — sind die durch die Ermittelung gewonnenen „Unterlagen" dem Berechtigten mitzuteilen. Diese Mitteilung kann, wenn eine vorherige Beschlußfassung seitens des Feststellungsorgans zu Weiterungen führen würde, seitens des Vorsitzenden u. s. w. allein erfolgen.

§ 9. Die Mitteilung soll in der Regel den anzunehmenden Grad der Erwerbsunfähigkeit mit umfassen und kann zweckmäßigerweise die Bemerkung enthalten, man beabsichtige auf Grund der Unterlagen dem Feststellungsorgan vorzuschlagen (folgt der Vorschlag, z. B. eine Rente von x Mark).

§ 10. Es ist unzulässig, dem Berechtigten, welchem nur „Gelegenheit" gegeben werden soll, sich zu äußern, die Unterlagen unter der Verwarnung, sie würden im Falle seines Stillschweigens als anerkannt gelten, oder unter Androhung ähnlicher Rechtsnachteile mitzuteilen.

§ 11. Das Feststellungsorgan ist an die mitgeteilten Unterlagen bei der demnächstigen Beschlußfassung nicht gebunden, insbesondere nicht, soweit sich dieselben als ein Urteil oder eine Schätzung darstellen, wie es z. B. bei dem angenommenen Grade der Erwerbsunfähigkeit der Fall ist.

§ 12. Gleichzeitig mit der Zustellung der Unterlagen — geeignetenfalls noch früher (vergleiche § 7) — hat der Vorsitzende das Erforderliche zur Herbeiführung einer Beschlußfassung des Feststellungsorgans (Anberaumung einer Sitzung, bei schriftlicher Abstimmung

Entwurf der Abstimmungsliste u. s. w.) vorzubereiten, so daß in der Regel in der fünfzehnten Woche die Sitzung abgehalten, beziehungsweise die schriftliche Abstimmung vorgenommen werden kann.

§ 13. Auf Grund des Ergebnisses der Beratung in der Sitzung beziehungsweise der schriftlichen Abstimmung ist sofort der schriftliche Bescheid zu erteilen. Derselbe ist im Namen des Feststellungsorgans selbst (des Vorstandes, Ausschusses u. s. w.) zu erlassen (U.V.G. § 61, L.U.V.G. § 66) und von den zur Vertretung dieses Organs nach Außen statutenmäßig berufenen Personen zu vollziehen. Ist auf Grund des § 57 Abs. 2 U.V.G. beziehungsweise § 62 Abs. 2 L.U.V.G. ein besonderes Feststellungsorgan eingesetzt, so ist der Bescheid von sämtlichen bei der Beschlußfassung beteiligt gewesenen stimmberechtigten Mitgliedern zu unterzeichnen, falls nicht durch Beschluß des zur Einsetzung des Feststellungsorgans zuständigen Genossenschaftsorgans der Vorsitzende oder bestimmte Mitglieder des Feststellungsorgans zur alleinigen Vollziehung ermächtigt worden sind.

B. Erhebung von Ansprüchen nach Ablauf der dreizehnwöchigen Wartezeit.

§ 14. Auch in diesen Fällen sind die in den §§ 6 bis 13 dargelegten Regeln entsprechend anzuwenden. Hat eine Unfalluntersuchung noch nicht stattgefunden, so ist thunlichst darauf hinzuwirken, daß durch deren Vornahme — falls sie überhaupt noch geboten erscheint — das Feststellungsverfahren nicht verzögert werde; jedenfalls darf die Durchführung des Feststellungsverfahrens nur dann von einer vorgängigen Unfalluntersuchung abhängig gemacht werden, wenn erst durch die letztere die erforderlichen Anhaltspunkte zur Beurteilung des erhobenen Anspruches gewonnen werden können.

C. Ansprüche aus Todesfällen.

§ 15. Handelt es sich endlich um Todesfälle beziehungsweise Ansprüche aus U.V.G. § 6, L.U.V.G. § 7, so hat der Vorsitzende u. s. w. sofort nach Abschluß der Untersuchung, eventuell sofort nach erlangter Kenntnis von dem Tode — unter entsprechender Anwendung der vorstehenden Regeln — alles Erforderliche ungesäumt zu veranlassen und die Beschlußfassung mit thunlichster Beschleunigung vorzubereiten und herbeizuführen (U.V.G. § 58 Abs. 1, L.U.V.G. § 63 Abs. 1).

III.

Verfahren bei Einlegung der Berufung auf schiedsrichterliche Entscheidung gegen ablehnende Bescheide. Rechtzeitige Beschaffung der Unterlagen.

§ 14. Wird gegen ablehnende Bescheide Berufung erhoben, so hat der Vorsitzende 2c. sofort nach Mitteilung der Berufung seitens des Schiedsgerichtsvorsitzenden die „Unterlagen" (U.V.G. § 57 Abs. 3, L.U.V.G. § 62 Abs. 3) — soweit das nicht schon geschehen ist — zu beschaffen und thunlichst zugleich mit der Gegenschrift dem Schiedsgericht einzusenden. Eventuell ist in der Gegenschrift die Nachbringung der Unterlagen vorzubehalten und betreffs der letzteren selbst darauf hinzuwirken, daß seitens des Schiedsgerichts beziehungsweise des Reichs-Versicherungsamts, falls der Anspruch anerkannt wird, auch zugleich über die Höhe desselben erkannt werden kann.

Insbesondere ist bei Ansprüchen aus dem Unfallversicherungsgesetz vom 6. Juli 1884, falls die Möglichkeit nicht ausgeschlossen erscheint, daß der ermittelte Arbeitsverdienst geringer ist, als der für Erwachsene festgesetzte ortsübliche Tagelohn gewöhnlicher Tagearbeiter, eine die Höhe des letzteren enthaltende, von der Gemeindebehörde des Beschäftigungsortes des Berufungsklägers ausgestellte amtliche Bescheinigung den Unterlagen beizufügen (U.V.G. § 5 Abs. 5).

IV.

Verfahren bei Zubilligung einer vorläufigen Entschädigung gemäß dem U.V.G. § 58 Abs. 4, L.U.V.G. § 63 Abs. 4.

§ 17. Entschädigungen der vorbezeichneten dürfen nicht durch förmliche Bescheide festgesetzt werden; letztere würden, auch wenn sie die Berufungsklausel enthalten, dennoch nicht berufungsfähig sein.

Vielmehr ist die erfolgte Zubilligung dem Berechtigten mittelst einfachen Schreibens zu eröffnen, und derselbe zugleich dahin zu verständigen, daß die endgiltige Feststellung und Entschädigung demnächst erfolgen werde, und eine Verrechnung der vorläufigen Zahlungen auf dieselbe vorbehalten bleibe.

V.

Unzulässigkeit der Rentenfeststellungen auf Zeit. Form der gemäß U.V.G. § 58 Abs. 3 beziehungsweise L.U.V.G. § 63 Abs. 3 erlassenen Bescheide.

§ 18. Ist mit Ablauf der dreizehnten Woche das Heilverfahren noch nicht beendigt, beziehungsweise die Erwerbsunfähigkeit noch nicht gehoben, so hat die Rentenfeststellung in folgender Form:

„vom . . . ten . . . . 18 . . an bis zur Beendigung des Heilverfahrens"

beziehungsweise

„vom . . . ten . . . . 18 . . an bis auf Weiteres, und zwar für die Dauer Ihrer [voraussichtlich vorübergehenden] [gänzlichen — teilweisen] Erwerbsunfähigkeit"

zu erfolgen. Die Beschränkung des Bezugsrechts durch Beifügung eines bestimmten Endtermins ist unzulässig, es sei denn, daß die Feststellung sich unvermeidlicherweise verzögert hat, und inzwischen das Ende des Bezugsrechts bereits eingetreten ist.

Die Bescheide bleiben in Kraft, bis sie durch einen neuen förmlichen Bescheid aufgehoben werden (U.V.G. § 65, L.U.V.G. § 70).

Die Rente ist bis zum Tage der Zustellung dieses neuen Bescheides fortzuzahlen; war schon darüber hinaus eine Vorauszahlung erfolgt, so kann der zuviel erhobene Betrag wieder eingezogen werden, was in schonender Weise nach und nach zu bewirken ist.

VI.

Ausführung der schiedsgerichtlichen Urteile trotz Einlegung des Rekurses. Renten-Einstellung oder -Minderung wegen veränderter Verhältnisse während schwebenden Verfahrens. Mitteilung der Unterlagen bei Renten-Einstellungs- oder -Minderungsbescheiden.

(U.V.G. § 63 Abs. 1 Schlußsatz, § 65; L.U.V.G. Abs. 1 Schlußsatz, § 70.)

§ 19. Wenn durch schiedsgerichtliches Urteil, entgegen der Ablehnung seitens des Feststellungsorgans, dem Verletzten eine Rente zugesprochen worden ist (vergleiche oben § 16), so ist dieselbe ungesäumt zur Zahlung anzuweisen und dem Berufungskläger der Berechtigungsausweis zu erteilen, selbst wenn der Genossenschaftsvorstand Rekurs einlegt.

Wird durch das Feststellungsorgan eine erst im schiedsgerichtlichen Verfahren erstrittene Rente demnächst auf Grund veränderter Verhältnisse (U.V.G. § 65, L.U.V.G. § 70) während noch schwebenden Rekurses aufgehoben oder gemindert, so ist der Berechtigte in dem dieserhalb zu erlassenden förmlichen Bescheide dahin zu belehren, daß er letzteren, falls er sich durch denselben beschwert fühle, des schwebenden Rekurses ungeachtet durch selbständige Berufung anfechten müsse, da der Bescheid sonst rechtskräftig werde, und daran auch durch sein etwaiges Obsiegen im Rekursverfahren voraussichtlich nichts geändert werde.

Ebenso ist zu verfahren, wenn das Feststellungsorgan eine von ihm selbst zuerkannte Rente schon während des schiedsgerichtlichen Verfahrens wieder aufhebt oder mindert. Im übrigen bedarf es bei Aufhebung oder Minderung von Renten wegen veränderter Verhältnisse nicht der vorgängigen Zustellung der Unterlagen (U.V.G. § 57 Abs. 3, L.U.V.G. 62 Abs. 3), wenngleich sich letztere zuweilen empfehlen wird. Dagegen sind in dem Bescheide genau die Thatsachen, welche die Veränderung begründen, sowie die Beweismittel (z. B. ärztliches Gutachten) anzugeben.

VII.

Verfahren bei der Unterbringung in einem Krankenhause und bei der Entlassung aus demselben.

(U.V.G. § 7, L.U.V.G. § 8.)

Unterbringung im Anschluß an die dreizehnwöchige Wartezeit.

§ 20. Will die Genossenschaft dem Verletzten die ihm zu leistende Fürsorge durch Unterbringung in einem Krankenhause gewähren, so hat darüber dasjenige Genossenschaftsorgan Entscheidung zu treffen, welches nach Gesetz oder Statut überhaupt zur Feststellung der Entschädigungen berufen ist, und in allen Fällen einen förmlichen, berufungsfähigen (U.V.G. § 6 Abs. 24, L.U.V.G. § 67 Abs. 4) Bescheid zu erhalten.

§ 21. Befindet sich der Verletzte zu Beginn der 14. Woche noch nicht in Krankenhauspflege, und ist die sofortige Erteilung eines förmlichen Bescheides nicht ausführbar, so ist es in eilbedürftigen Fällen zulässig, daß der Vorsitzende oder ein sonstiges Mitglied des Feststellungsorgans einstweilen eine formlose — nicht berufungsfähige — schriftliche Aufforderung an den Verletzten richtet, sich in ein zu bezeichnendes Krankenhaus zu begeben.

Demnächst ist der förmliche Bescheid (U.V.G. § 62 Abs. 4, L.U.V.G. § 67 Abs. 4) zu erlassen, und zwar in der Regel in folgender Form:

Durch Beschluß des Vorstandes (Ausschusses 2c.) sei anerkannt worden, daß die durch die Verfügung (Aufforderung) vom .. ten .... 18.. getroffene Anordnung der Unterbringung im Krankenhause zu Recht erfolgt sei.

Dieser Bescheid ist sowohl denjenigen Verletzten, welche der Aufforderung nachgekommen sind, als auch den sich Weigernden zu erteilen, letzteren mit besonderer Beschleunigung.

§ 22. Befindet sich der Verletzte bereits in Krankenhauspflege, und wird die Fortgewährung derselben über die 13. Woche hinaus in Aussicht genommen, so ist Sorge zu tragen, daß die Erteilung des Bescheides bereits in der 13. Woche erfolgen kann.

Spätere oder erneute Unterbringung.

§ 23. Auch in den Fällen späterer oder erneuter Unterbringung im Krankenhause darf die letztere nur durch förmlichen Bescheid angeordnet, in dringlichen Fällen aber auch eine vorläufige formlose Aufforderung (vergleiche oben § 21) an den Verletzten gerichtet werden.

Ansprüche der „Angehörigen" während der Unterbringung.
(§ 7 Abs. 2 U.V.G., § 8 Abs. 2 L.U.V.G.)

§ 24. Kommen bei der Unterbringung Ansprüche von Angehörigen in Betracht, so ist der bezügliche Bescheid gleichfalls thunlichst bald zu erteilen, wenngleich er wegen der Beschaffung der hier mitzuteilenden Unterlagen (U.V.G. § 57 Abs. 3, L.U.V.G. § 62 Abs. 3) in der Regel nicht schon gleichzeitig mit dem Bescheide aus § 7 Abs. 1 beziehungsweise § 8 Abs. 1 wird erteilt werden können.

§ 25. Zug um Zug mit der Anordnung der Entlassung aus dem Krankenhause ist dem Verletzten — mag er früher bereits eine Rente bezogen haben oder nicht — ein anderweiter förmlicher Bescheid zu erteilen, durch welchen eine Rente festgestellt oder abgelehnt wird.

Zugleich sind die etwaigen Leistungen an Angehörige einzustellen.

VIII.
Aktenführung und Formalien.

§ 26. Die Feststellungsbescheide sind in leserlicher, dauerhafter und vor allem in beweisender Form zu den Akten zu bringen. Es empfiehlt sich, daß die Bescheide zunächst in dem für die Akten bestimmten Exemplare entworfen, und auf demselben die Genehmigung durch das zuständige Genossenschaftsorgan festgestellt, sodann aber erst durch Reinschrift hiervon die Ausfertigung hergestellt wird.

§ 27. Hiernach ist es insbesondere unzulässig, die Erteilung beziehungsweise Ausfertigung von Feststellungsbescheiden lediglich durch eine Verfügung, deren Ausführung einem Bureaubeamten überlassen wird, anzuordnen, oder gar die Verfügung auf einen Hinweis auf die betreffende Nummer des zu verwendenden Formulars zu beschränken. Vielmehr ist der Bescheid im Wortlaut vollständig und einschließlich der Berufungsklausel (U.V.G. § 62 Abs. 4, L.U.V.G. § 67 Abs. 4) —, welche in den Text des Bescheides selbst aufzunehmen und nicht als Anmerkung anzubringen ist, zu entwerfen und zu den Akten zu bringen.

§ 28. Außerdem sind in Urschrift oder beglaubigter Abschrift die Unterlagen der Beschlußfassung des Feststellungsorgans zu den Akten zu bringen (bei mündlicher Verhandlung das betreffende Protokoll beziehungsweise ein Auszug aus dem Protokollbuch, bei schriftlicher die Abstimmungsliste beziehungsweise die betreffende Korrespondenz).

§ 29. Handelt es sich um minderjährige Personen — mögen sie selbst Verletzte sein oder als Hinterbliebene eines Getöteten in Betracht kommen —, so sind die ihre Ansprüche betreffenden Bescheide nicht ihnen selbst, sondern ihren gesetzlichen Vertretern (Vater, Vormund, Mutter, wenn dieselbe Vormünderin ist) zuzustellen.

§ 30. Die Urkunde über die Zustellung beziehungsweise Aufgabe des Feststellungsbescheides zur Post ist in den Akten unmittelbar hinter der Urschrift des Bescheides einzuheften und durch einen Vermerk oder auf andere Weise die Beziehung der beiden Urkunden auf einander ersichtlich zu machen.

§ 31. Es ist wünschenswert, daß in dem Bescheid der wesentliche Inhalt des § 4 der Verordnung über das Verfahren vor den Schiedsgerichten vom 2. November 1885 aufgenommen wird, wonach die Berufung schriftlich zu erheben, und in dem Schriftsatze — unter Beifügung einer Abschrift desselben für den Gegner — der Gegenstand zu bezeichnen ist, unter Angabe der für die Entscheidung maßgebenden Thatsachen und der Beweismittel für die letzteren.

§ 32. Wenn einem Berechtigten die Rente nicht in der beanspruchten Höhe zuerkannt wird, so ist derselbe, wo es nach den Umständen angezeigt erscheint, bei Gelegenheit der Erteilung des Feststellungsbescheides darüber zu belehren, daß er sich durch Erhebung des geringeren Betrages bei der Post seines Rechtes auf Einlegung der Berufung behufs Erlangung eines höheren Betrages nicht begebe.

§ 33. Die Entschädigungsakten sind getrennt zu halten, insbesondere nicht mit den Katasterakten zu verbinden, ferner chronologisch zu heften und mit fortlaufenden Seitenzahlen zu versehen.

Für die Aufbewahrung der Entschädigungsakten nach Erledigung des Feststellungsverfahrens ist seitens des mit dem letzteren befaßt gewesenen Genossenschaftsorgans Sorge zu tragen.

Anhang VII.

Rundschreiben

des Reichs-Versicherungsamts vom 28. September 1900, betreffend einige Aenderungen des berufsgenossenschaftlichen Feststellungsverfahrens.

Die Bestimmungen der neuen Unfallversicherungsgesetze vom 30. Juni 1900, welche das berufsgenossenschaftliche Feststellungsverfahren zum Gegenstande haben, treten gemäß § 25 Abs. 3 des Hauptgesetzes am 1. Oktober 1900 in Kraft.

Das Reichs-Versicherungsamt geht davon aus, daß die Vorstände sich über die neuen Gesetze durch das Studium derselben und ihrer Materialien sowie an der Hand der Hülfsmittel, welche die Literatur auf diesem Gebiete bereits gewährt, schon selbst inzwischen eingehend unterrichtet haben, und beschränkt sich deshalb darauf, im Nachstehenden einige der alsbald zu berücksichtigenden, das Entschädigungsverfahren betreffenden Vorschriften zu erörtern, welche besonders wichtig oder zweifelhaft sind. Hierbei muß es sich selbstverständlich die endgültige Stellungnahme für diejenigen Fragen vorbehalten, welche im instanziellen Verfahren demnächst von ihm zu entscheiden sein werden.

I.

Die Vorstände wollen es sich zur Pflicht machen, dafür zu sorgen, daß sich die Unfallfürsorge an die Leistungen der Krankenversicherung thunlichst lückenlos anschließt. In den Fällen des § 13 des Gewerbe-Unfallversicherungsgesetzes (§ 15 des Unfallversicherungsgesetzes für Land- und Forstwirtschaft, § 15 des See-Unfallversicherungsgesetzes), wonach die Berufsgenossenschaften unter gewissen Voraussetzungen schon vor dem Beginn der 14. Woche nach dem Unfall eine nach den Bestimmungen der Unfallversicherungsgesetze festzusetzende Rente zu gewähren haben, ist die Festsetzung der Rente möglichst schon vor Ablauf der dreizehnwöchigen Wartezeit zu bewirken. Die Feststellung der Entschädigung hat auch sonst überall in beschleunigtem Verfahren zu erfolgen. In allen Fällen, in denen die endgültige Feststellung nicht sofort stattfinden kann, ist eine vorläufige Entschädigung zuzubilligen (§ 71 Abs. 3 des Gewerbe-Unfallversicherungsgesetzes, § 77 Abs. 3 des Unfallversicherungsgesetzes für Land- und Forstwirtschaft, § 37 Abs. 1 des Bau-Unfallversicherungsgesetzes, § 76 Abs. 3 des See-Unfallversicherungsgesetzes).

Erleichtert wird den Vorständen die Erfüllung dieser Pflicht durch die Vorschriften des § 64 des Gewerbe-Unfallversicherungsgesetzes (§ 71 des Unfallversicherungsgesetzes für Land- und Forstwirtschaft, § 37 Abs. 1 des Bau-Unfallversicherungsgesetzes, § 68 des See-Unfallversicherungsgesetzes).

II.

Die erstmalige Entscheidung über einen Entschädigungsanspruch ist in dem durch § 69 Abs. 3 und § 70 des Gewerbe-Unfallversicherungsgesetzes (§ 75 Abs. 3 und § 76 des Unfallversicherungsgesetzes für Land- und Forstwirtschaft, § 37 Abs. 1 des Bau-Unfallversicherungsgesetzes, § 74 Abs. 3 und § 75 des See-Unfallversicherungsgesetzes) vorgeschriebenen Verfahren vorzubereiten, und zwar auch dann, wenn die Mitteilung der Unterlagen schon nach den bisherigen Vorschriften erfolgt ist, der Bescheid aber erst nach dem 1. Oktober 1900 erlassen wird.

Auch einer Herabsetzung oder Aufhebung der Rente hat gemäß § 89 Abs. 2 des Gewerbe-Unfallversicherungsgesetzes (§ 95 Abs. 2 des Unfallversicherungsgesetzes für Land- und Forstwirtschaft, § 37 Abs. 1 des Bau-Unfallversicherungsgesetzes, § 93 Abs. 2 des See-Unfallversicherungsgesetzes) eine Mitteilung der für die Veränderung der Rente maßgebenden Unterlagen voranzugehen.

III.

Bei der großen Bedeutung, die im Hinblick auf die Vorschriften des § 72 Abs. 1, § 76 Abs. 3 und § 80 Abs. 3 des Gewerbe-Unfallversicherungsgesetzes (§ 75 Abs. 1, § 82 Abs. 3, § 86 Abs. 3 des Unfallversicherungsgesetzes für Land- und Forstwirtschaft, § 37 Abs. 1 des Bau-Unfallversicherungsgesetzes und § 77 Abs. 1, § 80 Abs. 5 und § 84 Abs. 3 des See-Unfallversicherungsgesetzes) der Zeitpunkt des Eingangs von Schriftstücken gewinnt, welche Entschädigungsansprüche, Berufungen oder Rekurse betreffen und an unzuständiger Stelle eingehen, werden auf den Schriftstücken der Eingangstag und die Eingangsstelle mit einem deutlichen Vermerk urkundlich zu machen sein.

Die Schriftstücke sind alsdann unter Benachrichtigung der Beteiligten unverzüglich an die zuständige Stelle abzugeben.

IV.

Jeder Bescheid hat in Zukunft — abgesehen von den zum Teil abweichenden Sondervorschriften des See-Unfallversicherungsgesetzes — als Berufungsfrist „einen Monat" anzugeben und nicht mehr den Schiedsgerichtsvorsitzenden, sondern das zuständige Schiedsgericht zu bezeichnen (§ 76 Abs. 2 und 4 des Gewerbe-Unfallversicherungsgesetzes, § 82 Abs. 2 und 4 des Unfallversicherungsgesetzes für Land- und Forstwirtschaft, § 37 Abs. 1 des Bau-Unfallversicherungsgesetzes und § 80 Abs. 2 und 4 des See-Unfallversicherungsgesetzes).

Da die neuen Schiedsgerichte nicht schon mit dem 1. Oktober 1900, sondern voraussichtlich erst am 1. Januar 1901 in Wirksamkeit treten werden, so sind bis dahin in der Rechtsmittelbelehrung noch die bisherigen Schiedsgerichte zu bezeichnen. Bei Bescheiden, deren Zustellung während des letzten Monats vor dem Inslebentreten der neuen Schiedsgerichte erfolgt, ist unter Angabe des Tages, an welchem die neuen Gerichte in Wirksamkeit treten, eine der veränderten Sachlage entsprechende Belehrung zu erteilen.

In allen Bescheiden, welche vom 1. Oktober 1900 ab im Rentenänderungsverfahren innerhalb der ersten fünf Jahre nach der Rechtskraft der ersten endgültigen Rentenfeststellung erlassen werden, ist außerdem die ausführliche Belehrung des § 89 Abs. 1 des Gewerbe-Unfallversicherungsgesetzes (§ 95 Abs. 1 des Unfallversicherungsgesetzes für Land- und Forstwirtschaft, § 37 Abs. 1 des Bau-Unfallversicherungsgesetzes, § 93 Abs. 1 des See-Unfallversicherungsgesetzes) zu erteilen, sofern bei Erlaß des Bescheides eine frühere, die Höhe der Entschädigung bestimmende Entscheidung noch nicht Rechtskraft erlangt hat. Abschrift des Bescheides ist der Stelle mitzuteilen, bei der das frühere Verfahren schwebt (zu vergleichen unten Nr. VII).

V.

Ein berufungsfähiger Bescheid wird auf Verlangen des Entschädigungsberechtigten in Zukunft auch dann zu erteilen sein, wenn der Anspruch deshalb abgelehnt werden soll, weil der unfallbringende Betrieb nicht versicherungspflichtig, insbesondere nicht katastriert ist. Das bisher für diese Fälle vorgesehene Verfahren (§ 59 Abs. 4 des Unfallversicherungsgesetzes, § 64 Abs. 4 des landwirtschaftlichen Unfallversicherungsgesetzes und § 68 Abs. 4 des alten See-Unfallversicherungsgesetzes) ist mit dem 1. Oktober 1900 in Wegfall gekommen.

VI.

Das Verfahren nach § 73 Abs. 2 des Gewerbe-Unfallversicherungsgesetzes (§ 79 Abs. 2 des Unfallversicherungsgesetzes für Land- und Forstwirtschaft, § 37 Abs. 1 des Bau-Unfallversicherungsgesetzes und § 78 Abs. 2 des See-Unfallversicherungsgesetzes) hat zur Voraussetzung, daß einmal die Zuständigkeit der angerufenen Genossenschaft neben der einer anderen überhaupt in Frage kommen kann, und daß weiter die Verpflichtung, für den Unfall eine Entschädigung zu gewähren, in allen übrigen Beziehungen bis auf die Frage, welche Genossenschaft zu entschädigen hat, zweifellos klar ist. Steht es über jedem Zweifel, daß nur eine andere als die — irrigerweise vom Antragsteller — angerufene Genossenschaft in Betracht kommt, so wird diese nach § 72 Abs. 1 des Gewerbe-Unfallversicherungsgesetzes (§ 78 Abs. 1 des Unfallversicherungsgesetzes für Land- und Forstwirtschaft, § 37 Abs. 1 des Bau-Unfallversicherungsgesetzes und § 77 Abs. 1 des See-Unfallversicherungsgesetzes) den Antrag an die zuständige Berufsgenossenschaft abzugeben und die Beteiligten von der Abgabe zu benachrichtigen haben.

VII.

Die neuen Vorschriften über das Verfahren bei Veränderung der Verhältnisse (§§ 88 ff. des Gewerbe-Unfallversicherungsgesetzes, §§ 94 ff. des Unfallversicherungsgesetzes für Land- und Forstwirtschaft, § 37 Abs. 1 des Bau-Unfallversicherungsgesetzes, §§ 92 ff. des See-Unfallversicherungsgesetzes) werden in allen Fällen anzuwenden sein, in denen der Antrag des Verletzten auf Erhöhung der Rente am 1. Oktober 1900 oder später bei der Berufsgenossenschaft eingegangen ist, oder in denen sonst die Berufsgenossenschaft Herabsetzungen oder Aufhebungen zu dieser Zeit zu beschließen beabsichtigt.

Der Zeitraum der zwei oder fünf Jahre ist von dem Zeitpunkt des Eintritts der Rechtskraft der ersten endgültigen Rentenfeststellung zu berechnen. Dieser Zeitpunkt wird danach verschieden sein, je nachdem der betreffende Bescheid unangefochten geblieben oder durch Rechtsmittel angefochten worden ist. „Endgültig" im Sinne dieser Bestimmung bedeutet selbstverständlich nicht die Feststellung einer Rente, welche voraussichtlich dauernd zu gewähren sein wird, sondern die erste förmliche Rentenfeststellung im Gegensatz zu nur vorläufiger Zubilligung einer Entschädigung (§ 71 Abs. 3 des Gewerbe-Unfallversicherungsgesetzes und die oben bei I angeführten Parallelstellen der anderen Gesetze).

Die einjährige Rentenänderungsfrist wird vom Beginn der Wirksamkeit der letzten vorhergegangenen Rentenfeststellung zu berechnen sein, und zwar auch für die erste in dem dritten Jahre vorzunehmende Aenderung. In kürzeren Zeiträumen kann die Aenderung nur dann vorgenommen oder beansprucht werden, wenn hierüber zwischen der Berufsgenossenschaft und dem Entschädigungsberechtigten ausdrückliches Einverständnis erzielt ist, das selbstverständlich nur von Fall zu Fall herbeigeführt werden darf. Die Berufsgenossenschaften wollen sich bei Durchführung dieser Vorschrift von dem Gedanken leiten lassen, daß eine frühere Abänderung und eine Verständigung mit dem Berechtigten nach dem Willen des Gesetzgebers insbesondere dann angezeigt sein wird, wenn eine erhebliche Verschlechterung in dem Zustande des Verletzten eingetreten sein sollte.

Die Fristen des § 88 Abs. 2 des Gewerbe-Unfallversicherungsgesetzes, § 94 Abs. 2 des Unfallversicherungsgesetzes für Land- und Forstwirtschaft, § 37 Abs. 1 des Bau-Unfallversicherungsgesetzes, § 92 Abs. 2 des See-Unfallversicherungsgesetzes gelten nicht für die Anordnung eines neuen Heilverfahrens und die daran sich anschließende Neufestsetzung der Rente, für die Fälle der Einstellung der Rentenzahlungen beim Ruhen der Rente und die Fälle der Ablösung der Rente durch Kapitalzahlung. Auch haben diese Abänderungen immer durch Bescheid der Berufsgenossenschaft zu erfolgen (§ 91 des Gewerbe-Unfallversicherungsgesetzes, § 97 des Unfallversicherungsgesetzes für Land- und Forstwirtschaft, § 37 des Bau-Unfallversicherungsgesetzes, § 95 des See-Unfallversicherungsgesetzes).

VIII.

Die §§ 22 und 23 des Gewerbe-Unfallversicherungsgesetzes (§§ 23, 24 des Unfallversicherungsgesetzes für Land- und Forstwirtschaft, § 9 des Bau-Unfallversicherungsgesetzes und

§§ 17, 18 des See-Unfallversicherungsgesetzes), welche die Heilanstaltspflege regeln, werden bei allen vom 1. Oktober 1900 ab von den Berufsgenossenschaften zu fassenden Entschließungen dieser Art zu beachten sein. Der hier angezogene § 11 des Gewerbe-Unfallversicherungsgesetzes (§ 14 des Unfallversicherungsgesetzes für Land- und Forstwirtschaft, § 9 des Bau-Unfallversicherungsgesetzes und § 16 des See-Unfallversicherungsgesetzes) beschränkt die Befugnis der Berufsgenossenschaft in der Herbeiführung eines Wechsels der Heilanstalt in der dort angegebenen Weise.

IX.

Die Erteilung besonderer Berechtigungsausweise, wie solche bisher vorgeschrieben waren, ist beseitigt. Dem Berechtigten ist nach erfolgter Feststellung der Entschädigung lediglich die mit der Zahluug beauftragte Postanstalt zu bezeichnen. Dies geschieht durch den Hinweis, daß die Zahlung durch diejenige Postanstalt werde geleistet werden, in deren Bezirk der Wohnort (die Wohnung) des Berechtigten liegt (zu vergleichen § 5 der Geschäftsanweisung für die Vorstände der Berufsgenossenschaften, betreffend die Auszahlung durch die Post, vom 7. Dezember 1889).

Neu eingeführt ist die Benachrichtigung der unteren Verwaltungsbehörde des Wohnorts über die dem Berechtigten zustehenden Bezüge (§ 87 des Gewerbe-Unfallversicherungsgesetzes, § 93 des Unfall-Versicherungsgesetzes für Land- und Forstwirtschaft, § 37 Abs. 1 des Bau-Unfallversicherungsgesetzes, § 91 des See-Unfallversicherungsgesetzes).

X.

Die im § 93 des Gewerbe-Unfallversicherungsgesetzes (§ 99 des Unfallversicherungsgesetzes für Land- und Forstwirtschaft, § 37 Abs. 1 des Bau-Unfallversicherungsgesetzes, § 97 des See-Unfallversicherungsgesetzes) vorgeschriebene Zahlung der Renten, deren Jahresbetrag sich auf 60 Mark oder weniger beläuft, in vierteljährlichen Beträgen im voraus bezieht sich auch auf Renten, die für Unfälle aus der vorgesetzlichen Zeit bereits gezahlt werden. Das Reichs-Versicherungsamt wird indessen angesichts des durch die hiernach erforderliche Neuanweisung der laufenden Renten den Berufsgenossenschaften erwachsenden Schreibwerks von Amtswegen keine Veranlassung zum Einschreiten nehmen, wenn die vierteljährliche Zahlung dieser kleinen laufenden Renten nicht unmittelbar nach dem Inkrafttreten des Gesetzes durchgeführt sein sollte. Es erwartet jedoch, daß die Berufsgenossenschaften etwaigen Anträgen der Entschädigungsberechtigten auf quartalsweise Zahlung schon jetzt unverzüglich entsprechen und im übrigen sich angelegen sein lassen werden, die im Interesse aller Beteiligten liegende Vereinfachung der Rentenzahlung baldigst zum Abschluß zu bringen.

XI.

Die Kapitalabfindung in den Fällen der Ablösung von Renten bis zu 15 Prozent der Vollrente (§ 95 Abs. 1 des Gewerbe-Unfallversicherungsgesetzes, § 101 des Unfall-Versicherungsgesetzes für Land- und Forstwirtschaft, § 37 Abs. 1 des Bau-Unfallversicherungsgesetzes, § 99 des See-Unfallversicherungsgesetzes) muß im Gegensatz zu der daselbst in den zweiten Absätzen geregelten Abfindung von Ausländern, bei der das Dreifache der Jahresrente zu gewähren ist, eine „entsprechende“ sein, d. h. sie muß nach der durch das Lebensalter und die körperliche Beschaffenheit des Berechtigten bedingten voraussichtlichen Dauer des Rentenbezuges festgesetzt werden.

XII.

Der § 94 des Gewerbe-Unfallversicherungsgesetzes (§ 100 des Unfall-Versicherungsgesetzes für Land- und Forstwirtschaft, § 37 Abs. 1 des Bau-Unfallversicherungsgesetzes, § 98 des See-Unfallversicherungsgesetzes), welcher das Ruhen der Renten behandelt, wird nicht nur Anwendung finden auf Ansprüche aus Unfällen, die am 1. Oktober 1900 oder später sich ereignen, sondern auch auf Renten aus Unfällen der vorgesetzlichen Zeit. Das Reichs-Versicherungsamt trägt kein Bedenken, dies als seine vorläufige, selbstverständlich der instanziellen Entscheidung nicht vorgreifende Auffassung[1]) auszusprechen, um den Berufsgenossenschaften einen Anhalt für ihr Vorgehen gegenüber den durch die neue Gesetzesbestimmung betroffenen Rentenempfängern zu geben. Es wird jedoch empfohlen, zur Vermeidung von Unzuträglich-

[1]) In der Rechtsprechung ist diese Auffassung nur in Bezug auf Gefangene beibehalten, dagegen in Bezug auf Ausländer abgeändert (vgl. § 94 G.U.V.G. Anm. zu Ziffer 2).

keiten gegenüber denjenigen berechtigten Ausländern, welche nicht im Inlande ihren gewöhnlichen Aufenthalt haben, sondern in ausländischen Grenzgebieten oder in einem die entsprechende Fürsorge gewährleistenden Staate wohnen, von der Einstellung der Rente so lange Abstand zu nehmen, bis der Bundesrat die ihm durch Ziffer 2 der angeführten Gesetzesbestimmungen vorbehaltene Beschlußfassung vorgenommen hat.

Die Einstellung hat im Uebrigen stets durch Erteilung eines berufungsfähigen Bescheides zu erfolgen und tritt erst mit Ablauf des Monats in Kraft, in dem der Bescheid zugestellt wird (§ 89 Abs. 4 und § 91 des Gewerbe-Unfallversicherungsgesetzes, § 95 Abs. 4 und § 97 des Unfallversicherungsgesetzes für Land- und Forstwirtschaft, § 37 Abs. 1 des Bau-Unfallversicherungsgesetzes, § 93 Abs. 4 und § 95 des See-Unfallversicherungsgesetzes).

XIII.

Das Reichs-Versicherungsamt will schließlich nicht unterlassen, in Betreff der Zuständigkeit der berufsgenossenschaftlichen Organe zur Beschlußfassung über die Feststellung der Entschädigungen auf die Aenderung hinzuweisen, welche durch § 69 Abs. 1 Ziffer 1d und e des Gewerbe-Unfallversicherungsgesetzes (§ 75 Abs. 1 Ziffer 1d und e des Unfallversicherungsgesetzes für Land- und Forstwirtschaft, § 37 Abs. 1 des Bau-Unfallversicherungsgesetzes, § 74 Abs. 1 Ziffer 1d und e des See-Unfallversicherungsgesetzes) herbeigeführt wird. Insbesondere aber wollen diejenigen Berufsgenossenschaften, bei denen bisher den Vertrauensmännern die Festsetzung der Entschädigungen auch in den Fällen des früheren § 57 Abs. 1 Ziffer 2 des Unfallversicherungsgesetzes (§ 62 Abs. 1 Ziffer 2 des landwirtschaftlichen Unfallversicherungsgesetzes, § 37 Abs. 1 des Bau-Unfallversicherungsgesetzes) übertragen war, beachten, daß nunmehr nach § 69 Abs. 2 des Gewerbe-Unfallversicherungsgesetzes (§ 75 Abs. 2 des Unfallversicherungsgesetzes für Land- und Forstwirtschaft und § 37 Abs. 1 des Bau-Unfallversicherungsgesetzes) die Festsetzung der in Abs. 1 Ziffer 2 dieser Vorschriften bezeichneten Entschädigungen durch die Vertrauensmänner nicht mehr zulässig ist. Diese werden sich also nach dem 1. Oktober 1900 der Bescheidserteilung in jenen Fällen zu enthalten und die letzteren bis zu einer anderweitigen statutarischen Regelung der Zuständigkeit an den Genossenschaftsvorstand zur Festsetzung der Entschädigung abzugeben haben.

Die erforderlichen Abzüge für die Sektionen sind angeschlossen.

Gäbel.

Anhang VIII.

Rundschreiben

des Reichs-Versicherungsamts vom 31. Dezember 1900, betreffend die Auszahlungen durch die Post.

(A. N. 1901 S. 216 ff.).

Das Reichs-Versicherungsamt übersendet dem Vorstand in der Anlage einen Abdruck, der im Einvernehmen mit den Central-Postbehörden festgestellten Geschäftsanweisung, betreffend die Auszahlungen durch die Post, zur gefälligen Beachtung mit folgenden Bemerkungen:

1. Die neue Geschäftsanweisung enthält neben einer Zusammenfassung der seit Erlaß der Geschäftsanweisung vom 7. Dezember 1889 ergangenen und diese ergänzenden einschlägigen

Vorschriften eine Reihe von Abänderungen, deren Anordnungen einerseits durch das Inkrafttreten der Unfallversicherungsgesetze vom 30. Juni 1900, andererseits zur Erleichterung des Auszahlungswesens für die Rentenempfänger, die Berufsgenossenschaften und namentlich die Postbehörden geboten war. Im Interesse der Postbehörden, die auch ihrerseits, soweit irgend thunlich, zur Vereinfachung und Erleichterung des Auszahlungsgeschäfts beigetragen haben, war insbesondere notwendig die Neugestaltung der Formulare, die Anbringung von Linien und anderen Merkzeichen für die den Postbehörden zu ihren Vermerken vorbehaltenen Stellen auf den Formularen, die Anordnung eines Papieres von bestimmter Art, Güte, Größe und Farbe, endlich die Vorschrift, daß fortan alle Quittungen auf besonderen Blättern zu leisten sind. Es darf nach den über die Kosten der alten und neuen Formulare angestellten Ermittelungen angenommen werden, daß die Mehrkosten bei Beschaffung der neuen Formulare sich auf sehr mäßige und gegenüber den von der Verwendung der neuen Formulare für alle Beteiligten zu erwartenden Vorteile unerhebliche Beträge stellen werden.

2. Seitens der Central-Postbehörden sind für die Rentenempfänger und die Berufsgenossenschaften an Erleichterungen bei den Auszahlungen der Renten die in den §§ 8 und 14 der Anweisung erwähnten Maßnahmen im Falle des Wohnungswechsels der Zahlungsempfänger und im Falle des Wohnens von Zahlungsempfängern im Auslande eingeräumt worden. Außerdem aber haben die Central-Postbehörden sich bereit erklärt, bei einmaligen Zahlungen für Empfänger in den Landbestellbezirken die Abtragung der Geldbeträge durch die Landbriefträger ohne Erhebung von Bestellgebühren bewirken zu lassen. Dieses Zugeständnis hat, da praktische Erfahrungen in dieser Hinsicht bisher nicht vorliegen, nur unter Vorbehalt des Widerrufs gemacht werden können. Um das Verfahren ohne Erschwerung oder Störung des laufenden Dienstes durchführen zu können, ist es erwünscht, daß die Berufsgenossenschaften bei den Anweisungen zu einmaligen Zahlungen für Empfänger in den Landbestellbezirken allgemein auf die Beglaubigung der Unterschrift des Empfängers verzichten. Da bei Bestellungen von Geld durch die Briefträger in der Wohnung des Empfängers auch sonst seitens der Post ohne Beglaubigung der Unterschrift gezahlt wird (Postanweisung), ohne daß sich bei diesem Verfahren erhebliche Anstände ergeben hätten, außerdem aber das Zugeständnis eine für die Zahlungsempfänger außerordentlich wertvolle Erleichterung darstellt, von der nur gewünscht werden kann, daß sie in Zukunft auf weitere Zahlungen und Kreise von Personen erstreckt wird, so wird den Berufsgenossenschaften dringend nahegelegt, den Wunsch der Central-Postbehörden bezüglich des Verzichts auf die Beglaubigung der Quittungsunterschriften in diesen Fällen zu erfüllen. Auch ist es erwünscht, daß die Berufsgenossenschaften den Zahlungsempfängern in diesen Fällen bei der Bescheidserteilung oder Mitteilung über Anweisung des Betrags von der in Aussicht stehenden Auszahlung durch den Briefträger Kenntnis geben, damit den Empfängern mit Sicherheit der Gang zur Post erspart und von ihnen die Quittung vorbereitet wird. Dies könnte durch einen Vermerk etwa des Inhalts geschehen: „Falls Sie in einem Landbestellbezirke wohnen, wird Ihnen der Betrag in der nächsten Zeit durch den Post-Briefboten zugestellt werden. Sie wollen die Quittung ausgefüllt bereit halten."

3. Bei der äußeren Herstellung der Formulare (§ 12 Abs. 1 der Geschäftsanweisung) sind sowohl bezüglich der Farbe, Höhe und Breite des Papiers wie der Druckfläche als auch bezüglich der Verteilung der Vordrucke auf die letztere und der Art der zur Verwendung gelangenden Typen, die zur Geschäftsanweisung gehörigen Formulare nebst Farbproben gefälligst auf das Genaueste als maßgebende und bindende Muster zu Grunde zu legen.[1]) Für diejenigen Berufsgenossenschaften, welche von der eigenen Herstellung der Formulare absehen wollen, wird ergebenst bemerkt, daß die letzteren in vorschriftsmäßiger Form und Ausstattung von der Buchhandlung von A. Asher & Co. in Berlin, Unter den Linden 13, zu Partiepreisen zu beziehen sind. Das Papier in der erforderlichen Güte und Farbe wird von der Fabrik der Gebr. Ebart in Spechthausen (Kreis Ober-Barnim) hergestellt.

4. Zu den Aeußerlichkeiten bei Benutzung der Formulare, deren Gestaltung zum Teil schon früher zu Beschwerden und diesseitigen Anordnungen Veranlassung gegeben hat, gehört

---

[1]) Den den Berufsgenossenschaften u. s. w. zugegangenen Ausfertigungen dieses Rundschreibens und der Geschäftsanweisung haben die Formulare in der vorgeschriebenen Höhe, Breite und Raumverteilung nebst Farbmustern beigelegen, während hier das Format rc. dem Formate der Amtlichen Nachrichten angepaßt werden mußte.

die Gestaltung der Siegel und Aktenzeichen und die Eintragung des Vermerks über den Verzicht auf Beglaubigung der Quittungsunterschrift in die Anweisungen.

Als Siegel können im Interesse der Rein- und Ganzerhaltung der Anweisungen und der Vermeidung von Unbequemlichkeiten bei der aktenmäßigen Behandlung nur Farbstempel zugelassen werden.

Auf die Bedeutung der Vereinfachung der in die Anweisungen aufzunehmenden Aktenzeichen der Berufsgenossenschaften ist bereits in dem Rundschreiben vom 27. April 1892 (Amtliche Nachrichten des R. V. A. 1892 Seite 279) hingewiesen worden (zu vergleichen auch § 13 der Geschäftsanweisung). Da die einschlägigen Bestimmungen auch seitdem nicht immer genügend beachtet, vielmehr neben den Aktenzeichen vielfach auch Geschäftszeichen und Zahlen, Nummern des Entschädigungsregisters u. s. w. in die Anweisungen aufgenommen worden sind, die zu Irrungen und Unzuträglichkeiten bei Eintragungen in die postseitig geführte Nachweisung über gezahlte Unfallentschädigungen geführt haben, so wird den Berufsgenossenschaften die Beachtung des § 13 der Geschäftsanweisung und des erwähnten Rundschreibens auch an dieser Stelle noch besonders empfohlen.

In ähnlicher Weise störend hat es gewirkt, daß die Vermerke „ohne Beglaubigung" 2c. von den Berufsgenossenschaften 2c. an ganz verschiedenen Stellen des Formulars, teils am Kopfe, teils am Fuße, teils sogar auf der Rückseite der Anweisungen eingesetzt worden sind, und daß dazu oft sehr kleine Schrift, die leicht unbeachtet bleibt oder übersehen wird, verwendet worden ist. Die Berufsgenossenschaften werden deshalb ersucht, diese Vermerke an der dafür vorgesehenen Stelle und in deutlicher Schrift, thunlichst unter Verwendung eines Farbstempels, anzubringen.

5. In Spalte IIb der Muster U 1 und U 2 sind die Rentenberechtigten nur dann aufzuführen, wenn für dieselben eine andere Person (Vormund, Pfleger 2c.) die Rente in Empfang nimmt. Ist der Rentenberechtigte zugleich der Empfänger, so genügt in Spalte IIb ein kurzer Hinweis auf den Zahlungsempfänger.

6. Bei den mit Muster U 2 gemäß § 93 Abs. 1 des Gewerbe-Unfallversicherungsgesetzes 2c. in vierteljährlichen Beträgen anzuweisenden Renten ist als Zahlungstag der Erste des kommenden und jedes folgenden Kalenderquartals zu bezeichnen. Der vor dem ersten Fälligkeitstag eines Vierteljahrsbetrags fällig werdende Rentenbetrag, der unter Umständen fast drei Monatsraten umfaßt (sogenannte Spitzrente), ist als sofort fällig in Spalte II des Musters in einer Summe anzuweisen.

Für den Fall des § 93 Abs. 2 des Gewerbe-Unfallversicherungsgesetzes 2c., daß die Zahlung in noch längeren Zeitabschnitten als einem Vierteljahr erfolgt, sind besondere Vorschriften (Anweisungsmuster) bisher nicht vorgesehen, da zunächst abgewartet werden kann, ob diese Fälle so häufig vorkommen werden, daß sich eine besondere Regelung empfiehlt. Zunächst können auch in diesen Fällen die Anweisungen nach dem Muster U 2 unter entsprechender — deutlicher — Aenderung des Vordrucks in Ueberschrift und Spalte IIb ergehen.

7. In Muster U 3 sind wie bisher die am häufigsten vorkommenden Fälle der einmaligen Zahlungen vorgedruckt.

8. Wird von der in § 10 der Geschäftsanweisung zugelassenen Befugnis der vorläufigen Mitteilung von der Einstellung einer Rente an die Postanstalt Gebrauch gemacht, so ist die Absendung der förmlichen Einstellungsanweisung an die obere Postbehörde thunlichst zu beschleunigen, keinen Falles aber auf mehrere Wochen oder gar Monate hinauszuschieben.

9. Nachdem die in den bisherigen Unfallversicherungsgesetzen vorgesehenen besonderen Berechtigungsausweise für die Rentenempfänger weggefallen sind, bedürfen die Rentenempfänger zur Erhebung der Renten bei der Post lediglich einer gehörig vollzogenen und gegebenen Falles mit den sonst erforderlichen Bescheinigungen (Beglaubigung, Lebens-, Witwenschaftsbescheinigung) versehenen Quittung. Ein anderer Ausweis, insbesondere die gelegentlich von einer Berufsgenossenschaft angeregte Vorlegung des Feststellungsbescheids darf ihnen nicht auferlegt werden. Auch die nach § 87 des Gewerbe-Unfallversicherungsgesetzes 2c. den Rentenempfängern zu erteilende Mitteilung über die mit der Zahlung beauftragten Postanstalt ist nur eine formlose Benachrichtigung, der die Eigenschaft eines Ausweispapiers, das beim Zahlungsempfange vorzulegen wäre, nicht beiwohnt. Uebrigens kann diese Mitteilung in jeder beliebigen Form (Postkarte, eventuell Drucksache) dahin ergehen, daß die Zahlung durch die Postanstalt des Wohnorts des Berechtigten erfolgen werde, sofern nicht in der Zahlungsanweisung eine be-

stimmte Postanstalt benannt ist (zu vergleichen § 1 Abs. 3, § 5 der Geschäftsanweisung). Ein allgemein gültiges Formular für diese Mitteilungen zu empfehlen oder bindend vorzuschreiben ist zur Zeit nicht beabsichtigt.

10. Wegen der Maßnahmen zur Vermeidung von Doppelzahlungen entgegen der Vorschrift in § 34 Ziffer 1 des Invalidenversicherungsgesetzes über das Ruhen des Anspruchs auf Invaliden- oder Altersrenten im Falle des Bezugs einer Unfallrente wird auf das Rundschreiben vom 28. Januar 1893 — I. 5812 — verwiesen. Auch den Berufsgenossenschaften liegt es ob, soweit ihnen der Bezug einer Invaliden- oder Altersrente seitens eines Unfallrentenempfängers bekannt wird, der Invalidenversicherungsanstalt von der Thatsache der doppelten Anweisung von Renten nach dem Invalidenversicherungsgesetz und dem Unfallversicherungsgesetze Kenntnis zu geben.

11. Das Reichs-Postamt hat dem Reichs-Versicherungsamte mitgeteilt, daß es bei den Ober-Postdirektionen an Raum und Gelassen zur sicheren Verwahrung der Beläge zu den Abrechnungen mit den Berufsgenossenschaften ꝛc. fehle und daß es erwünscht sei, die Ober-Postdirektionen zu ermächtigen, daß sie die Beläge nicht, wie bisher vorgeschrieben, allgemein erst nach Schluß des Jahres, sondern bei Berufsgenossenschaften ꝛc. mit etwa 1000 Quittungen monatlich schon von drei zu drei Monaten an die Vorstände absenden können. Da die Berufsgenossenschaften diese Beläge am Schluß eines jeden Jahres ohnehin in ihre Verwahrung übernehmen und für eine längere Reihe von Jahren aufbewahren müssen, so entsteht durch die etwas frühere Uebernahme derselben für sie keine besondere Belastung. Die Vorstände werden deshalb ergebenst ersucht, die von den oberen Postbehörden nach Maßgabe des Vorstehenden übersandten Beläge auch vor Schluß des Zahlungsjahrs abzunehmen und in den Diensträumen der Berufsgenossenschaften (beziehungsweise Sektionen) zu verwahren.

12. Mit dem Inkrafttreten der anliegenden Geschäftsanweisung vom heutigen Tage tritt die Geschäftsanweisung vom 7. Dezember 1889 außer Kraft. Die in Ergänzung derselben ergangenen Rundschreiben sind ihrem wesentlichen Inhalte nach in die neue Geschäftsanweisung übernommen worden. Die Rundschreiben vom 18. Februar 1899 — I. 4103 —, 21. September 1899 — I. 25577 — / 16. Dezember 1899 — I. 32540 —, in welchen Erörterungen über Abstellung einiger bisher entstandener Schwierigkeiten angeregt worden sind, erledigen sich mit dem Erlasse der neuen Geschäftsanweisung. Maßnahmen, um den in dem ersterwähnten Rundschreiben vom 18. Februar 1899 zu I. beklagten Uebelstände durchgreifend abzuhelfen, haben sich nicht finden lassen. Soweit Zahlungen im Inland in Frage kommen, werden durch das oben unter Nummer 2 erwähnte Entgegenkommen der Central-Postbehörden für eine erhebliche Zahl von Fällen die Schwierigkeiten beseitigt, sofern die Berufsgenossenschaften in richtiger Würdigung der Sachlage auch ihrerseits durch Verzicht auf die Beglaubigung der Quittungen ꝛc. zum günstigen Gelingen des Versuchs beitragen.

Das Reichs-Versicherungsamt.
Abteilung für Unfallversicherung.
Gaebel.

Geschäftsanweisung

für die Vorstände der Berufsgenossenschaften, betreffend die Auszahlungen durch die Post.

Vom 31. Dezember 1900.

Zur Ausführung der in den Unfallversicherungsgesetzen vom 30. Juni 1900 enthaltenen Vorschriften über die Auszahlung der Entschädigungen durch die Postverwaltungen (zu vergleichen § 97 des Gewerbe-Unfallversicherungsgesetzes, § 103 des Unfallversicherungsgesetzes für Land- und Forstwirtschaft, § 37 Abs. 1 des Bau-Unfallversicherungsgesetzes und § 101 des See-Unfallversicherungsgesetzes) bestimmt das Reichs-Versicherungsamt, im Einvernehmen mit den Central-Postbehörden, was folgt:

§ 1.

Die Zahlungsanweisungen sind unter Benutzung von Formularen nach den Mustern U 1, U 2 und U 3 zu erlassen. Das Formular U 1 ist bei der Anweisung fortlaufender monatlicher, das Formular U 2 bei der Anweisung fortlaufender vierteljährlicher, das Formular U 3 bei der Anweisung einmaliger Zahlungen anzuwenden. Für jeden Zahlungsempfänger ist eine besondere Anweisung auszufertigen.

Sind mehrere fortlaufende oder mehrere einmalige Zahlungen zu Händen desselben Empfängers zu bewirken, so braucht nur eine Anweisung ausgestellt zu werden, auch wenn der Empfänger die Zahlung für mehrere Entschädigungsberechtigte zu erhalten hat.

Der Vordruck in den Zahlungsanweisungen zur Bezeichnung der Postanstalt, welche die Zahlung zu leisten hat, ist von der Berufsgenossenschaft nur auszufüllen, sofern die Zahlung nicht durch die Postanstalt des Wohnorts des Zahlungsempfängers erfolgen soll.

§ 2.

Die Zahlungsanweisungen sind in einer Ausfertigung unter Briefumschlag (ohne Anschreiben an die Obere Postbehörde in deren Bezirk die Berufsgenossenschaft ihren Sitz hat), und zwar im Reichs-Postgebiet an die Ober-Postdirektion, in Bayern an das Ober-Postamt, in Württemberg an die Generaldirektion der Posten und Telegraphen zu Stuttgart einzusenden. Diese Behörden werden ihrerseits die Weiterbeförderung der Zahlungsanweisung an die mit der Zahlung beauftragte Postanstalt, erforderlichenfalls durch Vermittelung der anderweit zuständigen Oberen Postbehörde, veranlassen.

§ 3.

Der Vorstand einer jeden Berufsgenossenschaft hat die Unterschriften seiner Mitglieder, soweit dieselben bei der Vollziehung von Zahlungsanweisungen mitzuwirken befugt sind, bei derjenigen Oberen Postbehörde zu hinterlegen, in deren Bezirk die Berufsgenossenschaft ihren Sitz hat.

§ 4.

Die Urschrift jeder Zahlungsanweisung ist bei den Akten des Genossenschaftsvorstandes zurückzubehalten, damit auf Grund derselben die nach Ablauf des Rechnungsjahrs dem Genossenschaftsvorstande zugehenden Nachweisungen der Postverwaltungen über die geleisteten Zahlungen einer Prüfung unterzogen werden können.

§ 5.

An Stelle des früher vorgeschriebenen Berechtigungsausweises ist den Empfangsberechtigten lediglich eine geschriebene (Postkarte) oder vorgedruckte (Drucksache) Mitteilung (§ 87 des Gewerbe-Unfallversicherungsgesetzes, § 93 des Unfallversicherungsgesetzes für Land- und Forstwirtschaft, § 91 des See-Unfallversicherungsgesetzes) dahin zu machen, daß die Zahlung durch diejenige Postanstalt werde geleistet werden, in deren Bezirk der Wohnort (die Wohnung) des Empfangsberechtigten (der Heimatshafen des Schiffes, zu dessen Besatzung der Verunglückte oder Vermißte gehört) liegt. Von der Nennung des Namens dieser Postanstalt ist abzusehen, sofern nicht in der Zahlungsanweisung eine Postanstalt ausdrücklich benannt ist (zu vergleichen oben § 1 Abs. 3).

§ 6.

Quittungen über fortlaufende und über einmalige Zahlungen sind je besonders nach den anliegenden Mustern U 5 und U 6 auszufertigen. Die Genossenschaftsvorstände werden die Zahlungsempfänger rechtzeitig in den Besitz der erforderlichen Quittungsformulare setzen (zu vergleichen Amtliche Nachrichten des R. V. A. 1888 Seite 4 Nr. 2).

Soll bei einmaligen Zahlungen von der Beglaubigung der Unterschrift des Zahlungsempfängers abgesehen werden, so ist dies durch Streichung des Vordrucks für die Beglaubigung auf der Quittung und durch einen besonderen Vermerk („ohne Beglaubigung", „Beglaubigung erlassen" u. s. w.) an der für diesen Zweck vorgesehenen Stelle in der Zahlungsanweisung zum Ausdrucke zu bringen. Erwünscht ist, daß die Vermerkung „ohne Beglaubigung" ꝛc. allgemein mittelst Farbstempels bewirkt werden. Im Fall des Verzichts auf die Beglaubigung sind die Postverwaltungen für Irrungen, welche sich aus dem Fortfalle der Beglaubigung ergeben, nicht verantwortlich.

§ 7.

Ist aus irgend einem Grunde die Zahlung der durch eine Zahlungsanweisung angewiesenen Beträge ganz oder teilweise einzustellen, so hat der Genossenschaftsvorstand unter

Beobachtung der Bestimmungen des § 2 eine Anweisung zur Einstellung der Zahlung (Wegfallanweisung) der Oberen Postbehörde einzusenden. Zu den Wegfallanweisungen sind Formulare nach dem Muster U 4 zu verwenden.

§ 8.

Beantragt der Empfänger einer Zahlung aus Anlaß der Verlegung seines Wohnsitzes in den Bezirk einer anderen Postanstalt oder aus sonstigen dringenden Gründen bei der Berufsgenossenschaft die Ueberweisung der Auszahlung an die Postanstalt eines anderen Ortes, so hat der Genossenschaftsvorstand, wenn die neue Postanstalt im Bezirke derselben Oberen Postbehörde oder einer anderen Oberen Postbehörde desselben Postgebiets (zu vergleichen § 2) liegt, die Obere Postbehörde des bisherigen Zahlungsorts um Veranlassung des Weiteren zu ersuchen, andernfalls eine Wegfallanweisung für die bisher beauftragte Postanstalt nach § 7 und eine Zahlungsanweisung für die neue Postanstalt nach §§ 1, 2 der Oberen Postbehörde einzusenden.

Ein gleiches Verfahren ist einzuhalten, wenn der Empfänger einer auf Grund des See-Unfallversicherungsgesetzes zur Zahlung im Heimatshafen angewiesenen Rente bei der Berufsgenossenschaft die Ueberweisung der Auszahlung an die Postanstalt seines Wohnsitzes beantragt.

Anträge auf künftige Auszahlung einer Rente durch eine andere Postanstalt können auch bei der Postanstalt, an welche die Anweisung ergangen ist, angebracht werden. Dieselbe legt in solchem Falle die Anweisung mit dem schriftlichen Antrage beziehungsweise einem Vermerk über den mündlichen Antrag der Oberen Postbehörde vor, welche ihrerseits — unter Benachrichtigung der Berufsgenossenschaft von der Aenderung — die Anweisung an die neue Postanstalt abgibt, oder wenn die neue Postanstalt im Bereich eines anderen Postgebiets (Centralpostbehörde) liegt, bei der Berufsgenossenschaft eine Wegfallanweisung und eine neue Zahlungsanweisung erwirkt.

§ 9.

Treten bei fortlaufenden Zahlungen, abgesehen von den Fällen der §§ 7 und 8, Umstände ein, welche eine Aenderung der Zahlungsanweisung, wenn auch nur hinsichtlich der Bezeichnung der entschädigungsberechtigten Personen, nötig machen, z. B. Ausscheiden eines von mehreren entschädigungsberechtigten Kindern durch Tod oder Vollendung des fünfzehnten Lebensjahrs, Erhöhung oder Herabsetzung der Rente im schiedsgerichtlichen Verfahren ꝛc., so hat der Genossenschaftsvorstand eine Wegfallanweisung bezüglich der bisherigen Zahlungen und gleichzeitig eine neue Zahlungsanweisung der Oberen Postbehörde einzusenden. In der neuen Zahlungsanweisung sind die fortan zu leistenden Zahlungen vollständig anzugeben; eine Bezugnahme auf den Inhalt der früheren Anweisung ist ausgeschlossen.

Ist auf Grund der früheren Anweisung zu viel gezahlt worden, so findet eine Vermittlung der Post bei der Wiedereinziehung des überhobenen Betrags nur im Wege der Kürzung der für die Folge zahlbaren Rente statt. In der neuen Zahlungsanweisung sind zu diesem Zwecke die Monate, für welche eine Kürzung einzutreten hat, die einzubehaltenden und die zahlbar bleibenden Beträge anzugeben (Zu vergleichen A.N. d. Reichs-Versicherungsamts 1889 S. 167 Ziff. 690). Der Vermerk über die Kürzungen ist, wie folgt, zu fassen:

	zu kürzen,		also nur	zu zahlen
für den Monat .... (bezw. für das Vierteljahr).	...... Mk.	...... Pf.	...... Mk.	...... Pf.
....	...... Mk.	...... Pf.	...... Mk.	...... Pf.

§ 10.

Hat der Rentenempfänger in Folge der Wegfallanweisung nichts mehr oder doch weniger, als bisher, zu erheben, so wird die Berufsgenossenschaft (außer der an die Post zu erlassenden Wegfallanweisung und beziehungsweise neuen Zahlungsanweisung) ihm sofort eine Benachrichtigung von der geschehenen Aenderung in der Anweisung an die Post zusenden. Daneben ist eine unmittelbare (erforderlichenfalls telegraphische) Benachrichtigung der Postanstalt, welche bisher die Zahlung geleistet hat, zulässig und in den Fällen, in welchen sonst eine Wiedereinziehung überhobener Beträge stattfinden würde, auch im Interesse der Arbeiter geboten. Die Uebersendung der Wegfallanweisung an die Obere Postbehörde ist in diesen Fällen thunlichst umgehend, spätestens jedoch innerhalb 8 Tagen, zu bewirken.

§ 11.

Die vom Genossenschaftsvorstande vollzogenen Anweisungen über Zahlungen, welche von den Sektionen festgesetzt sind, und die Wegfallanweisungen zu solchen Zahlungen können unmittelbar an diejenige Obere Postbehörde gesandt werden, zu deren Bezirk der Sitz des Sektionsvorstandes gehört. Doch hat der Genossenschaftsvorstand, welcher von der gedachten Befugnis Gebrauch machen will, auch bei dieser Oberen Postbehörde die erforderliche Hinterlegung der Unterschriften gemäß § 3 zu bewirken.

§ 12.

Die Formulare zu Zahlungsanweisungen, Wegfallanweisungen sind in der Größe eines halben Bogens, die Formulare zu Rentenquittungen in der Größe eines viertel Bogens in dem für die Reichsbehörden festgesetzten Aktenpapier-Format mittelst Buchdrucks herzustellen. Sie müssen hinsichtlich des Druckes, der Farbe und der Güte des Papiers (Normal 3a) den Probeformularen und Farbmustern entsprechen.

Zu den Zahlungsanweisungen für laufende monatliche und einmalige Zahlungen ist weißes, zu den Zahlungsanweisungen für laufende vierteljährliche Zahlungen graues, zu den Wegfallanweisungen hellrotes, zu den Quittungen durchweg weißes Papier zu verwenden.

Die Formulare der See-Berufsgenossenschaft erfahren folgende Abänderungen:

In den Formularen U 1, U 2 und U 3 wird in der rechten oberen Ecke der Vordruck beigefügt:

Zahlbar im Heimatshafen:

Im Formular U 3 muß es heißen:

zu 4: statt „Witwen“:

„$\frac{\text{Witwen}}{\text{Ehefrauen}}$“,

zu 4, 6 und 7: statt „Getöteter“:

„$\frac{\text{Getöteter}}{\text{Vermißter}}$“,

zu 8, 9, 10: statt „in einer Heilanstalt“:

„$\frac{\text{in einer Heilanstalt}}{\text{an Bord eines Schiffes}}$“,

zu 11: statt „eine Heilanstalt“:

„$\frac{\text{eine Heilanstalt}}{\text{den Führer eines Seefahrzeugs}}$“.

§ 13.

Die Ausfüllung der Formulare hat in leserlicher Schrift zu erfolgen. Die Monatsnamen sind auszuschreiben. Im einzelnen ist folgendes zu beachten:

Zu Formular U 1 und U 2.

In eine Anweisung über fortlaufende Zahlungen können Kosten des Heilverfahrens, Beerdigungskosten und Abfindungen, welche den Witwen Getödteter im Falle der Wiederverheiratung zustehen, mit aufgenommen werden. In diesem Falle ist hinter den Worten „einmalig sofort“ handschriftlich hinzuzufügen „einschließlich .... Mark Kosten des Heilverfahrens“ ꝛc. Die Kosten des Heilverfahrens, Beerdigungskosten und Abfindungen für Witwen im Falle der Wiederverheiratung sind in diesem Falle zusammen mit den sofort zahlbaren Rentenbeträgen in einer ungeteilten Summe anzusetzen.

Unterhalb des Vordrucks „fortlaufend am ersten jeden Monats (Vierteljahrs) für“ in der Abteilung II sind die Entschädigungsberechtigten zu bezeichnen, und zwar so genau, als es erforderlich ist, um dem Beamten, welcher die Lebensbescheinigung unter den Rentenquittungen ausstellt, die sichere Unterscheidung von anderen Personen zu ermöglichen.

In Fällen, in welchen ausnahmsweise bereits zur Zeit der Ausfertigung der Anweisung der Zeitpunkt feststeht, in welchem die Anweisung spätestens außer Kraft treten muß, kann dieser Zeitpunkt unter II b rechts hinter dem Vordrucke „monatlich“ beziehungsweise „vierteljährlich“ angegeben werden. Ein solcher Zeitpunkt ist bei Renten für Kinder der Tag, an welchem das Kind, beziehungsweise von mehreren Kindern das älteste, das fünfzehnte Lebensjahr vollendet. Zu diesem Zeitpunkte muß eine Wegfallanweisung und letzterenfalls zugleich eine neue, die Namen der nunmehr rentenberechtigt bleibenden Kinder enthaltende Anweisung erlassen werden, und zwar — wegen der erforderlichen Beglaubigungen (Lebensbescheinigungen) — auch dann, wenn die angewiesene monatliche Gesamtsumme sich nicht verändert.

Zu Formular U 1, U 2 und U 3.

Die für die Vermerke der Postbehörden vorbehaltenen Teile der Formulare dürfen seitens der Berufsgenossenschaften mit keiner Art von Schriftzeichen bedeckt werden.

Die Person des Zahlungsempfängers ist in der ersten Abteilung so genau zu bezeichnen, daß jeder Ungewißheit vorgebeugt wird, insbesondere empfiehlt es sich, bei der Angabe des Wohnorts den Verwaltungsbezirk (Kreis, Amt, Regierungsbezirk) und den Staat, in welchem der Wohnort belegen ist, zu bezeichnen. Erwünscht ist, daß in den Anweisungen neben dem Familiennamen nur der Rufname eingerückt wird, soweit dieser ohne Weiterungen festzustellen ist und nicht dadurch die Möglichkeit von Verwechselungen geschaffen wird (zu vergleichen Rundschreiben vom 6. Juni 1895 — $\frac{\text{I. 10 734}}{\text{II. 3 371}}$ —).

Die zu zahlenden Beträge müssen aus der Anweisung zu ersehen sein, ohne daß es hierzu einer Berechnung bedarf.

Zu Formular U 1, U 2, U 3 und U 4.

Den Berufsgenossenschaften ist überlassen, auf der im Kopfe unter der Bezeichnung der Berufsgenossenschaft vorgesehenen Linie zur Kennzeichnung der Unfälle, durch welche die Anweisungen veranlaßt worden sind, ihre Aktenzeichen oder ihre laufende Geschäftsnummer anzugeben. Diese Angabe wird von den Postverwaltungen in die Nachweisungen der gezahlten Unfallentschädigungen mit aufgenommen werden. Bei der Gestaltung dieser Aktenzeichen ist auf thunlichste Vereinfachung zu achten. In der Regel wird ein Zeichen genügen, welches sich entweder aus der Nummer des beim Genossenschafts- oder Sektionsvorstande geführten Tagebuchs und etwa einer zweistelligen Jahreszahl, z. B. 3784. 89, zusammensetzt oder aus drei ein- oder mehrstelligen Zahlen, deren eine die Nummer der Sektion — die auch bei den landwirtschaftlichen Berufsgenossenschaften zweckmäßiger ist, als der Name ihres Sitzes —, die andere die laufende Nummer irgend eines Registers (Unfall-, Entschädigungs-, Postregister &c.) und die dritte, wenn noch notwendig, eine Jahreszahl darstellt, z. B. 27. 235. 86 oder VI. 231. 87.

Für Zahlungen zu Lasten der Versicherungsanstalten der Baugewerks-Berufsgenossenschaften und der Tief-Bauberufsgenossenschaft würde dem nur ein A = Anstalt hinzuzufügen sein wobei bemerkt werden mag, daß ein V (Versicherungsanstalt) sich jedenfalls dann nicht empfiehlt, wenn die Nummern der Sektionen in römischen Ziffern geschrieben werden, weil das V zu Verwechselungen mit einer römischen V Anlaß geben könnte.

Sofern einzelne Berufsgenossenschaften glauben, mit noch einfacheren Zeichen auskommen zu können, wird dies nur zu billigen sein. Andererseits soll es denjenigen Berufsgenossenschaften, welche noch weiterer Einzelangaben auf den Anweisungen zur Förderung ihres inneren Geschäftsverkehrs zu bedürfen meinen, wie z. B. einzelne Berufsgenossenschaften in Anweisungen für Zahlungen an Aerzte, Angehörige, Kassen &c die genauen Personalien des Verletzten aufnehmen, nicht benommen sein, diese Bezeichnungen einzusetzen; nur können dieselben von den Postbehörden nicht in die Nachweisungen übernommen werden und sind sie, um Irrtümer, insbesondere eine Vermischung mit den Aktenzeichen zu vermeiden, nicht neben oder unmittelbar unter dieses einzurücken, sondern auf den freien Seitenrand der Formulare von oben nach unten (zu vergl. Nr. 1 des Rundschreibens vom 27. April 1892, Amtliche Nachrichten des R. V. A. 1892 S. 279).

Das Dienstsiegel ist auf den Anweisungen ausschließlich mittelst Farbstempels herzustellen. Siegellack, Wachs &c. und Trocken-(Relief-)stempel dürfen nicht verwendet werden.

§ 14.

Die Zahlung von Unfallentschädigungen für im Auslande befindliche Personen erfolgt in der Regel nicht nach Maßgabe der in § 97 des Gewerbe-Unfallversicherungsgesetzes und in den entsprechenden Bestimmungen der übrigen Unfallversicherungsgesetze gegebenen Vorschriften für im Inlande wohnende Personen, sondern auf irgend eine zweckentsprechende Art auf Gefahr und Kosten der Empfänger. Jedoch ist es zulässig, daß

1. die Zahlung der Renten an Personen, die in den Grenzgebieten wohnen, für welche durch Bundesratsbeschluß vom 13. Oktober 1900 die Vorschrift über das Ruhen des Rechts auf Rente außer Kraft gesetzt worden ist (zu vergleichen die Bekanntmachung vom 16. Oktober 1900, Amtliche Nachrichten des R.V.A. 1900 Seite 740), durch eine dem Wohnorte des Rentenberechtigten benachbarte inländische Postanstalt erfolgt, deren Auswahl dem Vorstande der Berufsgenossenschaft nach Benehmen mit dem Rentenberechtigten obliegt. Dabei ist auch die Art der Beglaubigung der Quittungen in das Ermessen des Vorstandes der Berufsgenossenschaft gestellt, welcher demgemäß in jedem einzelnen Falle die Postanstalt, welcher die Zahlung der Rente obliegen soll, zu bezeichnen und in der Zahlungsanweisung genau anzugeben hat, welche Anforderungen von der Postanstalt hinsichtlich der Beglaubigung der Quittungen zu stellen sind,
2. unter gewissen Voraussetzungen die Zahlung von Unfallentschädigungen (einschließlich Abfindungen) auch für anderweit im Auslande befindliche Personen durch Vermittelung der inländischen Postanstalten erfolgt.

   Diese Unfallentschädigungen können an einen im Inlande wohnhaften Bevollmächtigten der im Auslande befindlichen Entschädigungsberechtigten durch die Postanstalten ausgezahlt werden, sofern in der Zahlungsanweisung dieser Bevollmächtigte als Empfänger bezeichnet ist, und die zu den Quittungen erforderlichen Bescheinigungen (über Leben, fortdauernden Witwenstand 2c. der zu entschädigenden Personen) durch eine deutsche Gesandtschaft oder einen deutschen Konsul im Ausland ausgestellt worden sind. Die Ausstellung der Bescheinigungen durch ausländische Behörden ist im allgemeinen nicht für ausreichend zu erachten. Nur für das Gebiet der Königlich bayerischen Postverwaltung sind auch solche Bescheinigungen über Leben, fortdauernden Witwenstand 2c. für ausreichend anzusehen, welche von einer Königlich bayerischen Gesandtschaft im Ausland ausgestellt werden (zu vergl. Rundschreiben vom 29. Juni 1893, Amtliche Nachrichten des R. V. A. 1893 S. 210).

§ 15.

Diese Geschäftsanweisung tritt am 15. Januar 1901 in Kraft. Gleichzeitig verliert die Geschäftsanweisung vom 7. Dezember 1889 (Amtliche Nachrichten des R. V. A. 1889 S. 399) ihre Gültigkeit.

Die noch vorhandenen, nach den bisherigen Mustern hergestellten Formulare können bis zum 31. März 1901 verwendet und von diesem Zeitpunkt an für die von den Berufsgenossenschaften zurück zu behaltenden Aktenurschriften (oben § 4) aufgebracht werden.[1])

Auch können die alten Anweisungen zu Monatsrenten bis zu diesem Zeitpunkt unter entsprechender handschriftlicher Aenderung des Vordrucks zur Anweisung von Vierteljahrsrenten benutzt werden.[1])

Das Reichs-Versicherungsamt.
Abteilung für Unfallversicherung.
Gaebel.

[1]) Zu vergleichen jedoch das nachstehende Rundschreiben vom 9. Februar 1901. — I. 2243.

Anhang IX.

Rundschreiben

des Reichs-Versicherungsamts vom 5. Juli 1901, betr. die Verpflichtungen von unfallberechtigten Inländern, welche im Auslande sich aufhalten.

(A.N. 1901 S. 451 ff.)

Vom 5. Juli 1901 — I. 10035 —.

Dem Vorstand / Der Ausführungsbehörde übersendet das Reichs-Versicherungsamt ergebenst die anliegenden[1]) gemäß § 94 Ziffer 3 des Gewerbe-Unfallversicherungsgesetzes, § 100 Ziffer 3 des Unfallversicherungsgesetzes für Land- und Forstwirtschaft und § 37 Abs. 1 des Bau-Unfallversicherungsgesetzes erlassenen Vorschriften zur gefälligen Beachtung.

Den Aeußerungen der Landes-Versicherungsämter, denen zur Mitteilung von Erfahrungen und Vorschlägen Gelegenheit gegeben worden ist, wie den über dieselben Punkte erforderten und von sämtlichen Berufsgenossenschaften erstatteten Berichten verdankt das Reichs-Versicherungsamt schätzenswerte Anregungen. Zahlreiche, zum Teil von mehreren Versicherungsträgern übereinstimmend geäußerte Wünsche und Vorschläge mußten jedoch als außerhalb des Rahmens der Aufgabe liegend oder aus sonstigen Gründen unberücksichtigt bleiben.

Dahin gehört zunächst die Frage der Inländereigenschaft, die nicht allgemein zu beurteilen, sondern nach Lage des Einzelfalls — soweit erforderlich, durch die Rechtsprechungsinstanzen — zu entscheiden ist.

Ferner war Alles bei Seite zu lassen, was sich auf die Art und Weise der Rentenzahlung bezieht. Es wird in dieser Hinsicht auf § 14 der Geschäftsanweisung für die Vorstände der Berufsgenossenschaften, betreffend die Auszahlungen durch die Post, vom 31. Dezember 1900 (Amtliche Nachrichten des R.V.A. 1901 Seite 219 ff.) verwiesen und nur bemerkt, daß es sich selbstverständlich empfehlen wird, thunlichst dahin zu wirken, daß die Ausstellung der erforderlichen Beglaubigungen und Bescheinigungen (über Leben, fortdauernden Witwenstand &c. der zu entschädigenden Personen) sowie sonstige die Rentenzahlung betreffende amtliche Beurkundungen oder Verhandlungen mit den Vorstellungen beim Konsul &c. verbunden werden. Sache der zuständigen Versicherungsorgane wird es sein, in dieser Beziehung das Geeignete zu veranlassen.

Auch darauf hatten sich die Vorschriften nicht zu erstrecken, in welcher Weise eine etwaige Veränderung der für die Feststellung der Entschädigung maßgebend gewesenen Verhältnisse im Einzelnen zu ermitteln ist. Denn nur die Anzeige- und Vorstellungspflicht war vom Reichs-Versicherungsamte zu regeln, und wenn damit auch nach der ausgesprochenen Absicht des Gesetzgebers (zu vergleichen Stenographische Berichte des Reichstags 10. Legislatur-Periode, I. Session Seite 5776) gerade die Ausübung der Kontrole über das Fortbestehen des früheren Zustandes den Berufsgenossenschaften &c. ermöglicht werden soll, so bleibt diesen doch in Betreff der Auswahl und Durchführung darauf abzielender Maßnahmen — soweit nicht etwa andere Bestimmungen entgegenstehen — vollkommen freie Hand. Wie bisher schon vielfach geschehen ist, können deutsche und ausländische Aerzte im Ausland, insbesondere solche, die von deutschen Behörden oder Beamten als geeignet bezeichnet werden, um Untersuchung der rentenberechtigten Verletzten und Erstattung von Gutachten über die bestehenden Unfallfolgen und deren etwaige Veränderung ersucht werden. Zu solcher Begutachtung wird sich häufig am Sitze der deutschen Konsulate Gelegenheit bieten, und so werden naturgemäß die Vorstellungen daselbst öfters zur Herbeiführung einer ärztlichen Untersuchung

[1]) Zu vergl. unten S. 455 und 456.

benutzt werden können. Unter Umständen kann aber auch die Einnahme des Augenscheins durch das Konsulat oder die Feststellung der Erwerbsverhältnisse auf Grund einer Vernehmung des Verletzten durch diese Behörde genügen, um eine die Aenderung der Rente rechtfertigende Zu- oder Abnahme der Erwerbsfähigkeit anzunehmen und eine ärztliche Begutachtung entbehrlich zu machen.

Ob und in welcher Weise die mit der Untersuchung betrauten Aerzte — namentlich ausländische — über die einschlägigen gesetzlichen Vorschriften und gewisse Grundsätze der Rechtsprechung oder sonst in Betracht kommende Gesichtspunkte zu unterrichten seien, haben gleichfalls die Berufsgenossenschaften rc. selbst zu ermessen.

Ebenso mögen sie die durch solche Untersuchungen und andere Erhebungen (auch für Uebersetzungen fremdsprachlicher Gutachten rc.) entstehenden Gebühren auf den ihnen im Einzelfalle geeignet erscheinenden Wege entrichten.

Zur Durchführung aller derartigen Maßnahmen werden die Versicherungsträger im Rahmen der §§ 144 des Gewerbe-Unfallversicherungsgesetzes, 154 des Unfallversicherungsgesetzes für Land- und Forstwirtschaft und 45 des Bau-Unfallversicherungsgesetzes vom 30. Juni 1900 die Mitwirkung der deutschen öffentlichen Behörden auch im Ausland in Anspruch nehmen dürfen und bei diesen, auch hiervon abgesehen, Entgegenkommen finden, wie dies inhaltlich der berufsgenossenschaftlichen Berichte schon bisher der Fall war und in Zukunft umsomehr erhofft werden darf, als der Herr Staatssekretär des Auswärtigen Amtes sich mit Inhalt und Fassung der anliegenden Bestimmungen, soweit diese seinen Geschäftsbereich berühren, einverstanden erklärt hat.

Im Anschlusse hieran sei erwähnt, daß in den deutschen Schutzgebieten, die für die Unfallversicherung als Ausland gelten, für die Vorstellung der rentenberechtigten Inländer die Bezirksamtmänner sowie die Stations- und Distriktschefs in Betracht kommen. Wo solche Stellen bestehen, ergiebt sich aus dem in Heft 1 des Jahrgangs 1900/1901 der „Beiträge zur Kolonialpolitik und Kolonialwissenschaft“ erschienenen Artikel „Die Kolonialbehörden, deren Zuständigkeit und Verfahren“ (Seite 6 ff.) und wird nötigenfalls mit Hilfe des Auswärtigen Amtes festzustellen sein.

Wie schon hieraus hervorgeht und auch aus den Erörterungen im Reichstag entnommen werden kann, hat das Gesetz mit der Bestimmung, daß die Vorstellung „bei einem deutschen Konsul“ zu erfolgen habe, nur den Regelfall bezeichnen wollen. Abgesehen davon, daß im Notfall auch andere deutsche Behörden und Beamte im Auslande hierzu in Anspruch genommen werden können, wird nichts im Wege stehen, die Vorstellung auch bei deutschen Behörden im Inlande stattfinden zu lassen, was sich namentlich dann empfehlen wird, wenn der Berechtigte sich nicht fern von der deutschen Grenze aufhält (zu vergleichen § 5 Abs. 1 der Vorschriften). Auch in dieser Hinsicht greift das Ersuchungsrecht der Berufsgenossenschaften nach § 144 des Gewerbe-Unfallversicherungsgesetzes und den entsprechenden Bestimmungen der verwandten Gesetze Platz.

Im übrigen wird das Ruhen des Rechtes auf Bezug der Rente nicht nur bei Nichtbefolgung der Vorschriften über die Mitteilung des ausländischen Aufenthalts einzutreten haben, wie Abs. 1 der Ziffer 3 der eingangs bezeichneten Gesetzesstellen besagt, sondern, wie aus ihrem letzten Absatze zu entnehmen ist, auch dann, wenn der Vorstellungspflicht nicht genügt wird. Entsprechend müssen auch hinsichtlich der Vergünstigung, daß das Rentenbezugsrecht bei nachträglicher Entschuldigung wieder auflebt, beide Obliegenheiten einander gleichstehen. Dies in den Vorschriften über die Mitteilungspflicht auszusprechen (§ 7), hat sich das Reichs-Versicherungsamt für befugt erachtet, weil darin eine gewisse Einschränkung jener Pflicht liegt.

Daß es zur Herbeiführung des Ruhens der Rente der Zustellung eines die Rentenzahlung einstellenden berufungsfähigen Bescheids bedarf, ergiebt sich aus § 89 Abs. 4 und § 91 des Gewerbe-Unfallversicherungsgesetzes und den entsprechenden Bestimmungen der übrigen Unfallversicherungsgesetze. Die Art der Zustellung eines solchen Bescheids regelt sich nach § 155 des Gewerbe-Unfallversicherungsgesetzes rc., und zwar auch für den Fall, daß der Aufenthalt des Rentenberechtigten unbekannt ist. Die gegen diese gesetzliche Bestimmungen von mehreren Berufsgenossenschaften vorgebrachten Bedenken mußten selbstverständlich hier unbeachtet bleiben.

Damit aber das zuständige Rentenfestsetzungsorgan in der Lage ist, gegen einen ausgewanderten Inländer wegen Nichtmitteilung seines Aufenthalts im Auslande den Einstellungsbescheid zu erlassen, mußte bestimmt werden, wann diese Mitteilung frühestens als unterlassen angesehen werden darf. Die deswegen im § 2 der Vorschriften festgesetzten Fristen sind — in Anlehnung an gesetzliche Bestimmungen ähnlicher Art — so bemessen, daß sie die für die Reise des Rentenberechtigten nach seinem ausländischen Aufenthaltsorte, für seine erste Einrichtung daselbst (Suchen eines Unterkommens, einer Arbeitsstelle ꝛc.) sowie für den Weg eines Briefes von dort nach Deutschland mutmaßlich erforderliche Zeit umfassen. Hieraus ergiebt sich zugleich, daß die Fristen mit dem Antritte der Reise in das Ausland zu beginnen haben. Wo dieser Zeitpunkt sich nicht wenigstens annähernd ermitteln läßt, kann er, wie im § 2 Abs. 2 vorgesehen, fingiert werden. In letzterem Falle muß aber wenigstens die Thatsache der Abreise nach dem Auslande glaubhaft gemacht sein, da es sonst an jedem Anhalte für die Annahme eines Aufenthalts im Auslande fehlen würde.

Die Vorschriften des § 2 gewähren sonach nur einen Notbehelf für den Fall, daß die Berufsgenossenschaft ꝛc. über den ausländischen Aufenthalt des Rentenberechtigten weder durch ihn selbst noch auf andere Weise hinreichende Kenntnis erhält. Der Rentenberechtigte kann sich seinerseits nicht ohne weiteres auf diese Fristen berufen. Er hat vielmehr unverzüglich, d. h. „ohne schuldhaftes Zögern" (zu vergleichen § 121 des Bürgerlichen Gesetzbuchs für das Deutsche Reich) die Mitteilung zu erstatten, und zwar in einer ihrem Zwecke genügenden Weise (§ 1 der Vorschriften). Völlig unzureichende Angaben werden unter Umständen so zu behandeln sein, als ob sie überhaupt nicht erfolgt wären.

Ist der Aufenthalt einmal bekannt, so bedarf es nicht der wiederholten Anzeige seines Fortbestehens. Wohl aber muß auch das Verziehen in eine andere Wohnung oder nach einem anderen Orte innerhalb des Auslandes in derselben Weise gemeldet werden, wie die erste Wohnungnahme daselbst. Für den Fall der Unterlassung war wiederum eine Fristbestimmung erforderlich. Da aber nicht allen hierbei denkbaren Verschiedenheiten Rechnung getragen werden kann, so ist eine einheitliche Durchschnittsfrist gewählt worden (§ 3).

Eine Vereinbarung anderer als der in den §§ 2 und 3 der Vorschriften vorgesehenen Fristen erscheint nicht nur zulässig, sondern ist auch — namentlich im Hinblick auf § 89 Abs. 4 des Gewerbe-Unfallversicherungsgesetzes ꝛc. — den Versicherungsträgern dringend anzuraten (§ 4). Gelegenheit dazu wird sich namentlich bieten, wenn ein Rentenempfänger, wie es nicht selten vorkommen dürfte, seine auf Auswanderung gerichtete Absicht der Berufsgenossenschaft ꝛc. persönlich anzeigt, ohne doch bereits genaue Angaben über seinen künftigen Aufenthalt machen zu können.

Die Mitteilung soll regelmäßig demjenigen Rentenfestsetzungsorgan erstattet werden, welches die Rentenzahlung zu leisten oder anzuweisen hat (§ 1), weil diese Stelle vorwiegend dabei interessiert und andererseits dem Rentenempfänger am besten bekannt ist. Indessen wird auch nach Lage des Falles eine Anzeige bei einem anderen Organe derselben Berufsgenossenschaft (Sektionsvorstand, Vertrauensmann) als genügend gelten können.

Das Gesetz spricht in den fraglichen Bestimmungen von den „berechtigten Inländern" schlechthin. Daß jedoch die Vorstellungspflicht nur den Verletzten auferlegt werden sollte, folgt aus dem Zwecke dieser Maßregel und läßt sich auch aus den Verhandlungen des Reichstags ersehen. Dagegen kann die Mitteilung des Aufenthaltsorts auch bei solchen Personen, die als Hinterbliebene eines Verletzten Rente beziehen, für die Berufsgenossenschaft von Wert sein, z. B. behufs rechtzeitiger Feststellung der fortdauernden Bedürftigkeit ꝛc. Auf diesen Erwägungen beruht die verschiedene Bezeichnung der Verpflichteten in den §§ 1 und 5 der Vorschriften.

Nach den Aeußerungen mehrerer Berufsgenossenschaften bedarf es in einer großen Anzahl von Fällen der Ueberwachung und Nachuntersuchung der Rentenberechtigten im Auslande nicht, weil meist nur solche Verletzte auswandern, die fast völlig wiederhergestellt sind und deshalb nur geringe Renten beziehen, oder deren Zustand ein abgeschlossener ist. Die Möglichkeit der Kapitalabfindung nach § 95 Abs. 1 und 3 des Gewerbe-Unfallversicherungsgesetzes und der entsprechenden Bestimmungen der übrigen Unfallversicherungsgesetze wird voraussichtlich den Kreis der ersterwähnten Personen noch weiter beschränken. Auf der anderen Seite werden die Vorstellungen beim Konsul ꝛc., wie ebenfalls in den berufsgenossenschaftlichen Berichten mehrfach geltend gemacht worden ist, nicht selten zeitraubende, beschwerliche und kostspielige Reisen erfordern. Alle diese Erwägungen haben dem Reichs-Versicherungsamte Veranlassung gegeben, die Vorstellungspflicht auch nicht für alle rentenberechtigten Verletzten schlechthin anzuordnen, sondern — wie übrigens auch von einem Landes-Versicherungsamte vorgeschlagen worden ist — es den Versicherungsträgern zu überlassen, nur in den ihnen geeignet erscheinenden Fällen die Vorstellung zu verlangen (§ 5).

Diese Einschränkung entspricht auch insofern der Billigkeit, als den Berufsgenossenschaften ꝛc. die Verpflichtung auferlegt worden ist, den Verletzten die durch die Vorstellung entstehenden notwendigen Kosten zu ersetzen (§ 6). Für diese Regelung der Kostenfrage war maßgebend, daß die Vorstellungen, zumal wenn sie nur auf Erfordern der Berufsgenossenschaften zu erfolgen haben, vorwiegend im Interesse der letzteren liegen werden, daß ohne die Erstattungspflicht der Berufsgenossenschaften die Rentenberechtigten vielfach einen der Rente für einen längeren Zeitraum entsprechenden Geldbetrag opfern müßten, und daß seitens mehrerer Berufsgenossenschaften die Kostenlast als ihnen obliegend anerkannt und wiederholt thatsächlich übernommen worden ist. Im Bedarfsfalle werden die Versicherungsträger auch nicht umhin können, dem Verletzten einen Kostenvorschuß zu der Reise zu gewähren.

Unzweifelhaft ist es Sache der Berufsgenossenschaft, welche die Vorstellung erfordert, dem Verletzten den Beamten oder die Behörde genau zu bezeichnen, wo er sich vorstellen soll. Welche Stellen hierfür in Betracht kommen, ist oben erörtert.

Für die Zeiträume, in denen die Vorstellungen beansprucht werden können, sind Mindestgrenzen festgelegt, unter die nur bei ausdrücklichem Einverständnisse hinabgegangen werden kann. Längere Zeitabschnitte zu wählen, bleibt dem Ermessen der Berufsgenossenschaften überlassen. Im übrigen sind diese Vorschriften mit Rücksicht auf den erwähnten Zweck der Vorstellungen mit den Bestimmungen des § 88 des Gewerbe-Unfallversicherungsgesetzes ꝛc. in Einklang gebracht.

Weitergehende, auf dem Gesetze beruhende Rechte der Versicherungsträger (zu vergleichen Handbuch der Unfallversicherung Anmerkung 3 zu § 5 und Anmerkung 8e zu § 65 des Unfallversicherungsgesetzes vom 6. Juli 1884) werden durch die anliegenden Vorschriften nicht berührt.

Das Reichs-Versicherungsamt wird für die Bekanntmachung der Vorschriften Sorge tragen; auch hat das Auswärtige Amt seine Vermittelung zur Bekanntgabe derselben in den Konsularbezirken und Schutzgebieten in Aussicht gestellt. Die Vorstände der Berufsgenossenschaften und die Ausführungsbehörden wollen sich aber auch ihrerseits die thunlichste Verbreitung der Kenntnis dieser Vorschriften in den Kreisen der Versicherten angelegen sein lassen.

Das Reichs-Versicherungsamt.

Abteilung für Unfallversicherung.

Gaebel.

Vorschriften

über die Verpflichtungen von unfallrentenberechtigten Inländern, welche im Auslande sich aufhalten.

Vom 5. Juli 1901.

In Ausführung der Bestimmungen des § 94 Ziffer 3 des Gewerbe-Unfallversicherungsgesetzes (Reichs-Gesetzbl. 1900 Seite 585), § 100 Ziffer 3 des Unfallversicherungsgesetzes für Land- und Forstwirtschaft (Reichs-Gesetzbl. 1900 Seite 641), § 37 Abs. 1 des Bau-Unfallversicherungsgesetzes (Reichs-Gesetzbl. 1900 S. 698) werden die nachstehenden Vorschriften erlassen.

§ 1.

Nimmt ein rentenberechtigter Inländer seinen gewöhnlichen Aufenthalt im Auslande, so hat er der die Rente zahlenden Berufsgenossenschaft unverzüglich diesen Aufenthalt so mitzuteilen, daß Postsendungen unter der angegebenen Adresse bestellbar sind. Die Mitteilung kann schriftlich, telegraphisch oder zu Protokoll erfolgen.

§ 2.

Die Mitteilung gilt als unterlassen im Sinne der Ziffer 3 Abs. 1 der §§ 94 des Gewerbe-Unfallversicherungsgesetzes und 100 des Unfallversicherungsgesetzes für Land- und Forstwirtschaft, wenn die Abreise des Rentenberechtigten ins Ausland glaubhaft gemacht, innerhalb der Mitteilungsfrist aber keine den Vorschriften des § 1 entsprechende Mitteilung der Berufsgenossenschaft zugegangen ist.

Diese Frist beginnt mit dem Tage, an welchem die Reise ins Ausland angetreten worden ist, oder, sofern dieser Zeitpunkt nicht feststeht, mit dem Tage, an welchem die Bestellung einer Postsendung der Berufsgenossenschaft an den Rentenberechtigten unter seiner letzten bekannten Adresse im Inlande wegen Verlassens dieses Aufenthaltsortes nicht hat bewirkt werden können.

Die Frist beträgt:

1. wenn der angegebene oder nach den Umständen anzunehmende ausländische Aufenthaltsort innerhalb Europas belegen ist .... drei Monate,
2. wenn dieser Ort in den Küstenländern von Asien und Afrika längs des Mittelländischen und Schwarzen Meeres oder auf den dazu gehörigen Inseln belegen ist .... sechs Monate,
3. wenn dieser Ort in einem sonstigen außereuropäischen Lande belegen ist .... neun Monate.

Im Zweifel ist die längere Frist maßgebend.

§ 3.

Bei jedem Wechsel des gewöhnlichen Aufenthalts innerhalb des Auslandes finden die Vorschriften der §§ 1 und 2 entsprechende Anwendung mit der Maßgabe, daß für die Berechnung der Mitteilungsfrist der letzte bekannte Aufenhaltsort im Ausland an die Stelle des letzten inländischen Wohnorts tritt, und daß die Frist in allen Fällen sechs Monate beträgt.

§ 4.

Eine ausdrückliche Vereinbarung zwischen der Berufsgenossenschaft und dem Rentenberechtigten über die anderweite Festsetzung des Beginns und der Dauer der in den §§ 2 und 3 bestimmten Fristen ist zulässig.

§ 5.

Auf Erfordern der die Rente zahlenden Berufsgenossenschaft haben die rentenberechtigten Verletzten sich von Zeit zu Zeit bei dem örtlich zuständigen deutschen Konsul oder einer ihnen zu bezeichnenden anderen deutschen Behörde persönlich vorzustellen.

Diese Vorstellung darf, sofern nicht zwischen der Berufsgenossenschaft und dem Rentenberechtigten über einen kürzeren Zeitraum ausdrückliches Einverständnis erzielt ist,

1. innerhalb der ersten zwei Jahre von der Rechtskraft des Bescheids oder der Entscheidung ab, durch welche die Entschädigung zuerst endgültig festgestellt worden ist,
   a) von den am Sitze der Behörde wohnenden oder dort regelmäßig beschäftigten Verletzten nur in Zeiträumen von mindestens .. sechs Monaten,
   b) von anderen Verletzten nur in Zeiträumen von mindestens neun Monaten,
2. in allen übrigen Fällen nur in Zeiträumen von mindesten ... einem Jahre

verlangt werden.

§ 6.

Die Berufsgenossenschaft, welche die Vorstellung angeordnet hat, ist verpflichtet, den Verletzten die zur zweckentsprechenden Ausführung der Reise aufgewendeten Kosten an Reise-, Uebernachtungs- und Zehrungsgeld sowie den dadurch entgangenen Arbeitsverdienst zu erstatten.

§ 7.

Die Bestimmung unter Ziffer 3 Abs. 3 der §§ 94 des Gewerbe-Unfallversicherungsgesetzes und 100 des Unfallversicherungsgesetzes für Land- und Forstwirtschaft gilt auch für die Pflicht zur Mitteilung des Aufenthalts.

§ 8.

Diese Vorschriften treten am 1. Oktober 1901 in Kraft.

Sie finden entsprechende Anwendung auf die rentenberechtigten Inländer, welche an diesem Tage bereits ihren gewöhnlichen Aufenthalt im Auslande genommen oder die Reise ins Ausland angetreten haben.

Für solche Personen beginnen die in den §§ 2 und 3 vorgesehenen Mitteilungsfristen mit dem Tage des Inkrafttretens dieser Vorschriften.

Der Mitteilung des Aufenthalts, an dem sich ein Berechtigter zu diesem Zeitpunkte befindet, bedarf es nicht, wenn seine ausländische Adresse der die Rente zahlenden Berufsgenossenschaft bereits früher genau (§ 1) mitgeteilt worden ist.

§ 9.

Soweit die Rente von einer Ausführungsbehörde (§§ 128 ff. des Gewerbe-Unfallversicherungsgesetzes, §§ 134 ff. des Unfallversicherungsgesetzes für Land- und Forstwirtschaft, § 6 Ziffer 2 und 3 und §§ 42, 43 des Bau-Unfallversicherungsgesetzes) gezahlt wird, tritt diese hinsichtlich der vorstehenden Bestimmungen an die Stelle der Berufsgenossenschaft.

Berlin, den 5. Juli 1901.

Das Reichs-Versicherungsamt.
Abteilung für Unfallversicherung.
Gaebel.

Anlage X.

Bestimmungen

des Reichs-Versicherungsamts vom 15. August 1901, betr. die auf Grund des Gewerbe- und des Bau-Unfallversicherungsgesetzes vorzunehmenden Wahlen von Vertretern der Arbeiter.

(Wahlordnung.)

(A.N. 1901 S. 549 ff.)

Nach den §§ 113 ff. des Gewerbe-Unfallversicherungsgesetzes vom 30. Juni 1900 in Verbindung mit § 40 des Bau-Unfallversicherungsgesetzes von demselben Tage sind von den Genossenschafts- und Sektionsvorständen zu der Beratung und Beschlußfassung von Unfallverhütungsvorschriften sowie zur Begutachtung der nach § 120e Abs. 2 der Gewerbeordnung zu erlassenden Vorschriften Vertreter der Arbeiter zuzuziehen. Für die Wahl dieser Vertreter werden auf Grund des § 114 Abs. 3 in Verbindung mit § 127 Abs. 1 des Gewerbe-Unfallversicherungsgesetzes, soweit es sich um Berufsgenossenschaften handelt, welche der Aufsicht des Reichs-Versicherungsamts unterstellt sind, folgende Bestimmungen erlassen:

§ 1.

Für jede Berufsgenossenschaft oder, wenn die Berufsgenossenschaft in Sektionen eingeteilt ist, für jede berufsgenossenschaftliche Sektion sind soviel Vertreter der Arbeiter zu wählen, als die Zahl der Mitglieder des Genossenschafts- beziehungsweise Sektionsvorstandes beträgt.

Für jeden Vertreter ist ein erster und ein zweiter Ersatzmann zu wählen, welche ihn in Behinderungsfällen zu ersetzen und im Falle des Ausscheidens für den Rest der Wahlperiode in der Reihenfolge ihrer Wahl einzutreten haben.

§ 2.

Die Wahl der Vertreter der Arbeiter und ihrer Ersatzmänner erfolgt unter Leitung eines Beauftragten des Reichs-Versicherungsamts mittelst schriftlicher Abstimmung.

§ 3.

Wahlberechtigt sind die Ausschüsse derjenigen Versicherungsanstalten, auf deren Bezirke sich die Berufsgenossenschaft oder Sektion erstreckt. An der Wahl dürfen jedoch nur diejenigen Mitglieder der Ausschüsse teilnehmen, die als Vertreter der Versicherten berufen sind.

Sind bei der Wahl der für eine Berufsgenossenschaft oder eine Sektion zu wählenden Vertreter die Ausschüsse mehrerer Versicherungsanstalten beteiligt, so werden für die Wahl besondere Bezirke gebildet. Die Abgrenzung derselben und die Festsetzung der Zahl der in jedem Wahlbezirk zu wählenden Vertreter der Arbeiter wird durch das Reichs-Versicherungsamt bewirkt. Dabei ist in der Regel die Zahl der bei den einzelnen Versicherungsanstalten nach Maßgabe der Tabelle I der Statistik der Invalidenversicherung (A.N. des Reichs-Versicherungsamts 1901 1. Beiheft Seite 50 ff.) vorhandenen versicherungspflichtigen Personen zu Grunde zu legen; doch kann das Reichs-Versicherungsamt, wenn der Bezirk einer einzelnen

Versicherungsanstalt für eine Berufsgenossenschaft oder eine Sektion gar nicht oder nur in sehr geringem Maße oder ganz überwiegend in Betracht kommt, dies bei der Festsetzung der Zahl der zu wählenden Vertreter berücksichtigen.

§ 4.

Die den einzelnen Ausschüssen zustehende Stimmenzahl wird in der Weise bestimmt, daß auf je volle 100000 im Bezirk der Versicherungsanstalt vorhandene versicherungspflichtige Personen eine Stimme entfällt mit der Maßgabe, daß Versicherungsanstalten, in deren Bezirk weniger als 100000 versicherungspflichtige Personen vorhanden sind, ebenfalls eine Stimme erhalten.

§ 5.

Wählbar sind deutsche, männliche, volljährige, auf Grund des Gewerbe- oder des Bau-Unfallversicherungsgesetzes versicherte Personen, welche in Betrieben der Mitglieder derjenigen Berufsgenossenschaft, für welche die Unfallverhütungsvorschriften erlassen werden sollen, beschäftigt sind. Nicht wählbar ist, wer zum Amte eines Schöffen unfähig ist (§ 32 des Gerichtsverfassungsgesetzes).

§ 6.

Die Vorstände der Versicherungsanstalten erhalten vom Reichs-Versicherungsamte behufs Vornahme der Wahl für jede für sie in Betracht kommende Berufsgenossenschaft oder Sektion je einen mit dem Stempel des Reichs-Versicherungsamts versehenen Stimmzettel, auf welchem der Name der wahlberechtigten Körperschaft, die ihr zustehende Stimmenzahl, der Name der Berufsgenossenschaft oder Sektion, die Zahl der hierfür zu wählenden Vertreter der Arbeiter, die Zusammensetzung der Wahlbezirke, endlich der Name und Wohnort des Beauftragten des Reichs-Versicherungsamts angegeben sind.

§ 7.

Die Vorstände der Versicherungsanstalten haben nach Empfang des Stimmzettels zu veranlassen, daß die Wahl auf die Tagesordnung der nächsten ordentlichen oder einer besonders zu berufenden außerordentlichen Versammlung des Ausschusses gesetzt wird.

Die von dem Ausschusse gewählten Vertreter und ihre Ersatzmänner sind unter Benutzung des auf dem Stimmzettel enthaltenen Vordrucks unter Angabe der Namen und Wohnorte (Wohnungen), sowie des Betriebes, in welchem die gewählten Personen beschäftigt sind, in die Stimmzettel einzutragen. Auf denselben ist zu bescheinigen, daß an der Wahl nur diejenigen Mitglieder des Ausschusses, welche als Vertreter der Versicherten berufen sind, teilgenommen haben. Die ausgefüllten Stimmzettel sind von dem Vorsitzenden des Ausschusses zu unterschreiben und durch Vermittelung des Vorstandes der Versicherungsanstalt innerhalb der von dem Reichs-Versicherungsamte bestimmten, auf dem Stimmzettel vermerkten Frist an den Beauftragten des Reichs-Versicherungsamts einzusenden.

§ 8.

Stimmzettel, welche nicht den richtigen Vordruck und den Stempel des Reichs-Versicherungsamts tragen, sind ungiltig. Etwaige Berichtigungen dürfen nur durch Ausstreichen und Zusetzen bewirkt werden. Stimmzettel, welche zwar nach Ablauf der festgesetzten Frist, jedoch vor Feststellung des Wahlergebnisses, bei dem Beauftragten eingegangen sind, sind noch zu berücksichtigen. Stimmen, welche auf nicht wählbare Personen entfallen oder die Gewählten nicht deutlich bezeichnen, werden nicht mitgezählt.

Sind auf einem Stimmzettel mehr Personen eingetragen, als zu wählen sind, so sind nur die Stimmen giltig, welche auf die zuerst und bis zur Erfüllung der Zahl der zu Wählenden eingetragenen Namen entfallen.

Ueber die Giltigkeit von Stimmzetteln und Stimmen entscheidet vorbehaltlich der Beschwerde an das Reichs-Versicherungsamt der Beauftragte.

§ 9.

Auf die in die Stimmzettel eingetragenen Personen entfallen so viele Stimmen, wie von dem Reichs-Versicherungsamte als Stimmenzahl des betreffenden Wahlkörpers in Gemäßheit des § 4 festgesetzt und in die Stimmzettel eingetragen worden sind.

Ueber die Wahl entscheidet die einfache (relative) Mehrheit der abgegebenen Stimmen, bei Stimmengleichheit das von dem Beauftragten des Reichs-Versicherungsamts zu ziehende Los.

Die Ermittelung des Wahlergebnisses erfolgt getrennt für die Vertreter der Arbeiter und für die Ersatzmänner.

Sind in einem Wahlbezirk mehrere Vertreter der Arbeiter mit ihren Ersatzmännern zu wählen, so gilt derjenige, welcher die meisten Stimmen als Vertreter der Arbeiter erhalten hat, als erster, derjenige, welcher die nächstmeisten Stimmen erhalten hat, als zweiter, derjenige, welcher danach die meisten Stimmen erhalten hat, als dritter Vertreter der Arbeiter und so fort.

Derjenige, welcher die meisten Stimmen als Ersatzmann erhalten hat, gilt als erster Ersatzmann des ersten, derjenige, welcher die nächstmeisten Stimmen erhalten hat, als erster Ersatzmann des zweiten, derjenige, welcher danach die meisten Stimmen erhalten hat, als erster Ersatzmann des dritten Vertreters der Arbeiter und so fort. Nach Erfüllung der Zahl der ersten Ersatzmänner ist diejenige Person, welche weiter die meisten Stimmen als Ersatzmann erhalten hat, als zweiter Ersatzmann des ersten, derjenige, welcher die nächstmeisten Stimmen erhalten hat, als zweiter Ersatzmann des zweiten, derjenige, welcher danach die meisten Stimmen erhalten hat, als zweiter Ersatzmann des dritten Vertreters der Arbeiter gewählt und so fort.

Ist eine Person zum Vertreter der Arbeiter gewählt, so kommen die auf sie bei der Ersatzmännerwahl etwa gefallenen Stimmen nicht mehr in Betracht.

§ 10.

Die gewählten Vertreter der Arbeiter und ihre Ersatzmänner werden durch den Beauftragten des Reichs-Versicherungsamts von der auf sie gefallenen Wahl unter Angabe der Berufsgenossenschaft und Sektion, für welche sie gewählt sind, schriftlich in Kenntnis gesetzt.

§ 11.

Sobald das Wahlergebnis feststeht, hat der Beauftragte die Namen der gewählten Vertreter der Arbeiter und ihrer Ersatzmänner unter Einreichung der Vorgänge dem Reichs-Versicherungsamte mitzuteilen. Letzteres setzt alsdann die Vorstände der Berufsgenossenschaften und Sektionen von dem Ausfall der Wahlen in Kenntnis.

§ 12.

Bei Nachwahlen finden die vorstehenden Bestimmungen entsprechende Anwendung.

Das Reichs-Versicherungsamt.
Gaebel.

Anmeldung zur Unfallversicherung.

(§ 35 des Unfallversicherungsgesetzes.)

Staat: .... **Höhere Verwaltungsbehörde:** .... **Untere Verwaltungsbehörde:** ....

Name des Unternehmers (Firma).	Gegenstand des Betriebes (der Hauptbetrieb ist zu unterstreichen).	Art des Betriebes (ob Hand-, Gas-, Dampfbetrieb 2c.)	Zahl der versicherten Personen.	Berufsgenossenschaft, welcher der Betrieb angehört.	Tag der Eröffnung des Betriebes bezw. des Beginns der Versicherungspflicht.	Bemerkungen.

...................................., den 19

Die Anmeldung ist in zwei Exemplaren bei der unteren Verwaltungsbehörde, in deren Bezirk der Betrieb belegen ist, gegen Empfangsbestätigung einzureichen. Das Unterlassen der Anzeige kann mit Ordnungsstrafe bis zu Dreihundert Mark (§ 104 Abs. 1 a. a. O.) bestraft werden; außerdem können über den säumigen Unternehmer Exekutivstrafen im Betrage bis zu Einhundert Mark verhängt werden (§§ 11, 35 a. a. O.).

Unterschrift des Anmeldepflichtigen:

Urschriftlich an den Vorstand der ....

.... Berufsgenossenschaft

zu

....

...................................., den 19

(Unterschrift der unteren Verwaltungsbehörde:)

....

....

Bekanntmachung

des Reichs-Versicherungsamts vom 1. Oktober 1900, betr. die Abänderung des Formulars für die Unfallanzeigen.

Mit dem Inkrafttreten des Gesetzes, betreffend die Abänderung der Unfallversicherungsgesetze, vom 30. Juni 1900 (Reichs-Gesetzbl. S. 573) ist eine veränderte Fassung des mit den Worten: „Zur Beachtung" überschriebenen Kopfes des durch die Bekanntmachung vom 1. Februar 1894 zuletzt festgesetzten Formulares für die Unfallanzeigen geboten.

Demgemäß wird das Formular auf Grund des § 63 Abs. 4 des Gewerbe-Unfallversicherungsgesetzes, des § 70 Abs. 4 des Unfallversicherungsgesetzes für Land- und Forstwirtschaft, des § 37 des Bau-Unfallversicherungsgesetzes und des § 67 des See-Unfallversicherungsgesetzes nunmehr in der aus der Anlage ersichtlichen Fassung mit der Maßgabe festgesetzt, daß die Benutzung des alten Formulars behufs Verbrauches der vorhandenen Bestände noch bis zum 1. Jannar 1902 zugelassen wird.

Dieses neue Formular gilt somit, wie das alte, für den Bereich sämtlicher auf Grund der Unfallversicherungsgesetze errichteten und noch zu errichtenden Berufsgenossenschaften, jedoch für den Bereich der See-Berufsgenossenschaft nur hinsichtlich der unter § 1 Abs. 1 Ziffer 2 und 3 des neuen See-Unfallversicherungsgesetzes fallenden Betriebe. Es ist nach Format, Farbe und Inhalt bindend.

Das durch die Bekanntmachung vom 23. Dezember 1887 für die Beschreibung der auf dem Schiff während der Reise sich ereignenden Unfälle (§ 65 Abs. 1 des See-Unfallversicherungsgesetzes vom 30. Juni 1900), für die Nachweisung der an Bord sich ereignenden Unfälle, welche die von der Führung eines Schiffsjournals entbundenen Führer kleinerer Fahrzeuge zu führen haben (§ 65 Abs. 2 a. a. O.), und für die vom Schiffsführer vor Antritt oder nach Beendigung der Reise zu erstattende Unfall-Anzeige (§ 65 vorletzter Abs. a. a. O.) festgesetzte bisherige Formular bleibt auch jetzt bis auf weiteres in Kraft.

Eine etwaige weitere Aenderung der Unfall-Anzeigeformulare, über deren Notwendigkeit zur Zeit Erhebungen stattfinden, bleibt vorbehalten.

Das Reichs-Versicherungsamt.

Gaebel.

Berufsgenossenschaft: ....

Sektion: .... Vertrauensmann: ....

Betriebsunternehmer: (Name, Stand, Firma, Betriebssitz [Ort, Straße, Hausnummer]) } ....
.... Genossenschaftkataster Nr. .... (vergl. Mitgliedsschein)

Unfall-Anzeige

an*) die Ortspolizeibehörde zu ....
Kreis (Amt ꝛc.)

*) In der Anzeige an das Genossenschaftsorgan ist dessen Adresse an die Stelle zu setzen.

Zur Beachtung.

Bei Vermeidung der gesetzlichen Strafe ist von jedem in einem versicherten Betriebe vorkommenden Unfall, durch welchen eine in demselben beschäftigte Person getödtet wird oder eine Körperverletzung erleidet, welche eine völlige oder teilweise Arbeitsunfähigkeit von mehr als drei Tagen oder den Tod zu Folge hat, von dem Betriebsunternehmer Anzeige zu erstatten:

1. bei der Ortspolizeibehörde, in deren Bezirke sich der Unfall ereignet hat oder — bei Unfällen auf der Reise — der erste Aufenthalt nach dem Unfalle genommen wird, und
2. bei dem durch das Statut bestimmten Genossenschaftsorgane (Genossenschafts-, Sektionsvorstand, Vertrauensmann).

Die Anzeige muß binnen drei (für das Gebiet der Seeunfallversicherung binnen zwei) Tagen nach dem Tage erfolgen, an welchem der Betriebsunternehmer von dem Unfall Kenntnis erlangt hat.

Für den Betriebsunternehmer kann derjenige, welcher zur Zeit des Unfalls den Betrieb oder den Betriebsteil, in welchem sich der Unfall ereignete, zu leiten hatte, die Anzeige erstatten; im Falle der Abwesenheit oder Behinderung des Betriebsunternehmers ist er dazu verpflichtet.

Für jede verletzte oder getödtete Person ist ein besonderes Anzeige-Formular auszufüllen.

Heftrand.

1. Wochentag, Datum, Tageszeit und Stunde des Unfalls.	....
2. a. Bezeichnung (Gegenstand) des Betriebes und b. Betriebsteil (Betriebszweig), in welchem der Verletzte den Unfall erlitt — möglichst nach der Bezeichnung (Ziffer) des Gefahrentarifs, wo ein solcher vorhanden ist —. c. Unfallstelle (Ort, Straße, Hausnummer ꝛc.).	a .... b .... c ....
3. a. Vor- und Zuname, Wohnort, Wohnung der getöteten oder verletzten Person (bei minderjährigen Personen auch: des Vaters oder Vormundes). b. Im Betriebe beschäftigt als (Art der Beschäftigung, Arbeitsposten)? c. Tag, Monat, Jahr der Geburt (wenn unbekannt, ungefähre Angabe des Lebensalters)? d. Ledig, verheiratet, verwitwet?	a .... b .... c .... d ....
4. a. Genaue Bezeichnung der Art der Verletzung und der verletzten Körperteile (rechts und links zu unterscheiden). (Wenn möglich, nach den Angaben des Arztes.) b. Ist der Verletzte durch den Unfall getödtet? c. Wird die Verletzung voraussichtlich den Tod, oder d. eine (irgendwelche) Beeinträchtigung der Erwerbs-(Arbeits-)fähigkeit von mehr als 13 Wochen zur Folge haben?	a .... b .... c .... d ....

Zu Amtl. Nachr. des R. V. A. Nr. 10 Seite 710.

[Vorderseite.]

5. a. **Ist für die Heilung gesorgt** **durch Aufnahme in ein Krankenhaus (genaue Bezeichnung derselben)? oder durch anderweite ärztliche Behandlung (zu Hause 2c.)?**	a ....
Name, Wohnort, Wohnung } I. des behandelnden,	I. ....
II. des zuerst zugezogenen **Arztes.**	II. ....
b. **Arbeitet der Verletzte trotz der Verletzung weiter?**	b ....
6. a. **Gehört der Verletzte einer Krankenkasse an?** (Genaue Bezeichnung und Sitz der Kasse.)	a ....
b. **Bezieht der Verletzte schon Unfall-, Invaliden- oder Altersrente?**	b ....
7. **Veranlassung und Hergang des Unfalls.** Hier ist eine möglichst eingehende Schilderung des Unfalls zu geben. Insbesondere ist die Arbeitsstelle (zum Beispiel: Werkstätte, Wald, Feld, Stall u. s. w.), wo, sowie die Arbeit (Maschine 2c.), bei welcher sich der Unfall ereignet hat, genau zu bezeichnen, geeigneten Falls unter Beifügung einer erläuternden Zeichnung.	
8. a. **Augenzeugen des Unfalls** } Vor- und Zuname, Stand, Wohnort, Wohnung.	a ....
b. **Anderweitige Personen, die zuerst von dem Unfall Kenntnis erhalten haben.** } Vor- und Zuname, Stand, Wohnort, Wohnung.	b ....
9. **Etwaige Bemerkungen** (z. B. Angabe von Vorkehrungen zur Verhütung ähnlicher Unfälle. War der Verletzte schon vor dem Unfalle ganz oder teilweise erwerbsunfähig? und anderes mehr).	....

Heftrand.

(Ort) ...., den .... 190.

Name des die Anzeige erstattenden Unternehmers oder Betriebsleiters.

....

[Rückseite.]

Verzeichnis der Schiedsgerichte für Arbeiterversicherung und besonderen Kasseneinrichtungen.

A. Schiedsgerichte:

Lfd. Nr.	Bundesstaat	Bezirk des Schiedsgerichts der Arbeiterversicherung	Sitz des Schiedsgerichts
1	Preußen (Ostpreußen)	Regierungsbezirk Königsberg	Königsberg
2	„ „	„ „ Gumbinnen	Gumbinnen
3	„ (Westpreußen)	„ „ Danzig	Danzig
4	„ „	„ „ Marienwerder	Marienwerder
5	„	Stadtkreis Berlin	Berlin
6	„ (Brandenburg)	Regierungsbezirk Potsdam	Berlin
7	„ „	„ „ Frankfurt a. O.	Frankfurt a. O.
8	„ (Pommern)	„ „ Stettin	Stettin
9	„ „	„ „ Köslin	Köslin
10	„ „	„ „ Stralsund	Stralsund
11	„ (Posen)	„ „ Posen	Posen
12	„ „	„ „ Bromberg	Bromberg
13	„ (Schlesien)	„ „ Breslau	Breslau
14	„ „	„ „ Liegnitz	Liegnitz
15	„ „	„ „ Oppeln	Oppeln
16	„ (Sachsen Anhalt)	„ „ Magdeburg	Magdeburg
17	„ „	„ „ Merseburg	Merseburg
18	„ „	„ „ Erfurt	Erfurt
19	„ „	Herzogtum Anhalt	Dessau
20	„ (Schlesw.-Holst.)	Provinz Schleswig-Holstein und Fürstentum Lübeck	Schleswig
21	„ (Hannover)	Regierungsbezirk Hannover und Fürstentum Pyrmont	Hannover
22	„ „	Regierungsbezirk Hildesheim	Hildesheim
23	„ „	„ „ Lüneburg	Lüneburg
24	„ „	„ „ Stade	Stade
25	„ „	„ „ Osnabrück	Osnabrück
26	„ „	„ „ Aurich	Aurich
27	„ „	Fürstentum Schaumburg-Lippe	Bückeburg
28	„ „	Fürstentum Lippe	Detmold
29	„ (Westfalen)	Regierungsbezirk Münster	Münster i. W.
30	„ „	„ „ Minden	Minden
31	„ „	„ „ Arnsberg	Arnsberg
32	„ (Hessen-Nassau)	„ „ Kassel und Fürstentum Waldeck	Kassel
33	„ „	Regierungsbezirk Wiesbaden	Wiesbaden
34	„ (Rheinprovinz)	„ „ Koblenz	Koblenz
35	„ „	„ „ Düsseldorf	Düsseldorf
36	„ „	„ „ Köln	Köln
37	„ „	„ „ Trier und das Fürstentum Birkenfeld	Trier
38	„ „	Regierungsbezirk Aachen	Aachen
39	„ (Hohenzollern)	„ „ Sigmaringen	Sigmaringen
40	Bayern	Regierungsbezirk Oberbayern	München
41	„	„ „ Niederbayern	Landshut
42	„	„ „ Pfalz	Speyer

Lfd. Nr.	Bundesstaat	Bezirk des Schiedsgerichts der Arbeiterversicherung	Sitz des Schiedsgerichts
43	Bayern	Regierungsbezirk Oberpfalz und Regensburg	Regensburg
44	"	" " Oberfranken	Bayreuth
45	"	" " Mittelfranken	Ansbach
46	"	" " Unterfranken und Aschaffenburg	Würzburg
47	"	" " Schwaben und Neuburg	Augsburg
48	Königreich Sachsen	Regierungsbezirk Bautzen	Bautzen
49	" "	" " Dresden	Dresden
50	" "	" " Leipzig	Leipzig
51	" "	Amtshauptmannschaften Auerbach, Oelsnitz, Plauen, Schwarzenberg und Zwickau mit den in diesen Bezirken gelegenen Städten mit revidierter Städteordnung	Zwickau
52	" "	Amtshauptmannschaften Annaberg, Chemnitz, Flöha, Glauchau u. Marienberg, die Stadt Chemnitz und die übrigen in den vorgenannten Bezirken gelegenen Städte mit revidierter Städteordnung	Chemnitz
53	Württemberg	Stadtbezirk Stuttgart und die Oberämter Stuttgart, Böblingen, Cannstatt und Eßlingen	Stuttgart
54	"	Neckarkreis mit Ausnahme der in Ziff. 53 genannten Bezirke	Ludwigsburg
55	"	Schwarzwaldkreis	Reutlingen
56	"	Jagstkreis	Ellwangen
57	"	Donaukreis	Ulm
58	Baden	Kreise Mosbach, Heidelberg, Mannheim, Karlsruhe und Baden	Karlsruhe
59	"	Kreise Offenburg, Freiburg und Lörrach	Freiburg
60	"	Kreise Konstanz, Villingen und Waldshut	Konstanz
61	Großherzogtum Hessen	Großherzogtum Hessen	Darmstadt
62	Großh. Meklenburg	Großh. Meklenburg-Schwerin und Meklenburg-Strelitz	Schwerin
63	Großh. Sachsen-Weimar-Eisenach	I., II. und V. Verwaltungsbezirk	Weimar
64	" " "	III. und IV. " "	Eisenach
65	Herzogt. Sachs.-Meining.	Kreise Meiningen u. Hildburghausen	Meiningen
66	" " "	Kreis Sonneberg	Sonneberg
67	" " "	Kreis Saalfeld (Camburg)	Saalfeld
68	Herzogt. Sachs.-Altenburg	Herzogtum Sachsen-Altenburg	Altenburg
69	Herzogt. Sachsen-Coburg-Gotha	Herzogtum Coburg	Coburg
70	" "	" Gotha	Gotha
71	Fürstentum Schwarzburg-Sondershausen	Fürstentum Schwarzburg-Sondershausen	Sondershausen
72	Fürstentum Schwarzburg-Rudolstadt	Oberherrschaft	Rudolstadt
73	" "	Unterherrschaft	Frankenhausen
74	Fürstentum Reuß ä. L.	Fürstentum Reuß ä. L.	Greiz
75	" Reuß j. L.	" Reuß j. L.	Gera
76	Herzogtum Oldenburg	Herzogtum Oldenburg	Oldenburg
77	Herzogtum Braunschweig	Herzogtum Braunschweig	Braunschweig

Lfd. Nr.	Bundesstaat	Bezirk des Schiedsgerichts der Arbeiterversicherung	Sitz des Schiedsgerichts
78	Hansastadt Lübeck	Hansastadt Lübeck	Lübeck
79	„ Bremen	„ Bremen	Bremen
80	„ Hamburg	„ Hamburg	Hamburg
81	Reichsl. Elsaß-Lothringen	Kreis Molsheim und Kanton Oberehnheim	Molsheim
82	„ „ „	Stadt- und Landkreis Straßburg, die Kreise Hagenau, Schlettstadt und Weißenburg, sowie die Kantone Benfeld, Erstein und Geispolsheim	Straßburg
83	„ „ „	die Kantone Zabern, Maasmünster, Buchsweiler und Lützelstein, sowie der Kreis Saaburg	Zabern
84	„ „ „	Kreis Altkirch, Mühlhausen u. Thann	Mühlhausen
85	„ „ „	Kreis Colmar, Gebweiler u. Rappoltsweiler	Colmar
86	„ „ „	Kreis Diedenhofen	Diedenhofen
87	„ „ „	Kreis Metz, Bolchen und Chateau-Salins	Metz
88	„ „ „	Kreis Saargemünd und Forbach u. d. Kantone Saarunion u. Drulingen	Saargemünd

B. Besondere Kasseneinrichtungen:

Lfd. Nr.	Pensionskasse (Knappschaftsverein)	Bezirk des Schiedsgerichts derselben	Sitz derselben
89	Pensionskasse für die Arbeiter der Preußisch-Hessischen Eisenbahngemeinschaft	Eisenb.-Dir.-Bez. Altona	Altona
90	„	„ Berlin	Berlin
91	„	„ Breslau	Breslau
92	„	„ Bromberg	Bromberg
93	„	„ Kassel	Kassel
94	„	„ Köln	Köln
95	„	„ Danzig	Danzig
96	„	„ Elberfeld	Elberfeld
97	„	„ Erfurt	Erfurt
98	„	„ Essen a. d. R.	Essen a. d. R.
99	„	„ Frankfurt a. M.	Frankfurt a. M.
100	„	„ Halle a. S.	Halle a. S.
101	„	„ Hannover	Hannover
102	„	„ Kattowitz	Kattowitz
103	„	„ Königsberg	Königsberg
104	„	„ Magdeburg	Magdeburg
105	„	„ Münster i. W.	Münster i. W.
106	„	„ Posen	Posen
107	„	„ St. Johann-Saarbrücken	St. Johann-Saarbrücken
108	„	„ Stettin	Stettin
109	„	Mainz	Mainz
110	Norddeutsche Knappschafts-Pensionskasse	Sekt. III der Knappschafts-Ber.-Gen.	Klausthal
111	„	Sekt. IV der Knappschafts-Ber.-Gen.	Halle a. S.
112	Saarbrücker Knappschaftsverein	—	St. Johann-Saarbrücken

Lfd. Nr.	Pensionskasse (Knappschaftsverein)	Bezirk des Schiedsgerichts derselben	Sitz derselben
113	Arbeiter-Pensionskasse der kgl. bayr. Staatseisenbahnverwaltung	—	München
114	Arbeiter-Pensionskasse der kgl. sächs. Staatseisenbahnen	—	Dresden-Altstadt
115	Allg. Knappschafts-Pensionskasse für das Königreich Sachsen	—	Freiberg i. S.
116	Arbeiter-Pensionskasse für die badischen Staatseisenbahnen und Salinen	—	Karlsruhe
117	Pensionskasse für die Arbeiter der Reichseisenbahnverwaltung	—	Straßburg i. E.
118	Allgemeiner Knappschaftsverein in Bochum	—	Bochum

Anhang XIV.

Verzeichnis der industriellen Berufsgenossenschaften.

1. Knappschafts-Berufsgenossenschaft.

Bezirk: Das Gebiet des Reichs in 8 Sektionen.

Sitz: Berlin.

Zahl und Bezirk der Sektionen: I. Oberbergamtsbezirk Bonn einschließlich Waldeck, Pyrmont, Birkenfeld, Hessen, Elsaß-Lothringen. — Sitz: Bonn a. Rh.

II. Oberbergamtsbezirk Dortmund. — Sitz: Bochum.

III. Oberbergamtsbezirk Clausthal samt der Grafschaft Stolberg-Wernigerode, Oldenburg mit Fürstentum Lübeck, Bremen, Hamburg, Lübeck, Braunschweig und Schaumburg-Lippe. — Sitz: Clausthal a. Harz.

IV. Oberbergamtsbezirk Halle a. S. und vom Oberbergamtsbezirk Breslau der Regierungsbezirk Bromberg, ferner Mecklenburg-Schwerin, Mecklenburg-Strelitz, Anhalt, Sachsen-Weimar, Sachsen-Meiningen, Sachsen-Coburg, Gotha, Sachsen-Altenburg, Schwarzburg-Rudolstadt, Schwarzburg-Sondershausen, Reuß ä. L., Reuß j. L. — Sitz: Halle a. S.

V. Vom Oberbergamtsbezirk Breslau die Regierungsbezirke Breslau, Liegnitz, Posen, sowie Ost- und Westpreußen. — Sitz: Waldenburg i. Schl.

VI. Vom Oberbergamtsbezirk Breslau der Regierungsbezirk Oppeln. — Sitz: Tarnowitz O.-Schl.

VII. Königreich Sachsen. — Sitz: Dresden.

VIII. Bayern, Württemberg, Baden und die Hohenzollern'schen Lande. — Sitz: München.

2. Steinbruchs-Berufsgenossenschaft.

Bezirk: Das Gebiet des Reichs in 10 Sektionen.

Sitz: Berlin.

Zahl und Bezirk der Sektionen: I. Bayern mit Ausschluß der Pfalz. — Sitz: Nürnberg.

II. Württemberg, Baden und die Hohenzollern'schen Lande. — Sitz: Karlsruhe.

III. Elsaß-Lothringen, die Pfalz und Hessen (ohne Oberhessen). — Sitz: Mainz.

IV. Rheinprovinz mit Birkenfeld. — Sitz: Köln a. Rh.

V. Westfalen, Hessen-Nassau, Oberhessen und Waldeck. — Sitz: Hagen i. W.

VI. Provinz Sachsen, Sachsen-Weimar, Sachsen-Meiningen, Sachsen-Altenburg, Sachsen-Coburg, Sachsen-Gotha, Anhalt, Schwarzburg-Rudolstadt, Schwarzburg-Sondershausen, Reuß ä. L., Reuß j. L. — Sitz: Halle a. S.

VII. Königreich Sachsen. — Sitz: Dresden.

VIII. Schlesien. — Sitz: Breslau.

IX. Hannover, Oldenburg ohne Birkenfeld, Braunschweig, Schaumburg-Lippe, Lübeck, Bremen und Hamburg. — Sitz: Hannover.

X. Ost- und Westpreußen, Brandenburg mit Berlin, Pommern, Posen, Schleswig-Holstein, Mecklenburg-Schwerin, Mecklenburg-Strelitz. — Sitz: Berlin.

3. Berufsgenossenschaft der Feinmechanik.

Bezirk: Das Gebiet des Reichs in 10 Sektionen.

Sitz: Berlin.

Zahl und Bezirk der Sektionen: I. Ost- und Westpreußen, Brandenburg mit Berlin, Pommern, Mecklenburg-Schwerin, Mecklenburg-Strelitz. — Sitz: Berlin.

II. Schlesien und Posen. — Sitz: Freiburg i. Schl.

III. Königreich Sachsen. — Sitz: Dresden.

IV. Die Regierungsbezirke Merseburg und Erfurt, Sachsen-Weimar, Sachsen-Meiningen, Sachsen-Altenburg, Coburg-Gotha, Anhalt, Schwarzburg-Rudolstadt, Schwarzburg-Sondershausen, Reuß ä. L., Reuß j. L. — Sitz: Suhl.

V. Hannover, Schleswig-Holstein, Hessen-Nassau und Kreis Wetzlar, Regierungsbezirk Magdeburg, Oldenburg ohne Birkenfeld, Braunschweig, Lübeck, Bremen und Hamburg. — Sitz: Braunschweig.

VI. Westfalen, Waldeck, Schaumburg-Lippe und Lippe. — Sitz: Iserlohn.

VII. Rheinprovinz (ohne Kreis Wetzlar) und Birkenfeld. — Sitz: Aachen.

VIII. Baden, Hessen und Elsaß-Lothringen. — Sitz: Karlsruhe.

IX. Württemberg und die Hohenzollernschen Lande. — Sitz: Stuttgart.

X. Bayern. — Sitz: Nürnberg.

4. Süddeutsche Eisen- und Stahl-Berufsgenossenschaft.

Bezirk: Bayern (ohne die Aemter Zweibrücken und Homburg), Württemberg, Baden, Hessen, Hessen-Nassau (ohne die Kreise Rinteln und Schmalkalden, die Hohenzollernschen Lande, Kreis Wetzlar und das Elsaß in 6 Sektionen.

Sitz: Frankfurt a. M.

Zahl und Bezirk der Sektionen: I. Oberbayern, Niederbayern, Schwaben und Neuburg. — Sitz: München.

II. Oberfranken, Mittelfranken, Unterfranken und Oberpfalz. — Sitz: Nürnberg.

III. Württemberg und die Hohenzollernschen Lande. — Sitz: Stuttgart.

IV. Baden. — Sitz: Karlsruhe.

V. Das Elsaß. — Sitz: Mühlhausen.

VI. Die Pfalz (ohne die Aemter Zweibrücken und Homburg), Hessen, Hessen-Nassau ohne die Kreise Rinteln und Schmalkalden) und der Kreis Wetzlar. — Sitz: Mainz.

5. Südwestdeutsche Eisen-Berufsgenossenschaft.

Bezirk: Regierungsbezirk Trier, Bezirk Lothringen, die bayerischen Aemter Zweibrücken und Homburg.

Sitz: Saarbrücken.

Zahl und Bezirk der Sektionen: Ohne Sektionsbildung.

6. Rheinisch-Westfälische Hütten-Walzwerks-Berufsgenossenschaft.

Bezirk: Rheinprovinz mit Ausschluß des Regierungsbezirks Trier und des Kreises Wetzlar, Westfalen, Birkenfeld in 9 Sektionen.

Sitz: Essen a. R.

Zahl und Bezirk der Sektionen: I. Die Kreise Essen-Stadt und -Land mit Ausschluß der Gemeinde Frintrop. — Sitz: Essen a. R.

II. Die Kreise Duisburg-Stadt, Geldern, Kempen, Kleve, Krefeld-Stadt und -Land, Mörs, Mühlheim a. d. R., Rees, Ruhrort und vom Landkreise Essen die Gemeinde Frintrop. — Sitz: Oberhausen (Rheinprovinz).

III. Der übrige Teil des Regierungsbezirkes Düsseldorf. — Sitz: Düsseldorf.

IV. Die Regierungsbezirke Köln und Koblenz (ohne Kreis Wetzlar) sowie Birkenfeld. — Sitz: Koblenz.

V. Regierungsbezirk Aachen. — Sitz: Aachen.

VI. Die Regierungsbezirke Münster, Minden und vom Regierungsbezirke Arnsberg die Kreise Dortmund Stadt und Land, Hamm, Hörde, Lippstadt und Soest. — Sitz: Dortmund.

VII. Die Kreise Bochum Stadt und Land, Gelsenkirchen und Hattingen. — Sitz: Bochum.

VIII. Die Kreise Alten, Arnsberg, Brilon, Hagen Stadt und Land, Iserlohn, Meschede und Schwelm. — Sitz: Hagen i. W.

IX. Die Kreise Olpe, Wittgenstein und Siegen. — Sitz: Siegen.

7. Maschinenbau- und Kleineisenindustrie-Berufsgenossenschaft.

Bezirk: Rheinprovinz, mit Ausnahme des Regierungsbezirkes Trier und des Kreises Wetzlar, Westfalen, Birkenfeld in 6 Sektionen.

Sitz: Düsseldorf.

Zahl und Bezirk der Sektionen: I. Westfalen, mit Ausschluß der den Sektionen II und III namentlich zugewiesenen Kreise. — Sitz: Dortmund.

II. Die Kreise Hagen Stadt und Land und Schwelm. — Sitz: Hagen i. W.

III. Die Kreise Altena, Arnsberg, Brilon, Iserlohn, Meschede, Olpe, Siegen und Wittgenstein. — Sitz: Altena.

IV. Regierungsbezirk Düsseldorf, mit Ausschluß der der Sektion V namentlich zugewiesenen Kreise, sowie Regierungsbezirk Aachen. — Sitz: Düsseldorf.

V. Vom Regierungsbezirk Düsseldorf die Kreise Barmen, Elberfeld Stadt, Lennep, Mettmann, Remscheid Stadt und Solingen, sowie vom Regierungsbezirk Köln die Kreise Gummersbach, Waldbroel und Wipperfürth. — Sitz: Remscheid.

VI. Regierungsbezirk Köln, mit Ausschluß der Kreise Gummersbach, Waldbroel und Wipperfürth, ferner Regierungsbezirk Koblenz (ohne den Kreis Wetzlar und Birkenfeld). — Sitz: Köln a. Rh.

8. Sächsisch-Thüringische Eisen- und Stahl-Berufsgenossenschaften.

Bezirk: Königreich Sachsen, Regierungsbezirke Merseburg und Erfurt, vom Regierungsbezirk Kassel der Kreis Schmalkalden, Sachsen-Weimar, Sachsen-Meiningen, Sachsen-Altenburg, Sachsen-Coburg-Gotha, Schwarzburg-Rudolstadt, Schwarzburg-Sondershausen, Reuß ä. L. und Reuß j. L.

Sitz: Leipzig.

Zahl und Bezirk der Sektionen: Ohne Sektionsbildung.

9. Nordöstliche Eisen- und Stahl-Berufsgenossenschaft.

Bezirk: Brandenburg mit Berlin, Pommern, Ostpreußen und Westpreußen in 4 Sektionen

Sitz: Berlin.

Zahl und Bezirk der Sektionen: I. Berlin und die Kreise Charlottenburg Stadt, Nieder-Barnim und Teltow. — Sitz: Berlin.

II. Der übrige Teil der Provinz Brandenburg. — Sitz: Landsberg a. W.

III. Pommern. — Sitz: Stettin.

IV. Ost- und Westpreußen. — Sitz: Elbing.

10. Schlesische Eisen- und Stahl-Berufsgenossenschaft.

Bezirk: Schlesien und Posen in 2 Sektionen.

Sitz: Breslau.

Zahl und Bezirk der Sektionen: I. Die Regierungsbezirke Breslau, Liegnitz und die Provinz Posen. — Sitz: Breslau.

II. Regierungsbezirk Oppeln. — Sitz: Beuthen O. S.

11. Nordwestliche Eisen- und Stahl-Berufsgenossenschaft.

Bezirk: Provinzen Hannover, Schleswig-Holstein, Regierungsbezirk Magdeburg, vom Regierungsbezirk Kassel der Kreis Rinteln, Oldenburg ohne Birkenfeld, Mecklenburg-Schwerin, Mecklenburg-Strelitz, Braunschweig, Anhalt, Waldeck, Schaumburg-Lippe, Lippe, Lübeck, Bremen und Hamburg in 7 Sektionen.

Sitz: Hannover.

Zahl und Bezirk der Sektionen: I. Provinz Hannover mit Ausschluß derjenigen Teile, welche anderen Sektionen namentlich zugewiesen sind, vom Regierungsbezirk Kassel der Kreis Rinteln, ferner Waldeck, Schaumburg-Lippe, Lippe und die Braunschweigischen Gemeinden Bodenstedt und Vallstedt. — Sitz: Hannover.

II. Regierungsbezirk Magdeburg. — Sitz: Magdeburg.

III. Bremen, Oldenburg ohne die Fürstentümer Birkenfeld und Lübeck, der Regierungsbezirk Aurich, vom Regierungsbezirk Stade die Kreise Achim, Blumenthal, Bremervörde, Geestemünde, Lehe, Osterholz, Rotenburg, Verden, Zeven, vom Regierungsbezirk Hannover der Kreis Syke, sowie der Braunschweigische Kreis Thedinghausen. — Sitz: Bremen.

IV. Hamburg, Lübeck, Mecklenburg-Schwerin, Mecklenburg-Strelitz, von Schleswig-Holstein der Kreis Altona, vom Regierungsbezirk Stade die Kreise Hadeln, Neuhaus, Kehdingen, Stade, Jork, vom Regierungsbezirk Lüneburg die Kreise Harburg, Winsen, Lüneburg, Bleckede, Dannenberg und Lüchow. — Sitz: Hamburg.

V. Schleswig-Holstein mit Ausschluß des Kreises Altona, sowie das Fürstentum Lübeck. — Sitz: Kiel.

VI. Braunschweig mit Ausschluß des Kreises Thedinghausen und der Gemeinden Bodenstedt und Vallstedt. — Sitz: Braunschweig.

VII. Anhalt — Sitz: Dessau.

12. Süddeutsche Edel- und Unedelmetall-Berufsgenossenschaft.

Bezirk: Bayern, Württemberg, Baden, Hessen, Hessen-Nassau, die Hohenzollernschen Lande, Elsaß-Lothringen in 4 Sektionen.

Sitz: Stuttgart.

Zahl und Bezirk der Sektionen: I. Bayern. — Sitz: Nürnberg.

II. Württemberg und die Hohenzollernschen Lande. — Sitz: Stuttgart.

III. Baden und Elsaß-Lothringen. — Sitz: Pforzheim.

IV. Hessen und Hessen-Nassau. — Sitz: Hanau.

13. Norddeutsche Metall-Industrie-Berufsgenossenschaft.

Bezirk: Gebiet des Reiches ohne Bayern, Württemberg, Baden, Hessen-Nassau, die Hohenzollernschen Lande, Elsaß-Lothringen in 6 Sektionen.

Sitz: Berlin.

Zahl und Bezirk der Sektionen: I. Ost- und Westpreußen, Posen, Schlesien. — Sitz: Breslau.

II. Mecklenburg-Schwerin, Mecklenburg-Strelitz, Pommern und Brandenburg mit Berlin. — Sitz: Berlin.

III. Königreich Sachsen. — Sitz: Leipzig.

IV. Sachsen-Weimar, Sachsen-Meiningen, Sachsen-Altenburg, Sachsen-Coburg-Gotha, Anhalt, Schwarzburg-Rudolstadt, Schwarzburg-Sondershausen, Reuß ä. L., Reuß j. L. und die Provinz Sachsen. — Sitz: Erfurt.

V. Oldenburg ohne Birkenfeld. Braunschweig, Waldeck, Schaumburg-Lippe, Lippe, Lübeck, Bremen, Hamburg, Schleswig-Holstein und Hannover. — Sitz: Hannover.

VI. Westfalen und die Rheinprovinz mit Birkenfeld. — Sitz: Lüdenscheid.

14. Berufsgenossenschaft der Musikinstrumenten-Industrie.

Bezirk: Gebiet des Reichs in 3 Sektionen.

Sitz: Leipzig.

Zahl und Bezirk der Sektionen: I. Königreich Sachsen, Sachsen-Weimar ohne Ostheim vor der Rhön, Sachsen-Meiningen, Sachsen-Altenburg, Sachsen-Coburg-Gotha ohne Königsberg (mit Nassach und Erlesdorf) in Franken, Schwarzburg-Rudolstadt, Schwarzburg-Sondershausen, Reuß ä. L., Reuß j. L., die Regierungsbezirke Merseburg (ohne Löbnitz, Pösigk und Schierau) Erfurt (ohne Beneckenstein) und der Kreis Schmalkalden. — Sitz: Leipzig.

II. Preußen mit Ausnahme der Regierungsbezirke Merseburg und Erfurt (ohne Beneckenstein), sowie der Hohenzollernschen Lande und des Kreises Schmalkalden, ferner Mecklenburg-Schwerin, Mecklenburg-Strelitz, Oldenburg, Braunschweig, Braunschweig mit den Enklaven Löbnitz, Pösigk und Schierau, Waldeck, Schaumburg-Lippe, Lippe, Lübeck, Bremen und Hamburg. — Sitz: Berlin.

III. Bayern mit den Enklaven Königsberg (mit Nassach und Erlesdorf) in Franken und Ostheim vor der Rhön, Württemberg, Baden, Hessen, Elsaß-Lothringen und die Hohenzollernschen Lande. — Sitz: Stuttgart.

15. Glas-Berufsgenossenschaft.

Bezirk: Gebiet des Reichs in 7 Sektionen.

Sitz: Berlin.

Zahl und Bezirk der Sektionen: I. Bayern ohne Pfalz. — Sitz: Fürth.

II. Königreich Sachsen, Sachsen-Weimar, Sachsen-Meiningen, Sachsen-Altenburg, Sachsen-Coburg-Gotha, Anhalt, Schwarzburg-Rudolstadt, Schwarzburg-Sondershausen, Reuß a. L., Reuß j. L. und die Provinz Sachsen. — Sitz: Dresden.

III. Schlesien. — Sitz: Berlin.

IV. Mecklenburg-Schwerin, Mecklenburg-Strelitz, Brandenburg mit Berlin, Ost- und Westpreußen, Posen, Pommern. — Sitz: Berlin.

V. Oldenburg ohne Birkenfeld, Braunschweig, Waldeck, Schaumburg-Lippe, Lippe, Lübeck, Bremen, Hamburg, Hannover, Schleswig-Holstein und Regierungsbezirk Kassel.

VI. Hessen, Rheinprovinz ohne den Regierungsbezirk Trier und den Kreis Kreuznach vom Regierungsbezirk Koblenz, ferner Westfalen und Regierungsbezirk Wiesbaden. — Sitz: Düsseldorf.

VII. Württemberg, die Pfalz, Baden, Birkenfeld, Elsaß-Lothringen, der Regierungsbezirk Trier und die Hohenzollernschen Lande, sowie der Kreis Kreuznach. — Sitz: Sulzbach bei Saarbrücken.

16. Töpferei-Berufsgenossenschaft.

Bezirk: Gebiet des Reichs in 9 Sektionen.

Sitz: Berlin.

Zahl und Bezirk der Sektionen: I. Ost- und Westpreußen, Posen, Pommern ohne Zettemin, Brandenburg mit Berlin, sowie mit den Enklaven Netzeband (mit Schönberg) und Rossow, ferner der Kreis Jerichow II. — Sitz: Berlin.

II. Mecklenburg-Schwerin mit der Enklave Zettemin, aber ohne Netzeband (mit Schönberg) und Rossow, Mecklenburg-Strelitz, Schleswig-Holstein, Lübeck, Bremen Hamburg, Hannover mit den Enklaven Wolfsburg, Hehlingen, Beneckenstein, Pyrmont, Lügde, sowie der Kreis Rinteln, ferner Oldenburg ohne Birkenfeld Lippe ohne Grevenhagen, Lipperode und Stift Kappel, endlich Schaumburg-Lippe und Braunschweig ohne Kalvörde. — Sitz: Bremen.

III. Schlesien. — Sitz: Neu-Altwasser bei Waldenburg i. Schl.

IV. Königreich Sachsen mit der Enklave Rußdorf. — Sitz: Dresden.

V. Anhalt, Provinz Sachsen ohne die Kreise Jerichow II, Schleusingen und Ziegenrück, sowie ohne Kischlitz, Alt-Löbnitz, Wandersleben, Hehlingen, Wolfsburg, Beneckenstein, jedoch mit den Enklaven Allstedt und Kalvörde. — Sitz: Magdeburg.

VI. Sachsen-Weimar ohne Ostheim vor der Rhön und ohne Allstedt, Sachsen-Altenburg mit der Enklave Kischlitz aber ohne Rußdorf, Sachsen-Meiningen mit der Enklave Alt-Löbnitz, Sachsen-Coburg-Gotha ohne Königsberg (mit Nassach und Erlesdorf) in Franken, jedoch mit der Enklave Wandersleben, Schwarzburg-Rudolstadt, Schwarzburg-Sondershausen, Reuß ä. L., Reuß j. L. und die Kreise Schmalkalden, Schleusingen und Ziegenrück. — Sitz: Rudolstadt.

VII. Hessen ohne Wimpfen am Berge, Hessen-Nassau ohne die Kreise Schmalkalden und Rinteln, Rheinprovinz mit Birkenfeld, Westfalen ohne Lüdge, aber mit den Enklaven Grevenhagen, Lipperode und Stift Kappel, ferner Waldeck und Pyrmont. — Sitz: Mettlach, Kreis Merzig.

VIII. Württemberg, die Hohenzollernschen Lande, Baden mit der Enklave Wimpfen am Berge, Elsaß-Lothringen und die Pfalz. — Sitz: Saargemünd.

IX. Bayern ohne die Pfalz, jedoch mit den Enklaven Königsberg (mit Nassach und Erlesdorf) in Franken und Ostheim vor der Rhön. — Sitz: Regensburg.

17. Ziegelei-Berufsgenossenschaft.

Bezirk: Gebiet des Reichs mit 14 Sektionen.

Sitz: Berlin.

Zahl und Bezirk der Sektionen: I. Ost- und Westpreußen. — Sitz: Elbing.

II. Posen. — Sitz: Posen.

III. Pommern ohne Zettemin. — Sitz: Stettin.

IV. Brandenburg mit Berlin, sowie mit den Enklaven Netzeband (mit Schönberg) und Rossow, ferner Kreis Jerichow II. — Sitz: Berlin.

V. Schlesien. — Sitz: Breslau.

VI. Königreich Sachsen mit der Enklave Rußdorf. — Sitz: Dresden.

VII. Provinz Sachsen mit Ausschluß des Kreises Jerichow II, sowie mit Ausschluß von Beneckenstein, Wolfsburg und Hehlingen, jedoch mit der Enklave Kalvörde, ferner Anhalt, Sachsen-Weimar ohne Ostheim vor der Rhön, Sachsen-Meiningen, Sachsen-Altenburg ohne Rußdorf, Sachsen-Coburg-Gotha ohne Königsberg (mit Nassach und Erlesdorf) in Franken, Schwarzburg-Rudolstadt, Schwarzburg-Sondershausen, Reuß ä. L., Reuß j. L., ferner der Kreis Schmalkalden. — Sitz: Magdeburg.

VIII. Mecklenburg-Schwerin ohne Netzeband (mit Schönberg) und ohne Rossow, jedoch mit der Enklave Zettemin, Mecklenburg-Strelitz, Lübeck, Fürstentum Lübeck, Schleswig-Holstein und Hamburg mit der Enklave Kirchwerder, jedoch ohne Amt Ritzebüttel und Moorburg. — Sitz: Lübeck.

IX. Hannover ohne Kirchwerder, jedoch mit den Enklaven Amt Ritzebüttel, Moorburg, Wolfsburg und Hehlingen, Herzogtum Oldenburg, Bremen, Lippe ohne Grevenhagen, Lipperode und Stift Kappel, Schaumburg-Lippe und Braunschweig ohne Kalvörde, jedoch mit der Enklave Beneckenstein, ferner der Kreis Rinteln, Fürstentum Pyrmont und Lügde. — Sitz: Stade.

X. Westfalen ohne Lügde, jedoch mit den Enklaven Grevenhagen, Lipperode und Stift Kappel. — Sitz: Dortmund.

XI. Rheinprovinz ohne den Kreis Wetzlar, ferner Birkenfeld, der Unterwesterwaldkreis sowie die zum ehemaligen Amt Walmerod gehörigen Gemeinden des Kreises Westerburg und die zum Oberwesterwaldkreise gehörigen Gemeinden Dreifelden, Linden, Schmidthahn und Steinebach. — Sitz: Köln a. Rh.

XII. Hessen-Nassau mit Ausschluß der Kreise Schmalkalden, Rinteln und Unterwesterwald außer den zum ehemaligen Amt Walmerod gehörigen Gemeinden des Kreises Westerburg und den zum Oberwesterwaldkreise gehörigen Gemeinden Dreifelden, Linden, Schmidthahn und Steinebach, ferner der Kreis Wetzlar, Hessen ohne Wimpfen am Berge, Waldeck ohne Pyrmont.

XIII. Württemberg, die Hohenzollernschen Lande, Baden mit der Enklave Wimpfen am Berge, die Pfalz und Elsaß-Lothringen. — Sitz: Mannheim.

XIV. Bayern mit Ausschluß der Pfalz, jedoch mit den Enklaven Königsberg (mit Nassach und Erlesdorf) in Franken und Ostheim vor der Rhön. — Sitz: München.

18. Berufsgenossenschaft der chemischen Industrie.

Bezirk: Das Gebiet des Reichs in 8 Sektionen.

Sitz: Berlin.

Zahl und Bezirk der Sektionen: I. Brandenburg mit Berlin, sowie mit den Enklaven Netzeband (mit Schönberg) und Rossow, Pommern ohne Zettemin, Ost- und Westpreußen. — Sitz: Berlin.

II. Schlesien und Posen. — Sitz: Breslau.

III. Schleswig-Holstein, Hannover mit den Enklaven Wolfsburg und Hehlingen, Braunschweig ohne Kalvörde, jedoch mit der Enklave Beneckenstein, Oldenburg ohne Birkenfeld, Mecklenburg-Schwerin mit der Enklave Zettemin, jedoch ohne Netzeband (mit Schönberg) und Rossow, Mecklenburg-Strelitz, Lübeck, Bremen und Hamburg. — Sitz: Hamburg.

IV. Rheinprovinz ohne den Kreis Wetzlar, Westfalen, Waldeck mit den Enklaven Eimelrod und Höringhausen, Schaumburg-Lippe, Lippe und Kreis Rinteln. — Sitz: Köln a. Rh.

V. Königreich Sachsen, Provinz Sachsen ohne Wolfsburg und Hehlingen und ohne Beneckenstein, jedoch mit der Enklave Kalvörde. Sachsen-Weimar, ohne Ostheim vor der Rhön, Sachsen-Meiningen, Sachsen-Altenburg, Sachsen-Coburg-Gotha, ohne Königsberg (mit Nassach und Erlesdorf) in Franken, Anhalt, Schwarzburg-Rudolstadt, Schwarzburg-Sondershausen, Reuß ä. L., Reuß j. L., sowie der Kreis Schmalkalden. — Sitz: Leipzig.

VI. Die Pfalz, Elsaß-Lothringen, Baden mit der Enklave Wimpfen am Berge, jedoch ohne Tepfenhard, Württemberg ohne den Donaukreis, die Hohenzollernschen Lande ohne Achberg, Burgau und Langen-Enzlingen. — Sitz: Mannheim.

VII. Hessen-Nassau ohne die Kreise Rinteln und Schmalkalden und ohne Eimelrod und Höringhausen, jedoch mit dem Kreise Wetzlar, Hessen ohne Wimpfen am Berge, ferner Birkenfeld. — Sitz: Frankfurt a. M.

VIII. Bayern mit Ausschluß der Pfalz, jedoch mit den Enklaven Königsberg (mit Nassach und Erlesdorf) in Franken und Ostheim vor der Rhön, ferner der württembergische Donaukreis mit den Enklaven Tepfenhard, Achberg, Burgau und Langen-Enzlingen. — Sitz: Nürnberg.

19. Berufsgenossenschaft der Gas- und Wasserwerke.

Bezirk: Gebiet des Reichs in 11 Sektionen.

Sitz: Berlin.

Zahl und Bezirk der Sektionen: I. Brandenburg mit Berlin. — Sitz: Berlin.

II. Ost- und Westpreußen, Pommern, Posen. — Sitz: Danzig.

III. Schlesien. — Sitz: Breslau.

IV. Königreich Sachsen. — Sitz: Dresden.

V. Provinz Sachsen, Sachsen-Weimar, Sachsen-Meiningen, Sachsen-Altenburg, Sachsen-Coburg-Gotha, Anhalt, Schwarzburg-Rudolstadt, Schwarzburg-Sondershausen, Reuß ä. L., Reuß j. L., sowie der Kreis Schmalkalden. — Sitz: Magdeburg.

VI. Hessen-Nassau mit Ausschluß der Kreise Schmalkalden und Rinteln, Hessen, die Pfalz, sowie der Kreis Wetzlar. — Sitz: Frankfurt a. M.

VII. Bayern mit Ausschluß der Pfalz. — Sitz: München.

VIII. Württemberg, Baden, Elsaß-Lothringen und die Hohenzollernschen Lande. — Sitz: Karlsruhe.

IX. Rheinprovinz mit Ausschluß des Kreises Wetzlar, Westfalen, Birkenfeld, Waldeck, Schaumburg-Lippe und Lippe. — Sitz: Düsseldorf.

X. Hannover, Braunschweig, Oldenburg ohne die Fürstentümer Birkenfeld und Lübeck, Bremen und der Kreis Rinteln. — Sitz: Hannover.

XI. Hamburg, Lübeck, Mecklenburg-Schwerin, Mecklenburg-Strelitz, Schleswig-Holstein und Fürstentum Lübeck. — Sitz: Hamburg.

20. Leinen-Berufsgenossenschaft.

Bezirk: Gebiet des Reichs mit Ausschluß von Elsaß-Lothringen, Schlesien und Königreich Sachsen in 5 Sektionen.

Sitz: Schwelm i. Westf.

Zahl und Bezirk der Sektionen: I. Bayern, Baden, Württemberg, Hessen, die Hohenzollernschen Lande und der Regierungsbezirk Wiesbaden. — Sitz: Blaubeuren.

II. Rheinprovinz und Birkenfeld. — Sitz: Köln a. Rh.

III. Provinz Westfalen, die Regierungsbezirke Osnabrück und Kassel, die Fürstentümer Waldeck, Lippe und Schaumburg-Lippe. — Sitz: Bielefeld.

IV. Provinz Hannover mit Ausnahme des Regierungsbezirks Osnabrück, ferner Lübeck, Bremen, Hamburg, Oldenburg (ohne Birkenfeld) und Schleswig-Holstein. — Sitz: Hamburg.

V. Braunschweig, Mecklenburg-Schwerin, Mecklenburg-Strelitz, Anhalt, Provinz Sachsen, Brandenburg mit Berlin, Pommern, Posen, Ost- und Westpreußen, Sachsen-Weimar, Sachsen-Meiningen, Sachsen-Altenburg, Sachsen-Coburg-Gotha, Schwarzburg-Rudolstadt, Schwarzburg-Sondershausen, Reuß ä. L. und Reuß j. L. — Sitz: Braunschweig.

21. Norddeutsche Textil-Berufsgenossenschaft.

Bezirk: Gebiet des Reichs ohne Rheinprovinz und Birkenfeld, Westfalen, Schlesien, Bayern, Königreich Sachsen, Württemberg, Baden, Hessen, Elsaß-Lothringen und die Hohenzollernschen Lande.

Sitz: Berlin.

Zahl und Bezirk der Sektionen: Ohne Sektionsbildung.

22. Süddeutsche Textil-Berufsgenossenschaft.

Bezirk: Bayern, Württemberg, Baden, Hessen, die Hohenzollernschen Lande in 4 Sektionen.

Sitz: Augsburg.

Zahl und Bezirke der Sektionen: I. Südbayern, Schwaben und Neuburg, Ober- und Niederbayern. — Sitz: Augsburg.

II. Nordbayern (Oberfranken, Mittelfranken, Unterfranken und Aschaffenburg, Oberpfalz und Regensburg). — Sitz: Hof.

III. Württemberg und die Hohenzollernschen Lande. — Sitz: Stuttgart.

IV. Baden, Hessen und die Pfalz. — Sitz: Freiburg i. Br.

23. Schlesische Textil-Berufsgenossenschaft.

Bezirk: Schlesien.

Sitz: Breslau.

Zahl und Bezirke der Sektionen: Ohne Sektionsbildung.

24. Textil-Berufsgenossenschaft von Elsaß-Lothringen.

Bezirk: Elsaß-Lothringen.

Sitz: Mühlhausen i. Els.

Zahl und Bezirk der Sektionen: Ohne Sektionsbildung.

25. Rheinisch-Westfälische Textil-Berufsgenossenschaft.

Bezirk: Rheinprovinz, Westfalen und Fürstentum Birkenfeld in 7 Sektionen.

Sitz: M.-Gladbach.

Zahl und Bezirk der Sektionen: I. Regierungsbezirk Düsseldorf mit Ausschluß der den anderen Sektionen namentlich zugewiesenen Kreise, sowie vom Regierungsbezirk Köln die Kreise Köln-Stadt und Land und Bonn-Stadt und Land. — Sitz: Düsseldorf.

II. Kreise M.-Gladbach-Stadt und Land, Grevenbroich und Kempen. — Sitz: M.-Gladbach.

III. Kreise Elberfeld, Mettmann und Solingen. — Sitz: Elberfeld.

IV. Kreise Barmen, Hagen-Stadt und Land, Iserlohn und Schwelm. — Sitz: Barmen.

V. Kreise Lennepp, Remscheid-Stadt, Wipperfürth, Gummersbach, Mülheim a. Rh. Waldbroel und Sieg. — Sitz: Lennepp.

VI. Die Regierungsbezirke Aachen, Trier, Koblenz, die Kreise Bergheim, Euskirchen und Rheinbach des Regierungsbezirkes Köln, sowie Birkenfeld. — Sitz: Aachen.

VII. Westfalen mit Ausnahme der Kreise Hagen-Stadt und Land, Iserlohn und Schwelm. — Sitz: Münster i. W.

26. Sächsische Textil-Berufsgenossenschaft.

Bezirk: Königreich Sachsen.

Sitz: Leipzig.

Zahl und Bezirk der Sektionen: Ohne Sektionsbildung.

27. Seiden-Berufsgenossenschaft.

Bezirk: Gebiet des Reichs in 2 Sektionen.

Sitz: Krefeld.

Zahl und Bezirk der Sektionen: I. Das Gebiet des Reichs mit Ausschluß der der Sektion II namentlich zugewiesenen Teile. — Sitz: Krefeld.

II. Bayern mit den Enklaven Königsberg (mit Nassach und Erlesdorf) in Franken und Ostheim vor der Rhön, ferner Württemberg, Baden, Hessen, die Hohenzollernschen Lande und Elsaß-Lothringen. — Sitz: Freiburg i. Br.

28. Papiermacher-Berufsgenossenschaft.

Bezirk: Gebiet des Reichs in 11 Sektionen.

Sitz: Berlin.

Zahl und Bezirk der Sektionen: I. Bayern ohne die Pfalz. — Sitz: München.

II. Württemberg und die Hohenzollernschen Lande. — Sitz: Stuttgart.

III. Baden und Elsaß-Lothringen. — Sitz: Straßburg i. Els.

IV. Hessen-Nassau, die Pfalz und Hessen. — Sitz: Mainz.

V. Rheinprovinz und Birkenfeld. — Sitz: Köln a. Rh.

VI. Westfalen, Waldeck, Schaumburg-Lippe und Lippe. — Sitz: Hagen i. W.

VII. Hannover, Oldenburg ohne Birkenfeld, Schleswig-Holstein, Braunschweig, Lübeck, Bremen und Hamburg. — Sitz: Hannover.

VIII. Provinz Sachsen, Sachsen-Weimar, Sachsen-Meiningen, Anhalt, Sachsen-Altenburg, Sachsen-Coburg-Gotha, Schwarzburg-Rudolstadt, Schwarzburg-Sondershausen, Reuß ä. L., Reuß j. L. — Sitz: Halle a. S.

IX. Königreich Sachsen. — Sitz: Chemnitz.

X. Pommern, Brandenburg mit Berlin, Ost- und Westpreußen, Mecklenburg-Schwerin und Mecklenburg-Strelitz. — Sitz: Berlin.

XI. Schlesien und Posen. — Sitz: Breslau.

29. Papierverarbeitungs-Berufsgenossenschaft.

Bezirk: Gebiet des Reichs in 8 Sektionen.

Sitz: Berlin.

Zahl und Bezirk der Sektionen: I. Berlin, die Regierungsbezirke Potsdam, Stettin, Stralsund, sowie Mecklenburg-Schwerin und Mecklenburg-Strelitz. — Sitz: Berlin.

II. Ost- und Westpreußen, Schlesien, Posen und die Regierungsbezirke Frankfurt und Köslin. — Sitz: Breslau.

III. Königreich Sachsen. — Sitz: Leipzig.

IV. Hannover, Schleswig-Holstein, Braunschweig, Anhalt, Oldenburg ohne Birkenfeld, Schaumburg-Lippe, Lippe, Lübeck, Bremen, Hamburg, die Regierungsbezirke Merseburg, Magdeburg, Minden und Münster. — Sitz: Hannover.

V. Sachsen-Weimar, Sachsen-Altenburg, Sachsen-Meiningen, Sachsen-Coburg-Gotha, Reuß ä. L., Reuß j. L., Schwarzburg-Rudolstadt, Schwarzburg-Sondershausen, Provinz Oberhessen und die Regierungsbezirke Kassel und Erfurt. — Sitz: Kassel.

VI. Waldeck, die Rheinprovinz und Birkenfeld, sowie die Regierungsbezirke Arnsberg und Wiesbaden. — Sitz: Elberfeld.

VII. Elsaß-Lothringen, Baden, die Provinz Starkenburg und Rheinhessen, sowie die Pfalz. — Sitz: Lahr i. B.

VIII. Bayern ohne die Pfalz, Württemberg und die Hohenzollernschen Lande. — Sitz: Nürnberg.

30. Lederindustrie-Berufsgenossenschaft.

Bezirk: Gebiet des Reichs in 6 Sektionen.

Sitz: Mainz.

Zahl und Bezirk der Sektionen: I. Ost- und Westpreußen, Posen, Pommern, Mecklenburg-Schwerin, Mecklenburg-Strelitz, Brandenburg mit Berlin, Schlesien, Schleswig-Holstein, Hannover, Braunschweig, Oldenburg ohne Birkenfeld, Lübeck, Bremen und Hamburg. — Sitz: Berlin.

II. Königreich Sachsen. — Sitz: Dresden.

III. Provinz Sachsen, Hessen-Nassau, Westfalen, Sachsen-Weimar, Sachsen-Meiningen, Sachsen-Altenburg, Sachsen-Coburg-Gotha, Anhalt, Schwarzburg-Rudolstadt, Schwarzburg-Sondershausen, Waldeck, Reuß ä. L., Reuß j. L., Schaumburg-Lippe und Lippe. — Sitz: Mainz.

IV. Hessen. — Sitz: Mainz.

V. Rheinprovinz und Birkenfeld. — Sitz: Mühlheim a. d. Ruhr.

VI. Bayern, Württemberg, Baden, die Hohenzollernschen Lande und Elsaß-Lothringen. — Sitz: Stuttgart.

31. Sächsische Holz-Berufsgenossenschaft.

Bezirk: Königreich Sachsen.

Sitz: Dresden.

Zahl und Bezirk der Sektionen: Ohne Sektionsbildung.

32. Norddeutsche Holz-Berufsgenossenschaft.

Bezirk: Gebiet des Reichs ohne Bayern, Sachsen, Württemberg, Baden, Hessen, die Hohenzollernschen Lande und Elsaß-Lothringen in 9 Sektionen.

Sitz: Berlin.

Zahl und Bezirk der Sektionen: I. Ostpreußen, Westpreußen und Regierungsbezirk Bromberg. — Sitz: Danzig.

II. Schlesien und Regierungsbezirk Posen. — Sitz: Breslau.

III. Brandenburg ohne den Verwaltungsbezirk Berlin, aber mit den Enklaven Rossow, Netzeband (mit Schönberg), ferner Pommern ohne Zettemin. — Sitz: Berlin.

IV. Verwaltungsbezirk Berlin. — Sitz: Berlin.

V. Mecklenburg-Schwerin, ohne Rossow und Netzeband (mit Schönberg), aber mit der Enklave Zettemin, Mecklenburg-Strelitz, Lübeck, Hamburg ohne Amt Ritzebüttel, Fürstentum Lübeck, Schleswig-Holstein und Regierungsbezirk Lüneburg. — Sitz: Hamburg.

VI. Hannover ohne Regierungsbezirk Lüneburg und ohne Hohnstein und Bodenwerder, aber mit Amt Ritzebüttel und den Enklaven Bodenburg, Ostharingen, Oelsburg und Kreis Thedinghausen, ferner Bremen, Herzogtum Oldenburg, Schaumburg-Lippe, Lippe, die Regierungsbezirke Münster und Minden, sowie Pyrmont und der Kreis Rinteln. — Sitz: Bremen.

VII. Provinz Sachsen, ohne die Kreise Schleusingen und Ziegenrück, sowie ohne Wandersleben, Kischlitz und Alt-Löbnitz, jedoch mit Hohnstein und Allstedt, ferner Anhalt, Braunschweig ohne Bodenburg, Ostharingen, Oelsburg und Kreis Thedinghausen, jedoch mit der Enklave Bodenwerder. — Sitz: Magdeburg.

VIII. Hessen-Nassau ohne Kreis Rinteln, jedoch mit Kreis Wetzlar, Waldeck ohne Pyrmont, Sachsen-Weimar ohne Allstedt, Sachsen-Meiningen mit der Enklave Alt-Löbnitz, Sachsen-Altenburg mit der Enklave Kischlitz, Sachsen-Coburg-Gotha mit der Enklave Wandersleben, Schwarzburg-Rudolstadt, Schwarzburg-Sondershausen, Reuß ä. L. und Reuß j. L. und die Kreise Schleusingen und Ziegenrück. — Sitz: Gotha.

IX. Rheinprovinz ohne Kreis Wetzlar, Birkenfeld und Regierungsbezirk Arnsberg. — Sitz: Köln a. Rh.

33. Bayerische Holzindustrie-Berufsgenossenschaft.

Bezirk: Bayern.
Sitz: München.
Zahl und Bezirk der Sektionen: Ohne Sektionsbildung.

34. Südwestdeutsche Holz-Berufsgenossenschaft.

Bezirk: Württemberg, Baden, Hessen, die Hohenzollernschen Lande, Elsaß-Lothringen in 4 Sektionen.

Sitz: Stuttgart.

Zahl und Bezirk der Sektionen: I. Württemberg und die Hohenzollernschen Lande. — Sitz: Stuttgart.

II. Baden. — Sitz: Karlsruhe.

III. Hessen. — Sitz: Mainz.

IV. Elsaß-Lothringen. — Sitz: Straßburg i. Elsaß.

35. Müllerei-Berufsgenossenschaft.

Bezirk: Gebiet des Reichs in 17 Sektionen.

Sitz: Berlin.

Zahl und Bezirk der Sektionen: I. Ostpreußen. — Sitz: Königsberg i. Pr.

II. Westpreußen. — Sitz: Dirschau.

III. Posen. — Sitz: Posen.

IV. Brandenburg mit Berlin, sowie mit den Enklaven Netzeband (mit Schönberg) und Rossow. — Sitz: Berlin.

V. Schlesien. — Sitz: Breslau.

VI. Pommern ohne Zettemin und Mecklenburg-Strelitz mit Ausschluß des Fürstentums Ratzeburg. — Sitz: Stettin.

VII. Mecklenburg-Schwerin ohne Rossow und Netzeband (mit Schönberg) jedoch mit der Enklave Zettemin, Hamburg ohne Amt Ritzebüttel und Moorburg, aber mit der Enklave Kirchwerder, Lübeck, Schleswig-Holstein, Fürstentümer Lübeck und Ratzeburg. — Sitz: Hamburg.

VIII. Oldenburg ohne die Fürstentümer Lübeck und Birkenfeld, Hannover ohne Kirchwerder, aber mit Amt Ritzebüttel, Moorburg, Kreis Rinteln, Pyrmont, Hehlingen und Wolfsburg, ferner Bremen, Braunschweig ohne Kalvörde, jedoch mit der Enklave Beneckenstein, Schaumburg-Lippe, Lippe ohne Stift Kappel und Regierungsbezirk Minden. — Sitz: Hannover.

IX. Provinz Sachsen ohne Regierungsbezirk Erfurt und ohne Hehlingen, Wolfsburg, Alt-Löbnitz und Kischlitz, jedoch mit den Enklaven Kalvörde und Allstedt, ferner Anhalt. — Sitz: Halberstadt.

X. Westfalen ohne Regierungsbezirk Minden, jedoch mit der Enklave Stift Kappel, die Rheinprovinz ohne Kreis Wetzlar, ferner Birkenfeld. — Sitz: Köln a. Rh.

XI. Waldeck ohne Pyrmont, Hessen ohne Wimpfen am Berge, Hessen-Nassau ohne die Kreise Schmalkalden und Rinteln, aber mit Kreis Wetzlar. — Sitz: Frankfurt a. M.

XII. Baden ohne Schluchtern, Wangen und Tepfenhard, aber mit den Enklaven Wimpfen am Berge, Deubach, Hohentwiel, Thalheim, Igelswies und Tiergarten, ferner die Pfalz. — Sitz: Mannheim.

XIII. Elsaß-Lothringen. — Sitz: Straßburg i. Els.

XIV. Württemberg mit den Enklaven Schluchtern und Tepfenhard, jedoch ohne Hohentwiel und Deubach, ferner die Hohenzollernschen Lande ohne Thalheim, Iglwies und Thiergarten, jedoch mit der Enklave Wangen. — Sitz: Stuttgart.

XV. Bayern ohne die Pfalz, jedoch mit den Enklaven Königsberg (mit Nassach und Erlesdorf) in Franken und Ostheim vor der Rhön. — Sitz: Nürnberg.

XVI. Sachsen-Weimar ohne Ostheim vor der Rhön und Allstedt, aber mit der Enklave Schweinitz, Sachsen-Meiningen ohne Rödelwitz, jedoch mit der Enklave Alt-Löbnitz, Sachsen-Coburg-Gotha ohne Königsberg (mit Nassach und Erlesdorf) in Franken, Schwarzburg-Rudolstadt mit der Enklave Ammelstedt, Schwarzburg-Sondershausen, Reuß ä. L., Reuß j. L. mit der Enklave Röpsen, Regierungsbezirk Erfurt ohne Beneckenstein und Kreis Schmalkalden. — Sitz: Weimar.

XVII. Königreich Sachsen und Sachsen-Altenburg ohne Ammelstedt, Schweinitz und Röpsen, aber mit den Enklaven Kischlitz und Rödelwitz. — Sitz: Dresden.

36. Nahrungsmittel-Industrie-Berufsgenossenschaft.

Bezirk: Gebiet des Reichs.
Sitz: Mannheim.
Zahl und Bezirk der Sektionen: Ohne Sektionsbildung.

37. Zucker-Berufsgenossenschaft.

Bezirk: Gebiet des Reichs.
Sitz: Berlin.
Zahl und Bezirk der Sektionen: Ohne Sektionsbildung.

38. Berufsgenossenschaft der Molkerei-, Brennerei- und Stärke-Industrie.

Bezirk: Gebiet des Reichs in 6 Sektionen.
Sitz: Berlin.
Zahl und Bezirk: I. Ostpreußen, Westpreußen, Pommern. — Sitz: Danzig.

II. Brandenburg, Posen, Schlesien. — Sitz: Frankfurt a. O.

III. Provinz Sachsen, Königreich Sachsen, Anhalt, Braunschweig, Sachsen-Altenburg, Sachsen-Meiningen, Sachsen-Coburg-Gotha, beide Reuß, beide Schwarzburg. — Sitz: Magdeburg.

IV. Schleswig-Holstein, Lübeck, Hamburg, Bremen, beide Mecklenburg, Hannover, Oldenburg mit Birkenfeld. — Sitz: Hamburg.

V. Westfalen, beide Lippe, Waldeck und Pyrmont, Hessen-Nassau, Rheinland mit Birkenfeld, Großherzogtum Hessen. — Sitz: Köln.

VI. Bayern, Württemberg, Hohenzollern, Baden, Elsaß-Lothringen. — Sitz: Regensburg.[1])

39. Brauerei- und Mälzerei-Berufsgenossenschaft.

Bezirk: Gebiet des Reichs in 9 Sektionen.
Sitz: Frankfurt a. M.

---

[1]) Die vom Bezirke einer Sektion umschlossenen Enklaven gehören zu den betr. Sektionen

Zahl und Bezirk der Sektionen: I. Elsaß-Lothringen. — Sitz: Straßburg i. Els.

II. Baden ohne Wangen, Schluchtern und Tepfenhard, aber mit den Enklaven Wimpfen am Berge, Deubach, Hohentwiel, Thalheim, Igelswies und Thiergarten, ferner die Pfalz. — Sitz: Karlsruhe.

III. Württemberg ohne Deubach und Hohentwiel, jedoch mit den Enklaven Schluchtern und Tepfenhard, ferner die Hohenzollernschen Lande ohne Thalheim, Igelswies und Thiergarten, jedoch mit der Enklave Wangen. — Sitz: Stuttgart.

IV. Oberbayern, Niederbayern, Schwaben und Neuburg. — Sitz: München.

V. Oberfranken, Mittelfranken, Unterfranken und Aschaffenburg mit den Enklaven Königsberg (mit Nassach und Erlesdorf) in Franken und Ostheim vor der Rhön, ferner Oberpfalz und Regensburg. — Sitz: Nürnberg.

VI. Ost- und Westpreußen, Posen, Schlesien, Pommern, Brandenburg mit Berlin, Mecklenburg-Schwerin, Mecklenburg-Strelitz, Schleswig-Holstein, Hamburg ohne Amt Ritzebüttel und Moorburg, jedoch mit der Enklave Kirchwerder, ferner Lübeck und Fürstentum Lübeck. — Sitz: Berlin.

VII. Hannover ohne Kirchwerder, jedoch mit Amt Ritzebüttel und der Enklave Moorburg. Regierungsbezirk Magdeburg, Oldenburg ohne die Fürstentümer Birkenfeld und Lübeck, Braunschweig mit der Enklave Beneckenstein, Anhalt mit den Enklaven Löbnitz, Pösigk und Schierau, ferner der Kreis Rinteln, Schaumburg-Lippe und Bremen. — Sitz: Magdeburg.

VIII. Königreich Sachsen, Regierungsbezirke Merseburg (ohne Löbnitz, Pösigk und Schierau) und Erfurt (ohne Beneckenstein), Kreis Schmalkalden, Sachsen-Weimar ohne Ostheim vor der Rhön, Sachsen-Meiningen, Sachsen-Altenburg, Sachsen-Coburg-Gotha ohne Königsberg (mit Nassach und Erlesdorf) in Franken, Schwarzburg-Rudolstadt, Schwarzburg-Sondershausen, Reuß ä. L. und Reuß j. L. — Sitz: Leipzig.

IX. Hessen-Nassau ohne die Kreise Rinteln und Schmalkalden, die Rheinprovinz mit Birkenfeld, Westfalen, Hessen ohne Wimpfen am Berge, Waldeck und Lippe. — Sitz: Dortmund.

40. Tabak-Berufsgenossenschaft.

Bezirk: Gebiet des Reichs.
Sitz: Bremen.
Zahl und Bezirk der Sektionen: Ohne Sektionsbildung.

41. Bekleidungsindustrie-Berufsgenossenschaft.

Bezirk: Gebiet des Reichs.
Sitz: Berlin.
Zahl und Bezirk der Sektionen: Ohne Sektionsbildung.

42. Berufsgenossenschaft der Schornsteinfegermeister des Deutschen Reichs.

Bezirk: Gebiet des Reichs in 16 Sektionen.
Sitz: Berlin.
Zahl und Bezirk der Sektionen: I. Ost- und Westpreußen. — Sitz: Danzig.

II. Brandenburg mit Berlin. — Sitz: Berlin.

III. Pommern, Mecklenburg-Strelitz, und Mecklenburg-Schwerin. — Sitz: Stettin.

IV. Posen. — Sitz: Posen.

V. Schlesien. — Sitz: Breslau.

VI. Schleswig-Holstein, Hamburg, Lübeck und Fürstentum Lübeck. — Sitz: Altona.

VII. Provinz Sachsen, Sachsen-Weimar, Sachsen-Meiningen, Sachsen-Altenburg, Sachsen-Coburg-Gotha, Anhalt, Schwarzburg-Rudolstadt, Schwarzburg-Sondershausen, Reuß ä. L. und Reuß j. L. — Sitz: Halle a. S.

VIII. Westfalen. — Sitz: Bielefeld.

IX. Hannover, Oldenburg ohne die Fürstentümer Lübeck und Birkenfeld, Braunschweig, Schaumburg-Lippe, Lippe, Bremen, Pyrmont, und Kreis Rinteln. — Sitz: Hannover.

X. Hessen-Nassau ohne Kreis Rinteln, Hessen und Waldeck ohne Pyrmont. — Sitz: Wiesbaden.

XI. Rheinprovinz und Birkenfeld. — Sitz: Düsseldorf.

XII. Baden und Elsaß-Lothringen. — Sitz: Freiburg i. Br.

XIII. Oberbayern, Niederbayern, Schwaben und Neuburg. — Sitz: München.

XIV. Oberpfalz und Regensburg, Mittelfranken, Oberfranken, Unterfranken und Aschaffenburg, sowie die Pfalz. — Sitz: Würzburg.

XV. Königreich Sachsen. — Sitz: Leipzig.

XVI. Württemberg und die Hohenzollernschen Lande. — Sitz: Stuttgart.

43. Hamburgische Baugewerks-Berufsgenossenschaft.

Bezirk: Hamburg, Lübeck, Schleswig-Holstein, Mecklenburg-Schwerin, Mecklenburg-Strelitz und Fürstentum Lübeck in 5 Sektionen.

Sitz: Hamburg.

Zahl und Bezirk der Sektionen: I. Hamburg ohne Wohldorf-Ohlstedt, Volksdorf, Groß-Hansdorf-Schmalenbeck, Farmsen-Berne, Geesthacht, von Schleswig-Holstein die Kreise Altona, Pinneberg und der Gemeindebezirk Wandsbeck. — Sitz: Hamburg.

II. Lübeck, das Fürstentum Ratzeburg (ohne Dodow), von Schleswig-Holstein die Kreise Lauenburg mit der Enklave Geesthacht, Stormarn mit den Enklaven Wohldorf-Ohlstedt, Volksdorf, Groß-Hansdorf-Schmalenbeck, Farmsen-Berne, jedoch ohne den Gemeindebezirk Wandsbeck, ferner der Kreis Segeberg und das Fürstentum Lübeck. — Sitz: Lübeck.

III. Die Kreise Oldenburg, Plön, Kiel, Steinburg Süderdithmarschen, Norderdithmarschen, Rendsburg und Eckernförde. — Sitz: Kiel.

IV. Die Kreise Eiderstedt, Schleswig, Husum, Flensburg (Stadt und Land), Sonderburg, Apenrade, Tondern und Hadersleben. — Sitz: Flensburg.

V. Mecklenburg-Schwerin und Mecklenburg-Strelitz ohne das Fürstentum Ratzeburg, aber mit Dodow. — Sitz: Schwerin i. M.

44. Nordöstliche Baugewerks-Berufsgenossenschaft.

Bezirk: Brandenburg mit Berlin, Pommern, Ost- und Westpreußen in 5 Sektionen.

Sitz: Berlin.

Zahl und Bezirk der Sektionen: I. Der Verwaltungbezirk Berlin, der Stadtkreis Charlottenburg und von dem Kreise Teltow die Amtsbezirke Rixdorf, Tempelhof, Schöneberg, Friedenau, Steglitz und Deutsch-Wilmersdorf. — Sitz: Berlin.

II. Provinz Brandenburg mit Ausschluß der der Sektion I zugewiesenen Teile. — Sitz: Potsdam.

III. Pommern. — Sitz: Stettin.

IV. Westpreußen. — Sitz: Danzig.

V. Ostpreußen. — Sitz: Königsberg i. Pr.

45. Schlesisch-Posensche Baugewerks-Berufsgenossenschaft.

Bezirk: Schlesien und Posen in 5 Sektionen.

Sitz: Breslau.

Zahl und Bezirk der Sektionen: I. Regierungsbezirk Breslau. — Sitz: Breslau.

II. Regierungsbezirk Liegnitz. — Sitz: Liegnitz.

III. Regierungsbezirk Oppeln. — Sitz: Oppeln.

IV. Regierungsbezirk Posen. — Sitz: Posen.

V. Regierungsbezirk Bromberg. — Sitz: Gnesen.

46. Hannoversche Baugewerks-Berufsgenossenschaft.

Bezirk: Provinz Hannover, Regierungsbezirk Minden, Herzogtum Oldenburg, Braunschweig, Schaumburg-Lippe, Lippe, Pyrmont, Kreis Rinteln, Bremen in 4 Sektionen.

Sitz: Hannover.

Zahl und Bezirk der Sektionen: I. Die Regierungsbezirke Hannover, Hildesheim, Lüneburg, Osnabrück und das Fürstentum Pyrmont. — Sitz: Hannover.

II. Der Regierungsbezirk Minden, Schaumburg-Lippe, Lippe und der Kreis Rinteln. — Sitz: Minden i. W.

III. Braunschweig. — Sitz: Braunschweig.

IV. Oldenburg ohne die Fürstentümer Lübeck und Birkenfeld, die Regierungsbezirke Aurich und Stade, außerdem Bremen. — Sitz: Bremen.

47. Magdeburgische Baugewerks-Berufsgenossenschaft.

Bezirk: Regierungsbezirke Magdeburg, Merseburg und Herzogtum Anhalt in 3 Sektionen.

Sitz: Magdeburg.

Zahl und Bezirk der Sektionen: I. Regierungsbezirk Magdeburg. — Sitz: Magdeburg.

II. Regierungsbezirk Merseburg. — Sitz: Halle a. S.

III. Anhalt. — Sitz: Dessau.

48. Sächsische Baugewerks-Berufsgenossenschaft.

Bezirk: Königreich Sachsen und die reußischen Fürstentümer mit Einschluß der Enklave Gesell in 6 Sektionen.

Sitz: Dresden.

Zahl und Bezirk der Sektionen: I. Kreishauptmannschaft Dresden. — Sitz: Dresden.

II. Kreishauptmannschaft Leipzig. — Sitz: Leipzig.

III. Amtshauptmannschaften Zwickau, Plauen i. V., Auerbach, Oelsnitz und Glauchau. — Sitz: Zwickau.

IV. Amtshauptmannschaften Chemnitz, Flöha, Marienberg, Annaberg und Schwarzenberg, sowie die Stadt Chemnitz. — Sitz: Chemnitz.

V. Kreishauptmannschaft Bautzen. — Sitz: Bautzen.

VI. Reuß ä. L., Reuß j. L. und die preußische Enklave Gesell. — Sitz: Gera.

49. Thüringische Baugewerks-Berufsgenossenschaft.

Bezirk: Regierungsbezirk Erfurt ohne Gesell, Sachsen-Weimar, Sachsen-Meiningen, Sachsen-Altenburg, Sachsen-Coburg-Gotha, Schwarzburg-Rudolstadt und Schwarzburg-Sondershausen in 4 Sektionen.

Sitz: Erfurt.

Zahl und Bezirk der Sektionen: I. Sachsen-Weimar ohne Zillbach, Klein-Zillbach, Seebach, Ilmenau, Bösleben, Allstedt, Adisleben, jedoch mit den Enklaven Nazza, Neukirchen (mit Lauterbach), Werningshausen, Oberellen, Dietlas, Treppendorf, Lichtenhain, Vierzehnheiligen, Kamburg, Mosen, Schweinitz und Oesteröda. — Sitz: Weimar.

II. Sachsen-Altenburg ohne Schweinitz, jedoch mit den Enklaven Groß-Kochberg, Rödelwitz, Milda, ferner Schwarzburg-Rudolstadt ohne die Herrschaft Frankenhausen, Immenroda, Schlotheim, Leutenberg, Elxleben, Oesteröda und Angelroda. — Sitz: Altenburg.

III. Sachsen-Meiningen ohne Oberellen, Dietlas, Kranichfeld, Treppendorf, Groß-Kochberg, Rödelwitz, Milda, Lichtenhain, Vierzehnheiligen, Kamburg, Mosen, jedoch mit den Enklaven Zillbach, Klein-Zillbach, Leutenberg und mit Kreis Ziegenrück (ohne Gesell mit Blintendorf, Blankenberg und Sparnberg), ferner Sachsen-Coburg-Gotha ohne Nazza, Neukirchen (mit Lauterbach), Groß-Körner, Werningshausen und Traßdorf, jedoch mit den Enklaven Seebach, Wandersleben, Angelroda und Geschwenda. — Sitz: Gotha.

IV. Der Regierungsbezirk Erfurt ohne Wandersleben und Kreis Ziegenrück, jedoch mit Elxleben und Kranichfeld, ferner Schwarzburg-Sondershausen ohne Geschwenda, jedoch mit Ilmenau, Bösleben, Allstedt, Oldisleben, Traßdorf, Groß-Körner, der Herrichaft Frankenhausen, Immenroda und Schlotheim. — Sitz: Erfurt.

50. Hessen-Nassauische Baugewerks-Berufsgenossenschaft.

Bezirk: Hessen-Nassau, Hessen, Waldeck ohne das Fürstentum Pyrmont und ohne den Kreis Rinteln in 7 Sektionen.

Sitz: Frankfurt a. M.

Zahl und Bezirk der Sektionen: I. Von dem Regierungsbezirk Wiesbaden die Kreise Frankfurt a. M., Stadt und Land, Obertaunus, Höchst und Usingen, von dem Regierungsbezirk Kassel die Kreise Hanau Stadt und Land, Gelnhausen, Schluchtern und Gersfeld, vom Großherzogtum Hessen die Kreise Offenbach, Friedberg und Büdingen. — Sitz: Frankfurt a. M.

II. Die Kreise Darmstadt, Groß-Gerau, Dieburg, Erbach, Heppenheim und Bensheim. — Sitz: Darmstadt.

III. Die Kreise Wiesbaden Stadt und Land, Untertaunus, Oberwesterwald, Unterwesterwald, Westerburg, Oberlahn, Unterlahn, Limburg, Rheingau und St. Goarshausen. — Sitz: Wiesbaden.

IV. Die Kreise Mainz, Bingen, Alzey, Worms und Oppenheim. — Sitz: Mainz.

V. Die Kreise Kassel Stadt und Land, Eschwege, Fritzlar, Hofgeismar, Homburg, Melsungen, Rotenburg, Witzenhausen, Wolfhagen, Hersfeld, Hünfeld und Schmalkalden. — Sitz: Kassel.

VI. Von dem Regierungsbezirk Kassel die Kreise Marburg, Frankenberg mit Ausnahme der Herrschaft Itter (Vöhl), Kirchhain, Ziegenhain, Fulda, von dem Regierungsbezirk Wiesbaden der Dillkreis, Kreis Biedenkopf, von dem Großherzogtum Hessen die Kreise Gießen, Schotten, Alsfeld und Lauterbach. — Sitz: Gießen.

VII. Die Kreise der Twiste, des Eisenbergs, der Eder, von dem Kreise Frankenberg im Regierungsbezirk Kassel die Herrschaft Itter (Vöhl). — Sitz: Arolsen.

51. Rheinisch-Westfälische Baugewerks-Berufsgenossenschaft.

Bezirk: Rheinprovinz und Westfalen ohne den Regierungsbezirk Minden und mit Einschluß von Birkenfeld in 8 Sektionen.

Sitz: Elberfeld.

Zahl und Bezirk der Sektionen: I. Regierungsbezirk Münster. — Sitz: Münster i. W.

II. Regierungsbezirk Arnsberg. — Sitz: Dortmund.

III. Der rechtsrheinische Teil des Regierungsbezirks Düsseldorf mit Ausschluß der Kreise Düsseldorf Stadt und Land. — Sitz: Elberfeld.

IV. Der linksrheinische Teil des Regierungsbezirks Düsseldorf, sowie die Kreise Düsseldorf Stadt und Land. — Sitz: Düsseldorf.

V. Regierungsbezirk Köln. — Sitz: Köln a. Rh.

VI. Regierungsbezirk Aachen. — Sitz: Aachen.

VII. Regierungsbezirk Koblenz. — Sitz: Koblenz.

VIII. Regierungsbezirk Trier und Birkenfeld. — Sitz: Saarbrücken.

52. Württembergische Baugewerks-Berufsgenossenschaft.

Bezirk: Württemberg.

Sitz: Stuttgart.

Zahl und Bezirk der Sektionen: Ohne Sektionsbildung.

53. Bayerische Baugewerks-Berufsgenossenschaft.

Bezirk: Bayern.

Sitz: München.

Zahl und Bezirk der Sektionen: Ohne Sektionsbildung.

54. Südwestliche Baugewerks-Berufsgenossenschaft.

Bezirk: Baden, die Hohenzollernschen Lande, Elsaß-Lothringen in 6 Sektionen.

Sitz: Straßburg i. Els.

Zahl und Bezirk der Sektionen: I. Die Kreise Mannheim, Heidelberg und Mosbach. — Sitz: Mannheim.

II. Die Kreise Karlsruhe, Baden und Offenburg. — Karlsruhe i. B.

III. Die Kreise Freiburg, Waldshut, Lörrach, Konstanz und Villingen, sowie die Hohenzollernschen Lande. — Sitz: Freiburg i. Br.

IV. Unter-Elsaß. — Sitz: Straßburg i. Els.

V. Ober-Elsaß. — Sitz: Mühlhausen i. Els.

VI. Lothringen. — Sitz: Metz.

55. Buchdrucker-Berufsgenossenschaft.

Bezirk: Gebiet des Reichs in 9 Sektionen.

Sitz: Leipzig.

Zahl und Bezirk der Sektionen: I. Nordwest: Hannover, Schleswig-Holstein, Mecklenburg-Schwerin, Mecklenburg-Strelitz, Oldenburg ohne Birkenfeld, Braunschweig, Schaumburg-Lippe, Lippe, Pyrmont, Lübeck, Bremen und Hamburg. — Sitz: Hannover.

II. Rheinland-Westfalen: Westfalen und Rheinprovinz mit Birkenfeld. — Sitz: Köln a/Rh.

III. Main: Hessen-Nassau und Hessen, sowie Waldeck ohne Pyrmont. — Sitz: Frankfurt a/M.

IV. Südwest: Württemberg, Baden, die Hohenzollernschen Landen, Elsaß-Lothringen und die Pfalz.— Sitz: Stuttgart.

V. Bayern: Bayern ohne die Pfalz. — Sitz: München.

VI. Thüringen: Sachsen-Weimar, Sachsen-Meiningen, Sachsen-Coburg-Gotha, Schwarzburg-Rudolstadt, Schwarzburg-Sondershausen, Reuß ä. L., Reuß j. L., die Provinz Sachsen und Anhalt. — Sitz: Halle a/S.

VII. Sachsen: Königreich Sachsen und Sachsen-Altenburg. — Sitz: Leipzig.

VIII: Brandenburg: Brandenburg mit Berlin. — Sitz: Berlin.

IX. Nordost: Schlesien, Pommern, Ost- und Westpreußen, Posen. — Sitz: Breslau.

56. Privatbahn-Berufsgenossenschaft.

Bezirk: Gebiet des Reichs.

Sitz: Lübeck.

Zahl und Bezirk der Sektionen: Ohne Sektionsbildung.

57. Straßen- und Kleinbahn-Berufsgenossenschaft.

Bezirk: Gebiet des Reichs.

Sitz: Berlin.

Zahl und Bezirk der Sektionen: Ohne Sektionsbildung.

58. Lagerei-Berufsgenossenschaft.

Bezirk: Gebiet des Reichs in 9 Sektionen.

Sitz: Berlin.

Zahl und Bezirk der Sektionen: I. Ost- und Westpreußen, sowie die Regierungsbezirke Bromberg und Köslin. — Sitz: Königsberg i. Pr.

II. Schlesien und Regierungsbezirk Posen. — Sitz: Breslau.

III. Brandenburg mit Berlin, sowie die Enklaven Netzeband (mit Schönberg) und Rossow, Regierungsbezirk Stettin ohne Zettemin (mit Pinnow), Regierungsbezirk Stralsund, Provinz Sachsen ohne Hehlingen, Wolfsburg, Beneckenstein, auch ohne die Kreise Schleusingen und Ziegenrück, sowie ohne Alt-Löbnitz, Kischlitz, Wandersleben und Mühlberg, aber mit den Enklaven Kalvörde, Altstedt, Oldisleben, Immenroda, Körner (mit Menteroda, Volkenroda, Kleinkeula, Hohenbergen und Obermehler), Schlotheim, ferner Anhalt und Schwarzburg-Sondershausen ohne die Herrschaft Arnstadt und ohne Geschwenda, außerdem die Herrschaft Frankenhausen von Schwarzburg-Rudolstadt. — Sitz: Berlin.

IV. Schleswig-Holstein, Mecklenburg-Schwerin ohne Netzeband (mit Schönberg) und ohne Rossow aber mit der Enklave Zettemin (mit Pinnow), Mecklenburg-Strelitz, Lübeck, Hamburg ohne Moorburg, jedoch mit Kirchwerder, außerdem Fürstentum Lübeck. — Sitz: Hamburg.

V. Provinz Hannover ohne Kirchwerder, aber mit den Enklaven Kreis Rinteln (Schaumburg) Hehlingen, Moorburg, Wolfsburg, Oldenburg ohne die Fürstentümer Lübeck und Birkenfeld, Braunschweig ohne Kalvörde, jedoch mit Beneckenstein, Waldeck mit den Enklaven Eimelrod, Höringhausen und Lüdge, Schaumburg-Lippe, Lippe ohne Stift Kappel, Grevenhagen und Lipperode, endlich Bremen. — Sitz: Bremen.

VI. Rheinprovinz mit Birkenfeld, Westfalen ohne Lüdge, jedoch mit Stift Kappel, Grevenhagen und Lippenrode, Hessen-Nassau ohne die Kreise Schmalkalden und Rinteln (Schaumburg), ferner ohne Eimelrod, Höringhausen und Barchfeld, Hessen ohne Wimpfen am Berge. — Sitz: Mainz.

VII. Die Pfalz, Württemberg mit der Enklave Wimpfen am Berge, Baden, die Hohenzollernschen Lande und Elsaß-Lothringen. — Sitz: Mannheim.

VIII. Bayern ohne die Pfalz, aber mit den Enklaven Königsberg (mit Nassach und Erlesdorf) in Franken und Ostheim vor der Rhön. — Sitz: München.

IX. Königreich Sachsen, Sachsen-Weimar ohne Allstedt, Oldisleben und Ostheim vor der Rhön, Sachsen-Meiningen mit Barchfeld und Alt-Löbnitz, Sachsen-Altenburg mit Kischlitz, Sachsen-Coburg-Gotha mit Gschwenda, Wandersleben und Mühlberg, jedoch ohne Körner (mit Menteroda, Volkenroda, Kleinkeula, Hohenbergen und Obermehler), auch ohne Königsberg (mit Nassach und Erlesdorf) in Franken, ferner Schwarzburg-Rudolstadt ohne die Herrschaft Frankenhausen und ohne Immenroda und Schlotheim, Reuß ä. L., Reuß j. L., endlich die Herrschaft Arnstadt von Schwarzburg-Sondershausen, sowie die Kreise Schleusingen, Schmalkalden und Ziegenrück. — Sitz: Leipzig.

59. Fuhrwerks-Berufsgenossenschaft.

Bezirk: Gebiet des Reichs in 39 Sektionen.

Sitz: Dresden.

Zahl und Bezirk der Sektionen: I. Ostpreußen — Sitz; Königsberg i. Pr.

II. Westpreußen. — Sitz: Danzig.

III. Regierungsbezirk Potsdam mit Ausnahme der dem Polizei-Präsidium zu Berlin unterstellten Vororte Berlins. — Sitz: Potsdam.

IV. Berlin und die dem Polizei-Präsidium zu Berlin unterstehenden Vororte Berlins. — Sitz: Berlin.

V. Regierungsbezirk Frankfurt. — Sitz: Seelow.

VI. Die Regierungsbezirke Stettin und Köslin. — Sitz: Stettin.

VII. Provinz Posen. — Sitz: — Posen.

VIII. Regierungsbezirk Breslau. — Sitz: Breslau.

IX. Regierungsbezirk Liegnitz. — Sitz: Liegnitz.

X. Regierungsbezirk Oppeln. — Sitz: Oppeln.

XI. Regierungsbezirk Magdeburg sowie Anhalt. — Sitz: Magdeburg.

XII. Regierungsbezirk Merseburg. — Sitz: Halle a. S.

XIII. Regierungsbezirk Erfurt, Sachsen-Meiningen, Sachsen-Coburg-Gotha, Schwarzburg-Rudolstadt, Schwarzburg-Sondershausen. — Sitz: Erfurt.

XIV. Schleswig-Holstein, Lübeck und Fürstentum Lübeck. — Sitz: Altona.

XV. Die Regierungsbezirke Hannover und Lüneburg. — Sitz: Hannover.

XVI. Die Regierungsbezirke Osnabrück, Münster und Minden, ferner Schaumburg-Lippe und Lippe. — Sitz: Minden.

XVII. Regierungsbezirk Arnsberg. — Sitz: Bochum.

XVIII. Regierungsbezirk Kassel und Waldeck. — Sitz: Kassel.

XIX. Regierungsbezirk Wiesbaden. — Sitz: Wiesbaden.

XX. Die Regierungsbezirke Koblenz und Trier, sowie Fürstentum Birkenfeld. — Sitz: Koblenz.

XXI. Rechtsrheinischer Teil des Regierungsbezirks Düsseldorf. — Sitz: Düsseldorf.

XXII. Linksrheinischer Teil des Regierungsbezirks Düsseldorf. — Sitz: M.-Gladbach.

XXIII. Regierungsbezirk Köln. — Sitz: Köln a./Rh.

XXIV. Regierungsbezirk Aachen. — Sitz: Aachen.

XXV. Die Regierungsbezirke Oberbayern und Niederbayern. — Sitz: München.

XXVI. Die Regierungsbezirke Oberpfalz und Regensburg sowie Oberfranken. — Sitz: Bayreuth.

XXVII. Die Regierungsbezirke Mittelfranken, sowie Unterfranken und Aschaffenburg Sitz: Nürnberg.

XVIII. Regierungsbezirk Schwaben und Neuburg. — Sitz: Augsburg.

XXIX. Die Kreishauptmannschaft Bautzen und Dresden. -- Sitz: Dresden.

XXX. Die Kreishauptmannschaften Leipzig und Zwickau. — Sitz: Leipzig.

XXXI. Württemberg und die Hohenzollerischen Lande. — Sitz: Stuttgart.

XXXII. Baden und Regierungsbezirk Pfalz. — Sitz: Mannheim.

XXXIII. Hessen. — Sitz: Mainz.

XXXIV. Regierungsbezirk Stralsund, Mecklenburg-Schwerin und Mecklenburg-Strelitz. — Sitz: Schwerin i/M.

XXXV. Sachsen-Weimar, Sachsen-Altenburg, Reuß ä. L., Reuß j. L. — Sitz: Altenburg.

XXXVI. Regierungsbezirk Hildesheim und Herzogtum Braunschweig. — Sitz: Braunschweig.

XXXVII. Die Regierungsbezirke Stade und Aurich, Herzogtum Oldenburg und Bremen. — Sitz: Bremen.

XXXVIII. Hamburg. — Sitz: Hamburg.

XXXIX. Elsaß-Lothringen. — Sitz: Straßburg i. Els.

60. Westdeutsche Binnenschiffahrts-Berufsgenossenschaft.

Bezirk: Das Gebiet des Rheins und seiner Nebenflüsse, sowie die übrigen westlich und südlich von der Elbe und ihren Nebenflüssen belegenen Gewässer (Donau, Ems, Weser 2c): und zwar: Die Regierungsbezirke Hannover, Hildesheim, Osnabrück, Aurich, Lüneburg (ohne die Kreise Dannenberg, Harburg, Lüneburg, Winsen, Bleckede, Uelzen und Lüchow), Stade (ohne die Kreise Stade, Kehdingen, Jork, Neuhaus a. O. und Bremervörde), die Provinzen Westfalen, Hessen-Nassau, Rheinprovinz, die Hohenzollernschen Lande, von dem Regierungsbezirk Erfurt der Kreis Schleusingen, ferner Bayern, Württemberg, Baden, Hessen, von Sachsen-Weimar der Verwaltungsbezirk Eisenach, Oldenburg (ohne Fürstentum Lübeck), Braunschweig, Sachsen-Meiningen (ohne Kreis Saalfeld) Sachsen-Coburg-Gotha, Waldeck, Schaumburg-Lippe, Lippe, Bremen, Elsaß-Lothringen in 4 Sektionen.

Sitz: Duisburg.

Zahl und Bezirk der Sektionen: I. Bayern (ohne die Regierungsbezirke Oberfranken, Unterfranken und Aschaffenburg), Württemberg, Baden, die Hohenzollernschen Lande und Elsaß-Lothringen: Sitz: Mannheim.

II. Hessen, vom Regierungsbezirk Kassel die Kreise Hanau Stadt und Land, Gelnhausen und Schlüchtern, vom Regierungsbezirk Koblenz der Kreis Wetzlar, ferner die Regierungsbezirke Wiesbaden, Oberfranken, sowie Unterfranken und Aschaffenburg. — Sitz: Mainz.

III. Rheinprovinz ohne Kreis Wetzlar, ferner Birkenfeld, Regierungsbezirk Arnsberg und vom Regierungsbezirk Münster die Kreise Borken, Coesfeld und Reklinghausen. — Sitz: Ruhrort.

IV. Vom Regierungsbezirk Erfurt der Kreis Schleusingen, die Regierungsbezirke Hannover, Hildesheim, Lüneburg (ohne die Kreise Dannenberg, Harburg, Lüneburg, Winsen, Bleckede, Uelzen und Luchow), Stade (ohne die Kreise Stade, Kehdingen, Jork, Neuhaus a. O. und Bremervörde), Aurich, Osnabrück, Münster (ohne die Kreise Borken, Coesfeld und Recklinghausen), Minden und Kassel (ohne die Kreise Hanau Stadt und Land, Gelnhausen und Schlüchtern), von Sachsen-Weimar der Verwaltungsbezirk Eisenach, ferner Oldenburg (ohne die Fürstentümer Lübeck und Birkenfeld), Braunschweig, Sachsen-Meiningen (ohne Kreis Saalfeld), Sachsen-Coburg-Gotha, Waldeck, Schaumburg-Lippe, Lippe, Bremen. — Sitz: Bremen.

61. Elbschiffahrts-Berufsgenossenschaft.

Bezirk: Königreich Sachsen, Provinz Sachsen (ohne Kreis Schleusingen), Sachsen-Weimar (ohne Verwaltungsbezirk Eisenach), von Sachsen-Meiningen der Kreis Saalfeld, Sachsen-Altenburg, Anhalt, Schwarzburg-Rudolstadt, Schwarzburg-Sondershausen, Reuß ä. L., Reuß j. L., vom Regierungsbezirk Potsdam die Kreise Potsdam-Stadt, Ost- und Westhavelland, Ost- und Westprignitz, sowie Zauch-Belzig. Schleswig-Holstein, Mecklenburg-Schwerin, Mecklenburg-Strelitz, Hamburg, Lübeck und Fürstentum Lübeck, vom Regierungsbezirk Lüneburg die Kreise Dannenberg, Harburg, Lüneburg, Winsen, Bleckede, Uelzen und Lüchow, vom Regierungsbezirk Stade die Kreise Stade, Kehdingen, Jork, Neuhaus a. O., Bremervörde.

Sitz: Magdeburg.

Zahl und Bezirk der Sektionen: Ohne Sektionsbildung.

62. Ostdeutsche Binnenschiffahrts-Berufsgenossenschaft.

Bezirk: Ost- und Westpreußen, Brandenburg mit Berlin, aber ohne die Kreise Potsdam-Stadt, Ost- und Westhavelland, Ost- und Westprignitz, sowie Zauch-Belzig, ferner Pommern, Posen und Schlesien.

Sitz: Bromberg.

Zahl und Bezirk der Sektionen: Ohne Sektionsbildung.

63. See-Berufsgenossenschaft.

Bezirk: Gebiet des Reichs in 6 Sektionen.

Sitz: Hamburg.

Zahl und Bezirk der Sektionen: I. Die Regierungsbezirke Aurich und Osnabrück, die Großherzoglich oldenburgischen Aemter Friesoythe und Westerstede, sowie das sonstige Emsgebiet und das Rheingebiet. — Sitz: Papenburg.

II. Regierungsbezirk Hannover, die zum Regierungsbezirk Stade gehörigen Kreise Achim, Blumenthal, Geestemünde, Lehe, Osterholz und Verden, ferner das Großherzogtum Oldenburg mit Ausschluß der der Sektion I überwiesenen Teile desselben und des Fürstentums Lübeck, sowie die freie Hansastadt Bremen und das sonstige Wesergebiet. — Sitz: Bremen.

III. Provinz Hannover mit Ausschluß der den Sektionen I und II überwiesenen Teile, von der Provinz Schleswig-Holstein die Kreise Altona Stadt, Herzogtum Lauenburg, Pinneberg, Steinburg, Stormarn und den an der Elbe belegenen Teil des Kreises Süderdithmarschen einschließlich der Insel Helgoland, sowie die freien und Hansastädte Lübeck und Hamburg und das sonstige Elbegebiet mit Ausschluß der in den Großherzogtümern Mecklenburg-Schwerin und Mecklenburg-Strelitz belegenen Teile desselben. — Sitz: Hamburg.

IV. Schleswig-Holstein (mit Ausschluß der der Sektion III überwiesenen Teile) und das Fürstentum Lübeck. — Sitz: Kiel.

V. Pommern, die Großherzogtümer Mecklenburg-Schwerin und Mecklenburg-Strelitz und das sonstige Odergebiet. — Sitz: Stettin.

VI. Ost- und Westpreußen. — Sitz: Danzig.

64. Tiefbau-Berufsgenossenschaft.

Bezirk: Gebiet des Reichs.

Sitz: Berlin.

Zahl und Sitz der Sektionen: Ohne Sektionsbildung.

65. Fleischerei-Berufsgenossenschaft.

Bezirk: Gebiet des Reichs.

Sitz: Lübeck.

Zahl und Bezirk der Sektionen: Ohne Sektionsbildung.

66. Schmiede-Berufsgenossenschaft.

Bezirk: Gebiet des Reichs.

Sitz: Berlin.

Zahl und Bezirk der Sektionen: Ohne Sektionsbildung.

Verzeichnis der staatlichen Ausführungsbehörden.

Lfd. Nr.	Der Ausführungsbehörde Name.	Sitz.	Geschäftsbereich.
		I. Deutsches Reich.	
1.	Kais. Werft Danzig	Danzig	Die marinefiskalischen Betriebe der Werft Danzig.
2.	Kais. Werft Kiel	Garden bei Kiel	Die im Dienstbereich der Marinestation der Ostsee belegenen marinefiskalischen Betriebe mit Ausschluß der Werft zu Danzig.
3.	Kais. Werft Wilhelmshaven	Wilhelmshaven	Die im Dienstbereiche der Marinestation der Nordsee belegenen marinefiskalischen Betriebe einschl. der auf Oldenburg. Gebiete belegenen und der Seewarte in Hamburg.
4.	Kais. Kanalamt zu Kiel	Kiel	Betrieb des Kaiser Wilhelm-Kanals.
5.	Post-Versicherungskommission	Berlin	Bezirk der Reichspost- und Telegraphenverwaltung.
6.	Kais. Gesundheitsamt	Berlin	Versuchsfeld der biologischen Abteilung des Kais. Gesundheitsamts in Dahlen bei Berlin.

II. Königreich Preußen.

a) Betriebe der Heeresverwaltung.

1.	Intendantur der militärischen Institute zu Schöneberg bei Berlin.	Berlin	Großer Generalstab, Akademien, Kommissionen, Kriegsschulen, Kadettenanstalten, Schießschulen, Depots, Gewehr- und Munitionsfabriken, Werkstätten, Geschützgießereien, Laboratorien, Invalidenhaus, Zeughausverwaltung 2c. 2c. zu Berlin, Potsdam und Spandau.
2.	Intendantur des Gardekorps	Berlin	Bezirk des Gardekorps
3.	„ I. Armeekorps	Königsberg	„ „ I. Armeekorps
4.	„ II. „	Stettin	„ „ II. „
5.	„ III. „	Berlin	„ „ III. „
6.	„ IV. „	Magdeburg	„ „ IV. „
7.	„ V. „	Posen	„ „ V. „
8.	„ VI. „	Breslau	„ „ VI. „
9.	„ VII. „	Münster	„ „ VII. „
10.	„ VIII. „	Koblenz	„ „ VIII. „
11.	„ IX. „	Altona	„ „ IX. „
12.	„ X. „	Hannover	„ „ X. „
13.	„ XI. „	Kassel	„ „ XI. „
14.	„ XII. „	Dresden	„ „ XII. „
15.	„ XIII. „	Stuttgart	„ „ XIII. „
16.	„ XIV. „	Karlsruhe	„ „ XIV. „
17.	„ XV. „	Straßburg	„ „ XV. „
18.	„ XVI. „	Metz	„ „ XVI. „
19.	„ XVII. „	Danzig	„ „ XVII. „
20.	„ XVIII. „	Frankfurt a. M.	„ „ XVIII. „
21.	„ XIX. „	Leipzig	„ „ XIX. „

Lfd. Nr.	Der Ausführungsbehörde Name.	Sitz.	Geschäftsbereich.
	b) Betriebe der Eisenbahnverwaltung.		
1.	Eisenbahndirektion Altona	Altona	Direktionsbezirk Altona
2.	„ Berlin	Berlin	„ Berlin
3.	„ Breslau	Breslau	„ Breslau
4.	„ Bromberg	Bromberg	„ Bromberg
5.	„ Kassel	Kassel	„ Kassel
6.	„ Köln	Köln	„ Köln
7.	„ Danzig	Danzig	„ Danzig
8.	„ Elberfeld	Elberfeld	„ Elberfeld.
9.	„ Erfurt	Erfurt	„ Erfurt.
10.	„ Essen a. R.	Essen a. R.	„ Essen a. Rh.
11.	„ Frankfurt a. M.	Frankfurt a. M.	„ Frankfurt a. M.
12.	„ Halle a. S.	Halle a. S.	„ Halle a. S.
13.	„ Hannover	Hannover	„ Hannover.
14.	„ Kattowitz	Kattowitz	„ Kattowitz.
15.	„ Königsberg	Königsberg	„ Königsberg.
16.	„ Magdeburg	Magdeburg	„ Magdeburg.
17.	„ Münster i. W.	Münster i. W.	„ Münster i. W.
18.	„ Posen	Posen	„ Posen
19.	„ St. Johann-Saarbrücken.	Saarbrücken	„ St. Johann-Saarbrücken
20.	„ Stettin	Stettin	„ Stettin
21.	„ Mainz	Mainz	„ Mainz.
	c) Staatliche Baubetriebe.		
1.	Oberpräsident der Provinz Westpreußen	Danzig	Weichselstrombauverwaltung
2.	„ d. Prov. Schlesien	Breslau	Oderstrombauverwaltung.
3.	„ der Prov. Sachsen	Magdeburg	Elbstrombauverwaltung.
4.	„ d. Prov. Hannover	Hannover	Weserstrombauverwaltung.
5.	„ der Rheinprovinz	Coblenz	Rheinstrombauverwaltung.
6.	„ d. Prov. Westfalen	Münster	Dortmund-Ems-Kanalsverwaltung.
7.	„ zu Königsberg	Königsberg	Regierungsbezirk Königsberg.
8.–41.	Die Regierungspräsidenten zu Gumbinnen, Danzig, Marienwerder, Potsdam, Frankfurt a. O., Stettin, Köslin, Stralsund, Posen, Bromberg, Breslau, Liegnitz, Oppeln, Magdeburg, Merseburg, Erfurt, Schleswig, Hannover, Hildesheim, Lüneburg, Stade, Osnabrück, Aurich, Münster, Minden, Arnsberg, Kassel, Wiesbaden, Koblenz, Düsseldorf, Köln, Trier, Aachen, Sigmaringen		Die Geschäftsbereiche der nebengenannten Regierungspräsidien.
42.	Ministerial-Militär- und Bau-Kommission	Berlin	Geschäftsbezirk d. Ministerial-Militär- und Bau-Kommission zu Berlin.
	III. Königreich Bayern.		
1.	Intendantur der militärischen Institute zu München	München	Sämtliche Betriebe der bayr. Heeresverwaltung.
2.	Generaldirektion der k. b. Posten und Telegraphen	München	Betrieb der bayer. Post- und Telegraphenverwaltung.
3.	Generaldirektion der k. Staatseisenbahnen	München	Betrieb der bayr. Staatseisenbahnen, der Bodensee-Dampfschiffahrt, der Kettenschlepp-Schiffahrt auf dem Main und dem Ludwigs-Donau-Main-Kanal einschließlich aller auf eigene Rechnung ausgeführten Bauten und des dem k. Straßen- und Flußbauamt Speyer unterstellten Dampfschiffahrtsbetriebes.
4.	Oberste Baubehörde im k. Staatsministerium des Innern	München	Sämtliche staatliche Tiefbaubetriebe.

Lfd. Nr.	Der Ausführungsbehörde Name.	Sitz.	Geschäftsbereich.
	IV. Königreich Sachsen.		
1.	Generaldirektion der k. sächs. Staatseisenbahnen	Dresden	Betrieb der k. sächs. Staatsbahnen einschl. der Ingenieur-Abteilung für Eisenbahnarbeiten des Finanzministeriums.
2.	K. Straßenbaudirektion Dresden	Dresden	K. sächs. Staatswasser-Bauverwaltung einschließlich der Baggerei-, Binnenschiffahrts-, Flößerei-, Prahm u. Fahrbetriebe, der Staatsstraßen-Bauverwaltung mit Ausschluß der Berg- und Eisenbahnverwaltung, sowie der Landes-, Heil-, Versorgungs- und Strafanstalten.
	V. Königreich Württemberg.		
1.	K. württ. Generaldirektion der Posten und Telegraphen	Stuttgart	Betrieb der württemb. Post- und Telegraphenverwaltung.
2.	Generaldirektion der k. württemb. Staatseisenbahnen	Stuttgart	Betrieb der k. württemb. Staatseisenbahnen, der Binnenschiffahrt und der Bodensee-Dampfschiffahrt.
3.	K. württ. Ministerial-Abteilung für den Straßen- und Wasserbau	Stuttgart	Staatlicher Tiefbau (im Ressort des Departements des Innern).
4.	K. Postdirektion	Stuttgart	Staatlicher Tiefbau (im Ressort des Departements der Finanzen).
	VI. Großherzogtum Baden.		
1.	Generaldirektion der badischen Staatseisenbahnen	Karlsruhe	Betrieb der bad. Staatseisenbahnen und der Dampfschiffahrt, soweit letztere der Generaldirektion untersteht.
2.	Oberdirektion des Wasser- und Straßenbaues	Karlsruhe	Die vom bad. Staat auf eigene Rechnung verwalteten Baggerei-, Prahm-, Fähr- und Binnenschiffahrtsbetriebe.
	VII. Großherzogtum Hessen.		
1.	Direktion der Main-Neckar-Bahnverwaltung	Darmstadt	Betrieb der Main-Nekar-Bahn.
2.	Großh. Ministerium der Finanzen, Abt. f. Bauwesen	Darmstadt	Betrieb der staatl. Wasserbau-Verwaltung.
	VIII. Großherzogtum Mecklenburg-Schwerin.		
1.	Generaldirektion der Mecklenb. Friedrich-Franz-Eisenbahn	Schwerin	Betrieb der Friedrich-Franz-Eisenbahn.
2.	Großherz. Finanzministerium, Abt. für Domänen u. Forsten.	Schwerin	Alle für Rechnung der Großh. Kassen im Betriebe der Staats- und Kameralverwaltung vorkommenden Bauten
3.	Großh. Chaussee-Verwaltungs-Kommission	Schwerin	Regiebetrieb der landesherrl. Chaussee-Verwaltung.
4.	Großh. Flußbau-Kommission	Schwerin	Bezirk der den beiden Großh. Mecklenburg gemeinschaftlichen Flußbauverwaltung an der Elbe, Havel und Stör auszuführenden Regiebauten.
5.	Großh. Flußbau-Verwaltungs-Kommission	Schwerin	Regiebauten der Flußbau-Verwaltuug für die Warnow und Nebel.
	IX. Großherzogtum Sachsen-Weimar.		
1.	Großh. Minist. Departement des Innern	Weimar	Betrieb zur Unterhaltung der Staats-Chausseen.
2.	Großh. Minist. Departement der Finanzen	Weimar	Staatliche Tiefbaubetriebe.

Lfd. Nr.	Der Ausführungsbehörde Name.	Sitz.	Geschäftsbereich.
	X. Großherzogtum Mecklenburg-Strelitz.		
	Großh. Baudepartement	Neustrelitz	Regiebetrieb der für Großh. Rechnung auszuführenden Bauten.
	XI. Großherzogtum Oldenburg.		
1.	Großh. oldenb. Eisenbahn-Direktion	Oldenburg	Betrieb der großh. oldenb. Eisenbahn-Verwaltung.
2.	Großh. Baudirektion	Oldenburg	Staatl. Baggerei-, Binnenschiffahrts-, Flößerei-, Prahm- und Fahrbetrieb, sowie staatl. Bauarbeiten.
3.	Großh. Regierung	Eutin	Staatl. Bauarbeiten im Fürstentum Lübeck.
4.	Großh. Regierung	Birkenfeld	Staatl. Bauarbeiten im Fürstentum Birkenfeld.
	XII. Herzogtum Braunschweig.		
	Herzogl. Baudirektion	Braunschweig	Staatliche Bauarbeiten.
	XIII. Herzogtum Sachsen-Altenburg.		
	Herzogl. Ministerium, Abt. f. Finanzen	Altenburg	Fiskalische Bauten
	XIV. Herzogtum Sachsen-Coburg-Gotha.		
1.	Herzogl. Ministerium, Abt. für innere Verwaltung	Gotha	Staatl. Straßenbaubetrieb für das Herzogtum Gotha.
2.	Herzogl. Ministerium	Coburg	Staatl. Straßenbaubetrieb für das Herzogtum Coburg.
	XV. Fürstentum Schwarzburg-Sondershausen.		
	Fürstl. Ministerium	Sondershausen	Staatl. Chausseebaubetrieb des Fürstentums.
	XVI. Fürstentum Schwarzburg-Rudolstadt.		
	Fürstl. Ministerium	Rudolstadt.	Fürstl. Straßenbau-Verwaltung.
	XVII. Fürstentum Waldeck und Pyrmont.		
	Landesdirektion	Arolsen	Staatl. Tiefbaubetrieb.
	XVIII. Fürstentum Reuß ä. L.		
	Fürstl. Landesregierung	Greiz	Staatsfiskalische Bauten.
	XIX. Fürstentum Reuß j. L.		
	Fürstl. Ministerium, Abt. des Innern.	Gera	Staatl. Wegebaubetrieb
	XX. Fürstentum Schaumburg-Lippe.		
	Fürstl. Bauamt	Bückeburg	Fiskal. Bauarbeiten.
	XXI. Fürstentum Lippe-Detmold.		
	Fürstl. Regierung	Detmold	Staatl. Tiefbaubetriebe einschl. des Weseruferbaues.

Lfd. Nr.	Der Ausführungsbehörde Name.	Sitz.	Geschäftsbereich.
	XXII. Freie und Hansestadt Lübeck.		
	Baudeputation.	Lübeck	Staatl. Baggerei, Binnenschiffahrts-, Flößerei-, Prahm- und Fahrbetriebe sowie die fiskal. Bauarbeiten.
	XXIII. Freie und Hansestadt Hamburg.		
1.	Deputation für Handel und Schiffahrt.	Hamburg	Staatl. Betriebe der Quai-Verwaltung der Marine, des Tonnen-, Leucht- und Lootsenwesens, des Hafenarztes, des Hafeninspektors u. der Zollverwaltung.
2.	Zweite Sektion der Baudeputation.	Hamburg	Staatsbaubetriebe der II. Sektion einschl. der Landesherrenschaft Ritzebüttel.
3.	Erste Sektion der Baudeputation.	Hamburg.	Staatsbaubetriebe des I. Sektionsbezirks.
	XXIV. Elsaß-Lothringen.		
1.	Generaldirektion der Eisenbahn	Straßburg	Die Betriebe der Eisenbahnverwaltung in Elsaß-Lothringen.
2.	Ministerium f. Elsaß-Lothringen, Abt. des Innern	Straßburg	Die Betriebe der von der Landesverwaltung auszuführenden Bauarbeiten.

Anm.: Die übrigen deutschen Staaten haben teils keine Staatsbetriebe der in vorstehenden Ziffern I—XXIV aufgeführten Art, teils haben sich dieselben mit ihren bezüglichen Betrieben den bestehenden Berufsgenossenschaften angeschlossen.

Alphabetisches Register.

(Die Zahlen bedeuten die Seiten.)

A.

B.

C.

D.

F.

G.

J.

K.

L.

M.

N.

O.

P.

Q.

R.

S.

T.

U.

V.

W.

Z.

FSC
www.fsc.org
MIX
Papier | Fördert gute Waldnutzung
FSC® C083411

Kolibri 360 GmbH
Ferdinand-Jühlke-Straße 7
99095 Erfurt, Deutschland
produktsicherheit@kolibri360.de